中國近代期刊彙刊·第二輯

新民叢報

八
（肆拾陸—伍拾叁號）

中華書局

明治三十一年十二月廿七日（第三種郵便物認可）

新民叢報

光緒二十七年十二月廿九日
明治三十七年二月十四日 發行

第肆拾陸柒捌號合本

本社告白

啓者本社癸夘年分報出至本號即已滿期甲辰年**第一號**准期**五月十五日**出報凡欲定閱者或賜函本社或就近向各代派處定取均可至各代派處其已交清癸年分報費者得接本號報後欲續定新報若干請即賜函示知其間有欠數未清者必俟清結之後乃發本年新報如向在上海支店定取者仍請與支店交涉

再凡由支店轉寄內地之報當照中國郵局新定章程照加寄費

又本報去年以總撰述出游出報因而遲緩實深歉仄以故壬寅年報未完之稿亦爲之中輟近承各處惠函多有以此事相詰問者玆特登報佈告凡屬上年本社總撰述所著未完之稿及癸年各記者未完之稿皆擬于本年第一號以後以次續成玆將各目略列于下

論義務思想（廿六號）　中國之新民
新民議（廿三號）　中國之新民
頡德學說（十八號）　中國之新民
亞里士多德學說（廿一號）　中國之新民
生計學沿革小史（廿三號）　中國之新民
格致學沿革考略（十號）　中國之新民
政黨論（四十一號）　羅　普
新史學（廿號）　中國之新民
雅典小誌（十九號）　中國之新民

歐美各國立憲史論（卅六號）　佩弦生
克林威爾傳（廿六號）　中國之新民
俾斯麥傳（卅六號）　蜕广
中國學術思想變遷之大勢（廿一號）　中國之新民
泰西學術思想變遷之大勢（六號）　中國之新民
國民心理學與敎育之關係（廿五號）　梁啓勳
泰西敎育沿革小史（卅五號）　蜕广
新羅馬傳奇（廿號）　中國之新民
管子傳（廿六號）　中國之新民

新民叢報第肆拾陸柒捌號目錄

目錄

◉售報價目表

全年廿四冊	半年十二冊	每冊
六元	三元三角	三角

日本各地全年五元半年二元六角每冊二角五分日本及日郵已通之地每冊加郵費一分全年二角四分其餘各外埠每冊加郵費六分全年一元四角四分

◉廣告價目表

洋裝一頁	洋裝半頁
十元	六元

惠登廣告至少以半頁起算刊資先惠論前加倍欲登長年半年者價當面議從減

編輯兼發行者　馮紫珊

印刷者　陳侶笙

發行所　新民叢報社　橫濱山下町百六十番

上海發行所　新民叢報支店　四馬路老巡捕房對面

印刷所　新民叢報活版部　橫濱山下町百六十番

上海時報

本社不揣綿薄欲組織一完善之大日報爲我國報界創一特色以全力注重訪事凡特派之訪事數十員內地各省及歐美日本皆有其編排法務求謹嚴精審取法歐美之大日報又承一時名士允爲寄稿主筆新民叢報社之總撰述亦承許以每月二萬言以上見惠不勝感謝日報與叢報各有特色不能相兼有志之士欲周知當世之務者莫如閱本報矣

(一)特派日俄觀戰採訪員

日俄之戰爲二十世紀開幕第一大事且影響直及於中國稍留心時事者莫不欲知其詳細但今者各華文報所記僅有每日電報文甚簡單令讀者如張騫游月氏不能得其要領本館特派軒轅軍裔先生附從日本陸軍隨時詳細報告且加以評論非特事實詳確且興趣盎然足以快遺耳目議論明徹足以開拓心胸讀者每日細閱之當信其非遼豕之誇也

(一)特派聖路易萬國博覽會採訪員

日本之軍國人物

第一軍司令官大將黑木為楨

第二軍司令官大將奧保鞏

第〇軍司令官大將乃木希典

日本之軍國人物

第一軍參謀長少將藤井茂太

第二軍參謀長少將落合豐三郎

第○軍參謀長少將伊知地幸介

日本之軍國人物

第一師團長中將貞愛親王

近衛師團長大將長谷川好道

第二師團長大將西寬二郎

第三師團長中將大島義昌

第四師團長中將小川又次

第五師團長中將上田有澤

第六師團長中將大久保春野

日本之軍國人物

第七師團長中將大迫尙文

第八師團長中將立見尙文

第九師團長中將大島久直

第十師團長中將川村景明

第十一師團長中將土屋光春

第十二師團長中將井上光

俄國之軍國人物

新任東洋艦隊司令長官
中將斯克爾伊陀羅夫

海參崴軍港司令官
少將智耶夫尼

前東洋艦隊司令長官
中將斯陀爾克

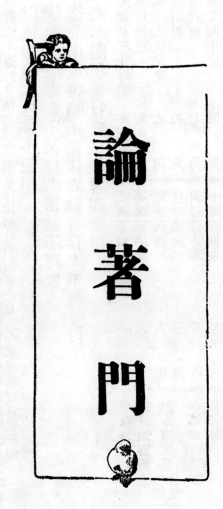

論著門

新民說二十三 前號二十四之四字係二三字之譌（續四十四一號）

中國之新民

第十八節之續　論私德

記曰。君子有諸己而后求諸人。無諸己而后非諸人。率斯義也。則以執德不宏信道不篤尤悔積躬忮求成習如鄙人者。舍自責之外。更何敢靦然與天下之士說道義。雖然。西方之敎亦有言。己先自度。回向度他。是爲佛行。未能自度。而先度人。是爲菩薩發心。以吾之自審道力薄弱而渴思得良友善言以相夾輔而爲吾藥也。則人之欲此。誰不如我。上附攻錯輔仁之義。下惟書紳自助之訓。吾言雖慚。烏可以已。

竊嘗觀近今新學界中其斷斷然提挈德育論者未始無人然效卒不睹者無他焉彼所謂德育蓋始終不離乎智育之範圍也夫其獺祭偏於汗牛充棟之宋元明儒學案。耳食飫乎入主出奴之英法德倫理學史。博則博矣。而於德何與也。若者爲理。若者爲氣若者爲太極無極若者爲已發未發若者爲直覺主義若者爲快樂主義若者爲進化主義若者爲功利主義若者爲自由主義涉其藩焉。抵其奧焉。辨則辨矣而於德又何與也夫吾固非謂此等學說之不必研究也顧吾學之也只當視之爲一科學如學理化學工程學法律學生計以是爲增益吾智之一端而已若曰德育而在是也則所謂聞人談食終不能飽所謂貧子說金無有是處率斯道也以往豈惟今日吾恐更閱數十年百年而效之不可睹如故也嗚呼泰西之民其智與德之進步爲正比例泰東之民其智與德之進步爲反比例今日中國之現象其月暈礎潤之幾既動矣若是乎則智育將爲德育之蠹而名德育而實智育者益且爲德育之障也以智育蠹德育而天下將病智育以「智育的德育」障德育而天下將並病德育此甯細故耶有志救世者於德育之界說不可不深長思矣

爲學日益爲道日損斯語至矣今吾儕於日益者尙或孳孳焉。而於日損者莫或厝意。烏乎。此道之所以日喪也吾以爲學者無求道之心則亦已耳苟其有之則誠無取乎多言但使擇古人一二語之足以鍼砭我而夾輔我者則終身由之不能盡而安身立

命之大原在是矣黃梨洲曰『學問之道以各人自用得著者爲眞』又曰『大凡學有宗旨是其人之得力處亦是學者之入門處天下之義理無窮苟非定以一二字如何約之使其在我』此誠示學者以求道不二法門哉夫既曰各人自用得著則亦聽各人之自爲擇而吾奚容曉曉焉雖然吾既欲以言責自効於國民則以吾願學焉而未能至者與同志一商搉之可乎

一曰正本　吾嘗誦子王子之拔本塞原論矣曰『聖人之學日遠日晦而功利之習愈趨愈下其間雖嘗瞽惑於佛老而佛老之說卒亦未能有以勝其功利之心雖又嘗折衷於羣儒而羣儒之論終亦未能有以破其功利之見蓋至於今功利之毒淪浹於人之心髓而習以成性也幾千年矣記誦之廣適以長其敖也智識之多適以行其惡也聞見之博適以肆其辯也辭章之富適以飾其僞也其稱名借號未嘗不曰吾欲以共成天下之務而其誠心實意之所在以爲不如是則無以濟其私而滿其欲也以若是之積染若是之心志而又講之以若是之學術宜其聞吾聖人之教而以爲贅疣枘鑿』（下略）嗚呼何其一字一句皆凜然若爲今日吾輩說法耶夫功利主義在今且

蔚成大國。昌之爲一學說。學者非惟不羞稱。且以爲名高矣。陽明之學。在當時猶曰贅疣枘鑿。其在今日。聞之而不卻走不唾棄者幾何。雖然。吾今標一鵠於此。同一事也。有所爲而爲之。與無所爲而爲之。其外形雖同。而其性質及其結果乃大異。試以愛國一義論之。愛國者絕對者也。純潔者也。若稱名借號於愛國。以濟其私而滿其欲。則誠不如不知愛國不談愛國者之爲猶愈矣。王子所謂功利與非功利之辨。即在於是。吾輩試於清夜平旦返觀內照。其能免於子王子之所訶與否。此則非他人所能窺也。大抵吾輩當發心伊始。刺激於時局之事變。感受乎時賢之言論。其最初一念之愛國心。無不爲絕對的純潔的。此盡人所同也。乃寖假而或有分之者。寖假而或有奪之者。旣已奪之。則謂猶有愛國心之存不可得矣。而猶貪其名之孅而足以炫人也。乃姑假焉。久假不歸。則亦烏自知其非有矣。夫其自始固眞誠也。而後乃不免於虛僞。然則非性惡也。而學有未至也。亦於所謂拔本塞源者未嘗一下刻苦工夫焉耳。王子又言。「殺人須在咽喉處下刀。爲學須從心髓入微處用力」。我輩而甘自暴棄也則亦已耳。苟不爾者。則於心髓入微處痛下自治力。其眞不容已也。頃見某報有排斥鄙人舊道德之論者謂『今日祇當求愛國忘身之英雄。不當求束身寡過之迂士。旣爲英雄矣。即稍有缺點。吾輩當恕其小節。而敬其熱心。』又曰『欲驅發揚蹈厲龍拏虎擲之血性男子。而一一循規蹈矩粹面盎背以入於奄奄無氣之途。吾不知亡國之慘禍。旣在目前。安用此等腐敗迂濶之人格爲也。』吾以爲此言又與於自文之甚者也。夫果爲不拘小節之英雄。猶可言也。特恐英雄百不得一。而不拘小節者九十九焉。我躬之在此一人之內耶。抑在彼九十九人之內耶。則惟我乃能知之。如曰無須如王子所謂拔本塞源者。而亦可以爲英雄也。則不誠無物。吾未見有能成就者也。如曰吾之本原本已純美而無所用其拔與塞之功也。則君雖或能之。而非所可望於我輩習染深重根器淺薄之人。夫安得不於此兢兢也。況吾之所謂舊道德者。又非徒束身寡過循規蹈矩之云也。以束身寡過循規蹈矩爲道德之極。則此又吾子王子所謂斷潢絕港行焉而不能至者也。苟不以心髓入微處自爲課程。則束身寡過之虛僞。與愛國忘身之虛僞。循規蹈矩之虛僞。與龍拏虎擲之虛僞。正相等耳。何也。以其於本原之地。絲毫無與也。以愛國一義論之旣有然。其他之諸德。亦例是而已。

二曰愼獨　抜本塞原論者學道之第一著也苟無此志苟無此勇則是自暴自棄其他更無可復言矣然志既立勇既鼓而吾所受於數千年來社會之薰染與夫吾未志道以前所自造之結習猶盤伏於吾腦識中而時時竊發非持一簡易之法以節制之涵養之不能保其無中變也若是者其惟愼獨乎愼獨之義吾儕自束髮受大學中庸誰不飫聞顧受用者萬不得一因由志之未立亦所以講求者有未瑩也吾又聞諸子王子曰謹獨即是致良知與黃勉之書然則王子良知之教亦愼獨盡之矣學者或問王子『近來工夫稍知頭腦然難尋箇穩當處』子曰『只是致知』曰『如何致』子曰『一點良知是爾自家的準則爾意念着處他是便知是非便知非更瞞他一些不得爾只不要欺他實實落落依着他做去善便存惡便去何等穩當』此眞一針見血之言哉實則大學「所謂誠其意者毋自欺也」二語已直捷指點無餘蘊矣　其門下錢緒山引申之曰『識得良知是一箇頭腦雖在千百人中工夫只在一念微處雖獨居冥坐工夫亦只在一念微處』故以良知爲本體以愼獨爲致之之功此在泰東之姚江泰西之康德前後百餘年間桴鼓相應若合符節斯所謂東海西海有聖人此心同此理同而求道之方片言居要徹上徹下眞我輩所

終身由之而不能盡者也。顧我輩於此一義。猶往往欲從之而末由者何也。王子又言。『以道之變動不居。縱橫顛倒。皆可推之而通。世之儒者。各就其一偏之見。而又文飾之。其爲習熟既足以自信。而條目又足以自安。以是誑已誑人。終身沒溺而不悟。非誠有求爲聖人之志者。莫能得其受病之源。而發其神奸所攸伏也』又言『以某之不肖。蓋亦嘗陷溺其間者有年。賴天之靈。偶悞良知。乃悔其向之所爲者。固包藏禍機作僞於外。而心勞日拙者也。十餘年來。雖痛自洗剔創艾。而病根深痼。萌孽時生』夫以子王子之學。高尚純美。優入聖域。而自敘得力。猶曰包藏禍機作僞於外。猶曰病根深痼。萌孽時生。然則我輩之未嘗聞道。未嘗志道。未嘗學道者。其神奸之所由伏。甯有底極耶此拔本塞源論。所以必當先有事也。王子既沒。微言漸湮。浙中一派。提挈本體過重。迨於晚明。不勝其敝。而劉蕺山乃復單標慎獨以救王學末流。實則不過以眞王學矯僞王學。其拳拳服膺者。始終仍此一義。更無他也。今日學界之受毒。其原因與晚明不同。而猖狂且十倍。其在晚明。滿街皆是聖人。而酒色財氣。不礙菩提路。其在今日。滿街皆是志士。而酒色財氣之外。更加以陰險反覆奸黠涼薄。而視爲英雄所當然。晚明之所以猖狂者以陸子王子直捷簡易之訓以爲護符也今日所以猖狂者則竊通行之愛國忘身自由平等諸口頭禪以爲護符也故有恥爲君子者無恥爲小人者明目張胆以作小人然且天下莫得而非之且相率以互相崇拜以爲天所賦與我之權當如是也夫甯知吾之所哆然自恣者乃正爲攸伏之神奸效死力耳嗚呼吾人而欲求爲人以立於天地間也則亦誰能助我誰能規我舍息息愼獨之外更何恃哉更何恃哉昔吾常謂景教爲泰西德育之原泉其作用何在曰在祈禱祈禱者非希福之謂也晨起而祈焉晝餐而祈焉夕寢而祈焉來復乃合稠衆而祈焉其祈也則必收視返聽淸其心以對越於神明又必舉其本日中所行之事所發之念而一一紬繹之其在平時容或厭然揜其不善而著其善其在祈禱之頃則以爲全知全能之上帝無所售其欺也故正直純潔之思想不期而自來於涵養省察克治三者之功皆最有助力此則普通之愼獨法也日日如是則箇人之德漸進人人如是則社會之德漸進所謂泰西文明之精神者在是而已詩曰上帝臨汝無貳爾心又曰相在爾室尙不愧於屋漏東西之教甯有異耶要之千聖萬哲之所以度人者語上語下雖有差別頓法漸法雖有異同若

夫本原之地一以貫之舍愼獨外無他法門矣此寗得曰某也欲爲英雄某也欲爲迂士而趨舍因之異路耶諺曰英雄欺人欺人之英雄容或有之自欺之英雄則吾未之前聞也抑王子又曰『去山中賊易去心中賊難』吾儕自命志士者而皆有神奸伏於胸中而不能自克則一國之神奸永伏於國中而末由相克其亦宜矣

三曰謹小　大德不逾閑小德可出入此固先聖之遺訓哉雖然以我輩之根器本薄弱而自治力常不足以自衞也故常隨所薰習以爲遷流小德出入旣多而大德之踰閑遂將繼之矣所謂涓涓不塞將成江河緜緜不絕將尋斧柯也錢緒山云『學者工夫不得伶俐直截只爲一虞字作祟良知是非從違何嘗不明但不能一時決斷如自虞度曰此或無害於理否（一）或可苟同於俗否（二）或可欺人於不知否（三）或可因循一時以圖遷改否（四）只此一虞便是致吝之端』又曰『平時一種姑容因循之念常自以爲不足害道由今觀之一塵可以眯目一指可以蔽天良可懼也』嗚呼此又不啻一字一句皆爲吾徒棒喝也以鄙人之自驗生平德業所以不進者皆此四種虞法梗乎其間蓋道心與人心交戰之頃彼人心者常能自聘請種種之辯護士設無

量巧說以爲之辭昔嘗有詩曰『聞道亦不遲其奈志不立優柔既養奸便佞更縱敵謂玆小節耳操之何太急謂是戒將來今且月攘一』此實區區志行薄弱之徵驗不敢自諱而吾黨中之與吾同病者當亦不乏人斯乃不可不共勉也曩見曾文正自述戒烟蚤起日記三事其實行之難也如彼初蓋疑焉及一自試驗然後知戔戔者之果不易也而吾輩將來道行功業之不能及文正者即可於此焉卜之非謂此戔戔者足爲道行事業之源泉也文正自治力之强過於吾輩即小可以喩大也蕺山先生曰『吾輩習俗既深平日所爲皆惡也非過也學者只有去惡可言改過工夫却用不著』又曰『爲不善卻自恕爲無害不知宇宙儘寬萬物可容容我一人不得』又曰『吾輩偶呈一過人以爲無傷不知從此過而勘之先尙有幾十層從此過而究之後尙有幾十層故過而不已必惡謂其出有源其流無窮也』此等語眞所謂一棒一條痕一摑一掌血欲覺晨鐘稍有腦筋者讀之皆宜發深省焉矣夫使吾之所謂小過者果獨立焉而無其因果則區區一節誠或不足以爲病而無如有前乎此者數十層有後乎此者數十層以相與爲緣若是乎則亦何小之非大也譬諸治國一偏區之飢寒盜賊

其事甚小也而推其何以致此之由則必其政府施政之有失也社會進步之不調也極其流弊一偏區如此他偏區如此其禍亂遂將蔓及全國也譬諸治身一二日之風寒疥癬其事甚小也而推其何以致此之由則必其氣血稍虧之感召也衞生不協之釀成也極其流弊一日如此他日如此其痼疾或乃入於膏肓也今吾輩之以不矜細行自恕者其用心果何居乎細行之所以屢屢失檢必其習氣之甚深者也必其自治之脆薄而無力者也其自恕之一念即不啻曰吾身不能居仁由義是並康德所謂良心之自由而放棄之也（參觀本報康德學說）必合此數原因然後以不矜細行自安焉是烏得更以小論也而況乎以接爲搆而日與相移純粹之德性勢不能敵旦旦之伐也孟子曰能充無欲穿窬之心而義不可勝用以反比例觀之則知充纖毫涼薄之心可以弑父充纖毫險黠之心可以賣國也所惡者不在其已發之跡象而在其所從發之根原也以不拘小節之英雄自命者其亦可以思矣

以上三者述鄙人所欲自策厲之言也天下之義理無窮僅舉三義者遵梨洲之教以守約爲貴也多述前賢訓言者末學謭陋所發明不能如前賢也專述子王子與其門

下之言者。所願學在是。他雖有精論。未嘗能受也。抑古之講學者。必其心得也甚深。而身體力行也甚篤。雖無言焉。已足以式化天下。而言論不過其附庸耳。不知道如鄙人甯當有言。顧吾固云未能自度而先度人。竊自附於菩薩之發心矣。若問鄙人於此三者能自得力與否。則踧然無以爲對也。願讀者毋曰彼固不能實行也。而遂吐棄之。苟其言有一二可採者。則雖無似如鄙人。猶勿以人廢言。則鄙人以此言貢獻於社會之微意也。

至如某報謂鄙人責人無已時。則吾知罪矣。孟子曰。責善朋友之道。吾以言論友天下士自附斯義。毋亦可乎。讀者亦毋吝相責。常夾輔我挾持我。使自愧自厲而冀一二成就。於將來。則所以愿我者無量也夫無量也夫

別　士

中國社會之原（漢儒通論）續第三十六號

國朝攷訂家不得爲漢學以其不通經緯也今明其經緯相需之理如此　著者誌

是書陸續編成次第尚未排定文體亦不一例俟長編畢後再行簡練成書今先刊其稿於此閱者諒之　著者又誌

邱爲制法主黑綠不代蒼黃（禮中庸正義引孝經援神契）故仲尼之不有天下（孟子書）鳳鳥不至河不出圖（論語）太平未致頌聲未作反袂拭面涕沾袍作春秋以俟後聖（公羊哀十有四）書不盡言言不盡意然則聖人之意其終不可得見乎（易繫辭）故孔子之孫子思伋作中庸以昭明聖祖之德（禮中庸註）述子游之意也其辭曰天命之謂性率性之謂道修道之謂教載言之曰惟天之命於穆不已蓋曰天之所以爲天也於乎不顯文王之德之純蓋曰文王之所以爲文也純亦不已終言之曰奏假無言時靡有爭不顯惟德百辟其刑之予懷明德不大聲以色德輶如毛毛猶有倫上天之載無聲無臭（禮中庸）言乎聖祖之德與天相際而已蓋惟君子之仁義禮智信皆天所生禮於是乎有感生帝惟君子之淵詩書定禮

樂贊周易修春秋前闡九頭（即九皇也）後制百王（漢韓勅修孔子廟碑）皆天所命禮於是乎有河洛事惟君子之聲名洋溢乎中國施及蠻貊舟車所至人力所通天之所覆地之所載日月所照霜露所墜凡有血氣者莫不尊親（中庸）皆足以升中於天（升中告成也）禮於是乎有封禪感生也河洛也封禪也皆天人之際之事也故曰言乎聖祖之德與天相際而已謹求之禮乃奏黃鍾歌大呂舞雲門以祀天神乃奏大蔟歌應鍾舞咸池以祭地祇乃奏姑洗歌南呂舞大磬以祀四望乃奏蕤賓歌函鍾舞大夏以祭山川乃奏夷則歌小呂舞大濩以享先妣乃奏無射歌夾鍾舞大武以享先祖（周禮大司樂）六樂以尊卑爲次位先妣於先祖之上知其爲閟宮之祭矣閟宮者姜嫄也姜嫄盡爲而無妃姜嫄之妃即上帝也其在於詩生民曰厥初生民時維姜嫄生民如何克禋克祀以弗無子履帝武敏歆攸介攸止載震載夙載生載育時維后稷又閟宮曰赫赫姜嫄其德不回上帝是依無災無害彌月不遲是生后稷言姜嫄祀郊禖之時時則有大神之迹姜嫄履之足不能滿履其拇指之處而心體歆歆然如有人道感已者也姜嫄之德貞正而不回邪天用是馮依而降精氣（詩生民閟宮箋）此美周之所自生也因又推之於古天命玄鳥降而生商

詩商頌原商之所自生也倏已山行見流星意感栗然生姒戎文禹（御覽八十二引書帝命驗）原禹之所自生也握登見大虹意感生舜（御覽八十一引詩含神霧）原舜之所自生也慶都出觀三河之首有赤龍出奄然陰風雨赤龍與慶都合昏龍消不見有娠（御覽八十引春秋合誠圖）原堯之所自生也瑤光之星如蜺正白感女樞幽房之宮生黑帝（御覽七十九引河圖）原顓頊之所自生也大星如虹下流華渚女節氣感生白帝（御覽七十九引河圖）原金天之所自生也附寶出降大靈生軒帝（御覽七十九引孝經鉤命決）原黃帝之所自生也任已感龍生帝魁（御覽七十八引孝經鉤命決）原炎帝之所自生也華胥履跡恠生皇羲（御覽七十八引孝經鉤命決）原伏羲之所自生也自古神人之主無不有所自生而孔子者生民所未有也（孟軻書）於法得備感生帝謹求之春秋徵在游於大澤之陂睡夢黑帝使請已已往夢交語曰女乳必於空桑之中覺則若感生邱於空桑之中故曰玄聖素王（藝文聚類八十八御覽三百六十一又九百五十五後漢書班固傳註引春秋演孔圖）故聖人者皆天之所生也從其所生而妃之以女則謂之姓姓者天子所先有也從其所生而藏之於心則謂之性性者亦天子所先有也聖人吹律有姓宮商角徵羽也（御覽十六引孝經援神契）故知姓之別有五性者生之質若木性則仁金性則義火性則禮水性則智土性則信（禮王制正義引孝經鉤命決）故知性之別亦有五姓性皆五

故知帝必有五春起靑受制其名曰靈威仰夏起赤受制其名曰赤熛怒秋起白受制其名曰白招拒冬起黑受制其名曰汁光紀夏六月土受制其名曰含樞紐（周禮春官疏引春秋文耀鉤）是爲五帝五帝太一之分也而天子所生各有期運据孔子黑綠不代蒼黃之義推之則文王爲木德王由是而得伏羲之生以蒼帝帝出乎震是也木生火故神農之生以赤帝火生土故軒轅之生以黃帝土生金故少昊之生以白帝金生水故顓頊之生以黑帝水生木故帝嚳之生以蒼帝木生火故堯之生以赤帝火生土故舜之生以黃帝土生金故禹之生以白帝金生水故商之生以黑帝水生木故周之生以蒼帝木生火故漢之生以赤帝（漢書曆律志其他祕緯與注疏引此者不可勝記）而孔子適爲黑綠不代蒼黃故不有天下也五帝以五姓五性賦於其子是以文質迭代受命各不同是故天施符授聖人王法則性命形乎先祖大昭乎王君天將授舜主天法商而王錫姓姚形體大上員首而明有二瞳子性長於天文純於孝慈天將授禹主地法夏而王錫姓姒形體長長足肵疾行先左隨以右勞左佚右也性長於行習地明水天將授湯主天法質而王錫姓子謂契母吞玄鳥卵生契契先發於胷性長於人倫至湯體長團小足左扁而右便勞右佚左

也性長於天光質易純仁天將授文王主地法文而王錫姓姬謂后稷母姜嫄履天之跡而生后稷后稷長於邰土播田五穀至文王形體博長有四乳而大足性長於地文（春秋繁露三代改制質文篇）夫以天所寶愛之子天生之天必有成之則受命是矣謹求之禮夫禮必本於太乙分而爲天地轉而爲陰陽變而爲四時列而爲鬼神其降曰命（禮記禮運）命有三科有受命以保慶有遭命以謫暴有隨命以督行（禮祭法正義引孝經援神契）而天之所降於其子則惟受命蓋天以春秋三統之義致太平之道告於其子而使其子則之也故命不徒行必有文書法式謹求之易河出圖洛出書聖人則之（易繫辭）河以通乾出天苞洛以流坤吐地符（詩大雅文王疏引春秋說題辭）昔者伏羲有天下龍馬負圖出於河遂法之以畫八卦（禮記禮運疏引尚書中候握河紀）是謂天降命之始洎乎黃帝東巡至洛龜書成赤文綠字以授軒轅（御覽七十九引中候握河紀）堯率羣臣東沈璧於洛退候至於下稷赤光起元龜負書出背甲赤文成字止壇又沈璧于河黑龜出赤文題（御覽九百三十一引中候握河紀）修壇河洛仲月辛日禮備至於日稷榮光出河休氣四塞白雲起回風搖龍馬銜甲赤文綠色臨壇止霽吐甲圖而蛻（御覽八十引中候握河紀）舜沈璧於河至於下稷榮光休至黃龍負卷舒圖出水壇畔赤文綠錯（御覽八十一引中候握河紀）伯禹在庶四岳師舉薦之

帝堯握括命不試爵授司空伯禹稽首讓於益歸帝曰何斯若眞出爾命圖示乃天伯禹曰臣觀河伯面長人首魚身出曰吾河精也授臣河圖𨓏入淵（御覽八十二引中候握河紀）天乙在亳夏桀迷惑諸隣國繦歸德東觀乎洛降三分沈璧退立榮光不起黃魚雙躍出濟於壇黑烏以雄隨魚亦止化爲黑玉赤勒曰玄精天乙受天符伐桀克三年天下悉合（御覽八十三引中候洛予命）文王爲西伯季秋之月甲子赤雀銜丹書入豐止於戶昌乃拜稽首受最曰姬昌蒼帝子亡殷者紂也（公羊隱元年疏引中候我應瑞）渡于孟津太子發升於舟中流受文命待天謀白魚躍入于王舟王俯取魚魚長三尺赤文有字題目下名授右曰姬發遵昌授右之下猶有一百二十餘字王維退寫成以二十字魚文消（御覽八十四引中候合符后）王燔以告天出涘以燎羣公咸曰休哉（御覽百四十六引中候合符后）有火自天出於王屋流爲赤烏其色赤其聲魄五至以穀俱來赤烏成文雀書之福（御覽八十四引中候合符后）烏以穀俱來云記后稷之德（詩文思箋引中候合符后）此皆一姓受命所得於天之珍符也孔子爲黑帝子與湯同物於法當受天命然天命有二有命以有天下有命以爲後世制法命以有天下斯天符以龜來命以爲後世制法則天符以鳥至孔子年老歎曰鳳鳥不至河不出圖吾已矣夫憂天命之不至也

其後天下血書魯端門曰趨作法孔聖沒周姬亡彗東出秦政起胡破術書紀散孔不
絕子夏明日往視之血書飛爲赤烏化爲白書署曰演孔圖中有作圖制法之狀（公羊哀十
四年解詁引春秋演孔圖）是爲鳳鳥即文王所受於天也孔子知天命之所在乃據周史立新經設三
科九旨（公羊隱元年解詁引春秋演孔圖）蓋麟出周亡故立春秋制素王授當興（文選通幽賦注引春秋演孔圖）春秋託始
於文王（公羊隱元年）以天之命孔子者同文王也而河不出圖遂終古焉明王之夢孔子蓋
傷之矣孔子既受天命稱素王宜有所制作其道將奈何夫君子之道率性而已矣由
五帝而有五性木性則仁金性則義火性則禮水性則智土性則信（禮王制正義引孝經鉤命決）復由
五性而有五倫君臣之義生於金父子之仁生於木兄弟之序生於火夫婦之別生於
水朋友之信生於土（白虎通德論引樂緯稽耀嘉）故凡有姓者皆有五性皆有五倫書言百姓不親五
品不遜是也（書帝典）而所以叙五倫者其道又奈何夫率性之道事天而已矣謹求之孝
經孔子曰天地之性人爲貴人之行莫大乎孝孝莫大於嚴父嚴父莫大於配天則周
公其人也昔者周公郊祀后稷以配天宗祀文王於明堂以配上帝孔子美周公之能
一性道教也蓋周公攝政之六年會諸侯於宗周因大朝於明堂之位天子之位負斧

扆南方立公卿士侍於左右三公之位中階之前北面東上諸侯之位阼階之東西面北上諸伯之位西階之西東面北上諸子之位門內之東北面東上諸男之國門內之西北面東上九夷之國東門之外西面北上八蠻之國南門之外北面東上六戎之國西門之外東面南上五狄之國北門之外南面東上（禮明堂上）周公既朝諸侯遂率之以祀文王於明堂以配上帝遂作詩曰我將我享惟羊惟牛惟天其右之儀式刑文王之典日靖四方伊嘏文王既右享之我其夙夜畏天之威於時保之（詩我將）明年作成周乃設邱兆於南郊以祀上帝配以后稷乃位五宮大廟宗宮考宮路寢明堂咸有四阿反坫重亢重郎常累復格藻梲設移旅楹舂常畫內階玄階堤唐山廧應門庫臺玄閫（逸周書作雒）是爲清廟周公既祀文王於明堂又營清廟於東都以其同爲祀文王之地故亦曰明堂周公於成周祀文王又作詩曰於穆清廟肅雝顯相濟濟多士秉文之德對越在天駿奔走在廟不顯不承無射於人斯（詩清廟）蓋孝莫盛於有天下朝諸侯率諸侯以祀其父而以其父配天也推嚴父配天之義於是乎有夫婦其在於禮君在阼夫人在房大明生於東月生於西此陰陽之分夫婦之義也君西酌犧象夫人東酌罍禮交動乎

上樂交應乎下和之至也（禮器）推嚴父配天之義於是乎有兄弟其在於禮有事於大廟則羣昭羣穆咸在昭爲一穆爲一昭與昭齒穆與穆齒凡有司皆以齒此之謂長幼之序（禮祭統）推嚴父配天之義於是乎有朋友其在於詩振鷺于飛于彼西雝我客戾至亦有斯容在彼無惡在此無斁庶幾夙夜以永終譽（詩振鷺）有客有客亦白其馬有萋有且敦琢其旅有客宿宿有客信信言授之縶以縶其馬薄言追之左右綏之既有淫威降福孔夷（詩有客）言夫婦兄弟朋友之倫也夫婦兄弟朋友定而君父斯尊矣凡百政事則文武是也推嚴父配天之義於是乎有文治其在於禮天子視學大昕鼓徵所以警衆也衆至然後天子至乃命有司行事興秩節祭先師先聖焉有司卒事反命始之養也適東序釋奠於先老遂設三老五更羣老之席位焉適饌省醴養老之珍具遂發咏焉退修之以孝養也反登歌清廟既歌而語以成之也言父子君臣長幼之道合德音之致禮之大者也（止）君臣之位貴賤之等焉而上下之義行矣有司告以樂闋王乃命公侯伯子男及羣吏反養老幼於東序終之以仁也（禮文子世子）大學明堂之東序也（詩靈臺正義引禮政穆篇）推嚴父配天之義於是乎有武功其在於詩矯矯虎臣在泮獻馘淑問如皋陶在泮

獻囚詩泮水天子曰辟雝諸侯曰泮水禮明堂位故知泮宮即天子辟雝矣振鷺于飛于彼西
雝詩振鷺故知西雝即天子清廟矣而其禮皆於明堂清廟行之故曰明堂者大教之宮
也蔡邕集孔子夢想周公思欲行周公之道嘗稱之曰郊社之禮禘嘗之義知其說者之
於天下也其如視諸掌乎禮中庸天子臻此時則天乃各以其物應之天子乘木而王則
日黃而青暈御覽八百七十二引禮斗威儀月清明同上海夷御覽六十引同上草木豐茂御覽九百五十二引同上山車垂句福草
生於廟松柏爲常生御覽七百七十二引同上有人參身御覽九百九十一引同上東海南海輸以蒼烏藝文類聚九十九引同上天
子乘火而王則日黃中而赤暈御覽八百七十二引同上月赤明御覽四引同上祥風至文選東都賦注引同上地生朱草御覽
八百七十三引同上梧桐桃豫章梓爲常生御覽九百五十六引同上南海輸以文狐御覽九百二十引同上天子乘土而王則
日五色無主御覽八百七十二引同上月圓而多耀御覽四引同上塡星黃而多暉御覽八百七十二引同上祥風至御覽五引同上甘
露降文選七啓注引同上嘉穀並生御覽八百七十三引同上蒙水出於山引同上河海夷晏文選漏刻銘注引同上而遠方獻其珠
英蔓竹紫脫爲之常生御覽九百六十三引同上鳳凰集於苑林藝文類聚九十八引同上天子乘金而王則日黃中
而白暈御覽八百七十引同上太白揚光御覽八百七十二引同上芳桂蘭芝常生御覽九百五十七引同上黃銀見御覽八百十二引同上紫
玉見於深山御覽八百四引同上海江出大貝明珠文選曹子建贈丁翼詩注引同上騏麟在郊開元占元一百十六引同上天子乘

水而王則日黃中而黑暈（御覽八百七十二引同上）月黑明（御覽四引同上）辰揚光（御覽八百七十二引同上）景雲見（同上）河漾（御覽六十一引同上）江海著其神象龜被文而見（御覽八百十三引同上）北海輸以白鹿（御覽九百六引同上）於是聖人覩之曰成矣可以告太平於天矣謹求之禮因名山以升中於天因吉土以饗帝於郊升中于天而鳳凰降龜龍假饗帝於郊而風雨節寒暑時（禮記禮器）言天子告成功於天而天饗之也古者天子受命改制應天天下太平功成封禪以告太平聚土爲封除地爲墠變墠言禪者神之也所以必於太山者何萬物交代之處也必於其上何因高告高順其類也增太山之高以報天附梁甫之基以報地明天之所命功成事就有益於天地也（詩時邁疏引白虎通德論）古者封太山禪梁甫者七十有二家其說不詳（史記封禪書）詳者惟周之成王時邁成王因巡守以封禪也其辭曰時邁于邦昊天其子之實右序有周薄言震之莫不震疊懷柔百神及河喬嶽允王維后明昭有周式序在位載戢干戈載櫜弓矢我求懿德肆于時夏允王保之（詩時邁）孔子受天命繼周而王爲漢制作文致太平於法得升中於天謹求之孝經孔子作春秋制孝經既成使七十二弟子向北辰磬折而立使曾子抱河洛事北向孔子齋戒簪縹筆衣絳單衣向北辰而拜告備于天曰孝經四卷春秋

河洛八十一篇讖已備天乃洪鬱起白霧摩地赤虹自上下化爲黃玉長三尺上有刻文孔子跪受而讀之御覽五百四十二引孝經右契故感生帝者明聖人之德爲天所生也受天命者明聖人之位爲天所命也封禪者明聖人之治與天合其體也聖人之意其在斯乎其在斯乎然則聖人死乎曰孔子法文王法其生不法其死蓋五行迭代有隱現而無存亡文王陟降在帝左右有與天無極而已郊社之禮禘嘗之義不虛擧也抑又聞之民者冥也爲未見人道書呂刑鄭注蠻蛇種也閩亦蛇種也貉豸種也狄犬種也羌羊種也說文非天之所生矣非天之所生故無性書言百姓不親五品不遜黎民祖飢百姓有五品黎民無五品也知祖飢而已無性故無鬼傳言用物精多所憑者厚矣不能取精用宏者無所憑也非天之所生故無姓說文言古之神聖人母感天而生子因生爲姓此非民之所得有矣無姓故無廟禮不下於庶人也若夫天之子孫天生之天必保佑之其在詩曰嘉樂君子憲憲令德宜民宜人受祿於天保佑命之自天申之詩嘉樂天旣佑之天之子宜有承之其在詩曰昊天有成命二后受之成王不敢康夙夜基命宥密於緝熙單厥心肆其靖之詩昊天有成命承之不善則天將降之罰其在書曰惟命不于常汝

念哉無我殄（書康誥）懼其靡常而祈之則天之佑者永其在書曰肆惟王其疾敬德王其德之用以祈天永命蓋天之於其子孫纏綿往復必不忍以終棄之之有如此也嗟乎去聖久遠百家異說道晦於小成而辨生於末學亡其本矣得吾說而通之如是者謂之天如是者謂之君如是者謂之父如是者謂之政如是者謂之教如是者謂之生如是者謂之死一以貫之千聖百王之道其再顯於世乎

（未完）

更正前篇　第三十五號第五頁十一行過去之臣子也及過去之君父也去字均未字之譌

日俄戰爭之感

觀雲

欲觀其國之人心風俗者。觀於平時不如觀於戰時。

當二十世紀開幕而有日俄之一大戰爭。以全國面積僅十六萬千百九十八方哩。合千島台灣在內人口僅四千七百萬。陸軍平時十六萬六千人。戰時六十五萬人。海軍合將卒三萬人之日本。而與全國土地殆占地球陸地七分之一。面積八百六十六萬三百九十五方哩。人口一億二千九百萬。陸軍平時百十萬人。戰時三百六十萬人。海軍合將卒四萬人之俄國相比例。其土地殆當五十分之一。人口殆當三分之一強。若據小固不可以敵大。寡固不可以敵衆之例而斷。則謂日俄之戰。俄國必勝。而日本必敗者。此從物質計數上之衡量。固不得謂其言之全不當也。

然而事實反之。自兩軍相見以來。海上陸上。互交砲火。而俄國之敗報頻傳。日本之勝音累接。此何故哉。然則戰爭之事。不徒當較量兩國外見之物質。而尤當較量兩國內

具之精神此精神者何即本於其人民與其國家有密切之關係而從其國數千年來之歷史所養成之人心風俗是也

故夫今日世界兩交戰國之間其武器之優劣或均兵卒之多寡或均地理之勞逸或均財力之厚薄或均而所恃以賭勝負者一恃乎其國民之精神而已

今也俄國之戰有爲其圖强大心之所驅者如欲樹東太平洋之霸權而欲鞭笞東亞諸國是也。有爲其貪財利心之所驅者。如部舍富賴沙夫立朝鮮之鑛產森林會社。俄皇及諸太公。亦投資本於其中是也有爲其熱功名心之所驅者。如亞力斯夫釀成兩國開戰之事是也。要之發乎其在上者一二人之私慾而已而非其民之欲戰其兵之欲戰也其不能不戰者士卒以迫於上命不得已耳若夫日本則其戰爭之原因全與此相反曰爲保其國命之生存而戰。何則俄勢駸駸。日長東洋與日本勢不兩立遲之數年。有俄國必無日本。日本以爲戰或亡國而不戰亦必亡國惟戰而博一勝則可以不亡國故曰爲保其國命之生存而戰也曰爲去壓迫而戰。日本以數島懸立海中朝鮮樺太滿洲日本之羽翼手足也是數處而爲俄國所有以凌駕日本則日本不得伸其手足展其羽翼以病名狀之所謂感壓迫性痛者故曰爲去壓迫而戰也曰爲復仇而戰。百年前日俄之葛藤若割換樺太等猶其事之小者。至近十年間事遼東半島日本之所浴血塗腦戰勝而得之物也。而俄以强權詐力攫之而去。方旅順立鷲旂唱俄國萬歲之日日本人有過其下者至今談之猶湧熱血此正舉國上下所謂臥薪嘗膽必雪此恥者也故曰爲復仇而戰也（中國人聽者中國人之土地爲人奪去復仇何日哉）若夫所謂爲人道爲東亞之和平。雖亦可如是云云。然非切近之原因茲故不及。要之其戰也非發於其在上者之一二人之心而發於其民之自欲戰兵之自欲戰其戰爭之發生力謂上爲原動寧可謂下爲原動而上爲被動者差近事實也是故同一戰爭也其原因不同其性質亦從而大不同

彼俄國者集合多數之異民族而成國若波蘭人俄之滅其故國者也方日夜咒俄之速亡而得恢復其故國寧有絲毫助俄之意者耶是固爲波蘭人理之所當然也蓋波

蘭人之所謂愛國者愛波蘭而非其滅波蘭之仇之俄國也若猶太人俄之所虐殺也俄自結怨于猶太人而豈有猶太効忠於俄者耶是亦爲猶太人理之所當然也爲虐我而効死力果有是人情乎非特此也不觀俄國數百年來之狀態乎居其國大部分之斯拉夫人多不得志而德意志種貴族盤據於上（俄國之地方大官多德意志人如域堤蘭摩斯度夫亦皆屬德意志種）故斯拉夫人種大放其不平之聲若託爾斯泰伯亦深抱此憤悶者至於中亞洲及西伯利亞各人種俄國徒以兵力征服占據其地而固毫無休戚之相關者且猶多野蠻種族智識劣陋又若農民之間以生活困難一般多無教育蠢蠢然而不可語國家之事此俄國國體之大略也如是而人民之與國家烏乎有密切關合之情蓋從其精神上以觀固可謂全體之皆屬腐敗者也

是故日本之戰其所以勝俄者非不恃其平日海陸軍之訓練戰術之研究地理之習熟偵探之繁密與夫其國學者本於科學新發明之武器若所謂村田銃有阪砲下瀨火藥及山內之砲架宮原之水管式機關伊集院之雷管小田種子田之機械水雷其

於戰爭收特殊之效果者固爲不可疑之事實要其本原尤有居乎此以上者以精神爲主以物質爲輔而後精神能運用其物質以告成功此不可不察者也

彼夫俄國之哥薩克兵世界轟名之强兵也其騎術射擊曲盡其巧又於世界騎兵中所稱爲無出其右者也其馬匹之驃壯博實趫疾善走又有勝於日本之馬者也且其大砲口徑九珊半其着彈點能至七千五百米突之距離又其速射砲不亞於法國陸軍所用一分時間有二十發之發射力者於九連城之役俄軍委棄速射砲二十八門。爲日本軍所得。法國陸軍以爲大憂。蓋在法國所謂法國式野戰砲者其構造之法極秘密。雖平時演習。當搬運時。尙覆以布使遮人目。惟俄國之野戰砲。差與法國式相似。今一旦爲日軍所得。恐曝露其秘密。故視爲陸軍中一重大之事云。夫俄國於物質上其可數之優點似此然而卒至敗北哥薩克之聲名爲之掃地彼哥薩克兵非勇於前日而怯於今日也其所以致敗者原夫哥薩克之兵本屬一種之蠻人無知無識未受普通之敎育今日者俄何爲與日本戰以何目的而委我於砲煙彈雨之間皆非其所知彼其昔日之所以稱雄一時者多討伐蠻族與無紀律無訓練之人對抗在俄國欲張其殺戮之威而哥薩克兵得逐其虜掠之私故能適當其用耳今一旦與日本兵相遇非獨其紀律之嚴訓練之精哥薩克兵無所施其狼奔豕突之技而已也彼日本兵者當身臨戰地人人以爲千載一遇之機會今得試其快戰而捨其輕若鴻毛之生命捧以爲國而不辭又決非哥薩克兵所能與之久持何則哥薩克兵無其精神故也故卒驚潰紛亂各鳥獸散而敗耳由是言之所謂文明之强兵者不僅關於士卒之體力而尤關於士卒之品性故曰强兵之基在家庭在學校而在兵營者不過其最後之鍊磨場而已誠爲知本之言哉

今覘國之士見日本之强盛羣歸美於變法數十年之功此殆知其一不知其二之言也夫日本之强盛固有賴於變法非變法而必不能收今日之效固也雖然其人心風俗之間決非此數十年之短歲月所能養成毋亦本於其數千年之歷史所陶鑄而醞釀得今日物質之助力益能發舒其本能已耳善乎英人威爾安尼可爾遜評日本海

陸軍之論曰。「日本之海陸軍。取歐洲列强最良最善之制度。而消化以成其用。固也。雖然若日本國人不有其祖宗勇敢之精神與其名譽之感念及其發於忠義愛國不憚犧牲其身以救國家之美德則雖若何取西國之文明模倣而消鎔之欲求其有效果不可得也」此可謂能觀其深者也夫日本之所以强盛者不大有恃乎其人心風俗間耶。

蓋於今日戰爭之時。而其故益可見矣。試略揚其梗槩。夫日本固徵兵也。人人及年。有當兵之義務。其遇戰爭也荷戈而起仗劍而往人人以爲赴國難敵國仇父子兄弟親戚朋友走而相送皆慷慨願其戰死無若兒女子之泣者甚且有未婚之妻遺書相誡曰此行君必戰死毋生還若戰死吾則爲君守節而養父母若敗而生還吾與君絕婚終身不願相見也又有某之父誡其子曰吾一家兒女多然尙無有爲國死難者今兒幸爲軍人得出征其爲國死以貽我一家祖宗子孫之光榮若將校有戰死者。祀於神社於其生平關係之處。懸其肖像。一國之新聞。皆載其履歷。記其行事。而若爲行葬禮。

國之人多有送之者。其戰死之尤激烈勇敢者。或且鑄爲銅像。稱爲軍神。（如近日稱廣瀨爲軍神）而尤欲假其姓氏以名地。而永留其紀念。（如近日欲稱爲廣瀨町等是也）又有救護出征軍人之會。凡其家有軍人出征者。每月給以金錢。或戰死。則濟其遺族。又若某鄉立會爲其鄉出征軍人代耕地工作之事。又若某醫士凡出征軍人之家有病者。自往治療。不取診察藥物之資。又市中各物若出征軍人或其家往購者。多折讓價値。又有若干事業。對出征軍人不取錢者。盖人人以爲軍人出征爲我輩效死而救國。則我輩之待軍人。盡其力之所能盡。固理之所當然也。又有獻納軍資者。非特巨室富家。力任其鉅數。或出其家之金銀器物以益之而無所吝也。雖小學校之兒童年不過八九歲。且有節省其父母所給與買食物之錢。以之獻納軍資者。又若商店之小夥。月入不過數十錢。或數圓。亦有節省其所有以之獻納軍資者。又若貧而無資者。以手工作物而出售之。罄其所得之錢。以之獻納軍資者。此不過陳其大略已耳。其詳則更僕難數。而一國之人心風俗。已於此可見。夫國之人。其待軍人若此。而軍人之自視者。亦以爲吾戰而死。此大丈夫英雄最有名譽之事也以是顯揚於後世而爲宗族交游之光寵吾何辭若敗而生還宗黨戚屬之所不齒更何面目以見故鄉之父老乎此所以人人臨陣有死之心無生之氣也夫此固日本人心風俗之優點也其戰勝之故不在是哉不在是哉夫豈僅恃數十年之變法得物質上之助力而已哉

試一廻想我中國。何其人心風俗若是其大不相同也。夫中國之無徵兵也久矣。兵自兵民自民兵之視民以爲是林林總總皆可以供我之魚肉者民之視兵以爲是一種無賴之生活而如火如荼之映其眼以爲是殺戮之兇煞而非保護之善神也故諺有之曰好鐵不打釘好男不當兵兵與民既分離若是非獨無休戚之相關又甚其憎惡之情焉如是而欲國之强烏可得耶國之不强而望其能成立於生存競爭之世界又烏可得耶且夫戰爭之與文藝互相爲表裏者也雖有偉大之事功勇敢之英傑而無史筆以讚之口碑以傳之詩歌以摸寫之則漸歸湮沒而毫不被影響於社會之間夫國家之所以興盛以有若干之事功若干之英傑留遺印象而鼓舞其一國之元氣者也是故獎勵之與厭惡之而一國人性質之好尙由是大變以吾觀中國之文字所謂極辭翰之美足以感風雨泣鬼神者大都含有厭武非戰之氣味於其中今固不及縷舉而但述其一二名章麗句如所謂弔古戰塲文香山樂府折臂翁等篇又所謂一將功成萬骨枯可憐無定河邊骨猶是深閨夢裏人者讀之何其淒愴感懷悲哀欲絕而令人目不欲見戰爭之事耳不欲聞戰爭之聲而勇敢之氣質亦自銷磨於不知不識之中在當日用意以爲是所以防人君窮兵黷武之心而造百姓生全之福而烏知其應驗乃銷耗國人之志氣而爲亡國弱種之一大原因焉視日本之以櫻花比武士如今年葬廣瀨武夫之時櫻花正開一國文字皆以爲萬花如雪之中。而埋英雄之骨。花與英雄。千古俱香云云。而櫻花武士以爲日本之國粹而有櫻花狂日本櫻花開時人皆醉酒狂警察亦特放數日不禁武士狂者且有以荒御魂居人生靈魂之一者日本古代亦信人類靈魂不滅之說而其所謂靈魂者有二一曰和御魂一曰荒御魂和御魂者仁恕之精神荒御魂者武勇之精神何其尊重武勇之甚也夫國之强非强於强之日而其强也有由國之弱亦非弱於弱之日而其弱也有故我中國之弱今日乃見其果耳而其基因所從來者遠矣今日本勇武之精神多喚起於昔日之武士道武士道者重然諾尚信義輕死生抑强扶弱勇往赴難而以犧牲爲主義者也此在中國言之即墨子之教派而其變而爲游俠者也然而日本之武士道成爲風氣而中國墨教不昌游俠之風亦至漢後而幾絕（司馬遷巨識特傳游俠若後之史家即有義俠亦無人着眼於此者）此其故何哉不適宜於中國之社會而不能生存故也而其所以不能生存者中國人薄於勇武之性質故也夫如振興武士道之山鹿素行。（亦稱甚五左衛門）此其人在中國寧豈少哉。然而山鹿素行之在日本風靡一時。（其徒有赤穗四十七士等）而若生於中國其行事或不掛於人之齒頰其姓名亦恐不芳於後世之歷史也此其事若甚微而烏知於社會之感化力其消息有甚大者哉

且夫今日之戰雖名爲日俄乎而事之起因則固在乎中國中國爲暴俄之所逼壓處於不能不戰之地而不能戰而後日本乃迫於勢之不得已而始起而戰爾不然。今日之戰固中俄而非日俄者明也且是姑不具論。即曰日俄之戰，而此一戰也固有黃白之關係亞歐之關係且其結局仍必歸本於中國然則我國人固不當視爲隔河之火

災而以爲禍福皆無與於已事者然而在日本國人之中雖輿夫下婢乳臭之子無不知有露西亞者無不知今日日本與露西亞戰爭者無不知今日日本大勝露西亞者兒童中多有游戲演日露戰爭之事而在我中國下等社會中人勿論雖搢紳讀書之士尚有不知日俄之戰者有知其戰而不知其爲何事而戰者戰之孰勝孰敗於我中國有何等之干係者蓋夢夢者不知其凡幾焉然此猶曰他國與他國之爭朝廷既自立於局外而上諭告示且禁謠言惑衆淆人聽聞矣日本以與俄國交涉往復文書宣示議院而中國不以國事開示人民惟以禁謠言爲重大之事使人民墮於五里霧中而不知其愚民之罪大矣○近尚有人以日俄戰爭謂日本與中國開仗者或解之曰今日本與俄羅斯開仗非與中國開仗也子何誤之甚也其人曰否吾非誤吾昔進京謁某老師某老師謂余曰今東三省皆是中國官吏有將軍有道台外間謂俄羅斯管理者皆是謠言然則今日本兵攻打東三省地方非與中國開仗而何解之者不能答而若甲午中日之戰庚子義和團之戰割地賠款喪師辱國至於若是其極而我國人尚不知之者吾觀日本人所著北清觀戰記。其中有云。「余自北京之煙台。怪哉。山東與順天近隔咫尺而此間竟若太平無事人民間殆不知有戰爭者詢余以北京近事。余告各國聯合軍大勝。京城失守。兩宮蒙塵出奔孰知乎凶聞若此彼等平然直若不甚介意者到底愛國家之心不可望於支那人」

云云讀之令人慚汗欲絕。嗚呼。彼以輿夫下婢乳臭之子所視爲切心厲目之事而我國之大人先生且不知也然則我國之大人先生其智識與教育不且出彼輿夫下婢乳臭之子下耶此關乎國家之强弱存亡者豈細故耶

且夫俄之辱中國也甚矣詐欺蠻暴無人道之行雖罄南山之竹以書罪竭東海之水以洗憤豈能盡哉然而中國之於俄也有唯諾無辯難有承認無抗拒事之如帝天而畏之若鬼神甚或倚爲親戚託以腹心而有盲目之聯俄派出焉俄以非理待中國而中國不以爲仇而反以爲好焉此其現象可謂怪也已矣若夫日本雖俄人之稍加以睚眦而即有拔劍而起不與共立之勢此其事甚多不能悉舉今但據一軼事言之。夫當俄皇尼古刺士爲太子時。游於日本而爲一日本人所鎗擊者。此人人所記憶之事而尋其鎗擊之故。果由何發端乎。則嘗聞之。太子來游日本至琵琶湖眺覽風景欣賞無已顧謂其侍從曰。何日得於此地設離宮乎。左右皆迎合太子之意。一笑而答曰。如聖慮當不出數年之中警吏田三藏素習俄語。聞之。不勝憤慨。遂伺隙。鎗擊俄太子。中頭

部。雖得治愈。而腦尚帶傷。今歲日俄開戰。俄兵記號。須以俄皇在日本受鎗傷醫治頭裹繃帶時之肖象。蓋不忘前仇也。夫日本人民於俄之辱其國也。雖一言一語。尚挺身而鬥。不惜其死。而在我中國人。雖呼我爲牛馬。驅我若鷄犬。而亦莫之與較也。民氣之强弱。其相去之霄壤。固有若是其甚者哉。

日本某君演說於清華學校也。其對中國學生之言有曰。余讀揚州十日記。嘉定屠城記。深歎支那人種。當在天行淘汰之列。夫當日揚州城內。尚有人民八十萬人。清兵來者。不過數千。以兩人敵一。可以殺死四十萬。即以十人敵一。亦可殺死八萬。而人心渙散。惟思逃避以延性命。此所以卒爲滿人所屠戮也云云。誠哉是言。使以日本人當此。其必抵抗也必矣。夫以刀伊之侵入日本也。而敗。蒙古之侵入日本也。而敗。

蒙古侵日本之事。史多載之。刀伊之事。知之者略少。茲述如下。

刀伊者。滿洲人也。當日本後一條帝寬仁三年。三月廿七日。以兵船五十餘隻寇日本。擊對馬島。破之。襲壹岐。殺島守藤原理忠。又盡殺全島之住民。惟僧常覺一人得遁報告於太宰府。四月七日。進寇筑前國怡土郡。刧掠志摩早良二郡。到處燒家屬牛馬鷄犬。奪略米穀財物。斬殺老幼。生擒男女四五百人。時太宰權帥藤原隆家患目疾。且事起不意。倉猝令諸將守、欒文室忠光、多治久明等與敵苦戰。八日刀伊侵入博多灣。奪能古島。九日欲進燒太宰府之警固所。不果。船歸能古島。轉而燒箱崎宮。日本以弓隊備之。十日十一日。共烈風。刀伊船不能進。據能古島。隆家命整兵船三十八隻向敵。十二日。財部弘延等復能古島。刀伊退避於外洋。十三日。更侵肥前國松浦郡。前肥前守源知。擊卻之。刀伊志不得逞。乃遁歸。當時刀伊所用之船。長約八九尋至十二尋。每船具三四十之楫。乘兵約五六十人。皆手楯。前者鋒。次者大刀。後者持弓箭。箭之長不過一尺餘。而射力極强。能穿楯而貫人。其人皆勇猛果敢。跋涉山河。敢爲殺戮。銳鋒不可敵。日本雖力戰擊退。然軍人之被殺害者三百八十二人。被生擒者千二百八十人。此外生還者僅三百人。牛馬被奪者百九十九頭。此刀伊蓋即中國史所稱之女眞。始稱黑水靺鞨。今之淸朝即此種人也。自此次入寇日

本後約八十年國號金侵入中國攻宋竟領有中國土地之半後元人起與中國之南宋皆見滅於蒙古

而我中國則一度爲滿洲之金人所攻不能敵而亡其國之半再度爲蒙古之元人所攻不能敵而國全亡三度又爲滿洲之淸人所攻不能敵而國又全亡夫明末之滿洲人其兵之强决不能與元時之蒙古人比也誠如日本某君所言以二敵一以十敵一人人皆有抵拒之團結力而無逃避之志彼滿人其能盜有中國一片土哉試觀今日之滿人其東三省故土爲俄人所蹂躪俯首帖耳而一無可爲其畏懼俄人也直不啻若犬羊之對虎豺幾若俄兵之强固無有能敵者矣然日本起而掃蕩俄人若是其易易也然則明末之滿洲人亦幸乘中國之弱而得掩有此大地爾若中國人種而亦能如日本人種之强悍此可决滿洲之必不得逞志於中國者夫當日僅有半個日本人種之鄭成功（鄭成功父中國母日本人）尚能與滿人角抗於殘山剩水之間而灑亡國英雄之血以壯神州之色不亦足羞我中國之全體人哉

民族武勇精神之消長即民族所以盛衰之大原因也吾一不知夫雄偉轟烈之民族轉而爲疲苶蕭瑟何若是其易也試觀蒙古當成吉思汗崛起之時凌歐轢亞其威若雷霆其勢若風雨何其盛哉然不數百年而崢嶸之氣象銷歸於無何有之鄉其所創立之四大帝國亦多瓦解而子孫復退嬰於故土之喀刺和林以保其餘喘何其衰也試觀滿人方興起於長白山之初雖不及蒙古之强然以遼瀋一隅能抵抗明室卒乃乘亂竊取掩有華夏以覆蒙藏威棱四溢雖多邀天之幸乎而執弓矢以從龍之八旗子弟因亦一時多不愧巴圖魯之名然不數百年至洪楊起事已不能保有中國賴漢人曾左之力而克復之乃得晏然復享其天位至於近日所謂祖宗發祥神聖同視之東三省長委棄於哥薩克兵馬蹄之下而帽兒山四禁之地不復能自持其鎖鑰并其他日所豫留之根株地而斷送之愛親覺羅氏以帽兒山附近爲四禁之地禁移住禁開掘鑛山禁採伐森林禁漁獵總總富源皆被封鎖蓋其意豫備他日爲中國所逐不能窃據燕京則退而保守此地以延國命至近日俄人窺其富藏乃謀開發從前禁令一切皆爲俄人所破又何其衰也而試以我族言之秦漢以前實爲地球第一等國兼希臘之文學羅馬之事業而並有之而北卻匈奴南擯苗蠻西抑

羌戎我歷史上榮譽之光明至於今猶赫赫然自秦漢以後有退縮無長進而遂爲五胡爲契丹爲女眞爲蒙古爲今之滿人及歐洲之列强攙奪其河山而管轄其人民際子孫積弱之世而遙憶祖宗熾昌之日能無我歌且謠涙盡泣血乎是又何其衰也而總其所以致此之由則多緣武勇之精神銷亡故也是故一國之有武力也猶萬物之賴有愛耐盧尼也日本以富於愛耐盧尼之故而遂成爲少壯之時代我中國以乏於愛耐盧尼之故而遂成爲老弱之時代一盛一衰其樞紐蓋多在是也

我國歷史固不乏光榮之事而其所缺陷者無武功絕特之英雄是也夫如希臘而有馬基頓之亞歷山大如羅馬而有該撒如阿剌伯而有穆罕默特如蒙古而有成吉思而我國統一之朝以秦與漢唐爲最然秦始皇手平六國。而兵不伐匈奴僅築長城以衛之欲以是保子孫萬世之業其可笑孰甚焉漢高祖身歷戰陣。亡秦滅楚。然一與冒頓遇。而白登被圍。謀臣猛將無可爲計。僅賂閼氏而後得免。至歲奉絮繒酒米食物。約爲昆弟。而嫁以宗室女公主。以創業之主而所爲若是誠萬世之羞也武帝懷抱雄心。

欲攘斥匈奴。使不復振。永絕後患。而開通西域。漢威外揚。其功多不可沒者。然其用兵。若衛青霍去病之師。不過勝負得半之數而已。唐太宗天才俊發。戰謀武略。卓然可稱。然不能終高麗之役。於一生之大業。多遺憾者。至於宋之太祖。終不能復燕雲。明之太祖。亦未盡鏟元裔。其規模固遠不逮漢唐。又若近時之曾國藩。洪楊既平。身膺爵賞。志願亦畢。可謂器小也矣。且夫我國之所謂武功者。幾若有天然之界限。龍爭虎鬭。大都不出中國方罫之內。未有欲窮天之所終。地之所盡。策馬峰頭而作天下更有何國可向之想者。故雖以文化遠不及我之蒙古人滿洲人。而若元若清。其疆土之廣大。且過於我種所建設諸朝之上。此不能不恥武功之不及他人。而我種之弱點。固於此而留其證迹也。

近日日本之國民新聞。有日本人與支那人題之文一篇。足以鞭策我國人者不少。茲摘譯如左。

支那人者。非武勇之國民也。彼等之歷史。遁走之歷史也。賄賂之歷史也。敗北之歷史也降服之歷史也自周至清亘三千年。一中土文弱之支那人向北邊獰猛之蠻族人叩頭之歷史也周之平王。何爲而遷都。爲避西方之戎非乎。秦始皇何爲而築萬里長城爲避北邊之胡非乎。支那之詩人。詠漢廷以宮女和番。其詩曰。漢家天子鎭寰瀛。塞北羌胡未罷兵。猛將謀臣徒自貴。蛾眉一笑塞塵清。吾人取而讀之。而有以得支那歷史之管鍵矣。（中略）又曰。支那人之武功往往假外人之力例若石敬塘假契丹之兵。以登帝位。而賂契丹幽燕十六州。後之史家。多非難之。（遼金元清皆由幽燕而入幽燕遂爲禍水之門矣）唐之郭子儀。借回紇之兵。以戡定安祿山之亂。而回紇之驕暴不可制。杜工部之詩曰。韓公本意築三城。擬絕天驕拔漢旌。豈謂重煩回紇馬。翻然遠救朔方兵。胡來不覺潼關隘。龍起猶聞晉水清。獨使至尊憂社稷。諸君何以答昇平。解者謂此詩以回紇恃功。侵擾中國。而責諸將之不能任君之憂也。近則若李鴻章賴戈登將軍之力得以平長髮軍非事之同出一例者乎（中畧）（日本當維新時藩幕交爭然各不肯假用歐洲之兵力日本人謂若當時一假歐洲兵力則今日已無日本矣）又曰。支那者。以家族爲本位所謂國家者不過一種之夢幻相似故論支那人國家觀念之厚薄云者。不免迂濶之識。何則此問題。非厚薄之謂。而有無之謂也。而吾人直不認支那人有國家觀念之存在。此非酷評也。試詳讀支那之歷史。彼等惟認識强者之權服從實際之權而已。主權者之爲誰。人固不問也。彼等所最重者生命與財產而已。若能安全其生命保護其財產者。無論何人。皆可服從。而無所擇也。（若庚子北方之亂地方上稟於洋兵請其保全村落其稱西官或寫爲王或寫爲大人）否則不與之安全保護。而以暴力壓迫之。無如何而亦服從者也。（中略）又曰。自伯夷叔齊。至文天祥等。雖有幾多殉節之人。爲支那歷史之光。雖然彼等之節義。固對國家而有獻身之精神乎。抑將有他之理由乎。雖於其中。不得謂其全無國家觀念之人在。然就其概數而觀察之。寧不過謂食人之祿。死人之事而已。若其眞有國家之觀念。存於中而與國家之存亡共存亡者。殆未易得見也。（中略）（縱觀二三千年歷史死難之臣大都若奴僕之殉主人而已知有國家而爲之死亡者蓋少此言固非苛論）又曰。支那者。有社會的秩序。無國家的秩序。有家族的團結。無國家的團結。有鄉土之愛著心。無國家之愛著心。自彼等之眼視之。不過見有支那人共同之文明。共同之風俗。共同之習慣文字言語一團之人種而已故彼等者但有愛鄉心而無所謂愛國心也蓋素無國家之觀念則愛國心自無由而生也（中畧）又曰欲證支那人之無愛國心。於文字間而可知矣。夫以彼文字豐富之國而愛國之文章殆不多見或云盡忠於社稷或云致力於邦家夫社稷者現存主權之傳統邦家者政府統治之範圍主權與政府何時皆可得而變更之非若國家之不可得而變更也乃若支那人者雖至變更其國家迭往迎來毫無所疚於支那之公德上若無所妨者（按中國人主權政府與國家之界限不能分主權政府之變更與國家之變更視若一例）即有眞正愛國之士支那人視之亦不過爲奇人傳中之一人物而已（中略）又曰。支那人者有孝之觀念少忠之觀念蓋彼固以家族爲本位故也中國所以衰亡之原因無他誠在乏愛國心而已然其所以乏愛國心者以中國人專知愛家故也其所以知愛家而不知愛國者以中國數千年來皆用家族主義之敎化而無國家主義之敎化故也百行皆原於孝移孝可以作忠忠者孝之餘耳萬化皆始於家治國必先齊家國者又家之餘耳其結果遂至個人之與家族其利害密切相關而個人之與國家泛泛然若浮萍之相遭既無休戚與共之誼亦無痛癢相感之情國家既漠視其人民而無保衛之責人民亦淡忘其國家而無愛戴之情若近日文明各國之人得受國立之敎育得興國助之職業（受國之津貼者）得用國立之公共事機（若鐵道郵政又若圖書館公園等）其享有之幸福中國人直未嘗夢見耳故文明國人之愛國家宜也非國家不能生活也中國之所以不愛國家者彼固恃其家族以生活而非恃其國家以生活也且以重家族之故而家族之與國家往往有利害不能相容之處列若戰死愛國者以爲義務以爲榮譽而從家族主義言之直一不幸之事而已大官厚祿家族之福者顧及國家公義有時不能貪官祿以誤國且有時不能不捨棄其官祿此又愛國者對於國家之道德所當然而從家族主義言之毋寧負國家而必不可棄官祿何也棄官祿則於家族爲不幸事也故家族之念重則國家之念自輕國家之念重則家族之念自輕知此而中國數千年來所謂德行所謂宗教至今日未收其利而徒受其害其故蓋由此耳（此事余有著書以詳論之但與中國社會向所崇奉之宗教家言成一絕對之大衝突故暫不欲以之問世）其所謂忠又非如吾人之所謂忠而爲國家奉獻身之精神也（後略）

是故以變法而言歐西之文物制度器械技藝日本以師倣數十年而已得收其效用我中國之所欠者若僅需此乎則寬假以數十年之歲月亦必能告成功此可斷言者也特國家所以興起之故其本原每不在物質間而在精神雖曰有精神而無物質猶人之有腦而無耳目手足者等其不能運行固也然人同此耳目人同此手足而靈鈍智愚若是其大不同者卒不能不歸本於精神之不同故夫一國之人心風俗間可稱爲精神者而果有優勝之點乎吾決其接觸於外界之文物制度器械技藝吸取而融

化之以爲己用固易易也若夫人心風俗充塞以腐敗之空氣則雖遭逢文明之事或扞格而不能相容或强學之亦形表是而神明非而終皆窳廓落以歸於無效（如中國近日辦學堂等事）夫使改革人心風俗而果如文物制度器械技藝之易辦也則雖謂天下無不可新之國可也然而此浸漬薰染之習積微入深不知經若干之歲月非掃除而廓清之則事不可爲而欲掃除而廓清之竭智盡慮而吾尚不知其下手之何從雖曰天下無不可爲之事然而吾知其難吾念及此吾又安能不爲中國前途懷戚戚之憂也

自日俄戰爭以來而日本屢勝每捷音至則賣號外（新聞社於日報以外臨時得信則印刷號外發賣以供衆覽）之聲鏘鎗聒耳於戶外在日本人之得勝報也榮譽心與愛國心幷現鼓舞歡忻自不能已而余也異邦之人也以種族地理上之關係言之白種勝乎毋寧黃種之勝歐洲勝乎毋寧亞洲之勝雖余也聞日本之勝固亦不能無愉快之感於心雖然此戰勝之事因吾之鄰國而非吾之本國吾之同種而非吾之本種也以爲苦而其中若有甘焉以爲甘而其中又若有苦焉五情醇陶不可得而摸寫不可得而形容無以擬之姑取諺之一言

所謂洞房花燭夜隔壁者聊足想像其萬一耳。嗚呼。日本勝矣黃種勝矣亞洲勝矣吾不能自解其何故而哀樂之交集於五中也。

若夫爲中國之利害言之。使俄勝日本。則東亞無國。黃種無人。非獨中國亡而日本亦不能自立已矣。其無可復言矣。若日本勝俄。則其事變略可得而言。其一。列國均權以中國爲公開通商之地。而扶助其朝廷之秩序。抑壓其民黨之變動。以保東亞之和平爲名。實則各便其己國。而我中國之本種人。乃永無自立之日矣。漢人之上壓以滿人。滿人之上壓以列强。兩重奴隸之下而求生活。此由今日之事變而其結果或如是者也。其一。則俄人雖敗於日本。然而以視漢人所匍匐拜跪事若帝天之滿洲政府。則俄人貌之固猶蟣蝨也。已不得志於滿洲。則必圖逞於蒙古新疆。掩取中國之北方。以雪舊恥而償前利。果若是也。則法必出廣西。德必由山東。英美日本亦各由其權力所固有之地。而華土神州。臠割以飽列强之食慾。此又由今日之事變而其結果或如是者也。夫此猶據變象之易測者言之。若夫不測之災。更有非今日之所及料者。要之人未有不能自生而能藉他力以生國未有不能自立而能藉他力以自立者也是則日本勝俄之後而隔東海碧波相映相望之中日兩國日本在笑聲之中而中國固在哭聲之裏矣

瓜分者痛心之一語而保護者尤痛心之一語也夫固無論陽爲保護而陰實吞噬也即使其保護之誠有若慈父之於赤子是固保護之無加其上者矣然試問父之於子其權有不操之自父者乎是固無責焉何也不如是則不能盡其保護之實也且也子之對父有不恭且敬者乎夫此固在父子之間可也若國與國之間而欲此國之事彼國有若子之事父其可乎其不可乎是可忍又孰不可忍乎哀哉日俄戰爭之始而朝鮮一保護國出現吾懼日俄戰爭之終無論爲一國之所保護爲各國之所保護其保護之道不同而又將有保護國出現焉夫瓜分之恥人人能言之而烏知保護之尤可恥瓜分之悲人人能知之而烏知保護之尤可悲今我國之士大夫所涕泣而道者曰瓜分曰瓜分吾恐至慘極凶之事在瓜分而至慘極凶之事尤在保護也

以保護之名詞或修飾於字句之間則曰保全保全之與保護其旨一也日俄戰爭之局終而滿韓之問題定滿韓之問題定而中國之問題起夫列强果如何而處置此問題乎則刀在殺人者之手非被殺者所得而知亦非被殺者所得而問也雖然今且揚其共同一派之聲曰中國者其門戶可開放其領土可保全者也夫以中國之土地中國不能自保全而有待於列强之保全則固前言之矣雖出於誠心之保全其狀態爲若何之狀態境地爲若何之境地乎從前有約昆弟者有稱叔姪者今則直當名爲主僕雖然使僅奉主僕之名猶之可也可畏者彼不欲有主僕之名而欲有主僕之實耳取譬不遠朝鮮是也埃及是也夫波蘭瓜分者也朝鮮埃及皆保全者也中國之前途或與波蘭同或不與波蘭同而與朝鮮埃及同波蘭之與夫朝鮮埃及果孰優而孰絀耶要而言之國不自立萬事已矣尙何言哉尙何言哉

噫天作風雲我輩無用武之地人非木石他鄉多洗淚之時我邦諸友亦有匿懷喪亂同此慨歎者乎是則覽此文也又將泣涕數行下也

學說

近世第一大哲康德之學說（續第二十五號）

中國之新民

前號本篇記康氏所提三大問題一曰魂二曰世界三曰神前二端旣經譯惟神之一問題涉於宗教家言泰西所爭論最劇者而吾東方不甚注重且康氏亦未下判斷不過爲推度之辭耳故今闕之續以本論　譯者識

論自由與道德法律之關係

康德曰。凡帶命令之性質者。皆可謂法律。命令有兩種。其一曰有所爲者。其他曰無所爲者。譬諸語人曰爾欲爾康强則愼爾飲食節爾嗜欲此之謂有所爲蓋其命令中必含有一目的者存意曰必如此乃足以達而目的不然則否也雖然彼之欲達此目的與否則因其人所得自肆矣有人於此甘自罹疾苦而不悔者則雖日夕自耽於伐性之斧自湎於腐腸之藥固非他人所得而禁也凡以利益爲目的者皆屬此類皆謂之

存所爲之命令有所爲之命令與道德釐然無涉也

若夫道德之責任則異是凡曰責任云者皆非有所爲而爲者也不得以之爲（論道德之責任）手段而求達他之目的者也何以故手段卽目的故譬諸語人曰尊重爾之自由無或放棄則所謂尊重自由者非其手段也何也舍其所尊重之自由之外更無有他目的者存也（案愼飲食節嗜欲之命令則爲欲康强之一目的而發也故謂之手段）凡道德之責任皆屬此類蓋其所負之責實貴重而莫京與他種利益絕比較非如彼行手段以求利益者或趨或舍聽吾之自擇也然則道德之責任何爲而若是其可貴耶康德曰道德之責任生於良心之自由而良心之自由實超空間越時間舉百千萬億大千世界無一物可與比其價値者也

案康德所說自由界說甚精嚴其梗概已略具前節卽以自由之發源全歸於良心（卽眞我）是也大抵康氏良心說與國家論者之主權說絕相類主權者絕對者也無上者也命令的而非受命的者也凡人民之自由皆以是爲原泉人民皆自由於國家主權所賦與之自由範圍內而不可不服從主權良心亦然爲絕對的爲無上的爲命令的吾人自由之權理所以能成立者恃良心故恃眞我故故不可不服從

良心服從眞我服從主權則箇人對於國家之責任所從出也服從良心則軀殼之我對於眞我之責任所從出也故字之曰道德之責任由是言之則自由必與服從爲緣國民不服從主權必將喪失夫主權所賦與我之自由（若人人如是則並將有主權的國家而消滅之而自由更無著矣。）人而不服從良心則是我所固有之絕對無上的命令不能行於我此正我喪我之自由也故眞尊重自由者不可不尊重良心之自由若小人無忌憚之自由良心爲人欲所制眞我爲軀殼之我所制則是天囚也與康德所謂自由正立於反對的地位也

又案王陽明曰。「一點良知是汝自家的準則。汝意念着處。他是便知是非便是非。更瞞他些子不得。汝只要實實落落依著他做善便存。惡便去」是亦以良知爲命令的以服從良知爲道德的責任也陽明之良知即康德之眞我。其學說之基礎全同。

康德又曰就令天命不佑。使我抱一善意而不能實行。或竭力實行而無其效。但使常保持此志而勿喪失。則自能篤實光輝。坦坦蕩蕩。何以故有效無效於善意之分量無

所增減故其價値全存於自由中故案凡行一手段以求達一目的者若所目的不得達則手段爲枉用若踐履道德之責任者即以踐履此責任爲目的旣踐履則目的已全達矣故此後之有效無效於本體之分量價値毫無增減其理甚明

康德又曰人苟自持其自由之善意則天下之利益莫大於是蓋以其與己身不可分離實己身中最崇貴之品之所寓也又曰凡物之價値皆以有所比較而生故得計算之曰甲事之利益幾何乙事之利益幾何因得比例輕重以爲趨舍自由之善意則絕比較絕計算者也故曰善人之聲價惟他善人得與之齊若加乎其上者天下無有也此道德之制裁所由生也

是故自由者自以自爲目的自以自爲法令惟自能實守此法令者乃能實有其自由質而言之則我命我使勿受我以外之牽制而貫徹我良知之所自安者云爾是故威權也自由也立法人也法律也主也賓也皆合爲一體無差別相所謂中立而不倚強哉矯者正在於是是故講學者苟以眞我之自由以外之物爲目的雖有善言終不免

於奴隸之學此康氏一針見血之教也

康德據此學理。乃爲簡易直捷之格言三條以垂示後學其一曰汝之自待及待一切人類當視之爲自由的善意之化身尊之重之故以他人爲目的可也以他人爲手段不可也何以故我有自由的善意人亦有然故如奴隸制度之社會無論其體裁如何要之皆以人爲手段天下之可嫉莫此甚也

故康德推論道學之極則。謂宜合全世界以建設一「自由的善意之民主國」夫然故各人皆互以他人之行爲。爲目的而莫或以爲手段若是者亦名之曰「衆目的之民主國」衆目的之民主國各人有互相崇重無互相利用者也即盧梭所謂人人皆立法者皆守法者。人人皆君主皆臣從也。

於是乃爲第二之格言曰。『汝之自待及待他人皆當求在此衆目的民主國中備有可爲君主可爲臣庶之資格』此資格之標準何如。吾每一動念一舉事必自審度曰此念此事果可以爲此種民主國之法律否此最簡單直捷之試驗法門也其可爲法律者則是合於道德之所命令也不然則否也譬諸有人於此。受他人金錢之寄託而

私乾沒之若是者可得爲此衆目的民主國之法律乎果爾則誰復肯以其所重齋者託人也由是觀之凡不信之類終不可以爲法律蓋人之無信者其意以爲已獨不信而望天下人之盡信也不爾則於已無所利也而天下之決無此事豈待論矣準此例之則夫所道德的法令之標準者釐然可見矣於是康德乃更示第三之格言曰『汝欲有所爲當務使之可以爲通用於天下之法律』

康德又言尊重人身而無或以之供我之手段是不特爲道德之基礎而已亦制度法律之本原也蓋法律有二種一曰制之於中者則道德是也二曰制之於外者則尋常所謂法律是也尋常法律之所目的凡一切責任非在身外者（案謂人與人之交涉也）則不干預之何也身內之責任非以他力所能強制者也而推原權理之所由立罔不起於尊重自由之一要義兩者相互之間而各皆欲保有其自由勿使放棄此法律上之權理所由生也故康德關於權理之學說復有一格言曰『汝當循法律上所定者以使汝之自由與他人之自由相調諧』即所謂人人自由而不以侵人之自由爲界也

康德曰凡號稱權理者必含有強制力之意義過有加障害於他人之自由者則行

威力以壓制之是不得以侵人自由論也雖然。欲使此强制力行之而適當則（第一）當使所行之地位程度與行抑制者之自由相應（第二）則當使與受抑制者之自由相應如債權者對於債務者之抑制則不得云侵害債務者之自由何也。彼當乞貸之始訂其償期及期不償則任債主之處置斯乃彼所預認也然則非債主抑制彼而彼躬自抑制也故循康氏之法律學說則雖在抑制手段之中仍保有獨立自尊之鴻指此論實發前賢所未發焉矣

康氏之政治論。殆與盧梭民約之旨全同。而更以法學原理證之。其論法理上之私有權也曰凡私有權必起於社會制度既立以後當其始也衆人以土地爲公有無或有定主以專其利雖然。其弊也爭爭則亂於是乎相共而立此疆彼界各自名田之約而此約又非公認則無其効也於是乎必於其先而更有結羣建國之一約存焉是即國之所由立也故當未立國之先所謂私有權者不過一假定之物其得成爲一神聖不可侵犯之權理者則民約建國以後之事也此等理想。殆皆祖述盧梭而加以引伸發明而已。

康德又謂今之所謂國際公法者其起原全與民法同蓋國與國之交涉人與人之交涉其道一耳國國皆自由自主而莫或服屬於他國甲國毋得以乙國爲自利之一手段是國家獨立自尊之大義而國際法所準據之原理也

康德曰今者兩國有違言動輒以干戈相從事此野蠻時代之惡習也凡生於今日爲各國國民之一分子者宜各自振厲務滌改之以進於文明此人道之責任也夫野蠻時代人與人之交涉而往往有決鬬也以無完備之法廷以爲之裁斷也今欲免國與國之決鬬則不可無完備之國際法廷今雖未能至猶當孜孜焉準備以待來者於是康氏乃有永世太平論之著

永世太平論之綱要凡五大端

(一)凡邦國無論大小不得以侵畧手段或交易割讓賣買等名義以合倂於他國

(二)諸邦不得置常備軍如現時之積習

(三)一國中有內訌而他國以兵力干預之者在所必禁

(四)各國皆採民主立憲制度以此制最合於最初民約之旨且可以鞏固全國人

自由平等之權理也

各獨立國相倚以組成一大聯邦各國國民相輯和於國際法之範圍內若有齟齬則聯邦議會審判之如瑞士聯邦現行之例

（五）

或難康氏曰茲事美則美矣然實行之日終可得望乎康氏曰此則非以强力所能致者惟民德與民智兩者日進於光明可以得之夫人之有欲也斯其爭之所由起也若智慮益進然後知眞利益之所存乃恍然於昔之所爭者自以爲利而實乃害之甚者也於是廢然返焉故於人生有欲之中而强兵之萌芽乃潛滋暗長於其間則造化之妙用也

（完）

極東問題之滿洲問題（續前號）

觀雲

俄國內部情形及其近來之政策

徵俄國之歷史其累代相傳無非以外張其國勢爲政策故拓地開疆海陸軍之勢力蒸蒸日上而直躋於全地球一二可數之國然試從一方面而窺其內治壓制乖戾腐敗陰慘僅恃威力以保持其現狀而基礎實有隳壞之憂故其一國之政論有以改良其政治爲先而主內治論者有以勢力不可不外伸而外伸其勢力之處營極東毋寧營近東而有主近東之巴爾幹半島論者有主近東之中央亞細亞論者而其對於極東之滿洲也有主消極論而以滿洲爲不必要者有主積極論而以滿洲爲必要者積極論中其欲取滿洲之主張也同而其中有分爲文治派者武斷派者武斷派中又有分爲漸進派急進派者文治派之對滿洲也常注意於內外之形勢而欲避其出於用

兵之一途故有唱滿洲撤兵之說者武斷漸進派中亦以滿洲一部之撤兵爲不得已之事而有主附還南滿洲占領北滿洲者至武斷急進派者反對滿洲撤兵而又無南滿北滿之分絕對持滿洲不還附而解決極東之問題一以武力爲主直不容有絲毫讓步之處此其一國持論之大略也

於諸派中其屬內治論消極論者不過居國中輿論之少數而於政治上之勢力甚微而以近日消長之大勢徵之近東論派亦漸屈於極東論派之下觀於今歲巴爾幹半島之殺害俄領事也俄國若欲討伐土耳其乎則有事於近東而於極東殆有不能兼顧之勢若欲專力一志以營極東之一方面乎則於近東不能不示多少之讓步而求和平之結局而觀俄國於此兩難之間持重審慎而其決定之政策卒主於急極東而緩近東故其對土耳其也雖聖彼得堡之新聞日日攻擊土耳其而鼓吹興問罪之師然於實際之交涉僅索少數之條項爲土耳其居於理屈之地所必能遵從者而近東倉卒之變端卒不以此而牽制其極東進取之志此已示俄國經營之一方針全注於極東而國中政論近東論派遂爲極東論派之勢力所壓倒時也

於極東論派中文治武斷常互相消長而距今以前常有文治派占優勢之時觀於結還附滿洲三期撤兵之條約此正與文治派滿洲撤兵之說相符合者玆述其條約之要旨於下

第一條　俄國於滿洲如占領以前之狀態其主權還歸中國

第二條　中國政府於滿洲任保護俄國人民及事業之責以此俄國於十八個月間其軍隊全從滿洲之地撤退分爲三次限期於初六個月以內撤盛京省西南部至遼河地方之兵次六個月以內撤盛京省殘部及吉林省之兵最後六個月以內撤黑龍江省之兵

第三條　於俄國軍隊不撤退時中國分配軍隊之地點及其兵數以中俄兩國將軍協定俄國軍隊悉撤退後中國軍隊之駐屯地點及其兵數中國政府自由選定而其兵數當告知俄國

第四條　山海關營口及新民廳之鐵道返還其所有主

此條約也雖俄人之用意不可知或以此示俄人無利滿洲之心餌清政府以好意而

六五三六

後得乘間肆其要求以饜其大欲。雖然。俄國前此屢迫與清政府訂密約。據所外洩之條欵。多含危險。爲列國數次所抗議而不得成。最後訂此一約。無大要求而有撤兵歸還之詞。以條約之明文視之。固不可不謂與前此之密約異其作用者也。夫俄亦何所爲而能若此乎。攷其時英日同盟實於是年（千九百二年）之一月三十日成。俄於東方之事羽翼未成。不能不有所顧忌。以避英日合力之反抗。故還附撤兵之約。即伴英日協約而起。而訂於是年之四月八日。以文治派之素主撤兵立論。而是約乃如其所言。固不可不謂文治派一時之勝利也。然自第一期撤兵履行之後（千九百二年十月八日）至屆第二期撤兵（千九百三年四月八日）即當撤金州牛莊遼陽奉天鐵嶺開原伊通長春（寬城子）吉林寧古塔琿春阿什喀（阿拉楚喀）哈爾賓等處之兵之期者。而俄國頓翻前約。不肯撤兵。而迫清政府與訂新約。其約文之要旨如下。

（一）中國於東三省之地。不得有賣卻於他國及租貸於他國之事。

（二）從營口至北京沿中國之電線。信俄國得中國之承諾。可架設別線。

（三）以何等之名。中國於北清不得傭聘他國人。

(四)於營口海關稅歸華俄銀行管理。其稅關長必用俄國人。并管理該稅關檢疫事務。
(五)東三省於營口以外之地。不得開放許他國貿易。
(六)於蒙古行政組織。如從前。同不得有變更之事。
(七)於團匪事件以前。俄人所收得之權利。毫無減損。
此條約也。實置滿洲於俄人掌握之中。名雖還附。實與不還附同。而各國亦爲俄國排斥於滿洲之外。故英日美三國。咸起而抗議。令中國不得畫約。美國又使其駐俄公使直接問於俄廷。俄國遂不承認有此新約。謂揑造而無其事。而滿洲撤兵。亦不踐約。蓋恐一旦撤兵。主權復歸於中國。中國得以其地許人。而使俄國不得壟斷全滿洲。以置於獨權管轄之下。而棄條約如敝屣。則固翻俄國之歷史。屢演此無信實之事。而不以爲奇者也。又非特不遵撤兵之條約而已也。反亟亟增添兵力。而大示威武於滿洲之野。於屆是期不撤兵後。增派極東之軍艦。其於一年之內。其噸數異常增加。又從西伯利亞鐵道。陸續輸送陸軍及兵器彈藥。爲派遣二十萬兵之計畫。而於旅順浦鹽斯德兩軍港晝夜趕工增築砲壘於琿春遼陽其他各要地皆築砲壘顯以强力示永遠占據滿洲之事而於一面又迫清政府與訂密約蓋於未訂密約前之滿洲則以兵力據之於既訂密約以後則可以中國之許與權利爲詞而爲俄人之既得權列國固無所施其口實也其所要約之條欵據報傳其要旨如下。

第一條　於滿洲將軍都統道台知府任免黜陟之事。中國政府當與俄國公使協議。東三省駐劄之中國兵員須依俄國公使之統制。土匪馬賊等於滿洲作亂者。中國兵任討伐之事。其力不足之時。俄國可與援助。

第二條　於滿洲中俄兩國之通商地。禁他國之通商所有鑛山不許他國之管用開掘。

第三條　於滿洲稅關。以中俄兩國協辦。鐵道於從今廿年後。可歸爲中國之主權。其時更與俄國協議定奪。不許他國之管用。

第四條　滿洲電信及郵便。總依中俄兩國協辦。兩國當事者。若有誤失。由俄國公使定其賞罰。

第五條　該條約中。若與他國交戰之時。中俄兩國。當合力赴急。若中國政府不肯赴急者。俄國可獨當之。但如此則戰勝後。全部滿洲。歸俄國之管轄。滿洲駐在之中國文武官。可移他省。惟普通人民。不在此限。

此密約。或云於今年之七月二十日已協結。其確實與否。事屬秘密。不能知也。而俄人於極東政策。遂一欲出武力以告成功。非獨欲以兵壓中國。幷欲以兵陵日本。而使之不敢抗。未幾而有設置極東總督及奉天再占領之事。蓋俄國於此。已一倚武斷急進派之政策。而文治派之勢力。遂爲武斷急進派所壓倒之時也。

今夫俄固世界所稱爲專制君主之國也。故欲知其政策之方向者。不可不稍觀察於其宮廷之間。夫以俄之國法言之。實際一君權無上之國也。若法律案。雖經樞察院多數之反對。而得皇帝之裁可。即行。反是而即爲廢棄。又俄國之內閣。其責任不與他國同。實由皇帝指導大臣而行。故論皇帝之權力。毫不受法律之限制。而立於超然神聖不可侵之地位。雖然。所謂專制國者。時時有一不可思議之闇黑界。出現於其中。從其表面視之。無一事非由皇帝所主裁。而其實有立於皇帝之後而爲皇帝之皇帝者。此君主國堅極千古橫通八方之通弊若俄國者實不能免此俄皇尼古剌士二世世所傳爲愛和平主義之人否則寧謂之孱弱之人而決非剛暴好武之人方其爲太子時。以與父皇歷山三世之性質有剛柔強弱之不相合。大不得志於其父蓋皇帝歷山三世者。以力保專制爲政策。方俄人之洶洶爭自由求民權也歷山二世畏虛無黨之暴行欲殺其勢力已允人民以參政權而草憲法案矣然不久而斃命於虛無黨人之爆裂彈歷山三世聞變走視父難見骨肉糜爛慘澹淒絕之狀悲憤而泣言曰我誓不予俄國人民以自由即取其父所制定之憲法草案手裂寸斷而叫曰決決蓋憤激之餘氣急不能成聲而言決不許此法案也故當其在位時盡其力之所能爲以掃除虛無黨而嚴戒備之 歷山三世慮虛無黨人之襲殺也於出幸之時常爲二列車一切裝置無異使人不知帝之所在而兵士警官排列路旁方虛無黨女傑埋爆發物於波爾克地方之鐵道線路也揣帝是日出幸在第二列車中及第一列車已過第二列車經過時中爆發物其時帝實在第一列車中與第二列車相隔稍遠猝聞驚慘之大聲碎裂物四圍飛蔽而帝得無恙然是後益心懼虛無黨蟄伏宮中一步不敢外出聞些微之響見人影輒心悸以爲虛無黨也凡飲食物必由皇后之手調理否則不敢食慮虛無黨之毒已也其事類如此 然尼古剌士二世者慕文明而愛自由。與歷山三世相反。由是父子間頗不協。方尼古剌士二世之爲太子而出游於各國也多種種之風說，及至日本。受一人之槍傷。乃召還宮。復得無事。及歷山三世病革。召太子。使自誓以繼父遺志。斷不改變。而後即位。尼古刺士二世即位後。其行政偶有與先帝專制之例相違反者。太后摩利奈即諭之曰。使先君在。不如是所爲也。帝遂不能行其志。故歐美人之論。常以中國光緒帝之愛革新而多受制於太后。與俄皇尼古刺士二世之受制於摩利奈太后者相似。惟摩利奈太后飽受文明之教育。故無如滿洲太后有醜惡狠毒之行事耳云云。尼古刺士二世於宫庭間既多受制。而性溫厚。常忍默。有陰鬱之色。賴皇后以剛明之才。常扶掖之。又其皇族多有勢力。而分掌海陸軍。其齒輩多長於皇帝。而又任職年久。根柢深固。以皇帝一人之力。卒不能制之。茲舉其皇族中之著者。屬尼古刺士系者。曰亞歷山大二世。嗣皇帝位。曰孔思但丁。曰尼古刺。士皆已死。曰彌加威爾。現年七十。陸軍元帥。侍從將官。砲兵總監。國議院議員。而今俄皇之叔祖父也。屬亞歷山大二世系者。曰亞歷山大三世。嗣皇帝位。曰烏拉節彌爾。現年五十五。侍從將官。步兵大將。彼得堡軍管區都督。國議院議員。曰亞歷克斯。現年五十二。海軍元帥。侍從將官。國議院議員。大臣會議議員。曰柴奇阿斯。現年四十五。陸軍中將。侍從將官。莫斯科軍管區都督。國議院議員。曰頗烏爾。陸軍中將。近衛軍團長。侍從將官。是皆今俄皇之叔父也。又屬尼古剌士系而孔思但丁之子曰孔思但丁。陸軍中將。教育總監、侍從將官。曰治彌度利。陸軍少將。近衛騎兵聯隊長。又尼古剌士之子曰尼古剌士。騎兵總督。騎馬大將侍從將官。曰彼得。陸軍大佐。又彌加威爾之子曰尼古剌士。陸軍少將、曰加烏尼、侍從武官。陸軍大佐。曰亞歷山大密哈伊羅威吉。侍從武官。海軍少將。通商港灣監長官。其他皇族之任武官居要職者尙多。而稱有大權力者曰彌加威爾。曰烏拉節彌爾。曰亞歷克斯分尊望重。海陸軍人皆歸心焉。而密哈伊羅威吉親王。以年少有才。近亦有權力日張之勢。凡俄國皇族。一派多俄國保守主義。而彌加威爾烏拉節彌爾。皆爲主戰派之首領。柴奇阿斯等諸人和之。夫以俄國皇族之强。國之大事。自不能不經其協贊。故俄皇常處於孤立之地位。世傳俄皇一日於會議國事。時發憤曰。吾非「柴」乎。（亦作沙俄稱其君之名）蓋不得行其志之慨。於此一語可想見也。而內廷之中。又有一握潛勢力之人。則寵臣部沙富賴舍夫是也。部沙富賴舍夫起自寒微。於歷山二世之遭慘殺也。大痛恨虛無黨人之所爲。以忠君爲號召。組織一忠君黨。常爲歷山三世探虛無黨之謀。而竭力保護皇室。由是顯聞。尼古剌士二世愛其忠誠。甚信任之。至離邸宅。移居於皇帝之冬宮。其權勢可知。傳聞其得官尚書也。俄國之制尚書之官非歷年奉仕達最高之地位者不能陞授。故各省大臣多有不得進此位者。或曰大臣域提於御前奏聞西伯利亞鐵道敷設完全之事。尼古剌士二世遮而言曰部沙富賴舍夫以爲建築甚不完全。域提正色而答曰陛下信尚書大臣之言寧信一私人之言乎。於是帝不問部沙富賴舍夫之資格。即授以尚書之官。而難域提之言。此傳聞其得尚書之軼事也。部沙富賴舍夫管理西伯利亞及滿洲之御料。又組織在朝鮮得採伐森林開掘鑛產之一會社。聞皇帝亦投五十萬留之資本於其中。亞力斯夫之任極東總督也。大臣域提、蘭摩斯度夫、古羅巴堅等。多不爲然。當時列國公使見關東總督職權之重。各叩眞意於俄政府。外務大臣蘭摩斯度夫不能明答。而謂該官制之發布。不關知大臣等。其所含之語意可知。然諸大臣雖不慊其事。而俱守沈默。不敢明言。蓋部沙富賴舍夫方與密哈伊羅威吉太公比。謀擠域提。故以域提爲俄國獨一之理財家。忽離大藏大臣之位。而蘭摩斯度夫外相之位置。亦有搖動之風說。古羅巴堅亦孤立不得志。而亞力斯夫。忽躋最高之位。其政策悉由部沙富賴舍夫所主持。而某太公贊成之亞力斯夫高掌遠蹠有俯視東亞天地之概而部沙富賴舍夫於極東抱無饜之慾以爲日本國小決不敢與俄戰可以一嚇而倒而視好大喜功之亞力斯夫爲最宜於其任故特設此特殊之官制以授之夫以俄皇親開萬國弭兵會以平和主義昭示一世而極東之事專重武力幾疑其前後之言行不相符而不知俄皇一身既受制於皇族一派之勢力而部沙富賴舍夫又日進蠱惑之言故雖以心愛和平之俄皇不知不識之間殆若失自主之力而流入於戰爭之界線也

俄之闢土地也於邈僻荒遠之所政府機關所不及者往往委任一人而政府則取放任主義但執一定之目的以觀其後效而不干涉其所爲之事觀其開拓高加索開拓中亞細亞開拓西伯利亞無不用是法者顧攷之俄國之設總督也始於女帝格特林之時其用意爲領土遠隔交通不完全之區域而爲行政上謀便利而設其位置介於中央政府與府縣知事之間與外國駐劄大使比肩然至近日交通通信之機關日益發達中央政府之命令能達遐遠之處總督之職權遂益縮小今除黑龍江總督及土爾給斯坦總督外於行政上殆無實質之職責是後以鐵道電信之發達當一歸中央

政府所統轄總督之職權不久可盡廢棄地方高等官府者除府縣郡廳外可盡不用即以極東之方域論之西伯利亞及滿洲已敷設鐵道自莫斯科至浦鹽斯德五千四百三十八哩從莫斯科至青泥窪五千六百五十七哩均十四日可達嗣後若於貝加爾湖百九十六哩之迴湖線及通過大興安嶺八千四百尺之隧道完成又工事改良一切設置完備自莫斯科至浦鹽斯德或至旅順不過九日或十日之間又關東州設置電信郵便通信之事均已便捷自由非從前遠隔之領土可比然則俄國於極東之事直接隸屬於中央政府殆於現勢上屬當然必至之事者也而不謂忽焉俄國於官制上現一絕特之新紀元非但與現勢上所謂可統一而無庸設特別之官制相反且破格而行俄國前古所未曾有之事是何也則設置關東總督而授亞力斯夫以是任是也論者或謂俄之置極東總督也其事略如英於東方領有印度而置印度總督法於東方領有安南而置安南總督相似顧以形質論之殆屬同一類之制而從其權限攷之則有大不同者蓋亞力斯夫所有之權非特屬黑龍江滿洲總督區域之內於地方政治握有最高之權而以亞力斯夫之起自海軍也掌極東海軍之權勿論而又有

時局

指揮極東陸軍之權非特此也又付以外交交涉之權若是則非獨駐北京之俄公使當遵其所指示、即俄外相蘭摩斯度夫亦不能不割其權限之一部而歸於亞氏亞氏之位置對於中央政府不受統轄惟對于皇帝而負責任俄人蓋稱之爲副王蓋從官制之名可謂之總督（或作總督或作太守此不過用中國已有之官名以爲代譯之用其實全不相同）而論權限之實謂之爲副王者近其眞也方亞氏之任總督也。俄國新聞之所論者其言曰。今回極東總督之設立也。蓋非如在高加索之事可比。夫在高加索之事。不過管領蠻族。其區域僅與土耳其波斯接近。今極東總督與支那朝鮮接界。而其後方有日本。有美國與列國利害關係之問題。日日發生。故必設有處置外交及海陸軍事之最高總指揮官。而後俄國在滿洲之根柢固。俄國之全能力。能發達於東太平洋云云蓋俄之設置關東總督而授以若是之大權也非僅爲地方經營之便利上起見而直爲土地侵略之便利上起見而於極東一用武斷派之政策者又於是事而昭然可見也。

亞力斯夭者。一强猛勇進之人。以千八百四十三年生今年六十歲。海軍出身。任東洋之事八年。爲太平洋艦隊又遼島半島軍隊之司令官。旅順口及青泥窪二港。悉由亞氏之手所經營於千九百年北清義和團之役亞氏爲俄軍之總大將將兵入北京傳聞當俄軍之將入北京城也俄國之軍樂隊奏摩洛善由之歌摩洛善由者謳歌自由之樂以排斥自由而用專制之俄國不得用謳歌自由之樂亞氏聞而大驚即傳令禁止此雖軼事而可想見亞氏之一斑者也亞力斯夫之治軍嚴峻酷烈以使兵士順從爲惟一之道德然頗愛士卒士卒非犯法多厚待之於北清事變之終局也俄皇賜亞力斯夫以黃金及金剛石所凋鏤而銘以 For victories at the seat of war—Pechili, 1900 之劍千九百年十一月九日追增祺將軍訂滿洲之密約亦亞力斯夫爲之亞力斯夫於任總督後大小之事多由其一身所辦理然精神甚强曾傳其不知有倦怠之時今年俄陸軍大臣格魯巴圖堅之游於日本也視察滿洲見亞力斯夫所爲之事夸大不顧前後出人意想之外大驚然以亞氏內有奥援不敢言亞力斯夫睥睨東洋諸國以爲一以兵力恫愒之而有餘又狃於俄德法三國逼日本之返還遼東而見日本之不敢抗以爲日本自顧其國小非俄之敵而不敢出於戰俄集大兵於滿洲一舉而滅朝鮮撲日本甚易易事故若是其逞威武耀勢力於一時也於極東總督新官制之公布也同時於俄皇帝直轄之下組織一極東委員會皇帝爲議長大臣八人受委員之命如下極東總督亞力斯夫。內務大臣朴賚武。外務大臣蘭摩斯度夫。海軍大臣阿迴瀾。陸軍大臣格魯巴圖堅。大藏大臣部賚斯開。侍從武官部沙富賴舍夫。商船及商港管理廳次官阿排石。俄國極東之事。蓋經此八人而擬議之。以取決於皇帝。然則欲知俄國極東之政策者。不可不稍知此八人之派別。而後其主義略可得而推測。其中亞力斯夫與部沙富賴舍夫者。已如前述。屬主戰論派。部沙富賴舍夫。既料日本之不敢戰。且謂戰亦不過短時期。而勝負可決。故一切陳言。多不之聽。而始終自是其所見。俄之主戰。部氏其一大動力也。內務大臣朴賚武者。與前大藏大臣域提。反對域提爲改革派之代表。朴賚武爲保守派之代表故屢與域提相軋轢。而於農事諮問會與西伯利亞鐵道公所事件。卒致衝突。武斷派武斷派不僅武人多有文士屬武斷派者故與軍人有別及軍人社會皆不喜域提西伯利亞鐵道之政策軍人社會以西伯利亞及滿洲鐵道專供軍事上之用爲主義域提以該鐵道爲經濟製產上之大機關爲主義兩意見相衝突故行政上之編制未能確立於通商上多不利於軍事上亦多不便二者之間不能不棄一用一俄皇命陸相格魯巴圖堅現場巡察以意見上奏格魯巴圖堅集衆會議於旅順以占意見之多數定議而極東占主要之地位者皆屬軍人與域提意見反對古羅巴堅取一致之意見奏聞遂定用軍人派之主義不久域提大藏大臣轉職與內相聯合而排域提域提以是轉職盖域提之離大藏大臣之位部沙富賴舍夫犄之而內相朴賚武又角之也朴賚武間亦傳聞其有顧慮內治頗倡非戰論者。然此論多謂不確。要其爲人實俄國純粹派之頑固政治家而持侵略主義者也。海軍大臣阿迴瀾者。一老練之海軍人而兼外交家之技倆與亞力斯夫及密哈伊羅威吉太公並執海軍之樞機而欲雄張其勢力者也。商船及商港管理廳次官阿排石者。即代表其同廳長官密哈伊羅威吉親王勢力之一人也。故欲知阿排石之爲人。觀密哈伊羅威吉親王之爲人可知矣。密哈伊羅威吉親王。於海軍部占大勢力。排擊域提。而割大藏省以新設商船商港管理廳。自爲其長官與亞力斯夫及部沙富賴舍夫相結合者也。而阿排石之爲人亦從可知矣。要之此五人者。大抵一類而皆於極東主用武之論者。其餘三人。一爲外相蘭摩斯度夫。蘭摩斯度夫素與域提又與格魯巴圖坚相善。而深贊成域提之經濟政策者。近域提轉職。而蘭摩斯度夫亦有不安其位之勢。俄之非戰派蘭氏其一人也。一爲陸相格魯巴圖坚。格魯巴圖坚雖屬武斷派之首領。然其持論謂經營極東。毋寧先中央亞細亞而於極東謂軍力未充。不宜速戰。然關於軍事上之意見悉爲部沙官賴舍夫所排斥而不用。格魯巴圖堅以是憤憤而不得伸其見者也。一爲藏相部賚斯開。部賚斯開係域提轉職後而繼其任者。素爲域提之幕僚。在大藏省奉職久。於一八九四年。爲帝國銀行總裁。藏相之任。極東委員會者。殆使之專意籌畫供極東之費用。然俄國以理財之位。最爲難處。域提爲著名俄國理財之好手腕。一旦去職。繼其後者。恐有不能久堪其職之勢。部賚斯開殆無關於一會之大權力者也。於其間綜八人而計之。屬亞力斯夫派者合亞力斯夫共爲五人。其非屬亞力斯夫派者僅三人。而其中有勢力者又多屬前五人之中。然則俄國今後於極東之政策。必益取拔劍主義。而不肯輕易讓步。以結和平之局者。觀于極東委員會之人物而已可推知之也。

彈壓中國十八省之山河而臣妾漢種四百兆之生靈今滿洲政府之祖宗其創業之地在今奉天不見乎其省城之內雖城壘傾圮苑閣零落而經二百數十年之大內宮殿尚巍巍聳空簷黃瓦炳斑與日光相輝映而龍旂招颭捲長白山之風雲高矗於將軍之署以爲滿洲政府權力之代表者蓋其地自俄人爲形式上之退還而所謂神聖發祥之區亦已幸而不失其舊物矣不謂忽然之間重遭陷沒而復委於哥薩克兵馬足

蹂躪之下。則俄人之再占領奉天是也。俄之再占奉天也。亞力斯夫從遼陽發兵。先知會駐在奉天之俄國軍務委員骨金斯克。骨金斯克得信。即於兵到前一日。駕俄國之二頭馬車。服大禮服。用着黃袍之御者。前後從以十四騎。直至盛京總督兼奉天將軍之署。而以有事請與將軍相見。闔署官吏。自數年以來。素震慴於俄人之威。今不知何事。忐忑觳觫對俄人有觳觫之狀對百姓則又呈驕傲之態矣 直稟告將軍。將軍速整衣冠。以禮出迎。既入肅坐。骨金斯克正色示外交政治家苦味之顏面。而詰將軍以東邊統領烏爾棍布。總巡安東縣王良臣二人。要擊俄國傭兵一隊於沙河子。而慘殺二十一人事件。二人至今尚未加罰。而責將軍處事緩漫之罪。中國無民權官府處事緩漫孰得而責之然百姓所不敢論議者今乃為外國人所詰責矣 因面索數款。(一)速定烏爾棍布之刑。而斬王良臣。(二)有責任之東邊道袁大化免官。(三)昔日約臣服於俄國。其後反叛之馬賊林七李金之輩。不僅擾亂鴨綠江畔大孤山邊一帶之地。近來盛京省內亦頻報馬賊出沒。中國兵力不足鎮壓。俄國為防衛鐵道線路起見。再派兵入奉天。所有城外新築兵舍。尚未竣工。暫借城內之戶部禮部衙門。為駐兵之所。惟將軍幸許之。(四)盛京省內各處都府村落。有稱團練之民兵。各自攜帶兵器。此輩於無事之日。稱爲護鄉兵勇。一旦有事。不能保其無與馬賊或與其他兇徒相結託。而釀事變。此時爲保持治安各團聯隊可即廢棄。并沒收其軍器。勿得供其所用云云。此橫暴無法之要求。稍有志氣者無不髮指眥裂。然滿洲運命此時實託庇於俄人之下。其敢如俄人何。將軍乃改容而徐答曰。烏統領王總巡之事。朝廷自有法律。至袁道台免官。當出自北京之意旨。非我輩所能作主。又近來雖有馬賊橫行之報。然地方巡捕隊。儘足當鎭壓之任。不煩貴國之兵力。且奉天省城爲我朝發祥之地。貴國兵若再入城。事體重大。實非予所敢擅許。又團練民兵。爲保護地方必要之用。今突然廢止。將以何代之。而保商民之生命財產乎。此事亦難以應命。骨金斯克乃急語向將軍曰。閣下如不能諾者。速打電以請於北京政府。惟我兵入城之事。今已自遼陽發足。不久可到。城外停車場而城外兵舍尚未落成。夜寒無處可駐宿。希暫入城內衙門。爲兵士取煖之計。將軍不能答。顧謂在傍之交涉局總辦李品三曰。如何。李曰。事體重大。不可不請命於外務部。將軍姑躊躇。示未能允許之狀。骨金斯克見將軍之不即允諾。即怫然振腰間佩劍。觸席鏘然有聲。蹶而起。直走出。呼馭者歸館。發傳令騎至城外。令兵到進城。次日晨、俄兵至停車場即從小西門大南門入民間倉猝聞人馬之音驟然見俄國步騎砲兵混合入城大驚奔走喧擾爲逃難計是時俄兵到着者爲東部西伯利亞狙擊步兵。俄國步兵有狙擊隊有擲彈兵有獵步兵狙擊隊離本隊獨立狙擊之任務擲彈兵加入本隊或以特別之任務加入攻擊枝隊以集團火力對敵之主力獵步兵專主輕捷服隨時游擊之任務又能成尖兵任搜索斥候之事第十五聯隊之第一第三二箇中隊及騎炮兵半箇中隊。俄國陸軍一中隊步兵二百五十人砲兵三百人砲八門騎兵百五十人工兵輜重兵不定總合兵數不足一千逕入戶部及其他衙門徵發人工修繕房舍將軍得俄兵入城之報上下皆愕然不知所出惟親俄派之官吏等有喜色將軍無何乃使人告俄官曰貴國兵之入城予於昨日尚未許今何爲乎入城其速退乎俄官返答曰今既入城矣無如何無已其羇留三日而後退都人畏俄兵暴人心動搖四出騷然府尹乃爲出示安民之計而苦無詞以告衆因借用俄官三日退出之語而出諭如下俄兵進城暫駐勿驚驚務傳知不准槍事凡有炸炮一律嚴禁爾等商民切勿違令又云俄兵進省城三日務必行曉諭爾商民各守各經營如有惑人心嚴拏問分明倘有不遵守定懲不姑容云云蓋明知俄兵之不能使退亦爲此自欺欺人之言已爾俄兵入城後即分部隊占領各城門命中國守兵退去兵士中有以未奉長官命不能退出相抵抗者俄兵即亂入蹴踏毆打逐之使出城門八各以俄兵十數名守之以二名立堞間爲步哨於城上高揭俄國之三色旗又派一部隊占領電報局揮局員諸人出禁止發電通信將軍乃臥寢室中稱病府尹亦同時稱病將軍有所動作俄官皆監察之故傳謂將軍已被囚禁蓋實與囚禁固無異也北京政府聞之倉猝召大臣集議而策無所出久之亦不復言此事而奉天遂復歸於俄人之手中其占領蓋西十月二十八日也俄之再奪奉天。一時傳聞。爲不快於道台袁大化之故。此決非事實。俄豈爲區區道台之一官而直用此手段乎其必不然矣或謂其時中國於中美中日通商條約許開放奉天安東縣大東溝俄以地歸中國屬中國主權之下而許他國以通商則俄無辭以拒各國故再以兵力占據其地示其地之主權尚非中國所有而又憤中國之擅開放滿洲故出此而畏懼之使知滿洲之事不得不請命於俄人此稍切於事理者也而俄之食言違約橫暴無理已入於言語道斷之境而亦由於亞力斯夫之用武斷主義而以征服極東爲惟一之政策也

以俄之貪得而無已也其所欲攫取者決不僅在滿洲而寧謂滿洲爲其兼幷之嚆矢

可也夫以中俄之邊線相接自滿洲以迄西藏實包中國之東西北三面是故俄之欲窺中國也由新疆之一方面而入則進嘉峪關而橫斷中國之北方由蒙古之一方面而入則進張家口而撫北京之背由滿洲一方面而入則進山海關而扼北京之吭然新疆一路頓挫於伊犂之事遂得稍止其鋒而西伯利亞鐵道若由斜貫蒙古由恰克圖以通張家口又由張家口以出北京天津雖取徑便捷而蒙古之地爲中國有必不肯許故不得已而經營其荒寒之黑龍江而遂東之事適予俄人以得出滿洲之機會故俄於東方之全力遂集中於滿洲雖然，俄人之意固不忘蒙古新疆而欲牢籠北京以捲取中國之北方而後進而與天下爭衡也故若蒙古敷設鐵道之權。屢要求於清廷。而從恰克圖至張家口間測量已竣。預計工程之事。又從張家口至北京。要求鐵道敷設權，而估計張家口至北京敷設費八百萬兩，預定從華俄銀行支出。而北部線路敷設費從俄國政府支出。又欲獲得從直隸至山西鐵道之權。又從暗中謀得蘆漢鐵道之權。又近日亞力斯夫致電駐北京俄公使。令要求從西伯利亞鐵道。分一支線經蒙古西藏。而到暹羅之鐵道敷設權。又今年七月。從聖彼得堡發蒙古探檢隊。踏查境界。及商業販路車道開設之事。又時以討馬賊爲名。派兵多人。侵入東蒙古。脅以兵威。而以重利餌蒙古王。許以多分利息。課重稅。而開掘蒙古之金煤各鑛。又若庫倫。俄國商人麕聚。俄設領事館。全化爲俄國之殖民地。又以從北京通蒙古。從恰克圖以經庫倫。至迪化城架設電線已竣。而以保護電線爲名。欲置沿道保護兵。此事已與新疆巡撫交涉。凡此種種不及枚擧而隱現虛實之間已包含幷呑之心。設滿洲事稍就緒。必數路幷進。攫取北京首部北方固在其掌握之中。而中國全土亦牽連於北京而不能脫此則俄人已預操成算手未到而氣已呑數年之後而必將見諸實事者也。雖然以俄之視耽欲悠肆張野心若滿洲政府之孱弱庸昬。固當任其淩虐而無可如何而列國中覩此俄患之滔天爲其國家子孫日後之存立計者必有傾國力以一決雌雄而不能恣其跋扈放縱之所爲矣。（未完）

政 治

宋官制最善篇

官制議篇四

明 夷

宋之官制凡有五善。一曰中央集權。二曰分司詳細。三曰以差易官。四曰供奉歸總。五曰州郡地小。凡此五者。皆中國歷朝所未有。非迂學所能識者也。雖不無改革太多。歸併時有。而大端可取矣。其中央集權奈何。一曰集州郡之權于政府。而不隸於藩鎮。二曰集財用之權於政府。而不隸於藩鎮。三曰集刑法之權於政府。而不隸於藩鎮。四曰集兵馬之權於政府。而不隸於藩鎮。蓋皆由鑒唐方鎮之跋扈而行之者也。一曰集州郡之權於政府。而不隸於藩鎮。奈何。蓋自秦漢以郡領縣。而天下百數十郡。選領於三公。而直達於朝。雖設刺史監之。而只監其官。不領郡事。三國後刺史多持使節爲都督。迄於六朝。職任尊重。守令遂日卑削。此如今督撫矣。隋乃除郡。但以州領縣。則復漢制。唐因之。上刺史秩三品。與宰相等。甚貴重。選御史大夫侍郎以領之。及兵事興而節度觀察紛出。甚者爲節度私屬。不能自達於朝。如宋人號爲支郡者也。宋太宗太平興國二年。詔邠寧涇原鄜延坊丹陝虢商均房復鄧唐澶濮宋亳鄆滄德單靑淄兗沂貝冀滑衛鎭深趙定祈等縣、先隸藩鎭、令直屬京師。郡長吏得自奏事。知州皆遣文武朝臣。甚者故宰臣領之。而上課於吏部、吏部上之尙書省。行之中書。請旨其縣令由吏部殿最。然則吏部與各國之內部無異。州郡得直屬京師。得自奏事。則生民之利弊易知易舉。而朝廷運之如指臂之使矣。其分州至四百。比之漢制尙小四倍。又無藩鎭重大粗疎之病。其與各國分地之行政區。亦相等。眞善之善者也。元以土地太大。不能悉領郡。故不得已改爲行中書省。以領諸監司及州郡。明及國朝因之。於是府州之上有司道。司道之上有督撫。督撫乃兼兵刑錢穀學校。如一小國。朝廷旣不能運動之。督撫又無改制立法之權。以運動一省。故粗疎不治。職此之由。漢雖郡縣二級。然太守地太大而兼領兵刑。唐與宋近。而不久即爲藩鎭。故歷朝行政之區。以宋爲至善者也。故行政之區。莫不善於元明及國朝巨大之省制。莫善於宋分小之州制。今亦宜仿宋制。令各府。先隸各布政司者。直達京師。得自奏事。然後大部易於指揮。有指臂之用。地方易於整頓不致有荒蕪之憂民情易于上達不致有抑塞之患也或謂宋治亦未見其必善於今此未考事實者也宋之簿尉及州縣之佐史皆以進士爲之故多名流今以各偏壤山崖刻石觀之一縣之下羣吏文章字畫皆有可觀其人才之多如彼爲政之密而宜民可推也今以一省之大而羣吏刻石爲文乃至皆鄙俚可笑其人才之凡下如此則其爲政之疎而不宜民亦可推也夫析地之法愈小愈密若德意志諸小國諸自立市有地僅百數十里而自開政府列備大官而爲治更精者中國之患全在土地廣大荒而不治不可不亟改革也此義詳析疆增吏篇

二曰集財用之權於政府而不隸於藩鎭奈何法國哥魯巴洛創財權集於中央之制近世大行之中國歷朝亦由州縣用餘乃貢于朝然宋世已先行其義一緣唐中葉財用不足以宰臣判度支分遣大使領江淮發運而有舊制可因一緣藩鎭日擅財賦故太宗緣李幹强幹弱枝之言既收支郡於朝廷又設轉運使于各路凡天下錢穀皆由漕司徵集而總于三司又有茶鹽司又有都大坑治以舉礦政都大茶馬提舉市舶以總商務皆隸於三司雖未專設礦部商部然其集權之詳細已爲歷朝所無矣明設布

政使頗因之惜宋創政之先轉運已兼邊防盜賊吏治民情刑獄諸事職任太大已成統帥遂不能精詳而明世布政實爲方伯之任又加以督撫控之故今者財權反屬於外則統變之日失也

三曰集法官自立之權自漢至唐外官皆但有守令刺史藩鎭其刑法之事亦盡以付之惟宋特設提刑官以察官吏覆大獄實兼各國行政裁判及控訴院之職中國實先千年行之其始本太宗淳化二年詔應諸路轉運使各命常參官一人專知糾察州軍刑獄公事管內州府十日一具囚帳供報有疑獄未決即馳傳以視之郡縣敢稽留大獄久而不決及偏辭按讞情不得實官吏用情者並以聞佐史小吏以下得以便宜按劾從事此初置外路刑獄官之詔也是時猶隸轉運司眞宗景德四年不隸轉運別爲一司稍重其權當時約束甚嚴所至專察囚禁詳審案牘州縣不得迎送聚會所部每旬具繫囚犯事由訊鞫次第申報當檢舉催督在繫淹久者即馳往案問出入人罪者移牒覆勘劾官吏以聞諸色狀詞逐州斷遣不當已經轉運司批斷未允者並收接施行官吏貪濁弛慢者具名以聞敢有庇匿並當加罪中書樞密院籍其姓名代還者

課議功行賞。如刑獄枉濫。不能摘舉。官吏弛慢。不能彈奏。務從畏避者寘以深罪。然其後提刑一司。雖專以刑獄爲事。又兼封樁錢穀盜賊保甲軍器河渠事務。寖繁。此中國向來兼差之弊。然其立法至美。則元明至今不能改易。明初布按二司本爲獨立。恰得宋漕刑二司之意。惜督撫並出。至今勢遂積重。爲督撫屬。遂盡失獨立之意。然宋創制之美。則不可不知也。

四曰集天下之兵權于政府。而不隸于藩鎮。中國之兵制。自以魏齊周隋唐之府兵爲優。然人不知兩業。以農爲兵。亦只可適行于隋唐時耳。於今萬國角立。則不可矣。惟宋制鑒于唐末藩鎮之跋扈。盡收天下之兵。歸之京師。其分駐于外者曰就糧。其邊防要郡。須兵屯守者。皆遣自京師。諸鎮之軍。亦各戍更。分爲四等。上曰禁兵。次曰廂兵。三曰鄉兵。四曰蕃兵。凡百餘萬兵。皆隸于殿前馬步三司都指揮使。而總統之。其召募揀補。廩給訓練。則兵部爲之。如各國之有陸軍大臣也。其征伐謀略。則樞密院上稟廟謨爲之。如各國之有參謀本部也。禁兵者。天子衛兵也。總於殿前侍衛二司。其尤親近扈從者號班直。餘自龍衛而下。皆蕃戍諸路。有事即以征討。自景德後。兵不復試。廂兵者諸州之鎭兵也。太祖鑒唐末方鎭跋扈。詔選州兵壯勇者悉部送京師。以備禁衛。餘留本城。雖或戍更。然罕教閱。類多給役而已。鄉兵者選自戶籍。或土人應募。所在團結訓練。以爲防守之兵也。河北河東有神銳忠勇強壯。河北有忠順強人。陝西有保毅寨戶強人弓手。河東陝西有弓箭手。河北河東陝西有義勇。麟州有義軍。川陝有土丁壯丁。湖南北有弩手土丁。廣南東西有槍手土丁。邕州有溪峒壯丁。蕃兵者塞下內屬諸部落團結以爲蕃籬之兵也。西北邊羌戎種落不相統一。保寨者謂之熟戶。餘謂之生戶。陝西則秦鳳涇原環慶鄜延。河東則石隰鄜府。其大首領爲都軍主。百帳上爲軍主。其次爲副軍主。又有以功次補者。其官職俸給有差。初募時先度人材。次閱走躍。試瞻視。然後爲黥面。賜以緡錢衣屨。而隸諸軍。宋初以來。其取非一途。或土人就所團立。或取營伍子弟，聽從本軍。或乘歲凶募飢民補本城。或以有罪配隸執役。是以天下失職獷悍之徒。悉收籍之。伉健者遷禁衛。短弱者爲廂軍。制以隊伍。束以法令。帖帖不敢出繩墨。平居食俸廩。養妻子。備防之用。一有警急。勇者力戰。弱者給漕輓。則向之天下失職獷悍之徒。今爲良民之衛矣。廩給之制。總內外廂禁諸軍且百萬。言國費最鉅者。宜無出此。雖然、古者寓兵於民。民既出常賦。有事復裹糧而爲兵。後世兵農分。常賦之外。山澤關市之利。悉以養兵。然有警則以素所養者捍之。民晏然無預征役也。唐之時兵農分。藩鎮得專租稅。天子禁衛之兵。中外不過十餘萬人。宋收天下甲卒數十萬。悉萃京師。京師八方所湊。水陸四達。歲漕江淮粟六百萬石。而縑帛貨泉齒革百物之委不可勝紀。是以軍儲饒羨。初太倉纔支二三歲。承平既久。常餘數年之食。以此臨制四方。猶臂指之運也。眞宗仁宗屢世守之。以威天下。世之議者不達。乃謂竭民賦租以養不戰之卒。糜國帑廩以優坐食之校。是豈知太祖所以擾役強悍。銷弭爭亂之深意哉。屯戍之制。凡引上軍之頭司引對。賜以裝錢。代還亦入見。犒以飲食。簡拔精銳。退其癃老。至於諸州禁廂兵。亦皆戍更。揀選之制。有自廂軍升禁軍。禁軍升上軍。上軍升班直。上軍及班直者。皆臨軒親閱。自非材勇絕羣。不以應召募。餘皆自下選補云。神宗令總開封府畿京東西河北路兵。分直將副帥。自河北始。自第一將以下共十七將在河北西路。自第十八將以下共七將在府畿。自第二十五將以下共九將。自第三十四將以下共四將在京西。合爲三十七。而鄜延環慶涇原秦鳳熙河又自五將在熙河者九。合爲四十二。又詔增置馬軍十三指揮。分京東西兩路。又募教閱忠果十指揮。在京西。額各五百人。其六在唐鄧。其四在蔡汝。又增置土兵勇捷兩指揮於京西。額各四百人。唐州方城爲右第十一。汝州襄城爲左第十二。凡馬軍十三指揮。忠果及土軍共十二指揮。又詔團結東南路諸軍。亦如畿京法。共十三將。自淮南始東路爲第一。西路爲第二。兩浙西路爲第三。東路爲第四。江南東路爲第五。西路爲第六。荆湖北路爲第七。南路潭州爲第八。全邵永州應援廣西爲第九。福建路爲第十。廣南東路爲第十一。西路桂州爲第十二。邕州爲第十三。總天下爲九十二將。而鄜延五路。又有漢蕃弓箭手。亦各附諸將而統隸焉。凡諸路將各置副一人。東南兵三十人以下。唯置單將。凡將副皆選內殿崇班以上。嘗歷戰陣親民者充之。亦詔監司奏舉。又各以所將兵多寡。置部將隊將押隊使臣各有差。又置訓練官。次諸將佐。春秋都試擇武力士。凡千人選十人。以名聞。而待時解發。其願留鄉里者勿强遣。此將兵之法也。其招軍以都監及文官一員爲之。有招軍杖自上四軍及武肅忠靖皆五尺以上。奉錢一千者五尺八寸七寸三分七寸爲三等。又有糧料院專主軍食。則將官無扣餉缺額之患。今德國兵制甚如之。總天下兵分爲九十二將分駐都縣更戍京師專司訓練眞能有指臂之使蓋諸國並立則不得不以兵立國當時遼夏實爲强敵故舉國餉皆糜於是養無用之兵而不得已也司馬光狃於古人大一統之法不知諸國角立之義罷去分屯九十二將之兵屬之州縣其意謂州縣無兵則守倉庫巡街市亦患乏人此當時兵與警察不分之故也又患諸將之擁兵作亂則古者道路不通之故也若今者皆不患是則宋兵制實爲最美自司馬光廢此法其後金人南渡倉卒召募勤王皆不及而久屯州郡其氣多餒其鍊不精然則北宋之亡固道君與六賊荒淫之故而溫公之不知兵而妄改舊制不能不分其過也。或謂宋禁軍至一百二十六萬。而宋何以反弱。是蓋有時焉。遼乘五代之亂割有燕雲。北控萬里其勢非漢匈奴之比也太祖太宗之時。不能更定猶漢高之敗于白登亦無如何與唐太宗之身定西北不同漢後有武帝之雄武屢動中國以事北伐適丁匈奴內亂故稱臣入朝而宋既不振于此復生一西夏金又起而承遼宋實多守一統之舊不好言兵故眞宗澶淵盟上下相安久矣其勢亦值遼已用華風不如匈奴之悍而得以不試兵而久安夫養兵而不用則惰餒而驕宋之不强亦由久安太平而不好兵事之故此誠一統守文之仁而非所宜于諸國角立之世也若其兵制中央集權實得操縱指臂之用雖糜費太過不如府兵之善而當以兵立國之世亦非可以農夫當之則宋兵制實爲中國至良制也

又集供奉之職于一司。奈何歷代供奉之官至多。蓋自秦漢以來。若漢九卿官而爲國爲民者僅得其二。而供奉官居其七。可駭甚矣。宋供奉官亦極多。內客省使。延福宮使。景福殿使。客省使。引進使。東上閤門使。西上閤門使。客省副使。引進副使。東上閤門副使。西上閤門副使。已上係橫班。皇城使。宮苑左右騏驥內藏庫使。左藏庫東西作坊使。莊宅六宅文思使。內園洛苑如京崇儀使。西京左藏庫使。西京作坊東西染院使。供備庫使。已上係諸司正使。皇城副使。宮苑左右騏驥內藏庫副使。左藏庫東西作坊副使。莊宅六宅文思副使。內園洛苑如京崇儀副使。已上係諸司副使。內殿承制。內殿崇班。東頭供奉官。西頭供奉官。左侍禁。右侍禁。左班殿直。右班殿直。三班奉職。三班借職。以上係使臣。殿侍。進武副使。舊官內東頭供奉官。內西頭供奉官。殿直高品。高班。黃門祇候。殿頭祇候。高班祇候。高班內品。舊官軍器副使。西陵錦使。權易使。翰林醫官使。軍器庫副使。西陵錦副使。榷易副使。翰林醫官副使。凡五十餘司。蓋多極矣。然此皆以武班內侍充之。而特立宣徽院以總諸司。凡郊祀朝會宴饗供帳檢視內外進奉。名物其使職位皆樞密副使。今俄英日皆有宮內省以一司盡統諸司供奉者。既簡既肅而又不與國政民政之官相雜亂。豈不清切乎。故宋制最精妥矣

宋不設吏部而置審官東院以掌文選。審官西院以掌武選。三班院以掌供奉官之選。其五品以上及以六司知州歸中書。後設吏部掌四選。其知州課之吏部。上其事於尚書省。送中書省取旨。縣令以下本部專司。此與各國內務部無異矣。又有官告院。在今日歸內閣。而各國亦歸內閣也。

其戶口田產錢穀倉貨之政則設三司。曰鹽鐵司。曰戶部。曰度支。戶部設判部事一人。以學士舍人以上官充之。謂之兩制。以下財用官分為三司。此與德國之分為七官。英意波之分為二官略同。王安石乃總領之。設制置三司條例使。則合為一官以便措置也。南宋以宰相張慤孟庾等提領措置戶部財用。與唐之呂諲劉晏竇參判度支同。蓋理財為國之大事。故英比璉皆以宰相領藏部也。紹興時韓肖胄言曰。財賦舊隸三司。

今戶部只有上供之目。諸路窠名不能悉知。漕司不能悉聞。失一窠名。則所入亦失矣。顯詔諸路漕司括州郡出入可併罷者。立定籍。漕司總諸州。戶部總出入。則出入無陷矣。此爲改三司併歸戶部言之。然終宋之世。州郡上之有監司。不過轉運使。所謂漕司也。類今之布政使。然總財權。而不掌吏權。漕司爲戶部所用。漕司上無督撫大官。即南宋多設帥臣。尙爲平等。故三司戶部之理財指臂如意。有各國藏部之權。蓋唐自中葉以後。藩鎭分其地。宋則遼夏金分其域。不能全爲一統之世。故於措置財用。以養邊軍爲一大事。故尤注意。而以宰相領之。分置官曹於天下。以便運用。劉晏則於各地置官其運用最妙。故理財最富。宋則雖置漕司。搜括而仍付之州縣。較輸一籌也。明布政使官猶卑。受六部檢制。若本朝之督撫。多以宰相爲之。一切皆由外籌。外銷。戶部不知。不得過問財權。分落。故富省能養兵興學。而瘠省不能。只能强令協餉。而萬追不應。各省若各自爲國。中朝不能整頓畫一。此大權旁分之故。不若唐宋矣。況各國哉。

宋于禮部置判部事。以兩制及帶職朝官充之。而別設太常禮儀院。及知貢舉官。

其各部亦設判部事。然民兵武官軍師一切戎政。皆在樞密院。與中書對掌文武之政。

宋之樞密。實與漢之太尉同。亦與各國之參謀本部同。皆與政府分任。而宋之樞密。以兵權參大政、尤爲重大也。

宋判刑部以御史知雜以上或朝官充之。專覆大辟案。置審刑院。凡四方以刑獄來上。則讞于審刑院。

工部則有判部事。以兩制以上充之。別有軍器監作院文思院。軍器監提點官以邊臣充之。文思院有提轄官監官。以京朝官充之。掌儀物器仗。權量輿服及金銀犀玉巧及綵繪裝鈿之飾。

太常有判寺同。別有禮儀院。有判院知院。以輔臣判之。事不相兼。後以判寺兼禮儀事。而醫院樂局皆自立局以名隸焉。

有判光祿。以供祭祀之饌。有御厨勾當官、有備奉庫。有內酒坊都麴院油醋庫。皆以京朝官領之。皆人情切實之事。

衞尉有判寺事。以郎官充之。別有十三司。曰內弓箭庫。南外庫。軍器衣甲庫。軍器弓槍之庫。軍器弩劍箭庫。儀鑾司掌供幕帟供帳軍器什物庫。宣德什物庫。左右金吾衛司。

六軍儀仗司。以三班使臣充之。儀鸞司有三庫。一曰金銀器皿綵帛幕。二曰香燭。三曰氈油床几鐵器雜物。亦切於用者也。

祠部領僧道事。又有崇元署。以領道士。猶明至今之僧綱道紀二司。領于祠祭司矣。

其太僕外有車輅院。騏驥院。左右天駟監。鞍轡庫。養象所。駝坊。車營。致遠務。分養雜畜牧養上下監。掌養病馬。天廄坊。乳醫院。葯物庫。佑馬司。而統於羣牧司。制置使以副相統之。

其外交自鴻臚外。有國信所以掌遼事。有西驛以掌夏事。有禮賓院掌南夷。有懷遠驛掌西域。如今之外部及四驛館矣。

共二十五倉。各有監倉官。以京朝官充之。其府藏有左藏東西庫。南北兩庫。掌受四方財經賦之入以待費 內藏庫。受歲計之餘積以待非常之用 奉宸庫。掌內廷珍寶金玉 祗候庫。掌受錢帛雜物以備傳詔館給賜予 元豐庫。神宗置 布庫。茶庫。雜物庫。糧料院。掌以法式批支諸司諸軍之廪祿 審計司。掌審受給之數驅磨當否 商稅務。收京城商稅 汴河上下鎮。蔡河上下鎮。掌收舟船木筏之征 都提舉市易司。掌提點貿易貨物 雜買務。雜賣場。市易上界。掌斂市不售貨滯於民用者貿易平價 市易下界。掌飛錢給券以通官經 搉務貨。掌析轉斛金銀之類 交引庫。掌給印出納引錢鈔之事 抵當所。掌以官錢聽民質取濟其緩急 和劑惠民局。

掌合藥出賣以濟民疾苦店宅務。掌管官屋邸店石灰塲。掌受納出賣石灰香藥庫。中興後惟有粮料院。審計司。編估局。打套局。二局係揀選市舶香藥雜物交引庫。祇候庫。右藏東西庫。和劑惠民局。寄樁庫。可謂析之至詳。雖今各國理財之司。備極精密。無以過此。

州郡地小之說。已見前說。及析疆增吏篇。以差易官。別有篇。今不詳。

歷史

中國人種攷（續前號）

觀雲

中國人種之諸說

（乙）乙之說曰英人赫胥黎之分世界人種也以亞美利加之舊土人為蒙古人種而曰即非蒙古人種要亦與蒙古人種其支派為最近者也又有人類學者謂美洲之印甸人。有蒙古人種之特徵。眼小而眦尾向上其眼帶有黃色。頭髮密而鬚髭疏。髭髯鬚三者猿類中雌雄皆有又濃密過於人類人類之始男女之口頰間當皆有毛斯賓塞爾及格倫曾舉阿思託賴利安之女子例示又赫路猷罕爾擧新南威耳士之女子例示在歐洲南部斯沛印女子有髭鬚之迹達爾文氏解釋今日人類男有髭髯鬚三種而女子無之之理謂不外雌雄淘汰雄性祖先當日以此為威儀而示飾於女人此性質只遺傳於雄性子孫之中雌性祖先當日已明身體上以潔淨為美觀故欲除去其身上之毛此性質只遺傳於雌性子孫之中故淘汰日久而成為男子有髭髯鬚女子無之又世界人種中有多毛者有少毛者如蝦夷人毛濃蔽體屬多毛族殆可謂古之毛民若中國人馬來人北美土人皆少毛而在美洲以南之種族髭鬚又多今攷各種族中其多毛者大都有美髯之觀念以多毛為貴而少毛者多以少毛為貴故有以剃去為習慣之種族如中國人亦至老年而始留鬚是也　惟其少不相似者。蒙古人鼻多低小而仰。而印甸人。鼻大而準頭內屈。如鷲嘴狀。又其皮膚亦屬淡褐色。或暗褐色。

若呼之爲赤色種族。寧呼爲黃色爲眞。當日哥倫布之發見美洲也。見其土人多屬赤色。由是世界遂傳爲銅色人。而不知土人之中實以赤色爲塗抹。故當日蓋未嘗發見。今試以土人之身。用皀鹼洗滌數回。毫不認有赤色。而寧顯有黃色之狀。又烏盧維氏調査呼和幾甫與節海甫種族之人。精檢其皮膚一般之色。初不如世人之所信爲銅色。而實帶黃褐色。瞳睛亦帶褐色。眼小而眦尾向上。毛髮直而稠。其色漆黑。肩闊髭少。額圓。頭髗皆短。惟稍異者。其鼻高耳。又自伯西爾之厨介丘。（厨介丘爲研究人類學之一要件於丁抹國及其附屬島之東海岸離海面十呎之處往往見有堤如小丘其高三呎乃至十呎至長大者長至一千呎廣二百尺此小丘以無數之介殼堆積而成者蓋上古人類居住海邊漁撈牡蠣及其他貝類以爲食物棄其殘餘之殼積久至成小丘此小丘中多混有猪狐狼獺海豚膃肭獸熊羆麋鹿鵠雁鴨及魚類之骨蓋古人食貝類外兼食此等動物而棄其殘渣混於一處又於丘中發見粗製之石器土器骨角器等而古人所謂棄置無用之物今日即成爲至寶無上之珍蓋得此遺物而考查古人當日生活之狀態及文明之程度遂得確鑿之據丁抹著名研究人類學者士推斯度爾浦名此爲厨介丘此等厨介丘非僅一處於他國亦續續發見如俄國窩瓦河之支流名阿卡河者其兩岸砂阜之深底無數之介殼及石器又掘出哺乳獸等骨片又法國沙母河口堆積介殼其中有馬牛羊之骨又有石器及燻黑土器之碎片又南北亞美利加之東海岸及日本國之海岸上多有右類之介殼丘發見日本人類學中稱爲貝塚東京發刊之人類學會雜誌關貝塚之記事者頗多中國於東海岸若滿洲以及山東等處古代必多食貝之民傳稱齊爲魚鹽蜃蛤之鄉其古代住民必食貝類可知如厨介丘等於海面近處亦必有之但不明。人類學者雖得見而不識耳蓋攷古之事必須有學術爲根柢而後百物照眼方能辨別若古人取火之燧石又若古種之化石等在不識之人視之甚以爲無奇一經學術上之說明乃知其可貴中國爲地球有名之古國地層中所埋藏之遺物不知凡幾他日學術昌明其發掘必有可觀者特據今日言之則中國在全地球中可謂最不知攷古之國其不知攷古者由其學術不興故也）及從北美墳塚中發見之骸骨皆屬短髗。又印甸及伯西爾之人種中。多有學者。謂其類似中國人。又住格林蘭之易斯幾摩人。（亦作額思氣摩）其顏面多顴骨突起。而頂門尖。其頭髗之構造。多謂似亞細亞東部之蒙古人種。而尤類似中國人。眼細眉短而眦尾向上。眉目及兩眼間之距離廣。毛髮瞳睛共漆黑。少髭鬚。皮膚黃褐色。及暗褐色。頗腴膩。惟與蒙古人有一異者。爲長髗。雖然。此頭髗之變化或者從數千年食料之生活而來蓋易斯幾摩本爲食生肉之名以其人食生肉故故以是名名其一種之人蓋易斯幾摩人者以住地之氣候凜烈不能不多食往往當空腹漁獵而歸之時一人之食量啖八斤以至十斤之生肉乃飽（亞洲極北之㗅察加人種有所謂石料理者當食肉時以熱石納於動物之腹而取熟）以時時運動其咬嚼筋而其結果咬嚼筋與顳顬骨異常發達而遂成爲今日之長髗種是亦變換人種骨相上一理有之事然則以諸說徵之亞美利加之舊人種實與亞洲之蒙古人爲同一種族而太古時代或由美洲以遷入亞洲遂入而爲中國之民族者未可知也

夫以亞美分疆陸地斷隔浩浩東太平洋天之所以分兩洲也謂上古之人舟航之制尚未發達決不能越此天塹而飛來者此其說殆非也夫亞美兩洲雖有渺茫重溟之

限然其於極北一方地勢披離彼此兩岬之端其間僅隔一短距離之海峽而有彼此可得望見之處昔數學大家加烏斯者曾作書以詢於千八百二十八年駕帆船航世界一週之詩人耶米沙氏謂從亞細亞或地點得望見亞美利加者其說信乎耶米沙氏返書謂信有之即白令海峽極東岬之一地點是也況以上古之人其眼力之銳敏決非今人所能及蓋在蠻野時代以生活之困難及周圍防禦之必要而因其五官之作用多以經練而有特別作用之能此等特別之能往往以世進文明而漸減退蓋以無須此特別之用其能力亦遂從而萎縮故也故以五官特別之作用言文明之人不如野蠻之人今人不如古人而人類又不如動物如昔時曾有一北極探檢船。携一名之易斯幾摩人同往。至極地之際。他人惟見四圍皚皚之雪峰氷山而已。而易斯幾摩人者。能言於某峰之上有黑點。且言其有若干之數。又皆有移動之狀似為一種之動物，他人初不之信。及取遠鏡以視某峰之上。果見有一羣之馴鹿。其頭數亦與易斯幾摩人所言者無殊。又昔時孛國不勒斯勞府一裁衣師。能以肉眼見木星之月。又安的斯種族中屬阿賴烏喀之一族。於歐人未發見疥癬之病源以前。能知針端除去其寄生蟲。又若美洲一土人中。視荒原橫臥之雜草。知其或爲白人。或爲土人。若者男子。若者女子。何時何地。經過其上。且其携帶者爲何物。又一種土人中。見野草葉之俯狀。能知其爲何時何物所踏。又見走畜通過之足跡。能知其曾荷物與否。然則於白令海峽古人。必早望見其對岸之尙有陸地。而以古人謀食之艱。逐地爭物日益不遑。又豈有懼其艱險者。若謂其地以冱寒嚴酷。則又不足以難古人。試觀戴路雷爾之旅行記。謂其身皆臥鞻床。被裘衾。尙不勝其戰慄之狀。而台爾門人。無寢床。無被衾。露其半胸。橫臥安眠。若毫不覺有寒氣者然。觀于此而太古時代之人。蓋可想見。且以北方冰海間之住民。往往逐漁地而遷移。亦如游牧種族之無常住之所。如環居美洲北方之易斯幾麼人者。每因漁地之便。漂泊至數百里以外。即於其所至之海岸。築氷舍。成村落。故易斯幾摩人散布之地域甚廣。又如北美之印甸人者。以追跡禽獸。分散各處。遂成爲許多之支族。而若伊羅克生族者。素稱爲非漂泊之種族。然尙數數變更其住地。或因謀食。或因敵。常有一家於距千六百乃至二千啓羅密特移住之事。又若烏維尼白可族者。人見其往來不測。稱爲若彗星出沒之種族。蓋自人類發生於太古時代。即已布滿於全地球而曾無氷天熱地山海沙磧之分其故盖各因求食以保其生活故遂無遠之弗屆也然則以美洲人種當太古時代已渡白令海峽而來此又近事理之言者也

（乙說）

乙之言盖如是。夫以美洲土人爲與蒙古種相類似者。此學者所公言。雖然。其所言多以爲由亞洲而移入於美洲者如烏盧維以易斯幾摩爲蒙古之支族。而由亞洲移居美洲迄蔓延於東格林蘭。又如調查克幾由之言語學者。其書中所稱謂亞美利加人種元從亞細亞地方渡白令海峽移來。其餘論美洲人種者。亦多謂從亞洲移來。而與乙由美移亞之說適相反夫美洲古時其種族實非一派而成今日土人之中蓋多短髗而其古代有近蒙古人之短髗亦有非近蒙古人之長髗如從北美所發見古人種之遺骨。多短髗。而從南美所發見之古人種之遺骨。多長髗，又如安的斯人及巴他峨尼人舊秘魯人。其所發見之遺骨概長髗。而從伯西爾人智利人哥倫比及伯西爾海岸貝塚中所發見之遺骨多短髗此種族錯雜之故謂由一種族所變化毋寧謂由幾多之種族自外遷來之故盖據地球今日之形勢非盡可以例太古之時當日美洲之北方學者均謂其與英倫三島及歐洲之大陸有陸地連接之時而歐洲古代其人種亦長顱。短顱。兼而有之長顱者最古而短顱則與新石器時代共發見。如恩格斯及比內安特泰爾發見者皆長顱。而從比利牛斯山之陀爾洞蒙洞所發見者。已漸近短顱。其長顱。短顱。兩種竝居與美洲同而學者調查美洲一處有認其爲歐洲種者然則歐美古代或非隔海而以陸地相連有人種遷徙之事又美洲土人中有多認其爲馬來種者而印度前端之海洋古代曾與澳洲相連澳洲以東一帶零星斷續之小島古代與南美洲有無接連今尚未能確攷而或有人種從南洋各島以徙入南美是亦一存疑之事也至白令海峽兩端素爲同一人種所居住則當日已爲亞美之通路可知然則今日之美洲雖懸居大洋自爲一洲而當日由亞洲渡白令海峽者爲一道或者又從歐洲連接北美之陸地爲一道從南洋各島以入南美洲又爲一道而各有人種遷移而至故支派遂若是其錯雜也且也原始人類必發生於熱帶之地爲多而亞非洲熱帶圈限之地廣美洲熱帶圈限之地窄是又適於舊大陸若非亞洲爲發生人類之所而不適於美洲爲發生之地而謂其餘人種皆由美洲以分往者也又若由美移亞爲渡白令海峽而來以地理之順勢而言必依東海而採取魚貝爲生當由今之堪察加而蔓延於千島薩哈連島及滿洲之東海岸由是而進一爲日本之祖一爲朝鮮之祖一爲中國之祖然日本最古之住民有顆羅克爾種有蝦夷種此等種族或與亞洲極北之種族有相關繫而日本本種又與此數種族殊異雖有唱亞美利加之土人與日本爲同種者。又有謂阿拉斯喀之易斯幾摩人似日本人者。然必謂由美移來。則尚少確據而未敢論定。而以中國之古事攷之謂其人種由西北而入以趨於東北者蓋有形迹之可尋而謂由東北而入以趨於西北於事實蓋多不合且也。於古昔時代亞洲北方東海邊之種族即在古史所稱爲肅愼者而自五帝時代歷周漢至晉稱肅愼或稱挹婁南北朝隋唐五代之間稱勿吉靺鞨宋遼金元之間稱女直或稱女眞今之所謂通古斯族而滿人蓋屬於此種族者也古之肅愼蓋即食蜃之轉音當日此等民族實取海濱之魚蛤爲生而與厨介丘時代之生活同又試即其所用之器具證之蓋用石砮漢書稱挹婁國用石鏃然至唐時唐書仍言其用石鏃唐書云黑水靺鞨居肅愼地亦曰挹婁元魏時曰勿吉直京師東北六千里東瀕海西屬突厥南高麗北室韋離爲數十部酋各自治其著者曰粟末部居最南抵太白山亦曰徒太山與高麗接人勁健善步戰常能患他部俗編髮(即今辮子)綴野豕牙插雉尾爲冠飾自別於諸部性忍悍善射獵無憂戚貴壯賤老居無室廬負山水坎地梁木其上覆以土如丘冢然夏出隨水草冬入處以溺盥面於夷狄最濁穢死者埋之無棺槨殺所乘馬以祭其酋曰大莫拂瞞咄世相承爲長無書契其矢石鏃長二寸蓋楛砮遺法云　於中國已進金屬之時代而肅愼尚屬石器之時代其文化之高下懸殊則當日社會之鮮與交通而民族之不相接觸可知也然則即謂美洲之土人與亞洲之蒙古人爲同族而寧取由亞移美學者多數之言而未能遽從由美入亞如乙之說也

（未完）

中國歷史上革命之研究

中國之新民

近數年來之中國可謂言論時代也已矣。近數年來中國之言論。複雜不可殫數。若革命論者可謂其最有力之一種也已矣。凡發言者不可不求其論據於歷史。凡實行者愈不可不鑑其因果於歷史。吾故為中國歷史上革命之研究。欲與舉國言論家一商榷焉。

革命之義有廣狹。其最廣義。則社會上一切無形有形之事物所生之大變動皆是也。其次廣義。則政治上之異動與前此劃然成一新時代者。無論以平和得之以鐵血得之皆是也。其狹義則專以兵力向於中央政府者是也。吾中國數千年來惟有狹義的革命。今之持極端革命論者。惟心醉狹義的革命。故吾今所研究。亦在此狹義的革命。

十九世紀者全世界革命之時代也。而吾中國亦介立其間。曾為一次之大革命者也。顧革命同而其革命之結果不同。所謂結果者非成敗之云也。歐洲中原之革命軍敗者強半而其所收結果與成焉者未或異也。胡乃中國而獨若此。西哲有言。歷史者民族性質之繰演物也。吾緣惡果以遡惡因。吾不得不於此焉諷之。

中國革命史與泰西革命史比較其特色有七

一曰有私人革命而無團體革命　泰西之革命皆團體革命也。英人千六百四十六年之役。衝其鋒者爲國會軍。美人千七百七十六年之役。主其事者爲十三省議會。又如法國三度之革命。則皆議員大多數之發起。而市民從而附和也。千八百四十八年以後。歐洲中原諸地之革命。莫非由上流團體主持其間也。綜而論之。則自希臘羅馬以迄近世。革命之大舉百十見。罔非平民團體與貴族團體相鬩爭也。獨吾中國不然。數千年來革命之跡。不絕於史乘。而求其主動之革命團體無一可見。惟董卓之役。關東州郡會合。推袁紹爲盟主以起義。庶幾近之。然不旋踵而同盟渙矣。自餘若張角之天書。徐鴻儒之白蓮教。洪秀全之天主教。雖處心積慮。歷有年所。聚衆稍夥。然後從事。顧皆由一二私人之權術。於團體之義仍無當也。其在現世。若哥老三合之徒。就外觀視之。儼然一團體。然察其實情。無有也。且其結集已數百年。而革命之實竟不克一舉也此後或別有梟雄者起乃走附焉而受其利用則非吾所敢言若此團體之必不能以獨力革命則吾所敢言也故數千年莽莽相尋之革命其蓄謀焉戮力焉喋血焉奏凱焉者靡不出於一二私人此我國革命與泰西革命最相違之點也

二曰有野心的革命而無自衛的革命　革命之正義必其起於不得已者也曷云乎不得已自衛心是已泰西之自衛每用進取中國人之自衛惟用保守故以自衛之目的乃崛起而從事革命者未之前聞若楚漢間之革命固云父老苦秦苛法然陳涉不過曰『苟富貴毋相忘』項羽不過曰『彼可取而代也』漢高不過曰『仲之所就孰與我多』其野心自初起時而已然矣此外若趙氏之南越竇氏之河西馬氏之湖南錢氏之吳越李氏之西夏其動機頗起於自衛然於大局固無關矣故中國百數十次之革命自其客觀的言之似皆不得已自其主觀的言之皆非有所謂不得已者存也何也無論若何好名目皆不過野心家之一手段也

三曰有上等下等社會革命而無中等社會革命　泰西革命之主動大率在中等社會蓋上等社會則其所革者而下等社會又無革之思想無革之能力也今將中國革

命史上之事實類表之。則

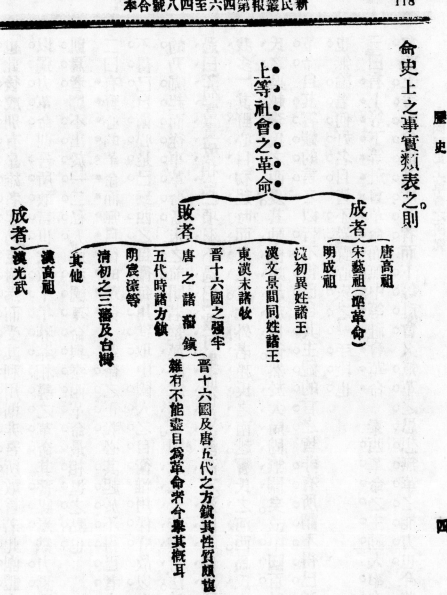

上等社會之革命

- 成者
  - 唐高祖
  - 宋藝祖（準革命）
  - 明成祖
- 敗者
  - 漢初異姓諸王
  - 漢文景間同姓諸王
  - 東漢末諸牧
  - 晉十六國之强半
  - 唐之諸藩鎮
    - 晉十六國及唐五代之方鎮其性質頗複雜有不能盡目爲革命者今舉其概耳
  - 五代時諸方鎮
  - 明宸濠等
  - 清初之三藩及台灣
  - 其他

- 成者
  - 漢高祖
  - 漢光武

下等社會之革命

一明太祖

敗者

- 漢初之陳涉項羽等
- 西漢末之赤眉王郎等
- 東漢末之黃巾等
- 隋末之李密竇建德等
- 唐末之黃巢等
- 元末之張士誠陳友諒等
- 明末之流寇等
- 清之洪秀全等
- 其他

表例說明（一）凡在本朝任一方鎮擁土地人民以爲憑藉者皆謂之上等社會。（二）凡欺人孤兒寡婦假名禪讓以竊國者不以入革命之列。

準此以談則數千年歷史上求所謂中等社會之革命者舍周共和時代國人流王於彘之一事此後蓋闃乎未有聞也。或疑中等與下等之界線頗難劃。同爲無所憑藉。則中與下等耳於何辨之。曰、起事者爲善良之市民。命之曰中等。其爲盜賊。

命之曰下等。或由下等而漸進爲中等。不能計也。或褒脊善良之市民。亦不能計也。夫泰西史上之新時代大率以生計問題爲樞紐焉即胎孕革命者此亦其重要之一原因也故中等社會常以本身利害之關係故奮起而立於革命之場若中國則生計之與政治嚮固絕無影響者存也故彼中革命一最要之機關而我獨闕如也

四曰革命之地段　吾欲假名泰西之革命曰單純革命假名中國之革命歷史上的曰複雜革命長期國會時之英國除克林威爾一派外無他革命軍也獨立時之美國除華盛頓一派外無他革命軍也自餘各國前事大都類是。其成者每類是。反之而各地蠭起者每不成。中國不然秦末之革命與項羽漢高相先後者則陳涉也吳廣也。武臣也。葛嬰也。周市也。田儋也。景駒也。韓廣也。吳芮也。如是者數十輩西漢末之革命與光武相先後者則樊崇也。徐宣謝祿楊音也。刁子都也。王郎也。秦豐也。平原女子遲昭也。王常成丹也。王匡王鳳也。朱鮪張卬也。陳牧廖湛也。李憲也。公孫述也。隗囂也。竇融也。盧芳也。彭寵也。劉永也。張步也。董憲也。如是者數十輩東漢末之革命與曹操劉備孫權相先後者則黃巾十餘大部也。董卓也。北宮伯玉也。張舉也。李傕郭汜也。袁紹也。袁術也。呂布也。公孫瓚也。張

魯也劉璋也韓遂馬騰也陶謙也張繡也劉表也公孫淵也如是者數十輩隋末之革命與唐李相先後者則王薄孟讓也竇建德也張金稱高士達也郝孝德也楊玄感也劉元進也杜伏威輔公祏也宇文化及也李弘芝也翟讓李密也徐圓朗也梁師都也王世充也劉武周也薛舉也李軌也郭子和也朱粲也林士宏也高開道也劉黑闥也如是者數十輩自餘各朝之鼎革大都類是（以臚列此等人名乾燥無味故後代闕之）即如最近洪楊之役前乎彼者廣西羣盜既已積年後乎彼者捻回苗夷蠭起交迫猶前代也由是觀之中國無革命則已苟其有之則必百數十之革命軍同時並起原野厭肉川谷闐血全國糜爛靡有孑遺然後僅獲底定苟不爾者則如漢之翟義魏之毋丘儉唐之徐敬業並其破壞之目的亦不得達更無論成立也故泰西革命被革命之禍者不過一方面而食其利者全國中國革命則被革命之禍者全國而食其利者並不得一方面中國人聞革命而戰栗皆此之由

五曰革命之時日　泰西之革命其所敵者在舊政府舊政府一倒而革命之潮落矣所有事者新政府成立善後之政略而已其若法蘭西之變爲恐怖時代者蓋僅見也

故其革命之時日不長中國不然非羣雄並起天下鼎沸則舊政府必不可得倒如是者有年既倒之後新政府思所以削平羣雄綏靖鼎沸如是者復有年故吾中國每一度大革命長者數十年短者亦十餘年試表列之

時代	舊政府未倒以前	既倒以後	合計
秦末	三年 二世元年壬辰陳涉起首難三年甲午沛公入武關秦亡	十三年 高帝十二年丙午平陳豨盧綰兵事息	十六年
西漢末	八年 新莽天鳳四年丁丑新市下江兵起地皇五年癸未更始入長安莽亡	十八年 光武建武十五年庚子盧芳降兵事息	廿六年
東漢末	十二年 靈帝中平元年甲子黃巾起獻帝興平二年乙亥李傕郭汜亡	八十五年 晉太康元年庚子平吳兵事息	九十七年
隋末	九年 煬帝大業七年辛未王薄張金稱等起恭帝二年王世充弒之隋亡	十一年 唐太宗貞觀二年平梁師都兵事息	二十年
唐末	卌四年 僖宗乾符元年甲午王仙芝始亂昭宣帝天祐四年丁卯朱溫篡弒唐亡	七十四年 宋太宗太平興國四年己卯北漢主劉繼元降兵事息	百〇四年
元末	廿一年 順帝至正八年戊子方國珍起廿八年戊申徐達定中原元主北遁元亡	二年 明太祖洪武二年己酉徐達擒張良臣兵事息	二十三年
明末	十七年 思宗崇禎元年戊辰陝西流賊起十七年甲申帝殉國明亡	四十年 清聖祖康熙廿二年癸亥平三藩臺灣兵事息	五十七年

附洪楊	道光二十三年癸卯李沅發始亂二十九年己酉洪秀全起廣西 同治七年李鴻章平捻兵事息	二十六年

（附注）若晉十六國南北朝間。混亂固極矣。然其性質複雜。不純然爲革命。且大革命中復包含無數小革命焉。故今不列於表。又東漢末舊政府既倒後。猶擁虛號。其嬗代亦與他時代之性質稍異。以嚴格算之。其年數畧可減少。謂獻帝建安十八九年間爲一段落可也。則亦二十年矣。

由是觀之。中國革命時日之長。眞有令人失驚者。且猶有當注意者一事。則舊政府既倒以後。其亂亡之時日。更長於未倒以前是也。（其間惟元明之交。其現象出常例外。則由革命軍太無力。久不能倒舊政府耳。其性質非有以異於前代也。）當其初革伊始。未嘗不曰吾之目的。在倒舊政府而已。及其機之既動。則以懸崖轉石之勢。波波相續。峯峯不斷。馴至數十年百年。而未有已。泰西新名詞曰强權强權强權之行。殆野蠻交涉之通例。而中國其尤甚者也。中國之革命時代。其尤甚者也。如鬥蟀然。百蟀處於籠。越若干日而斃其半。越若干日而斃其六七。越若干日而斃其八九。更越若干若干日。羣蟀悉斃。僅餘其一。然後鬭之事息。中國數千年之革命。殆皆若是。故其人民禍禍已生。金革之裏。垂老猶厭鼙鼓之聲。朝避猛虎。夕長蛇。新鬼煩冤舊鬼哭。此其影響於社會之進步者最酷。凡烈夫中國通稱三十年爲一世。謂人類死生遞嬗之常期也其在平和時代前人逝而後人直補其缺社會之能力始繼續而不斷若其間有青黃不接之頃則進化之功用或遂中止焉矣英國博士福亞氏嘗以統計上學理論人口死亡之率謂「英國生產者一百萬人中其十五歲至四十五歲間以肺癆病死者七萬二千三百九十七人譬如每人以三十年間力作所得平均可得二百磅則是肺癆一症使英國全國之總殖損失千四百四十七萬九千四百磅也」此等語隨機指點已有足令人瞿然驚者然此猶生計上直接之損害也若語其間接者則壯者死亡離散而生殖力爲之損耗有去無來人道或幾乎息觀中國歷史上漢末隋末唐末之人口比於前代全盛時十僅存一（參觀本號談叢門中國史上人口之統計）此豈盡由於殺戮耶亦生殖力之銳減爲之原也坐是之故其所影響者若生計上若學術上若道德上若風俗上前此經若干年之羣演而始達於某級程度者至是忽一切中絕混然復還於天造草昧之狀態文明之凝滯不進皆此之由泰西革命家革命之害者不過一二年而食其利者數百歲故一度革命而文明之程度進一級中國革命家革命之害者動百數十歲而食其利者不得一二年故一度革命而所積累以得之文明與之俱亡

此眞東西得失之林哉。

六曰革命家與革命家之交涉　泰西革命家其所認爲公敵者惟現存之惡政府而已自他皆非所敵也若法國革命後而有各黨派之相殘。則其例外僅見者也。中國不然百數十之革命軍並起同道互戕於舊政府之外而爲敵者各百數十焉此鼎革時代之通例。無庸枚舉者也。此猶曰異黨派者爲然也其在同黨或有事初起而相屠者如武臣之於陳涉陳友諒之於徐壽輝之類是也。或有事將成而相屠者如劉裕之於劉毅李密之於翟讓之類是也。或有事已成而相屠者如漢高祖明太祖之於其宿將功臣皆是也。求其同心戮力全始全終者自漢光武以外殆無一人。夫豈必遠徵前代即如最近洪楊之役革命之進行尚未及半而韋昌輝與石達開同殺楊秀清矣昌輝旋復謀殺達開矣諸將復共殺昌輝矣軍至金陵喘息甫定而最初歃血聚義之東西南北翼五王或死或亡無復一存矣其後陳玉成被賣於苗沛霖而上游始得安枕譚紹洸被弒於郜雲官等而蘇州始下金陵隨之而亡豈必官軍之能强毋亦革命家之太不濟也吾前者屢言非有高尚嚴正純潔之道德心者不可以行革命亦謂此而已。亦謂此而已。彼時洪楊等固無力以倒北京政府也。藉令有之。試思其後此與張總愚。賴汶洸輩之交涉何如。與苗沛霖輩之交涉何如。即與其部下石達開陳玉成李秀成李世賢輩之交涉何如。此諸黨魁之各各互相交涉又何如。其必繹演前代血腥之覆轍無待蓍蔡矣。此眞吾中國革命史上不可洗滌之奇辱也。

七日革命時代外族勢力之消長。嗚呼。吾觀法國大革命後經過恐怖時代巴黎全市血汚充塞而各國聯軍干涉猶能以獨力抵抗不移時而出拿破侖大行復仇主義以震懾歐陸。吾因是以反觀中國。吾不自知其汗浹背而淚承睫矣。中國每當國內革命時代。即外族勢力侵入之時代也。綜觀歷史上革命與外族之關係。可分爲五種。

一曰革命軍借外族之力以倒舊政府者。如申侯之以犬戎亡周、李世民之以突厥亡隋、石敬瑭之以燕雲十六州賂契丹、等類是也。

二曰舊政府借外族之力以倒革命軍者。如郭子儀之以吐蕃回紇討安史、李鴻章之以戈登滅洪秀全、等類是也。

三曰舊政府借外族之力以倒革命軍。而彼此兩斃者。如吳三桂以滿洲亡李闖、而並以亡明是也。

四曰革命軍借外族之力以倒政府而彼此兩斃者如成都王穎以劉淵爲大單于同抗王室、卒不能成、而遂以亡晉是也。

五曰革命軍敗後引外族以爲政府患者如漢初陳豨盧綰輩東漢初盧芳輩之導匈奴唐初劉黑闥梁師都輩之導突厥等類是也。

此皆其直接關係也若語其間接者則如劉項閧而冒頓坐大八王亂而十六國勢成安史擾而蕃鶻自強五代棼而契丹全盛闖獻毒氣徧中原而滿洲遂盡收關外部落此則未假其力以前而先有以養其勢者矣嗚呼。以漢高之悍鷙而忍垢於白登之役以唐太之神武而遺憾於高麗之師我國史之汚點其何日之能雪耶即如最近數十年間西力之東漸固由帝國主義自然膨脹之力而常勝軍之關係亦甯淺薄耶識者觀此毛髮俱栗矣

以上七端皆中國革命時代所必顯之現象也。事物公例。因果相倚。因果相含。欲識過去因。請觀今日果。欲識未來果。請觀今日因。今後之中國、其必以革命而後獲救耶。抑

不革命而亦可以獲救耶此屬於別問題若夫革命而可以救中國耶抑革命而反陷中國於不救耶此則正本論之所欲研究也若後有革命軍者起而能免於此七大惡特色以入於泰西文明革命之林則革命者眞今日之不二法門也而不然者以百數十隊之私人野心的革命軍同時並起蹂躪於全國而蔓延數十年猶且同類相屠而兩造皆以太阿之柄授外族則過此以往必有太息痛恨於作俑之無後者抑今日國中迷信革命之志士其理想必與此七大惡特色不相容無待余言也今後若有一度能爲革命史上開一新紀元以一洒種種之汚點吾之欣喜願望甯有加焉雖然理想之與事實往往不能相應此又不可不詳察也當思泰西革命之特色何以若彼中國革命之特色何以若此此其中殆必有一原因焉今者我國國民全體所受之因與夫少數革命家所造之因其誠能有異於前代與否是即將來結果之同不同所由定也吾見夫所欲用之以起革命之多數下等社會其血管內皆含黃巾闖獻之遺傳性也吾見夫以第一等革命家自命之少數豪傑皆以道德信義爲蝨爲毒而其內部日日有楊韋相搏之勢也吾見夫高標民族主義以爲旗幟者且自附於白種貴教而借其

力欲以排殘異己之黨派且屢見不一見也夫贊從革命者必賴多數人故吾觀彼多數人者之性質而吾懼主持革命者必賴少數人故吾觀彼少數人者之性質而吾滋懼吾懼乎於理想上則彼七大特色萬不願有而於事實上則彼七大特色終不能無也此吾所以於衣被全歐震撼中國之革命主義而言之猶有餘栗也嗟夫。今而嘵嘵復奚爲者公等而持不革命而可以救中國之論也則請實爲不革命以救中國之預備公等而持必革命而可以救中國之論也則請實爲革命以救中國之預備革命以救中國之預備奈何毋曰吾學習武備吾運動會黨吾密輸入器械而吾事畢矣必慮心商榷求所以免於彼七大惡特色者其將何途之從如何而使景從我者免焉如何而使我躬先自免焉若有以此道還問諸鄙人者則鄙人舍其迂遠陳腐之議論仍無以爲對也曰、汝而欲言革命欲行革命也則汝其學克林威爾汝其學華盛頓汝其用最善良之市民乃若當今號稱革命巨子者之所稱道割斷六親乃爲志士擺棄五常乃爲偉人貪黠傀軋乃爲有手段之豪傑酒色財氣乃爲現本色之英雄則吾亦如某氏所謂刀加吾頸鎗指吾胸吾敢曰期期以爲不可期期以爲不可也吾爲此言吾知又必有詈我者曰汝責人無已時雖然吾爲吾國憂吾爲吾國懼吾甯能已於言所責者在足下耶非足下耶惟足下自知之足下而僅欲言革命而不欲行革命也則吾復何云凡吾之說悉宜拉雜之摧燒之足下而誠欲行革命也誠欲行革命以救中國也則批鱗逆耳之言毋亦有一顧之價值耶數徒囂囂然曰某也反對我革命論是欲做官也欲巴結滿清政府也孔子不云乎不以人廢言就使其人而果於欲做官欲巴結滿清政府之外無他思想也苟其言誠有一二當於理者猶當垂聽之足下試一度清夜自思返觀內照吾所責者而誠非足下也則當思與足下同政見者其可責之人固自不少宜如何以轉移之苟不轉移之吾恐足下之志事敗於彼輩之手也若吾所責者而有一二類似於足下也則吾哀哀泣諫求足下改之若不改之吾恐足下之志事終不得就也若曰吾所責者而非可責也而必曰破壞舊道德爲革命家應行之義務則刀加吾頸鎗指吾胸吾敢曰倡此論者實亡中國之罪人也實黃帝子孫之公敵也吾甯不知革命論者之中其高尚嚴正純潔者固自有人顧吾所以且憂且懼而不能已者吾察其微之所趨有大不妙者存吾深慮彼之高尚嚴正純潔者且爲法國羅蘭

夫人黨之續也。或曰。凡子之所責者皆言革命者耳。非行革命者。子何憂之之甚。信如是也。則吾爲多言也。夫吾爲多言也夫。雖然。信如是也。則吾爲中國風俗人心憂。吾爲中國前途憂滋益甚也。

傳記

明季第一重要人物 袁崇煥傳

本篇應香港商報之請而作今轉載於此 著者識

中國之新民

第一節 發端

有人焉一言一動一進一退一生一死而其影響直及於全國者斯可謂一國之人物也已矣吾粵崎嶇嶺表數千年來與中原之關係甚淺薄於歷史上求足以當一國之人物者渺不可覩其在有唐六祖慧能創立禪宗作佛教之結束其在有明白沙陳子昌明心學導陽明之先河若此者於一國之思想界蓋占一位置焉矣若夫以一身之言動進退生死關係國家之安危民族之隆替者於古未始有之有之則袁督師其人也。

明史之傳督師也。一則曰「我大清舉兵所向無不摧破罔敢議戰守議戰守自崇煥始」再則曰『自崇煥死邊事益無人明亡徵決矣』嗚呼何其言之之有餘痛耶吾聞萬季野明史稿爲督師立傳凡二巨冊。見魏默深古微堂外集度其於督師之雄材偉略遠猷碩畫必能纖悉詳盡又督師當時所以對待敵軍及敵之所以委曲行反間者一切重要關目必能甄載無遺惜乎官修之本忌諱滋多原稿今雖流傳人間而鄙人弇陋未獲鈔讀以此率爾論述能無恧焉雖然以數千年來歷史上一大異動重以鄉先正之記念蒙雖不文烏可以已作袁督師傳。

第二節　袁督師之時代

滿洲之初起東裔自其始非必有併吞中原之大志也而明季之君庸帥愎將瘦卒孱實有以啓之故欲知當時明清遞嬗之歷史當分三方面觀察焉。

一曰北京政府　當時北京政府之權力有四一曰帝二曰內監三曰閣臣四曰本兵袁督師時代之政府其帝則熹宗之昏弱而無能也懷宗之卞急而善疑寡斷也其內監則魏忠賢相終始也其閣臣則皆闒冗伴食之輩也而制閫外將帥之命者尤在本兵明末本兵之權至重也今將天啓以來任兵部尚書者列表如下。

萬曆四十四年至四十八年	黃嘉善
天啓元年	王象乾●張鶴鳴●
二年	鶴鳴●孫承宗●董漢儒
三年	漢儒 趙彥●
四年	彥
五年	彥●高第● 王永光
六年	永光 馮嘉會
七年	嘉會●王之臣●霍維華 崔呈秀 閻鳴泰
崇禎元年	鳴泰●王在晉● 王洽
二年	洽 申用懋
三年	梁廷棟●
四年	廷棟●熊明遇●
五年	明遇●張鳳翼●
六年至八年	鳳翼
九年	鳳翼●楊嗣昌●
十年至十一年	嗣昌
十一年	嗣昌 傅宗龍
十三年至十四年	陳新甲●
十五年	新甲 張國維
十六年	國維 馮元飈 張縉彥
十七年	縉彥

（表之說明）崇禎二年以後之本兵於袁督師無關並列之者爲末節敘督師逝後之時局須資参考也

（凡與東事最有關係者誌●符於其旁）

二曰東北邊將　邊將之任免。政府主之。而邊將之得人失人。大局係之。豈惟袁督師。即如熊廷弼孫承宗之流。使能久於其位。東事之敗壞。倘不至此極也。今將當時任東北兵事之將帥列一表。次乃論其功罪。

人	官	年	摘要
楊鎬	巡撫遼東	萬歷三十八年	旋罷
楊鎬	經略遼東	萬歷四十六年至四十七年	四十七年三月帥師出塞敗逮治罪
熊廷弼	宣慰經略遼東	萬歷四十七年至天啓元年	四十七年三月代楊鎬四十八年八月罷
袁應泰	經略遼東	天啓元年	代熊廷弼其年三月清兵入遼瀋死之
薛國用	經略遼東	同	
王化貞	巡撫廣甯	天啓元年至二年	化貞以元年五月廷弼以六月受任其明年清兵取西平堡化貞棄廣甯與廷弼走入關俱被逮
熊廷弼	經略遼東	同	

王在晉	經略遼東	天啓二年	其年八月告歸孫承宗代之
王象乾	薊遼總督	同	
孫承宗	經略薊遼	天啓二年至五年	五年十月爲魏忠賢所排去高第代之
袁崇煥	監關外軍	天啓二年至六年	時實官由僉事進按察使
高第	經略遼東	天啓五年至六年	六年七月以不救甯遠罷黜
王之臣	經略遼東	天啓六年	尋罷經畧不置
袁崇煥	巡撫遼東	天啓六年至七年	至是罷經畧不置以關內外專任崇煥
王之臣	巡撫遼東	天啓七年至崇禎元年	
袁崇煥	督師薊遼	崇禎元年至二年	

三曰滿洲之勢力　滿洲之勢力與明邊將之賢否爲消長今列一畧表與前表參觀。而大勢可知矣。

萬曆四十四年　清太祖始改元天命

四十六年　始伐明克撫順

傳記

四十七年　明以兵二十四萬伐清不克
天啓元年　清攻克瀋陽
二年　清攻克西平堡
六年　清兵大舉西渡遼河攻甯遠不克其年清太祖崩
七年　明清議和不成清來攻不克
崇禎元年　復議和不成
二年　清大舉入寇

合觀三表。然後當日之時局可得而論次焉。萬歷四十六年以前。清兵方有事於扈倫四國。（哈達葉赫烏拉輝發也）未有窺中原之志也。及天命建元。（四十四年）四國已服其三。惟葉赫恃明援不下。欲圖之則狼顧恐明之議其後也。故四十六年以七大憾誓天伐明。是爲明清交兵之始。其年雖克撫順。然未嘗守也。時楊鎬始爲經略。鎬鎭朝鮮者十餘年。喪師數次。本無軍略。朝廷以其諳遼事故畀以重任。而大學士方從哲兵部尙書黃嘉善等日促鎬進兵。御史王象恒力言非策。引哥舒翰出潼關爲戒。不能用也。乃集瀋陽兵二十四萬分四路深入襲清都。清太祖以五萬人拒之。幷力破其一路。閱五日而三路皆破。鎬遂以喪師逮罪。是爲清軍第一次得志。則楊鎬之溺職與部臣之調度乖方爲之也。於是乃起熊廷弼代鎬。廷弼者。前於三十六年巡按遼東與屯田察軍實。遼人所神明視也。時遼瀋大震。諸城堡軍民盡竄。數百里無人迹。中外謂必無遼。廷弼兼程冒雪。徧閱形勢。招流移。繕守具。簡士馬。肅軍令。主固守不浪戰。集兵十八萬。分布靉陽清河撫順柴河三岔鎮江諸口。小警自禦。大警互援。更選精銳爲游徼。乘間收零騎。擾耕牧以俟敵。會清人憚之。爲之按兵不出者歲餘。而明臣忌廷弼者。爭劾其不戰。廷弼遂不安其位。憤憤抗疏乞罷斥。（疏云。今朝堂議論。全不知兵。冬春之際。敵以冰雪稍緩。閧然言師老財匱。馬上促戰。及軍敗。始憮然不敢復言。比臣收拾甫定。而憮然者又復閧然責戰矣。自有遼難以來。用文將用武吏。何非臺省所建白。何嘗有一效。疆場事當聽疆吏自爲之。何用拾帖括語。徒亂人意。一不從輒怫然怒哉。）以袁應泰代之。應泰吏事敏練。然非將才。會蒙古諸部大饑。多入塞乞食。應泰言不急收之。且爲敵有。招降數萬。分處遼瀋二城。降者多占民居婦女。遼人大怨。而清又陰撫之。於是降人與遼人皆爲敵耳目。敵覘廷弼之既去也。乃於天啓元年引兵七萬攻瀋陽。明軍以萬餘衆拒敵殊死戰。史家謂遼左用兵以來第一血戰云。然遂不支。遼陽隨陷。應泰與巡按御史張銓死焉。坐是遼河以東堡寨營驛及海蓋金復耀諸州大小七十餘城俱陷。是爲清軍第二次得志則政府妒嫉廷弼而袁應泰用違其才之爲之也。遼瀋既失朝廷大震。乃盡讁前劾廷弼諸臣。而起廷弼於家。乃建三方布置策。廣寧登萊各設巡撫而經略駐山海關。節制三方。初廷弼之未至也廣寧巡撫王化貞先部署軍事沿遼河置六營又分戍西平鎭武柳河盤山諸要害及廷弼至言今日但宜固守廣寧若駐兵河上兵分則力弱敵輕騎潛渡破其一營則諸營皆潰河上止宜游徼兵更番出入示敵不測而大兵悉屯廣寧深濠高壘以俟此實當時制勝第一義也。化貞素騃不知兵與廷弼議不合徒爲大言。謂用毛文龍用降將李永等用蒙古插漢助兵四十萬可以一舉蕩平。盡撤營壘城濠。不復設備。廷弼既屢與齟齬乃相互劾而兵部尚書張鶴鳴袒化貞無言不從化貞擁兵十四萬於廣寧而廷弼關上無一卒號稱經略乃一匹夫十月氷合。清兵復將渡河。邊民爭竄。鶴鳴方集廷議。以經撫不和欲去廷弼專任化貞而清兵已圍西平矣化貞稗將孫得功陰通敵譌言敵騎已薄廣寧化貞不知所爲蹌踉棄城單騎走遇廷弼大凌河乃相與盡焚積聚護難民數十萬入關廷弼數年來之心血全空比清兵至廣寧化貞竄已二日矣錦州大小凌河松山杏山右屯前屯四十餘城堡皆陷時天啓二年正月也是爲淸軍第三次得志則鶴鳴化貞相狼狽以厄廷弼罪不容於死也然且化貞以輕罪未減而廷弼被戮傳首九邊田產籍沒家屬爲奴明之政府殆不可與處矣至是而袁督師乃受命於敗軍之際始漸預兵事

第三節 袁督師之履歷及監軍時代

督師名崇煥字元素廣東東莞縣人萬歷四十七年成進士授邵武縣知縣史稱其少年慷慨負胆略好談兵遇老校退卒輒與論塞上事曉其阨塞情形以邊才自許云天啓二年正月朝覲在都御史侯恂請破格用之遂擢兵部職方司主事無何廣甯師潰（即王化貞失事之役）廷議守山海關崇煥即單騎出閱關內外部中失袁主事訝之家人亦莫知所往已還朝具言關上形勢曰予我軍馬錢穀我一人足守此廷臣益稱其才遂超擢僉事監關外軍蓋廷臣監軍明制然也乃發帑金二十萬俾招募時關外地悉爲哈喇慎諸部所據崇煥乃駐守關內未幾諸部受欵經略王在晉命崇煥移駐中前所監參將周守廉游擊左輔軍經理前屯衛事尋令赴前屯安置遼人之失業者崇煥即夜行荊棘虎豹中以四鼓入城將士莫不壯其胆以是在晉亦深倚重之題爲甯前兵備僉

事。

守關外以捍關內。此袁督師畢生之方略。而亦兵家一定之形勢也。時王在晉以兵部尚書代熊廷弼。無遠略。徒作偷安計。以故崇煥不能盡其才。至是在晉議於距關八里築重城。崇煥力爭。以爲非策。爭不得。奏記首輔葉向高。亦不省。會在晉與薊督王象乾爭論不決。而十三山難民十餘萬。久困不能出。乃使大學士孫承宗行邊。崇煥自請將五千人駐甯遠。以壯十三山勢。別遣驍將救之。甯遠去山二百里。便則進據錦州。否則退守甯遠。奈何委十萬人置度外。承宗以謀象乾。象乾以關上軍方喪氣。議發插部護關者三千人往。承宗以爲然。告在晉。在晉竟不能救。衆遂沒。脫歸者僅六千人。嗚呼。崇煥一言之用否。十餘萬人之性命係之。此既可爲一長歎者也。

承宗既駁八里重城議。集諸將謀所守。閻鳴泰主覺華。崇煥主甯遠。在晉及張應吾邢愼言皆持不可。承宗竟主崇煥議。已而承宗代在晉督師。崇煥之政略乃得實行。時關以外甯遠以西諸城堡。悉爲蒙古所據。聲言助守邊。崇煥議盡驅之邊外。毋倚以爲累。九月。承宗乃使崇煥與副將滿桂屯軍甯遠。是爲袁督師領兵之始。

第四節　袁督師之守寧遠

寧遠在山海關外二百餘里。面遼東灣與桃花島相對。今者榆營鐵路所經過之一要驛也。初承宗令祖大壽築寧遠城。大壽度中朝不能遠守。築僅十一。且疏薄不中程。三年九月。崇煥至。乃定規制。高三丈二尺。雉高六尺。址廣三丈。上二丈四尺。使大壽與參將高見賀謙分督之。明年工成。遂屹然爲關外一重鎮。崇煥與將卒共甘苦。撫民庶如父兄。人人皆樂爲盡力。由是商旅輻輳。流移駢集。遠近望爲樂土。旋遭父憂。奪情視事。時尚官僉事也。

天啓四年九月。偕大將馬世龍王世欽。率水陸馬步兵萬二千。東巡廣寧。歷十三山按十三山即大凌河出海處也抵右屯。遂由水道泛三岔河而還。按三岔河入遼河。匯遼河入海。即今之營口也。督師此行。殆由遼東灣航海返鎮。尋以五防敘勞。進兵備副使。再進右參政。崇煥之東巡也。相度地勢。策畫戰守。爲恢復之計。時承宗委任甚專。言聽計從。五年夏。種種準備旣具。崇煥乃說承宗。遣諸將分戍錦州松山杏山右屯及大小凌河諸要害。擴地復二百里。幾盡復遼河以西舊疆。而甯遠且爲內地。循此以進。則敵軍欲越雷池一步。盖其難哉。故自承宗崇煥之戮力。而敵軍戢伏。不敢犯明邊者四年。
古未有奸臣在內而名將得立功於外者。斯言諒哉。時魏閹之勢。炙手可熱。其黨日排承宗。遂至不安其位。以高第代。第恇怯柔媚之小人也。既至謂關外不可守。令盡撤錦右諸城守具。移將士於關內。崇煥諫曰。兵法有進無退。諸城已復。安可輕撤。錦右動搖則甯前震驚。關門亦失保障。今但擇良將守之。必無他虞。第不聽。且欲並撤甯前二城。崇煥曰。我甯前道也。官此當死此。我必不去。第無以難。乃撤錦州右屯大小凌河及松山杏山塔山守具。盡驅屯兵入關。委棄米粟十餘萬。死亡載途。哭聲震野。民怨而軍益不振。崇煥憤悒。三抗疏乞終制。不許。十二月進按察使。視事如故。然數年心血。委於一旦。敵志始驕矣。
清軍知經略之易與也。又窺崇煥之無援也。天啓六年正月。大舉渡遼河。擣甯遠。兵十三萬。號二十萬。越城五里。橫山海關大路而軍。邊將皆震恐無人色。崇煥乃偕大將滿桂副將左輔朱海參將祖大壽何可剛等。集將士誓死守。更刺血爲書。激以忠義。爲之下拜。其書語多觸犯本朝。故明史闕焉。而將士讀書。咸涕泣不可仰。慷慨請與將軍共生死蓋至誠之感人深矣於是盡焚城外民居攜守具入城堅壁清野以待令同知程維楧詰奸通判金啓倧具守卒食辟道上行人檄前屯守將趙率教山海守將楊麒凡遇甯遠將卒逃至者悉斬人心始定

是時我軍僅萬餘人而敵之强且十二三倍經略第總兵麒並擁兵關上不救中朝聞警兵部尙書王永光大集廷臣議戰守無善策盈廷皇皇謂必無甯遠越十日崇煥以捷聞朝野上下罔不失色撟舌額手以相慶者先是清軍進攻戴楯穴城矢石雨下不能退城垣圮丈許崇煥身先士卒罄石塞缺口身被再創部將勸自重崇煥厲聲曰『區區甯遠中國存亡係之甯遠不守則數年以後父母兄弟皆左袵矣偷息以生復何樂也』自裂戰袍裹左臂傷處戰益力將卒愧厲奮爭先相翼蔽城復合嗚呼若於吾先民中求完備之軍人資格者袁督師當之矣明日復攻崇煥乃令閩卒發巨礮一發決血渠數里傷數百人凡三日三攻三卻圍遂解崇煥復開壘襲擊追北三十餘里清軍大亂死者逾萬人乃分兵略覺華島甯遠軍雖以城初完方繕守備不克救然敵之銳氣大挫故明史大書曰『我大清舉兵所向無不摧破諸將罔敢議戰守議戰守

自崇煥始。嗚呼。豈敵之果强。毋亦我之太弱而已。清太祖自起兵征尼堪外蘭以來。未嘗一遇勍敵。至是爲崇煥所破。悒悒不自得。不數月而殂落矣。

第五節　袁督師之初督師

捷報聞。擢崇煥右僉都御史。璽書獎厲。桂等進秩有差。初高第鎭關門。盡反承宗所爲。務折辱諸將。諸將咸解體。至是坐失援褫職去。三月。復設遼東巡撫。以崇煥任之。魏忠賢遣其黨劉應坤紀用等出鎭。崇煥抗疏諫。不省。旋敍功加兵部右侍郎。賚銀幣。世廕錦衣千戶。時代高第者爲兵部尚書王之臣。之臣亦庸才。與崇煥不相協。中朝乃命之臣專督關內。以關外屬崇煥。崇煥知廷臣忌己也。上書曰。

陛下以關內外分責二臣。用遼人守遼土。且守且戰。且築且屯。屯種所入。可漸減海運。大要堅壁淸野以爲體。乘間擊瑕以爲用。戰雖不足。守則有餘。守旣有餘。戰無不足。顧勇猛圖敵。敵必讎。奮迅立功。衆必忌。任勞則必召怨。蒙罪始可有功。怨不深則勞不著。罪不大則功不成。謗書盈篋。毁言日至。從古已然。惟聖明與廷臣終始之。

蓋崇煥保守進取之大計。畫皆略具於是。而此後死於敵之間。死於朝廷之疑。皆若先見之矣。書上。優旨褒答。

其冬崇煥復巡歷錦州大小淩河。議大興屯田。漸復高第所棄舊土。蓋當時滿洲游牧。水草之性。志不過鹵獲。得土而不居。如廷弼承宗崇煥等之政策。實足以自固其圉而無啓戎心。惜珠厓之棄。視爲固然。一誤再誤。數年而繕之。一旦而墮之。復數年而後再繕之。復一旦而墮之。今日崇煥所擲心血以欲易之地。皆其數年前擲心血而旣得之者也。嗚呼。明之日蹙。其有以自召矣。於是崇煥益上書言遼左之壞。雖由人心不固。亦緣失有形之險。無以固人心。兵不利野戰。祇有憑堅城用大礮一策。今山海四城旣新。當更修松山諸城。班軍四萬人。缺一不可。帝報從之。

（未完）

教育

論教育學之意義

河北愚公

凡事欲實行不必拘理論而實行要必先立理論。無理論而有實行。爲無意識的實行。先理論而後實行。爲有意識的實行。理論者母也實行者子也。顧當學術未開之始。人往往知有實行而不知有理論。一事物之來前任其意之所不容已而貿貿以爲之。經歷既久偶有合於勢理。於是漸覺其得力而推量尋繹理論之事以起。今夫田家善耕不必盡明農學之義蘊而宜播宜耨宜刈無不順其勢而爲之。至體驗已深則留良去莠移枯成潤或盡得其妙用。教育之進化亦然。有子而欲其成立。有弟而知所護持。此在太古時代及現時之蠻民無有弗同。然問其以如何目的爲教。其教之方法由如何爲適當。則茫然莫解其故。至智識稍開。社會之情態漸漸萌生。其目的其方法亦略爲講求而無意識的動作遂變爲有意識的動作今之教育學云者西語爲Pedagogy (Pedagogik) 指導兒童之意也顧其時教育初啓不足爲獨立之學問如柏拉圖阿里士多德等皆以教育論爲國家學之緒餘即中古時代亦以教育附神學而行不設特別之攷究蓋教育之大綱一爲目的一爲方法數千年以前之格言雖非無可用然多零見錯出不能窺其全體至舉兩者之關係搆成一般之法則而定一有系統之理論則捨二百餘年來固未之見也

以教育爲一科學自十七世紀始當時正值十五世紀文化復興之後宗教之阨脫自然科學漸出法蘭西文學亦流行於各國。於是精神界驟生變動。學者競以博搜廣討。濬起高尚之理想。久之遂發見教授容易之法。倍根笛卡兒皆据其哲學之所得。攷究心性之發達乂論述其方法。以爲教授之基礎吾人之知識由近及遠由易及難由單簡至複雜由經驗至理論皆有自然之順序反其自然則無效此實當時教授之根本思想也。從自然之順序以組成教育學之原則者則爲奥國郾美紐斯氏（千五百九十二年生千六百七十一年卒）前平氏者爲毛塔耶尼（法人千五百三十三年生同九十二年卒）後平氏者爲盧索皆講自然主義者也然郾氏謂教育之法宜倣萬物之生長由根而幹而枝葉不可違其自然之法則其理想自外界入爲客觀的主義毛塔耶尼盧索謂人心自有發育之理有純善無纖惡惡者自外入非其所固有究其發育之理則可以著善而祛惡其理想自內部入爲主觀的主義至十八九世紀裴司塔若籍（瑞西人千七百四十六年生千八百廿五年卒）亦講自然主義謂人性之稟賦各有其本能本能以外不能有所增加然其動作有活力洪乎理不能無慾發育其本能必有法則以支配於天人之界其爲說專務設定規律以調和諸心力之發達科學之基礎蓋至是始立雖其時心理學尚未完全不足供其考求然其說直觀之必要貴活潑重練習以秩序爲第一要義其有效於理論者不少迨其後黑爾巴爾德出（德人千七百七十六年生千八百四十一年卒）乃一補從來心理學之所未備又攻破能力說總歸心的顯象於一元斯心理學改良而科學的教育益臻於嚴密也蓋天地之生人予之以知能即予之以感覺此知能者根之於心理無所不包顧必由感覺而入（即裴氏所謂直觀）而其發達也又有順序不可躐等而進教育之設所以完全其知能故必視其發達之順序而先導其感覺古之爲教也反之方其知能之初發忽不介意及其就學則舉宏深虛奧之理迫之强記而冥搜凡

其所教皆其心中之所無不適於感覺復何有於知能是以其畏難而廢者竭數年之力或至一無所得其不廢者則逞臆說談空理養成一種荒濶無用之性質問以菽麥而不知問以尋尺而不辨推其弊皆坐抹煞其感覺而於其發達之順序倒行逆施之故今之爲教也一洗從前之舊弊自其始生以至成人無不相其知能之發達與以適度之材料而其所教者又有實象圖形以導其感覺故其有一學則有一得數年之後可以爲普通之應用若再進而上之則學術技藝有實獲可以爲利於民生凡種種科學之發明而人類得食其幸福者皆源於此此其一得一失之間十七世紀以來實轉移之一大關鍵也普天下之人其嗜好習慣雖不同而其心理之發達無不同然則世之欲從事於教育者意在斯乎意在斯乎

綜右所言。本之於心理。以定教育之原則。爲探元立論之法。雖百世莫之能易也。而今者又有個人的教育與社會的教育相爭不已其爲個人之說者謂有個人而後有社會社會之成立爲個人所組織個人欲保持其安寧則不得不組織社會社會苟無個人則一日不能以成立個人善則社會亦善個人惡則社會亦惡故立學校定教科凡種種之措備皆爲個人而設不能泛論乎社會其爲社會之說者謂個人非社會不能生活個人之生活短社會之生活長社會如一大海個人如其蟲魚蟲魚之游泳出海而必死即其意識之發生亦全受社會之影響方其始必先愛其周圍之所有次生愛鄉心次生愛國心次生愛人類心人類者爲社會永久之生活而個人特負擔其義務之具也故立學校定教科凡種種之措備皆爲社會而設不能趨重於個人此二說者皆是皆非皆走於極端之論究之個人與社會不能分離今夫天之生物也千種萬類不能單獨而出也而其種類之相同者必相吸引相迎合聯絡而成羣人之所以爲羣如一有機體然析之則爲分子合之則爲全體此非出於個人之自爲又非由於全體之契約而其成也乃天然之所湊集偏於一則兩受其弊若偏於社會的教育則學校之營求全爲謀社會之生活定一教育之程度無論何等之人民必直接於其生活之範圍而一切之階級悉泯此固可以救社會之偏頗矣然而社會之目的高則個人之價値輕犧牲個人以爲社會其弊也至於仰思俛畫盡趨於公衆之爭逐而自信自尊倫理道德之意思必日見其低若偏於個人的教育則教授之方針全即個人爲抽象發

其優美獨立之理想而一切學科及時間可以減輕此固可陶成個人之品格矣然而心性之期望奢則身世之計畫疎養特出之人物於社會其弊也至於屈服社會以從自已之欲望或者起厭世之思而傲然以爲不足與爲古來之大政治家大慈善家決非出於此故夫大純之教育無所謂個人無所謂社會其在個人必發揚其社會的精神保持其獨立而又能屈已以從公義其在社會必練達其個人之節操營擁其公益而又不失自已之地位不然共同心之缺乏與獨立心之不足皆危險之結果所由生也。顧此二者之爲用常隨時勢爲轉移個人主義極則趨於社會社會主義極則趨於個人十六世紀之初團體之壓力迫無可逃於是個人之反動力起主張自由之發達至十八世紀而天賦人權之說洋溢於四海個人主義已達於極點至十九世紀之初專以調和個人之諸能力鍛鍊其道德的意思爲目的若裴司塔若籍若康德若黑爾巴爾德皆持此說由個人及於個人而於社會尚未深究至近世則社會主義大起農工商業之交通盛而諸地方之孤立減分業之法式著而個人之自營消大工場之設立影而手細工之營業絕舉一國之人無貴無賤專心壹力以謀共同之生活至於欲爲自己不得不先爲社會盡亦必然之傾嚮也烏乎物盛則必衰勢窮則必返此後若不[illegible]個人主義以救之則人人奔走於生計而古來所謂名節廉隅且墮落不可問況乎人人求勝則競爭起無根柢以相持恐並其所謂共同者而亦不能保也此儻操教育之柄者所宜留意也乎

十九世紀之初由社會的方面論教育者曾賚馬爾氏也（德人千七百六十八年生千八百三十四年卒哲學家兼宗教家）氏以一時期生存於社會者有前進與後進之別後進之成立必賴前進爲扶掖凡精神的財產（一國之土地物力等。爲一國之物質的總財產。其道德學問等。爲一國之精神的總財產也。）一社會之人應共享之然前進者之舉始以如何爲目的如何而其目的得善結果此等動作之得失即爲社會之盛衰一或不慎則人心風俗兩受其弊此實科學之問題非冒昧所可定也烏爾慢（德人千八百四十四年生同七十年曾遊中國及日本）那多魯鏞（烏爾慢）之說亦自社會的方面論教育者也今其人尚存親見社會之情形而其大旨則又謂個人之不可輕視烏爾慢氏之言曰教育之事必舉個人的見解與社會的見解結合而爲一先求之個人以定其狀態次考之社會以求其關係不由個人而社會則其歷史上種種錯襍之原因無由得其眞象而見影而忘形與星一以漏萬皆爲教育之果那多魯鋪之言曰。個人之教育影響於社會社會之生活淵源於個人欲社會的生活進步必先使爲社會一分子之個人適應於社會而社會非一二人之力所能起也故教育之事業考於社會社會之教育不忽於個人二者相關之點即以社會的教育學定其根据誠哉其爲不刊之論也

然則欲明教育之理法、非漸次進步不可。而自古迄今。凡稍文明之國。無不有教育。而其目的與方法、果能定一普遍通行之例與否。此問題實足決科學教育之運命者也。而今者自目的上視之理想不必一。一代有一代之風尚一國有一國之歷史其開化之程度不同則其禮俗習慣好尙亦因之而異強甲國之成績以行之乙國援過去之國民以爲現時之模範此必有所不可自方法上視之人人有特殊之個性氣質之強弱天稟之銳鈍精力之長短萬有不齊若以一定之法行之勢必從甲。則碍乙從乙。則碍甲即不甲不乙而以萬有不齊之數亦難均計而悉符此普遍通行之例。所以難定者也。雖然社會之進步人類之發達皆有自然之順序明其順序則提綱以振網而凡形式異同之故皆可鎔鑄於一爐以社會書自閉鎖以至開通勢局之變遷不一而

其理想大概隨開化之時期而異前日所見爲是者今或見以爲非前日所見爲極非者今或見以爲極是若以其所是所非者置之於古之世必一日不能以存立而其勢局既變則其通國之理想不得不歸於是故夫觀過去可以知未來未來之變態即過去之印象而介於其中間者皆與過去未來有固結莫解之關係謬因之與猝斷之舉不能以奏效此實示社會進步之法則而其現象之所呈即目的之所由定也以人類言身受之個性千狀莫名而其意識之發達大概不甚相遠今兒童於其最初不知外界之爲何也漸而與之以物則知持漸而不與則知自取漸而於其所自取者能詢其義漸而因其義而以周知其所有者爲何用作何解方其始先無意後有意至爲有意則於其所見所聞者漸漸有連關會通之勢若去其見聞而欲求其理想無論爲智爲愚爲賢爲不肖皆有所不能故其意識之發達自特殊至於普遍有必然之傾向此傾向者不僅使吾人知個個之情形而已又即個個之情形可得人類總括之眞理當是時縱於普遍者未能盡究其實觀而於其必然之傾向揣之已熟即爲方法之基礎雖極之千百國莫能易也要之目的之懸注視社會而定一國不能有異方法之原則視心理

而定各國可以從同。近來心理學雖尚幼稚。然其現象之變化。凡由初起而消滅而復起。皆有法則之存。已經發見其大體。若再進而窮究之。則新世紀之教育。必更有精確不移者矣。

中國貨幣問題

中國之新民

緒言

甲辰春。美國會議貨幣專使精琪氏至北京。爲中國貨幣問題有所策畫。草定條議十七則。附以解說數萬言。二月間。余在上海。獲見其原本。以爲中國若誠有事於改革。當無以易其議。顧其所根据之學理頗深邃。非研精斯學者。驟讀竟難索解。雖有漢譯本。然詰鞫爲病。譌謬滋多。讀之更墮五里霧矣。乃撮譯其大意。附以鄙見。旁參近世生計學者所發明之原理。博引各國改革貨幣之故實。以證其立案之所由。且於將來推行之法。所以挽國權勿使旁落者。亦綴論焉。斯事爲實際上一大問題。無論現在將來。總不得不出於改革。所爭者改革之權在我與在人耳。當軸之有責任者。與夫國民之治實學者。庶一省覽。幸勿以其艱深遼遠而置之。 甲辰三月 著者識

第一章　問題之起因及原案

自通商日盛。與地球諸工商國交涉日繁。凡懋遷我國者。靡不以貨幣制度混雜爲病。屢相忠告。使圖改革。莫或省也。（附注）日本維新前貨幣制度不立。亦與我等。各國公使婉勸強迫。故幕府末葉。已議更革。至明治二年。遂定新幣制。庚子之役。償款巨億。而銀價日落。虧累倍蓰。當局者始竊竊憂之。顧茲事體大。非元本精深之學理。熟察當今之大勢。則無由制定新案。即制定矣。而亦將不能推行。此固非我國現今政治家及學者之所能任也。加以交通頻繁。一國之利害。動與他國相倚。當局者自以國權微弱。更不敢孤行其志也。於是乎有求助美國提議貨幣改革案之事。實壬寅臘月。

其時南洋海峽英屬殖民地及暹羅。皆採用「金本位制」。（解說詳下）美國新得菲律賓。亦相繼推行。於是全地球用銀國。惟餘中國及墨西哥。大勢所迫。幾不克自立。至是兩國駐美公使同時提議於美政府。乞相協助。美總統乃以國會之決議。派三人爲專使。歷聘歐洲日本諸國。且調查我國內情。將開萬國貨幣會議。謀實施焉。精琪氏即三專使中之一人也。

精琪等乃草擬中國圜法條議十七條。其文如下。（照原文直譯）

（一）中國政府應速定一有效之政策。以期設立圜法。該圜法以能有一定金價之銀幣為主。其實施以能得賠欵國之多數滿意為歸。

（二）中國政府將設立此圜法。且管理之。應聘用適當之外國人以相援助。

（三）中國辦理此事。應派一洋員為司泉官（Controller of the Currency）總理圜法事務。該司泉官有權辟用幫辦數人。管理製錢局及別項事務。為司泉官所指派者。

（四）司泉官每月刊造詳細報告書。申明錢幣情形。凡消流（Amounts in Circulation）借貸（Loan）及外國信用匯票（Drafts on Foreign Credits）等項各若干。皆備載之。（原注云此帳目並非中國政府之帳目）凡各國之以賠欵事與中國有交涉者。准其所派代表人遇適當時。許以查看。且有條陳獻替之權。凡此皆為使新幣制昭信於各國起見。

（五）中國政府應定一單位貨幣（A Standard unit of Value）為價值之主。該單位貨幣應額定含純金量若干。大約所值金價應兌銀一兩。或比墨西哥之一銀圓。其值稍昂。並定章許民間隨時携金來託代鑄此單位貨幣之五倍十倍二十倍者。但量收其鑄造之費。或將來政府亦自行採金鑄此種貨幣。

（六）中國應亟鑄銀幣若干元。通流本國。該銀幣應有相當之模範。其大小約照墨西哥洋圓。其與彼單位貨幣之比價定為三十二換。設法維持。以後隨時按照下文所指辦法。調查全國應需之數。陸續添鑄至補助貨幣。(Subsidiary and Minor Coins)即小銀幣及紅白銅幣。其分兩價值。亦應劃定。惟以適用爲主。

(七)新鑄之金幣銀幣。無論在何省完納賦稅等項。皆照國家所定比價平等收用。若此等公項。前此原定銀數者。皆准用新定幣價推算。

(八)中國政府應飭下各督撫曉諭各省。限定某月某日起。將所鑄新幣作民間完付種種債務之用。惟限期以前之債欵。仍照合同支付。至某地自某日起限由政府審定頒示。

(九)中國政府爲維持銀幣定價起見。應在倫敦及別處通商互埠。置備一信用借貸欵(Credit Accounts)以便出售金匯票。其匯價較平日銀行匯價稍高。譬如按照新制平日銀行倫敦匯價應以新銀幣一元兌換英金二先令。政府則俟每一元零百分元之二兌換二先令時。方賣匯票。此等匯兌歸司泉官專理。惟無論何人欲購此匯票。必銀數在一萬兩以上。方許出售。

(十)爲設立新圜法。且置備適當支兌之匯欵。所需不貲。若政府不能猝備。可以借外債充之。惟應指定一財源作抵。其財源應敷支付利息及償還資本之用。至管理此財源之法。須令各國之有關係於此事者。咸表同情。

(十一)所有鑄幣溢利。(Seigniorage Profit)應另行存貯。俟貯至五十萬兩。應按照匯票之多寡。攤分外國各埠之代理人欵處存貯。此存貯金欵。最少積有……萬兩之數方止。

(十二)倘匯票出售日多。所存金欵漸乏。准由政府所派駐外洋代理人。收買銀匯票。吸回金幣。以補其缺。其價目由司泉官臨時定奪。

(十三)應設法頒定銀行律。准由國立銀行或別種相當之銀行發用鈔票。與通寶同價並用。統歸司泉官監督。

(十四)爲推廣新幣起見。使其流通各省。愈速愈妙。應由司泉官託各省地方官吏或票莊錢莊及可信之商家代爲經理此事。

(十五)限五年內。用各通商口岸。一律須用新章。凡收納關稅。須用新幣。其僻遠地方。逐漸推行。一俟新制通行。則所有賦稅。俱收新幣。並正定章程。凡稅則皆以新幣計數。

(十六)俟新幣鑄成……萬元之時。新章即行開辦。

(十七)司泉官及各國代表人有權爲中國提議整頓財政。

以上十七條。爲精琪氏所草擬原文。可撮分爲五大綱。

(一)畫一國內通行貨幣之事(第六條)

(二)推行新貨幣於國內之事(第七條、第八條、第十四條、第十五條)

(三)維持金銀比例定價之事(第五條、第六條、第九條)

(四)維持金銀比例定價法之預備及附屬(第十條、第十一條、第十二條)

（五）關於財政上主權之事（第二條、第三條、第四條、第十三條、第十七條）

原文詞旨簡單驟讀頗難得其用意所在。故今先爲提挈詮釋。次乃論其得失。

第二章 新貨幣案之解釋

絜論精琪氏原案之要點。凡得十六端

第一 中國內地仍以銀幣爲本位正貨

第二 本位正貨之銀幣其欵式重量皆須畫一。大率每圓之價値當與美國之五十仙、英國之二先令、日本之一圓、俄之一盧布、法之二法郎半、德之二馬克略相等。（附注）其大小約與今廣東湖北各處所鑄龍圓相等也

第三 除本位銀幣之外另鑄補助小幣出爲七品。（一）半圓。（二）四分圓之一。（三）五分圓之一。（四）十分圓之一。（五）二十分圓之一。（六）五十分圓之一。（七）百分圓之一或應加再小之數千分圓之一者隨時酌定其原料以銀、白銅、紅銅、黃銅四品充之。（附注）即五毫、二毫半、二毫、一毫、五仙、二仙、一仙、之七種也其所謂千分圓之一者約當今銅錢一文也

第四 別定本位金幣正貨爲價格之標準其價即如美國之五十仙英國之二先

令等。(附注)此本位金幣者。即銀幣價值之所從出也。本位銀幣一元。所以能與美國五十仙英國二先令常有同等之價值者。皆恃有此本位金幣爲其標準。其理由詳下文。

第五 此種本位金幣不以通行於國內政府不必多鑄初辦時即竟不鑄亦可惟民間有携金塊金條託代鑄者政府則收受之爲之代鑄而薄抽其鑄費。

第六 政府當設法維持金銀定價使常爲金一銀三十二之比例(附注)即三十二換其所以能維持之者用下列第七至第九各條所舉之政策。

第七 政府當精密調查全國應需貨幣之總額若干定爲限制凡政府所鑄造發出之貨幣不得逾此額

第八 政府當創設一局面專理國際匯兌之事若市面匯價稍有漲落之時政府即以此局操縱之或收回銀幣於國庫或吸入金貨於本國

第九 此局面開設於倫敦、巴黎、柏林、聖彼得堡、紐約、橫濱、六處若能開國家銀行。分設各處最善。即不能則但存款於彼六處專派一員駐劄經理亦得此宗存款。若政府一時未能措備。則可借外債充之。惟所借外債當指定一財源作按。

第十 政府鑄造銀銅等幣應得利益。即存貯之以爲將來吸收金塊之資本

第十一　爲實行第七條所舉政策起見故一切貨幣不許各省自由鑄造統由中央政府專理擇地設局以昭畫一而嚴限制

第十二　此新案之實施當有次第先限五年內通行於通商各口岸其餘內地亦逐漸實力推行以速爲貴。

第十三　新制實施之後凡公私債務皆須以新幣完納並依國家所定金銀比價

第十四　中國政府應聘用一洋員授以全權總理此事且聽其辟用屬員。

第十五　中國政府辦理此事須得各國之有債權於中國者（附注）即賠款有關係之諸國之同意並聽其派代表人隨時查察提議整頓

第十六　開設國立銀行發行鈔票與正貨相輔而行其事統歸所聘用之洋員經理。

以上各條撮譯精琪氏原著「中國新圜法案詮解」之大略也。原著凡分十章。（一）論新法之益。（二）論中國改革之難。（三）論試辦方略。（四）論聘客卿相助之理由。（五）論圜法綱目。（六）論維持金銀比價之法。（七）論創設外國匯兌及存貯金款。（八）論銀行鈔券。（九）記會議之結果。(十)論繼續善後之法。全篇凡二萬餘言。凡以反覆說明其所根据之學理及推行之方略。今欲醒讀者眉目。故櫽栝之爲十六條云爾。

十六事中。其第一第二第三各端。爲盡人所同知者。第十二十三端。爲推行以後必至之勢。皆無俟多陳。獨第四至第十一。爲本案最重要最竅妙之點。第十四至第十六。爲將來國權消長絕大關係。故分兩章批評之。

第三章　新貨幣案之批評

第一節　論所採本位制度

欲研究貨幣者。不可不先明本位之義。本位者。英語曰斯坦迭Standard政府所定幣制。於五金中擇其一。爲正貨。而他種幣皆以此正貨爲標準。以推算其價值。所謂本位也。上古種民有用鐵本位銅本位者。今則已絕跡於文明國中。以故近世生計學者所研究本位問題之利害得失。不出三端。一曰銀本位。二曰金本位。三曰複本位。銀本位者以銀爲主幣。其餘若金若銅。皆以銀幣價值推算。如光緒廿三年以前（明治三十年）之日本光緒廿五年（千八百九十九年）以前之印度及現今之墨西哥等國是也。金本位者以金爲主幣其餘若銀若鋼皆以金幣價值推算如嘉慶二十一年千八百十六年以後之英國及近今歐美日本諸文明國通行幣制皆是也復本位者金銀二品並爲主幣而嚴定其兩者之比價如光緒二年千八百七十六年以前之法國光緒廿六年千九百年以前之美國是也歷覽數千年來貨幣史之變遷。大率由鐵本位進爲銅本位復進爲銀銅複本位復進爲銀本位復進爲金銀複本位而歸宿於金本位此其大較也。以近世商務日盛貨物批發爲額日鉅非用金無以資流通故千八百十六年英國首行金本位實自然發達之勢所必至也其時所謂拉丁民族同盟國者法蘭西意大利瑞士比利時諸國創行複本位制定爲金一銀一五半之比例行之數十年美國效之定金一銀十五之比例其效頗著及同治十年千八百七十一年德國統一業成采行金本位以後而銀價次第低落複本位國不勝其敝越五年而拉丁同盟國遂一變方針進爲金國夫複本位之所以不勝其敝者何也。生計學之公例凡兩種貨幣並用以人力强定其比價者則低價之幣必驅逐高價之幣於國外學者稱爲「格里森」之原則格里森Gresham者。英國一人名。此例由彼發明。故以名之。格里森原則。學理頗賾。證据尤夥。今不能詳述。讀者任取一經濟學書。無不有論述之者。近三十年來銀價下落日甚於是金銀並用之國適應於此格里森原則金貨寖漏卮於國外惟餘銀貨獨專市場名爲複本位實則銀本位如日本當明治三年即頒金銀並用之令而迄明治三十年間實際以銀爲獨一無二之主幣是其切證也然則任其所之以銀自安。其又何如。彼其以銀幣行國中。或有所甚便。其奈今日非閉關絕市之時代勢不能不與用金國有國際匯兌既無比例定價則本國貨幣僅得與銀塊同功用（其理由詳下）乘今日銀價下落之大勢而斂且滋甚以故近七年來日美印諸國不得不毅然有事於改革皆此之由

然則我中國前此果屬於何本位之國乎。嗚呼吾蓋羞言之我中國前此實無本位也藉曰有之則千年來絕跡於歐美之銅本位乃正我國所通行而未完備者也夫所謂貨幣者必其有一定之格式一定之價值以其單位之箇數（單位者。英語曰么匿。Unit 一磅者。英幣之么匿也。一圓者。日幣之么匿也。一法郎者。法幣之么匿也。一馬克者。德幣之么匿也。而銅錢一文者。中國貨幣之么匿也。故曰中國現行銅本位也。）爲易中之標準以衡量百物之價者也中國現行之貨幣惟銅錢足以當之耳其用銀也則曰若干兩若干錢夫兩與錢乃衡量他物之名非數計貨幣之名也以云用銀是烏乎可（譬有千錢之物價於此。而曰值銅六斤四兩。豈不可笑。）嗟夫。自齊太公迄今垂三千年猶濡滯於銅本位時代而不能自拔嗟夫。吾羞言之

（近來各省稍鑄龍圓。漸進爲銀銅複本位時代。然龍圓未通行全國。不足以當本位之稱也。）然則我中國今後當宗爲何本位之國乎。以世界大勢論之。雖以拉丁同盟國之堅持。以美國之倔强。以印度日本之習慣。終不能抵抗用金之勢力。卒降心以改進無已。吾其從多數用金本位。雖然。熟察吾國中生計程度。內地細民每日庸率。不過銅錢數十。易銅而銀。猶懼不適。而况於金。其難一。德之改金本位。利用法之償金也。日之改金本位。利用我之償金也。其他若俄若印度之改金本位。則皆自十餘年以前。汲汲準備吸收金塊於海外。準備圓滿。而始從事也。以我國而驟行改革。從何處得此現金。其難二。若是乎金本位之萬不能幾也。如中銀本位也。則今日幣制問題之動機。本以銀價低落。迭受虧累。爲之原。改制而仍用銀。則奚救焉。夫鄙人疇昔固頗言銀本位之爲利者也。以爲全世界皆金國。而我獨銀國。使吾內治不修。長此終古。則亦已耳。苟經大改革。後工業大興。乘銀價下落之勢。而利用之。則可以獎厲輸出。而抵制輸入。利莫大焉。（當日本明治三十年改金本位時。議院之爭論極劇。其反對論者。即持此議。且縣引彼十餘年間工藝品輸出之盛。證以實事。謂皆食銀價下落之賜。然則此種理想。非全無據也。）由今思之。此不過百年前重商主義派之謬見耳。（參觀本報第十三號生計學沿革小史。）近則公理大明。學者知惟兩利乃爲眞利而輸出超過輸入其勢萬不可以久也（輸出貨物多則外國應償我之金銀必多然我非能以徒手捆載其金銀以歸也果爾則失貨幣流通之功用我何利焉故勢必以所得金銀仍購物於彼國運回以求複利故輸出多而輸入亦必隨之而多此不易之原理也自斯密亞丹以後此義大明矣）即有之而一國之利害全不以此爲輕重也（近百年來英國統計表。皆輸入貨物。超過輸出。近五十年來法德荷蘭諸國亦然。何損於其富。）且金銀之來彖與否又不係乎貨物輸出入之正負也（參觀本段末附注）故矯揉造作以求輸出之增率謂藉此以瘠彼而自肥此必不可得之數矣夫中國當實業不振之今日苟一旦振奮而利用銀本位以爲進取則吾所希望者雖非在輸出之必超過輸入然以此之故輸出自必倍蓰於疇昔而輸入亦將隨之以漲則於通商兩益之誼固有合焉夫亦孰謂其無利雖然就一方面觀之則借此以直接獎厲輸出而並以間接獎厲輸入誠進步之徵也就他方面觀之則以金銀比價漲落無定之故致從事國際貿易者皆有所憚而裹足不前以直接損壞商業而並以間接損壞農工業（國際貿易衰。則國內生產力。必不能發達。此生計學者所常道者。）斯又阻進步之徵也兩利相形取其重兩害相形取其輕用銀之利不足以償其害也明矣而況乎有償款一大問題之介其間也若是乎銀本位之亦不能用也夫複本位制以法美諸國之久經試驗而卒歸失敗其不可採也既如彼而金銀兩者之單本位其不可採也復如此

然則我國改革幣制其將何塗之從

（附注）查德國近三十年來貿易表有足證金銀來聚與否不係乎貨物輸出入之正負者茲錄之以供參考

（單位十萬萬馬克也）

	（貨物之部）		（金銀之部）	
一八七二—七九年	輸入超過	九二〇四	輸入超過	六三〇
一八八〇—八四年	輸出超過	二四四	輸出超過	一四六
一八八五—八九年	輸入超過	八八〇	輸入超過	四〇
一八九〇—九四年	同	五一二八	同	四二三
一八九五—九八年	同	四一三四	同	一七九

由是觀之金銀出入之正負與貨物出入之正負差適成比例此可以證重商派理論之虛妄而矯揉以抵拒輸入品之為無謂矣

精琪氏此案則亦金本位亦銀本位亦複本位非金本位非銀本位非複本位一奇形怪狀不可思議之幣制也精琪自言此案根據金本位且其詮解中歷駁非金本位者之說夫既以金幣之幺匿為價值之主（參觀第一章所譯原案第五條）而一切銀銅幣價值皆由此推算焉故謂之亦金本位雖然尋常金本位國皆以金幣通行國中而我獨否尋常金本位

國其用銀皆有限制而我獨無有凡金本位國。皆以銀爲補助貨幣。英國補助貨幣。限通用於二磅以內。日本補助貨幣限用於十圓以內。德國限二十馬克以內。法國限五十法郎以內。尋常金本位國民間有持銀幣以易金幣者政府必應之而我獨不應即有賣外國匯票之舉而非萬金以上不肯出售且售亦必擇其時故曰非金本位以銀幣爲無限法貨通行國中全國所用貨幣其原料無更貴於銀者故曰亦銀本位銀本位之價值皆由金幺匿而來銀幣不過爲金幣之代表精氏原案所擬銀幣。其性質略如日本之紙幣。吾故曰爲金幣之代表。若英之先令等。則補助也。非代表也。故曰非銀本位金銀發存以法律之力强定金一銀三十二之比價故曰亦複本位雖雙存而不並行絕無受格里森原則之影響致正貨流出國外之患故曰非複本位準是以談則精琪氏此案所以斟酌於三種本位之間者可謂良工心苦後有作者必來取法有斷然矣

（未完）

生計

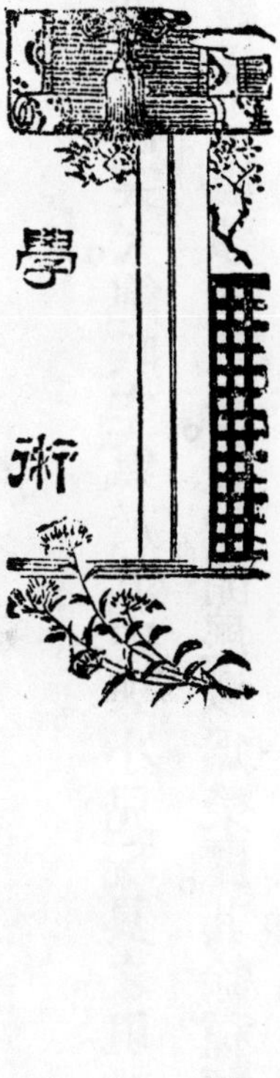

進化論大畧（弘文學院特別講義）

理學博士丘淺治郎演

弘文學院校長嘉納治五郎因爲中國留學者謀利便每週請其國中專門學者臨院演述專門學問大略數小時院外之人皆可往聽某君以其所聽者筆記之寄稿本社囑爲登錄以廣聞見而開智識夫專門學問非可易言乃以最短之時間述其畢生之學業其亦何能詳備惟藉此使吾國民知世界學術之不易言而爭自奮以求進步則或嘉納氏之苦心而本社實有傳播之責也茲將某君所寄本編大畧及軍艦學大畧（見軍事門）兩稿錄登報端焉　本社識

進化論問題甚大。今時間短促。故祇得爲諸君述其大概。然講進化論之先。不可不爲進化論下一解釋。

世界中動物有三十萬種。植物亦有二十六七萬種。變幻無常。數實繁浩。然推溯其原。可一言以概之曰。今日之有若是繁殖之種類者。實肇原於一種耳。

進化論學說原始於百年以前。而認爲一種科學以研究之者。則在於十九世紀後半期。蓋自達爾文物種由來一書公世後。世人無不注目於進化之說矣。自是以後。研究動植學者日益進步。證據愈多。論進化者更得一大助力。

進化論者實研究地球上生物自古迄今之變遷。而人類亦包含其內者也。達爾文之倡進化論也。因見其家飼動物。從一種變爲數種。由是推想。謂宇宙間之生物。其無不具是理乎。故吾人研究此學說者。先當考察歐洲飼畜動植物之變化如何。

在歐洲飼養家禽中。變種最多者以鳩爲甚。茲就鳩中變狀奇異者。舉一二言之如左。

鳩類圖

一則其上有餌囊。非常突大。飽吸空氣於其中。與小兒玩具之風船球相似。

次則尾如孔雀。較通常鳩類多三倍。行步開展。以爲榮麗。其餘種類甚多。性質各有特殊之處。有飛一時間頭必向後轉數十次者。有能傳遞書信於遠方謂之傳書鳩者。

此外鷄犬魚貓等物。皆有此現象。今略之。

夫鳩之有如許種類者。其天然乎。抑其由後來變化乎。達氏乃入倫敦家禽飼養會。極力研究。始知鳩之變種。乃發源於一野生鳩。且考其他動物。莫不如是。如加拉里河鳥。自三百年前爲人飼養後。至今種變甚多。英人則嗜其瘦而長者。日本人則嗜其肥而小者。

鳩與加拉里河、何以含如許變種哉。蓋家禽動物之飼養。咸準於主人之嗜好。例如雛之產出後。主人必擇其愛嗜者加意飼養之。幾經選擇。幾經歲月。於是變遷乃多矣。如主人愛餌囊脹大之鳩。取而飼焉。後則盡成爲餌囊大種。愛尾大者取而飼焉。後則盡成爲尾大種。是由人情嗜好而使其種類繁殖。謂之爲人爲淘汰。然宇宙間動植物。何以能隨人意而爲淘汰。此其間有三要件存焉。

(一)親之性質傳於其子。是曰遺傳。

(二)同親所生之子。其間亦必有相異之處。是曰變異。

（三）所生子數甚多。其中復行選擇。是曰選擇。

有此三故。而淘汰結果乃發現。

達爾文觀於家禽之變種。推想宇宙間生物。概含是理。

夫遺傳固矣。而變種者所在常有。惜常人未之注意耳。試取同母所生之雀二。觀其形狀雖同。然細加考察。實互有異點存焉。

又觀宇宙間生物千種萬類。繁殖無限無異幾何級數之增加。例如一鼠生十子。由十子而又生百子。遞生遞增。竟可至億兆之鼠。然此億兆之鼠。必其有競爭才力。然後可生存於其間。而其具有競爭才力者必不能全體皆然。實不過少數耳。又如雀生百子。必具有避敵資格。或變羽色。或變形狀。以免敵人之察見。始可翺翔生存。然百子之中。惟二三而已。

琉球有一種奇蝶。遠望如樹葉而不易辨。蓋其具有生存資格者也。昔有一學者求之於南洋島嶼四處捕獲。不見此物。經一時久。乃知即在目前。坿著樹枝。恍如一葉。夫蝶之得此保護資格。不知經幾千年選擇淘汰以至於此耳。又海底有比目魚。與海沙同色不易辨識。又日本北海道有一蟲名以姆者。與桑枝同色。遇鳥捕食之時。則擬桑枝以避之。有農人蔭於其下。不辨其爲動物。誤懸飲器以致墜落。因名曰碎碗蟲。觀於此。生物中苟非適於生存者。則死焉滅焉。必然之理也。是之謂自然淘汰。宇宙間生物固鮮有能解免之者。故動物之生也。或游泳於水中。或飛翔於郊野。必各因其地位而具適宜之性態。以爲生活。不然則必歸於滅亡。

世界事物。咸自簡單而入複雜。人在草昧之時。一人必操數業。或營造。或種植。而資生活。迨文化日進。分業專工。各司其事。故愈分業愈複雜而愈有進步。即動物身體中。其器官構造。於解剖學上發生學上考察之。亦莫不自簡單而入於複雜者。

動植物無不由一種而變爲數種。由簡單而進爲複雜。人爲動物中之一部分。故其變化也亦然。今就人類及上等動物。由解剖學上言之。其中無不有一二無用之器官存焉。苟人類爲自古之特造。何爲別附以無用器官。然據進化論以推之。實有不得不然者。凡人未有耳能動者。然解剖之後。耳旁實生有多筋。能使上下左右以運動。與他動物同者。顧此筋在人。則爲無用。若在他動物如犬貓之類。乃正藉此運耳筋以佐聽覺。

（猿以下皆然但猩猩與人爲異）更觀人身皮膚。除額皮外。亦無他處能動者。然由解剖觀之。皮下亦有多筋可以使皮運動。與他動物同者。他動物得之。至爲有用。如蠅集馬背上。馬能自動其皮以逐之。人則不能。蓋自有手以後。此筋遂歸無用矣。

大凡宇宙間動物。咸存有無用器管。耳筋皮筋其最著者。據歐洲解剖家詳查人身無用器官。實有百數。然推想昔時此百數者。必皆有用。進化以來。遂徒存空具而已。

由此推之。今日動物必咸由他動物之進化而來。其無用器官則因遺傳所餘之故耳。

人身之存無用器官。可舉一例以證明其理。如洋服袖旁附以二鈕。今雖無用而徒存形式。然推想昔時。其用實與小衫之鈕同。又如英文 Right 一字照音而讀。gh 二字母實可省畧。然推想古時。英語 gh 二字必曾發音。至今日音已不存。而體仍其舊。生物亦然。欲知生物進化之所自來者。則此無用器官。固亦研究中之一材料也。

更由別方面於比較解剖學證之。鯨魚蝙蝠。雖無人形之手。然解剖二者而比之。其骨數其排法。全與人手同。不過有長短之別而已。

人前肢

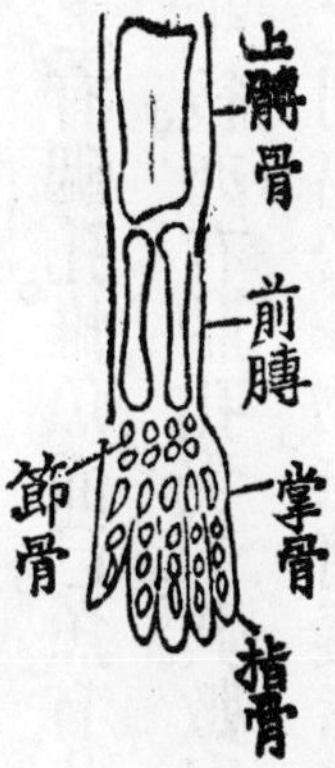

鯨前肢

蝙蝠前肢

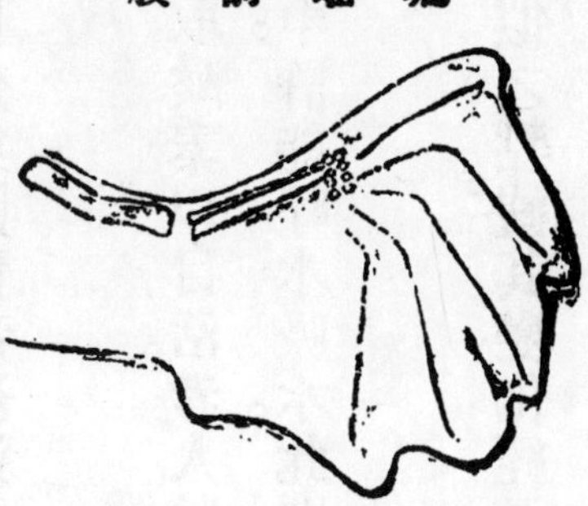

觀上圖、人與鯨、蝙蝠、三物之構造。其膊骨指骨等數目排列次序。同與人無絲毫之差異。所別者在各因適便之故。遂異其狀態。蓋鯨因便於游泳。故成圓短形。蝙蝠因便於飛翔。故成細長形。而皆以大膜包之。若但謂造物者各因其使用之適便而爲之成造。則骨數排列。各異其形可也。不必一一强與人同。乃今竟不然者。可知人類與蝙蝠等物。咸自同種而變化。與飼育家禽中鳩類變種。實同一理也。

今試囑一機械技師。造一飛一泳之物。其構造必互異。若構造時與以人手骨、爲之基本。則必將骨引長而成蝙蝠翼形。使之飛翔。削短而成鯨翅形。使之游泳。雖兩物異狀。

而其組織固同也。由同種而進化之理。亦即如是而已。

凡脊椎動物頸骨皆七。鯨與駱駝。其數亦七。夫兩物性異形異。骨數何必盡同。在鯨爲短頸。生一粗骨可也。駱駝爲長頸。生數細骨可也。今竟不然者。實由同種進化之故也」

更就發生學言之。凡父母生子。其胎孕之初。萬難即符其意所欲得者。想必幾經時日。然後由漸變而漸成其形、例如馬上顎無齒。惟下有之。含物時下與上顎皮以相咀嚼。考其胎孕始期。由細胞成生時。中途實有生齒時代。後因無用、遂漸廢而僅存上顎耳」

進而觀人生之發育。其始也。與他動物無以異、繼則惟與獸類同似。稍有區別矣、及其最近之時代。乃判然而知爲人、且初生時。又有尾附焉。自胎成日久。始因他部發達、而尾以中途萎縮。漸隱於體內。

夫動物之有鰓孔。惟魚而已。魚有此。故入口之水、盡由鰓孔出。取酸素以自活。考人胎初生月半後。亦有胎孔現焉。其數與魚無異。若將此兒游泳水中。許能呼水吸水。此則人與魚之同出於一物。無可疑者也。

飛類動物初生時期。至途中必忽現特種狀態。與他動物有相似之點。觀其變化經過。

可略知動物自古至今變化之跡矣。

凡動物之發育也。各分爲三時期。而三時期之變化。各有異同之點。即此可以考其變化之次第。

動物發生之圖

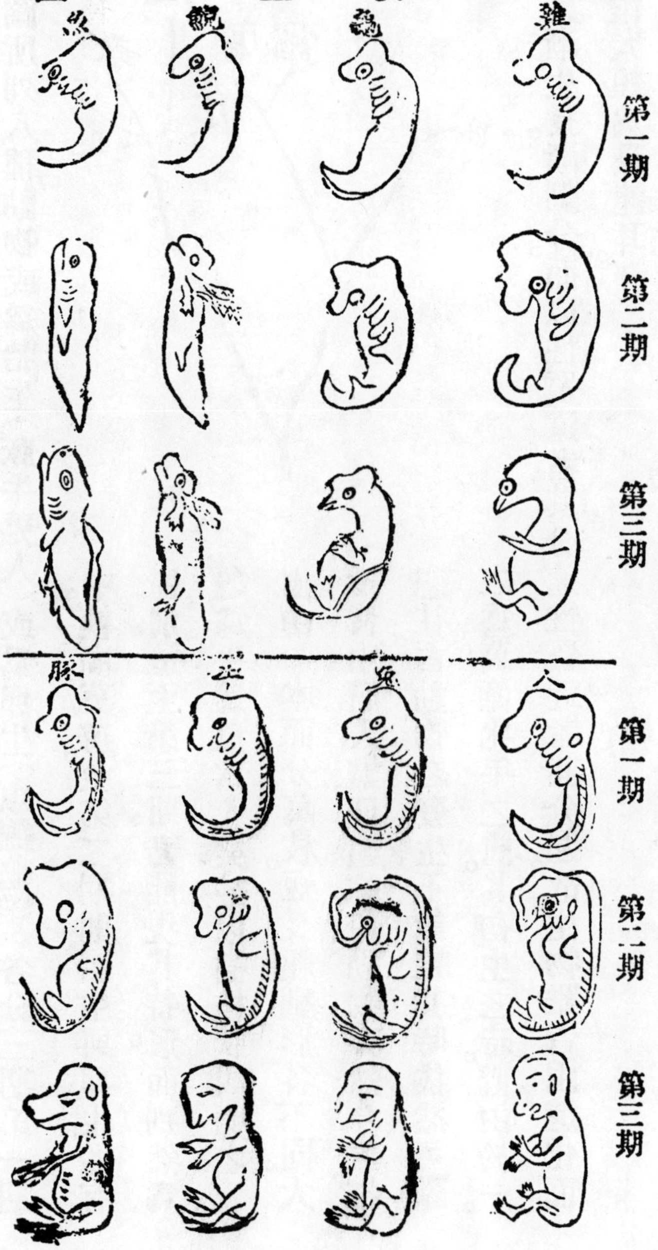

如圖所列八種動物。或爲胎生。(豚牛兎人)或爲卵生。(魚鯢龜雉)各分三期。第一期

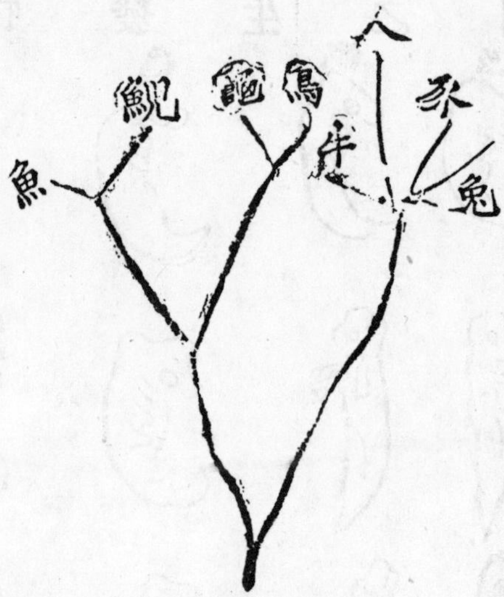

中糢糊莫辨。至第二期則胎生與卵生。始有區別。迨至第三期。乃能現其特形。而判然爲龜爲牛爲魚爲人矣。玆以樹枝狀說明之。樹由一本而分萬枝。短長粗細。形各不同。大抵皆由簡入繁。日趨綜錯。動物亦然。今雖推想往古動物之發生。不能定其時代。然可斷之爲萬億兆年之前。其初生之時。皆由於一。後則漸生長。漸劃分。而以性質遠者其分速。性質近者其分遲。故生物雖皆由進化而來。惟人類爲最速耳。

縱觀以上列舉事實。生物之起原。亦至明矣。以解剖與發生學。推知生物各種特形。決非自古即然。此不過據現在言之而已。請更述古時生物。

古時生物。考之化石。得以知之。此石得之於開山掘井時。乃古昔動植物遺骸所變成者。顧言化石。必先知地球表面之變化。如何自地殼搆成以來。高山深海。遷轉無常。或以建設的作用。或以破壞的作用。或以運搬的作用。演出無窮之變狀。而古時動植物遂葬死於其地層之中。其遺骸乃成爲化石。

地層之中。高而突起者爲山。低而陷落者爲海。高山經風雨摧折。化石常見於其間。海底則否。故由山頂掘獲魚骨貝類等物。多非海中之所有者。吾輩可藉此以研究古時生物之現狀也。故地質學家研究地層之新舊。皆取證於化石。蓋掘山地時。上層化石與下層化石異。或此處化石與彼處化石異。即可比較而區別其新舊焉。

歐洲諸國地質學家。考查世界地層。有水成岩者積厚至十里以上。然積此十里以上之厚。不知經幾億兆年。現地質學家以時代之難臆測也。劃分地層爲四期。期中又分數紀。

四期之中。劃分雖不平均。然咸準於化石之異同。以爲之區別。原始代最厚。而近古代最薄。亦時代之變遷使之然也。

地層圖

近古代

中古代　占全量八分之一

太古代　占全量四分之一

原始代　占全量二分之一

原始代中所掘之化石。全爲虫類。太古代則有魚類貝類。而魚類居多。中古代則有鱷魚化石。然當時鱷魚與今異。有行於陸上者。有飛翔於空中者。有游泳於海洋者。至近古代乃多獸類與高等動物之化石。若夫人身骸骨。則在近古代最上層。乃得發見。觀於此自原始代以至現今。其間所掘見之化石。千變萬化。比較而互觀之。生物進化之階級。可瞭然矣。

馬者人盡知爲動物中之一蹄類。然推想古昔。則決不止一蹄也。茲據馬之化石以研究之。在歐美諸國調查馬類化石之最爲完備者。爲美國。考其博物館中陳列品。可分近古代水成石爲四期。

近古代地層

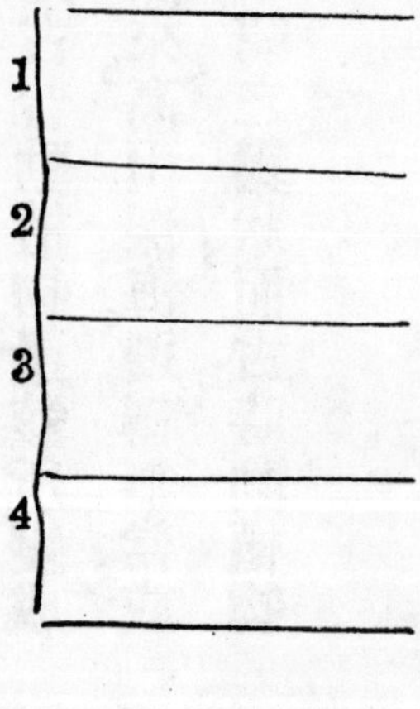

依所分四層。自上堀下。愈入下層。則其化石之形愈異。今將圖列六形。比較最下期時。馬如犬大。蹄爲四。中指稍大而着地。至第五形。中指漸

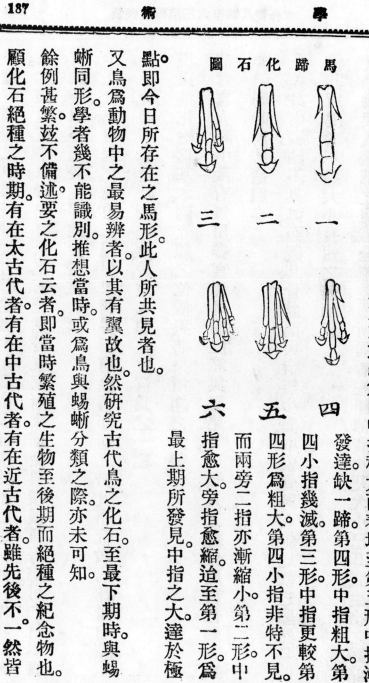

馬蹄化石圖

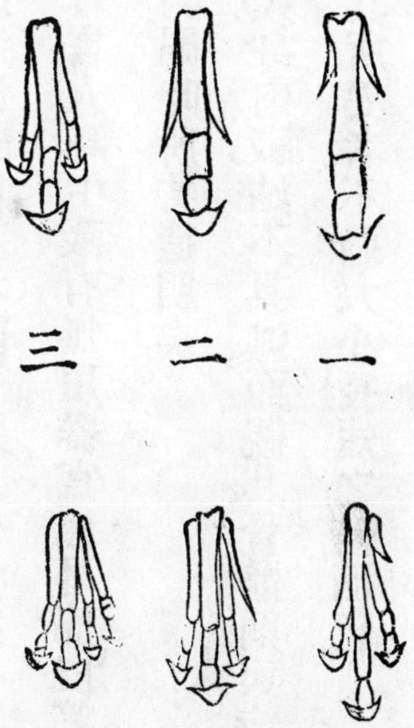

發達。缺一蹄。第四形。中指粗大。第四小指幾滅。第三形。中指更較第四形爲粗大。第四小指非特不見。而兩旁二指亦漸縮小。第二形。中指愈大。旁指愈縮。迨至第一形。爲最上期所發見。中指之大。達於極點。即今日所存在之馬形。此人所共見者也。

又鳥爲動物中之最易辨者。以其有翼故也。然研究古代鳥之化石。至最下期時。與蜴蜥同形。學者幾不能識別。推想當時。或爲鳥與蜴蜥分類之際。亦未可知。

餘例甚繁。玆不備述。要之化石云者。即當時繁殖之生物。至後期而絕種之紀念物也。

顧化石絕種之時期。有在太古代者。有在中古代者。有在近古代者。雖先後不一。然皆

於競爭劇烈之中。無競爭强力者。遂無生存資格。以日趨於滅亡也。例如日本現時無象。然據地質學家考究有象化石。發見於東京府京橋區與橫須賀等處。可知日本實有象產。以不適於生存。遂至於滅亡耳。

十九世紀自進化論出。思想界學術界皆有除舊布新之勢。凡研究教育學社會學政治學者。無不基礎於進化論。於是人類之位置。爲之一變。

現以進化論爲基本論人類之位置與將來所趨之大勢。

前曾言人身中藏有無用器官如耳筋皮筋與腮尾等。可知人之進化原於他動物。決非開闢時所特造明矣。

夫人身肉臟。姑不具述。而觀其骨骼。則與猿無少異。取猿骨與人骨比較之。顯然易明。但其所異者。不過大小長短之差而已。

又動物與人腦部之組織。全無差異。所異者在腦部廣狹及大小已耳。觀生物之腦部至魚類而最小。其故可思矣。

腦之比較

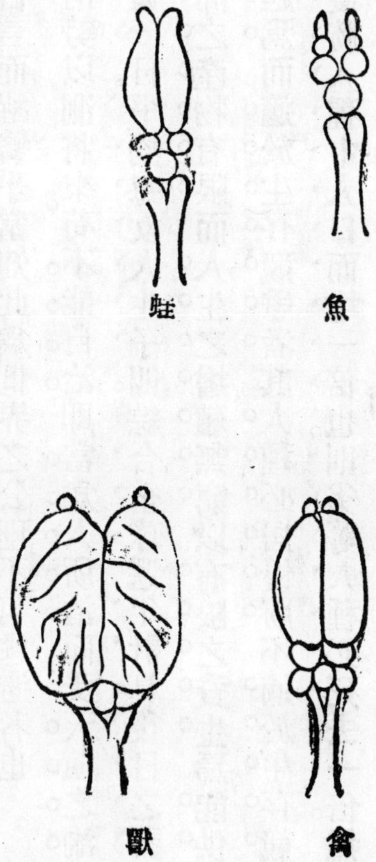

百年以來生存競爭之風潮日烈一日苟今日人類中有缺生活之資格者勢必如昔日多數劣等動物之不免於慘殺不免於死亡不免於滅種因而以少數生存之人類掌握萬能支配世界者此必然之勢也

今試矖覽五洲人種之現狀澳洲南有達司馬尼亞者在昔土人甚夥自歐洲人前往殖民不數十年土民種族盡歸殲滅新西蘭島亦然今日土民之存者不及千分之一竊思過此以往並此千分之一恐亦不可復存蓋新種入而舊種亡新種强而舊種弱公理然也亞美利加當哥侖布未發見之前紅色土民甚爲蕃庶一自歐人移往建立

國家至於今日其種族存者寥寥如晨星雖美國力倡保護以爲人種紀念之說然亦終歸無濟耳餘如亞非利加與非律賓羣島等處自被歐人踪跡蹂躪後新種日繁舊種日滅其少數之土民僅供博覽會之參列品與人之玩具而已物競天擇優勝劣敗豈不可畏哉

要之人類中非自治即爲人治爲人治則不免於受鞭撻苦戮辱而爲之奴僕其利權其實業皆操之於治者之手世襲土地拱手授人爲他人長子孫聚國族之新樂地而蚩蚩被治之種族淪於餓莩或乞食於道衢或逃竄於深山窮谷不至於滅種不止諸君有聞吾言而醒警乎當知此爲世界之公理不可逃避者也

由今日情勢以測將來苟不能自治即當爲人所治而受天演之淘汰蓋世界人口之繁殖日甚一日平均每女人生子四綜合全球遞年計算後日之蕃庶必數倍於今日夫天地間之產物有限而人生之增殖無窮以有限之資生焉能供無窮之繁衍由是而競爭起焉而適於生存競爭者其人種必居優勝不適於生存競爭者其人種必居劣敗若優勝人種中人口而增一倍也則劣等人種必死去一倍愈爭愈烈愈烈而勝

負愈判。遂演出亡國滅種之慘劇矣。

由是觀之。生存之道。不外二端。優者勝劣者敗。而優勝劣敗之源。則根本於智識。富於智識者則日發達。否則滅亡。故智識之高低。實卜種族之消長。然欲培養智識。造就支配世界之國民。舍教育又將安歸哉。

彼非澳諸洲羣島。經白人鬪草萊驅猛獸瓜分豆剖而後。已無復尺土之存。然西盡東來。團其高瞻遠矚之人民。出其狐媚狠吞之手段。歐風美雨。掀天翻地。陣陣憑陵。黃種之存亡。已決於今日。而起我抵抗之旂。保種族守國土。我亞洲東部之人民。實負其責任焉。雖然。於競爭風潮。轟轟烈烈之中。仍有晏安如故。充耳未聞。瞠目無睹者。吾恐凌鑠全球之力。盡將讓之白人矣。此進化論之結果。而白人之日以此自負而相勉者也。諸君。其一。熟思之乎。

易哲學之原理及其影響

耐庵

自秦焚書坑儒以來挾書之律甚嚴典籍大廢學術頓挫僞書亦因之而起故易十二篇或以爲四聖所作或以爲好事者所爲論者紛紜令人難辨然以吾一人所見繫辭則雖成于文武而十翼斷非出自孔子之手也蓋論者以其文勢類似孔子故終歸爲孔子所作若果欲由文勢判眞僞則古今之尙書簡奧之三墳雖張目以視之決不能判定而況十翼既爲孔子所作而未有一積極的證據者也

其書果眞果僞今暫置勿論然吾觀十二篇中列舉羣言恉趣雖各有異而究有一定共通之原理卦爻之作者據之繫辭之作者據之即十翼之作者雖開展發揮亦不越于此原理之外原理維何即陰陽二字是也

故夫凡存于宇宙間一切之現象無不由陰陽司配進動象形亦無不有之是故其所舉之例日月之交互四時之推移男女之對待以至于君臣之關係父子夫婦兄弟等類皆以陰陽之範圍鑄入于其內使之成最普通最抽象之法則是此書之大旨也

(一)重卦爻者則以爲一物皆具有陰陽兩性質此物對于彼物必或有一陰或有一陽或此相對之二物爲一束對于他物之時亦必有一陰一陽由是觀之。一特別之物象有數重之陰陽的關係表示此關係則僅爲重爻者而已而易因數測度萬物之根本思想亦在于玆

(二)說明天地之生成者則以爲有太極而後生天地天地生四時四時生八象是爲繫辭傳之說然吾按此言由前後文勢推求決非能爲說明其生成者也（又按太極即西人所謂以太）要之易經一書皆以陰陽爲尤普通之法則一事一物由陰陽以總攬其一切之關係傳云。『一陰一陽之謂道』。易之道即此可見矣。雖然易之哲學僅關係于現象界之法則而未足以容于實在界如「精氣爲物游魂爲變」一句。及「乾元資始」一句。皆非關于實在之言吾故曰。易也者。僅能約現象界之法則歸之于陰陽也若其及于後世之影響可自二方面觀之

(一)陰陽爲物之性質

(二)陰陽爲二原理

（一）老子之哲學自其思想上觀之必明于易之原理如「重爲輕根靜爲躁君」之類皆是。即嚴遵、邵康節、物徂徠、日本之漢學家之徒亦出于此。然吾觀老子能類易言故謂其出于易繼紹易之思想于陰陽性質辨思精密然又有一種矛盾的與易相反對者則爲權謀術數之原理如「將欲噏之必固張之將欲弱之必固强之」之類是也。

繼紹老子之此種思想而更進一步者則爲莊子。莊子以爲一切之名之規定其始規定之時莫不由觀于一面然後與他物區別例如以A爲規定則在于與non-A區別而A與non-A者可豫想其互爲矛盾的若在宇宙之內則特別舉一個之A此A即爲必然的A以外一切之物不可得而豫想故齊物論曰。「夫道未始有對言未始有常爲是而有畛也。」又以朝三暮四之喻皆爲說明一個之規定須自二方面觀之即黑拉克來妥司Heraklitos希臘之哲學者紀元前五百四十年生五百八十年卒之所謂（ăna. eivai naí uneivai）者實亦不外此思想然莊子以後吾國人之具有此思想者寥寥矣

（二）易者提舉陰陽以範圍宇宙之萬事萬物者也以二數爲基數西漢之末有揚雄者亦倣易律現象界之法則始主張三數以爲宇宙之事象莫不有始中終三度至于

其重四爻列于八十一家不能無牽强附會之感而去此弊純然由三數說明宇宙現象之進動者則爲魏之關朗自元以後雖不足成一完全之體系然較諸揚雄更當明確精截其後及宋之邵康節出又提擧四數其意以爲如一歲之改進須四時如天地之變遷須元會運世之四楷程即人間界之歷史亦未嘗不由四數以司配治亂興衰之未來者也

易之根本原理及其影響之概略如此然其繫辭傳之太極又爲宋代哲學之淵源宋代哲學之鼻祖則推周茂叔茂叔始集成天地開闢之說迄至朱子出現于是吾中國及日本之學者多未能脫其範圍然則十二篇之影響即謂其能左右吾中國全國之哲學界也可（完）

心理學綱要（續三十七號）

內明

第一編　心界現象汎論

第一章　心身之關係

心意與身體有密接之關係者也。由心意之狀況。及於身體上之影響觀之。人之為思慮也。態度平靜。其為喜怒哀樂也。表著於面。而心情之鬱結。為有害於健康。心氣之爽快。能增進其動作。由身體之狀況。及於心意上之影響觀之。腦量之多寡。可判智愚。五官之缺點。波及精神。膚色相同者。性質亦無甚差異。（如白人之與白人。黃人之與黃人。均無大差。）體質相異者。心性亦迥乎不同。（如白人之於黑人。黑人之於猿猴。迥然各別。）健康能進心意之動機。病患足使心志為萎靡。由是而心身二者密相聯絡之理。可得覼縷論之。

心身之密相聯絡。基乎神經系統與心意作用之關係。故先略述神經系統於左。

大腦以充實頭顱中之兩半球成者其位置在頭顱之中心自中點派出十二對末梢神經於頭部及顏面大腦之後下部有小腦其連結處有延髓而延髓又與充實脊骨中之脊髓相聯自脊髓兩側分布三十一對末梢神經於肢體各部總而名之曰腦脊髓神經系統（案末梢神經。即俗所謂腦筋。）

此外在脊髓之兩側。有數個神經節並列。由是而派出神經於內臟者曰交感神經

凡組織神經系統之物質有二(一)灰白質(二)白質灰白質由細胞而成白質由纖維而成細胞爲圓形纖維之形則細且長也其在脊髓延髓與末梢神經。白質在外灰白質在內其在大腦與小腦白質在內灰白質在外灰白質所以營神經之作用白質所以傳達之者也。

大腦者感覺思慮好惡決意等一切心意作用之重要機關也。末梢神經或徑與大腦相連絡。或經脊髓延髓而與大腦相連絡。其能力在傳外界之刺激於腦。又傳腦之命令於身體。故末梢神經譬則電信綫自各部向中央。爲種種之報告。又自中央向各部

傳種種之命令其動作一爲向心的一爲離心的前者司感神經後者司動神經而此二種神經者在脊髓神經部每對相連而分布在腦神經部則或合或分而分布

小腦者支配筋肉運動之中心機關也一切有意運動必藉小腦輔佐其大腦而後行之徵特爲延髓傳達之用一切呼吸循環嚥下諸作用均受其支配焉脊髓亦有受外界刺激不告於腦而自下命令使起運動之事如熟睡時之手足觸於熱而爲無意識之動作者是曰反射運動又有於神經氣力充滿欲自宣洩之頃雖無外部刺激而自爲運動者如孩提與猫等氣力壯快時頻動其手足而爲嬉戲之事是是曰自發運動

交感神經者所以使臟腑與心意之間生密接之關係者也其官能一在傳發自臟腑之變化於腦脊髓神經而與其影響於心意之上一在傳發自腦中之變化而與其影響於臟腑之上故心有喜悅愉快時能令臟腑機關爲順適而消化呼吸諸器有疾病時能令心志鬱鬱乎其不樂

心意作用依乎神經系統之說既畧述之矣然非謂心意作用悉由神經系統所生也

惟謂心身作用並行不背而健全身體爲健全心意之第一要件爾矣

第二章　心界現象之分類

心也者渾然一太極也剖之分之誰其能之雖然、古今東西之哲人莫不斷斷於心界現象之分類

在昔希臘盛時詭辯學者踵起論列是非動反常識聖人梭格拉底出而矯正之倡『眞正智識即道德』之格言柏拉圖亞里士多德輩附和之智識一名遂爲天下所珍重嗣有斯多噶學派者又倡『與其論學理毋寗重實行』之主義雖遭如何艱難必踐履之以達其志流風餘韻至今猶存歐洲風尙之成此學派誠星宿海矣於時智識意志並行不悖精神現象顯然有二洎乎近世霍畢士盧騷等碩學輩出主張『感情爲心界自然之現象當與智識意志並存』之論康德氏與採用是論創立智情意三分法自是以來此三名詞遂爲心理學者之金科玉律矣

特是智情意三者何哉人之始生也於外物非有如何之智識必通耳目口鼻等之牖始得受納於心意是曰直觀（又曰直覺）譬如觀梅花知其形狀彩色是也而其直觀所得者

不遽消失後得再浮於心目之間是曰觀念即如夙昔所觀之梅花今猶得想像之是也認識此直觀與觀念之關係者曰思考譬如觀梅花與櫻花而辨別其形色之差或就黃河揚子江兩大流而比較其異同之點即思考之事也然其所思考者亦不出乎觀念何則梅花與櫻花之差黃河與揚子江之異同同爲觀念所保持然也故心理學家統名直觀觀念思考等現象曰智識省曰智

吾人之心界非僅有所知而已又就種種事物感其快不快焉聞聲食味精神爲之愉快（或不快）凡自覺官上起者稱曰感應（又曰覺官之感情）言入人世喜乎怒乎哀乎樂乎愛乎惡乎同情乎反情乎與境俱來不可遏抑不可枚數要之關於自他（自己及他人也）之利害起者是曰情緒超乎自他之關係離乎利害之思慮如尊德行如好問學如愛優美凡比感應情緒更高尚一層者曰情操感應也情緒也情操也淺深不同其爲感之現象則一也故心理學家綜名之曰感情省曰情

心界之現象微特知與感而已更必有所欲折花行路讀書無非心所欲爲之行爲也然吾人之心意顯於外者爲行爲隱於內者爲注意譬解一數學問題行爲也方其將

解未解時心無他觸專傾一方是乃注意也行爲必先乎注意注意必先有志向志向者欲之現象也故心理學家名此現象曰意志省曰意

由以上所述可見吾人之心界誠如康德所謂有智情意之三相雖然心也者渾然一太極也非人力所得剖分也故謂心有智情意之三相則可謂心由智情意三者合成則不可

抑此三相者常相隨相屬無須臾分離者也譬則觀花讀書雖皆爲智之動作然每因之而注意方注意時又必起愉快與否之感情三相之無單獨動作也如是是心界現象之所以極爲複雜也雖然三相者各有特別之作用甲盛則乙丙衰乙强則甲丙弱丙羸則甲乙蹶理誠有然無足疑者即如感情極盛時智與意二者俱衰雖蒙巨大之損失亦不介於心智意二者强盛時亦然此人間世所以多事也

第三章　心意發達之要素

成人之心意異於兒童者何在乎亦曰成人心意之動作爲複雜爲完全爲緻密爾矣

成人之所以複雜完全緻密者何在乎亦曰由其心之既已發達爾矣

心意發達之要素有四一曰根本性能二曰遺傳性質三曰社會環象四曰自然環象

- 心意發達
  - 外部要素
    - 自然環象
    - 社會環象
  - 內部要素
    - 遺傳性質
    - 根本性能

人莫不有苦樂之感避苦就樂希圖生存人之天性抑與生俱來者也漸次發達而有雌雄淘汰相擇相競適者進化否者退化其進化者所知所感所欲亦漸發達焉雖然知感欲三者非由外鑠我固有之也此謂根本性能人同有此根本性能而其動也逈然各殊或長於繪畫或善於音樂或喜談政治或嗜窮哲理雖曰自由要本於祖父之遺傳者爲多此謂遺傳性質均是人也或有潔癖或有惰性或好戰鬥或尙平和形形色色不可窮究雖曰天演之遺傳性使然然自置身塵世以來父也母也兄也弟也妻兒也友朋也乃至相見不相識之鄉人也同居不同國之異族也其日相遭而日相感召者誠非鮮尠也此謂社會環象溫帶之民能自治熱帶之民多怠荒海島之民恒活潑大陸之民常沈毅無甯惟是英人之性質不同於法人漢人之性質逈異乎德人俄人之性質大殊於日本無甯惟是江蘇人有江蘇人之特性浙江人有浙江人之特性湖南人之特性

方諸廣東人則有差四川人之特質比之福建人又有差是無他山川風土動植物等大有逕庭之影響使然也此謂自然環象根本性能與遺傳性質二者爲內部要素社會環象與自然環象　者爲外部要素而是諸要素者人各有之人各不同故諺有之曰「人心不同如其面」

論法

定一

法本爲法律哲學上之大困難問題。今故述是篇以呈諸我國學界。欲使我國國民造成一「法治國國民」之資格。而分(一)自然力(二)權力(三)法之三問題。皆爲法律哲學之理論。雖法學者猶難了解。況述者研究此學尚未久。自知其間不免有語弊之處。文筆平沓。亦在所不免。他日再當更正。讀者諒之。

第一　自然力

宇宙者茫漠無際限。無數遊星懸繞其中。自太陽之大者。以至于群星之小者。其數不知凡幾萬千。我等之地球。亦爲天體遊星之一。多數之生物叢動其表皮上。人類也。禽獸也。魚介也。植物也。各于獨特之天地。皆爲自由之共存。抑何故而致此耶。

人類者。外具有形體。內寓有靈妙之精神。其智能其體軀。相依相倚。實爲萬物之首長然人類中亦互有不同有強健者有卑弱者狡智則御人頑鈍則自屈優劣強弱各相差異即家族部落民族以迄于一國家社會之上皆莫不然抑亦何故而致此耶

然吾竊思之此間皆屬于哲學及理化之範圍內而法學爲攻究社會上之「法」社會上不可須臾離也故此等之現象亦少有在于法學之範圍者即爲自然之作用

自然力者不可枉不可屈爲宇宙間之至大勢力以因果之理法作用萬種之事物錯綜呈諸現象地球之懸垂生物之發生人類之共存皆賴于自然力故人類之有優劣強弱者亦何足怪也何則有人類必有社會有社會必成事實遂生優劣強弱之區別不但事實生區別即理論亦必生區別人類之思想雖皆爲不羈自由然其智力體力全不相同優者強者之思想強制服從定個人自由思想之範圍弱肉強食優勝劣敗紛擾不止爭鬭無已故皇國家團體之平靜終不可得也

自然法 Jus naturale 者認社會之優劣強弱以優者強者規律劣者之自由思想優者強者乃生存于社會國家團體自可成立優者強者權力之所在其實力則爲自然法之保障權力則維持「法」而整備團體之秩序也自然力與權力相倚爲國家社會之

基礎根本又爲國家的諸現象之起源故吾人欲論「法」則必須先說明自然力者職是故也

第二 權力

權力者因自然之大則歸于優者强者也自然力爲宇宙間至大之勢力權力爲國家社會團體至大之勢力或以爲單純之獸的暴力然有絕對無限之强制力二者雖全相同然一者以思想爲强制他之思想一者以肉體的暴力强制他之肉體即一爲思想對思想間之作用一爲肉體對肉體間之關係其性質實異若自其形體上觀之則爲國家社會團體上唯一不分獨立至高之威力自其實質上觀之則爲全能無限而及于國家所領之全土與創業之盛時亡滅之末路相終始之威力也權力與主權或國權即羅馬法所謂「斯普里米打士」或「斯普里馬坡帖司打士」自法人波金氏始輸入于「法蘭西國法論」內遂成爲一學術語矣

權力之本質可由其形體與其實質之二點而觀察之

(一)權力之形體唯一不分獨立至高之威力也

法律

（A）唯一不分之威力　國家社會之本質。棊魯克以爲組合體。休魯鳩以爲有机體。要之實有有機的組織之人格者也。然維持其安寧。保全其秩序。必以唯一之威力爲第一要件。如國有二主。政令則出于二途。社會之存立。遂成相背馳之狀態。故弗喜氏以唯一爲主權之本質。然唯一之爲物。必依于權力。權力又必依於唯一。具有不分之性質。故立法。司法。有行政之作用。無行政之權力。概論之。有權力則有特權。能分裂則無權力。不可分之權力。是權利之緊合也。

（B）獨立至高之威力　優者強者之威力。可固有獨存。爲他威力之反射權力。如太陽、然太陰、受太陽之餘光。是爲固有之力。獨生之力。獨存之力。不可爲從之力。而可爲主之力。然又不可無國家社會至高之威力。何也。若與之爲軒輊之威力。則不但不能爲獨立獨生獨存之威力。且不能保全國家社會之安寧秩序。是故權力之起因及發生之必要者。其必爲至高之威力也無疑矣。

（二）權力之實質　全能無限。及于國家所領之全土。與國家之存立相始終之威力也。

（A）全能無限之威力　個人之自由思想之範圍。因優者強者之思想而限定。然優者強者自有思想之絕對的自由是以其威力之實質亦不可無全能但不可得自然之左右自在有事則不能爲亦不可爲而此至極之强制又從而制限之可制、限之權力則無權力而爲權利然全能之權力常不制限而行動此爲軒輊的而無有侵犯之威力然又不可無也

(B)及于國家所領之全土之威力　權力者爲國家統治之威力統治之大權及于國土及臣民之全部也領土者統治之客體也苟爲領土則東夷之地西蠻之濱無論何處皆可受國家之統治然關于地方權力之効力亦難忖度

(C)與國家之存立相始終之威力　權力者與國家之存立相始終自創業之盛時至亡滅之末路常不斷絕恒爲權力之實質豫限定其存續時期人或稱權利爲權力非也

上所述者爲權力之本質僅假想「法」以上之權力而論定其作用然「法」以下之權力不可與之混同蓋國家社會團體必有共存之準則或因權力之認諾而發生(慣習法)或因權力之創設而發生(成文法)而「法」也者係一定之事實隨伴一定之

成果之威力而爲權力之制限或權利之保障也不但覊革劣者弱者而且覊革優者强者故優者强者設定「法」或認諾「法」自限定其全能無限之威力而制限之權力則無權力而爲權利自權力而觀則以全能無限爲本質于理論上不可得而制限之故曰在「法」以下有權利無權力此種之區別亦不可不注意。

第三　法

第一　法之發生

法之發生亦法學者之所爭論者或曰有權力然後有法或曰有法然後有權力實皆爲純然之哲理問題而未可以吾一人吾一言而決然論定者也然吾意以爲自然力者所以生權力而權力卽爲社會上之「法」之源泉也如上所述。事實上之結果則屬于社會團體之優者强者然不可屬于優者强者因自然之大則也雖然至于社會上之法則或成于權力者之認諾（慣習法）或成于權力者之設定（成文法）設定之認諾之廢止變更在于權力者之自由思想卽無權力則無「法」法之發生所以制限權力之權力保障權利者也。

夫權力之爲物絕對不羈之强制力也不可爲則不能爲對于國家社會團體外部保全其存立以此權力爲必須之要件然對國家社會內之關係不但須此權力而且必制限此權力國家若以此無上之權力對于其搆成分子之臣民則其分子認人格亂用此强制力分子之臣民恰如物件受絕大之强壓非道之惡政遂泣告其沈溺于窮境蓋分子臣民之存在即國家社會團體之存立之前提未有臣民之存在未確固而國家社會團體之基礎不動搖者是故國家社會團體之分子認人格必生無上之權力自制限其行動保障分子之權利者也

人格者思想自由之範圍之保障既爲保障即可知其爲受動的而非爲受動的夫人類之思想本爲自由欲行者則行之不欲行者則不行然有優者有强者以權力抑制各個人之思想自由以自己之思想强要于各個人而各個人者遂成爲物件而不成爲臣民矣故可爲絕對于優者强者之服從且有可對抗之權利此絕對服從之狀況必鞏固于國家社會自體之存立故不圓滿至于優者强者遂自對于其臣民不可認人格者上已言之矣然人格也者其與奪在于優者强者之自由思想而反於此絕對

服從之地位狀態認人格一面制限于權力之行動一面確認于臣民自由思想之範圍不可不保障之而「法」又因爲最善不可缺者認人格而制定結果法確認結果法以隨伴法定之事實法定之成果而制限優者强者之自由思想與其絕對之威力也有「法」而後有權利有權利則必有「法」蓋權利者被保障于「法」爲臣民之自由思想之範圍者也既爲自由思想之範圍故又爲臣民之利益于其根柢上則爲「法」之前提然論理上則吾猶採有權利而後「法」生之說

第二　法之本質

夫「法」者法則也不僅爲法律學之所特有就其廣義之法則能左右吾人之世界其支配之勢力雖萬般宇宙的現象皆不外此「法」之結果人之出生死沒有一定之理法物之發生消滅有因果之關係至於所謂自然法國法及進化之法引力之法則皆爲法定之事實隨伴法定之事實或指隨伴之力而稱爲「法」或指隨伴之事實而稱爲「法」從前者則「法」爲一個之力也從後者則「法」爲事物之準則也

法律學上之所謂「法」者未有廣濶之意義僅爲社會上之法則即于國家社會團體

之優者强者制定或確認者也被保障于權力者曰自然之大則又曰道義上之法則然因意義之廣狹不同而發生之原因亦異于其本質上則雖法律學上之「法」亦不失爲法則之一種類然論法律學上之「法」有或謂之爲力或謂之爲準則者然則果爲力乎亦果爲準則乎請詳言之

或曰。今試發一問題。問人類爲何物。則雖三尺之童子。尙能說明其四肢之形勢五體之特徵然此不過爲質之一方面而已未可謂爲完備之定義蓋人類者不僅以形體與他物爲區別且其實質亦有大相差異自客觀的定義而言則僅其形體自其實質而觀則謂之主觀的定義就主觀的定義研究之則人類惟固有之力靈妙之精神與一物也有自他之區別入于物之中視其實質究其本質即爲主觀的攻究立于物之外視其形體究其本質即爲客觀的攻究凡物皆有實質與形式之二類其觀察之方法絕對而爲主觀的相對而爲客觀的攻「法」之本質亦由其實質與形式之二點而觀察之

(一)客觀的意義

法者秩序也定事物之順序人爲之關係也人生之規則即爲人類共同生活之準則然此爲「法」之相對的觀察于客觀的而論決者只爲「法」之本質之一面以「法」爲準則尚可以爲「法」之唯一之本質則誤矣雖然此種之學說尙風行世界上世人以爲「法」之定義者不尠但吾今之說明「法」爲準則知其僅「法」之本質之一面說明之主旨已與世之論者大不相同矣

數法設令以權力禁令個人之作爲或不作爲所以能禁止令行因有「法」在焉「法」乃靜止不動之死物也由是觀之「法」也者人生之準則也社會之秩序也禁止令行所以秩序國家社會違禁背令則不適于共存生活即不足以謂之爲準則也

(二)主觀的意義

客觀的主義以法爲秩序以法爲準則蓋由於以事實上爲唯一之論據共同生活必有生活之大則既爲生活之大則必爲秩序團體所必須故以法爲秩序爲準則者此也雖然是偏于「法」之形式之言立論不精密而遺忘「法」之實質矣何也蓋有力而後有物有物而後有力是雖爲哲學上之大問題然團體也者必依于實事爲共存之

準則誠如其說則猶未足爲論理的之研究凡宇宙之現象可生則始生爲事實而後其事實生例如國家也以土地人民及獨立主權爲要件何以知其爲國家之要素則僅由事實上推求仍不得其理由必以國家爲權力之主體既爲權力之主體故土地人民及獨立主權之三要素即不可缺既以國家之實質爲權力故其于形體上必須具備此三要素論者認其權力以爲國家之定義實事實上之現象也然或藉口言其論理之不貫徹。蓋因其論決之不明也亦宜矣

然「法」之客觀的主義者。亦必不甘受此非難。以爲「法」之實質。爲有機之力。既爲有機之力故遂謂「法」爲社會之準則但準則所以實現法力。法力所以維持秩序。法力者本也準則秩序皆末也今忘其本而只依于末以研究物之本質是猶緣木求魚吾恐其終未可得也

論定法之本質爲有機力者曰。法者爲一社會力而强制國家的共存之準則者也。因未明于法之實質與形式之區別。然著想奇拔。立論整然。亦不失爲一家之言故社會力者是由觀察法之實質而爲主觀的共存之準則者是由觀察法之形體而爲客觀

的共存之準則所以維持秩序即法之効用也然法者無秩序無準則又無單純之力爲維持秩序之力也爲維持秩序之準則也

第三法之作用

法之目的爲權力之制限法之本質爲共存之準則且爲有機之社會力然在于法之社會之作用亦不難知之。

「法」者有機之社會力也凡于力之物一面爲其凝集力一面爲其分子間之引力法之國家社會亦如斯由其凝集之作用而規律國家個人間之關係由分子相引之作用而規律個人之關係

「法」者共存之準則也凡一物必有二準則物自體之存在之準則及其組成分子之存在之準則社會亦然故「法」有二種之作用一作用爲社會自體之生存之準則一作用爲各員之生存之準則

然于法之社會其實質既爲凝集力又爲分子相互之引力其形體既爲社會生存之準則又爲其各員之生存之準則然此唯變其視點而觀察同一之事物而已社會生存之準則者所以確保凝集之作用也各員之生存之準則者所以整理分子相互之

引力也而確保凝集之作用必不可不爲社會生存之準則保全社會之生存必不可不規律國家對個人間之關係整理分子相互之引力必不可不爲各員之生存之準則圓滿各員之生存必不可不規律個人相互間之關係要之法之作用一面可爲國家對個人間之規矩一面可爲個人相互間之準繩

然有凝集力而始有分子間相互之引力有社會自體之生存而始有各員之生存分子相互之引力凝集力之結果也各員之生存之準則社會之生存之準則之結果也即規律分子間相互之引力之力必先爲規律凝集力之力各員之生存之準則必先爲社會之生存之準則故個人相互間之準繩又必規律國家對個人間之關係然法之作用在於國家對個人間之規矩及國家對個人間之準繩是即法之二種類國家對個人間之規矩爲公法個人相互間之準繩爲私法惟規律國家對個人間之關係之法或可存在而規律個人相互間之關係之法則不可

結論

忍公曰。夫所謂社會者。或以爲家族。或以爲民族。或以爲國家團體。要之皆人類集團之稱因其團體員之多少而區別其名稱者也凡社會者。必有二生命一社會自體之生命一組成社會各分子之生命故維持社會之安寧增進其福利必尊重此二生命然組成分子與社會有相互密接之關係組成分子爲形成社會必須之要素組成分子之生命即社會之生命也尊重組成分子之生命即所以尊重社會自體之生命尊重社會自體之生命即所以尊重組成分子之生命故採用尊重社會自體及其組成分子之二生命之手段社會之秩序乃可以維持也

保護社會自體及其組成分子之二生命不可不保障社會自體之生存及其組成分子之生存保障社會自體及其組成分子之生存又必須保障準則及力「法」者一種之社會力也其形體即爲準則一定之原因隨伴一定之成果實社會上之強制力形體既爲法則爲規則爲命令又爲法律故社會之缺點「法」可以充滿之有「法」社會然後可活用是故「法」與社會更有唇齒輔車之關係

法與社會之關係既如斯然法者因維持社會之秩序而發生也既因爲社會之必要而自然發生然則社會之必要又必以法之性質爲其作用吾故曰「法」者保障社會之自體生命及其組成分子之生存之力也保障社會之自體生命及其組成分子之生存之準則也

（完）

地理

海參崴

觀雲

今俄羅斯恣强梁於東亞其東方之所恃兩大軍港者一旅順一浦鹽斯德（中國原作海參崴日本作浦鹽斯德或簡稱浦鹽又浦潮以浦鹽已爲一時通用之名故以下多不作海參崴而作浦鹽云）也此兩港原皆屬清國之領土俄羅斯一手用强力一手用魔術而兩港遂皆爲其所有經營布置不遺餘力將藉此以握東海之霸權焉今者與日本戰而敗昔者所奪於人之物或將復爲人之所奪河山如故而人事之代謝變遷若是其速又烏能以無感也日本雜誌「太陽」有記浦鹽一篇玆譯之而後附以攷論當日俄戰爭而浦港爲重要之地固留心時事者之所欲聞也。

俄國占領之由來及其進步

浦鹽斯德亞細亞俄領沿海州最南之一府而位於摩拉罷夫恩爾斯克半島（占領人之名）之南端北緯四十三度七分東經一百三十一度五十四分二十一秒東爲烏蘇里灣。

按烏蘇里灣者。彼得大帝灣之東支。其西濱高陡。灣首水淺。名牛部拉斯灣。麥延江及金蓋江之二大河注之。此支灣之東。灣入甚多。其北部除干溝子灣外。皆屬阻礙之殘灘。有干溝子及西韃峨之二大河注入干溝子灣。烏蘇里灣冬期灣首結堅冰。其沿岸於陽歷一月上旬迄二月上旬結冰。但不甚厚。以堅船可碎之、西即黑龍灣而橫於半島之前面者。有倫斯克島。日本人或稱為露西亞島能阻風濤。島之周圍築砲臺。扼浦鹽港之要害。其形勢與俄國首府聖彼得堡前面之孔思達島扼一方之要塞者相似。此島蓋即可稱為小孔思達島云。抑該港之為俄國占領者。溯其來歷。於千八百五十年五月。俄國海軍少佐戴培利思可始於此地上陸。立鷲旗而稱為俄領。其地名為烏拉斯德。即從俄語管理東部之字成。此時亦惟俄人之擅稱為俄領而已。於公法上固未能稱為俄領之地也。於千八百六十年。俄人送陸兵四十名。使上陸而占據其地。此年十一月。與清國結條約。其條約以

烏蘇里及松花江為國界。東屬俄國。西屬清國。又以其南越興凱湖。直至白令河。從白令河口沿山嶺至瑚布圖河口。再從瑚布圖河。跨琿春河與日本海之山嶺。至圖們江。其東為俄領。西為清領云云。

俄得此。遂公然以浦鹽港為俄領。始築兵營。建寺院。至年終。有六百人口之一村。於千

八六二年。定該港爲軍港。而爲自由港。千八六四年。於其地置彼得大帝灣內諸港之總督。此年設市會。撰市長。千八六五年。以西伯利小艦隊創運送業。從本國送第一回之殖民。千八七二年。自尼古拉斯科移海軍鎭於此。人口大增。千八七六年。市制施行。貿易益盛。至千八八五年。合兵員共計人口達一萬〇五百。至今日計其人口。大約五萬內外。經營之進步。亦略可見矣。

氣候

浦港氣候。寒暑皆嚴酷。而寒威尤甚。其氣候甚不順。蓋以沿海州。不受黑潮之患。而反受沿大陸從北南流寒流之影響。氣候遂益凛烈。而以寒流經過。氣候上之變化。尙不止此。如當夏時。吹以溫煖之南風或東南風。而此溫暖多溼之空氣。渡寒流之上。因而冷凝。沈爲水蒸氣。成雨及霧。故其地雨霧極多。而當夏期之內。氣候極溼。此溼氣所薰蒸。金屬酸化。雖以至乾燥之室。皆生黴菌。而欲求其室內之乾。至不能不用火以逼之。或偶有雨霧不生之日。則暑氣甚强。寒暑表至達華氏九十九度半。或更昇其上。至夜猶不得凉。氣息甚感困難。祗秋期爲一年中最愉快之時。天氣晴朗。寒煖適身。而一入冬季。則寒氣强烈。吹以北風及北西之風。天氣清豁不留片雲。空氣之乾燥達其極度。降雪甚少。然吹來之雪。或滿道路。至築雪壘方言稱爲普爾嗒。蓋雪嵐之意也冬期之暴風。至十月後已至。以十二月及一月爲最强寒暑表降至華氏零下二十八度七五(攝氏零下二十七度)云。

其風力有一定之時。四季皆然。朝時靜穩。至午前十時十一時之間風生。近正午風力漸大。至三四時頃爲最强。日暮風力漸衰。復歸靜穩。

要之浦港氣候。兩走極端。一則以無比之乾燥凍凛烈風震盪。而釀爲無雪嚴寒之冬。一則從溫煖之南風。生多量之雨霧。而釀爲溼潤酷暑之夏。氣候既如斯。故床板壁障木材等。以經冬日之乾縮。夏日之膨脹。皆生間隙罅裂。器具之用塡接者。以失其粘着力而脫離。樂器多至破損。烟草冬則着手成爲屑末。夏則可搾而生水。一年中平均晴天約百四十四日。其餘二百二十一日則皆屬霧雨溼風雪嵐之天云。

風俗

開港塲之風俗。無不輕佻浮薄。而浦港尤甚。其地以定爲軍港。故政略皆屬武斷。又爲殖民計。多送罪囚於此地。期滿則放得爲自由之民。故其人多殘忍酷薄。非可以德義相規正者。其中如斯拉夫種下等社會之人。蓬髮鶉衣。紅鬚掩面。覘睨行人。一見而知其有殘殺之狀。故其地既多盜。而皆暴忍。其行刼也。往往先殺其人。而後奪其財物。又俗多淫。有夫之婦與人私。其事不甚以爲奇。婦人多以袱紗覆頭而垂於肩。非上等社會之妻女。多不用帽。下等婦人多跣足。小兒亦然。婦人服色皆好華美。多紅色。西色紫色。老婦人亦多着深紅者。男子多戴白軍帽。服寬濶之服。商人小使亦戴軍帽。不用日傘。小雨亦多不用傘者。下等民粗衣之外。着用外套。御者悉着赤服。戴異形之黑塗帽。鬚髯蓬蓬。令人怖爲赤鬼。全港美術之思想甚乏。每家無庭園。稀或見有窗間置盆栽者。按日本每家多栽樹木中國人家內之栽樹木者極少亦美術之思想缺乏也要之該港以開闢日淺。其嗜好甚爲幼穉。思想亦不免單純。一映於美術國民之眼。無幽婉高雅之可取。而多見其殺風景之俗而已。

住民

該港多兵卒工人。而居社會之上流者。多屬軍人。其他可稱紳士者極少。全市人口中。國人占多數。而皆呼爲蠻子。蓋一種蔑視之稱。多從事賤業。而生齒則年增一年。若中

國人而稍有氣概者浦港已於不言不語之中全落於中國人之手惜乎彼等之不足以語此至俄國人不過居中國人之半數而已

嗟乎今若南洋各島及美洲諸埠中國人之占多數者何限豈獨一浦港而已使中國人果有政治之思想所至之地皆可蔚爲國家全地球將全置於華人之掌握中乃以多數之中國人爲少數白人之犬馬奴隷而受其管轄也不亦異哉

若是者非獨出洋之人民而已即在本國若上海諸埠非以白人管華人哉設以此等事而施於白人彼白人其能一日安乎宜乎日本人一至上海睹內外國人倒置之情形歎爲咄咄怪事而中國人固俯首帖耳安之若素也又豈獨爲文明之白人所管轄而不能脫哉以少數滿洲之野蠻人管多數之中國人而高登皇位享其昇平且二百有餘年也全地球生物類中含有奴隷之根性者舍犬馬外豈有過於中國人種者哉

該港上流之俄人生活狀態多與他之歐洲人同至中等以下之俄人其生活之不潔亦與中國人及朝鮮人無異客有往田舍間者朝時見男子着用塗馬糞之衣服婦人

跣足而作飯。客求清水。婦人以污點斑斑之衣裾。拭杯而盛水以進。此可想見其人民之多不愛潔矣。

當市之夜間

該港日沒之後。街頭行人殆絕。午後八時。即鎖門戶。扃鍵堅固。多用二重。其盜賊之多可想。戶外散步各有時限。中國人及朝鮮人限午後八時。其他限九時。若有事而夜行。常遇巡査脅迫而取金錢。其警察非保護人民。有野伏而奪人者。俄國政治之不良可見矣。

內地行旅

離浦港而一入內地。多爲逃兵逃犯之淵藪。以刼掠爲生。住民稀少之地。雖白晝盜賊橫行。行旅之人。屢有遭其狙擊之彈丸而斃者。旅行內地所用之車。名踏賴踏斯車。無彈機。箱用鐵製。而車內敷枯草。以爲乘客之座。以馬三頭曳之而行。御者加鞭疾驅。車身激動。身體顚簸。右左不安。若逢河流無橋之所。御者擧鞭高聲叱馬。躍而飛越。其危險不堪言狀。若失事。御者顧客而苦笑。或變惡顏色。客無如之何。昔時鐵道未通。旅行

西伯利亞內地之人不能不於是等車內經數月之眠起坐臥所謂驛傳之馬車是也

此等蠻野情狀。令人想起中國山東道上之騾車不置。

建築物

於浦鹽港上陸見有翼然之高門彩色華煥塔尖摩霄是即所謂歡迎皇太子而稱爲尼古剌士門是也當今俄皇尼古剌士二世爲太子時。東游日本。自浦鹽斯德港市民歡迎而築此門。門有四脚。以煉瓦積成。中央上部置綠彩之尖塔。四面各塗彩色。以示華麗。於市街之後部岡上置日照計。登臨其上則全市景色歸於一覽之下市內行政分四區。警察長統轄之。東部有造船場及各士官之邸宅。西部有鐵道之停車場及花街。中央部有府廳及兵營。海軍俱樂部。海陸軍病院。警察署。知事官邸。教會堂等。又近時多有增築煉瓦製造場。釀酒會社。麥酒製造場。及皮革製造場者。

地質物産

該港之地。其岩骨以太古紀之砂岩粘板岩等成。表面之土壤。即屬是等之霉爛物。地味頗肥沃。由此進行。漸見西伯利亞內地之平原。一望平衍。而浦鹽附近。則多昇降起伏之小邱焉。道旁雜草。高沒人肩。或滿眸白花。皚皚似雪。凡西伯利植物之發生界以北緯五十六度半以南爲限。其以北屬凍氷帶。雖至夏期。其青物不過蘚苔數種。至浦港附近。多大森林圍繞。繁茂密槪。時以樹樹相摩而生林火。然以近來人口增加。且以鐵道工事。濫行斬伐。喬木因而日稀。森林之中。多豺狼狐麋鹿黑貂等。鹿之族甚多。稱伊幼樸麗及顆組麗之鹿族。角甚大。人家多揭其角於壁間。以爲裝飾品。貂亦極多。其皮張於窗戶之間隙。以塞寒氣。又地質上所稱爲珍奇巨象之遺骨。蓋產於北部海岸之洪積層中。於耶可斯科府。爲重要之貿易品。多蜚虫。其種類不一。又多異種之蝶及蜻蜓蜂等。又多虻。時襲手足顏面。家畜有因而致斃者。蠅亦甚多。此地之虻與蠅。以生存期短。至夜間尙營營爭食。騷害人畜。又虎豹爲黑龍沿海兩州之特產。故其地往往多虎患云。

牧草處處繁茂。故宜於畜養牛馬豕等。馬之體格皆壯健。性質從順。夜間放於牧野。使噛青草。翌朝牧馬之童。放一種之呼聲。則數十頭數百頭之馬。一時皆集。若遺失者。亦能自歸主家。毛色多白色月色者。斑紋皆美麗。

東海邊寒帶多使犬之部落。而浦港亦然。浦港之犬頗多。其體格亦大。最大者能欺熊。冬期曳橇之犬。雖非屬極大之一種。而性質敏捷。以五匹乃至七匹曳車一乘。其法以犬一匹居先。他犬爲二列居後而進。以犬多之故。該港夜深。狺狺之聲四起。多有擾客夢者。

村落

從浦港入內地。經三俄里有河。日本人云一番河。河畔有屯田軍隊。林間處處張天幕。而村落則在近林之裏。以二十戶爲一部落。家塗白色。多以木造。屯田兵以薄俸而有妻子。兵役餘暇。多作雜業。以爲一家糊口之資。兵卒於林間張野營。而家族則留於村內。野營兵卒作業出操。其服裝。長白服之上衣。赤肩章記隊號之數字。上纏革帶。毛布從肩斜懸。各持鋤鍬。不帶武器。出發之步武多不整。天幕與天幕之間。細設通路。無拂塵。而比村落爲清潔云。

工兵之作業場。在二番河邊。場內設障害物。而出來甚巧。排置防禦敵軍騎兵之銳杭陷穽。又或柵障壁及鹿柴等。哥薩克兵。以馬術稱。其疾驅中。能使馬屈其前足而急速拾途上之物。又或下馬使馬伏以爲楯。而施射擊。或置頭部於馬之首下。而置身於前脚間。以避敵之狙擊而馳。其調馬之巧熟。有若馬戲場之戲馬者然。

囚徒村落。四近散在。凡一聚落。以十七八戶成家。有木造土造二種。木造者典獄看守等所居。土造者囚徒之所居也。土造之屋。其製於地面掘下七八尺。上設屋頂。屋頂上亦以土蓋之。四旁爲自然之土壁。其狀無異上世之穴居。蓋爲防寒氣而然。屋內土間。敷枯草爲褥。陰溼甚不潔。遠而望之。地面上列點點之小坵。而煙縷上昇。蓋即此等土室之炊煙也。村落中央高處設祭場。於正面懸基督之像。每日朝夕作業而出。及歸之時。於此祭場行祈禱。並聽典獄官之訓誡云。

右襍誌所載如此。按浦鹽斯德者。原清國地名海參崴。以灣內海參繁殖。故有此名。又有稱爲金角灣者。俄人以其地中含有多量之貴金屬。而其灣口東側之島。亦發見有金礦。又以灣形東西長。形似鹿角。故有金角灣之名。浦鹽斯德即臨金角灣市街之總稱。俄名烏拉斯德。日本轉稱爲浦鹽斯德。烏拉者主人翁。斯德者東。合二語成其義。即東方主人翁。俄之雄心。於此可見矣。

浦鹽斯德。其地位臨於彼得大帝灣突出半島之南。於千八百五十二年。法艦額斯楚始發見彼得大帝灣。而稱爲格爾孚唐伊爾。二年之後。博耶金伯乘巴拉達軍艦。測量灣之西南部及波西灣。千八百五十五年。英國艦隊作灣口島之地圖。而命名爲維多利亞灣。千八百五十六年。英國艦探知金角灣。而名爲波陀阿明。千八百五十九年。俄船阿米利加及斯多利斯克。始作灣全部之地圖。翌年。俄與清國訂北京之約。終得從清國讓與土地之範圍內。俄得收爲已有。當是時。其地僅有少數滿洲人而已。俄派東部西伯利亞步兵大隊士卒四十名。駐於此地。以充警備。新設烏拉斯德及波西二鎮建築寺院兵營。爲永久之計。俄國軍艦。每年來港者不絕。千八百六十二年。改烏拉斯德鎮爲鎮守府。千八百六十四年。以海軍中佐西哥多任彼得大帝灣諸港之長官。千八百六十五年。從尼古拉斯科移殖民百五十七名於此。千八百七十六年。市制實施。以數十年前海風激盪草荒人稀之地。清國所視爲石田而不甚愛惜之地。至今遂爲關係東方强弱之一要樞。俄得之而俄霸。日得之而日强。將於此演龍爭虎鬪之劇焉宇宙內大勢之變遷。不亦令人驚奇也哉。

灣內之廣。東西一萬四千九百五十呎。南北二千八百尺。容一萬噸之巨艦而有餘。埠頭有六。曰阿陀彌爾埠頭。曰市有埠頭。曰商港埠頭。曰義勇艦隊埠頭。曰烏蘇里鐵道埠頭。曰東清鐵道埠頭。碇繫塲分四區。第一區。俄國軍艦碇繫塲。以自阿陀彌爾埠頭之西端。至南岸美修硬角之西方木標邊爲限。第二區以從東方境界線以東。供水雷發射塲。不許內外船之碇泊。第三區爲外國軍艦及遠洋航海線之錨地。以金角港西面極南端浮標邊爲限。第四區。沿岸航海船之碇繫塲。從第一區之西方境界線以西。極南浮標之平行線以北。一帶之地者是。於軍港內有能容三千噸船之浮船渠。又於千八百九十七年十月三十日。開新船渠。長五百五十五呎。廣百二十呎。入口之廣九十呎。深三十呎云。該港例年平均十二月十五日結氷。翌四月七日解氷。亘百十四日之多。厚達數呎。如黑龍灣至路因泰島。氷上能通人馬。近年多以碎氷船破之。可得通航之路。至四月解氷後。五六七三箇月間。海霧大起。其中七月。西歷七月約當中華歷五月多至不辨咫尺。夜中霧亦不絕。惟從每日午前十時迄午後四時多晴。該港三面以山圍繞。南岸低。北岸高。地勢傾斜甚急。市街多倚於北岸山間。綠樹蓊欝。種類有柏樺楓菩提樹胡桃荊毬花秦皮白楊榆林檎梨櫻等。其他多矮樹。近年以濫伐之故風致亦稍稍損矣。

此浦鹽之大略情形也。抑吾聞之談軍港者曰。浦鹽斯德雖爲東方有名之軍港。然實不過居第二級。其地以前面廣開形勢似威海衛。敵艦易得侵入港內而施砲擊。一八八六年英國提督力藉陀哈米敦氏當海霧深鎖之時率英國之支那艦隊入港。俄人初無所知。及見英國艦隊之前橫大驚。依世界軍港之例定外國軍艦限二隻碇泊。蓋自此事始也。港中冬季雖苦結冰。然尚得用碎氷船以開航路。而該港之欠點。憂結氷寧憂水深之不足。港中水深波穩而便碇泊者。惟東方之巴斯孚拉阿斯有深十三尋乃至十四尋之水而已。抑聞之言商務者。浦港自千九百一年爲有稅港。而商務頓衰。日本美國之輸入品。皆大減退。需要品缺乏。而市況不振。當地之商業會會議。以復自由貿易之舊。請於其政府。前大藏大臣域提極東視察亦建是議。俄都亦多主持浦港自由貿易復舊論。蓋自浦港與歐俄諸港同立於重苛關稅之下。西伯利亞之經濟若感痲痺者然。而浦港尤甚。自當地爲有稅港以來。若美國輸入之麥粉有全停止之勢。哈爾賓之製粉所雖大繁昌。然一旦臨開戰之時。僅恃滿洲內地之農產必不足於供給而一切需用之物又不能不仰於外來故俄國雖欲閉塞諸港而一至開戰必大感苦痛而不能不開放者也此亦言浦港之所當知者夫此地也自華人失之俄人得之以來俄人極力經營遂至蔚爲重鎭而今又有日俄之一戰俄仍能保有此地乎抑不能保有此地乎其運命固當隨戰局之勝負而決而我華人以居住之多數乃亦同山川草木而屢易主人焉可慨也

海參崴

軍事

軍艦學大略

弘文學院特別講義

總論

今所言者。爲水雷及水雷艇。蓋水雷與水雷艇爲海軍最要之物。各國方從事研究以日促其進步者也。然水雷與水雷艇爲船類中之一部分。欲究其性質與其搆造。即不得不涉於全部。一一舉而略言之。以明其關係焉。以示其區別焉。

船
- 排水噸數（軍艦）
- 總噸數（商船）
- 安全
- 船材

排水噸數　船之浮於水面以航行。此人人得而知之者也。然船之製造。或以鐵。或以木其體量各殊其輕重即其浮力各異其淺深究其所以輕所以重所以淺所以深者。果何故哉。

凡水之入固體於其中也能以其上壓力使之上浮且使之失其重量而其所失之重量常視其體積之大小以爲衡故其體積所排之水之重量即其體積之重量。

今試以器貯水使滿而置碗於水中水必爲碗所排出其所排出之重量即其碗之重量此物理上普通之理也圖以明之。

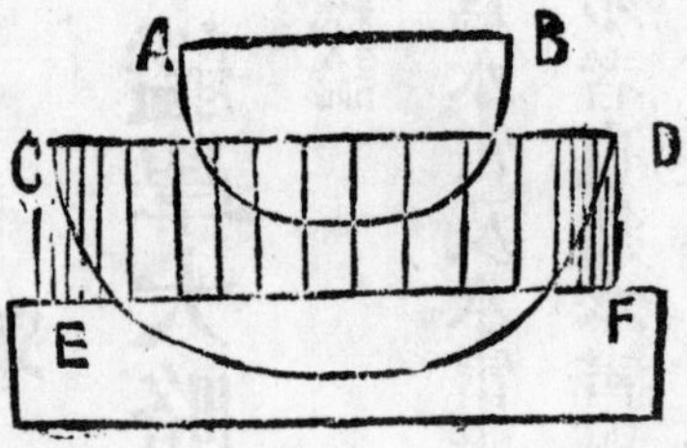

AB爲碗 CD爲盛水器 EF爲排出之水

以此理推之軍艦之重量即謂之排水噸凡表軍艦之大小者皆以排水噸之多少比

較之。然其名詞亦惟限於軍艦而已。

總噸數　總噸數者專用於商船之名詞。以示其船所載貨物之全量也。軍艦與商船之比例。爲五與七二之比例。如其船載五千噸之貨物。即其船之總噸數爲五千噸而其船體之重量。約爲總噸數之二倍。今若以軍艦與商船比較之。其軍艦之排水噸爲一萬。而其商船之總噸數爲五千。此軍船洵較商船重矣。然自實際言之。其重量同爲一萬。究無差異也。

不安全　不定　安全

安全　凡物體之位置不外安全不安全與不定三種。

今試揭圖以證之。

第一　三角形。頂平底尖。置之平面。稍加衝突。立見傾覆。故謂之不安全。

第二　球形。爲圓體。隨處轉移。無一定之位置。故謂之不定。

第三　三角形。底邊平面。甚爲鎮定。故謂之安全。

不定與不安全。皆不宜於船艦。惟安全乃得浮於水上而不至傾覆。

船材　船材之種類。有鋼有鐵有木。古代多以木爲之。近世則凡軍艦商船。皆由鐵而進步。盡以鋼爲之矣。鐵重而不適於用。殆日趨于廢止。今日本船之用鐵者。不過一二。餘皆以鋼爲之也。

種類

今因船艦之性質及其搆造。區爲數種。列表以明之。

- 商船
- 戰艦
  - 一等　一萬噸以上
  - 二等　一萬噸以下
- 巡洋艦
  - 一等（裝甲）七千噸以上
  - 二等　七千噸以下三千五百噸以上
  - 三等　三千五百噸以下
- 海防艦
  - 一等　七千噸以上
  - 二等　七千噸以下三千五百噸以上
  - 三等　五百噸以下
- 砲艦
  - 一等　千噸以上
  - 二等　千噸以下

- 船
  - 軍艦
    - 通報艦
    - 運送船
    - 病院船
    - 工作船
    - 補助巡洋艦
    - 水雷艇
      - 一等 百二十噸以上
      - 二等 百二十噸以下七十噸以上
      - 三等 七十噸以下二十噸以上
      - 四等 二十噸以下
    - 水雷敷設船 ┐二者兼用
    - 水雷母艦 ┘
    - 驅逐艦 三百噸上下
    - 潛水艇 百噸上下
  - 端艇

船之大別爲軍艦商船端艇。今于商船與端艇。皆姑略之。而專言軍艦。

(1) 戰艦

戰艦有二性質。一以攻擊。一以防禦。而皆以鋼製之。鋼之最厚處。爲七寸五分。其位置在水線上五尺。水線下四尺。約九英尺。以水面上下最近之處所受之砲火最烈。故特厚之也。

戰艦之長約四百五十尺。速力一點鐘行十五海里。噸數一萬內外。

(2) 巡洋艦

巡洋艦爲補助戰艦之用者。其用法有二。一爲平時巡視海岸。一爲臨時保護運送艦。以輕速爲主。故不用厚鋼。一等者近於戰艦。有一萬噸以上者。二等三等者則七千噸或三千五百噸以下。其速力約二十三四海里。

(3) 海防艦

海防艦乃載軍械與砲。航行海面以爲防禦之用者。一等者七千噸以上。三等者亦三千五百噸。不能行駛深洋。惟宜於江流與海灣等處。然自水雷艇與驅逐艦發明以來。海防艦已不常用矣。

(4) 砲艦

砲艦與海防艦性質相同。惟身略小。而力稍薄。不能兼載別物。其體亦以輕便靈速爲主故重不過千噸上下。

(5)通報艦

通報艦爲傳信之用。速力須大。故其重僅在三千噸上下。

(6)運送船

運送船爲輸送軍隊之用。日本多用商船。惟英美時有以運送地遠。特製運送船者。

(7)病院船

備醫藥載看護婦設病室以爲治療負傷軍人及運送歸國之用。常以商船改用之。

(8)工作船

工作船所以修繕軍艦之損傷者。間以水雷母艦兼任之。

(9)補助巡洋艦

補助巡洋艦所以補巡洋艦之不足者。日本無此艦。各國或以商船充之。俄國則常用義勇艦隊。

(10)水雷艇

軍事

(一) 水雷之起原

水雷者、能以小物破壞巨艦。爲海軍武器中之最有價値者也。其種類甚多。其搆造亦各異。而以外裝水雷爲最先。外裝水雷即附一棒於小汽船之頭部。裝置綿火藥以轟擊敵艦者。其法最簡單。十八世紀之末。始用之於海戰。而收効甚小。千八百五十四年克里米戰爭。英艦馬河隣觸俄國之水雷。適爆發於艦底。然以裝藥不多。未受損害。僅艦體微受震動而已。其後千八百六十一年有南北戰爭。北軍之海軍甚優。南軍頗弱。然南部之地勢凹凸綜錯。要塞甚多。南軍常以海中防禦兵器轟沈北軍之船艦。此布設水雷之名所由起也。及千八百六十三年十月五日。南軍始使用外裝水雷破壞北軍軍艦數隻。而北軍亦以千八百六十四年十月二十七日使用之。轟沈南軍裝甲艦阿爾波馬號。於是南北戰爭別開一新面目。而世界各國。遂大注重於水雷。然其形式單純。未甚發達。其後益加研究。種類遂繁。

(二) 水雷之種類

水雷分發射與布設二種。發射用於臨時。布設則豫備於航路之間。使敵艦觸之以轟擊者。

- 水雷
  - 發射水雷
    - 和威得爾多氏水雷
    - 水雷發射管
    - 斯巴水雷
    - 白連諾氏其他水雷防止
    - 截綱器
    - 探海燈
    - 港灣防材
  - 布設水雷
    - 視察水雷
    - 電氣接觸水雷
    - 電氣機械水雷
    - 臨時水雷
  - 布設水雷防禦
    - 布設水雷
    - 爆發藥
    - 電線切斷

（甲）發射水雷

發射水雷以鋼鐵或含燐眞鍮爲之。每杪能行二十九或三十海里。長十四乃至十五呎。直徑十八吋乃至十九吋。而以奥國和威得爾多氏所發明之魚形水雷爲最。

和威得爾多氏水雷

現爲各國所通用。其形如紙捲煙。全體爲綱鐵所製。（德國之細瓦斯哥式則用燐與青銅）其式分甲乙丙三種。每隻價約二千元乃至三千元如下圖。

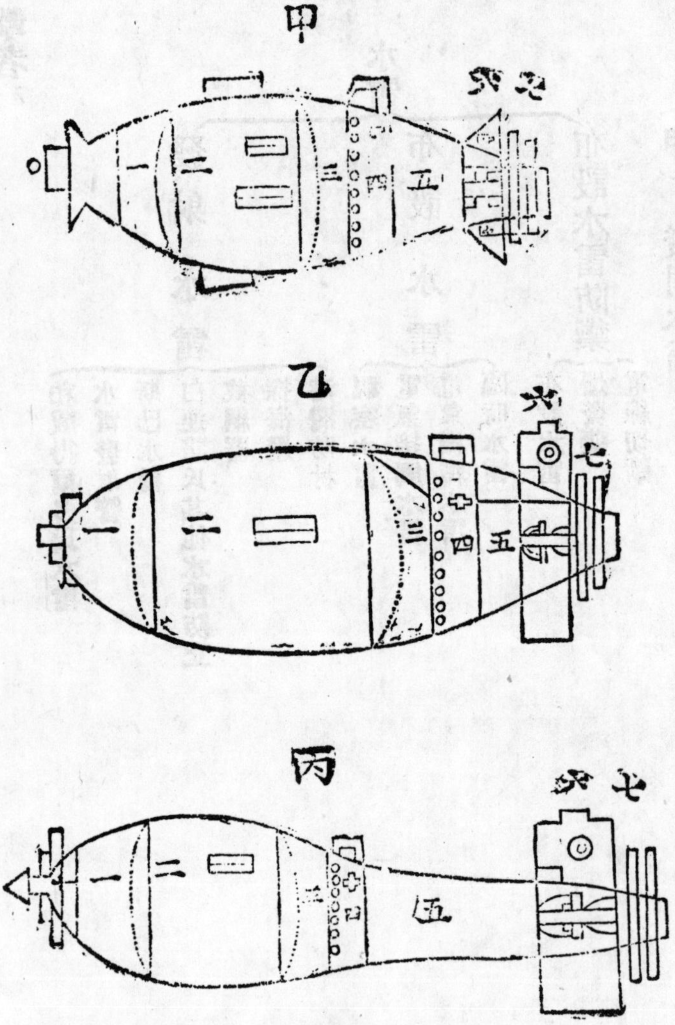

一 火藥室
二 空氣室
三 平均室
四 機械室
五 浮力室
六 舵
七 螺旋推進器

火藥室。爲水雷艇之首部。其形尖。而以强固之金屬裝置火藥。以轟擊敵艦。其詳圖如左。

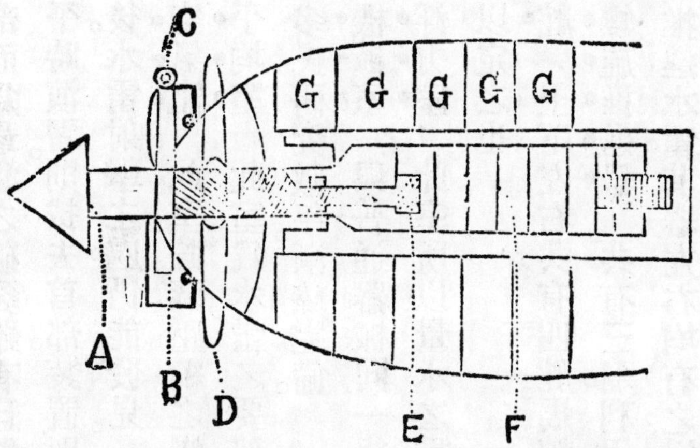

A 打棒
B 回轉羽
C 止針
D 止針
E 導火藥
F 繼爆火藥
G 爆發火藥
（全量二百斤）

火藥室稍加觸犯。立即破裂。殊爲危險。故平時有C部之棒以止之。非大觸犯。則不破裂。至將發射而入於水雷發射管之時。則拔去C部之棒。猶有D部之棒。與B部回轉羽處之螺絲以防之。未至即發也。至水雷離艇。螺絲轉動。向其一定之距離之目的物以去。D部止針之前。既無他物。故一遇衝突。D針即折。其棒擊入E部。導火藥先破裂。而傳火於F部。F部破裂。更傳火於二百斤之大藥部G

部。而爲最猛之破裂。雖有巨艦。無不能破。

平時演習則拔去首部裝置。別種藥料。其藥能與鹽水化溶而生一種臭味。使演習終後。水雷射擊之處仍能發見。

空氣室　此室貯藏壓縮之空氣。利用其膨脹之力以促水雷之進行者。

平均室　此室爲水雷之要部。能使水雷進行時。不致誤其方向。其構造經和威得爾多氏研究數年。漸臻完備。

機械室　與普通器械同一組織。利用空氣室貯藏之空氣而運轉之。

浮力室　此室所以量水之重量。以使水雷浮沈自由者。諸器械體積甚重。不能無此以定之也

舵　上下左右共有四舵。周轉而動。以禦四方之水力。使之直進而無旁射。

螺旋推進器　共有三羽。利用空氣室中所儲藏之空氣。以資迴轉而衝水波之阻力。推進水雷。其器左右均有之。以防偏覆故也。

水雷發射管

水雷發射管分四種。(一)在水面下者。(二)在水面上者。(四)迴轉者。(三)垂下者。

發射水雷時。借壓縮空氣之力。或利用火藥爆發膨脹之力。發射管中有門數重。水雷出後而門自閉。至離發射管時。水僅侵入第一重門。而其內數重皆已閉矣。

水雷背面有小突起者。於水雷離發射管時。與其管口相觸。因之第二室空氣及器械室推進器等物同時並動。

水雷之發射。每杪能行二十海里。二杪後漸落入海中。由是以測前進之速力。但發射在水線下者。不在此例。

斯巴水雷

和威得爾多氏水雷未發明以前所用之物。其法甚幼稚。如圖所示。裝之於棒之頭部。發射之後。離艦二百尺處。乃折而入於海中。一觸敵艦。局部乃解。其紐即通以電氣而破裂。然此水雷必近敵艦二十尺或三十尺

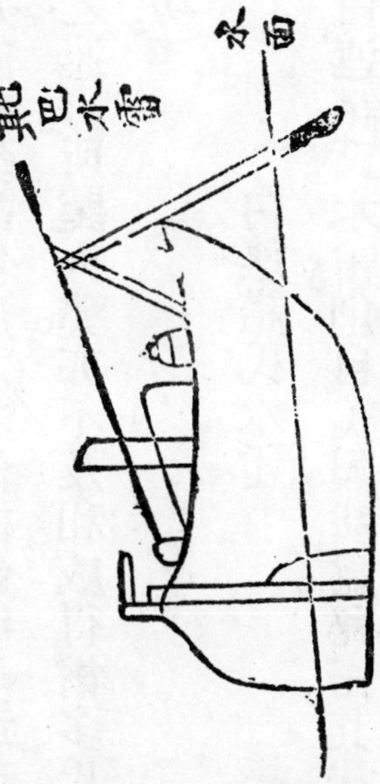

船長四十呎
斯巴水雷長四十二呎

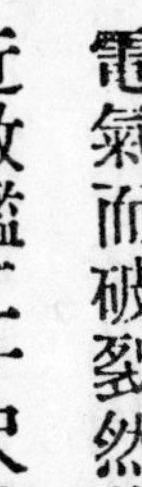

斯巴水雷

乃能破裂。故使用之者。須極銳敏勇敢。而避逃之法。亦宜措意。必須屈折自由。有敏捷之速力。所裝火藥。亦不及和威得爾多氏之强烈。然美國獨立戰爭時。乃用此而奏偉功。

白連諾氏水雷

白連諾氏水雷。創自美國。甚爲秘密。其法不得深知。大概能發射於陸地砲台及木船。比之和威得爾多氏。不相上下。但其機械在外。尙不及列氏也。此外尙有數種。然無甚異同。玆不備述。

水雷防禦網

水雷以二百磅之力。可以破壞最厚之鋼艦。使失其戰鬭力。其力可謂猛烈矣。於是冶金學者又作防禦網以敵之。防禦網者。於水雷發射之時。拒之於途中。所以阻止其突進力。或轉變其突進之方向者也。水雷既可破鋼。則欲得堅於鋼者不可得。故爲網使有回性。得以抵抗。使不近船。其網亦以鋼編之。大者上部現於水面之上。下部爲長方形。適足以保護艦底。軍艦之傍約二十尺。横以鐵棒。而以此網張之。垂下於水面。使用之時。則低之於水中。以包圍艦底之四周。而於艦底與防禦網之間存適當之間隔。然戰時與進行皆不便於用。惟港灣碇泊時宜之。

截網器

技術之發明。有所以防之者。必有所以破之者。今既有水雷防止網以防水雷之射擊。於是又有截網器以破防止網之障礙。此器附於水雷之頭部。能翦網而入。以達其破壞艦體之目的。

探海燈

暗夜用之以照敵者。可防水雷之襲擊。其燈光線平行。光力返出。故其力甚强大。足以照遠。水雷若欲避之。則可塗其船如海水一色。使之不能分別。

港灣防材

以木材沈於港口河口之航路。以防礙敵艦或水雷艇之進行者。然各國用之皆無效力。故日俄之戰爭日本於旅順沈沒汽船以代之。

(乙) 布設水雷

布設水雷。乃備之於平日。敵艦遇之。即當破裂。此法之發明。先於發射水雷。美國獨立戰爭。嘗以此制勝。今日各國皆沿用之。

視察水雷

水雷之裝置。常以六個爲一列。各個之間隔約百二十尺。貯裝火藥五百磅者。能破裂六立方尺。常設之於滿潮時五十尺之深處。以線繫於砲臺。其兩側以浮標爲記。敵艦至則砲臺引線以爆發之。

視察水雷布設圖

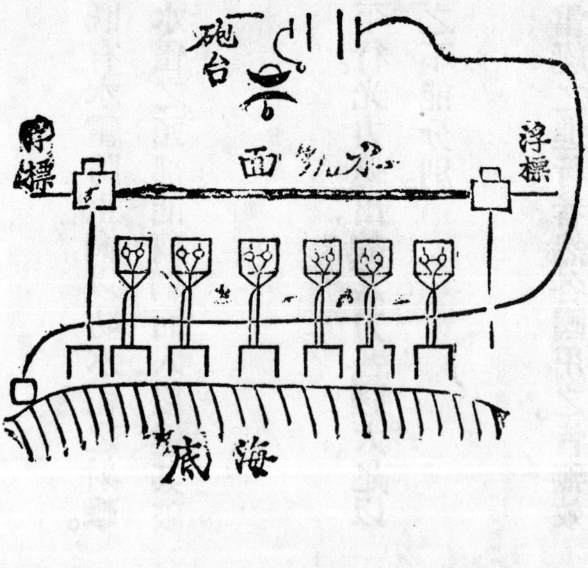

電氣接觸水雷

以電氣爆發水雷破裂敵艦者。

電氣接觸水雷圖

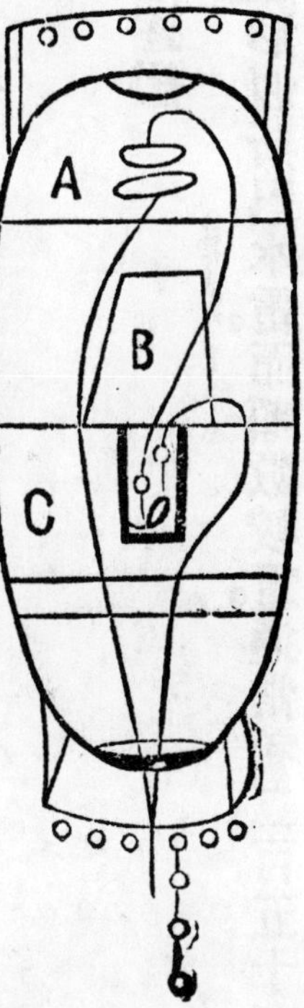

A 電線接續洞整器
B 仝上容器
C 爆發火藥
D 導火藥

電氣機械水雷

助布設水雷之不及而發射之者。用化合物而燃以火。發射後其化合物立即溶解而電氣遂通於水藥部中。

臨時水雷

使用於臨時者。其船爲木造。速力甚大。戰時用之。

(丙) 防禦布設水雷

亦用布設水雷以破布設水雷。或切斷其通陸電線者。

(11) 水雷敷設船水雷母艦

二者常兼用。皆以運載水雷。以供水雷艇之用者。有時亦兼保護之任。

四種水雷艇比較表

	(年號)	(長)尺寸	(幅)尺寸	(吃水)尺	(速力)海里
和威得爾多水雷 甲	一八七三	五七、〇	七、〇	三、〇	一五、六
乙	一八七八	八四、〇	一〇、〇	五、〇	一八、〇
丙	一八八六	一二五、〇	一二、六	六、〇	二一、〇
斯巴水雷 丁	一八九四	一四〇、〇	一五、六	七、〇	二四、五

艇欲其速而不長大乃能靈捷避敵。又不可爲波浪所擊。故丁種于艇首獨高使浪來而復退。以其速力貴大。故不可不借蒸瀛器之推進力。於是蒸瀛器或占全艇四分之三。此爲不得已之事。然水雷艇之輕速過於砲艦。故今多捨砲艦而用此。英國水雷艇甚多。而研此學使進步者。則莫如法國。因水雷之力。無論何種堅艦。皆能衝透。故特爲注意也。

(12) 水雷驅逐艦

水雷驅逐艦。形似斯巴水雷。而噸數較重。通常者二百五十噸乃至三百五十噸。頗能耐於遠航。其速力達於二十七八海里及三十五海里以上。蓋自有水雷艇以來。其靈速非他捕獲船所能及。英國懼法國之爲此也。乃亦作水雷驅逐艦以敵之。能發射水雷。亦能驅逐水雷艇。以其輕便之故。水雷艇所至之處。驅逐艦亦能至。蓋至是而水雷艇之用幾于窮矣。今日各國皆沿用之。日俄開戰日本用之而獲奇功。然水雷之用猶大。不能以此而廢也。

(13) 潛航艇

英之驅逐艦既足以制水雷。於是法國乃復作潛航艇以與之抵抗。潛航艇潛行於水中。既足以避砲。復不易於追擊。其製發明於十七世紀之末。而用之者不過十年。故其製作猶未精也。

- 構造
  - 於水中無浮力者
  - 於水中有浮力者
- 潛水法與操舵法
  - 上下運動（水平舵）
  - 左右運動（直立舵）

潛水艇
- 原動力
  - 水面下航行
    - 化學作用
    - 人力
    - 時計式
    - 炭酸瓦斯
    - 蒸滊機鑪
    - 壓縮空氣
    - 液狀空氣
    - 電氣力
  - 水面上航行
    - 蒸滊機鑪
    - 石油瓦斯發動機
    - 電氣力
- 起居
  - 化學作用
  - 壓縮空氣
  - 通風管
  - 時時浮出
- 望遠法
  - 時時浮出
  - 望遠器械

構造之法。或秘密而不知。或精細而難盡。故姑從略。

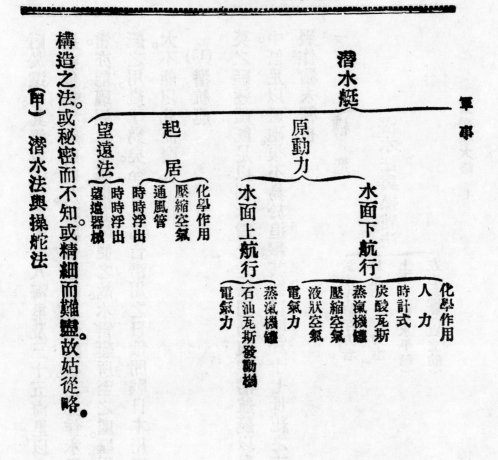

（甲）潛水法與操舵法

潛水艇欲其能沈。則有主用無浮力者。然一沈不可復浮。故不可用也。

於是又有主有浮力者。然浮者欲使之能沈甚難。或曰注水入船。此乃笨法也。或曰。做水雷後舵與螺絲推進之法。而不用之于艇後。乃用之于艇上。使之由上壓下。然此法雖善用機甚多。亦非易辦。

於是有主用水平舵者。尋常之船。視舵爲左右。此則做之。視舵爲上下。舵上則上。舵下則下。然水有上壓力。常欲使船上浮。而舵又常使之下壓。則船不能直進。而易成水波形。今方力求其平。然能上下者不必能左右。亦不甚使。

於是又有主用直立舵者。於上下二舵之外。復加以左右二舵。上下左右。頗能自如矣。

（乙）　原動力

水面下航行

原動力之用化學作用者。今已將廢。不可用矣。

人力則上古操舟之法。尤爲遲笨。更不可用

於是有主用時計式者。法如時辰表內之置發條。以爲轉動之機。然船艇大物。究非時計之比。亦不可用。

於是有主用炭酸瓦斯者。然有妨於衞生。亦不可用。

於是有主用蒸瀛機罐者。罐必有孔露於外。則水將侵入。亦不可用。

於是有主用壓縮空氣者。然用機甚多。且沈海久則空氣之貯蓄亦宜多。始能使機兼以養人。然空氣多藏不易。故亦不可用。

於是有主用液狀空氣者。將空氣壓縮至極。即成液體。貯于艇中。用時可以變之使多。然此學尚未精研。亦不可用。

於是有主用電氣力者。以電池蓄電。無他困難。惟電池中有一種瓦斯。觸火即爆。甚爲危險。自用此法以來。已爆裂三次矣。將來電學日精。適用者當無過此矣。

水面上航行

水面上航行。比之水面下航行較易。於是有主用蒸汽機罐者。然此既不足以藏煙。且欲下沈。必待熱度盡冷而後可。不然。水中冷氣與熱氣相逼。必致爆烈。有此不便。亦不可用。

於是有主用石油瓦斯發動機者。然此有一種瓦斯害於衛生。亦不可用。

於是有主用電氣力者。此法較好。今皆用之。法國有水上水下皆用電氣力者。有水下用電氣水上猶用蒸汽者。英國則皆惟用石油瓦斯發動機。

（丙） 起居

人居艇中。亦必當使起居適宜。於是有主用化學作用者。以可供人呼吸之酸素爲之。然人多藥重。亦不甚便。

於是有主用壓縮空氣者。壓縮空氣。漸次放出。可以養人。今雖用之。而終不能久。故亦不甚便。

於是有主用通風管者。此器易成。可于水面換空氣。然水易入之。故亦不便。

於是有主時時浮出者。然時浮以換空氣。亦當以一時爲限。至必不得已而須久沈。則必放出壓縮空氣以濟之。故二法必當并用。

（丁） 望遠法

艇在水中僅能望見艇之周圍五六米突。餘皆朦朧。不能辨晰。今欲窺敵艦之動靜。則不可無望遠法。於是有主時時浮出者。置司令塔于艇上。司令官在其中。浮時僅露一塔而沒全艇。塔以堅鋼爲之。非不堅密。然有時沈時浮之勞。且司令塔雖微。亦易爲敵所窺見。仍爲危險。故亦不便。

於是有主用望遠器械者。其法以望遠鏡二枚。一浮於水面。一置艇中。鏡光相映。可于艇中窺見水面。此乃法國之所爲。艇不必浮而能見敵。乃望遠法之良者也。

潛水艇之發明也。法爲拒英計也。然英國復製之。今取英國之愛爾蘭第十號。與法國千八百九十九年所製之姆斯號兩相比較。則英艇短而法艇長。故法艇於後四舵之外。更加前二舵。以求駕駛靈便。

潛水艇發射水雷之時。船必驟輕而欲上浮。故以補助水槽救之。水之重量適補其發出之水雷之重量。艇仍可藏於水中。不致於交戰時惟敵所窺見也。

潛水艇之製造。法美甚多。由以上所論觀之。可知其尚未臻於完善之域。然今方日日研究。使之精密。其速力以在水中爲水力所抵。不無過遲。今亦日求其進步。若能使速力加增之後。實軍事上一至要之物也。

批評門

學界時評

◉祝政法速成科之成立

初日本設速成師範科。以謀我留學生之便利。以爲敎育之事業之嚮導。辦理年餘而卒業歸國者。既以百數。于是吾學生中熱誠遠識者數輩。謀政法速成科之建設。其議起于壬寅之秋。初謀之早稻田大學。不能就。直至今春。政法大學總理梅博士乃毅然任之。于是經文部省認可。有此科之設。其規則如下。

◎第一節　主旨

第一條　本大學之法政速成科。以敎授淸國現代應用必要之學科速成法律行政理財外交之有

第二節　敎授及通譯

第二條　敎授以日本語口授。更以中國人通譯華語。學生得以漢文筆記講義。

第三條　敎授聘日本之法學博士學士之法學名家深於學術而富於經歷者。

第四條　通譯者請留學日本之帝國大學法科大學及私立各大學之淸國留學生學有根柢者。

第三節　學科

第五條　學科之分目如左

法學通論及民法　商法　國法學　行政法
刑法　國際公法　國際私法　裁判所構成法
民刑訴訟法　經濟學　財政學　監獄學

第四節　課目時間表

第六條　課目時間表如左

第一學期

學科	每週授業時數
法學通論及民法	一〇
國法學	四
刑法	四
國際公法	四
裁判所構成法	一
經濟學	二
計	二五

第二學期

學科	每週授業時數
商法	六
行政法	六
民刑訴訟法	六
國際私法	二
財政學	四
監獄學	一
計	二五

第五節 實地教授

第七條 本科教師於講室教授外。更時率本科學生實踐日本司法及行政各官衙及其他官私之設營物。爲實地教授。

第六節 卒業期 學期 休業日

第八條 左之日爲休業日

每日曜日 大祭祀日 冬期休業（自十二月二十五日至翌年一月七日）

夏期休業臨時定之

第九條　以六箇月爲一學期。第一學期自陽曆四月一日起至九月三十日止。第二學期自陽曆十月一日起至翌年三月三十一日止。

第十條　滿兩學期爲卒業期

第七節　授業費　入學費　通譯費

第十一條　每月繳授業費日銀六圓。但本科學生未滿三十四人時。須繳總數日銀貳百圓。滿八十人以上。則每月減繳三圓。

第十二條　入學時另繳入學費兩圓。

第十三條　通譯費臨時定之。

第八節　入學期　入學資格　退學

第十四條　入學期每年定四月及十月(陽曆)兩期。但臨時補缺時。亦得入學。

第十五條　有入本科資格者。(一)清國在官者及候補官員。(二)清國地方之士紳及年齡已滿二十歲之有志者。

但漢文均須學有根柢者方許入學。

第十六條　凡入學者均須有清國公使之紹介。

第十七條　凡入學者先具履歷書誓約書各一通於總理。(書式闕之)

第十八條　本科學生在學中如有不良行爲及不堪造就者得命之退學。

第十九條　凡已入學而中途退學者。已繳學費概不算還

第九節　試驗

第二十條　試驗於每學期末行之。

如學期末而有疾病及不得已之事故。不能應試。或應試而不合格者。得於次學期試驗時同時補

行試驗。

第二十一條　兩學期試驗均合格者得授以卒業證書。

第十節　校章及校服

第二十二條　凡入學者均須着用本大學制定之制帽及制服。(制帽及制服另有式樣)惟奉有常職在日之官員不在此例。

第十一節　講舍及寄宿舍

第二十三條　本科之講舍設在日本東京麴町區富士見町六丁目十六番地。

第二十四條　本校得附設寄宿舍。由本大學直接監督。

第二十五條　寄宿費及食費雜費等臨時定之。

此次政法速成科。其將來之成績必非師範速成科之所能及吾敢斷言也善師範速成卒業者。不必能任師範而政法速成卒業者實可以任政治何以故。師範者以各種普通學授人者也。普通學不具。必不足以爲人師。速成科之所能受者。不過教育原理耳。教授法耳。學校管理法耳。而教育原理其源本于心理學倫理學論理學等甚深遠。亦非末學小生以數月之功所能受也。若政法則不然。政法科預備之根柢則以能知本國法制之沿革知本國現時社會之情狀利病爲第一義吾士大夫之稍讀舊史者。或已服官者。或以紳士任地方上之事與社會爲緣稍深者。凡此預備則既有之矣。故其聽受他國之政法而相與比較觀其得失而以自鑑也爲道甚易入此其。優勝者一也。師範速成卒業後。欲自行研究以求大成。以求適于實用。仍不得不乞靈于諸實質之普通學。而此等普通學又往往非獨修所能爲功也政法。速成卒業者。若能自讀東籍。則可以引而彌長入其堂奧不難矣。此其優勝者二也。吾故曰其將來之成績。必非師範科速成之所能及也。

抑我士大夫之來就學此科也以視入尋常政治大學有更優者。如帝國大學。如早稻田大學。如某如某。雖其學科之詳備。必非此速成科之所能望。顧其所最詳者。則日本現行法律之解釋也。此在專門此學者固甚緊要。若吾中國人則雖闕之不爲病也。所最要者法理之所以然及各國法律之比較得失。某者適于吾國之用云爾。而此速成科實已備之。故此科雖謂爲吾國學政法者之一完全學科可也。入他校以三四年之功而得一完全學科。而此校以一年之力得之。其特長一也。又凡學一業必學理與應用。相輔乃能見諸實濟。日本之帝國大學。前此亦曾提議。欲帶領學生往中央政府地方團體之各行政局部。觀察考驗。施實地之教育。然以生徒太多。每次率領千餘人。以就實驗。勢所不能。議遂中止。故以國立之大學。尚不能補此缺點。他更無論也。而今者此速成科經政府之認可。乃能有此特權。此日本學生所希望不能得者。而我得之。其特長二也。故曰入他學校猶不如此校之爲尤妙也。

夫以日本之起居飲食。最廉者每歲日銀二百五十圓乃至三百圓足矣。加以來往川資。亦不過百元。以一私人自備此費。其能任之者所在而有也。若以一省之力派百人。不過歲三四萬元耳。以一府州縣之公費派十人。不過歲三四千元耳。而其收效若彼。然則何憚而不爲此。抑吾更有一言。今日舉國有志之士。望朝廷以改革。望大吏以改革。其熱度更甚者。以朝廷大吏之無可望。欲奮然而破壞之。而再造之。以從事于改革。雖然、今使朝廷大吏而果眞改革也。民間其果能破壞舊政府而著手于改革也。而其所措。

置果能有以遠勝于今日之現狀與否。果能遂行改革之實與否。猶終無以自信也。何也、任治一事而皆無其才也。然則今日而不速養成政法普通之智識。則無論爲平和改革爲激烈改革而國家進步之目的卒不得達。則稍有志者相率以就此科其可須臾緩耶。且政治之立腳點罔不起于地方自治。今之稍明學理者亦既以曉音瘏口昌言此學之急務。顧自治亦豈易言若各州縣各有紳士若干人學此一年則其歸國也于地方自治之影響、其必有其大者矣吾故歡欣鼓舞祝此科之成立而深有望于國中之鄉大夫鄉先生也。

現留學界中自認任通譯之義務者六人。則法學院學生之黎君淵。孫君澤霖。熊君汝霖、曹君暢九。早稻田大學學生之稽君鏡、林君棨也。

◎祝嶺南學會之成立

廣東爲五洲交通孔道。風氣之開最早。而近來於學界上不能占一位置。蓋由內地提倡之士少。團結之力渙也。去年有倡設廣東青年學會之議。聞之欣慰。近組織已成。改名爲嶺南學會。或者能爲百粵放一光明線乎。玆亟錄其章程如下。

一本會以統一全省學人結成一秩序鞏固之大團體。以洗從前渙散凌亂之習爲宗旨。

一本會目的專在聯合大羣。以謀學界內種種之公益。凡目的以外之事。本會須犧牲之。

一本會會員以全省學界中人組織之。凡屬同志。無論本省海外。年齡長幼。皆可入會。

一本會擇適中之地設會館一所。名曰嶺南學會。初辦時暫行租用。會費既充。立即購建永遠作本會公產。

一會內設閱書閱報室各一所。儲備各種書籍報章圖書儀器等。以爲會員研究之用。外人到閱者亦聽。

一本會設會長一人。副會長一人。主統理會中銀兩。執行一切事務。董事八人。主督查整理會中庶務。幹事一人。主料理書報及聚集佈告各事。雜役一人。主打掃奔走各事。會長董事由全體會員投票公舉。幹事由會長董事公舉。會長董事祇作名譽員。不支脩金。不用駐會。惟每星期必須到會巡視。幹事常川駐會。每月脩金十四元。膳費在內。會長董事每年公舉一次。連舉連任。

一本會款項由會長副會長協同經理。每月底將收支數目交幹事列表標出各董事有稽察查核之權。年終刊徵信錄一次。幷將下年預算表佈告。

一本會會金除支銷開辦費用外。餘存殷實行店生息。過百金以上之用欵。會長須通知各董事。方得起用。

一同志入會每人捐會金一元。給回會票作據。此後每年每人捐洋五角。爲常年經費之用。上年冬季聚集時清交。

一會金之外。如有熱心志士。捐助欵項。及書報圖器等物。謂之特別捐。本會定深感謝。將銜名數目標貼會內。幷刊入徵信錄。以彰雅意。

一每年以七月(暑假)十二月(年假)兩月爲聚集之期。各會員皆有發議及決議之權利。惟欲發何議。必須先期三日將銜名職業里居及所演宗旨詳細開具交幹事員按日標出。所發之議。如有關於學界興革者。經過半會員公認。即須切實行之。惟語涉偏激。未經公認者。該發議員須自負責任。此等會議。最能交換智識。鍊習政務。各學堂學生不妨互持一主義。爲嚴格之爭辯。以爲他日參列

批評門

國會養成政黨之預備。(會議細章另詳)

一每期聚集必擇日開飲一次。侑以軍樂。如初時經費不敷。以茶會代之。務期感動其團結親愛之觀念爲主。

一每年聚集既終。全體會員共攝照片一幅。懸之會中。以聯情誼。

一每年常期聚集外。遇有大事關於全省學界者。經正副會長及董事四人以上認可。則由幹事員佈告開特別聚集會以研究之。惟非公憤公意。不得妄有舉動。

一各地會員或因道路遙遠。聚集時不能親到發議者。若有卓見。可函知幹事代爲宣佈。

一本會設會冊一本。凡入會者須依格填寫銜名職業里居年歲存會備查。

一本會會員對於未入會者。有招徠紹介之責任。對於已入會者。有聯絡團結之義務。不得各存意見。生排擠攻擊之風。(自治細章另詳)

一本會有擴充無停止。將來實力充足。凡紹介游學資助學費調查辦報與學譯書等一切公益之事。定必依次興辦。

一本會基礎既固。即在城內先設支會。其外府州縣。亦必遞次推廣。以聯聲氣。

一章程既經刊佈後。各會員須切實遵守。有應改良之處。可於聚集時提議。

一本會會所或租或建。視會金多少而定。現未設有專所。入會會金。城內交雙門底覺民書社。城外交多寶大街尾時敏學堂。佛山交居仁里汾學社。收存給票註冊作據。外府外埠則按上開各地址寄來。俟集足款項。即將開辦日期會所地址佈告。

八

評論之評論

（本國之部）

○論俄羅斯致敗之由（上海時報）

日俄之役。各報館莫不吮筆伸紙論其原因結果。至其最精確最痛切。且爲吾國人大棒大喝。有雷霆萬鈞之力者。莫如上海新出之時報。時報者。蓋以鉅力欲組織一完全之大日報館。爲我國報界開一新局面。聞其主筆網羅一時知名之士。其訪事徧於各行省。以及歐美。若此等文。其亦不愧大報館之名譽也已。乃全錄之。

日俄之役。俄羅斯屢戰屢敗。赫赫積威。掃地以盡。寰聞之士。瞠目相詫。以爲大怪。是未審時代之趨勢。而

於物競天擇適者生存之大例。有未瑩耳。歷觀全地球近五十年來之兵事。其在兩專制國或兩自由國相遇。則勝負之數蓋未可定。若夫專制國與自由國相遇。則專制國未有能支者也。其一驗諸普法之役。其二驗諸美西之役。（法蘭西西班牙等諸拉丁民族國雖號稱有憲法。然不能舉立憲之實。仍含專制舊性質也）其三驗諸中日之役。並此而四矣。夫戰勝者非恃戰也。而恃所以爲戰。所以爲戰者。非將帥勇敢之謂。非軍隊強大之謂。非器械精良之謂。非訓練精熟之謂。非餉源充實之謂。非地勢形便之謂。所以爲戰者。獨　無二。則人人皆自爲戰。而非爲他人戰是已。欲人人自爲戰而非爲他人戰。非立憲自由國。勢所不能。夫戰之目的不出二端。一曰國家之進取。二曰國家之自衛。故不戰則已。戰則未有不爲全國之利害所關者也。而在立憲自由之國。則國也者。

君與民共有之。在專制之國。則國也者。惟君主及其私人專有之。凡人於非已所有之物。必不肯出死力以爭其利害。此情之常也。故法儒孟德斯鳩有言。專制國無愛國者。若有之。則惟君主一人耳。此誠按諸論理而切當者也。故在自由國。全國人皆自爲戰。而在專制國。則自爲戰者。只有君主及其百數十之私人。而其他皆爲他人戰者也。記曰。寡固不可以敵衆。弱固不可以敵强。夫以一君主與百數十私人。而與彼全國之億兆衆相遇。則孰爲衆而孰爲寡。孰爲强而孰爲弱耶。就使彼君主與百數十私人。咸躬前敵。冒矢石。猶且孤立煢煢。在軍隊全體中。渺若太倉之一粟。而況乎其並不能。乃悉以已之利害。委諸全無關係之路人之手。夫豈待交綏而後知勝負所由分也。今請先論俄國。彼有俄國者爲誰氏乎。以全俄人民析分之。若波蘭人。若芬蘭人。則俄之先帝據其社稷而俘之者也。若猶太人。則其所虐殺者也。凡此皆俄之仇也。若亞洲及西伯利亞各人種。可以兵力略其地而奴畜之者也。其德意志人種。則流寓者也。其與俄國應有最切密之關係者。當爲其本族之斯拉夫人。又皆呻吟於重重壓制之下。方日日結秘密黨而與朝廷爲難者也。故全國中視俄羅斯爲已所固有之物者。惟俄皇耳。次則其驕泰横暴貪黷腐敗性懦之貴族耳。還觀諸日本。人人皆曰。帝國者吾之帝國也。政府者吾之政府也。議會者吾之議會也。君主王公之稱其帝國政府議會也。以是語販夫嫠婦之稱其帝國政府議會也。亦以是語。人人之在國家。皆具足圓滿持法律上之「所有權」。故以戰博我之名譽。而非博他人之名譽。以戰購我之幸福。而非購他人之幸福。以戰捍我之患難。而非捍他人之患難。以戰答我之祖宗。而非答他人之祖宗。以載貽我之子孫而非貽他人之子孫。日本之國情蓋若是也。以此次所造戰爭之動機論之。彼俄國何爲而戰乎。則以其侵畧之野心而已。且其野心所自發更非由殖民政略所不得不然。而反以亂機徧伏於內直借此以洩之於外也。否則爲其貪財利之心所驅也。如部舍富賴沙夫所立朝鮮礦產森林公司。俄皇及諸貴族皆競投資本是也。否則爲一二私人功名心所驅也。如亞力斯夫之釀成戰禍是也。凡此者皆發於在上者之私慾。於民何與。於兵何與。兵與民皆不欲戰。而不能不戰。以不欲戰者戰。既不知戰之於我有何利益。而瞢瞢焉矣。不欲戰者而驅之使不能不戰。則但知戰之於我有直接之苦痛而睊睊焉矣。若日本不然。爲自衛而戰。蓋深察俄人侵略之大勢。知不出數年。有俄將無日也。爲復仇而戰。自干涉還遼以來。吞聲飲恨。無一日而忘前恥也。此其所以戰之大原因也。而國中之政客論客。復從而張大其詞曰。爲義俠而戰。急鄰國之難也。曰爲文明而戰。摧專制之魔也。若此者其果爲內容之眞情與否。所不敢知。然其論固深入於全國之人心矣。故俄之戰也由俄皇及一二嬖人密勿討議決定之。然後命之於國人。日之戰也。其全國人於演說於報紙。鼓譟戰爭要求戰爭者。已將一年。即其不能言不能文者亦無日不夢戰爭憶戰爭幻攝戰爭歌舞戰爭。日日責政府以巽懦以遲緩者也。故一聞開戰。全國人無不以手加額。欣喜滿足者。夫爲日本以從事于戰者。寧僅此區區數十號之軍艦十餘萬之將卒乎。彼其全國之政黨員無一非戰鬥員也。平日雖齗齗以反對政府。今則事事協贊而爲其後援也。彼其全國之文學家。無一非戰鬥員也。以筆以舌歌頌軍隊之威德。以鼓舞全國奉公敵愾之念。且用種種方法以援贊政府也。

彼其全國之貴族無一非戰鬭員也。競取其千年祖傳之資金以充軍用也。彼其全國之實業家。無一非戰鬭員也。當軍事公債之募集。而應募者且過原額數倍也。彼其在海外之民無一非戰鬭員也一聞開戰。棄其職業。遠歸以乞服軍役而每月捐軍需數十萬也。彼其全國之勞働家無一非戰鬭員也每月。勤儉積貯節衣縮食以獻於國家而助兵費也。彼其全國之婦女無一非戰鬭員也爲夫以從軍敎子以必死。競縫軍衣以贈軍人。而直接從事看護者更無論也。彼其全國之兒童無一非戰鬭員也並其父母所給果餌之貲亦貯蓄之而投諸軍用也。質而言之。則其直接之戰鬭員。雖僅十餘萬人。若其間接之戰。鬭員則全國四千萬衆皆是也。還觀俄國。則除軍隊之外無以有從事於戰者矣而軍隊人人皆不欲戰而驅之戰者然則俄國之眞可稱爲戰鬭員者在內不過彼極少數之貴族在外不過彼極少數之將校充其量不過千人止矣夫以千人而鬭四千萬人安所往而不敗也嗚呼。日本何以如是而俄國何以如是。嗚呼嗚呼可以思矣

抑專制與自由之得失。又豈徒在戰役而已。其與戰役相緣而起之影響。更有不可不留意者。日本今勝。故其國人皆舞蹈歡欣。無待言也。脫不幸而敗吾知。其必舉國切齒怒目臥薪嘗膽各奮其國亡與亡之熱心。而莫或肯自外肯自逸也。今觀俄國挫衂數。次而國中之新聞紙以爲當然者異口一喙而虛無黨幸災樂禍。歌頌日本者。且所在皆是也。即溫和派不欲。明言而亦莫不責政府之失計。競倡棄遼東棄西伯。利之論也。此猶曰託諸空言者。若乃據近日西電則俄人之謀暴動者各地蠢蠢而密持暴裂彈以事其君相者。且一夕數驚也。凡此皆不以國之敗爲戚。且

以爲樂謂是乃千載一時之機也。嗚呼。以何因緣而至於此。夫政府既爲一己之私慾而驅民于死地。則民之怨政府失計也。誰曰不宜。夫孰使汝不謀及庶人而卸其責于大衆也。既已攬責任於一己。則有困難。誰能與汝分憂。有失敗。誰能與汝分過也。天下之操術之拙未有過此也。疇昔以赫赫之威魚肉其民。則民之伺其間隙而欲復仇也。誰曰不宜。蓄怨積怒。吞聲飲恨者。既已累世。易曰、我仇有疾。不我能即吉。夫孰不欲攘臂而圖一雪也。天下處境之危。未有過此也。故使此次之戰而更支一年以外。而俄人之敗衂。一如今日。也吾恐其國內之大變大警。更有使俄君臣旰食者。甚則彼得之鬼。從茲餒而。而芸芸貴族。欲求爲乞食王孫而不可得也。嗟夫吾一不解俄之君臣何以不善自謀。至于若是。以是爲樂耶。博浪之椎。日伺其旁。左右近習。皆爲敵國。稱孤道寡。窮而無告。行食不安。夢魂俱顫。亦何樂之與有。以是爲尊榮耶。若英國若德國若日本之君主之貴族。何嘗不威德巍巍。萬方崇拜。錦衣肉食。恣其所好。千秋萬歲。與天無極。又豈專制國之君臣所能望也。嗚呼。俄之君臣。若稍知自爲計者。將何擇焉。與俄同政體之國。其君臣若稍知自爲計者。將何擇焉。要之世界進化之運。及于二十世紀。舉全地球中。萬無可以復容專制政體存立之餘地。立憲自由主義。所向無敵。遇者死。當者壞。苟頑然不知變計者。有歸于劣敗淘汰之數而已。天將假手于日本。取全地球最大之專制魔王國而懲創之。曰、彼强有力者之末運。猶且若此。而他更何論焉。英人亨利那曼氏之論茲役曰。俄之敗。俄之福也。蓋謂其大夢將從此驚醒。而面目當以一新之福也。吾亦以爲我國之當道者。若能鑒于俄人所以致敗之由。則俄之敗。其又中國之福也。而不然者。當今日帝國主義盛行時代。凡國于天地間者。無論何時。皆不能不與各國爲有形無形之戰。若以公等百數十人而戰他人之全國人。其有幸乎。況更以公等百數十人而戰五六國之全國人。豈其有幸乎。我四萬萬人祖宗之血。塗我四萬萬人子孫之口食。皆斷送于公等之手。吾儕之不幸無待言也。而公等以是受責於四萬萬人。以是結怨于四萬萬人。其亦何一日之能安也。吾黨固甚反對激烈暴動主義者也。雖然公等當思此等主義。非國民好之而公等自造之。諺曰、解鈴還須繫鈴人。今復將解之耶。抑將更結之耶。是亦在公等耳。吾黨苟非反對激烈暴動主義也。則亦如俄國中之幸災樂禍者流。方欣喜之不暇。而豈復爲公等垂涕而道也。要之二十世紀全地球中。既不容有專制政體之存立。則我中國一片大地中。自不容有專制政體之存立。而所以絕此專制之跡者。其途有三、一曰我君我相自絕之。二曰民間起而共絕之。三曰國亡而政體一切無所附也。其出于第一途則全國之福也。其出于第二途則國民或有幸而公等必無幸也。其出于第三途則民儕變爲沙蟲。公等亦變爲猿鶴耳。吉凶去取之間。宜何擇焉。先哲不云乎。他山之石。可以爲錯。又曰前車之覆。後車之鑑。俄乎俄乎。吾其鑑乎。

○廣東之將來 （香港商報）

今中國數富省。動曰廣東廣東。頃香港商報。有「廣東之將來」一篇。據其所言。則廣東生計界之前途。其亦慘澹極矣。廣東如此。而猶以富聞。則他省更豈堪問矣。因擇錄之。使謀國者知所省焉。

廣東今以富聞於全國。雖然。廣東果富乎。每歲錢粮。地丁京餉協餉賠欵報効等項。須解出省外者。共一千二百餘萬兩。而本省行政費。尚不計也。官吏之乘橐而來捆載而去者尙不計也。吾廣東人血汗所產之貨殖，計每歲流出廣東以外者，最少總在二千萬兩有奇。微論廣東而非富也，即果富焉，而此年年歲歲無窮已之朘削，固已不堪矣。夫以國際通商論之，使甲國歲輸二千萬於乙丙等國，而在乙丙等國無道以取償，不及十年，其涸可立而待也。然在通商之事，則其現象斷未有若是者，何也？所出之金錢，必將有所易也。惟出焉而無所易，則其勢乃足以自窮。今日之中國，其各省之交涉，隱然若異國也。外省之人輦財以奉中央政府，中央政府無以爲償也；沃省之人分財以濟瘠省，瘠省無以爲償也。何也？以生計學理言之，彼所出之金錢之結局，用之於消費的，而非用之於生產的也。是廣東常處於金幣供給之地位，而他省常處於金幣消費之地位，若是者其何以能久也。抑廣東之以富得名也，果何自乎？廣東之礦產，在十八省之中比較的少數，且未有一焉曾經開採者也。廣東之農產物，則穀食一項，且不能自養，而尙須仰給於安南、暹羅、緬甸。其絲茶兩項，雖稍有之，而爲數甚微，遠不逮長江流域諸省也。其製造品則草蓆、爆竹、葵扇、麻袋、粗紙爲大宗（据日本外務省通商局之報告），皆渺小之物，而不足齒數者也。然則廣東天然之富，無一焉足以自豪明矣。而近數十年來，生計界之現象，反若稍優於他省者，何也？則有二故。其一，因通商初開，香港爲歐亞美澳四洲交通之孔道，而西人初至，情形未熟，各事多不能不假手於我國人，因藉轉運媒介之微勞，以博什一之利，而交趾支那及海峽殖民地一帶，華人居彼地民數之大多數，其地新闢，天產饒富，而吾粵人實食其利。其二，則粵人作工餬口於美洲、澳洲、檀香山、菲律賓、南非洲及太平洋羣島者，總數殆將百萬，其庸率高於內地數倍。今略計之，則

（地）	（人數）		（每人平均歲入）	（每人匯返國者平均約）	（總數）
美國	光緒十年	約三十萬人	七百元	百元	三千萬元
	同二十年	約二十萬人			二千萬元
	同三十年	約十萬人			一千萬元
澳洲	光緒二十年	約十二萬人	同	同	千二百萬元
	光緒三十年	約五萬人			五百萬元
檀香山	現在	約二萬五千人	同	同	二百五十萬元
菲律賓	現在（專粵人）	約五萬人	四百元	五十元	二百五十萬元
中美及南美	現在	約十萬人	同	同	五百萬元
加拿大	現在	約二萬人	六百元	八十元	一百六十萬元
墨西哥	現在	約萬人	七百元	百元	一百萬元
其他諸地		約十萬人	六百元	八十元	八百萬元

（右表未計南洋英荷屬島及暹越緬諸地）

由是觀之。則吾粵勞働者劬瘁於外。其每歲所積累。以輦歸本國者。總額殆不下三千餘萬。而南洋一帶尚不在此數。合計殆將四五千萬。而十年以前且倍之焉。此吾粵所以於國際貿易。雖輸出差負而不爲病。而每歲雖輦鉅萬以供給他省。而小民生計程度猶爲各省冠者。皆此之由。

此過去及現時之情狀爲然也。雖然。機勢所趨。已有江河日下之慨。疇昔香港華商握南洋羣島及西江流域閩江流域商務總額之强半者。今則西人諸事益習熟。循優勝劣敗之原則以進行。而我商日以不競矣。又不徒商家爲然也。即如洋行買辦一宗。亦爲粵人挽回利權之一道。乃今者英美諸新聞紙言東方商務者、競倡廢買辦之議。現彼中各大學及實業學校。無不有中國言語文字之一科。及此等人才養成。則其待於我中國人之事益少矣。吾恐十年以後。而吾粵人向者藉轉運媒介之微勞。以博什一利者。且並此而絕。至於海外勞働者之所歲入。則自美國倡議禁華工。而往美之路絕。古巴歸美後。而古巴之路絕。檀香山歸美後。而檀香山之路絕。一千九百年。澳洲聯邦成。當局者主持白澳洲之政策。而往澳之路絕。南非洲入於英。殖民大臣張伯倫主拒華工。而往非之路絕。菲律賓見併於美。而往菲律賓之路絕。加拿大自今年增稅一千元。而往加拿大之路絕。凡吾粵民前此所視爲尾閭以調劑於萬一者。今皆無復望。所餘者惟南洋羣島及中美洲南美洲數處。則皆瘠苦未闢之地。其庸率與吾內地不相上下者也。計現在有禁例之地。每歲匯歸總額，約三千萬。既禁。之後則有歸無往。每年當遞減十之一。不過十年。便減至盡。夬十年以後。吾粵商人之地位。勢必漸墮落。

既已如前此所預言而此海外特別輸入之三千餘萬復歸烏有全省總殖歲流出於外者無有已時而所入遞減於今日倍蓰不知我父兄子弟何以堪之又豈惟他日爲然耳即在現今夫既有岌岌不可終日之勢生計學公例凡歲殖用以爲母財者多則日以富用以爲支費者多則日以貧一私人有然一國家有然一地方亦有然蓋既以所餘斥之以爲母財轉爲貨貨復轉母一社會生利之民皆利賴之而不然者移生利之財以從其不生利者蝕者其母遂並其所生之子而亡之此乃社會自滅之道而前賢斯密亞丹諄言之詳矣今試問吾粵之人其從事於生利者幾何其從事於分利者幾何吾粵歲入之總殖其用之爲母財者幾何其擲之於無用之支費者幾何姑勿舉他事即以賭博一端論之吾粵以賭國聞於天下略計全粵私人之總歲入大抵投之於種種賭具者殆三分之一而未有已昧者不察或以爲賭而負者廣東人攘其所負者亦廣東人楚弓楚得其錢絡總流通於廣東之社會除每歲納餉若干萬外未嘗外流是賭雖病私人而未必有傷全體也噫何爲其然何爲其然使廣東而無賭也則他種財源勿論即以海外輸入之三千萬計之斥之以爲母財則今年三千萬之母明年或可得千數百萬之子歲歲而孳殖之則吾粵之富率可以蒸蒸日上今以擲諸于賭賭而負者無論也即攘其所負者亦不過供狎邪宴飲之資投之於不可復之地蓋古未有賭客而以賭之所得爲母財者也夫每歲由藩庫由善後局由鹽局由釐局由海關以解出於本省之外者爲數既千二百餘萬兩凡此者既皆其不復之財矣而復有賭之大魔王以蝕之而此外豪奢之浪費者尙不與焉若是乎吾粵人之總歲殖其得爲母財者殆

不及十之一。若之何民不窮且匱也。夫吾粵以多盜甲天下。豈吾民生而盜者。亦豈其以盜爲樂者。毋亦生計界之現狀迫之使不得不然也。母財銷亡。則興業日寡。興業寡則勞力者無所得。傭凍餒且隨其後。不盜將安適也。吾觀於廣東社會之狀態。而不禁寒心矣。

生計家之公言又曰。察一國財富之消長。莫若觀勞力者所受之庸（即工錢）庸優者進。庸劣者不前。論者或據此例。謂吾廣東數年來之庸率。增加於前者殆將一倍。此即吾生計界進步之徵。吾子之言得無過乎。應之曰。此又別有其原因結果者存。未可以一概論也。夫謂庸率優則國富必增者。謂必興業者多。然後庸率優。必母財裕而後興業衆也。斯固然也。然今者廣東興業雖漸衆。而興業之母財大半非出自我。而出自人。即如粵漢鐵路之工程及香港之散工等。是其證也。外人紛紛興辦各種實業於我內地。求傭者之數驟增。而道路不通。內地之傭未能遽出以劑其供。率於是庸率驟漲焉。雖然。母財既出自人。則其嬴利自必亦入於人手。我所得者僅小部分之庸。而其大部分之嬴。則捆載以溢出於海外矣。吾人欲求嬴而不得。則中產耗虧。民生日敝。向之挾小資本以求嬴者。今後則無可復望。勢將自降以乞爲傭於人。何也。吾以渺小之母財。且不嫻於懋遷之學理。勢固不得與外資之强有力者競也。故凡社會不自進步。而驟然遇有外人之資本入而經營之者。則其初時得外資之流通灌潤。其土民之生計程度。必驟增活氣。雖然。此不過曇花一現之幻象。不移時而苦痛隨其後矣。昔印度及其餘野蠻人所居之地。當歐美人初入時。皆嘗經過此現象者也。然則傭率之優進。不足爲吾粵人喜者。其一也。又傭率之加復有一因。則近年銀價之下落是也。凡不解學理之人。動言某年某年。物價騰貴。就生計學者論之。則非物價之騰。而易中之物之價之落而已。吾粵所用以爲易中者何物。則銀是也。疇昔銀之價值。常往來於二十餘換至三十換之間。近年以來。乃落至四十換以外。此其對於金價之下落也。以生計學者所考據。近一世紀以來。金價之對於物價。既已著著下落。而銀價之對於金價。下落又倍蓰焉。此所以物價之騰踊。使父老聞而撟舌也。物價騰則庸率不能不隨之而騰。蓋生計學公例。凡受傭於人者。其庸率之最低點。必使所得者有餘於二人之自養（即可以養兩人也）然後其事乃可長。吾粵普通之庸率。優於曩時。皆坐是而已。然以此爲生計程度進步之徵焉。不得也。傭者之所求。非在銀。而在其銀所易得之貨。吾向者日受庸二毫而可以易粟一斗。今者日受庸三毫而尙不能易粟一斗。然則雖多此一毫。而我未嘗絲毫食其利也。然則庸率之優進。不足爲吾粵人喜者。又其一也。嗟夫。即果以推因。觀吾粵多盜之一特色。而知其造之者。必有自來矣。即因以推果。觀吾粵多賭之一特色。而知其演之者。未有所終極矣。今已如此。而況於十年以後之總蕆殖有遞減而無指償者耶。

案原論尙未續完。想此後更有痛切之論及匡救之策。今先節錄其大略如此。

○日俄戰爭與其結果（歐美之部）

（英國世界公報）

日俄戰役。泰西各國多表同情於日本。而英美其尤甚也。頃者英國倫敦之世界公報。有最著名之主筆亨利那曼氏著一論。獨反其論。亨氏者前曾著俄羅斯國情一書。喚起英人敵俄之心不少。今次爲此言。

於英美將來之輿論或當有影響。故日人亟亟辨之。蓋不得已也。

亨利氏劈頭第一論曰

滿洲問題非日本之事件而我等之事件且全世界之事件也。

因論英美兩國宜以此意公告於日本。其第二節頌揚美外部約翰海氏之手段。謂其不發一彈不動一繇而定支那門戶開放之政策。謂英國外交家如有海氏其人者。則英國在東方所得權利。必優於今日數倍云。其意皆欲以激動英國當道使之爲干涉日本之手段也。其第三節乃以極危悚之詞。論日俄戰爭之結果。其言曰。

日之勝俄實世界一新時代之開幕也近世史上西方景教人種被破於亞細亞人種。此役其嚆矢也。此次之勝能使泰西人民對於泰東人民之威信忽墜於地而彼泰東人民者書然自闢一新時代。彼等（指泰東人民）知其多年之不正暴虐終可以不滅也。於是印度之各市場如支那全土之各省府州縣。中亞細亞各處之天幕。乃至如阿富汗。如暹羅。如菲律賓。如亞剌伯。如埃及。如土耳其。其疇昔對於泰西人民。憎惡之惡念及其希望暴動之狂病。皆將沸騰澎湃而不可遏。全亞洲人之視線皆注於日本。而日本之視線先注於支那。日既勝俄。則將來必於支那獨占無上之威力。所以改造支那者一惟其意所欲。爲若政治若法律若教育若財政皆藉日本之指導而漸以發達。至如海陸兩軍。則更在日本主權之下而建設之支配之。不待論也。此時我泰西諸國或有所猜忌而欲尼之。則日本必有辭矣曰「公等疇昔勸我日本

批評門

使採用泰西文明思想而今者必欲遏止支那勿使進步其理何由」如是則我無以爲難也自茲以往則振古以來未曾有之驚恐將盤旋於我輩之頭上矣。

此亨利氏危言悚論之大略也。雖其言或未必盡驗。而要之日本人戰勝後對於中國之處置。與夫泰西人不欲我中國文明進步之實情。皆可以窺見之。此論者不啻歐人病囈中之供狀。將其心中之秘密和盤托出也。

亨利氏復以犀利之筆申其說曰。日俄戰爭所爭者實支那全國之支配權此不可不深察也若朝鮮問題若滿洲問題皆第二問題而非第一問題也皆間接問題而非直接問題也此戰爭之眞目的在得支配北京政府之勢力而得此勢力者即將來泰東之主人翁而亞細亞盆洲之司令官也支那如一牝鹿而日俄如二牡焉牡之賭死以爭爲欲得牝也彼支那之末運其必終落於勝利者之手無可疑矣而其結果之關係於人類文明之消長有不能測其所屆者。吾以爲此次戰爭其影響之重大。無與比倫有之則惟十三四紀間各人種侵略之前事耳。（按其意殆指北狄之侵略羅馬帝國）夫拿破侖之野心。可謂大矣。然使其野心果獲就。而歐洲文明人之勢力。終不以此爲消長也。若此次日本之野心而獲就乎。則西洋之文明。將緣之以受大打擊而人類亦蒙大不幸。嗚呼。可不深念耶可不深念耶。

此等議論。實沈痛之言。亦奇闢之言也。日本各新聞紙。乃斷斷焉從而辨之。曰、日俄之戰。立憲國與專制國之戰也。文明國與野蠻國之戰也。日本之勝利。是實盎格魯撒遜主義之勝利。是又不啻盎格魯撒遜人種之勝利也。云云。其言頗有可笑者。日人又辨自其於中國决無一毫野心。不過欲在朝鮮得有特權云爾。雖然野心之有無。非惟日本人自知之。而事勢所必至。有最淺而易見者。世界亦固自有公論也。而亨氏所謂二牡爭一牝之喩。則誠無以易矣。不知吾國人聞此。其知羞否耶。其知懼否耶。

亨利氏乃復論英國之利害曰。

英日同盟。以陰爲俄敵。是英國自陷於至危極險之地位也。今者德國竭其全力以擠英國於難地。以吾料之。俄國若數敗之後。必將棄旅順棄海參崴而退。嬰負隅於黑龍江畔。一面使日本軍陷於艱難。必一面運其外交巧妙之手段。以苦英國。盖英國現時舉國之新聞。無大無小。皆無不袒日而排俄。此在現時。爲日本造多數之援。而在將來。爲本國樹多數之敵者也。一旦泰西人深察大勢之所向。怵然自懼。則推原禍始。其敵愾心。乃必將並集於我英矣。俄人乘此機會而利用之。則英之危。不可思議也。其機會維何。則俄人自滿洲退出後嬰守一隅。使日本不能堪長期之戰爭。勢必不得不請列國之仲裁以求媾和。至於彼時。而與亞細亞國結同盟者。始受其報矣。

此等意見。雖不免有所偏激。然亦泰西輿論反動之暗潮也。今日俄之役。留心時局者。咸注目焉。欲一知其結局之何如。與夫各國之意見何在。若亨利氏此文。固必有一讀之價値者也。

亨利於其篇末更爲豫言曰。

此次之戰。實俄國之大幸福也。自玆以往。俄之君臣。懲前毖後。則千年積弊之內政。必由玆而改革。全國無盡藏之富源。必由玆而發達云云。

此亦中日戰爭時西人評論中國之言也。姑懸之以俟其驗否。

批評門

○法憂日本（法國亞細亞協會雜誌）

日俄開戰以後。法國政治界一大問題惹起。盖對其東洋領土之安甯籌防禦之策是也。海軍卿沛爾泰。以此事蒙舉國人之非難者。屢如西電之所報。盖皆以他日當極東有事之時。法國於東京沿岸之根據地。所有法國極東之艦隊。薄弱不能與强大之日本艦隊敵。殖民地之防禦。在危殆可憂之中也。頃法國亞細亞協會雜誌。有霍西拉 Xieng-la 之關于印度支那（即安南）論文一篇。法國人憂日本之心。於此大可見矣。其言如下。

日俄戰爭者。法國政治家間之宿題也。關印度支那防備之事。於此而依輿論之向背可決。今殖民地之守備隊。其務保持其內地。對外來之敵。其力能抵抗與否。是不可不注意者也。夫日本人矚目於印度支那。久矣。此並非夸張之言。幾多之日本軍人。屢帶其觀察之任務而來印度支那。依其嚴密之報道。日本已以三個軍隊。爲對法國之準備。其中二隊者。緩急有事。直可發自臺灣。其一隊者以神戶爲本營而聽命。夫吾人於下所關條約之後。提議俄國與法國協力。一擊之下。使新進之海軍力（謂日本）破壞。以除後患者。雖不肯贊爲此事。而今也其海軍力之壓迫。乍及於吾人。日俄戰爭。吾人對日本而抱危險之心。決不因之而消失。則進而防備印度支那。講秩序而且有效之方法。實可謂現時至急之事。且也吾人不獨對印度支那之沿岸。不可不備日本人之襲擊。而於日本人欲誘以爲與暹羅國之方面。其警戒尤不可稍怠也。

當數年前。吾人所夢想不到之難問題。今也突起而告吾人以不可忘。當日者。雖乎歐洲人者。於二萬米突外之一國。興交海戰。而有爲是攷察者乎。然今日者。其勢果如何。彼日本者。依其海軍力之擴大。實有睥睨印度支那之勢。他日使印度支那瀕於危殆者。其爲日本也無疑。雖吾人於歐洲。有强盛遠過於日本之海軍在。然當一朝有事。於艦隊航行極東之間。日本已早得掌握制海權。況乎法國於極東。未有可爲艦船大修繕之船渠。因之不得不求香港與長崎。且歐洲之法國艦隊。航行極東。盖非容易之事。若法日開戰之時。英國守嚴正中立之規。法國艦隊可供給煤炭之地。惟阿非利加洲之岌朴齊港而已。而自岌朴齊達西貢。路程杳遠。故爲法國計者。迄待本國之來援。而足支敵。使防禦其上陸之軍隊。不可不編成。然以現勢攷之。防備之力頗脆弱。而不足副吾人之望。印度支那之北西及北東者。雖以無强敵而可無虞。獨東南海岸二千米突一帶之地。防備不可不嚴。印度支那之防備。一惟恃海軍之力。而據今日之現況。雖謂之全無海軍云者。無不可。何言之。乞試一攷今日編制之艦隊。

支那海及東京灣法國之海軍。可區別爲四分艦隊。

一　極東艦隊

二　豫備艦隊（西貢）

三　游擊艦隊（西貢）

四　安南東京海防艦隊

第一艦隊者。以二等裝甲巡洋艦二隻。三等裝甲巡洋艦一隻。巡洋艦三隻。及砲艦數隻而成。砲艦者。概木製。而速力不出七八海里。殆不堪戰鬥。其中惟修朴勒助之砲艦。以鐵製。若得保有十海里以上之速力。則稍可供爲水雷防禦艦之用而已。

以上諸艦。中將一人。少將一人。率之。常分派游弋於支那海各處。然是等諸艦。當戰爭時。於支那海。未有可受集合給養一定之根據地假令各艦得一所集中亦全非日本艦隊之敵一旦遭遇敵人不能不避其鋭鋒而遁避於印度支那沿岸之港內然縱令遁避是等諸港之內而可給養軍艦之需品其中如煤炭者全無亦不能盡海上警備之任遂相率而不可不遁匿於西貢然西貢港亦乏軍員之給養品而有待於本國之供給由是而艦隊全屏退而被封鎖於一港之內是皆當然之結果也

屬第二豫備艦隊之中稍可用者惟一朴力富艦而已其他雖有路陀達部爾(綱鐵艦八千噸)及阿棚(裝甲巡洋艦六千噸)與士幾芝克與阿西遏隆(共裝甲砲艦千二百噸)之四艦以體型噸數欠一致是等諸艦費無益之金五十四萬二千法而已路陀達部爾有新式巨口徑之大砲八門速力走十四海里以上能搭乘兵員七百稍堪足用至阿棚號者老朽不堪用之船凡是等諸艦待本國援隊之到着以前無支持日本艦隊之力空潛匿於西貢河底備自供港口閉塞之用而已然則當棄爲豫備艦隊年年糜巨費之愚而於唐凱爾克港設防備編制十餘隻之水雷艇及水雷驅逐艦以爲一游擊隊養成素有十分防禦之力者策之上者也

第三游擊隊者以水雷驅逐艇太古號(從支那鹵捕修繕者)第三號第五號及號外之一等水雷艇三隻三等水雷艇三隻其他海防砲艦二隻而成(二等水雷艇者皆在清法戰爭時所捕獲而得於清國之船而俱朽敗不堪用)

第四安南東京警備艦隊者以小巡洋艦凱妙號(千二百噸速力十四海里)報知艦一隻海防砲艦二隻而成報知艦者木製而戰鬥不堪用砲艦亦一步不能出阿倫河口之鹽艦也

以上所述。可察知法國極東艦隊編成之實況。雖有若干之噸數可計。而以之抗敵國強大之艦隊。不啻以卵投石。豈非可寒心之事乎。夫印度支那之法國艦隊。既無警備之力。亦不能勝防禦之任。敵以微力一小艦隊。封鎖西貢軍港。於南北皆得隨意上陸。又若安南之一要港坡路台域。以毫無防禦工事之地點。敵直可進而據有其地。以到安南。僅二千米突。有根據地之日本艦隊。自印度支那之海岸襲來。其小形艦及水雷艇。到處得占據河川港澳。陸兵使上陸。以惱各處之人民及守備兵。坡路台域一為敵所占有。於安南海岸南北交通之路。全被遮斷。其中可為交戰地域。敵於其接近處。作為根據地者。則敵軍得至大之便利。由是觀之。坡路台城防備之事。舉全力而使充實之方法。今日不可不急講也。

夫吾人呶呶於印度支那海防之事。非以之對日本。及其他諸國。而企劃攻擊之事也。吾人之目的。惟在保持印度支那沿岸之安全。及東京灣之侵擊於萬一之時。不使敵得上陸而已。惟印度支那之海防莫編成應變的防禦 Defense mobile 之法。即各處配置應變之防禦隊。緩急有事之時。容易且迅速得策互相救援之事。恰如常山之蛇勢。如此者。敵左顧右盼。其勢易分。而不恣其意於沿岸各處。配置應變的防禦隊於南北。各以一處設為本部。於其中間。選定一海軍之根據地。而應變的防禦隊之本部。若於南方置西貢。於北方置阿倫。以中間之坡路台城。定為海軍之根據地。要在得保南北連絡之勢。夫坡路台域港者。於軍事上及商業上。共占重要之地位。此固依最近之研究。人人之所不疑者也。

今也舉法國上下。皆留意於印度支那之海防問題。而二千餘萬法之支出。亦從而議決。而以供西貢港之設備。與要砦之築造爲主。夫西貢本居重要之地點。一爲敵所占據。則印度支那遂危。故不可不務爲設備完全之計。若要砦之築造。於海防上之效力頗弱。史上之例證。歷歷具在。以吾人所見。投築造要砦之費用。移而爲應變的防禦隊之費。最爲得策。或謂如此。則費用不能不再加增。然吾人確信此築造要砦。固容易而且有效者也。印度支那海防之問題。實爲現時法國國勢消長之問題。何則。於極東關係法國勢力之影響甚大故也。夫法國之於印度支那。既投二十億法之巨資。幾多經營之結果。今日得見六億法之通商。然則欲維持此領土。而更爲必要海防之設備。豈尚須遲疑者乎。（以上見日本外交時報）

觀霍西拉 Xieng-la 之言。法國杞憂東方之事。可見一斑。又西三月四日。法國代議院豫算委員會審查法國海軍之現況。副議長吉恩露演說之意畧如下。『日俄之戰局線。縱一時定有制限。然處日本之位置。有不能不求於國外之要素。而法領交趾支那爲極東全部產米之要地。若戰局擴張。或戰爭終了之時。此印度支那者。實爲日本慾望之目的物。萬一受攻擊之時。我法國果能防禦否也。是今日之首先當知者』云云。觀此而法國對極東防備之事。其意益決矣。

按法國與俄國同干涉清日戰爭之役。而逼日本之返還遼東。其時眼中固尚無日本也。然自逼返遼東之役以後。日本之海軍力。逐年大增。今遂至與俄國開戰。而俄國海軍大敗。極東之制海權。幾盡爲日本所握。法國於此。遂有戒心。夫以俄國極東之海軍。其優勢遠過於法國。而開戰以來不出數月。已爲日本海軍之所掃蕩而垂盡。然則法國以今日區區之海軍。而欲保持安南。其內憂而以爲危也。固宜。若安南一失則法國於極東之勢力全已掃地而法國之命運亦將同紅日之西沈而與西班牙諸國等矣故自日俄開戰以來法國大注意於其極東領土之安南遂有法暹之約如西歷二月十日法國外務卿特爾格思與在巴黎之暹羅公使調印其條約主要之項如左。

（一）暹羅承認爲法國所保護之民已登錄者專屬於法國之裁判管轄權。

（二）從來紛議之九達領竝克嘉派齊領被包含湄江右岸浪露臘盤領暹羅國拋棄其宗主權。

（三）大湖之北東蒲寨暹羅間之國境依千九百二年十月七日既定之條約第一條孟古剌地爾後可歸屬法國更大湖以南迄至於海之境界以條約協定。

（四）暹羅國於從來既定之中立地帶不得建設堡寨。

（五）暹羅於巴掌蓬又西薩峰及鮮剌浦之地除法國士官所指揮之土人警察隊以外不得駐屯其他之軍隊。

（六）湄江平行道路及鐵道敷設可與各般之便宜於印度支那。

（七）從巴掌蓬至東蒲寨鐵道敷設權及巴掌篷河改良工事之特權讓與法國。

（八）暹羅司法省顧問官以正式之認許任用法國人。

其關係法暹之條約略如此蓋無非爲鞏固其安南地位計也又英法之新協約亦於近日告成其條約中之事非獨關於摩洛哥及馬達加斯加島諸地之利害而於暹羅尤甚注重蓋與英人協定則法於安

批評門

南可無西顧之憂而得專用其力以防其東南北英法之條約。茲舉其關係東亞者如左。

暹羅之領土保全。而湄南河之西英國湄南河之東法國。兩國之優勢範圍各得認定。

觀法國於茲數月之內其汲汲經營安南之事若此而進而不已爲狡兎營三窟之計。必北進而侵中國之土地以防固其封彊而擴張其勢力此皆日俄開戰後所牽連而起之波瀾也。我中國尙能不翹首南顧而仍晏然長臥以爲無事乎夫以法人眼中視之關係安南之事者四國曰英、曰日本、曰中國、曰暹羅。英大而强且同在歐洲之國也可與和不可與敵故有事乎協商日本小而强新進而屬亞洲之國也不能不與之爲敵而不欲與之和故有事乎防禦暹羅小國也可以力制之與之訂條約而已足中國大而弱之國也不侵其土地而何以益安南乎古人有言得隴望蜀既得隴必欲得蜀者此自然之勢法之經營安南其以中國爲蜀而有駸駸北向之心是固勢之所必至者此在昧於時勢之人觀之幾若與日俄之戰毫不相涉而不知其機勢固由此而起而連爲一貫者也嗚呼國不自强則事故之環生其變化豈人之所及料乎

叢錄門

新小說社廣告

啓者本報出版屢次愆期實深抱歉兹第八號准于五月中旬前後即行續出飲冰主人以他事蝟集新中國未來記尚未暇執筆從事當俟第九號以後以次印入特此奉告閱者諸君希爲鑒之

談叢

飲冰室讀書錄

中國史上人口之統計

自瑪兒梭士人口論出世。謂人口之蕃殖。以幾何級數增加。每二十五年輒增一倍。達爾文因之以悟物競天擇之原理。迨十九世紀。舉地球萬國。幾無不以人滿爲患。而瑪氏達氏之學說。益占勢力於學界。推原各國兵事之所由起。殆皆由民族與民族之相接觸而有爭競。其所以相接觸之故。大率由於人滿而移住。此天演自然之理。即中國當亦不能外也。顧吾讀古籍。孔子言不患寡而患不均。又言天下之民襁負其子而至矣。梁惠王問孟子。鄰國之民不加少。寡人之民不加多。何也。孟子又言天下耕者皆願耕於王之野。凡此皆當時諸國爭欲吸集客民之徵也。竊疑自黃帝至春秋戰國間。已二千餘年。何故其現象仍復如彼。且其時戰爭日烈之原因。抑何在耶。深所不解。偶撿文獻通考續通考皇朝通考之戶口門讀之。觀其歷代統計之比較有令人大失驚者。明知吾國調查之學不精。且更有種種原因使版籍之數勢必失實。雖然。不實之中亦有研究之一值也。

中國歷代戶口比較表（據三通考撮錄其失載者不杜撰其舛誤者不臆改）

（年代）	（戶數）	（口數）
夏禹時	……	一三、五五三、九二三
周初	……	一三、七〇四、九二三
周東遷時	……	一一、九四一、九二三
周末	……	……
漢初	……	……
西漢末	一二、二三三、〇六二	五九、五九四、九七八
漢光武時	四、二七九、六三四	二一、〇〇七、八二〇
明帝時	五、八六〇、一七三	三四、一二五、〇二一
章帝時	七、四五六、七八四	四三、三五六、三六七

和帝時	九、二三七、一一二	五三、二五六、二二九
東漢末	一六、〇七〇、九〇六	五〇、〇六六、八五六
三國時	……	七、六七二、八八一
晉武帝時	二、四五九、八〇四	一六、一六三、八六三
南北朝全盛時	……	四八、〇〇〇、〇〇〇
南北朝之末	……	一一、〇〇九、六〇四
隋全盛時	八、九〇七、五三六	四六、〇一九、九五六
唐太宗時	三、〇〇〇、〇〇〇(不滿)	……
武后時	六、三五六、一四一	……
元宗天寶時	九、六一九、二五四	五二、九〇九、三〇六
肅宗至德二年	八、〇一八、七〇一	……
乾元二年	一、九三三、一二五	……
德宗時	三、八〇五、〇七六	……
憲宗時	二、四七三、九六三	……
武宗時	四、九五五、一五一	……

宋藝祖時	三、〇九〇、五〇四	……
眞宗時	八、六七七、六七七	一九、九三〇、三二〇
神宗時	一五、六八四、五二九	二三、八〇七、一六五
徽宗時	二〇、〇一九、〇五〇	四三、八二〇、七六九
南宋高宗時（金在外）	一一、三七五、七三三	一九、二二九、〇〇八
光宗時（並金合計）	一九、二四一、八七三	七三、二九二、九八五
元初	一一、八四〇、八〇〇	五八、八三四、七一一
元末	……	……
明成祖時	一一、四一五、八二九	六六、五九八、三三七
英宗時	九、四六六、二八八	五四、三三八、四七六
武宗時	九、一五一、七七三	四六、八〇二、〇〇五
神宗時	九、八二五、四二六	五一、六五五、四五九
清順治十八年	……	二一、〇六八、六〇九
康熙五十年	……	二四、六二一、三三四
乾隆十四年	……	一七七、四九五、〇三九

四十八年 ………… 二八四、〇三三、七五五

（表例附）

（一）周末漢初元末諸時代極關緊要。然原書不能言其數。今別證他書附考於後。惟表中則空之。

（二）原書於唐著戶不著口。其他或著口不著戶。今悉依以爲存闕。

（三）原書於東漢唐宋元明列表甚詳。每帝皆有。今惟取其比較之率有大漲落者。乃列次之。

（四）當數主分立時代。必須合觀各主所屬之戶口。乃爲全國總數。右表所列者惟南宋高宗時代。宋將金所屬列入。其時金之戶數三百萬。合諸宋之數共一千四百餘萬戶也。口數則原書不載。無從攙入。故闕之。其餘如三國時六朝時及南宋光宗時。皆綜合其總數列表。所據者如下。

（一）三國時

	（戶）	（口）
魏	六六三、四二三	四、四三二、八八一
蜀（亡時）	二八〇、〇〇〇	九四〇、〇〇〇
吳（亡時）	五三〇、〇〇〇	二、三〇〇、〇〇〇
合計	一、四七三、四二三	七、六七二、八八一（即前表之數）

（二）南北朝全盛時

南朝所可考者。惟宋書載孝武時戶九十萬六千八百七十口四百六十八萬五千五百一。北朝所可考者。惟魏書載孝文遷都河洛時。爲全盛。戶口之數。比晉太康倍而有餘。馬氏原案云。太康平吳後戶二百四十五萬餘口千六百十六萬餘云倍而有餘則是戶五百餘萬口三千二百餘萬以上也。故略列如前表。

(三)南宋時

	(戶)	(口)
宋(光宗時)	一二、三〇一、八七三	二七、八四五、〇八五
金(章宗時)	六、九二九、〇〇〇	四五、四四七、九〇〇

合之即前表之數也

（表補附）

(一)周末人口略算

蘇秦說六國。於燕趙韓齊。皆言帶甲數十萬。於楚則言帶甲百萬。於魏則言武士蒼頭奮擊各二十萬。張儀言秦虎賁之士百餘萬。又蘇秦言齊楚趙者車千乘騎萬匹。言燕車六百騎六千。言魏車六百騎五千。張儀言秦車千乘騎萬匹。以秦楚兩國推例之。大抵當時兵制。有車一乘騎十匹者。則配卒一千人。故秦楚千乘而卒百萬。趙六百乘而卒六十萬。然則蘇秦雖不確言齊趙燕韓之卒數。然亦可比例以得其概。大約齊趙皆當百萬。燕韓皆當六十萬。蓋當時秦齊楚工力悉敵。而蘇秦亦言山東之國莫强於趙。故合縱連衡時。秦趙齊楚皆一等國。而魏韓燕二等國也。以此計之。七雄所養兵當合七百萬內外也。

由兵數以算戶數。據蘇秦說齊王云。臨淄七萬戶。戶三男子。則臨淄之卒可得二十一萬。是當時之制大率每一戶出卒三人。則七國之衆當合二百五十餘萬戶也。

由戶數以算人數。據孟子屢言八口之家。是每戶以八人爲中數。則二百五十餘萬戶應得二千餘萬人也。

此專以七雄推算者。當時尚有宋衛中山東西周泗上小侯及蜀閩粤等不在此數。以此約之。當周末時人口應不下三千萬。

(二)漢初人口略算

據史記秦本紀及六國表。則自秦孝公至始皇之十三年。其破六國兵所斬首虜共百二十餘萬。(余別有表)而秦兵之被殺於六國者尚不計。六國自相攻伐所殺人尚不計。然則七雄交鬬所損士卒當共二百萬有奇矣。而始皇一天下之後。猶以四十餘萬使蒙恬擊胡。以五十萬守五嶺。以七十萬作驪山馳道。三十年間。百姓死亡。相踵於路。陳項又悉其酷烈。新安之坑二十餘萬。彭城之戰。睢水不流。漢高定天下。人之死傷亦數百萬。及平城之圍。史稱其悉中國兵。而爲數不過三十萬耳。方之六國。不

及二十分之一矣（參用馬氏原案語略加考證）
漢既定天下。用民服兵役者。當不至如六國之甚。然以比擬計之。當亦無逾五六百萬者（南越東越等不計）

由前表觀之。則中國自淸乾隆以前。民數未有逾百兆者。其最盛爲南宋。宋金合七十三兆餘。次則明成祖時六十六兆餘。又次則西漢孝平時五十九兆餘。最少者爲三國。乃僅爲七兆餘。嗚呼。孰謂吾先民而僅有此。今姑據此不實不盡之統計。一研究之。上古邈矣。不可考。但據原案。周東遷時得十一兆餘。今所揣度。則至戰國而進爲三十兆。其間以衞生之不備。戰爭之頻數。進率衹於如是。其與理論。殆不相遠。及至漢初而六去其五矣。則暴秦陳項之亂爲之也。漢休養生息二百年。自文景迄孝平。由五兆進爲五十九兆。殆加十倍。乃建武中興。復銳減至二十一兆。幾去三之二矣。則王莽赤眉以來之亂爲之也。東漢二百年。稍蘇復進至五十兆。然猶不及西京之盛。曾幾何時。而三國時代。僅餘七兆。比盛漢時南陽汝南兩郡之數。竊疑三國時戶口最確實。蓋史所載者並其將士若干人吏若干人後宮若干人而一一備列之也。蓋七而餘一矣。馬貴與謂興平建安之際。海內荒廢。白骨盈野。三十餘年。及文帝受禪。人衆之損。萬有一存。此皆甚言之詞。然生民之不遺。亦至是極矣。隋之極盛。可比漢代。其所以致此者。下節論之。隋與唐之比較。原書於唐記戶而略口。故民數無稽焉。然隋大業間有戶八百九十萬餘。唐貞觀間乃不滿三百萬。亦去三之二矣。其有戶無民者。尚不在此數。瑪氏謂經亂離之後。十存不能一二。則豪傑共逐隋鹿之爲之也。至武后時而增一培。爲六百萬戶。至元宗天寶時而增二倍。爲九百餘萬戶。則唐之極盛也。蓋其休養者凡百三十餘年。而始得此。肅宗至德二年。即元宗幸蜀之次年也。猶八百餘萬。再越三年。爲乾元二年。（以至德三年改元曰乾元。）乃僅有百餘萬戶。視天寶時（相距不過五年）十去其八矣。則安史之亂爲之也。其後終唐之世。以及宋藝祖之定天下。雖時有進退。然僅如貞觀時耳。則藩鎮迭擾。十國交鬨之爲之也。元明之交。竟弗可深考。而元初與明初之比較。殆相若。今無置論焉。明代民籍。大率上下於五六十兆間。天啓中猶有五十餘兆。及順治十八年。僅二十兆。又五去其三矣。則流寇恣虐。滿洲入篡。三藩繼亂之爲之也。綜覽二千年來。我先民之宅於斯土者。稍得置田廬長子孫。度數十寒暑。輒復一度。草薙禽獮。使靡子遺。如佳期夕。將風雨便來。如萌孽方生。牛羊滋牧。嗚呼。舉天下含生氣之儔其遭遇之大不幸者孰有中國人若哉孰有中國人若哉瑪爾梭士人口論之公例獨不行於我中國也亦宜抑以如此之遭際而欲責其文明發達與他國享平和幸福者並轡而馳亦何望矣

雖然右表所列固絕不足為信據也不足信據而復列之則以其於中國國情之考證固別有裨也宋李心傳所著建炎以來朝野雜記云「西漢戶口至盛之時率以十戶為四十八口有奇東漢率以十戶為五十二口唐人率以十戶為五十八口（按由此略可推算唐時公報之人數。大率天寶最盛時。六百兆矣。）自本朝元豐至紹興率以十戶為二十一口以一家止於兩口則無是理蓋詭名子戶漏口者眾也然今浙中戶口率以十戶為十五口有奇蜀中戶口率以十戶為二十口弱蜀人生齒非盛於東南意者蜀中無丁賦於漏口少爾」吾證以南宋時之統計而再觀夫宋光宗間為戶千二百餘萬為口僅二千七百餘萬金章宗間為戶六百九十餘萬為口乃四千五百餘萬宋之戶倍於金而口乃僅及金之半寧有是理耶以金例宋則當光宗時宋民八九千萬乃始與其戶相應矣宋金合計則彼時之民已應在百二三十兆以上矣且吾以為此數不至宋而始然也自唐時而當已然宋之所隱匿者在口而唐之所隱匿者在戶（實則戶口兩者俱匿。特唐宋更各有所偏重耳。）杜君卿云「我朝自武德初至天寶末凡百三十八年。可以比崇漢室。而人戶纔比於隋氏。蓋法令不行。所在隱漏之甚也。」考隋文帝初年有戶三百六十萬。平陳所得又五十萬耳。乃至大業之始不及二十年而增至八百九十餘萬其增進之率適與瑪氏二十五年加一倍者相合夫唐貞觀以後之治過隋遠也吾先民之安居樂業者在歷史中實以彼時爲最長人口烏有不蕃殖之理以隋例唐隋初據四百萬戶之業閱二十年而得八百餘萬者唐初據二百萬戶之業閱百三十餘年最少亦應至千八百萬有奇矣（此尙非以幾何級數遞算）以當時每戶五口有奇之比例算之則盛唐時代應有民百四五十兆以上顧統計表上隋唐之相遼如彼其遠者則史稱隋文帝恭儉爲治不加賦於人而唐代行租庸調之法以課稅戶以庸稅口（陸宣公奏議云。有田則有租。有戶則有調。有身則有庸。）瑪氏所謂庸調之征愈增則戶口之數愈減誠哉然也（唐制。戶口有課者。有不課者。凡鰥寡孤獨廢疾不課。九品以上官不課。部曲客女奴婢不課。天寶十四年。戶數共八百九十一萬有奇。課者五百三十四萬有奇。不課者三百五十六萬有奇。口數共五千二百九十萬有奇。課者八百二十萬有奇。不課者四千四百七十萬有奇。以全國之戶，而窮而無告者居三之二。以全國之民。而鰥寡孤獨廢疾奴婢居六之五。天下有是理乎。此雖由立法不善。然官吏之不能綜覈。與國民之不解納稅義務。皆可見矣。中國官牘之統計，皆此等類。何足怪訝。特附記以資一徵云爾。）明史食貨志云。「太祖當兵燹之後。戶口頗極盛。其後承平日久。反不及焉。靖難兵起。淮以北鞠為茂草。其時民數反增於前。後乃遞減。至天順間為最衰。成弘繼盛。正德以後又減。戶口所以減者。周忱謂投倚於豪門。或冒匠竄兩京。或冒引賈四方。或舉家舟居。莫可踪跡也」然則明時民數不進之所由。亦可以見矣。清順治十八年。人數二十一兆有奇。康熙五十年。二十四兆有奇。乾隆十四年。一百七十七兆有奇。前此五十年間所增僅三兆。不過遞加十分之一。後此二十餘年間陡增一百五十兆。遞加八倍有餘。使前表而為信史也。則是吾中國數千年來濡滯不進之民數。常往來於四五六十兆之間者。至彼二十七年間乃改其度而為一大飛躍也。使前表而為信史也。則瑪爾梭士之徒。鬨之當更增數倍之悲觀也。而豈知自唐以來。我民族既早有此數。徒以避賦役而自匿蔽。自康熙五十一年下滋生人丁永不加賦之諭。取漢唐以來口算庸調之法而掃除之。然後千餘年間人口之實數。始漸發現也。康熙五十一年以後。曾兩次編審人丁。而數仍不進者。法令新行。未信於民也。故至乾隆十四年第三次編審。始得此數。迨乾隆四十八年。所增復逾半倍。為二百八十餘兆。則依瑪氏所祘之率秩序而進矣。東坡嘗云。『自漢以來。丁口之蕃息。與倉廩府庫之盛。莫如隋。其貢賦輸籍之法。必有可觀者。孔子曰。不以人廢言。而況可以廢一代之良法乎。」三代之制既不可考信炎漢以還計口課稅之法騷擾民間者垂二千年其餘毒乃至使吾儕今日欲求一徵信之統計表而不可得及康熙間乃一舉而廓清之不謂爲中國財政史上一新紀元不得也若是者亦安可以民族主義之餘憤而抹煞之

夫前表之不足徵信。固也。雖然其累朝鼎革時代與其全盛時代之比較率則原書所記雖不中亦當不遠如東漢初視西漢全盛得三之一。三國視西漢全盛得七之一。唐初視隋全盛得三之一宋初視唐全盛得四之一。清初視明全盛得三之一。此其大較也蓋擾亂既亘二三十年則壯者盡塗膏血於原野舉凡有生殖力者而一空之無以爲繼一也壯者既去老弱婦女勢不能自存二也血肉滿地癘疫緣生三也田棄不治飢饉相隨四也故每一次革命後則當代之人未有能存其半者也唐盛時已得百餘兆（此著者推度兆之數下同）而宋初僅數十兆宋盛時已得百餘兆而明初僅數十兆明初已得百餘兆而清初復僅數十兆皆此之由泰西歷史爲進化我國歷史爲循環豈必論他事即戶口一端而已然矣不然豈有九百年前（指前表所記南宋時）擁二千萬戶一百三四十兆人之

國而至今僅以四百兆稱者哉

西人之稱我者。動曰四百八兆。此道光二十二年料民之數也。其年凡四百十三兆有二萬人云吾中國官牘上文字。多不足措信。雖康熙改革以後。視前代徵實數倍。猶未敢謂其爲實錄也。顧舍此亦無他可援據。即以道光廿四年此數論之。後此經洪楊之難。兩軍死者殆七八百萬。合以流竄殃及癘疫飢饉及生殖力所損亡。可除出五千萬。以所餘三百六十兆爲本位。計道光廿四年迄今凡六十年。以乾隆十四年至四十八年間之比例。則約四十五年而增一倍。然則光緒十五年時。固應有七百二十兆人矣。今日其或當在八百兆之間耶。以今者行政機關之混亂如此。誰與正之。懸此數以俟將來新政府之調查而已。

中國之社會主義

社會主義者。近百年來世界之特產物也。槪括其最要之義。不過曰土地歸公資本歸公。專以勞力爲百物價値之原泉。麥喀士曰。現今之經濟社會。實少數人掠奪多數人之土地而組成之者也。拉士梭爾曰。凡田主與資本家。皆竊也。盜也。此等言論頗聳聽聞。雖然吾中國固夙有之。王莽始建國元年下令曰。「漢氏減輕田租。三十而稅一。而豪民侵陵。分田劫假。厥名三十稅一。實十稅五也。父子夫婦終年耕芸。所得不足以自存。故富者犬馬餘菽粟。驕而爲邪。貧者不厭糟糠。窮而爲姦。」所謂分田刼假者注云。分田謂貧者無田取富人之田耕種共分其所收假者。如貧人賃富人之田也。刼者。富人刼奪其稅欺凌之也」此即以田主資本家爲刼盜之義也又宋蘇洵曰。「自井田廢田非耕者之所有而有田者不耕也耕者之田資於富民富民之家地大業廣阡陌連接。募召浮客。分耕其中。鞭笞驅役。視以奴僕。安坐四顧指麾於其間而役屬之民夏耨秋穫無有、人違其節度以嬉而田之所入己得其半耕者得其半有田者一人而耕者十人是以田主日累其半以至於富強耕者日食其半以至於窮餓而無告」此等言論。與千八百六十六年萬國勞力黨同盟之宣言書何其口吻之逼肖耶。

中國古代井田制度正與近世之社會主義同一立脚點近人多能言之矣此不縷縷。

談叢

華年閣雜談

永樂建都北京之得失

觀雲

人間世事。其若水波然。一波動而瀠廻連演以相接於無已。故事莫愼於造因。造因一端。其果千萬。而吉凶禍福遂由之而大差。觀於中國近五六百年間事。而關係於北京之建都者頗鉅焉。而實由於永樂爲之始。原夫永樂之所以都燕者。無他。其身曾爲燕王。由燕起師而掩有天下。得爲天子。而親見夫北方士馬風氣之强。遠非南方文秀柔弱者可比。故中國自來之戰爭多以北勝南。永樂固其所親驗焉。又欲防制蒙古滿洲諸外夷。置强都於北方。足以控懾而有餘。此永樂有取乎北京之意焉。然擧明事覈之。無收北京之利者。因北京而受害者有焉。如中葉之事。則也先入寇。而英宗被虜。當是時。明國本之不顚覆者僅爾。幸也先之兵不强。又志在國內而無意於外伐。元爲明所逐順帝太子逃蒙古之和林（今之喀剌和林）復稱蒙古至五六傳屢被殺於臣下日益衰弱瓦剌有太祖之弟哈薩爾之裔曰脫歡者擁元之後裔脫脫不花而已爲丞相其子也先次父脫歡而爲太師欲收兵權而自立因率兵攻燕京其志固不在明室也英宗親征被其所擒擁之欲取明之重質以明立新君擁舊君無可得利乃復返之也先於景泰二年弒其王脫脫不花自立爲汗後被殺衆擁立脫脫不花之子麻兒可兒號小王子自後元裔皆稱小王子遂結和而去。其禍乃已。設使也先有成吉思汗之雄心以方張得勝之師而攻倉皇無君之國其勝負之機孰優豈能久以北京爲孤注哉。雖然使明都不在北京則也先之寇不過癬疥之疾邊鄙之所時有豈有倉猝而起萬乘之師一朝挫敗遂至大局岌岌至於如此則固以北京地勢近鄰蒙古故焉。至於末葉滿洲崛起於遼瀋關外交兵蓋無寧歲。清兵嘗從喜峰獨石等口屢入蹂躪直隸山東之州縣。然以不得山海關。不能守關內之地。故雖破灤永遵遷等城仍棄之而去。而北京之所以不蒙危險者亦以有山海關之故蓋當時重兵多防守山海關清兵卒未能進山海關一步至吳三桂開關以延清軍清軍遂得乘勢直入定鼎於北京北京既得中國固不足平也嚮使北京非爲明之首都則一國中央部之全力尙在清之席捲中原固未能若是其易易也是又以北京地勢近接滿洲故焉夫明之北京北有蒙古東有滿洲彼永樂固未能盡征服蒙古滿洲之地也未能征服其地而所置之首都獨與之相鄰接方國家强盛之時固尙可無患也一旦逢變遷之際其不爲敵人之所乘者能幾何哉置器於安尙恐不全置器於險烏乎不危況置天下宗廟之大器乎是固明之失計者也又以近數十年之事昔之方千八百六十年之役。英法兩軍。皆遠來之兵。而其兵器。又遠不及今時之利。然一陷大沽。遂入北京。咸豐帝倉皇出奔蒙塵熱河。當是時。英法於中國。素未馴熟。不以撲滅舊政府占領中國土地爲利。故仍媾和而退。設也英法兩軍。欲遂抝除滿政府。則事在其掌握之中。用意一定。而愛新覺羅氏之宗祧已不血食矣。又於數年前義和團之役。用兵不及三月。而津沽北京相繼失陷。兩宮西遷。不得不俯首求和。而惟其所命。然京師以西。聯軍雖有派兵之舉。而卒未能深入。此二事者。雖曰兵之利鈍強弱。蓋有不同。然於地勢。固有其顯然關係者焉。若夫今日之北京。俄占旅大。英占威海。德占膠州。渤海之門戶。已悉爲他人有。而俄人於滿洲。已派總督。敷鐵道。駐重兵。全已化爲俄領。然則北京者。一寄人籬下之絕地耳。不欲爲獨立之國也則已。欲爲獨立之國。此藩籬盡撤。臥榻人鼾之地。未有可以圖存立者也。昔者千八百八十年。方與俄國有疆埸之事。政府顧問將軍戈登。戈登大痛論。宜遷北京之都。定不拔之基。爲清國振興第一之大事。因陳言以勸李鴻章。然以李之見解淺劣。何足以語此。事遂不行。又英之戴眉度利阿士。亦以清國首都。在俄人牢罩之中。俄人何時得進兵北京。其地位甚屬危險。

因謂清國若不遷都。則根本之革新。到底不可期。即幸而成功。亦無永久之効力云云。誠哉是言。夫北京於目前之形勢固若是矣。然即以通常論之地勢偏北與中國南方饒富文物之處氣脈暌隔又天津每年冬季氷河數月內與南方之航行斷絕商場軍港皆感不便夫建都之大要不外二者一交通便利一位置安固而北京則二者皆有欠焉縱使限於國境別無良都會之可選則不得不跼蹐以安於此爾然以中國之氣候位置與其面積之廣大夫豈無優於北京者耶且夫不知來事視諸既往欲論其得失亦觀其所遭之利害何如而已而以致北京之往事因地勢而獲利者無一事之可言因地勢而受害者已略如前所述之諸事焉然則得失之計亦較然而易覩矣諺之嘲北京曰。若非帝王才。豬狗也勿來。烏知乎以帝王才而來者亦未爲計之得者哉

成敗

以成爲成以敗爲敗作事論成敗者此一說也成固成敗亦成作事不論成敗者此又一說也事固有成事亦有敗不可不求成而免敗而惟不作事者處於全敗此又一說也吾以爲論成敗之究竟義亦視乎其人之能力而已矣世固有事之成而其影響所

及者大事雖敗而其影響之所及者亦大或於此方見敗而於彼方實見爲成或於當時雖敗而於後日未必不成然則徒以成敗論者其說殆泥也雖然天下事固有以成功而見影響以挫敗而遂拔離零落蕩鏟殆盡而一無影響者是則不論成敗者其說亦有時而不可通也若夫謂事固有成事亦有敗不可不求成而免敗者其說進矣雖然所欲求成而免敗者何爲乎哉其究竟義亦欲作事之有效果而已而天下事固有成見其效果敗亦得見其效果者設也欲求成而免敗而終不免於敗然則處此最後之評論當若何曰所欲求成而免敗者亦欲作事之有效果而已而作事之效果一視乎其人之能力而已矣使其人之能力而有餘者其成其敗謂無不於人心留感動於世界遺作用可也不觀拿破崙乎。叱咤用兵。以一身造歐洲之風雲。而末節喪敗。卒不免流竄於荒島以沒其身。此固可謂之敗者也。然拿破崙之兵法。今尚爲兵家所取法。而爲民政。爲帝政。世界之潮流。殆無不受攝動於拿破崙之一生者。是雖敗而其效固自在也而實拿破崙之能力自爲之焉又不見我國掛人齒頰之諸葛武侯乎。以興復漢室自任。而六出祁山。霣星賫志。其事固無所成。無所成而寧可謂之敗者也。然其卒也。司馬懿周視其營壘而歎曰。此天才奇才也。使移漢室於兩京。與偏安於成都。於諸葛所成之志事。及其所留遺於後世之人心者。果有何軒輊焉。是雖敗而其效仍自在也。而亦諸葛武侯之能力自爲之焉。又不見夫古時楚之屈原乎。盡忠竭慮。欲以事楚。而放逐遷流。卒至繫石以自沈於汨羅。此可謂之敗者也。然使屈原者。得身相楚國。而創制度。定法律。與夫籲天帝而無靈。睇山鬼而獨語。僅留一篇哀冤憤激之離騷者。於屈子一生。果有得失之可分否耶。是雖敗而其效又自在也。而亦屈原之能力自爲之焉。且也。使其人之能力而果有餘者。雖不作一事。而其效果亦存。何以言之。如戰國時之鬼谷。如隋之王通。皆未嘗與聞國家之事。然而執戰國時代樞機之縱橫家。與開創李唐一代事業之人物。論者溯其本原。多歸本於二子之力。夫黃石公者。未知固有其人與否。然人世間固未無若此人者也。韜景匿采而潛握天下之機。或偶有軼事之可傳。而史冊上遂留一鱗一爪。使人想見於煙雲迷離之裏。或一無記載。而史冊上并其痕影而沒之。要其人固自有關繫於一世者。是即不爲何事。而亦不得謂斯人之無效於世。而謂其一生固處於全敗者也。要亦其人之能力自爲之焉。若夫其人之能力不足者雖或乘時而得爲天子有四海而亦時過景遷漠漠然不能舉其何者謂於世界有關係之事而況乎其敗則直如浮雲之銷散落葉之墜隕而已豈有分毫足動人之精神感人以意氣者耶而亦由其人之能力自爲之焉夫欲究成敗最上之根原乎此至深微妙之理固未易言。（如一主前定一主偶然此非能過天人之故者不能言）而一般解釋所用之名詞。曰人（以爲可知之代名）與天（以爲不可知之代名）是故有人於此於其能力所長之事則爲之而無不成於其能力所不長之事則爲之而多不成是可據人事以判之者焉雖然其間又雜之以天於是有爲其人能力所不長之事而成者亦有爲其人能力所長之事而敗者然爲其人能力所不長之事而成事雖成而其效果或不能舉爲其人能力所長之事而敗事雖敗而其效果必有可言其效果之差等即以其人能力之差等爲差等是雖雜以天運之後而仍可據人事以判之者焉故夫離能力而言成敗則吾於前三說者未知何說之可從若合能力而言成敗則得喪消長略可得而道矣

文體

世界者由簡單而日趨繁複者也而同時有一反比例之事出即世界之事理增而人

生之歲月不增以有限之歲月窮無窮之事理而因世界之事理日見其繁即使人生之歲月不促而日見其促是故古亦百年今亦百年古人之百年開長今人之百年忙迫莊子有言吾生也有涯吾知也無涯以有涯逐無涯殆已。是今之謂矣於二者間而欲有所斡旋則莫急於改良文字夫文字所以載事理者也人之欲窮事理者多不能廢文字之一途（亦有不必求文字者然以出諸文字者爲多）而其瀏覽文字也往往以若干之歲月得若干之事理爲衡於此而有一道焉所耗之歲月減而所得之事理增則世之一大幸福矣而文字價値之貴賤吾亦欲因此爲定設有甲乙兩書於此其所載之事理同而甲書百言乙書千言甲書千言乙書萬言則爲甲書者善矣何也讀百言與讀千言讀千言與讀萬言其所費之歲月既不等而又以讀百言與讀千言者比讀百言者於讀百言之外復得如讀百言者九而其費歲月之數與讀千言者等以讀千言者與讀萬言者比而其例又若是如、是乘除千萬而其差數至不可以道里計其結果遂於人世間生兩大差曰力之勞逸懸殊智之高下懸殊而野蠻文明之度遂由之而分。何則野蠻之人非不求智識也以其求之者苦而得之者少此其所以終爲野蠻人也文明之人非其生而有異寘也以其求之者易而得之者多此其所以得爲文明人也是雖不僅由於文字而文字居其要端文字之道不一而繁簡尤居其要端也今且無暇舉他國之文字。以與我國較。而但以我國自來之文界言之曰周秦以下之文不及周秦以前之文何也以作者言周秦人以下數千言者使周秦人爲之數十言而已矣周秦人以下數萬言者使周秦人爲之數百言而已矣而以讀者言讀周秦人以下數千言其所得不如讀周秦人之數十言也讀周秦人以下數萬言其所得不如讀周秦人之數百言也且也。使其讀周秦人以下之數千數萬言而其所得果足與讀周秦之數十言數百言相抵則以讀後世文字之易與讀上世文字之難其間得失又自可以相消然竟有汗牛充棟浩如煙海罄一生之力覽之而不能盡然即使盡覽之而試問覽之者之所得果有幾何其能與周秦以前之書頡頏其萬一耶又若近之號爲某某派古文家某某派古文家以文章位置自高一國者今試觀其所言非盡弄虛調搭空架者耶虛不能存空不能持而文體亦畧將變矣。近頃以來西學輸入。而文字界爲之一變。其優劣未能卒定。而要比於以前已趨翔實矣。雖然。事固有利害相因而至。而眞贋亦互混而見者。則數年以來。一種習套文體之發生是也。開卷而望斑駮麟炳如荼如錦及至捲卷有不能舉其主義條例之所在而外按之世事內叩之吾心亦卒不因是文而有發明其闕與開拓其見解者而徒多此一文以煊赫新學界固何取者耶夫所惡乎八股文者謂其無補於世界之事理故也所惡乎八股文中之爛墨卷者謂其競勝鬭巧於詞調間而其去世界之事理愈遠故也若前云云之新文體是改八股之體裁而仍用八股之伎倆者也換爛墨卷之腔調而仍具爛墨卷之體性者也將率世人而徒翻弄新學詞藻上之皮毛以爲新學固如是其害我國之學風亦已甚矣或曰文章者。美術品之一也是一同一言也。有言之而不足動聽者。有言之而感人入深者。然則專工文字者世豈可得而廢耶曰是固然。夫文之至者通天人感鬼神鼓舞一時之人心而其故不能明言轉移千載之風氣而其力引與俱化故夫各國之人無不有食文豪之福者其崇拜一代之文豪也亦與崇拜一代之英雄等而其價值亦决不相下是豈能以塗澤家之文例之耶彼塗澤家之文自以爲美吾見其形骸具而意性亡體格備而神理缺實天下之不美耳而豈能援美術以爲之解也或曰。文之膚冗。害也。而過於質。則又不足以盡事理。若周秦諸子。固古代之文體。以之爲今文。未見其有當也。曰是固然。夫文者詞不可不求其簡而事不可不求其詳思不可不求其密理不可不求其贍辭不可不求其和者也以是相乘相除而文不欲其繁而文已必不能簡且夫簡者又非僅短少其詞句之謂也言有條理與無條理言能擇當與不擇當而費詞之與省詞其間蓋霄壤矣所謂繁簡者尤當注意於此者也周秦諸子理精意足其所長也意繁而不能展詞與而不能舒此其所短也今之所當酌用者也。或曰文尚簡矣。其勢又易入於古奧澁。言棘句費人索解是害世之文也何爲其可曰是固然。夫句摹黃唐字錯籀篆千人不識是字妖而文怪也且夫文字者所以代記號也一般人所用之記號必一般人無不知之而後可否則我知之矣其如人不知何亦一已而獨寐寤歌可也何必載於文以告世人爲是則僞古欺世假艱深以文淺陋者勿論即使其文淳龐實有無慚於古之道而奏商樂於周廷用秦臘於漢代索徒侶而不得非世之棄我亦我之先不諒世爲況乎使讀之者未識篇章先研字學即竟其數行數句而其耗費之日力已與讀數十百千萬言者相等夫所貴乎簡者亦謂於文字之一方簡即於歲月之一方長耳若簡文之與繁文其所費之時日同則將舉何者以爲簡之價値耶是不當入於吾所謂簡之一例之內者也夫至文者。天授也。非人力之所能爲也。吾固將起而謝不敏矣。若夫立一般之文則而爲世人所可共守者則流入藻繪毋寧守清切精密之爲無弊何則藻繪勝則其陳事理也益鄖清切精密則易入事理之分際故也夫故曰文者所以爲世造幸福之一物也故欲定其價値之標準者即以能與人以事理多而耗人之歲月少以是爲差

學海潮傳奇

春夢生

敍事

西歷一千九百〇三年十一月二十七號。爲古巴學生流血之紀念日。是日香花歡管。舉國若狂。事固慘烈。然亦古巴自主之一原因乎。聞其事者足觀感焉。故樂得而紀之。

西班牙之撫有古巴也。不以其屬地殖民之政略。剝削膏腴。而蠻力以壓制之。土人苦苛法久矣。此事則起于西班牙人之報館主筆加但農。加固負文名。乃襲組傳專制之謬論。日肆攻訐。以售其奸宄。激而成變。古人乃邀戰于凱威士之墟。加率駐防軍往。殲焉。與加尸歸海灣。厚營葬。由是仇益深。而駐防人時思一報其前耻。適有僧徒以加墓被毀告。誣及醫學生。稽查員欲結西人之歡。羅織學生四十人。入之罪。皆古之世族也總督羅百士故庸懦而貪欲得賄而赦之。又不敢辨其誣。獄未成。駐防衆擁集督衙索罪人。衆喧塞途。羅欲脫身事外。乃詭辭自署後遁。統駐防將軍堅大拿、縛學生八人置之法。餘以財贖免死。問徒。

方八人之流血也。坐之海旁舊兵房之壁前。自五尺之童。無不往觀而流涕者。授高德徽拉刀命斬之。高曰。吾不能殺無辜。寧斷吾刄。斫石。刀折。乃易人斬斃八人。高故武官。具熱血者。後卒。葬山地古巴省。今追念前烈。遷海灣焉。乃彼事未久。加之子以聞其父墓毀。來奔視。親往遍查。則加墓未稍損。蓋誣獄也。

兵房後燬。土人留其片壁。樹之石。紀其事。已相去二十年矣。其側有歇亭。近大隄。風晨月夕。海水湯湯。回首千八百七十一年之事。相去曾幾何。而興亡旦暮間耳。

夫流血至慘也。而古之人紀念其事。祝花擊鼓。若有餘歡。則以三十年來而古巴脫藩籬。慶自主矣。豈非當日數少年造之福。而今日國民食其報也歟。八人者家屬猶存。前因後果。及身得見。不亦快哉。我戊戌庚子。去今幾何年矣。能無餘悲。能無厚望。用繹其事。紀以傳奇。願爲有心人道焉。

楔子一齣

（末古裝執拂上）

【蝶戀花】故國江山無恙否。遼鶴歸來。城市都非舊。世界羣龍方見首。興亡細數十年後。着力東風獅子吼。血海波翻。滌盡中原垢。時勢英雄天造就。謝他相助野蠻手。

（鷓鴣天）風濤滾滾浪花飛。烈士功成血濺衣。四百餘年新世界。不堪重讀刼餘碑。城郭是。主人非。斷頭臺上杜鵑啼。已經多少滄桑變。歷歷星條獨立旗。吾乃費德力高蠶䰟是也。生爲西班上將。名防家賊。暗護民權。爭奈舊政府恃專制之餘威。失羣藩之屬望。雌虎狂噬。鋌而走險。年來各島分頭自立。今屬古巴學界流血之期。彼都追行紀念。謂予當日有功民社。由山地古遷葬海灣城。春草已灰。悵墓門之鐵鎖。蠻花似錦。布祇士之金錢。載道謳歌。發人猛省。新國氣象。自爾不同。令我俯視塵寰。愴懷往事。好不悲感人也。

【駐馬聽】你看那虎嘯龍游。燦燦星旗光北斗。你看那山清水秀。茫茫烟海接西歐。月裏山河幾次修。壺裏乾坤新結搆。多少血人頭。換得來花錦明如繡。

有道是經一度流血。便高一度風潮。幾百年寄人籬下的人民。也居然成就個完全自主之國了。這也是那般民賊與那些文妖相迫而成的。雖曰天運。豈非人事呵。

【沈醉東風】那時節爲君的獵中原鬥雞走狗。那時節爲臣的媚一人應馬呼牛。推翻了覆水舟決開了防川口。一任的指槐罵柳。便贏得瓜分玉闕豆剖金甌。千年醉酒間。人間何世。蒼天知否。

自來革命之舉。都是禁錮民權束縛自由而起。你想十九世紀而後。那裏還有你專制政體容足之地。不過替那新時代作個過渡罷了。況且民智之開。首在學界。風潮之起。豈是禁得來的。

【七兄弟】氣昂昂發達的清流議論的自由輸進文明的樞紐。那少年便似個風塵騮。那同志便似個陰陽驥。那舞臺便演出個魚龍門。

到今日得見太平。都是前日種成的善果。你看國民追念遺徽。立碑紀念。當年情事。都演上舞臺了。不免駕起祥雲。前去一觀則箇。

【雙調新水令】好男兒詞筆換兜鍪。是英雄天生非偶。將星自西落。海水向東流。獨立千秋。有豐碑銘不朽。（下）

第一齣　文妖

（丑學士裝上）

塡胸八股臭文章。製造專門奴隸場。殺人如草那見血。只憑信口說雌黃。俺西班牙老大君主國一個博士加但農便是。想我國祖傳專制。鞭策羣雄。恨自美起民權法創革命。世界一變。人心動搖。自由平等之論。出自遊學中人荒唐悖逆之思逼及上下社會我家領土遙遠羣焉思動是我在古巴大張旗鼓力熄邪說專爲壓制土人起見有的是駐防官軍清門世僕猥狽爲奸誰敢不服本非我家土地治亂何必關心樂得藉手他人威福儘我作用哈哈我諒爾等生來注定的奴下奴也只好忍氣吞聲罷了。

【皀羅袍】有的是名場黃金烏帽到今兒亦管不得後日的風潮雨潮龍門狗洞向人驕奴顏婢膝腰囊飽西王燕笑賣個時髦東林鶴淚害個同胞唾罵來則索性睡他個糊塗覺

我就是這個主意一來博我的前程二來制他人的死命那時任我欲爲便你改革黨游學生其奈我何。

【林園好】我便把自由鐘孽海來抛民約論鬼火來燒任我輩國魂顛倒管叫你華盛頓意也消拿破侖見也逃

你古巴人便有千般苦楚萬般不平又待怎麽。

【四門子】休笑我這樣龜頭蛇腦道我是涼血動物又駡我是文字魔妖滿廷濁老知已交宮門大叔太山靠南黨北黨網兒打撈大官小官秤兒低高弄威權我只索打個瞎嘲報

（雜扮防勇上）奉了堅將軍之命遞書加先生處就此呈上。（丑看書介）呵呀我道何事原來古巴土人謂我等苛虐太甚。衆心不服。聚于凱威士地方。大膽竟來宣戰。想必又是那般學生的運動。我有駐防官軍。怕他怎的。

【醉東江】原來是革命黨。英雄號召。國民軍。義勇戰挑。水滔滔白馬來。浩刼刼紅羊到。一霎時風雲變了。只拚個秦關瓦解。漢闕金銷。俺倉皇且混過這遭。俺報復且等個來朝。商量着狐羣鼠隊。一窩蜂爭他個異常勞績。新章保。趁熱鬧拿出殺人手段。藉勢招搖。

你且回復你家將軍。多多拜上。整齊人馬。我即前往。（維下）

【尾聲】我筆尖兒權時當作義和刀。便赤手空拳擒二毛。只怕是百口罵死的寃無處叫。（下）

（未完）

美人手

香葉閣鳳仙女史譯述

第十一回　見色起心借端挑逗　即物示信無計彌縫

話說法蘭西本來是個共和政體的國分怎麼叫做共和呢。因爲一千八百四十八年。法國的人民將專制的政府掀翻了。以後不許强權的人再有長遠盤據君位之事。大家合着在議院裡議定。將這個君位的舊制删除了。改立一個名位叫做伯理璽天德。這伯理璽天德即係大統領的意思。這個大統領是憑一衆國民揀擇有才有德有聲望的人公擧他去做。四年一任。凡有國家大事。由議院議定。交他畫押。政事權限算是歸他總理。任滿之後。聽憑國民集議。查察他任內所辦之事功過如何。再行定選。所以做大統領的。都知道自已的職任。係國民推尊我來替他大衆經理公務的。知道我的身分。就不過是一個通國人雇用的大管家。知道這個家當交給我管理。是有限期的。不久就要結算。不似從前的君權。可以永遠盤據着這個勢位。將衆人的家當。一手抹過。盡作自已的私物。反任意將大衆原主難爲。所以自從路易、拿破侖當過這任。以

六七九六

後相繼不知換了十幾個。至到如今。個個都守着規矩。照章辦理。沒有一個敢恃勢强橫。他亦沒能毀有强橫得來的權。看官你說這個共和政體好法子不好呢。却說法國自從變了共和政體之後。國中人民個個得享安樂。人人有自由的幸福。這點精神。便覺得活潑起來。餘暇之時。大衆叙樂尋歡。眞是有鼓腹嬉游的景象。每日到了四打鐘以後。你一羣。我一隊。說不盡種種快活的頑意兒。凡到了運動場上。不論認識不認識。也不必拘拘束束。講究那雞兒打架的點頭禮。惟有大衆團聚。各盡其興便是了。如今且說瑪琪拖亞當時見着那冰上的美人。將要回去的光景。心中着急想道。今夜的奇逢。斷不可當面錯過。惟是外國的規矩。凡初次會面。想着同人家招呼。必要有個與他熟識的人。帶領做個介紹。彼此遞了名片。通了姓名。然後交談。方是正禮。況且此人是個女子。更不得莽撞。萬一他不偢倸。豈不是討個沒趣。但一時找不出那個介紹人。意中又捨不得丢開。不覺心裡着急。忽然逼出了一個臨時計來。只見他忽然搶上幾步。攔着那美人前頭。放低了頸子。柔聲說道。姑娘。請恕我莽撞。我有一句話。想請教姑娘。因爲我同兩個朋友賭嘴。要求姑娘一句金言。分個輸贏。不知姑娘肯給我一個人情嗎。無端無緒。突如其來。倒把那美人嚇退了幾步。這一雙俏麗的眼睛。把瑪琪拖亞打量好一會兒。纔說道。甚麼事作賭。要我怎麼樣分斷。那種嬌嫩清脆的聲音。傳到瑪琪拖亞的耳鼓邊。恍惚像是出谷的黃鶯兒一般。聽得渾身都酥起來了。瑪琪拖亞大着胆子。進前一步。低聲說道。并非別的。因爲我同伴的人。見姑娘在池上趕冰。十分羨慕。大家互相猜量。有個說姑娘像是意大利的人。有個說姑娘像是西班牙的人。彼此爭論不決。故此冒昧要求姑娘指示。定個輸贏。那美人聽說。也不嫌他輕侮。并不動氣。有意沒意的答道。我也不是意大利人。也不是西班牙人。瑪琪拖亞笑嘻嘻的接口道。啊喲。這麼說。我就猜着了。我想意大利西班牙都不是結冰的國分。如果姑娘是這等地頭生長。那趕冰的法子。斷不能彀學得這麼精妙。我一見就決定不是這兩國的人了。照我的意思忖度。姑娘倒像是北地的人。或者是荷蘭國的嗎。美人道。不是。然則是瑞士的嗎。美人道。不是。敢則是俄羅斯、瑞典挪威、英吉利丹麥、波蘭土耳其。那是一定不錯的了。那美人含笑答道。都不是。我就是在這裡巴黎生長的。瑪琪拖亞道。啊喲。我是巴黎人。姑娘也是巴黎的人麼。怪道穿着的派頭。這麼像。我也是這麼想來呢。請問芳名是怎樣稱呼。叫阿竹麼。叫阿梅麼。美人道。倒被你猜着。我名字就是叫阿梅。瑪琪拖亞鞠躬道。多謝姑娘。多有得罪了。求你見諒見諒。美人道。那裡話。你不過大家朋友打賭好頑。有甚要緊。瑪琪拖亞笑嘻嘻道。姑娘請恕我。我老實不敢相哄。我不是眞打賭的。我因爲見着姑娘的芳容。心裡思慕的很。所以特地扯個謊。借意親近親近。藉此想探聽姑娘的芳名呢。美人道。你要查我的名字。這也何難。我是正正大大出來的。也沒有甚麼要遮瞞的事。我的名字怕甚麼人知。如今我的名字你已知到。也再沒別的事了。請你讓開些。我回去罷。說着便舉步要走。覺得他像有意無意的。方纔讚賞他。不覺他歡喜。調弄他也不見他作惱。瑪琪拖亞此時以爲這個縫兒是可以鑽得進去的了。便老着臉皮。趁勢糾纏着問道。姑娘你要回去麼。府上在那裡。黑夜裡冷清清的。一個人。我很替姑娘担心。不如我陪着送姑娘回去罷。那美人道。不必了。不敢勞動貴步。瑪琪拖亞道。那裡話。說甚麼勞動二字。如果姑娘嫌棄不許我近前。我就跟着後頭。替你關照。總之伴送姑娘回到府上便是了。那美人道。你定要跟來。這便怎好。我不過因爲好頑意兒。偶然高興。到這裡趲趲氷。如今忽然帶着一位男子回去。豈不要動了人家的疑心。雖然你這位相公看來是個君子的人。可以放心。伴着說說話兒也好。惟是要跟到我家裡。那就使不得了。瑪琪拖亞道。這兩隻腿願意替姑娘跑跑路。我也作不得主。禁制他。姑娘如果不要我相送。我就遠遠跟着。跟到姑娘門前。站着守到天亮。替姑娘做個狗兒罷。那美人不禁撲嗤的一笑。說道。你這位相公想是要惱煞人。眞沒你的法了。如此說。隨你的意罷。但我有一句話。要先同你講定。你送到我住宅這條巷子。你就不要跟我進去。瑪琪拖亞心裡暗想道。這女子料是有丈夫的了。他的當家。定必是個醋缸子。所以怕得這麼利害。便會了意。答道。曉得了。我送到府上的巷口。我不進去就是了。說着便用手腕挽着那美人的纖手。一路的跑。美人要左便左。要右便右。不知拐了幾個彎兒。絮絮叨叨。講了多少無謂的閒話兒。也不必細說。正走着。轉到一條街上。經過一所公園。這公園四面圍着一幅短墻。剛向這裡走過。忽見墻邊上。凭着有三個大漢。鬼鬼祟祟。不知在此地商議甚麼。是時已是十二打多鐘的時候。夜深人靜。只見那美人像是有些胆歉的模樣。貼近瑪琪拖亞身旁。用力挽着瑪琪拖亞手腕。瑪琪拖亞也覺得有些胆歉。兩家默然。急着腿走了過去。瑪琪拖亞道。倘若是你一個人獨行。今晚見了這幾個漢子。不要把你嚇煞了麼。那美人道。如果是我自己一個人。我就要坐馬車回去了。瑪琪拖亞道。實在你府上是那條街呢。美人道。離這裡還有許多路。你若是嫌遠。就不該勞貴步了。說着回過臉向瑪琪拖亞一笑。瑪琪拖亞道。那裡話。這樣走法。就跑到天盡頭裡我也願意。越是去得遠越妙呢。美人道。强嘴罷咧。我家裡離此還不止一半路。我住的地方在上布街盡頭拐彎兒纔是。我怕你口裡强着是這麼說。心裡早已不耐煩的很。正想着逃脫呢。瑪琪拖亞道。你不信。等一會兒就明白了。此時那美人挽着瑪琪拖亞的腕上。忽然觸着瑪琪拖亞的袖子裏。覺得有些甚麼硬砰砰的東西。那美人道。啊喲。怎麼你披起甲來麼。瑪琪拖亞見問。知到是爲觸着了那隻手釧之故。因答道。不是披甚麼甲。不過是一隻手釧罷。美人道。啊喲。你是個男子。怎麼也帶起手釧來。想必是那一位心上人送給你的。恭喜了。想是結定婚了。這倒令我放心。瑪琪拖亞道。怎麼你看得結婚二字這麼容易。並且說出這等無情話。也太煞風景了。這不過是一個相識的閨友送給我的。其實別的意思甚麼都沒有。美人道。依你說。眞假我也不知到。我倒要試試你的心。你可答應麼。瑪琪拖亞道。怎樣。你只管說罷。美人道。

眞個嗎。我要你把這隻手釧轉送給我使得麼。如果你敢答應。那就可以信得過。不是婚約的表記了。瑪琪拖亞料不到他突然出這個難題。不覺呆了半晌。連話也答不上來。不知瑪琪拖亞用甚麼法來抵攩。且看下回分解。

第十二回　沒轉身强辭護賍物　險失手深夜遇强徒

却說瑪琪拖亞一時找不出話來回答。只見那美人又催促着道。怎樣呀。肯送給我麼。逼得瑪琪拖亞心中好像轆轤一般的亂轉。却轉不出一句說話來搪塞他。只得勉强支吾着道。你、你、你要這、這、這就連、連手割了送過姑娘也、也是情願的。美人恚道。你不要假裝瘋罷咧。我不要你的手。我單只要這隻手釧。瑪琪拖亞道。手、手、手釧嗎。這、這個容易。如果不是代代傳家的寶貝。我就立刻送過你呢。美人聽見他拿話來搪塞。知到他是不肯的。忽然翻起臉來。現出一種不喜歡的顏色。搶着插嘴道。別說了。別說了。我不愛聽這些話。我曉得了。我不過試試你。看你的心怎樣。這也是我錯了。女兒家不識羞。任意向男子討東西。便入了下流的所爲。我倒忘了。你見諒罷。別當我是貪心想謀奪你的心肝寶貝。我是不要的。瑪琪拖亞道。姑娘。你不要多心。那美人道。別說別說。曉得了。曉得了。說着掉轉頭。把自已搭在瑪琪拖亞腕上的手也掙脫了下來。說道。就到這裡算了。你請便罷。我從來不曾試過一個人深夜裡在街上混跑的。瑪琪拖亞道。有我伴着怕甚麽。請你扶着再慢慢走罷。那美人道。多謝了，我禁不起你這手釧壓着我的手。痛得很的。瑪琪拖亞道。我知到你爲這個手釧心裡不舒服。你也不知道這個手釧內中有許多緣故。所以不能送給你。我如今脫下來給你瞧瞧。說明這個緣故。你就明白了。那美人道。我不瞧。我不聽。瑪琪拖亞道。這麽動氣。連我一句話也不願意聽。然則以後連我的影兒也不許見一見麽。那美人裝作沒聽見一般。臉朝着外。忽轉身道。旣約怎麽後頭像是有人跟着來呢。瑪琪拖亞急忙回轉頭定睛一看。說道。并沒有甚麽人。姑娘不用慌。如果有甚麽强暴來。有我護衛着。一定與他拚個命。就是死也不悔的。那美人道。轉了這個彎。就是上布街。差不多到屋裡了。縱是有甚麽强徒。我也不怕的。瑪琪拖亞道。送到你門前何如。那美人想了一想道。不必了。就照我適纔所約罷。這裡已是鄰街了。請便罷。瑪琪拖亞道。不要緊。還有這些路。不如直送到門口罷。於是又走了幾步。到了那十字街口。只見那美人放手離開。走近一家門前。手裏拿出一條鑰匙正要開門。瑪琪拖亞慌忙走近前道。這裡就是府上麼。以後若來拜訪姑娘到這屋裡。使得麼。那美人要答不答的道。我又不曾約你。你來做甚麼。我這裡你是不宜到的。瑪琪拖亞道。我明天一定來拜訪。如果你不許我見面。你就要害煞我了。美人道。你明天到來。我也不在屋裡。我明兒一早要搭火車到外國去。總要兩個禮拜纔回。瑪琪拖亞皺着眉道。又要兩個禮拜。那就等煞人呢。沒法兒。只管耐着等就是了。你可不是哄我麼。那美人道。等到我回來的時候。怕你不把我丟向甚麼瓜哇國去了。還記得着麼。倘若是記得。到那時候就請來罷。瑪琪拖亞道。我怎敢忘。你肯賞我一見。我就是魂夢也記得的。只是我來訪問姑娘。用甚麼稱呼，府上的人纔曉得。那美人道。你說要見阿梅便使得。如果他們不曉。你就說來訪澤瀨娘。就沒有不曉得的了。瑪琪拖亞道。哦。澤瀨娘。口裡說着。心裡忖想道。以娘字稱呼。這定是不曾嫁人的了。不覺滿心歡喜。與美人握了手作別。那美人拿起鑰匙。匆匆開了門進去。轉身把門仍舊關上。瑪琪拖亞站在外邊。發了一回獃。將這間屋細細的打量了一回。想道。院子雖不大。墻壁窗戶這麼潔淨。倒不像是租來的房子。三層樓閣。頗亦軒敞。諒來必是一個中等的人家了。再欲向屋裡一張。可惜黑沈沈的沒有燈火光。不能見內便的情形。肚子裡自已商量道。瞧不見也沒要緊。橫豎遲兩個禮拜。我是要再到的。那時進去訪着美人。自然甚麼都看見了。想罷剛要回去。轉過身來。遠遠見着有三個人影兒在後頭閃閃縮縮。定睛看時。認得就是方纔在公園撞着那班鬼鬼祟祟的人。料他追着蹤。定然是想來刼奪我的銀子了。默計袋子裡銀鈔有限。縱然被他奪去。也值不得甚麼。獨是腕上有隻手釧。這倒是極緊要的物件。倘或被他見着。這個金熠熠重墜墜的東西。定然是走不過的。這便怎麼處呢。通盤算着兀的又見有一個人傍着墻陰。捻手捻脚的跑將來。瑪琪拖亞躊躕道。這班狐羣狗黨。不知有多少人。如今這裡又來了一個了。不如大着胆走向前把他拿住。諒一個對一個。却是不怕他的。再又轉念一想道。他先用一個人來。或者是誘敵之計。也未可定。我勢孤力弱。怎能敵得他過。三十六着。究不如以走爲上呢。正在沈吟未決。只見那人越走越近。忽然聽見他低聲喚道。瑪琪拖亞相公。我在這裡。瑪琪拖亞嚇了一跳。道你不是助摩祖麼。這時分還不回去。又到這裡幹甚麼。助摩祖走近身邊。低聲說道。適纔我在淩氷池上。呢你賞了我幾個角子。我正在要回去告訴祖母。剛打從那邊街上經過。看見有三個人跟着你同一位姑娘的後頭遠遠瞭着。吱吱咕咕。不知講的甚麼。我看他不是個正經的人。因此趕上前躡着他的蹤。靜悄悄的聽他。果然不是個好人。原來是個做强盜的。他們如今跟到這裡來了。聽得他們安排定要等回頭在這街口經過。便喝起暗號。把你捉住。要用繩子把你勒殺。這等說呢。瑪琪拖亞道。胡說。那裡勒殺得這麼容易。難道是沒有王法麼。街上還有巡捕。他只管來。我是不怕的。助摩祖道。雖是相公不怕。但你不要向那條路走。不如向這邊回去罷。我也是照這裡回去的。有我跟着。那就不怕他了。瑪琪拖亞聽着。忍不住撲嗤的笑起來。說道。你這隻禿尾巴的拳鷄兒。有多大的分量。就有你在。便做得甚麼材料。助摩祖道。不是方纔我追着他的蹤。這班人一定認得我的。如今我跟隨在你身邊。他恐怕我跑去叫巡捕拿他。他自然就不敢動手。待等過了這條街。轉了過去。就是通衢大路。定然有馬車來往。我便替你找一駕空着的馬車。雇了來。你便坐了馬車回去。那纔妥當。瑪琪拖亞獨自一個人。心裡實在有些害怕。但對着底下人。口裡不得不要說得硬些。如今有了這個小廝來搓搓手。心裡倒也放寬了好些。因說道。你的家在那裡。我想明天買點東西到你家裡。看看你的祖母。助摩祖道。多謝相公。就是在這前頭不遠的。祖母現時有病。恐怕欵待不到。請相公不要見怪。如果得相公光臨他老人家不知怎樣歡喜。一頭說一頭跟着。舉起步來。走不到一箭多路。遠遠見前面有兩點火光。向着這裡奔來。恰像聊齋誌所說那條大蟒一般。定睛看時。助摩祖早已認得。接着口道。這前頭就是乘馬車來了。你看他走得這麼從容。一定是空着沒有人坐的。待我走去雇了來罷。說着便跑起幾步。趕上那馬車。雇了過來。那時瑪琪拖亞猶如得脫虎口一般。急跑了上車。對助摩祖道。多承關照了。說着那馬車便飛也似的發起輪蹄。轉瞬便去得遠遠的了。欲知後事如何。且聽下回分解。

文苑

飲冰室詩話

在楚卿箋上見有曾重伯廣鈞見懷之作。自署曰中國之舊民。原稿未以相寄。然故人拳拳之意。致可感也。錄之。……海外鵑鵬憶鸞鳩蟪蛄朝菌各春秋多君詩界新無敵容我潮音擅一。遍難與瀏陽爭甲首况聞鉅子泛辛頭嗟余五嶽嶙峋氣偃蹇中原過十愁

李亦園希聖當辛丑回鑾時。有感事詩數十首。芳馨悱惻。湘纍之遺也。今得見其二。錄之……天遣多情有別離綠楊枝外抵天涯粉蛾點滴牽絲出金雁零丁怨杜移錦字無多裁恨遠重簾不捲放愁遲高唐夢雨相逢道賦就春寒已後期……帝子苔痕玉座青鷓鴣啼處雨冥冥北門劍珮迎蕃使南極風濤接御亭江海佳期愁晼晚水天舊

文苑 二

事夢婷娉秦絲解與春潮語一曲蘼蕪忍淚聽其風格在少陵玉谿之間。眞詩人之詩也特此二章已須人作鄭箋耳。

昔同學潘鏡涵者。乙未丙申間及南海之門。時南海好言佛。而鏡涵契證獨深。實行坐禪、刻苦工夫、吾亦不知其造詣何若也。顧聞同人頗謂其歌哭無端、有類狂疾、丁酉秋。余在上海。聞鏡涵以丁母憂嘔血盈斗。一慟死矣。驚惋久之。今春返香港。友人有存其遺墨一紙者。丙申臘游桂林舟中作也。七古一首云。……昨日忽悲空王喜壽王不解空王諦今日忽喜空王悲空王卻忘壽王歲壽王純想飛想欲學禪空王故使壽王聲聞入塵世塵世紛拏不可親壽王祇得太虛作搖曳悲哉須彌界裏日月長四大海水圍中央蓮花出沒不得見祇見清風世界徐送香西方有一星東方一太陽曝物育物不留物逐之何苦過倉皇流轉生死種種是九十一說非荒唐烏乎苦惱衆生根器太棉薄可驚可怖復可傷……七律四首云……幾生灰刼問瞿曇百結繩頭已不堪太一獨留行九九元虛無據釋三三精流日月形何在族合龜龍性可參知是別圓通法旨滿天雲雨護伽藍……寒江落魄意蒼涼憔悴行吟我自傷魍魎揶揄紅日盡英雄飄發大風狂茫茫海水容魚鼈莽莽關山逐虎狼身世無聊忽有主和南應是梵天王……西山日落到龍宮龍樹依稀拱日紅今去已經無量刼再來否是此狂童金輪頂上諸峯擁明月江前一葉通我讀華嚴得自在山河大地任飛鴻……沉沉心事着無邊半壁寒燈照巨川壯歲始參人我相現身聊作水雲緣無多別業能容世祗有靈光欲接天海鳥忽驚漁鼓落空中還自俯坤乾……讀此諸篇鏡涵其果非狂也根器深遠矣。游戲人間撒手一哭悲夫。

鏡涵又有贈家兄君力啓田一詩云。君能飄泊我能狂獨有生靈凡費商縹紗昆侖悲白首蒼茫人海入愁腸空同不住儒衫客葱嶺能來南面王是道是魔純是想好從飛處認微茫又有贈龍贄侯煥綸詩。中四句云。大地山河斜倒影荒邱神鬼問餘灰天人分際君應識涯海倉皇志莫頹

吾鄉張南山先生。近代耆宿。與九江朱先生次琦東塾陳先生澧齊名。而尤以詩聞。余最愛其俠客行一首。錄之。……貴人烜赫門如山門前鷹犬日日不得閑一解高堂華屋大酒肥肉粉白黛綠哀絲豪竹貴人不足二解貴人不足鷹犬僕僕天陰鬼哭三解鬼哭聲啾啾怪樹

啼鷓鴣客從何方來下馬直上酒家樓四解寒風如刀雪如水酒家樓頭劍光起明日喧傳貴人死。五解

上海曾志忞留學東京音樂學校有年。此實我國此學先登第一人也。今日不從事教育則已。苟從事教育則唱歌一科實爲學校中萬不可闕者。舉國無一人能譜新樂實社會之羞也。曾君頃編一書名曰教育唱歌集凡爲幼稚園用者八章尋常小學用者七章高等小學用者六章中學用者五章皆按以譜而於教授方法復懇切說明凡教師細讀一過自能按譜以授從此小學唱歌一科可以無缺矣。昔見刻本。不禁爲之狂喜。原詩卷首有「告詩人」一條。足爲文學家下一針砭而增其價值。茲錄如下。

曰戀曰窮曰狂曰怨四者古今詩人之特性舍此乃不足以成詩人其爲詩也非寒燈暮雨即血淚冰心求其和平爽美勃勃有春氣者鮮不可得且好爲微妙幽深之語務使婦孺皆不知惟詞章家獨知之其詩乃得傳於世總言之詩人之詩上者爲戀窮狂怨之態下者博淵博奇特之名要皆非教育的音樂的者也近數年有矯其弊者。稍變體格。分章句。間長短。名曰學校唱歌。其命意可謂是矣。然詞意深曲不宜

小學且修之。間有未適於教育之理論實際病焉。雖然是皆未得標準以參考之耳。歐美小學唱歌。其文淺易於讀本。日本改良唱歌。大都通用俗語。童稚習之。淺而有味。今吾國之所謂學校唱歌。其文之高深。十倍於讀本。甚有一字一句。即用數十行講義。而幼稚仍不知者。以是教幼稚。其何能達唱歌之目的。謹廣告海內詩人之欲改良是舉者。請以他國小學唱歌爲標本。然後以最淺之文字。存以深意。發爲文章。與其文也甯俗。與其曲也甯直。與其填砌也甯自然。與其高古也甯流利。辭欲嚴而義欲正。氣欲旺而神欲流。語欲短而心欲長。品欲高而行欲潔。於此加意。庶乎近之。其所編之歌。亦煞費苦心。如其「告詩人」篇中之言。茲摘錄數折。

老鴉（幼稚園用）

老鴉老鴉對我叫。老鴉眞正孝。老鴉老了不能飛。對着小鴉啼。小鴉朝朝打食歸。打食歸來先喂母。自己不吃猶是可。母親從前喂過我。

馬蟻（尋常小學校用）

馬蟻馬蟻到處有。成羣結隊滿地走。米也好。虫也好。啣了就往洞裡跑。

誰來與我爭。一齊出仗。大家把命拚。不打勝仗不肯回。守住洞口誰敢來。好好好。他跑了。得勝回洞好。有一處。更好住。要做新洞大家去。

莫說馬蟻馬蟻小。一團義氣眞正好。人心齊。誰敢欺。一朝有事來。大家都安排。千千萬萬都是一條心。鄰舍也是親兄弟。朋友也是自家人。你一擔。我一肩。个个要爭先。你莫笑。馬蟻小。義氣眞正好。

黃河（中學校用）

黃河黃河出自崑崙山。遠從蒙古地流入長城關。古來聖賢生此河干。獨立堤上心思曠然。長城外河套邊黃沙白草無人煙。思得十萬兵長驅西北邊。飲酒烏梁海。策馬烏拉山。誓不戰勝終不還。君作鐃吹觀我凱旋。

詩界潮音集

都門雜感

蜀郡轅孫

秋風吹夢上金臺。滿眼昆明刦後灰。戰骨萬叢新鬼大。行人入座貴官來。哀哀帝國衰亡史。落落中原將相才。摩拊銅駝頻墮淚。又應見汝棘中埋。

萬雉廻環拱帝京。崇墉鑿空瀛車行。京津京漢兩鐵路皆在正陽門下車所經外城毀垣而入 銀元通用歐亞幣。鐵牡難扃內外城。遺矢滿街仍北俗。負槍警道見西兵。那堪使館洋樓上。黃瓦鱗鱗似殿廷。

王母張筵召百靈。瑤池夜宴敞雲屏。壺投玉女天爲笑。樂奏鈞天帝不醒。北斗橫斜星漏轉。西山晃漾電燈明。內廷菊部人間少。莫傍宮牆擪笛聽。連日宮門抄皆有賞某王大臣等聽戲之事

御園新起大餐房。番菜刀叉入尚方。夷媍朝儀仍北面。天廚食品仿西洋。俳優雜進絃三弄。帝后親巡泚數行。莫道外交無政策。折衝尊俎果然強。

海內封章薦禰衡。殿廷壇席待樊英。中朝積習科名重。亂世文章棄取輕。自是黨人應禁錮。考經濟特科出第一榜或有言某爲新黨某爲帝黨者故覆試咸黜之 何曾處士盡虎聲。戈人漫爾張羅網。也有冥鴻不肯

嬰

牘背書詞獄吏尊雖逢慶典也難恩（係國事之犯不在赦例 今上萬壽恩詔）未聞溺贊逃張儉竟爾縲囊撲杜根

汁血黨中留紀念斷頭臺上賦招魂國民他日應相憶銅像巍巍照九門

講舍毗連紫禁城景山東望氣崢嶸學規鹿洞新儀序分體鴻都舊石經（張之洞亞定大學堂章程增入經史詞章）

棉絕已來秦博士絃歌倘待魯諸生大同憶否橫濱校海外華商早辦成

莫因李老唱迴波楊白花翻樂府歌內侍私人高菩薩宮奴養子穆提婆黃門給事尚書貴璽勅官錢進御多豈獨郭開能賣趙又簽密約主聯俄

十萬纏腰亦壯哉斜封官賣選人來新班市儈捐紅頂舊例宮門遞綠牌雲想衣裳游妓館雷聲車轂殷天街醉生夢死眞堪恨那怪華官蠢材

遼瀋邅言動楚氛羽書樟管又紛紛植民政略強權派愛國精神革命軍天竺故墟悲五印波蘭覆轍是三分慟來怕共荆高醉獨上西城看暮雲

惺菴賦式微八章哀抑無度嬰弇讀之喟然梗懷遂繼聲也　嬰弇

式微式微胡不歸廣樂鈞天夢已非變徵秦聲無好況招魂楚些有哀詞

式微式微胡不歸小鳥病翼折雁時紇干凍雀不得食向生處樂奈何飢

式微式微胡不歸。鄰婦軋軋夜弄機。熏篝病久不知覺。贏得秋人瘦上眉。
式微式微胡不歸。東門之楊斧以斯。終朝采綠不盈掬。我友褰裳其來而。
式微式微胡不歸。望春宮柳未全衰。堦前仗馬避風立。闕下銅駝經雪肥。
式微式微胡不歸。錦裾疊禕歲離披。無多顏色歸秋草。如此江山有落暉。
式微式微胡不歸。衆芳心死各辭枝。中流汎汎木蘭檝。山鬼飄飄薜荔衣。
式微式微胡不歸。金井彫疏白露晞。王孫起起弄明月。無人獨自整裳衣。

讀惺菴感式微之詩棖觸余心悲憤交集寄詩和之不自知其詞之工拙也

勾吳民

式微式微胡不歸。南冠相對泣歔欷。一樽痛飲新亭酒。風景河山舉目非。
式微式微胡不歸。朔風凛慄慘斜暉。魯陽如有回天術。欲假金戈信手揮。
式微式微胡不歸。故鄉搖落柳成圍。殷勤莫問中原事。垂老桓公願已違。
式微式微胡不歸。落花寂寂遍蒼苔。重門深鎖無人到。望帝春心泣子規。
式微式微胡不歸。六朝舊事夢依稀。景陽宮殿何堪問。胥井誰憐孔貴妃。
式微式微胡不歸，梁園回首不勝哀。舊時賓客多星散。月黯蓬[illegible]。

式微式微胡不歸。清秋燕子故飛飛。如何繞遍烏衣巷。不見朱門見夕暉。
式微式微胡不歸。茫茫身世訴伊誰。千金學得屠龍術。瓠落無容又鬢垂。

登金山歌　同

朝登金山巔。俯瞰江中央。江流日東注。朝宗太平洋。風潮所鼓盪。直捲美澳疆。亞洲當其衝。迴波何湯湯。列強爭虎視。羣目注東方。樓船橫海來。氣抑何狂長。此江雖天險。直入如康莊。妖言肆恫喝。兵費索賠償。中朝驚失措。達官盡旁皇。遂訂白下盟。立約許通商。沿江形勝地。闢作商市場。猛虎入堂奧。胡乃任強梁。峩峩北顧山。堅築異族房。危樓插雲表。金碧何輝煌。高樹彼國旗。飄飄隨風揚。吁嗟此何地。坐令鴟而張。南北為襟帶。東西通舟航。兵家所必爭。堅固如苞桑。一自為商市。夷官日披猖。法彼治外權。奪我安內方。名為租借地。實已藩屬鄉。彼雖無多人。隱然敵國防。借問此何故。我弱而彼強。彼富自治力。我惟謀稻粱。一念之所及。憂心摧肺腸。蚩蚩我國民。往來何趨蹌。恥辱到如此。見慣肅何傷。人具奴隸性。豈曰謀不臧。號稱四萬萬。太半皆無良。嗟哉我華夏。國祚何由昌。外憂日以棘。內患日以長。見事貴機微。況復已履霜。金山何兀兀。江水何茫茫。登臨一長嘯。使我心激昂。

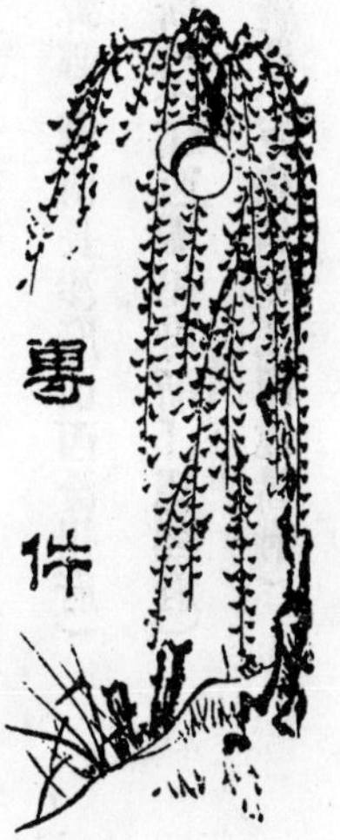

我國現今府州縣同名調查錄

S D Y 生

現今我國幅員廣遠府州縣同名者甚多錢竹汀宮詹潛研堂集中有辨名篇然尚有遺漏茲調查各書輯成是篇今列于左以供有志本國地理學者之參考云　附誌

（一）

府同名（一）

太平（安徽廣西）

（二）

州同名（五）

通州（直隸江蘇）

開州（直隸貴州）

趙州（直隸雲南）

寧州（甘肅雲南）

永寧州（山西廣西貴州）

（三）

縣同名（四五）

會同（湖南靖州廣東瓊州府）

海豐（山東武定府廣東惠州府）

瀘溪（江西建昌府湖南辰州府）

淸溪　四川雅州府貴州思州府

鳳臺（安徽鳳陽府山西澤州府）

安仁（江西饒州府湖南衡州府）

桃源（江蘇淮安府湖南常德府）

龍門（直隸宣化府廣東廣州府）

專件 二

石門（浙江嘉興府湖南澧州）
新安（河南河南府廣東廣州府）
興安（江西廣信府廣西桂林府）
永安（福建延平府廣東惠州府）
樂安（江西撫州府山東青州府）
甘泉（江蘇揚州府陝西延安府）
石泉（陝西興安府四川龍安府）
太和（安徽潁州府雲南大理府）
清河（直隸廣平府江蘇淮安府）
山陽（江蘇淮安府陝西商州）
海陽（山東登州府廣東潮州府）
東鄉（江西撫州府四川綏安府）
寧鄉（湖南長沙府山西汾州府）
新昌（江西瑞州府浙江紹興府）
廣昌（直隸易州江西建昌府）

建昌（直隸承德府江西南康府）
安平（直隸深州貴州安順府）
清平（山東東昌府貴州都勻府）
鎭平（河南南陽府廣東嘉應州）
石城（江西寧都州廣東高州府）
興甯（湖南郴州廣東嘉應州）
咸甯（湖北武昌府陝西西安府）
大甯（山西隰州四川夔州府）
廣甯（奉天錦州府廣東肇慶府）
華亭（江蘇松江府甘肅平涼府）
山陰（浙江紹興府山西大同府）
三水（陝西邠州廣東廣州府）
甯遠（湖南永州府甘肅鞏昌府）
永定（福建汀州府湖南澧州）
安定（陝西延安府甘肅鞏昌府）

宣化（直隸宣化府廣西南甯府）
昌化（浙江杭州府廣東瓊州府）
德化（江西九江府福建永春府）
安福（江西吉安府湖南澧州）
建德（浙江嚴州府安徽池州府）
唐（直隸保定府河南南陽府）
永福（福建福州府廣西桂林府）

（四）

三縣同名（一〇）

東安（直隸順天府湖南永州府廣東羅定州）
龍泉（浙江處州府江西吉安府貴州石阡府）
西寧（直隸宣化府甘肅西寧府廣東羅定州）
新甯（湖南寶慶府四川綏安府廣東廣州府）
長甯（江西贛州府四川叙州府廣東惠州府）
永甯（江西鳳陽府陝西榆林府廣西柳州府）

定遠（安徽鳳陽府四川重慶府雲南楚雄府）
安化（湖南長沙府甘肅慶陽府貴州思南府）
長樂（福建福州府湖北宜昌府廣東嘉應州）

（五）

四縣同名（二）

太平（安徽甯國府浙江臺州府山西平陽府四川綏州府）
新城（直隸保定府浙江杭州府江西建昌府山東濟南府）

專件

SDY生筆記

長沙孤憤子

▲索拉之秘密結婚

相傳索拉無嗣。然其葬儀之日。有被喪服之婦人。攜二小童。亦着喪服。見索拉之骸。跪其側而泣。二小童亦泣而呼曰。父親!! 父親!! 然則二童其索拉之孽子耶。亦未可知。

▲朝鮮盜賊之進步

朝鮮慶尙道地方。有一盜賊。發明一種殺人藥。法以自起黃（朝鮮藥名）鹽酸加里與雞冠石之粉末及破裂彈等藥。調和混入于飴糖（朝鮮名產。日本亦有此物。謂之朝鮮飴。余曾在熊本買食之。其質極軟。其色稍黃。其味甚甘。彷彿與吾湘牛皮糖相類）。內賣與行路旅客爲食品。食之莫不斃死。誠盜界中不可缺之要品也。余故爲之文以志。而又爲東亞盜界之前途賀。

▲降鼠奇聞

近日北亞非利加洲。阿爾斯尼亞國之布基地方附近。因發暴風。一時忽吹下無數鼠。見者莫不驚怖。而聞者多未有信者。然究非若我國之言降星日本之言降火降槍英吉利之言降犬降猫等虛設之譬喻語也。

▲記羊逸事

英國文豪甲列斯曾有記 Lamb（譯即綿羊）逸事一小篇。其語甚屬有趣味。今將全文錄下。以供衆覽焉。

有一夜。拉姆。（即綿羊之西音）聞奇怪之聲。遂醒

雜俎

靜步獨行。察知聲在器具室內。倚窓窺之。見室內有盜將珍貴器具者。匿藏于大袋內。拉姆因啓戶而入。驚向盜曰。汝何故爲如斯危險之職業。生命將不保也。又問汝飢否。盜欲求救助。即答曰然。又曰然則如之何。盜曰吾欲以汝之足爲吾之羹。可乎。拉姆一聞此語大怒。用四足蹴倒盜于地下。盜狼狽而逃。

▲活死法之發明

北美雜誌 North American 云。美國英基亞那州一醫士某。發明生活機關之消滅與不破壞之原因。及其復活死者之方法。以之先實驗各種動物。成蹟頗著。據該所說。人之生命者。依揮發性之磁氣而存。磁氣又由呼吸而得。而人之體內。又因各種礦物而組織于體之諸機關中者也。是故某氏常溶解鹽混入于體內之脂肪。且參以阿母莫尼阿。曝于秋陽之下。即成粉末。此種粉末。即可醫氣絕等症。今某氏既已發明。醫學界又可以放大光輝于社會矣。

▲權與金

以五角錢之損害。而傾三萬圓之訴訟費者。則英吉利有名之競馬特主顯理華特遜其人也。彼由倫敦往哀典巴拉旅行之時。所持之鞄爲鐵道會社所損破。憤極。遂訴訟賠償損害。不果。復上控。又費三萬八千圓。始得五角六分之賠償金。由是言之。權利也。金錢也。果孰重哉。

▲最富之人民

世界最富之人民。奥撒基印度人是也。彼等之銀行預金有千六百萬圓。又有千五百萬圓之土地。富翁每人有八千圓之土地。銀行預金利息。一年有六百圓。富哉亡國之民。富哉亡國之民。然吾不足以爲奇。我支那帝國。亦其類也。又何暇而笑人。

▲住家之變遷

我國古代人民本穴居野處及有巢氏出始構木爲巢久而久之遂變爲房屋蓋進化力使然也然在今日猶有古代之遺風者有一處焉在亞洲者爲日本現尚以木片爲瓦結樹枝作垣如鳥居之巢如燦寸之盒此日人之所自言之語也在歐洲之基布西種族亦然

▲土食之人種

亞美利加奧利洛戈河畔所居之土人常以土爲食物吾國有恆言肉食者鄙然則土食者豈不更鄙耶但較日本常食父之脛者則又差强人意也

▲學者之臆譚

西洋有學者名基耳司加祿而立『黑奴者非人種也』之說經十五年之星霜費二萬圓之資斧始出版風行于各國依此則吾黃種亦非人種也無疑矣可不懼乎

▲汚穢之俄羅斯人

俄國妓院規則第十九條云『每星期入浴堂沐浴』妓女每星期僅沐浴一次寔爲俄國政府厲行清潔法衛生法之一斑而亦可見俄人之不愛潔淨與我國人性質相同也噫、

SDY生筆記

雜俎

新民叢報

明治三十一年十二月廿七日第三種郵便物認可

第參年第壹號

(原第四十九號)

本號要目

光緒三十年五月十五日　明治三十七年六月廿八日

每月二回朔望日發行

新民叢報第三年第一號目錄（原第四十九號）

◉售報價目表

全年廿四冊	半年十二冊	每冊
五元	二元六角	二角五仙
郵費另加		

◉廣告價目表

洋裝一頁	洋裝半頁
十元	六元

惠登廣告至少以半頁起算所費先惠論前加倍欲登長年半年者價當面議從減

編輯兼發行者　馮紫珊
印刷者　陳侶笙
發行所　橫濱山下町百六十番　新民叢報社
上海發行所　四馬路老巡捕房對面　新民叢報支店
印刷所　橫濱山下町百六十番　新民叢報活版部

元帥陸軍大將山縣有朋侯

第二艦隊司令長官
海軍中將上村彥之丞

第三艦隊司令長官
海軍中將片岡七郎

第一艦隊司令官
海軍少將梨羽時起
第二艦隊司令官
海軍少將三須宗太郎

第一艦隊司令官
海軍中將出羽重遠
第二艦隊司令官
海軍中將瓜生外吉

第三艦隊司令官
海軍少將東鄉正路

第三艦隊司令官
海軍少將細谷資氏

論說

論政治能力

（新民說二十四）

中國之新民

今之憂國者每睊睊而悲哀哀而號曰。嗚呼。中國人無政治思想。斯固然矣。雖然。吾以爲今後之中國。非無思想之爲患。而無能力之爲患。凡百皆然。而政治尤其重要者也。普通之思想。由言論聽受可以得之。實際之思想。由學問講求可以得之。言論聽受者。數月而其效可覩矣。學問講求者。數年而其效可覩矣。故欲進無思想者爲有思想者。其事猶易。欲進無能力者爲有能力者。其事實難。

十年前朝鮮之東學黨。與三十年前日本之尊攘家。何所異。顧何以日本能改革而朝鮮不能。則朝鮮人之能力劣於日本之爲之也。十九世紀初南美諸國之獨立。與十八世紀末北美合衆國之獨立。何所異。顧何以北美能秩序發達而南美不能。則南美諸國民之能力劣於北美之爲之也路易十六時代法國之革命與查里第一時代英國之革命何以異顧何以英人能得完全立憲政體而法人不能則法人之能力劣於英人之爲之也如曰徒恃思想而可以自立也則古代波斯人之思想力非有遜於阿剌伯人中世羅馬人之思想力非有遜於峩特狄人即印度人之思想力據心理學家所論猶謂其足與英人相頡頏或乃駕英而上之（法儒李般之說）顧何以一興一亡之數竟若彼也如曰徒恃思想力而可以自立也則歐美大學中其黑人之受完全教育獲博士學士之學位成法醫理教之專家與白人同驅騁於學界者固不乏人而猶太種族之著書發論裒然成巨子者尤多於鯽魚矣顧何以黑人之建國終不可期而猶太一亡之後竟萬刼不復也故思想不足恃惟能力爲足恃

我中國自黃帝以來立國數千年而至今不能組織一合式有機完全秩序順理發達之政府者其故安在一言以蔽之亦曰無政治能力而已或曰吾國民以久困專制政體之故雖有政治能力不能發達斯固然矣雖然亦有在專制政體不能及之時不能及之地不能及之事而吾民不克自發揮其政治能力如故也是乃大可痛者也何謂

專制力所不能及之時如每朝嘗鼎革之交中央政府權力墜地羣雄並起若秦末西漢末東漢末唐末元末明末之故事彼時所謂中央政府者其鞭箠所及不能出邦畿千里外民間若稍自樹立者一舉而得自由自治之幸福抑非難也而拒虎迎狼莽莽千載也若彼是其無政治能力之證驗一也何謂專制力所不能及之地稽諸我國歷史其各省地方固非無脫離中央政府別成一行政區域之時代春秋戰國不必論矣後此如秦末之南越閩越漢末之蜀吳唐末之吳越、福建、湖南、蜀唐迄宋之西夏皆於中原極棼亂之際而屹然能自樹立使其民稍富於自治力者則別搆成一種政體以光我歷史抑非難也而一丘之貉又既若此此猶得曰行政區域雖別然終爲豪强所脅迫不能自拔也若夫自明末以來數百年間我民自殖於南洋羣島者以數百萬計至今日即以暹羅一國論而隸華籍者已百餘萬新嘉坡、庇能、噶羅巴等處稱是若此者我中央政府視爲化外其權力非直不能及抑亦不屑加也顧何以戢戢受羈軛若牛若馬其甚者如荷蘭屬法屬之僑民笞畜刲割曾羊豕之不若也抑海峽殖民地諸島多由我民篳路藍縷與天氣戰與野獸戰與土蠻戰停辛貯苦以啓其地顧不能自建設自約束而必迎西方之强者以鎭撫我則又何也夫前事不必道矣。其在今日。臥榻已屬他人。座間寧容卿輩。吾民。不能以政治團體自見於彼地猶可言也若夫今日美洲澳洲諸地吾民散居者亦不下數十萬其地之法律固自由也平等也而吾民又與彼之國民同受治於一法律之下者也集會言論之自由一無所禁者也顧何以英人不滿四千之上海百廢具舉純然爲一小政府之形而華人逾三萬之舊金山竟終歲干戈相尋不能組成一稍有力之團體也是其無政治能力之證驗二也何謂專制力所不能及之事夫所謂政治的組織者非必爲關於政治上之專名也其在歐美無論一市一區一村一公司一學校凡一切公私之結集無不爲政府之縮影故欲驗一國民政治能力之强弱者皆當於此焉察之夫近代自由政體之發源史家多以歸諸中世之意大利市府（偉尼士佛羅稜諸市也）而彼諸市府者其始皆爲經濟上結集而後乃變爲政治上結集者也中國專制之毒雖劇烈而以中央行政機關不整備之故其能直接以干涉民間事業者殆稀若吾民於商務上思結何等之團體必非政府所懸以爲禁也而數千年來欲求一如西人之有限公司及商業會議所者何不一覯也其尤淺而易見者若敎育事業近數年來所屢下明詔獎厲者也專制力即及他事而斷不至及此事而試觀庚辛以來迄今日各省敎育之發達竟何如也雖有一二而私立學校之成績往往視官立者猶不逮焉而吾民更何顏目以責備政府也是其無政治能力之證驗三也吾故曰今後之中國非無思想之爲患而無能力之爲患

亞里士多德曰人也者政治之動物也然則人類之必有政治能力其天性矣至其何以自有而之無則不出兩途一曰隱伏而不能發達二曰發達而旋復摧夷今試即吾中國人所以致此之原因而析分之則

其第一事即由於專制政體也專制政體爲直接以摧鋤政治能力之武器此稍有識者所能知矣進化學者論生物之公例謂物體中無論何種官能苟廢置不用之既久則其本性遂日漸澌滅如彼意大利洞中之盲魚昔本有目因洞居黑闇目無所用故爲今形又如脊椎動物類昔本有腮（人類亦有之）因空氣輕清腮無所用故爲今形諸如此者不可枚舉經百數十代之遺傳順應其本能之發達毗於一端而他端遂朘縮以至於盡此其例通於生理心理兩部分而皆同者也專制之國其民無可以用政治能力

之餘地苟有用之者則必將爲强者所蹂躪使之歸於劣敗之數而不復得傳其種於後者也以故勾者不得出萌者不得達其天賦本能隱伏不出積之旣久遂爲第二之天性就使一旦放任之而其本能之回復固非可以責效於一朝一夕譬諸婦女纏足者纏之旣二三十年雖一旦釋之而不能如常足明甚也（今有持論謂中國人旣無立憲資格。即當以暴動破壞養成之者。是無異集纏足婦人。驟赤其足。即驅之以競走。謂是可以養足力也。）以故雖在專制力所不及之時之地之事而其渙然不能自治也如故皆此之由或曰歐西諸國前此之呻吟於專制軛下與我等耳何以其政治能力之摧殘不若我之甚曰專制同而所以專制之性質不同彼蓋以封建專制貴族專制爲主體而我適與之相反者也（其詳迭見於拙著中國專制政體進化史論諸篇。）質而言之則彼乃少數之專制而我則一人之專制也少數專制者即少數人自由而多數人不自由之意也夫由少數人之自由以漸進於多數人之自由其視全體人民悉無自由而驟欲進於自由者其難易固有分矣故泰西之專制常爲政治能力之媒（觀英國大憲章與匈牙利金牛憲法之起原。可以證此說之不謬矣。他國亦大率類是。）而中國之專制全爲政治能力之賊也（此論理甚長。精細剖辨。俟諸異日。）

其第二事則由於家族制度也歐美各國統治之客體以箇人爲單位 Unit 中國統治

之客體以家族爲單位故歐美之人民直接以隸於國中國之人民間接以隸於國先聖曰國之本在家又曰家齊而後國治盖在此種社會之下誠哉舍家族外無所以爲團也細察中國過去種種制度無不以族制爲之精神言夫教育則曰父兄之敎不肅而成子弟之學不勞而能凡庠序黌校皆以養國老庶老爲最重之典故可謂之族制的敎育言夫賦稅上古井田之制九家爲井由井而通而成而終全以家族爲綱不俟言矣即封建既廢以後如漢有戶賦（以充郡國行政費也）唐有調（租庸調三者。租課田，庸課人。調則課戶也。唐制戶籍法最詳，計其貲產。定爲九等。每戶有丁、中、老、小、黃、等名號。）有兩稅（兩稅不以丁第戶。而以丁從戶也。）明後雖行一條鞭法然仍有收戶解戶馬戶竈戶陵戶園戶海戶諸名故泰西料民只計口而中國則戶口並計（參觀前號中國史上人口之統計篇。）誠以戶也者中國搆成國體之一要素也觀其統計之小節而立法之根本觀念於茲可徵矣（掌財賦及民事者謂之戶部亦根於家族思想也）　故可謂之族制的財政言夫刑法則罪人及孥甚者乃夷三族此風直至本朝雍乾間猶未能改故可謂之族制的法律言夫兵役則封建時代丘乘與井田相屬無論矣自戰國至李唐常爲三丁抽一之制宋後行保甲每十家籍二丁皆可謂之族制的軍政其餘一切制度大率類是苟一一細按之則其立法之源泉皆有蛛絲馬跡之可尋（此不能徧舉他日當著專篇研究之）要之舍家族相維相繫之外有司無以爲治也即其地方自治之制有若所謂甲首所謂保正所謂里長所謂社長者皆無不以一族之耆老充之舍是則自治團體不能立也故吾常謂中國有族民資格而無市民資格（參觀拙著新大陸游記第百八十六葉）蓋西語所謂市民 Citizen 一名詞吾中國亙古未嘗有也市民與族民其相異之點安在市民之長尙賢其任之也以投票選舉族民之長尙齒其任之也以年資洊升投票選舉則物競行而被選者自必立於有責任之地位年資洊升者反是夫是以泰西之自治制度爲政治能力之濫觴中國之自治制度爲政治能力之煬竈也夫是以在一鄉一族間尙或秩然有團體之形一至城市則有機體之發達永不可見也

其第三事則由於生計問題也孟子曰民之爲道也有恒產者有恒心無恒產者無恒心豈不然哉豈不然哉地理學家言完備政團之發生必在溫帶蓋熱帶浴天惠太厚故其民婾窳而生計不發達寒帶蒙天行太酷故其民瘠苦而生計不發達生計蹙而欲政治之進其道無由蓋人道之所以進步皆起於有所欲望而汲汲設法貫達之欲

望之種類甚多恒應於其社會之程度高下爲等差必先急其所最急者乃及其所次急者更及其所又次急者如衣食住最急者也無之則一日不能自存也稍進焉乃更求間接以保生命財產之安全者則政治之業是已益進焉乃更求其軀殼及靈魂之特別愉快者則奢侈品物及學問之研究道德之實行是已凡生計學書開宗明義第一章。必論欲望。謂是爲根本的觀念也。惟諸家之論欲望。每分爲必要之欲望度外之欲望等類。鄙人竊不謂然。夫貧瘠國民之求一粗糲一蓬蓽。其必要者也。富强國民之講衛生的飲食修潔的道路華美的宮室。亦其必要者也。野蠻國民之求一驍勇酋長以禦猛獸禦外敵 其必要者也。文明國民之求一完備之政府穩實之權利。以謀公私之進步。亦其必要者也。然則凡欲望皆生於必要而已。而其必要之事物愈多、則其欲望愈繁。而文明之程度愈高。此民族進化得失之林也。凡使於其所最急者猶終歲勤動不能獲焉而欲民之有餘裕以謀其所次急者所又次急者此必不可得之數也故政治道德學術一切之進步悉與生計之進步成比例皆此之由吾中國數千年生計界之歷史何如吾中國今日生計界之現狀何如觀於此則其政治能力缺乏之根原從可想矣正乃孟子所謂救死惟恐不贍者也故其於最狹義的小我之外不遑念及大我於最狹義的現在之外不遑念及將來亦奚足怪。難者或曰。若漢之文景間。唐之開元天寶間。本朝之康熙乾隆間。號稱家給人足。比戶可封。今使兩者果爲切密之比例也。則彼時之政治能力。宜若發達。而事實顧相反何也。應之曰。是宜調之於遺傳之理彼自祖若宗百數十代既已汨沒其本能而欲以數十年之短日月遽還其原烏可得也而况乎他種原因之日日而伐者倘不止一端也而况乎所謂家給人足者又不過歷史上一美談而當時實狀正未必爾爾也故吾國數千年社會之精力全銷磨焉以急其所最急者欲求達下級直接之欲望而猶不給而欲其進焉以懷間接高級之欲望且有術焉以自達之安可得耶安可得耶。

其第四事則由於喪亂頻仍也凡有機體之發達必經自然之順序歷爾許之歲月又無他種故障以夭擢之於中途夫然後繼長增高以底大成吾有一弟。總角早慧。冠絕羣從。及八歲。得怪病。鄉居誤於庸醫。經年病瘥。而靈明若失。今謀補救後效茫茫吾觀於此而忽有感於吾民族政治能力之喪失亦類是焉矣夫其伏於專制之羈軛困於家族之範圍役於生計之奴隸蓋本能之斵喪者既已十六七矣而猶或潛滋暗長萌蘖非無無如更數十年必經一次喪亂輒取其前此所積累之根柢而一掃之法王路易十四言。朕死之後。有大洪水來。而中國歷史家亦往往知陶唐經洪水時代。將黃帝傳來之文明消失大半。曾亦思秦漢以來數千年間我先民遭洪水厄者不啻十餘度也唐人詩曰「經亂衰翁居破村村中何事不傷魂因供寨木無桑柘爲著鄉兵絕子孫」又曰「君不聞漢家山東二百州千村萬落生荊杞」此等單語片詞。曾未能寫其慘狀億萬之一。然文明與喪亂俱盡可概見矣今之尤國民者動曰其性卑屈。其心狡詐其欲望劣下其團體渙離。曾亦思民之生彼時代處彼境遇者非卑屈狡詐何以自全而「我躬不閱遑恤我後」之思想既深入於人人腦識中復更何心以愛同類而計將來也泰爾史家言法蘭西當大革命時代。全國所產嬰兒率多癲癇。蓋社會之現象遺傳於其羣之心理中者如是其可畏也吾國當喪亂之際惟彼卑屈狡詐劣下渙離者流差得避天行淘汰之酷以遺其種於來裔夫前輩之國民既已死絕矣後輩之國民自其在胎中已飽受恐怖憂鬱之教育及其幼而處家庭長而入社會所習見習聞之嘉言懿行則若何而可以全軀免禍也若何而可以希寵取容也就使天下復定之後上而君相下而師儒竭全力以養其廉恥陶其性情而本能之回復猶且待諸一二世以後也乃霸者復陽植之而陰鋤之使永無發生之期未及一二世而前度之喪亂

論說 十二

復繅演再見矣喪亂之繅演多一次則毒害之遺傳加一層如之何其政治能力不漸滅以盡也嗚呼非一朝一夕之故所從來遠矣

（未完）

子墨子學說

敘論及子墨子略傳

中國之新民

新民子曰。今舉中國皆楊也。有儒其言而楊其行者。有楊其言而楊其行者。甚有墨其言而楊其行者。亦有不知儒不知楊不知墨而楊其行於無意識之間者。嗚呼。楊學遂亡中國。楊學遂亡中國。今欲救之。厥惟學墨。惟無學別墨而學眞墨。作子墨子學說。

子墨子之時代　述墨子年代者言人人殊。今所最可據之古籍曰史記。然已爲存疑之詞。謂「或曰並孔子時。或曰在其後」（孟荀列傳）而漢書藝文志則斷曰在孔子後。近儒畢沅所考據從班說。（即史記第二說）且斷爲在七十子後。（畢校墨子序云。書稱中山諸國亡於燕代胡貉之間考中山之滅在趙惠文王四年。當周赧王二十年。）

則翟實六國時人。至周末猶存云云。其言頗信而有徵。考證尙多。今勿具引。要之墨子時代、稍後於孔子、而稍先於孟荀、茲爲可信。語將觀其時代以考其所以產出此學說之原因焉。

(一)墨子之時當周末文勝之極敝　三代以前。中國社會猶未脫初民之程度。及至成周。上監夏殷。郁郁其文。孔子稱之。然交通既繁。詐械日出。奢靡相尙。故倡學救世者咸懷復古思想。如孔子之言堯舜文王。老子之言黃帝。許行之言神農。墨子之言大禹。凡以救此敝也。而墨子尤持極端之非文主義者也。此節用、節葬、非樂、諸義所由立也。

(二)墨子之時社會不統一　周末者。中國社會將由不統一以趨於統一之過渡時代也。凡天下事理。惟過渡時代最能感其缺乏。如中國人之不自由。不自今日始也。乃四五千年莫或感之。而今乃感之。則以今日爲專制與自由之過渡時代也。中國之不統一。亦自黃帝以來而已然。乃二千年莫或感之。惟與墨子並世諸賢乃感之。其理一也。故孔子倡大一統。孟子言定於一。而墨子之政治思想。尤以此爲獨一無二之的焉。此尙同、尙賢、諸義、所由立也。

（三）墨子之時內競最烈　社會無時不競也。而其交通不頻繁。接構不切密。則其相競之範圍不廣。而相競之影響不劇。黃帝子孫之分布彌滿於中國。自春秋戰國以後也。故戰爭盛行。奸利蠭起。而人道或幾乎息。是當世睿哲之所最憂而汲汲欲救之者也。故墨子兼愛、非攻、諸義由茲出焉。

（四）墨子之時宗教與哲學衝突　凡一社會之發達。其始莫不賴宗教迷信之力。中國亦何獨不然。中國初民時代迷信之狀態。雖不可考。然散見於六經、六緯、及百家言者、尚多不可悉數。及孔老倡學。全趨於哲學及社會之實際。舉國學者。靡然從風。其宗派雖殊。然其爲迷信之敵則一也。墨子者乃逆抗於此風潮而欲據宗教之基礎以立一哲學者也。於是有天志、明鬼、非命、諸義。

（五）墨子於九流之中較爲晚出　其時儒道法三家。既已有中分天下之勢。而百家言紛起並出者。亦皆成一壁壘。據一方面。而墨子以後進崛起其間。非有堅固之理論博捷之辯才不足以排他說而申己義。故論理學格致學之應用最要。焉此經上、經下、經說、大取、小取、諸篇所由立也。

子墨子之事蹟

墨子名翟。魯人。與孔子同國。（史記漢書皆稱墨子爲宋大夫。後世因沿其說。謂爲宋人。盖緣公輸篇有爲宋守之事。竊疑墨子與宋因緣特深也。雖然。墨子持兼愛非攻主義、鋤强扶弱。甯問其爲已國與否。公輸篇之末曰。歸而過宋。則其非宋人甚明。自高誘注呂覽。（當染篇）謂爲魯人。近儒畢沅謂爲楚之魯陽。并魯衛之魯。於是復有墨子楚人之說。然考諸本書貴義篇云。「墨子北之齊。」又云「墨子南游使衛」若如畢氏說。則往衛當爲北游矣。呂氏春秋愼大篇云公輸般將以楚攻宋。子墨子聞之。自魯往。裂裳裹足。十日十夜至郢云云。屯自楚之魯陽往。不應相距如是其遠。又貴義篇。子墨子南游於楚云云。若自楚之魯陽往。不應云游楚。當云游郢耳。故以墨子爲與孔子同國。差爲近之。）初學於史角之後（呂氏春秋當染篇　魯惠公使宰讓請郊廟之禮於天子。桓王使史角往。惠公止之。其後在於魯。墨子學焉。）又嘗學儒者之業。受孔子之術。既乃以爲其禮煩擾。傷生害業。靡財貧民。故背周道而用夏政。（見淮南子要畧）故墨子者實從儒學一轉手者也。其生平行事多佚。不可深考。蓋嘗爲宋大夫云（據史記孟子荀卿列傳漢書藝文志）歷游齊（見貴義篇）衛同宋（見公輸篇）越（見魯問篇）楚（見公輸耕柱諸篇）諸國。宋之政府嘗用子罕之計囚墨子。（見史記鄒陽傳）墨子曾致憾於宋。公輸般將以楚攻宋。墨子聞之。自魯往（公輸篇作自齊往。今據呂氏春秋及他書。）裂裳裹足（據文選注引）百舍重繭（據尸子止楚師篇及戰國策宋策）行十日十夜至於郢。見公輸般。且因以見楚王。歷陳非攻之義。王及公輸不能難。而攻宋之念不衰。墨子乃與公輸角攻守之技。公輸九設攻城機變。墨子九距之。公輸之攻械盡。墨子之守圉（史記集解引作固）有餘。公輸般詘而曰。吾知所以距子矣。吾不言。墨子亦曰。吾知子之所以距我。吾不言。楚王問其故。墨子曰。公輸子之意。不過欲殺臣。

殺臣。宋莫能守。可攻也。然臣之弟子禽滑釐等三百人。已持臣守圉之器。在宋城上待楚寇矣。雖殺臣。不能絕也。楚王曰。善。乃止。（以上撮引公輸篇原文） 其持一主義必躬自實行之大率類是。齊欲伐魯。墨子見項子牛及齊王。說而罷之。魯欲攻鄭。墨子見陽文君。說而罷之。（俱見魯問篇） 蓋當時攻戰之禍。爲墨子所禁息者。蓋屢見焉。越王使公尙過（墨子弟子也） 以車五十乘迎墨子。請裂故吳之地方五百里封焉。墨子謂公尙過曰。子觀越王之志何若。越王將聽吾言。用我道。則翟將往。量腹而食。度身而衣。自比於羣臣。奚以封爲。抑越不聽吾言而我往焉。則是我以義糶也。鈞之糶。亦於中國耳。何必於越哉。（見魯問篇） 其不肯以道徇人也若此。故後人爲之語曰。孔席不暇煖。墨突不得黔。（見呂氏春秋淮南子） 孟子曰。墨子摩頂放踵利天下爲之。莊子亦曰。墨者多以裘褐爲衣。以跂蹻爲服。日夜不休。以自苦爲極。又曰。墨子眞天下之好也。將求之不得也。雖枯槁不舍也。（俱見天下篇） 嗚呼。千古之大實行家。孰有如子墨子者耶。孰有如子墨子者耶。墨子著書十五卷七十一篇。其中多 弟子所記者過半。今闕佚者復十八篇。存者爲五十三篇云。（案史記不爲墨子立傳。僅於孟荀傳後附數語。實龍門全書之最大缺點也。故今搜輯羣籍補爲此篇。雖或未備。竊附擇言尤雅之義。） 今爲子墨子學說篇目如左。

學說

第八章　墨學評論

第九章　墨子與中西諸哲之比較

第一章　墨子之宗教思想

宗教思想者墨學之一大特色而與時代潮流相反抗者也雖然墨子之宗教與尋常之宗教頗異尋常之宗教或迷信一神或迷信多神二者必居一於是而墨子則兼一神衆神而並尊之者也尋常宗教必爲出世間的而墨子則世間的也試分論之。

第一節　尊天之教

本節之編排間采日人高瀨武次郎所著楊墨哲學其案語則全出自鄙見不敢掠美特著一言　著者識

墨子常以天爲其學說最高之標準者也故不知天無以學墨子雖然吾中國古籍所用「天」之一名辭。其義至夥至賾或乃逕庭而不能相容。故欲明墨子之所謂天者不可不臚列其種類而別擇之。

第一種　以形體言天者　說文曰。天巔也。至高無上。從一大。爾雅曰。春爲蒼天云云。此外如天高地厚天成地平天覆地載等。不可悉數。此指天界天體言也。

第二種　以主宰言天者　如稱天秩、天序、天命、天討、天聰明、天明畏、克謹天戒、俶擾天紀、共行天罰、天生烝民、天鑒下民。孔子所謂天何言哉。老子所謂天地不仁。以及羣書中所稱帝、上帝、神、皇天、上天、等。皆是也。此含有造化主之意義。

第三種 以命運言天者 孔子謂富貴在天。孟子謂若夫成功則天也。吾之不遇魯侯天也。其子之賢不肖天也。非人之所能爲也。之類皆是含有宿命運數因緣等意義

第四種 以義理言天者 中庸天命之謂性。論語夫子之言性與天道。詩上天之載無聲無臭。孟子知其性則知天矣。等類皆是。含有理、性、自然之法則、等意義。

更爲圖以明之。

- 天
  - 有象……形體的……（天界、天體）
  - 無象
    - 有靈……主宰的……（天帝、皇天、造物主等）
    - 無靈
      - 命……（運、數、因緣）
      - 理法……（原則、理性）

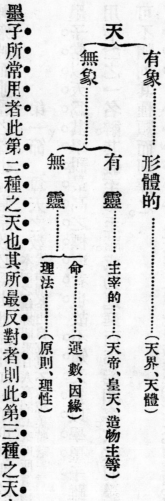

墨子所常用者此第二種之天也其所最反對者則此第三種之天也試剌取其學說以明之。

(一)天爲萬事萬物之標準

（法儀）子墨子曰。天下從事者不可以無法儀。無法儀而其事能成者無有。雖至士之爲將相者皆有法。雖至百工從事者亦皆有法。百工爲方以矩。爲員以規。直以繩。正以縣。無巧工不巧工。皆以此爲法。巧者能中之。不巧者雖不能中。猶逾已。故百工從事。皆有法所度。今大者治天下。其次治大國。而無法所度。此不若百工辯也。

然則奚以爲治法而可。當皆法其父母。奚若。天下之爲父母者衆。而仁者寡。若皆法其父母。此法不仁也。法不仁不可以爲法。當皆法其學。奚若。（中略同前文）當皆法其君。奚若。（中略同前文）故父母學君三者。莫可以爲治法。而可。然則奚以爲治法而可。故曰莫若法天。

（尙同上）天下之百姓皆上同於天子。而不上同於天。則菑猶未去也。（中下篇畧同）

（天志上）子墨子言曰。我有天志。譬若輪人之有規。匠人之有矩。以度天下之方圜。曰中者是也。不中者非也。今天下士君子之書。不可勝載。言語不可盡計。其於仁義則大相反也。何以知之。曰我得天下之明法以度之。

（天志中）故子墨子之有天之意也。上將以度王公大人之爲刑政也。下將以量天下之萬民爲文學出言談也。觀其行。順天之意。謂之善意行。反天之意。謂之不善意行。觀其言談。順天之意。謂之善言談。反天之意。謂之不善言談。觀其刑政。順天之意。謂之善刑政。反天之意。謂之不善刑政。故置此以爲法。立此以爲儀。將以量度天下之王公大人卿士大夫之仁與不仁。譬之猶分黑白也。

此皆以天爲衡量一切事物之標準尺度。墨子學說全體之源泉也。雖然以天爲標準之說。蓋不始於墨子。前此蓋有二義焉。其一曰。「天生蒸民。有物有則。」其二曰。「帝謂文王。不大聲與色。不識不知。順帝之則。」詩之所謂「則」者。即墨子之所謂標準尺度也。然其第一說所謂有物有則。「則」屬於客體。頗與近世天演家言相近。第二說所

謂順帝之則者「則」屬於主體正墨子所謂天志也墨子之天志乃景教的而非達爾文的也

(二)天者人格也　墨子以天爲人格之說（人格者謂有人之資格可當作一人觀也其義屢詳前號）屢見不一見無俟覼述即其以天志名篇天而有志則其爲人格已明甚矣據墨子所論則天有意欲有感覺有情操有行爲參觀前後所引自明

(三)天者常在者也全知全能者也　景教之God無所不在無所不知無所不能墨子之言天正與相合今舉其說

(天志上)今天下之士君子知小而不知大何以知之以其處家者知之若處家得罪於家長猶有鄰家所避逃之然且親戚兄弟所知共相儆戒皆曰不可不戒矣不可不愼矣惡有處家得罪于家長而可爲也非獨處家者爲然雖處國者亦然得罪于國君猶有鄰國所避逃之(中略同前文)此有所避逃之者也相儆戒猶若此其厚況無所逃避之者相儆戒豈不愈厚然後可哉且語言有之曰焉而晏日焉而得罪將惡避逃之夫天不可爲林谷幽澗無人明必見之然而天下之君子天也忽然不知以相儆戒此我所以知士君子知小而不知大也

案「焉」與詩所謂上帝臨汝無貳爾心相在爾室尙不愧於屋漏孔子所謂獲罪於天無

所禱也。皆同意義。但墨子言之簡單直捷耳。墨子以此爲萬法之源泉。舍此外更不陳他義故也。凡宗教家立言必極簡單直捷。故耶墨兩聖之教義。本無一不爲孔子所涵。而以耶墨與孔教同視不得也。蓋以此耳。

(四)天者至高貴而爲義之所從出也

(天志中)子墨子言曰。欲爲仁義者。則不可不知義之所從出。義何從出。子墨子曰。義不從愚且賤者出。必自貴且知者出。(中略)然則孰爲貴。孰爲知。曰天爲貴。天爲知而已矣。然則義果自天出矣。今天下之人曰。當若天子之貴侯諸。諸侯之貴大夫。(案言貴于諸侯貴于大夫也)碻明知之。然吾未知天之貴且知於天子也。子墨子曰。吾所以知天之貴且知於天子者有矣。曰天子爲善。天能賞之。天子爲暴。天能罰之。天子有疾病。必齋戒沐浴。(中略)則天能除之。(下略)

案此說頗與前列第四種之天相類。儒家謂道之大原出於天。亦即此意也。但墨子此論。與其論理法不甚相合。別於論理章詳言之。參觀本號譯叢門墨子之論理學篇

(五)天之欲惡與其報施

(天志上)我爲天之所欲。天亦爲我所欲。

(法儀)愛人利人者。天必福之。惡人賊人者。天必禍之。曰殺不辜者。得不祥焉。

（天志上）順天意者。兼相愛交相利。必得賞。反天意者。別相惡交相賊。必得罰。

（又）且吾言殺一不辜者必有一不祥殺不辜者誰也則人也予之不祥者誰也則天也

（天志中）然有所不為天之所欲而為天之所不欲則夫天亦且不為人之所欲而為人之所不欲矣人之所不欲者何也曰疾病禍祟也若已不為天之所欲而為天之所不欲是率天下之萬民以從事乎禍祟之中也。

墨子全書中語。諸如此類者。更僕難數。今勿臚引。要之墨子之言天。純取降祥降殃之義。是宗教家言之本色也。若夫所謂道德之責任者。墨子所罕言也。（注）所謂責任者不可不如是之謂也非以是為達一目的之手段也孔子之言道德多主此義若墨子所云云則踐履道德者得福反是者得禍若有人焉曰我不欲得福而欲得禍則行不道不德之事末從禁之也（參觀本報前號康德學說）故墨子之道德論非究竟圓滿主義也雖然世之真惡禍而樂禍者實無一人則墨子之說亦可謂不圓滿中之圓滿者矣且即以道德之責任律人而人之不認此責任而甘於自暴者又奈之何故孔子學說亦有圓滿中之不圓滿者存也

吾故謂宗教思想與實利主義兩者。在墨子學說全體中。殆猶車之兩輪。鳥之雙翼也。參觀第二章

且墨子雖言報施。而其報施之範圍太狹。其教之所以不能盛行於後者。皆坐是。更於本章之末詳論之。

(六)天之所欲惡者何在　此墨子兼愛說之源泉也。墨子乃以嚴密之論理精細之史證。以申其說如下。

(甲)天欲義而惡不義

(天志上)然則何以知天之欲義而惡不義。曰天下有義則生。無義則死。有義則富。無義則貧。有義則治。無義則亂。然則天欲其生而惡其死。欲其富而惡其貧。欲其治而惡其亂。此我所以知天欲義而惡不義也。

(案)此即所謂三段論法墨子之所常用也。雖然此實非完全之論法。蓋凡論理學必得正確之前提乃能得正確之斷案也。今此文以有義則生無義則死爲大前提。以天欲人之生而惡其死爲小前提。而此兩前提皆未正確。如有人焉尋得無義而生有義而死之證據。則墨子之斷案遂消滅。又使有人尋出天非必欲人之生而惡其死如今日進化論者之所云云。則墨子之斷案亦遂消滅。吾故謂其非完全之論法也。雖然墨子所以言之有故持之成理者。亦自有在。下文詳言之。

(乙)天欲人之相愛相利不欲人之相惡相賊

(法儀)奚以知天之欲人相愛相利而不欲人之相惡相賊也。以其兼而愛之兼而利之也。奚以知天兼而愛之兼而利之也。以其兼而有之。兼而食之也。(案食者養也謂天兼養萬民也)

(天志上)且夫天之有天下也。辟之無以異乎國君諸侯之有四境之內也。今國君諸侯夫豈欲其臣國萬民之相爲不利哉今若處大國則攻小國處大家則亂小家欲以此求賞譽終不可得誅罰必至矣夫天之有天下也得無以異此今若處大國則攻小國處大都則亂小都欲以此求福祿於天福祿終不可得而禍祟必至矣。

（天志下）楚王食於楚之四境之內故愛楚之人越王食於越故愛越之人今天兼天下而食焉我以此知其兼愛天下之人也

（案）此皆解釋前文之小前提也謂天欲民生欲民富欲民治之一斷案則以兼而有之兼而食之一語爲前提也

（法儀）昔之聖王禹湯文武兼愛天下之百姓率以尊天事鬼其利人多故天福之使立爲天子天下諸侯皆賓事之暴王桀紂幽厲兼惡天下之百姓率以詬天侮鬼賊其人多故天禍之使遂失其國家身死爲僇于天下後世子孫毀之至今不息故爲不善以得禍者桀紂幽厲是也愛人利人以得福者禹湯文武是也愛人利人以得福者有焉矣惡人賊人以得禍者亦有焉矣（天志三篇引證略同而語較詳今不復述）

（案）此解釋前文之大前提證明有義則生無義則死有義則富無義則貧有義則治無義則亂之說之不謬也義即指相愛相利不義即指相惡相賊本文甚明

由是觀之墨子之所以言天志者凡以爲兼愛說之前提云爾所謂天志者極簡單而獨一無二者也曰愛人利人是已天猶父人猶子父有十子愛之若一利之若一天之

於人也亦然十子各各相愛相利則爲父之所欲否則父之所不欲天之於人也亦然子曰父之所欲者則父亦將如子之所欲而因以得幸福反是者則禍及之天之於人也亦然要而論之道德與幸福相調和此墨學之特色也與泰西之梭格拉底康德其學說同一基礎者 所謂道德者何兼愛主義是已（第三章所論） 所謂幸福者何實利主義是已（第二章所論） 而所以能調和之者惟恃天志吾故以此三者爲墨學之總綱而宗教思想又爲彼三綱之綱也

第二節 鬼神教

以吾儕今日之學識評騭墨子之宗教論其最贅疣而無謂者則明鬼論是已今先義其學說次乃偕論之

（明鬼下）逮至昔三代聖王既沒天下失義諸侯力正是以存夫爲人君臣上下者之不惠忠也父子弟兄之不慈孝弟長貞良也正長之不強於聽治賤人之不強於從事也（中略）奪人車馬衣裘以自利者並作由此始是以天下亂此其故何以然也則皆疑惑鬼神之有無之別不明乎鬼神之能賞賢而罰暴也今若使天下之人偕若信鬼神之能賞賢而罰暴也則夫天下豈亂哉今執無鬼者曰鬼神固無有（中略）使天下之衆皆

疑惑乎鬼神有無之別。是以天下亂。

由是觀之。則墨子之鬼神論。非原本於絕對的迷信。直借之以爲改良社會之一方便法門云爾。故其論辨鬼神有無之一問題。不於學理上求答案。而於實際上求答案。其說如下。

其第一說則經驗論是也。（明鬼下）是與天下之所以察知有與無之道者。必以衆之耳目之實知有與無爲儀者也。墨子據此論礎。乃歷徵引生民以來有見鬼神之物聞鬼神之聲者。如厲宣王之於杜伯、鄭穆公之於句芒、燕簡公之於莊子儀、宋文君之於祏觀辜、齊莊公之於王里國中里徼等。以證明鬼神之爲物不虛妄。說繁冗今不備引。

其第二說謂若以爲衆人耳目之所經驗不足信。則請徵諸古昔聖王。因歷古者賞人必於祖。僇人必於社。及先王謹飭祭祀之成例。以爲之證。

其第三說更考之於聖人之言。引詩大雅文王在上於昭于天。文王陟降在帝左右。及商書夏書等凡言及鬼神之事。以爲之證。

以上三說。名三實一也。一者何。經驗論而已。

明鬼神則共祭祀。共祭祀則費財用。於是有執以難墨子。謂其明鬼之義與節用之義相衝突者。墨子釋之曰。(明鬼下)今吾爲祭祀也。非直注之汙壑而棄之也。上以交鬼之福。下以合驩聚衆。取親乎鄉里若神。有則是得吾父母弟兄而食之也。(案意謂若有鬼則吾父母得享食也)則此豈非天下利事也哉。此墨子明鬼篇最後之論據也。然此與鬼神有無之爭論點不相屬。若果無鬼神則難者之說遂勝也。

鬼神之有無。實古今中外學者劇烈爭辯之一問題也。昔斯賓塞區分哲學爲可思議不可思議之兩類。凡屬於不可思議之部分者。是終非可以吾儕有限之識想而下斷案也。吾固持有鬼論者。然其論據不如墨子之單簡淺薄。此其說甚長。非本論範圍。故不贅及。然則墨子雖極辯。其必不足以擢羣說而自樹義也明矣。雖然。墨子之所以明鬼者。本非如野蠻時代之絕對的信仰。不過借以爲撿束人心改良社會之一法門耳。審如是也。則天志一論已具足無遺。何必更以羣祀遞於其間也。吾故曰此論最贅疣而無謂也。歷觀中外大哲。無論其識想程度若何高尚。要必有一二焉爲當時社會習俗之所困。蓋社會者鑄造思想之原質也。墨子之斷斷焉儕鬼於天也。亦染於上古時代野蠻信仰之遺習而未能脫然已耳。

第三節　非命

非命者墨學與儒學反對之一要點而亦救時最適之良藥也徵諸儒家言曰孔子進以禮退以義得之不得曰有命曰不知命無以爲君子也曰死生有命富貴在天曰莫非命也順受其正曰道之將行也與命也道之將廢也與命也曰吾之不遇魯侯天也諸如此類不可枚舉故命也者實儒教中一普通之信條也（論語稱子罕言利與命與仁此必非當如尋常之解釋。蓋命實非孔子所罕言。若仁則尤其稱道不去口者矣。）但言命者亦當分二類一曰消極的亦曰有制限的二曰積極的亦曰無制限的消極的者盡人力之所得及其所不得及者乃歸諸命孟子所謂修身以俟之又曰知命者不立夫巖墻之下又曰强爲善而已矣即其義也積極的者或以命自暴焉如殷紂所謂「我生不有命在天」之類是也或以命自棄焉如陶淵明所謂「天運苟如此且進杯中物」（見本集責子詩）之類是也墨子則舉此兩種之命說而並非之者也命與力對待者也故有命說與力行說最不能相容此義列子力命篇剖之最明今引以相參證。

（列子力命篇）力謂命曰若之功奚若我哉。命曰汝奚功於物而欲比朕。力曰壽夭窮達貴賤貧富我力之所能也。命曰彭祖之智不出堯舜之上而壽八百。顏淵之才不出衆人之下而壽四八。仲尼之德不出諸侯之下。

而困于陳蔡。殷紂之行。不出三仁之上。而居君位。季札無爵於吳。田恒專有齊國。夷齊餓於首陽。季氏富於展禽。若是汝力之所能。奈何壽彼而夭此。窮聖而達逆。賤賢而貴愚。貧善而富惡耶。力曰。若如是言。我固無功於物。而物若此耶。此則若之所制耶。命曰。既謂之命。奈何有制之者耶。朕直而推之。曲而任之。自壽自夭自窮自達自貴自賤自富自貧。朕豈能識之哉。

列子固持極端之有命說者也。積極的無制限的 如其說則命與力殆不兩立。人人安於命而弛於力。則世界之進化終不可期。而人道或幾乎息。是以子墨子痛辯之。

(非命下)今也王公大人之所以早朝晏退。聽獄治政。終朝均分而不敢息怠倦者何也。曰彼以為強必治。不強必亂。強必寧。不強必危。故不敢怠倦。今也卿大夫之所以竭股肱之力。殫其思慮之知。內治官府。外斂關市山林澤梁之利。以實官府而不敢怠倦者何也。曰彼以為強必貴。不強必賤。強必榮。不強必辱。故不敢怠倦。今也農夫之所以蚤出暮入，強乎耕稼樹藝。多聚升粟。而不敢怠倦者何也。曰彼以為強必富。不強必貧。強必飽。不強必飢。故不敢怠倦。今也婦人之所以夙興夜寐。強乎紡績織紝，多治麻統葛緒綑布縿。而不敢怠倦者何也。曰彼以為強必富。不強必貧。強必煖。不強必寒。故不敢怠倦。今雖毋在乎王公大人。蕢若信有命而致行之。則必怠乎聽獄治政矣。卿大夫必怠乎治官府矣。農夫必怠乎耕稼樹藝矣。婦人必怠乎紡績織紝矣。王公大人怠乎聽獄治政。卿大夫怠乎治官府。則我以為天下必亂矣。農夫怠乎耕稼樹藝。婦人怠乎紡績織紝。則我以為天下衣食之財。將必不足矣。

子墨子所以不能不持非命之論者。其原因皆在是。至若命之果有果無之一問題。則墨子所恃以爲斷案者。仍不出經驗歸納之論法。援徵先王之前言往行以爲之前提。其壁壘未能堅也。今請演其言外之旨。

物競天擇一語。今世稍有新智識者類能言之矣。曰優勝劣敗。曰適者生存。此其事似屬於自然。謂爲命之範圍可也。雖然。若何而自勉爲優者適者以求免於劣敗淘汰之數。此則純在力之範圍。於命絲毫無與者也。夫沙漠地之動物。其始非必皆黃色也。而黃者存。不黃者滅。冰地之動物。其始非必皆白色也。而白者存。不白者滅。自餘若烏賊之吐墨。虎之爲斑紋。樹蟲之作枝葉形。諸同此例者。不可枚舉。（讀生物進化論諸書。自能知之。若悉數其種類及其原因。將累千萬言不能盡也。）其一存一滅之間。似有命焉。及窮其究竟。則何以彼能黃而我獨不黃。彼能白而我獨不白。彼能吐墨。能爲斑紋。爲枝葉形。而我獨不能。是亦力有未至也。推言之。則一人在本團體中。或適或不適。一團體在世界中。或適或不適。皆若此而已。故明夫天演公例者。必不肯棄自力於不用。而惟命之從也。難者曰。生物學家之言物競也。謂物類死亡之數。必遠過於所存。且如一草之種子。散播於地者以萬數。使皆悉存。則不轉瞬而將爲萬草乃其結局不得一二焉。何也。則其落地之時刻有先後所落之地段有燥濕肥瘠若是者不謂之命得乎。應之曰。斯固然矣。雖然使兩種子同在一時同落一地其一榮一悴之間必非力無以自達矣然猶未足以服難者之說吾以爲力與命對待者也凡有可以用力之處必不容命之存立命也者僅偷息於力以外之閑地而已故有命之說可以行於自然界之物而不可以行於靈覺界之物今之持有命無命之辨爭者皆人也靈覺界最高之動物也故此名詞決非我同類之所得用也夫彼草種之或飄茵或墮溷也彼其本身當時無自主力之可言也故命之一語可以驕橫恣睢以支配之一入於靈覺界有絲毫之自主力得以展布者則此君遂消滅而無復隙地之可容難者之說不足以助其成立明矣若夫彭壽而顏夭也跖富而惠貧也田恒貴而孔子賤也。持有命論者。以是爲不可磨滅之論據。其實非也蓋一由於社會全體之力未盡其用而偏枯遂及於箇人者一由不正之力之濫用而社會失其常度者。且如顏子之夭也。或其少年治學。不免太劬。或爲貧困所迫未盡養生之道。其果坐此等原因以致之否。吾輩今日。無從論斷。若果有之則力有未盡非命之爲之也藉曰無矣顏子之對於已身之責任其力已無不盡矣則其所以致此之故必由其父母遺傳之有缺點也否則幼時於養育之道未盡善也否則地理上人事上有與彼不相協也是則由社會全體之力有未盡使然也且使醫學大明繕生之思想與其方法大發達則顏子斷不至有羸弱之遺傳斷不至有失宜之養育而地理上人事上有何種障礙皆可以排而去之顏子或竟躋上壽未可知也不觀統計學家所言乎十七世紀歐洲人平均得壽僅十三歲十八世紀平均得壽二十歲十九世紀乃驟增至平均得壽三十六歲然則壽夭者必非命之所制而爲力之所制昭昭明甚矣若乃貧富貴賤則因其社會全體之力或用之正或用之不正而平不平生焉夫力也者物競界中所最必要者也而在矯揉造作之社會則物競每不能循常軌而行且競之道時或緣而中絕如彼「喀私德」制度之社會或生而爲貴族或生而爲平民當吾投胎之時誠有如草種之偶茵偶溷及既出生後而遂不能自拔此世俗論者之所謂命也雖然曾亦思此等制度果能以人力破除之耶抑終不能以人力破除之耶且使盎格魯撒遜人至今而猶爲維廉第一以前（十六世紀前）之狀態也則的士黎里斷不敢望爲大宰相林肯斷不

敢望爲大統領則亦曰命也命也而已而何以今竟若此故知夫力也者最後之戰勝者也子墨子曰。「命者暴王作之」上非命至言哉至言哉吾以爲命說之所從起必自專制政體矯誣物競壓物競始矣就其最淺者論之。如科舉制度之一事。取彼蠢人所能爲而優劣程度萬不能相懸絕之八股試帖楷法策論而限額若干名以取之以此爲全國選舉之專途其勢不能不等於探籌兒戲應舉者雖有聖智無可以用其力之餘地也而一升一沈之間求其故而不得夫安得不仰天太息曰命也命也而已吾中國數千年來社會之制度殆無一不類是故使國民彷徨迷惑有力而不能自用然後信風水信鬼神信氣運信術數種種謬想乃蟠踞於人人之腦際日積日深而不能以自拔貧富貴賤有命之說其最初之根原皆起於是然此果足爲有命說之根據乎一旦以力破此制度則皮不存而毛焉附矣其他如喪亂也偏災也癘疫也皆咸諉諸命而無異詞者也豈知立憲政體定則喪亂何從生交通事業盛則偏災何從起衛生預防密則癘疫何從行故以今日文明國國民視之則如中國所謂有命之種種證據已迎刃而解無復片痕隻跡之可以存立而況乎今日所謂文明者其與完全圓滿之文明相去尚不可以道里計也然則世運愈進而有命說愈狼狽失據豈待問矣墨子非命眞千古之雄識哉。

其足以爲墨子學說樹一奧援者。則佛之因果說是也。佛說一切器世間有情世間皆由衆生業力所造其羣業力之集合點世界也社會也（即器世間）而於此集合點之中又各各自有其特別之業力相應焉以爲差別則箇人是也（即有情世間）故一社會今日之果即食前此所造之因一箇人前此之因亦即爲今日所受之果吾人今者受茲惡果當知其受之於么匿（即本人）之惡因者若干焉受之於拓都（即社會）之惡因者若干焉吾人後此欲食善果則一面須爲么匿造善因一面更須爲拓都造善因此佛教之大概也。（其論據精深博辯。盛水不漏。讀小乘俱舍宗大乘相宗諸經論。能詳之。今不繁引。）故佛教者有力而無命者也藉曰有命則純然自力之之所左右者也嗚呼佛其至矣使墨子而聞佛說也其大成甯可量耶

世俗論者。常以天命二字相連並用。一若命爲天所制定者則或疑墨子既言天志而又非命。豈不矛盾矣乎。是於墨子所謂天之性質有所未瞭也。墨子固言。天也者隨人之順其欲惡與否而禍福之是天有無限之權也命定而不移則是天之權殺也故不

有非命之論則天志之論終不得成立也嗚呼命之一語其斲腐我中國之人心者數千年於玆矣安得起墨子於九原化一一身一一身中出一一舌而爲之廓淸辭闢之

本章之結論

墨子以宗教思想。爲其學說全體之源泉。所以普度衆生者。用心良苦矣顧其成就不能如他種宗教之光大者何也。則以宗教家最重要之一原質而墨子乃闕之也宗教家所最重要之一原質何靈魂是已故所謂禍福賞罰者不能以區區冥頑軀殼所歷之數十寒暑爲限程而常有久且遠者之在其後夫乃使人有所歆有所憚佛敎之涅槃輪廻耶敎之末日審判皆是也豈惟佛耶孔敎亦然孔敎衍形故曰。善不善報諸而子孫子孫者形之蛻餘也佛耶衍魂故曰。善不善報諸來世來世者魂之歸宿也必兼此義然後禍福賞罰之說乃圓滿而無憾墨子闇於此此其敎之所以不昌也公孟篇末載有門弟子相難之詞。而墨子之所以自辯護其說者。夫幾窮矣。幾遁矣。

（未完）

時局

中國近日之多數說及其處置之法

觀雲

凡一國行事將從一人之意見乎抑從衆人　意見乎則必曰從衆人者爲善矣衆人之中持論不同將從少數衆人之意見乎抑從多數衆人之意見乎則必曰從多數衆人者爲善矣是故以多數決事者與專制立正反對之地位而世所視爲公平之一標準也團體者集各個體而成立者也析各個體而無一團體則勢微力弱不足以競存立於世焉故必有團體者出也然由此而集團法之難題生其一用服從主義張團體而縮個體至其極也各個體皆不得申其志望達其願欲則個體與個體自解而團體立潰其一用自由主義伸個體以制團體至其極也各個體皆欲盡申其志望盡達其願欲則個體與個體相爭而團體且散如前者所謂專制國之狀態而後者所謂無政府之

狀態也夫團體必不可不立者也於是而擇集團之法如前者則數千年君主之專橫貴族之驕恣下民之困苦顛連而無所告物極則反至十九二十世紀之間而專制之時局遂於是乎告終已落之日雖有有力者不能再返而挽之天勢也而遂不能不取後者之說然欲個體與個體皆不受屈壓而又不致衝突乎則其道終不可能無已擇其至當可從之理論則決於多數之論出焉夫所謂決於多數者非謂其無一人之抑壓焉乙之議論有時屈於甲之議論丁之勢力有時扼於丙之勢力然而不得鳴其故而相抗者少數與多數之不同故焉夫以團體之少數而抑壓於團體之多數與以團體之多數而抑壓於團體之少數或且以團體之大多數而抑壓於團體之一個數此其受抑壓之事同也而試權其抑壓之數而比較之則見其多寡之大不同而事之相反者出焉夫團體不可以不立者也而抑壓之事又不能盡去則以團體之多數與大多數被抑壓於團體之少數與一個數一變而爲團體之少數被抑壓於團體之多數此不能不謂世界之大有進化而所謂多數之論遂由是而成立焉

雖然。此不過集團決事可取用之方術而已謂夫以少數從多數而不可。反是道也。則必以多數從少數。夫以多數從少數。毋寧以少數從多數。此其理論固無纖毫之可移易者。然謂一團體之決事。以此爲至當之理法可也。而謂一團體中多數之所在。即爲公理之所在。正論之所在也。則大不可。天下固有百人之中九十九人以爲然。而其道未必然。一人以爲非。而其道未必非者矣。然則事之是非。又屬別一問題。而以多數決事者。當謂之以多數斷可否。而非以多數定是非也。

既有是故。而此茫茫宙合。前有千古。後有萬年之中。吾人於此。或往往逢有極奇異之現象。無他。即所謂事之是者。有時或得團體中之少數。而所謂事之非者。有時或得團體中之多數是也。是固不待遠證矣。試以中國之近事論之。主維新變法者。其道是。不主維新變法者。其道非。然而今日之中國。維新變法之說之所以不行者。其故何由哉。或曰。是專制之故也。凡使吾人之言不得申。志不得達者。皆專制之制度使然。廢專制。用民權。而中國立維新。立變法。

是言也。其然乎哉。不然乎哉。則試假爲是議曰。今者中國之事。還問之於中國之人。而以多數決可。吾恐前之用專制者。固不維新不變法。後之用民權者。亦不維新不變法。

且用專制而不維新不變法也主維新變法者猶得張大其辭曰吾道固是也莫謂國無人吾謀適不用耳故其遭遇雖乖而其位置固甚高也其境地雖窮而其志氣固甚王也若以全國之多數決可而亦以不維新不變法宣告吾徒志士仁人主維新變法之徒皆將辯其口閉其氣自憤而死已耳何也以多數決可而所謂維新變法者被擯斥焉則固無復有可云云者矣使新黨而欲以維新變法用民權以多數決可乎吾淚潮汗雨濡肌浹顏誠惶誠恐而終決其必敗

則試言之今夫毒士子者莫甚於八股弢試然試集士子而與之協議曰今日之事爲廢八股罷弢試玆有衆贊成者其投白珠反對者其投黑珠吾恐終會而後啓匣以視而白珠得其少數黑珠得其多數矣又若毒女子者莫甚於纏足然試集女子而與之協商曰今日之事禁弓足放天足玆有衆贊成者其投白珠反對者其投黑珠吾恐終會而後啓匣以視又白珠得其少數黑珠得其多數矣更若毒民生者莫甚於鴉片然試集食鴉片之人而與之協商曰今日之事戒鴉片禁食禁種禁買玆有衆贊成者其投白珠反對者其投黑珠吾恐終會而後啓匣以視又白珠得其少數黑珠得其多數

矣夫據事理論之天下惟身受其害者其惡夫害也必至而其欲去夫害也必切果如是也則欲廢八股罷攷試者宜莫如士子欲禁弓足放天足者宜莫如女子欲戒鴉片禁食禁種禁買者宜莫如食鴉片之人然而證諸事實其最不肯廢八股罷攷試者非他人即士子也最不肯禁弓足放天足者非他人即女子也最不肯戒鴉片禁食禁種禁買者非他人即食鴉片者也甚矣衆生之顚倒也薰染溺惑認賊爲子執迷爲眞彼犬之食糞也人所視爲至臭之物而在犬其必不以爲臭而以爲香者殆同此「一理也」

此欲說明其理固亦非甚難之事。一則爲失其憑藉一則爲異其習慣故也夫困於八股之士子。羸於纏足之女人。從一方面觀之消耗其精神而付於無用之地夭閼其血氣而斲其自然之天謂天下之至愚而可憐者事無過於此焉可也然從一方面觀之彼八股者非恃其有掄元奪魁之祕訣以博世之富貴非乎彼纏足者非恃其纖削如春筍稜利如秋菱以邀世之榮寵非乎夫人莫不欲恃其所能而矜其所長何則能與長人之所以入世而占優勝之具也一旦去其所能奪其所長而使之處於無所能無所長之地如是則於彼大不利是故彼之欲庇護是欲保全是者無他彼所賴以存者在此勢不得而不庇護不得而不保全也是所謂憑藉也若夫一事也習而久之則其爲之也易而其知之也熟自非曠世天挺之才鮮有不樂爲因襲而樂爲剏闢者盖舍難而就易懼獨而從衆又人情之常而不能强者也八股之與纏足亦猶是也是所謂習慣也若夫食鴉片者。雖習慣居多。似無所謂憑藉。雖然，彼之食鴉片也必有其故或藉以補足其精力或藉以消遣其歲月然一物也食之既久則物性之作用與其生理之吸收即相合焉而有密切之關係試以食植物與食動物之物易其品而食之兩皆不食而足以致餓斃非特此也鄉人習藜藿達官飽粱肉一旦互易而盡變其素習亦足以蹙其壽命（衞生家言昔有某者生長山林多食果物壽至百數十歲國王聞而召之賜之粱肉不久遂死）故夫苦力之人日得數錢而必求一吸此臭味以爲快其計豈不甚拙然而彼實有所不能已者在也何也。彼已不啻以食米飲水存活之生命改而爲嘘吸鴉片存活之生命故也故夫一燈熒然芬菲襲人非獨其習慣之所不能改而亦彼之生命實有不能不憑藉乎此者在凡此皆八股纏足鴉片之所以不能拔去之原因也夫人之心其計是非也每不如其計利害以是非論天下事誠數言可決耳而一以利害入乎其間則紛紜錯雜而種種變幻之象各從其方面而生至於終遂無所謂是非而悉從各人所計算之利害上以爲是非而黑白且因而倒置焉夫八股纏足鴉片其是非豈不皎皎然易理也哉然一涉夫利害而其根本之轇轕糾結至于若此而其說且未易期其行也吾以爲豈獨八股天下事之類於八股者何限豈獨纏足天下事之類於纏足者何限豈獨鴉片天下事之類於鴉片者又何限方一堂演說指地畫天以爲國家由此即可治平耳及至世態如雲詭奇萬變則又咨嗟太息以爲事之眞不易爲而理之殆不可解而試一爲細審之則見事之梗塞無不有其所以梗塞之由說之擯棄又無不有其所以擯棄之故夫所謂維新變法固不僅此八股纏足鴉片而已也然以爲其例則無一不可作八股纏足鴉片觀也」

抑夫今之所欲維新變法者沿江沿海及寓居海外一部之人與在內外國學堂學生一部之人已耳而欲全國之事決於全國之多數則必幷腹地邊省窮鄉僻壤之人合計之而後可而以中國號稱四百兆人若夫沿江沿海及寓居海外與夫內外國學堂之學生除其頑固不化及宗旨兩可者外其足稱爲開通而熱心欲維新變法者計其人數殆不過數千而已從而增之不過數萬而已又從而增之不過數十萬而已即至

乎其極而言不過數百萬而已而此則已非其實然即以數百萬論而以投之於四百兆之中其孰爲多數耶孰爲少數耶且夫所謂多數者以至大公而言勢必令人人有決議之權而以我國下等社會中人蚩蚩文盲地球方圓之不知朝代古今之不識是豈足與計事者耶或曰以多數決可者固不能不定何等之界限然無論所定之界限若何而所謂紅頂花翎肥酒大肉高聲喝來低氣諾是之官固不能不與乎其中者也又則若寬袍大袖敲火刀火石腳長竹旱煙筒庋一部高頭講章爲寶典捧數篇試草硃卷爲鴻文之士又不能不多少與乎其中者也又則若徽倖射利大腹之賈與夫銖積寸累視錢若命之富室又不能不多少與乎其中者也夫吾固不敢謂我國之若官若士若商其中非無一二天資桀出之才懷高明之識抱遠大之謀然其大體則闒茸齷齪卑無足論而曰決以多數則此一二景星慶雲鳳毛麟角之士已情孤援薄而不能不退處於無權是故不言多數則已言多數則今日中國之欲維新變法者實不過泰山之一坯滄海之一溜已耳烏能與之比高絜大而匹其勢力者哉

故夫一國之中至於兵敗地削損威失權强鄰壓境危亡無日未有不激其一國之內

動力而所謂維新變法之說即因之而起夫中國雖素無民權未聞用多數決可之例而清議輿論亦自有轉移國政之力而其事累不絕於史書然以觀近世之事則與外人交戰也辛丑喪師而國內晏然庚申喪師而國內晏然甲申喪師而國內晏然至於甲午喪師庚子喪師滅亡之事近懸眉睫方焚之幕瀕覆之舟苟具人類智識以上無有不慮其危險者然而政府若醒若睡而昏然於上社會亦以嬉以遊而安然於下設今日而無外患之來則國內之熙洽實勝於康熙乾隆之朝而目爲至太平之世可也如是故一二有識之士痛哭叫號朝廷既目爲不逞之徒而社會亦遠爲不祥之物而所謂黑闇之政府者但使詔事外人無多誅求則對於國內雖山志士之屍海新黨之血而因襲秕政敷衍陋法七鬯萬年仍可不震豈眞其專制之壓力若是其强且大而人固無如何哉非也非也夫全國之欲維新變法者固居於少數而全國之不欲維新變法者固居其多數也少數不敵多數故是以上下相安能久而無事也

故可證以近數年內之事實矣庚子之役其原因與戊戌相聯貫可謂軒然一大動力而發生自下者也然試按此發動力之性質其爲維新之回復力乎抑爲守舊之增上力乎蓋實非前者而屬後者然則多數之保舊而排新惡變法而喜不變法者於事迹

固莫能遁矣至於庚子而後守舊之力以達乎其極而縮夫守舊之力縮則維新之力伸如鐘擺然左右推移此動勢之必然者也然而庚子以後至今五年歲月不爲不久矣事變不爲不多矣而維新變法之事直杳若春煙淡如秋雲愈進而愈不可得而見其實此則亦必有其故矣其故非他全國之欲維新變法者固居其少數而全國之不欲維新變法者固居其多數也少數不敵多數故是以若是其乏動力也

雖然吾人欲驗多數法易一題而試之而可得一奇異之象焉今假集合全國之人而詢之曰有欲中國之興盛者乎有欲中國之人智而多能富於學問體質發育無疾病孱弱者乎欲是者其投白珠不欲是者其投黑珠自非病狂失心之外無有不欲是者即無有投一黑珠者然而欲廢八股禁纏足戒鴉片者非有他也即欲中國之興盛中國之人智而多能富於學問體質發育以無疾病孱弱者也而以前題試之失其多數以今題試之得其多數是非民之蚩蚩慮短智淺行事矛盾所謂知二五而不知一十者耶所謂予以朝四暮三則喜予以朝三暮四則怒者耶所謂可與樂成難與謀始者耶而吾謂凡維新變法之事試割裂其始終前後而演述於愚民之前無一不發見其有奇異之象者君子知夫一般之民其見識固如是也故必籌所以處置之道矣（未完）

政治

中國專制政體進化史論（四）

中國之新民

第四章 權臣絕跡之次第及其原因結果

問者曰。權臣之爲物。果爲利於國耶。抑爲病於國耶。應之曰。權臣時而利國。時而病國。要其對於君主則病多而利少也。今試以正當之訓詁爲權臣二字下界說。則國中受委任（注）其委任或受之自君。或受之自民。之大吏（注）或中央大吏或地方大吏有獨立之威權而不被掣肘於他人者是也。故專制國有權臣。立憲國亦有權臣。專制國之權臣。盡人所能解矣。立憲國之權臣則如德國大宰相是也。德國大宰相兼聯邦參事會 Bundesrat 之議長。聯邦參事會。即帝國國會之上院。以立法機關而兼行法。其下院則民選之議會 Reichstag 是也。故上院之議長。（即大宰相）不以下院之多數少數爲進退。國法學者謂德國大宰相。其地位恰如君主國之君主云。英國大宰相亦是也。英國大宰相。以下議院之多數少數爲進退。故宰相恒爲議院多數黨所擁戴。英之下議院。有無限威權。英人常云。巴力門無事不可能爲。所不能者。除是使女變男男變女耳。巴力門既有此威權。則其多數擁戴之大宰相。亦有此威權。自不待言。故謂權臣必病國者。曲士之論也。雖然。在專制國之權臣。則往往利少而病多。以故欲行完

全圓滿之專制政體者不可不取權臣而擢滅之此實凡專制國之君主所願望而不能幾者也能之者惟今日之中國

試即中國權臣之種類而析分之爲表如左。

權臣

- 在中央政府者
  - （一）受顧命者（如殷伊尹周太公漢霍光及本朝之鰲拜、肅順等類是也）
  - （二）有大勳勞者（如漢曹操晉劉裕乃至洪氏之楊秀清與夫歷朝之定策擁立等類皆是也）
  - （三）以特別之才術結主知者（如秦商鞅宋王安石明張居正等類是也此類之性質與他類稍別蓋其君授之以權權仍在君非欲去之而不能者也）
  - （四）貴戚（如漢之竇田閻梁王諸后族晉之諸王及楊賈諸后族乃至清初之睿親王等類是也）
  - （五）間接者（如魏何晏鄧颺之用曹爽晉孫秀之用趙王倫等類是也近世如孫毓汶之用醇親王亦近似之）
  - （六）以近習便佞進者（如唐之盧杞李林甫宋之韓侂胄賈似道清之和坤乃至歷朝之閹宦中官皆是也此類與第三類頗不同蓋此類能制人主欲去之而往往不能也）
- 在外者
  - （七）藩王
  - （八）方鎮

綜觀歷朝史乘。權臣柄政時代。殆居强半。然其種類亦大有變遷。直至本朝最近數十年間。而其迹殆絕。夫所謂無權臣者。非指雄主在上羣下戢戢之時代言也。若彼者權臣之形影雖暫伏匿而可以產育權臣之胎卵固仍在也必也其君主雖童騃耄昏荒淫庸闇而仍不聞有權臣必也其國內雖棼亂狼藉廢弛愁慘而仍不聞有權臣若是者眞可謂之無權臣也已矣若是者非專制政體進化達於完全圓滿之域不克有此」

吾推原中國權臣消長之所由其第一原因則教義之浸淫是也孔子鑒周末貴族之極敝思定一尊以安天下故於權門疾之滋甚而經傳中矯枉過直之言遂變爲神聖不可侵犯之天經地義如所謂「惟辟作福惟辟作威臣無有作福作威」所謂「天下有道則政不在大夫」所謂「人臣無將將而誅焉」一皆據亂世救敝之言而二千年來君臣權限之理論所由出也此外法家道家與儒教中分天下至其論治術則皆以抱一於上鞭箠羣下爲致治之大原漢興叔孫通公孫弘之徒緣飾儒術以立主威鼂賈人豪和合儒法武帝表六藝黜百家益弘此術以化天下天澤之辨益嚴而世始知以權臣爲詬病爾後二千餘年以此義爲國民敎育之中心點宋賢大揚其波基礎益定凡縉紳上流束身自好者莫不兢兢焉義理既入於人心自能消其梟雄跋扈之氣束縛於名敎以就圍範范蔚宗後漢書論張奐皇甫規之徒功定天下之半聲馳西海之

表。俛仰顧盼。則天命可移。而猶鞠躬猥狽。無有悔心。以是歸功儒術之效。誠哉然也。若漢之武侯。唐之汾陽。近今之湘鄉湘陰合肥。皆隱受其賜者也。若是者。取權臣之根本的觀念而摧陷之。以減殺其主觀的權力。厥功最偉矣。

其第二原因。則全由於客觀的。即君主之所以對待其臣是已。今更分論之。

前表列次權臣八種。而在中央政府者與居六焉。故宰相地位之變遷。與權臣之消長最有切密關係。漢制宰相副貳天子。與天子共治天下。而非天子之私人。故漢官曰。宰相於海內無所不統。漢儀曰。天子為丞相起。天子為丞相下輿。以鄧通之驕橫。而丞相申屠嘉坐府按召之。天子不能庇也。立命斬戮。天子舍代為哀免之外。無他術也。相權尊嚴。可見一斑。揆當時之制。其宰相與今立憲國之宰相。殆幾相近。（謂比較的相近耳。）蓋君相之間所去不過一級。（黃梨洲明夷待訪錄。引孟子天子一位公一位君一位卿一位之言。謂天子非截然立於羣僚之上。其論實本於歷史。非特理想也。）君主亦不得不加嚴憚焉。君主之侵相權。自漢武始。初秦制少府遣吏四人在殿中主發書。謂之尚書。（少府乃九卿之一。而尚書又少府所遣。則其職秩之微甚矣。）及漢武游宴後庭。始令宦者典事尚書。而外廷之權。漸移於宮中。其末年以霍光領尚書事。光薨。子山繼之。山敗。張安世繼之。宰相實權始在尚書矣其所以由宰相而忽移於尙書者何也漢制宰相必經二千石（郡國守相中二千石九卿）著有政聲者歷御史大夫（宰相之副也）乃得爲之其位高其望重苟以節操自持者雖天子亦不得干以私漢武憚焉乃任用己之左右近習能奉承意旨者使潛奪其權則尙書之所以重也然自霍氏以後尙書一職移至外廷寖假而其位之尊望之重與前此之宰相等（霍光以大將軍領尙書事。其後張安世以車騎將軍王鳳以大司馬師丹以左將軍領之。後漢章帝時。以太傅趙熹太尉牟融並錄尙書事。蓋爲三公之兼官矣。和帝時。以太尉鄧彪爲太傅錄尙書事。且班在三公上矣。）又非復天子之所得而私矣（漢官儀云。尙書令主贊奏事。總領紀綱。無所不統。與司隸校尉御史中丞。朝會皆專席坐。京師號曰三獨坐。蓋後漢制也。）於是乎復移而入於中書（政權由尙書入中書。自魏晉始。然西漢之末。實已有之。漢書蕭望之傳云。元帝時中書令弘恭石顯秉樞用事。權傾內外。望之奏言。中書政本。宜以賢明之選。更置士人。是中書有實權之明證也。時望之方錄尙書事也。又霍光傳言。光夫人顯及禹山雲等。言上書者益黠。奏封事輒下中書令取出之。不關尙書。然則中書侵權。自宣帝時而已然矣。要之著著由外廷以移於內侍而已。）魏晉以後尙書令徒擁尊號而不掌實政幾等於漢之三公（史稱荀勗久在中書。參贊朝政。及遷尙書令。人有賀者。勗怒曰。奪我鳳凰池。諸公何賀焉。）中書令監始爲眞宰相矣（魏黃初中以劉放爲中書監孫資爲中書令並掌機密中書監自此始）南朝齊梁以後復以侍中對掌禁令逮乎初唐遂以尙書中書門下謂之三省而尙書令中書令侍中爲三省長官（侍中者門下省長官也。）擬於三公罷師傅保丞相太尉諸官悉不置三省長官名實並爲宰相自唐始也夫尙書中書令在西漢時爲少府官屬與太官湯官上林

政治 六

諸令。品列略等耳。（侍中則但為加官）在東漢時。猶屬少府。銅印墨綬。秩稍增僅乃千石。其去公卿甚遠。或至出為縣令。其卑微也若此而顧以之總百揆掌機要何哉無他君主以是為我弄臣可以無所尊嚴無所忌憚云爾故三公之階不撤然不過徒塞時望敬而遠之宰相之職偶置則皆權臣篡弒時虛經之階級也（東漢末置丞相。曹操為之。其三公則楊彪趙溫輩也。魏末置丞相。司馬師昭為之。其三公則王祥鄭沖輩也。）觀此而宰相一職與權臣之關係可概見矣唐制三省長官既為眞相而秩猶三品（大歷中乃升正二品）天子與宰相之位階相距蓋懸絕其於孟子君一位卿一位之義去之愈遠矣然且以太宗嘗為尚書令臣下避不敢居。改以其屬官僕射為尚書省長官。宰相之秩益卑。然且以其職望之隆又非復天子之所得而私也故不輕以授人復以其他官更卑秩更小者尸其實權於是有中書門下平章事同中書門下三品參知政事參預朝政諸名（同中書門下三品者。因三省長官。（即僕射侍中中書令也）皆秩三品也。不欲賞除。故因同之。其後雖一品二品官。亦加此名。蓋可笑也。）一言蔽之則君主遠其所敬畏者而任其所可狎弄者云爾及於宋而尚書令侍中中書令位益崇重。至班在太師上。然亦不復除授矣。此又漢魏廢丞相不置之遺技也（宋制以三省長官秩高不除。故以尚書令之貳左右僕射為宰相。而左僕射兼門下侍郎以行侍中之職。右僕射兼中書侍郎以行中書令之職。而別置侍郎以佐之。）唐初實權在三省至高宗時始分其職於北門學士。元宗時。又移於翰林學士。既稍稍內遷矣。中葉以後。置諸司使皆中官領之。而樞密使參預朝政。實與宰相分權。學士中書。皆承其下流。昭宗以降。其職始移於外廷。（時大誅宦官。宮中無復奄寺。故命蔣元暉爲之。樞密使移於朝臣自茲始。）五代因之。樞密使皆天子腹心之臣。日與議軍國大事。其權重於宰相。蓋唐末之樞密使。即漢武時之尚書中書令。而五代宋之樞密使。即東漢魏晉間之尚書中書令也。皆由君主猜忌外廷大臣使然也。唐制三省各分職。中書出詔令。門下掌封駁。尚書主奉行。蓋微有三權鼎立之意焉。中書省其猶立法機關也。（專制國立法之權。在君主。亦固其所。）至門下省其猶司法機關也。尚書省其猶行政機關也。夫門下省而有覆審封駁之權。則其妨害於專制也亦甚矣而已。（門下省封駁之權。不獨其長官有之。其所屬之給事中。尤專以此爲職。岳珂愧郯錄。記唐李藩在瑣闥。以筆塗詔書。謂之塗歸。宋南渡後。三省合爲一。此職遂專歸給事中。愧郯錄又記。元祐中權給事中梁燾。封繳詔書。其駁文云。所有錄黃。謹具封還。伏乞聖慈。特付中書省。別賜取旨。云云。此亦可稱峻潔之司法官矣。若近代則給事中與御史同職。安用此疊床架屋無謂之升轉階梯哉。）及宋南渡。以門下侍郎爲左僕射兼官。與中書侍郎同時取旨。於是三權合一。而並歸於君主之左右近習。專制之威權。更增一層。此亦千古得失之林哉。明初亦曾設丞相、相國平章政事、參知政事等官。及既定天下。又以其位高望重。非復天子所得而私也。於是罷中書省。（洪武十三年。○平章參知等官。本屬中書省。）論以後嗣君毋得議置丞相（洪武二十八年）而實權歸於內閣內閣大學士之官不過五品耳（楊士奇在內閣得政。歷二十五年。後加至少師。而實官仍止五品。）以秩微之故天子得任意以授其所私暱猶漢世以秩六百石之中書尚書令代宰相也（洪武十五年初置華蓋武英文淵東閣諸大學士。而邵質以禮部尚書爲華蓋。吳伯宗以檢討爲武英。宋訥以翰林學士爲文淵。吳沈以典籍爲東閣。夫尚書翰林學士之與檢討典籍。其官階甚相遠也。而同時受此職。其便於君主之任意遷除亦甚矣。）蓋君主國之君主雖專制權無限而前代之法律亦往往束縛之（孟德斯鳩嘗詳論其理）故必脫離其名號然後得自恣歷代宰相名實之沿革大率爲是也梨洲待訪錄云『有明之無善治自高皇帝罷丞相始也』又曰『入閣辦事者職在批答猶開府之書記也其事既輕而批答之意又必自內授之而後擬之可謂有其實乎』或者乃謂閣老無宰相之名有宰相之實若是者可謂知言（趙甌北陔餘叢考卷二十。有「前明司禮監即樞密使」一條。蓋當時有所謂秉筆太監者。常令粗寫事目。送閣撰擬。中唐以後。正如是也。故梨洲又謂有宰相之實者。今之宮奴也。要之實權自外廷漸移於內廷。千古一轍耳。）雖然自漢中葉以後所公認爲宰相之職者何一非開府書記之類又甯獨區區有明之大學士哉明之大學士則東漢魏晉時之尚書中書令也本朝之大學士則唐宋之尚書中書令也其位寖太高其望寖太重又非復天子之所得而私矣於是一移於南書房（康熙中諭旨多令南書房翰林撰擬。其職如唐翰林學士掌內制。實宰相也。）再移於軍機處（雍正間始設軍機處於隆宗門外。以鄂爾泰張廷玉任之。）政權皆以次內遷猶漢唐故事也所異者未入於中涓之手耳自乾隆迄今。垂二百年。軍機處常爲獨一無二之樞要地大學士而不兼軍機大臣者猶漢末之太傅太尉不錄尙書唐末之僕射平章不任樞密冷然與閑曹無異也夫以曾文正李文忠之勳名赫赫盖天下任閣老且十年至數十年然一離其方鎭之任則冷然一閑曹也左文襄贊軍機僅一月遂爲先輩所排不安其位權臣之爲權臣不亦難哉。嗚呼僅以宰相一職上下千古而察其名實遞嬗之所由當益信吾所謂中國專制政體進化達於完全圓滿之說誠非過言矣。

難者曰子所述者宰相之異名耳。若夫有天子不能無宰相。則二十餘代所同也。號之曰丞相、曰相國、曰太尉、曰太傅、曰司徒司馬司空、曰錄尙書事、曰尙書令、曰中書令、中書監、曰侍中、曰僕射、曰平章、曰參知、曰同三品、曰承旨學士、曰樞密使、曰知制誥、曰內閣大學士、曰南書房翰林、曰軍機大臣。其名則殊。其實何擇焉。應之曰。否否。吾今所欲論辨者。正惟其實不惟其名也。吾以爲名實不副之相與實相比較其相異之點有四一曰位不甚高望不甚重不見嚴憚也。漢制天子待丞相、御座爲起、在輿爲下、不必論矣。即在後世擁三公虛號者。（唐宋時之僕射等官。已可謂之擁三公虛號。蓋彼時此等官。已如漢之丞相矣。）猶不失坐而論道之禮。（宰相見天子不敢坐。自范質之於宋藝祖始耳。）至如漢武時之尙書中書侍中。則執唾壺虎子者也。（史稱孔安國爲侍中。帝以其儒者。特聽掌唾壺。朝廷榮之。云云。吁亦可歎矣。）唐宋之學士則出入諷議之司也。樞密使等又益與明之秉筆太監無擇也。皆其素所狎比暱弄而倡優臧獲畜之者也。善夫黄子之言曰。『宰相既能天子更無與爲禮者。遂謂百官之設所以事我。能事我者我賢之。不能事我者我否之』夫其位望稍足與君主相接近者。則既已敬而遠之。不使與聞國事。而所委任者乃反在六百石（漢甲書令）千石（東漢尙書令）三品（唐三省長官）五品（明大學士）之人。有資格者無地位。有地位者無資格。其不易造出權臣者一矣。二曰不得自辟掾屬也。漢制丞相官屬有司直有長史有諸曹。而司直且秩中二千石。位司隸校尉上。相府諸官皆不受職於天子。故曹操司馬昭劉裕之徒。將行簒弑。必復置眞相而自任之者。爲此種權利也。至尙書中書以下之所謂相者。無復此矣。若隋唐尙書之有左右司郎中左右承務。宋中書之有五房撿正。明大學士之有中書今。軍機處之有章京。皆天子之臣。非長官所得而私也。其不易造出權臣者二矣。三曰徙掌票擬。職同書記。權非獨立也。相名曰丞。丞猶貳也。漢制御史大夫丞丞相而非丞相屬御史中丞丞御史大夫而非其屬猶今制府丞丞府尹縣丞丞知縣而非其屬也故因文究義亦知丞相丞天子而斷未嘗奴隸於天子史記周勃對漢文帝言。宰相者。上佐天子。理陰陽。順四時。下遂萬物之宜。外鎮四夷諸侯。內親附百姓。使卿大夫各任其職。云云。凡此皆天子之事也。又漢武帝語相田蚡曰。君除吏盡否。吾亦欲除吏。此雖憤激爭權之語。亦可見當時相構之獨立矣。故先君崩殂。嗣子諒闇。則百官總已以聽冢宰。亦猶總督丁憂。則巡撫署理布政護理而已。今立憲國詔令非宰相副署不得施行猶斯意也故天子譬猶國之大腦宰相譬則小腦也若後世名實不副之宰相則王之喉舌耳喉舌之司雖不可無然其細已甚矣唐虞之龍作納言位次九官之末而後世則以之在一人之下萬人之上隋制竟以納言名宰相。尤可笑。更何處復容參政之餘地也吾常謂今之軍機大臣不過合留聲機器與寫字機器二者之長此雖戲言實確論也。雍乾間張文和汪文端親自擬旨。是猶兼盡兩機器之職務。此後皆傳旨使章京票擬。則唯一之留聲機器而已。故惟以有記性能愼密者爲上才漢之初以霍光領尚書事。史稱以其謹密而用之。此後世英主擇相之秘訣矣其他皆非所需也不見乎壬寅癸夘間四軍機中無一人官肢完備者曾何損於潤色鴻業矣故眞相非才德望兼備者不任而名實不副之相乃愈庸才而愈妙也其不易造出權臣者三矣四曰同職數輩勢位相等不能擅專也秦漢之相則一而已或分左右不久旋罷後世則既有尚書復有中書既有令復有監六朝時則侍中門下侍郎散騎常侍中書舍人等往往並行宰相職唐天寶以後同時任平章同三品參知參預等職者乃多至三四十人明制大學士凡六員本朝軍機大臣無定員常四人至九人不等雖其間秉鈞持衡者實不過一二而其名號固已分矣求其如古代及今世立憲國之正名定分以一人總攬機要禮絕百僚者久矣乎未之有聞也其不易造出權臣者四矣以此四端。故緣宰相之名實而權臣消長之機大顯焉吾不敢指爲行政機關之退化吾但見爲專制政體之進化而已。何也。彼桀黠之君主不知經幾許研究試驗而始得此法門也

（未完）

傳記

明季第一重要人物　袁崇煥傳（續第四十八號）

中國之新民

第六節　袁督師之和議及甯錦之捷

以和爲守以守爲戰此袁督師對滿洲之大政策也李牧之所以破虜羊祜之所以沼吳名將之最上戰略往往在此點於是清太祖方殂落崇煥乃遣都司傅有爵田成等同李喇嘛往弔喪賀新君且覘虛實焉清太宗遣方吉納溫克什送之還且來報聘崇煥乃復書申和議書云再辱書教知漸息兵戈以休養部落即此一念好生天自鑒之將來所以佑汗而昌大之者尙無量也往事七宗汗家抱爲長恨者不佞甯忍聽之漠漠但追思往事窮究根因我之邊境細人與汗家之部落口舌爭競致起禍端作孽之人即這人刑難逃天怒不佞不必枚舉而汗亦所必知也今欲一一辨晰恐難問之九原不佞非但欲我國家忘之且欲汗共忘之也然汗家十年苦戰皆爲此七宗不佞可無一言乎今南關北關安在遼河東西死者甯止十人仳離者甯止一老女遼瀋界內之人民已不能保甯問田禾此極慘極痛之事我國家所難消受而汗家之雪怨固已滿志快心者也今若修好則城池地方作何退出官生男婦作何送還是在汗之仁明慈惠敬天愛人耳天道無私人情忌滿是非曲直原自昭然各有息心偏私不得一念殺機起世上無窮刼運一念生機開後來許多吉祥不佞又願汗熟思之來書中所開諸物以我國家之財用廣大亦甯靳此然往牒不載多取違天又汗所當酌裁也方以一介往來又稱兵於朝鮮何故我文武官屬遂疑汗之言不由中也兵未回即撤回已回勿再往以明汗之盛德息止刀兵將前後事情講析明白

往來書札無取動氣之言恐不便奏聞朝廷惟汗堅意修好再通信使則凜簡書以料理邊情有邊疆之臣在甯或虛汗美意壅於上聞乎○據開國方略補錄

太宗復書詞甚倨。然方欲有事朝鮮。懼崇煥躡其後。和議遂粗定。

七年正月。朝議以崇煥與王之臣不相能。召之臣還。經略不設。以關內外專屬崇煥與鎮守中官應坤用並便宜從事。崇煥銳意恢復。乃乘清軍之出。遣將繕錦州中左大凌三城。而再使之持書議和。會朝鮮及毛文龍同告急。朝命崇煥發兵援。崇煥以水師援文龍。又遣左輔趙率教朱梅等九將將精卒九千。先後逼三岔河。案即在田庄臺營口之間。今正日俄陸戰之燒點也。爲牽制之勢。會朝鮮降。乃還。

初崇煥議和。中朝不及知。及奏報。優旨許之。後以爲非計。頻旨戒諭。崇煥持益力。而朝鮮及文龍被兵。言官因謂和議所致。四月。崇煥上書云。

關外四城。雖延袤二百里。北負山。南阻海。廣四十里爾。今屯兵六萬。商民數十萬。地隘人稠。安所得食。錦州中左大凌三城修築必不可已。業移商民廣開屯種。倘城不完而敵至。勢必撤還。是棄垂成功也。故乘敵有事江東。姑以和之說緩之。敵知則三城已完。戰守又在關門四百里外。金湯益固矣。

崇煥議和之眞相。蓋在於是。其時淸太宗復移書相詰。有「今將軍遣使議和又修葺城垣潛圖侵逼」等語。蓋崇煥議和之故敵軍知之而明之君臣懵焉明之爲明殆難言哉。奏上帝優旨報聞。然非其意也。後崇煥莫須有之獄遂伏於是。

時率敎駐錦州護版築。朝命尤世祿來代。又以左輔爲前鋒總兵官。駐大淩河。世祿未至輔未入大淩。五月十一日淸兵直抵錦州。四面合圍。率敎偕中官用嬰城守而遣使議和。欲援師以待救。使三返。不決。圍益急。崇煥以寧遠兵不可動。選精騎四千令世祿、大壽將。繞出淸軍後決戰。別遣水師東出相牽制。且請發薊鎭宣大兵東護關門。朝廷已命山海滿桂移前屯。三屯孫祖壽移山海宣府。黑雲龍移一片石。薊遼總督閻鳴泰移關城。又發昌平天津保定兵馳赴上關。檄山西河南山東守臣整兵聽調。世祿等將行。淸軍已於二十八日分兵趨寧遠。崇煥與副使畢自肅督將士登陴守。列營濠內。用礮距擊。而桂、世祿、大壽大戰城外。士多死。桂身被數矢。淸軍亦旋引去。益兵攻錦州。以溽暑不能克。士卒多損傷。六月五日亦引還。因毀大小淩河二城。時稱寧錦大捷。是爲明軍對淸軍第二次血戰。皆袁督師節制調遣之成效也。惜大小淩防守未完而敵軍

奄至未免有虧簣之憾觀此益信以和爲守以守爲戰之政策之不容已矣使督師能久其位而行其志則成就亦安止此

時魏忠賢方專權炙手可熱中外爭頌功德崇煥不附衛之滋甚敍甯錦戰捷功文武增秩賜廕者數百忠賢子亦封伯而崇煥止增一秩猶以爲未足復使其黨劾罷之七月崇煥遂予告歸。

第七節　袁督師之再督師

熹宗崩。懷宗即位。忠賢伏誅。創諸冒功者。廷臣爭請召崇煥。其年十一月擢右都御史。視兵部。添注左侍郎事。崇禎元年四月。命以兵部尚書兼右副都御史督師薊遼兼督登萊天津軍務所司敦促上道。七月崇煥入都先奏陳兵事。帝召見平臺。慰勞甚至。咨以方略。對曰方略已具疏中。臣受陛下特眷。願假以便宜。計五年全遼可復。帝曰復遼朕不吝封侯賞。卿努力解天下倒懸。卿子孫亦受其福。崇煥頓首謝。且曰陛下既委臣。臣安敢辭難。但五年內戶部轉軍餉。工部給器械。吏部用人。兵部調兵選將。須中外事事相應。方克有濟。帝爲飭四部臣如其言。崇煥又言以臣之力制全遼有餘。調衆口不足。一出國門。便成萬里。忌能妬功。夫豈無人。即不以權力掣臣肘。亦能以意見亂臣謀帝起立傾聽。諭之曰。卿無疑慮。朕自有主持。大學士劉鴻訓等請收還王之臣滿桂尙方劍。以賜崇煥假之便宜。帝悉從之。賜崇煥酒饌而出。

崇煥以前此熊廷弼孫承宗皆爲人排搆。不得竟其志。乃再上疏曰。

恢復之計不外臣昔年以遼人守遼土以遼土養遼人守爲正著戰爲奇著和爲旁著之說法在漸不在驟在實不在虛此臣與諸邊臣所能爲至用人之人與爲人用之人皆至尊司其鑰何以任而勿貳信而勿疑蓋馭邊臣與廷臣異軍中可驚可疑者殊多但當論成敗之大局不必摘一言一行之微瑕事任旣重爲怨實多諸有利於封疆者皆不利於此身者也况圖敵之急敵亦從而間之是以爲邊臣甚難陛下愛臣知臣臣何必過疑懼但中有所危不敢不告

嗚呼。督師此言字字血語語淚矣明所以亡者不一端而朝廷不能見信於其臣則亡徵之尤劇而不可藥者也不然以磊落颯爽之袁督師而何以自危至是而明之所以待督師者後此乃皆不幸而言中焉嗚呼雖曰天命豈非人事哉書上帝優詔答之賜蟒玉銀幣。疏辭蟒玉不受。

是月。川湖兵戍甯遠者。以缺餉四月。大譟。餘十三營起應之。縛繫巡撫畢自肅、總兵官朱梅、通判張世榮推官蘇涵淳、於譙樓上。自肅傷重。兵備副使郭廣初至。躬翼自肅。括撫賞及朋樁二萬金以散。不厭。貸商民足五萬。乃解。自肅疏引罪。走中左所自經死。崇煥以八月初抵關。聞變馳與廣密謀。宥首惡張正朝張思順。令捕十五人。戮之市。斬知謀中軍吳國琦。責參將彭簪古。黜都司左良玉等四人。發正朝思順前鋒立功。世榮涵淳以貪虐致變。亦斥之。獨都司程大樂一營不從變。特為奬勵。一方乃靖。

時關外大將四五人。事多掣肘。後定設二人。以梅鎮甯遠。大壽仍駐錦州。至是梅將解任。崇煥請合甯錦為一鎮。大壽仍駐錦州。加中軍副將何可剛都督僉事。代梅駐甯遠。而移薊鎮率教于關門。關內外止設二大將。因極稱三人之才。謂臣自期五年專藉此三人。當與臣相終始。屆期不效。臣手戮三人。而身歸死于司敗。帝可之。崇煥遂留鎮甯遠。自肅既死。崇煥請停巡撫。及登萊巡撫孫國楨免。崇煥又請罷不設。帝亦報可。哈剌慎三十六家向受撫賞。後為插漢所迫。且歲饑。有叛志。崇煥召至於邊。親撫慰。皆聽命。

二年閏四月。敍春秋兩防功。加太子太保。賜蟒衣銀幣。廕錦衣千戶。（未完）

生計

中國貨幣問題（續第四十八號）

中國之新民

第三章之續

第二節　論法定平價之重要

中國貨幣問題之動機。則銀價下落之爲之也。銀價下落而我獨蒙其影響。其故何由。蓋當今國際貿易大發達之時甲國與乙國勢不能無國際滙兌之事而在彼此用同一本位之國則可以有法定平價（Mint Par of Excehange）者以爲之準衡法定平價者何即法律上所定平等之價格是也其法以甲乙兩國所通用之貨幣（即斯坦迭么匿也）相比較觀其所含有金屬之分量幾何而因以定其價如英國之單位貨幣爲鎊一鎊之全量爲百二十三忌連零二七四四七。內含金十一銅一之差量。故其純金量爲百十三忌

生計 二 六九〇〇

連零零一六。($\frac{123.27447\times11}{12}=113.0016$忌連)日本之單位貨幣爲圜。一圓之全量爲十六忌連零六〇三一七。內含金九銅一之差量。故其純金量爲十一忌連零五七四二。($\frac{16.60317\times9}{10}=11.5742$忌連)各國貨幣之有差量者。因鑄幣不能用純金純銀。必須攙雜等金屬少許。如英國則用十一分金一分銅之差量。日本、德國、美國、拉丁同盟國、瑞典、挪威、皆用九分金一分銅之差量。推算法價時。必須將其雜分量除出。其所餘者謂之純金分量。故兩貨比較英貨一鎊當日貨九圓七十六錢三釐($\frac{113.0016}{11.5742}=9.763$元)日貨一圓當英貨二先令零十六分片士之九强($\frac{11.5742\times240片(即一鎊)}{113.0016}=24.5829=2/0\frac{9}{10}\times$)是即英日兩國之法定平價也其他諸國之法價皆依此例推算。

以此之故彼此匯兌常有定價即如日人欲匯百鎊之值往英即以本國貨幣九百七十六圓三十錢爲其定價英人欲匯千圓之值往日即以本國貨幣一百零二鎊六先令十片士强爲其定價其事至簡至便雖金融時價稍有漲落然斷不至過甚國際匯兌。

既有法定平價。然金融時價。仍間有漲落者。則視其供求兩率之多寡耳。如日本欲匯金與英國之數多。而英國欲匯金與日本之數少。則日本匯票求過於供。英國匯票。供過於求。在日本爭購匯票。爭者多而其值昂。則平日九百七十六元餘之定價。或不能購得百鎊之匯票。而溢至千圓以外者有焉矣。此其理與尋常物價以供求之率爲漲落者相同。非緣貨幣之價格有升降也。故其漲落斷不至過甚。蓋生計學定例。供求之率。任物自己。而必趨於平故也。

雖然。此法定平價。惟彼此用同一本位之國得行之耳。若夫金本位國與銀本位國之國際匯兌。不得用此例。何以故。蓋法價之所由定者。以推算彼此貨幣中所含有金屬之純量而已。而甲國某貨幣中含有純金量若干忌連。乙國某貨幣中含有純銀量若干忌連。於此而欲正定甲幣若干當乙幣若干。其道無由。蓋地金地銀（即金銀塊金銀條也）兩者之比價。常應於供求之率。以爲消長變動而不居者也。故金幣銀幣之比價。勢不得不隨其本質而動搖。此與本位國所以不能立法定平價之理由也。

既無法定平價。則其國際匯兌將如何。曰其在用銀之國。只能以地銀價値推算而貨幣之功用將全滅。即金銀時價爲一與十五之比例者。則吾將以十五忌連之銀易一忌連之金。金銀時價爲一與四十三之比例者。則吾將以四十三忌連之銀。乃能易一忌連之金。夫美國銀貨一弗（弗者美國銀幣一圓之譯名也。原文爲打拉Dollor省書作$日本人取其肖形。譯爲弗字。以別於日本之銀圓。今從之。）與中國近年各省所鑄龍銀一圓。其全量同爲二十六忌連有奇。所含純銀量同爲二十二忌連有奇。而美國之一弗。無論銀價漲落如何。總能易英幣四先令內外。中國一龍圓則七年以前。猶能易英幣二先令。今則不及一先令半者。蓋彼之弗不過爲金幣之補助不以弗中所含銀量計算而我則除計算銀量外無他術也故用金國絕不蒙銀價漲落之影響而惟用銀國獨蒙之皆此之由（即實行完全銀本位之國。猶受其影響。若我國之用銀塊而非用銀幣者。更不待問矣。）其影響奈何。若遇進出口商務爲差負（輸出超過輸入爲差正。輸入超過輸出爲差負。）之時則我須匯銀出口使所匯出之銀而往用金國也疇昔以十五忌連當彼一忌連者今乃以四十三忌連當彼一忌連則虧累莫甚焉查中國近十年來（光緒十六年至廿七年。）國際貿易統計。其差負總額凡九千九百七十二萬零三百一十四兩。（海關兩。）若使此數而必須匯出國外也則以銀價低落之故其負累不亦重乎此其一（此節卻非甚可慮者。蓋此不過仍重商主義派之杞憂耳。其實國際貿易。斷無常爲差負之理。即常差負。亦必有別種原因如英國近數十年來常差負者。因其船隻寄港之所入。及本國資本放在外國利潤之所入。足以相償也。中國近十年常爲差負之勢者。其理由吾未能斷言之。或有由陸路出口之貨。不經海關。故不能調查報告此其一因也。或進口貨物。係爲放利置業之用。無須運貨出口以相抵。如製造機器等類。亦未可知。此其二因也。若如前一因。則不至蒙銀價之影響。如後一因。則固不免矣。何也。暫時須匯銀出口也。）團匪之變償款四萬五千萬兩分年攤還本利總計已將九萬萬當議約時每海關兩一兩合日本銀一圓四十錢〇三（他國稱是）迨二十八年秋冬間僅合一圓耳（他國稱是）是四萬五千萬兩之原額已忽進爲九萬萬兩而利息尚不計使銀價更有下落其償率亦即隨而增進銀價所落之極點達於何度誰能料之則我償率所進之極點達於何度亦誰能料之此其二若金銀比價有定則無論內商外商皆安心以從事於國際貿易而商務因以大發達觀日本改行金本位以來貿易表之大增進雖其原因甚多而國際匯兌之整便亦其重要之一端也我國近年貿易表進步絕稀甚者如千九百年退減至四之一雖其原因甚多而銀價漲落之無常亦其重要之一端也故非打破此問題則國力之發達終不可得期此其三以此三因故中國今日改革幣制必以求得與金本位國有同一之法定平價爲第一義至其何以得此之由則精琪氏之政策致可味也。

第三節　論新案求得法定平價之政策

今精琪氏新案。將以金一銀三十二之比例。爲我國之法定平價。夫現今通行者。既以金一銀四十餘爲經價矣。今有何術矯揉之。使銀價漲至半倍。此未通貨幣原理者所不能索解也。今約舉精琪氏之政策。不出三端。

(一)信用

(二)限制

(三)操縱

信用者政府以信用導國民也夫貨幣者易中之物所以為易而非所易也故必流通全國無所往而不用然後易中之資格乃成貨幣為政府所造故政府當率先用之法價（即法定平價之省稱下仿此）為政府所定故政府當率先從之此最淺之理也故精琪氏原案第七條云「新鑄貨幣無論在何省完納賦稅等項皆照國家所定比價平等收用若此等公項前此原定銀價者皆准用新定幣價推算」此義殆不煩言而解雖然此實推行新幣之第一義也

限制者本案之最要關目也考近三十年來各國更改幣制之歷史當其由複本位而進為金單本位也則必先下令停止銀幣之自由鑄造（自由鑄造者民間有持銀塊銀條納於政府之鑄幣局者則政府悉為代鑄無或拒絕也）此諸國之所同也然此次新案所定銀幣之性質與各國（專指金本位國）現行銀幣之性質大有所異蓋各國之銀幣祇以為補助貨幣限至若干數目以上即不許用（參觀前號本章第一節第四段）而新案所定則以銀為國中通用唯一之貨幣雖累至萬數千元猶用銀也故所鑄銀幣自不能不加多於他國雖然鑄出之總數亦不可不為立限制苟無限制而欲銀幣之時價常從其法價勢固不能夫物價之理不外緣供求之劑以為差率供過求則

時價落求過供則時價騰百物皆然而貨幣亦不能外者也夫今日中國所用之銀其價所以下落而無所底止者何也最近半世紀銀塊產出之總額遠駕金產額而上之而各國紛紛改金舊日之銀悉無所用以一瀉千里之勢而爲壑於中國（世俗論者。或以爲如此。則全地球之銀。如水就下。流入我國。豈非我之大利耶。此眞大惑不解之論也。銀也者。寒不可衣。飢不可食者也。惟因其有易中之力。故相率而寶之。使其易中力全滅　則與土石何異。即不全滅。而低減至於失其前此之價值。則亦與銅鐵何異。彼以其不用之物、易我有用之貨。我徒寶之。而一旦欲持以還易彼有用之物。則効力全失。或全滅矣。則寶之奚爲者。此在稍通生計學理者。皆能知之。今不贅論。）銀之供給愈多而銀之價值愈減（金銀比價漲落之由。其原因甚複雜。他日當別著論詳言之。）而我所通用者又不過銀錠也銀塊也曾無一定之格式節制凡名爲銀者即可以通用於我市面於此而欲提高其價勢固不能無待言矣故必有一定之貨幣然後有價值之可維持然貨幣之格式雖定若猶聽民間或各省地方官之自由鑄造則民間之持有銀塊者譬昔須以四十餘兩乃能易金一兩今一旦携至鑄幣局託其代鑄鑄成之後則三十二兩即易一兩夫孰不趨之如鶩者（地方官局亦然）若是則一二年間而新幣之數必驟增至不思議而全地球他國餘溢之銀更不期而全集於中國雖驅之不能去也如是則雖嚴定法價而市面之時價必仍與地銀（即銀塊銀條之類）無異且必因此而更致下落何也市面所有之銀圓遠過於其所需之數供太多而求太少價未有不下趨者也故新案主眼將鑄幣大權全收攬於中央政府凡各省之銀元局皆罷之中央政府則調查全國中當有銀幣若干即可敷用準此數以爲鑄造之總額務使所鑄之銀無一圓焉失其所而不得自效用於社會者（供過於求則銀必有羨爲而莫或過問者是此銀爲向隅矣）夫制既定矣前此之銀錠銀條皆不許爲易中之用其性質與尋常貨物無異（今若持地銀在日本市場欲易一物不能得也）民非政府所頒之新幣無可以爲易者而所頒者只有此數故政府欲定何價而市價不得不從之而移此固無俟刑驅勢迫而始然也抑亦斷非刑驅勢迫之所能獲也故限制之法行而法定平價之成立思過半矣

曰、然則爲政府者。故絀其所鑄之總額。使市面上之新幣絕少。而求者常過於供。如是則市價遂將騰於法價之上。甯不更利。雖然。此又不可能之數也苟銀根缺緊之現象永永繼續則民間遂將棄政府之新幣而復私用地銀雖以刀鋸隨其後不能絕也如是則不久而新幣制之基礎遂壞且政府所求者亦在有此法定平價而已更提高之使騰於平價之外何爲者或又曰。既用此法。則雖將新幣之法價。更提高之。使如法美諸國。然爲金一銀十五之比例。亦可也。而何必限以三十二者。曰。是固然。然此幣制之精神。藉以抵制外部之漏卮者。不過十之二三。而藉以調和內部之生計社會者。乃十之七八。故必視本國現時生活之程度如何。徒爲過高不相應之制。貪虛名而受實害。無益也。故日本現行之制。亦爲一與三十二之比例。精氏從之。庶爲近矣。

或者猶疑幣値旣昂。則民間私鑄之弊。終不可免。而所謂限制者。或致無效。此則視其警察行政之力何如矣。抑鑄造法旣改良。非有大機器。不可仿製。則盜鑄固非易易也。不然。則普世界各國貨幣。所名何一不優於本値者。彼不慮此。而獨我鰓鰓耶。

旣有限制以劑供求。則新幣之通行於國內者。必常能如國家所定之法價。雖間有小小漲落。而斷不至大剌謬也。明矣。（全國各地遼遠。交通機關未十分整備。則有時或甲地供過於求。乙地求過於供。則甲地時價。必落至法價以下。乙地時價必騰至法價以上。此殆斷不能免者。然此不過一地之現象。於全國大體無關。且其現象又不過在一時。任幣之自已。而價遂趨於平矣。故此不必以政府之力代斂杞憂也。）而此法價對於國際貿易能否永久維持。是在操縱之術

（此節未完）

生計

論膠濟鐵路與德國權力之關係

世界各國對于中國之政策有二。一曰保全二曰瓜分保全政策者美日英所標櫫也瓜分政策者俄法之所懷抱也而德國之目的最爲不明德者于甲乙兩政策各爲最圓滿之預備視時勢之宜于行某種政策而遂行之者也凡倡保全政策者必其工商業大發達能以生計問題制中國之死命者也倡瓜分政策者則異是要之兩者皆足以亡中國其揆一也乃者膠州濟南間之鐵路全開通。此事之關係于中國前途者其重大不讓日俄戰役此鐵路公司、乃由德國全體之大資本家組織而成而伯林之中央銀行給以補助資本金一百五十兆元雖謂之爲政府的事業焉可也德國此舉其爲有侵略土地的野心與否。姑勿論。即使無之而握山東全省生計界之實權已足以制我死命現在鐵路近旁新開之煤鐵礦據膠州年報所記其煤礦爲無烟性及瀝青性之最佳品以用之軍艦及東方一帶商船最宜計其採掘之費每噸需三元由鐵路運出青島每噸需四元二角售之于船舶每噸十元至十三元其鐵塊亦爲上等良品現在山東附近各都市供建築及其他用品已極銷流膠濟鐵路既通之後此鐵礦利用之途自更益廣而此礦區實德國資本家所左右也現在所投資本已二千萬元聞將來預備增加者尚六千萬元以外此礦遂爲中國內地第一大礦矣此皆與膠濟鐵路相輔爲德國東方殖民之一大成功者也故美國人評之曰青島者將來第二之香港也膠濟鐵路者舉山東全省三千五百萬之人口而置諸德國勢力範圍下者也二十世紀以後之世界惟戰勝于產業界者乃能役人反是則爲役于人此稍有識者所同認矣故此後滅人國者決不恃砲彈決不恃艦隊而惟握其生計之實權以爲之主人彼德國前此本與俄同一侵略政策者也此次俄軍失敗之後或遂一變其方針以從同于英美日所謂開放門戶之主義者亦未可定雖然就令爾爾而中國遂可以保全乎狐之吸精髓以死人與虎之啖骨肉以死人其所施之手段不同而受之者之結果則一也若杜蘭斯哇人賭亡國之孤注以與英人戰者豈謂英之掠其土地哉所爭

者不過鑽石礦金礦之兩問題耳。故知痺痨之疾。甚于癰疽。將萎之花。慘于槁木。論者毋徒狃于日本戰利。以爲是保全主義之制勝。吾可以高枕爲樂也。埃及高麗。至今未亡。試問其國于天地間之價值如何哉。抑今日欲挽茲浩刼。豈徒吾相之責任而已。實業家之責任。抑更重焉。國中有一人焉不以責任爲責任。則國將有受其敝者。而況于擧國人視切膚之痛爲秦越耶。噫。

俄國芬蘭總督之遇害

（俄國內治之前途奈何）

西歷六月十八日。（華歷五月六日）柏林電報稱。俄國芬蘭總督波布里哥夫爲芬蘭人所誅。誅之者爲元老院議員之子查曼氏。其手段則以短銃暗殺云。嗚呼。壯哉此男子。壯哉此男子。

欲知此事之原因結果。不可不先明芬蘭與俄羅斯之關係。芬蘭自前世紀之初。爲俄人藩屬。以來呻吟于他族專制之下者。既百年。其積年之壓迫慘虐。今且勿具論。即近五年以來。種種新布之法令。實有使芬蘭人欲忍不能忍者。前此芬蘭人本有獨立之立法權乃一千九百九十九年芬蘭國會議定法律數種既經可決而俄人復提出之于聖彼得堡別開芬蘭會議于是原有之立法權全爲俄國中央政府所攘奪其時芬蘭上下兩議院竭全力以反對此新制。不能救也此爲俄國特別壓制政策之第一著。芬蘭人前此惟有服役于芬蘭軍隊之義務乃千九百年俄政府下徵兵新令使人人皆有服役俄軍之義務歸俄國陸軍大臣管轄是芬蘭人爲其仇敵納血稅也故嫉怨之感情自兹益烈乃俄政府猶以爲未足更于前年下一辣手以俄語爲芬蘭通用語凡欲任官吏者不可不擧其祖國國語而拋棄之現任各官限五年內須全用俄語計芬蘭人口二百七十萬而解俄語者僅八千是永絕芬人參與政治之生機也芬人于是忍無可忍。受無可受。全國朝野上下。日夕謀所以反抗俄羈者。數年于兹矣。若此者皆波布里哥夫謀之而彼得堡政府斷之者也蓄怨積憤之既久。于是前年四月有比爾盛福爾市民與哥薩克兵衝突之事。俄猶不悛。強暴之行。有加無已。此次戰役。以一二佞臣之野心。驅數十萬無辜之市民。塗肝腦于東亞原野。使芬蘭人不得不爲其敵之敵効死力。芬蘭人稍有血性稍有智識其必有以自審矣與其斃于敵之敵也毋寧與敵俱斃此革命運動所由縣熾也故於日前布告檄文。聲俄政府之無狀。其簡末即大書『殺波布里哥夫殺波布里哥夫』之一語果也不及數日而波氏之凶耗已接于吾前。嗚呼天下淋漓痛快之事孰有過此者耶孰有過此者耶果也再越兩日旋有比爾盛福爾市民襲擊官衙廣殺長吏之電報自玆以往芬蘭問題愈益重大聳一世之耳目矣

芬蘭革命之前途雖未知如何。要之彼以議會現成之團體鼓動全國民之義憤俄廷君臣旰食之日方長矣即使無成。而博浪之椎。亦足使民賊驚心動魄。俄君臣而知所鑒也其禍或將稍戢也不然外患未已內憂乘之有自滅而已矣雖然。吾記此事吾不暇為俄國君臣憂而竊竊焉為我當道憂不暇為芬蘭人起舞而反為我國民掩袂而羞乎

美國大統領選舉臆評

美國本年為改選大統領之期。向例以西歷六月各黨派選定候補者。十月乃以間接投票選大統領。兩大政黨中。利帕璧力根黨。最有力之候補者。即現任大統領盧斯福

氏是也。盧氏自就任以來。內治外交。處置咸宜。收攬人心。爲一時望。但近年嚴行托辣斯之監督。加以最近反對鐵路公司之合併。以致大傷資本家之感情。於是該黨之有力者軒拿氏乘間抵隙。密糾合資本家。欲自立於候補者之地位。軒氏夙有大統領製造者之綽號因近年大統領之被選多藉其援助也於是爲盧斯福氏一勍敵。則數月前軒氏忽然死去。於是盧氏爲該黨獨一無二之資格。全黨一致屬意之。幾無與爭者。還觀彼丹們奇勒黨。黨勢欠統一。至今迄不能適當之候補者。其最有力者。格里文及阿爾尼之兩氏。然格氏今既已絕意於政界。阿氏前任外務大臣時。爲委內瑞拉事件。欲與英國轇轕。幾至失和。國民咸咎其失策。大有不滿之意。故現在該黨惟推紐約高等法院之裁判長巴卡氏爲候補。稍有勢。在南部之丹們奇勒黨。亦舉黨一致推戴之。雖然其不能敵盧斯福氏。殆無疑義。以故此次選舉。盧氏殆無能與競爭者。往歲每屆大統領易人之期。則舉國紛擾。馴至生計界大受其影響。今者選期將至。而國中尚頗沈着。或者此數月間可無甚變動乎。

聖路易博覽會之各種會議

自一千八百八十九年。巴黎博覽會始就會場中開種種之萬國會議。自茲以後。芝加高之博覽會繼之千九百年巴黎之博覽會復繼之此皆交通日繁文明日進而萬國漸趨於大同之徵兆也此次聖路易之博覽會亦仿其例今將其所定會議之條件及其時日報告如下

一、萬國報館主筆訪事會議　西五月十六日至廿一日
二、運輸交通會議　同上
三、教育會議　六月十八日至七月一日
四、牙科醫會議　八月廿九日至九月三日
五、電學會議　九月十二日至十七日
六、法律學會議　九月廿九日至十月一日
七、工學會議　十月三日至九日
八、禁酒禁烟會議　十月十日至十五日
九、禮拜日休暇實行會議　十月十二日至十四日
十、盲啞教育會議　十月十七日至二十日
十一、國書會議　十月十八日至廿一日
十二、空中旅行法研究會議　期未定

聖路易博覽會之各種會議

國聞雜評

十三、政治生計會議　同上

十四、弭兵會議　同上

十五、林政會議　同上

此次會議事件與前數回最相異者則無宗教會議是也此殆由科學日昌宗教問題漸爲世界無關輕重之問題歟此次會議事件最無價値者則弭兵會議是也俄皇親自倡萬國平和會於海牙口血未乾而遂有今日之事今者帝國主義之跋扈正達於極點各國日夕汲汲以擴張軍備爲獨一無二之政策當此而言弭兵豈非不識時務無論會議之結果若何不過一篇好文章而已使兵而可弭也其在中國獨立自强之後乎

此次會議事件最有趣味者則電學及空中飛行之硏究是也電學之功用今雖已有種種不可思議之現象其實方始萌芽耳此美國電學最發達之區今開此會議其結果必有大可觀者空中飛行之事各國硏究之者大不乏人且積有年所今次美國政府特懸賞十萬金令有製新式飛船在此次賽會得頭等賞牌者給之將來必有大新發明聳動一世之耳目者矣

飲冰室讀書錄

墨子之論理學

（附言一）舉凡西人今日所有之學、而強緣飾之以爲吾古人所嘗有、此重誣古人而奬厲國民之自欺者也、雖然、苟誠爲古人所見及者、從而發明之、淬厲之、此又後起國民之責任也、且亦增長國民愛國心之一法門也、夫人性恆愛其所親、而重其所經歷、故使其學誠爲吾古人所引端而未竟者、今表而出之、則爲子孫者若有手澤之思、而研究之之心因以驟熾、近世泰西之文明、導源於古學復興時代、循此例也、故今者以歐西新理比附中國舊學、其非無用之業也明矣、本章所論墨子之論理、其能否盡免於牽合附會之誚、蓋未敢自信、但勉求忠實、不誣古人、不自欺、則著者之志也、

（附言二）Logic 之原語、前明李之藻譯爲名理、近侯官嚴氏譯爲名學、此實用九流「名家」之舊名、惟於原語意似有所未盡、今從東譯通行語、作論理學、其本學中之術語、則東譯嚴譯、擇善而從、而

釆東譯爲多。吾中國將來之學界。必與日本學界有切密之關係。故今毋甯多釆之。免使與方來之譯本生參差也。

（附言三）本篇原爲墨子學說之一節。以文繁故別著之。

凡一學說之獨立也。必排斥他人之謬誤。而楬櫫一己之心得。若是者必以論理學爲之城壁焉。其難他說也。以違反於論理原則者擣其伏。則所向無敵矣。其自樹義也。以印合於論理原則者證其眞。則持之成理矣。此學在中國之發達。固甚幼稚也。然秦漢以後。則並其幼稚者而無之。萌芽之稍可尋者。惟先秦諸子而已。諸子中持論理學最堅而用之最密者。莫如墨子。墨子一書。盛水不漏者也。綱領條目。相一貫而無或牴牾者也。何以故。有論理學爲之城壁故。故今欲究論墨子全體之學說。不可不先識其所根據之論理學。

墨子全書。殆無一處不用論理學之法則。至專言其法則之所以成立者。則惟經說上、經說下、大取、小取、非命諸篇爲特詳。今引而釋之。與泰西治此學者相印證焉。

一釋名

辯●（小取）夫辯者將以明是非之分同異之處察名實之理處利害決嫌疑焉摹略萬物之然論求羣言之比名以舉實以辭抒意以說出故以類取以類予（案）墨子所謂辯者即論理學也此文釋論理學之定義及其功用今泰西斯學名家所下界說不是過矣。

名●（小取）以名舉實（案）墨子所謂名即論理學所謂名辭 Term 也。如云「墨子者中國人也」「墨子」與「中國人」。為兩名詞也。

辭●（小取）以辭抒意（案）墨子所謂辭即論理學所謂命題 Proposition 也。如云「墨子者中國人也」一語。連續之為一命題也。

說●（小取）以說出故（案）墨子所謂說即論理學所謂前提 Premise 也凡論理學必用三段法其第一段謂之大前提第二段謂之小前提也。如云「有道行能救人者聖人也」此大前提也。云「墨子者有道行能救人者也」此小前提也。又案墨子之所謂說以專屬諸小前提差為確當。

實意故●（小取）以名舉實以辭抒意以說出故（案）墨子所謂實意故皆論理學所謂斷案 Conclusion 也凡論理學必先指名合兩名為一命題舉兩命題為大小

前提。然後斷案出焉。斷案即其實也。其意也。而下斷案時恒用故字出之。故墨子曰。說以出故。如云「有道行能救人者聖人也。」「墨子有道行能救人者也。」「故墨子聖人也。」如此則三段論法備矣。有大小兩前提。則斷案自出也。

類。（小取）以類取以類予。（案）墨子所謂類。殆論理學所謂媒詞 Middle Term 也。論理學三段論法凡含三名詞。其斷案之主位名詞亦曰小詞。斷案之賓位名詞亦曰大詞。其不見於斷案中之名詞曰媒詞。如云「凡中國人皆亞洲人也。」「墨子者中國人也。」「故墨子亞洲人也。」墨子為小詞。亞洲人為大詞。中國人為媒辭。媒詞者在大前提與小前提之間為取。在小前提與斷案之間為予者也。

或。（小取）或也者不盡也。（案）墨子所謂或。即論理學所謂特稱命題 Particular Proposition 也。論理學命題有全稱特稱之分。布式者所最不可忽之節目也。如云「凡中國人皆黃帝子孫也。」此之謂全稱命題。蓋其主位之凡字。包舉全中國人而無遺也。如云「或人某人此人彼人為黃帝子孫。」此之謂特稱命題。所包舉者不盡也。此或人之外。其餘人為黃帝子孫與否。未嘗言明也。

假。（小取）假者今不然也。（案）墨子所謂假。即論理學所謂假言命題 Hypothetical Proposition 也。如云「假使今日中國有墨子。則中國可救。」（第一段）「今有墨子與否未可知。」（第二段）「故中國之前途難決也。」（第三段）假者現在不能指實故曰今不然。

效。（小取）效者爲之法也故中效則是也不中效則非也（案）墨子所謂效殆含法式之義兼西語 Form. Law 兩字之意尋求諸論理學則三段論法之格 Figure 足以當之苟不中格者則其論法永不得成立也

譬。（小取）辟畢注辟同譬也者舉物而以明之也（案）墨子所謂譬論理學所謂立 verification 也如歌白尼創行星繞日之說。加里黎阿欲考其說之確否。乃設爲金星水星應證同一現象之理想而研究之。舉以爲證之類是也。其種別甚多。不可枚舉。

侔。（小取）侔也者比辭而俱行也（案）墨子所謂侔即比較 Comparison 之義論理學所最要也蓋無比較則論理學不能成立也

援。（小取）援也者子曰然我奚獨不可以然也（案）墨子所謂援其義不甚分明。不敢强解。若附會適用之則積疊式 Sorites 之三段論法庶幾近之。如云「動物者有機體也」。「四足獸者動物也。」「馬者四足獸也。」「此物者馬也。」「故此物者有機體也。」凡積數段。段段相援。而成斷案也。

推。（小取）推也者以其所不取之同於其所取者予之也（案）論理學本推論 Inference 之學故推爲本學中第一要件無待言但墨子之定義頗奧古不敢强解。

二法式　法式者。即小取篇所謂效也。中效則是。不中效則非。是墨子所持以權衡天下之理論者也。墨子論理學之法式。未嘗別爲專篇。故不可以盡見。今從諸篇中搜其緒論而排比之。（但原文或錯漏不可讀。或深奧不可解。不敢謂所釋者盡原意也。）

（經說下）彼正名者彼。此。彼此可。彼彼止於彼。此此止於此。彼此不可。彼此止於彼此。若是而彼彼也則彼亦且此此也。

此據論理學上內包 Intension 外延 Extension 之例以明全稱名詞特稱名詞之異用也「彼句此句彼此可」一者謂主詞與賓詞之量相等（主詞者。英語之Subject賓詞者。英語之Predicate 一命題中必含此兩詞。如云「墨子者中國人也」。墨子是主詞。中國人是賓詞。此文之「此」即主詞也。「彼」即賓詞也。）則賓主可互易也「彼此可」之彼字乃動詞（與彼白而我白之下白字同用法。）謂以此爲彼也「彼此彼此可」者其彼皆屬全稱也（以對於下文知其爲全稱。）試舉其例如命題云「人者理性之動物也」是謂「彼此彼此可」何以故兩者皆全稱故人以外無理性之動物理性之動物以外無人故故不惟彼此可即此彼亦可也即飜言之曰「理性之動物者人也」於論理無悖也以今世論理學之語解之則云

凡主賓兩詞之質量相等者則可以互爲主賓

外延

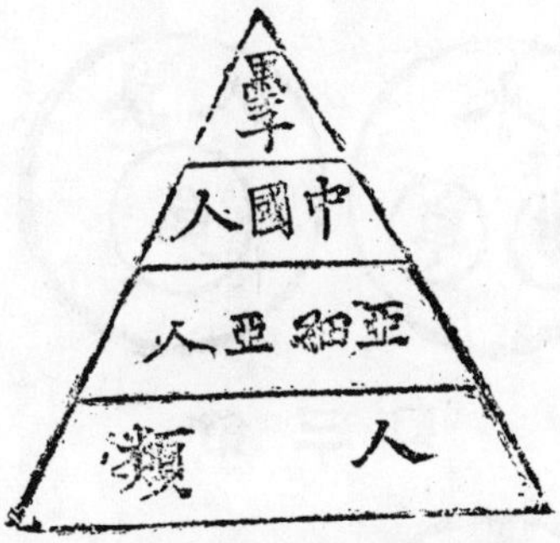

第一圖

內包

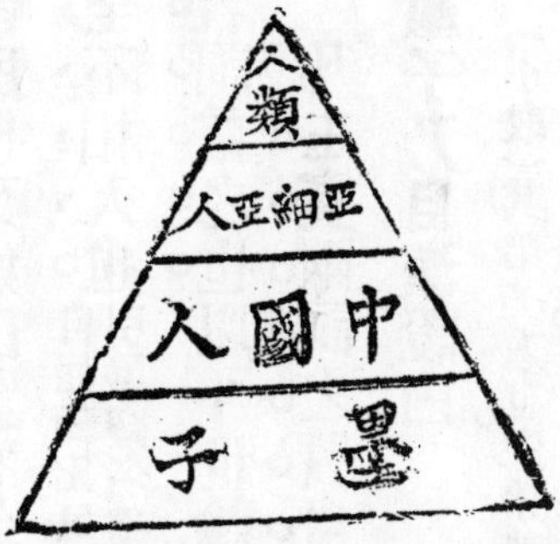

第二圖

「彼彼止於彼此此止於此」者。謂特稱名詞也。特稱名詞則有內包外延之差量。今先明其例。如第一圖人類中含有亞細亞人。亞細亞人中含有中國人。中國人中含有墨子。是之謂外延。墨子既含有中國人之公共性。復有其特性。中國人之在亞細亞。亞細亞人之在人類。亦復如是。是之謂內包。今謂墨子者中國人也。亞細亞人也。人類也可也。反言之謂人類者亞細亞人也。亞細亞人者中國人也。中國人者墨子也。是不可也何也。彼彼止於彼。此此止於此也。故當斷案之際。必有度量分界焉。竟彼彼不得也。竟彼彼則彼亦且此此。是即「中國人者墨子也」之喻也。且墨子所謂彼彼止於彼此此止於此者。又不徒在全稱特稱而已。於詞之普及不普及。皆深注意焉。此又論理學上一緊要關目也。普及者英語之Distribute。如云「凡民有死」則民之一名普及者也。而有死之一名則非普及有死者衆不獨民也設云「有民爲白種」則兩端皆非普及民不皆白而白種者又不皆民也又如曰「無人能飛」則兩端皆爲普及飛固無與於人人亦無與於飛二類者全不相入也（自如云凡民有死下引嚴譯名學篇四）墨子所謂彼彼止於彼此此止於此者則指不普及之名詞言之也以今世論理學之語解之則云

凡主賓兩詞之質量相包相延者則不能互爲主賓

墨子乃自演證曰

（小取）其弟美人也愛弟非愛美人也車木也乘車非乘木也船木也乘船非乘木也盜人也多盜非多人也無盜非無人也惡多盜非惡多人也欲無盜非欲無人也愛盜非愛人也不愛盜非不愛人也殺盜非殺人也

第三圖

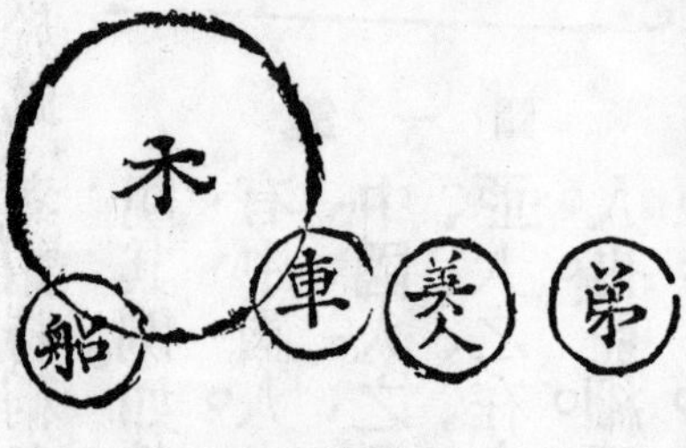

第四圖

以圖示之則弟爲美人之一部分車船爲木之一部分（如第三圖）雖然皆不普及者也弟之外倘有美人車船之外倘有木故謂愛弟即愛美人乘車船即乘木悖於論理不辨自明反言之謂愛美人即愛弟乘木即乘車船亦不得也蓋弟有時可以在美人之範圍外而木

與車船兩端皆不普及車船之外固尚有他木木之外亦尚有他物爲車船之原料者也（如第四圖）

質與量二者論理學上所最宜注意也如尋常三段法「中國人者亞細亞人也墨子者中國人也故墨子者亞細亞人也」此最通行最淺者也今若依此演之而曰

七與五奇數也
十二者七與五也
故十二者奇數也

若此者可爲論理乎必不可以其量之異也又如曰

輕氣淡氣可燃之物也
水者輕氣淡氣也
故水者可燃之物也

若此者可爲論理乎必不可以其質之異也今更以墨子殺盜之論演其圖式如曰

盜也者人也
所殺者盜也
故所殺者人也

此於論理似無以爲難然盜之內包必非能盡人之性蓋如空氣與淡氣各皆可燃及合爲水已變原質矣如第五圖上常理也而盜之性質如第五圖下故曰所殺者人於論理不當也墨子更徧引多說以證論理中效不中效之辨。

十

(經說下)以牛有齒馬有尾說牛之爲馬非馬也不可。是俱有不偏有偏無牛之與馬不類牛有角馬無角是類不同也若舉牛有角馬無角以爲是類之不同也是狂舉也猶牛有齒馬有尾或不非牛而牛也可則或非牛或牛而牛也可。

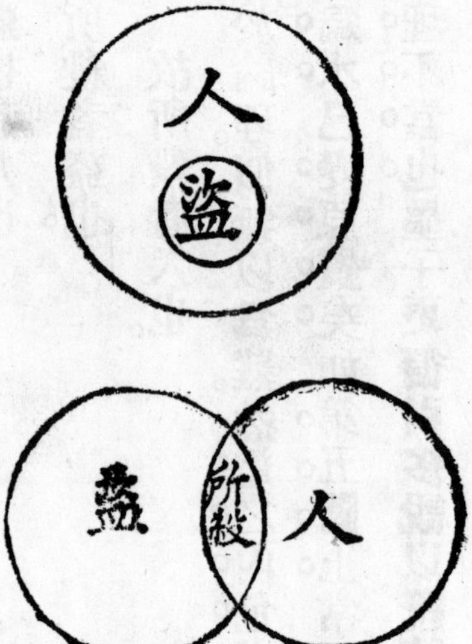

第五圖

此文甚錯雜轇轕不能得其眞相。大約可分兩截言之。(其一)如以牛有齒馬有尾之兩前提下斷案曰。牛非馬不可也。以犯論理學第一及第三之公例也。(參觀下注) 論理學第一公例曰。三段論法由三箇名詞組織而成。如云人也者動物也。犬也者非馬也。此不成論理者也。何以故以有四名詞故。第三公例曰。『凡媒辭在兩前提中最少必須有一處爲普及者』如云「凡中國人皆人也。凡日本人皆人也。故日本人皆中國人也」此不中論理者也。何以故。其媒詞之「人」在兩前提中皆不普及。故夫曰「牛有齒也。馬有尾也。以此謂牛之非馬」則其兩前提不相屬而有四名詞。其悖於第一例無待言矣。若云「牛有齒也。馬有齒也。故牛者馬也。或牛者非馬也」是皆不可。何以故。

「齒」之一媒詞在兩端皆非普及故有齒者不獨牛又不獨馬。

（其二）如以牛有角馬無角而云有角者皆牛類無角者皆馬類是亦不可。墨子所謂狂舉謂斷案之誤也。本書屢見。以其犯第四之公例也第四公例曰「凡兩前提有一不普及者則其斷案亦不得普及」如云「凡人動物也凡馬非人也故凡馬非動物也」此不中論理者也。何以故其大前提賓位名詞之「動物」不普及人之外尚有動物故今而曰「凡牛類有角者也此物非牛類也故此物必無角也」此不中論理也何以故以「有角」一名詞不普及故

此皆墨子言論理學之格式東鱗西爪畧可考見而與今世之論理家言頗有合者也。

（附注）論理學家所奉爲神聖不可侵犯之公例者八條錄以備參考。

一　三段論法由三箇名詞組織而成不能多於三不可少於三

二　三段論法由三箇命題組織而成不能多於三不可少於三

三　媒詞在兩前提中最少必須有一處爲普及者

四　兩前提有一不普及者則其斷案亦不得普及

五　兩前提皆爲否定者則無斷案

六　兩前提中有一爲否定者則其斷案必爲否定又欲求否定之斷案則兩前提中必須有一爲否定者

七　兩前提皆爲特稱者則無斷案

八　兩前提中有一爲特稱者則其斷案亦爲特稱

墨子之論理學。其不能如今世歐美治此學者之完備。固無待言。雖然。即彼士之亞里士多德。（論理學鼻祖也）其缺點亦多矣。甯獨墨子。故我國有墨子。其亦足以豪也。若夫惠施公孫龍之徒。以名家標宗。其實乃如希臘之詭辯派。其論理學蓋下於墨子數等也。

（未完）

小說

學海潮傳奇

春夢生

第二齣 黨獄

（副淨官服上）

【秋夜月】是官場便有奴才性。百計千方到紅頂。一身血本錢爲命。將天家孝敬。將地皮剝盡。

強盜心腸。婊子口。文丹面壳。橄欖頭。任他笑罵不知醒。保得功名萬事休。老夫羅百士。身在西班爲官。好容易鑽營。放了古巴總督之任。喜的是天高皇帝遠。便弄他個官富萬民窮。仗着上國使命。欺壓異族人兒。只要獻衍外交。巴結政府。管什麽閭閻痛苦。士類凋殘。年來民智漸開。國權日削。我要放出辣手。施展一會。

【粉蝶兒】漫說人權。貴須識朝官狠。便遮天一手本領。只毫端弄生殺。未死的祖龍餘

小說

燼逞威風。斗大黃金帥印。

自從凱威士一戰。加但農被戕。民間氣燄日大。怕的有游學中人。鼓動革命。那時我的官兒難保。正是一朝權在手。便把令來行。

【折桂令】倚仗着千百年。民賊凶橫。順着我的牙爪來張。逆着我的玉石來焚。更詎論紛紛黨人。搜尋。趁個風潮作進身。殺幾個青年後進。拿幾個報館先生。若有人提起共和主義啊。便喪卻良心。禁卻新聞。討個兵丁。報個肅清。

（副丑扮警察官上）警察警察。想的警察。升官發財。殺人放火我都來。俺警察官是也。自恨官卑職小。不能任意妄爲。但能覓個机會。討好上頭。便是我的前程萬里。我想凱威士一敗。西班牙與古巴結下仇恨。只惜無因得報。巧巧墳山的和尚。與我往來甚密。設下一計。枉報加但農的墳。被人掘毀。彼處與醫院學堂相連。就誣作該學生等所爲。生此波瀾。定與大獄。那時西班人。念我大功。不怕沒有好處。我雖是古巴人。爲了飯碗根芽。亦顧不得同種。就此報與督帥知道。（跪見介）大帥在上。小官叩頭。（副淨）何事稟報。（副丑）今有加但農的墳墓。被人掘毀。特來通報。（副淨）你可曾訪問何人所爲。（副丑）總又是那班學生們多事了。（副淨怒介）膽大留學生。爾生成奴種。竟敢侵犯天朝的威嚴。前日凱威士一役。是我諱敗言勝。故此不會請兵勦滅爾的巢穴。今又損壞加墳。明明是心懷不軌。不給你些利害。諒爾不知警察官。（副丑）有。（副淨）即命你査拿學黨。不得有誤。(副丑)運命。(背語介)哈哈。報爭亦是我命人亦是我。只憑一面話揑成三字冤。傷心龍頭血。得意狗頭官。我索性狐假虎威。一網打盡則箇。(下)(副淨)學生啊學生。你要與我打點了。

【雁兒落帶得勝令】望烽烟滿地風鶴驚起波濤。疑案弓蛇影。說甚麼精衛寃東海平。怕甚麼杜鵑啼西風緊呀。你看那學園的人呵。甚裙釵喚起女龍吟。甚鬚眉鞭得雄獅醒。那學堂便似眼中釘。那少年便似喉中鯁。我想這學生。多半是富家子弟。此番如不送他枉死之城。亦可做我個生財之道。我自有道理。狠心魚肉蒼生命。人情苞苴白日行。任你天大的英雄。亦鬥不過我做官兒的机巧。正是

莫言强吏龜頭縮。自有中丞犬政奇。

(下)

第三齣 市鬨

(淨軍服上)

【齊破陣】撲滅紅燈世界。燒殘碧瓦樓臺。妖燄冲天。戰雲滿地。無奈軍容腐敗。紙炮臺。黃土千年壘。蠟鎗頭。烏烟一寸灰。大家錢買來。

生來不識字。馬屎憑官勢。趨附權官門。竟作天朝使。本帥竪大纛。奉了西班王命。統領古巴駐防。鎮守此城。怕的家賊難防。亦曾設法剝膚吸髓。收拾他們土人。誰想民氣日囂。衆怒難犯。在凱威士挑起戰來。竟把官軍殺得大敗。自然我這綠營兵不是會黨的敵手。正要尋個閒隙報卻此仇。聞得有人告道加但農的墳墓被毁。督院派人捉拿凶犯。果然借此撒些威風。消些惡氣。亦是好的。且聽來人一報。（副末扮軍將上）本是河山主。甘心作官奴。倚威仗人勢。同類自相屠。俺駐防首領便是。奉了將令。去到督轅打探毁墓一案。如何辦理。就此禀知軍帥。（進見介）軍帥在上。末將參見。（淨）命你打聽事件。怎麽樣了。（副末）啓禀軍帥。羅督帥捕學生四十人。本欲即行正法。只因受人財賄。竟將此案含糊了結。全行開釋。我駐防各營。心中不服。大爲鼓譟。倘求軍帥作主。（淨）有這等事。前仇未報。還不趁此打盡一網。問甚麽國法。講甚麽人情。那知這老兒私受錢財。亦不與我分肥。有意賣放。真正豈有呵。

【山坡羊】忍不住肚腸兒氣壞。說不出心口兒暗昧。則爲他法網情開。輕放鬆這一起國民會甚因緣。假惺惺兩面好。你便把人情賤賣。我待要例條苛派。費多少安排。纔捉得幾個學生隊。弄乖。甚監督。錯鬼差。發騃。向公使贖罪魁。

（內鼓譟介）（淨）我等人多勢衆。攻圍督署去者。（內鑼鼓。衆防軍齊上繞臺）（淨）來此督衙。請羅大人前來答話。（副淨扮羅官服上）不好了。不妙了。我的禍事惹到了。原想弄些錢財。賣放此案。偏偏他們武營裡又不依。這便如何是好。暖。有道是三十六着。走爲高。他等來勢兇兇。我且避開一時。免遭拖累。向前去者。呀。前門

人滿水洩不通待我走後門而遁(下)(衆打進介)(淨)

【前調】一陣陣人聲兒鼎沸一個個癲狗兒狂吠忽然間蚊市成雷半空中折斷了黃龍旆(找尋介)甚時候這官兒逃去也你便道脫身事外我便把案情翻毀有甚麼低徊早了却一莊兒寃孽債下面聽者令將爲首學生八人問斬餘人勒令捐金贖死發配遠方活該暴風雨落花摧慈悲血頭顱芳草堆

我便往法場去者(衆下)(淨)

【尾聲】黑雲飛黃塵洒乾坤朗朗霎時改這也算野蠻官府的威風殺氣到頭來

(淨下)

第四齣　流血

(生戎裝提劍上)

【戀芳春】柰市雲愁櫻門夢曉男兒熱血煎煎望斷蒼涼烟水國十橋邊海上波濤無限看大地玄黃龍戰雄心健好叫我一笑掀髯橫刀仰天

藩籬未脫羅馬鱗甲摧殘死神龍無量頭顱無量血天欸時勢造英雄俺高德微拉是也感慨時艱無聊史隱曾任西班軍將之職只恨無權無勢徒負苦心看這十九世紀大局所趨我國專制政體斷非久長之計有志之士都重民權這古巴雖是僻壤窮陬又困於苛法壓制喜得人民尚有自立的氣槩今日寃獄無端妄加

羅織士類破胆全軀寒心不需天助之成早一日脫離苦海堅將軍命我前來監斬自念尙有人心何肯助紂爲虐是我來在法場一覩義士的前途二聲國民的輾聽待望見旗鼓暄天敢則來也（衆上繞台下）（生

【南書眉】那萬頭鑽孔看羣仙禁不住血淚絲絲泣杜鵑問鈞天何事醉年年（作色介）髮衝冠叱咤風雲變提醒了國魂猛着鞭

（衆擁入學生上）（生）

【釘線箱】儞看那十九周滄桑變幻二千年洪流泛濫幾雄英赤手乾坤轉天下事只在人爲莫因一時流血便墮落了青年志氣把鐵血關頭歷遍替後人留道光明線總有個雲散風收月再圓儞學生們乃是國民的先覺須要轟轟烈烈振起後來的精神留一個大大的紀念犧牲薦捨身祈福含笑黃泉

（淨上）高德君我命你前來監斬何不動手（生）

【梁州新郎】天涯人淚花間泆濺辜負雙龍匣劍（自忖介）欲待同拚一死這脚下的舊河山付誰管誓不能妄殺無辜寧斷吾頭（拔劍斫地介）我便狂歌斫地抽起屠刀擲落羣兒胆人類無終古不平之等世界無千年不替之朝你權貴專橫亦不過激動改革的机關釀成破壞的結果罷引革命潮走如電這荒亭斷石留這念紀學流血流年

（衆泣介）（淨）休得饒舌待我親自監斬（衆擁下）（生）

【煞尾】白人休笑黃人賤我一生主義唱平權願天下的少年啊你珍重前途萬萬千

飲氷室詩話

有自南昌以譚壯飛遺詩一章見寄者。蓋戊戌入都留別友人之作。吉光片羽。願與來者共寶之。詩云……家國兩愁絕人天一粲然祇餘心獨在看汝更千年世界幾瘡夢微塵萬座蓮後來憑弔意分付此山川

鄉人有自署東莞生者。以無題八首見寄。哀艷直追玉谿。而言外之美人芳草。字字皆湘纍血淚也。亟錄以諗同好者。但蒹葭伊人。尚希示我姓字耳。詩云……長門幽怨訴年年。身住蓬萊學散仙。黑子臺空吹暮雨。回心院冷鎖寒烟。早傳滄海塡精衞。苦聽荒山叫杜鵑。誰遣蝦蟇吞魄去。幾回翹首望團圓……幾閱滄海變桑田。見慣麻姑亦可憐。雲暗鼎湖龍去日。塵荒華表鶴歸年。嫦娥應悔偷靈藥。天女偏愁欠聘錢。八駿不來桃又熟。瑤池昨報宴羣仙……庭院深深閉晴塵。西風殘照易黃昏。相思相望成終古

愁雨愁風又一春怨到湘妃惟有血招來宋玉已無魂團圝記得年時月。酒冷燈昏不忍論。……

覽鏡雙蛾獨自羞怕隨鄰女鬬風流泥人春病今無狀誑我歸期又是休紅袖背人惟有淚白雲望遠不勝愁章臺夾道車如水日暮珠簾莫上鈎……

紫臺一去苦相思。馬角烏頭可有期。尺帛漫傳蘇屬國。千金誰贖蔡文姬。素衣珍重休教染紈扇飄零且莫辭回首秋波應一哭樓臺甲帳已全非……

一雨桃花委馬蹄東風狼籍膩悽悽惱人天氣春如醉似水年華日又西連夜夢魂煩鎮壓一春心緒總凄迷鞭絲漫指關山道紅雪紛飛鳥亂啼……

誰向修羅問夙因塵寰一謫苦沉淪劇憐鷄犬雲中客盡是蟲沙刼後身回望風雲俱慘淡過來花鳥亦精神蓬山此去無多路青鳥殷勤好問津……

玉樹悲涼唱後庭琵琶胡語不堪聽紅羊失記何年刼日鴈淒聞故國聲縲盡春蠶絲有恨淘殘秋水淚難平沉沉心事無人識獨倚銀屏待月明

寄書

南非洲華僑慘狀記

本館頃接南非洲坡鷹士碧坡埠中華會館來函。該地舊日為杜蘭士畦爾之大都會。今則改歸英屬者也。函中具述彼處華僑種種被虐情形。讀之令人心驚胆戰。欲哭無淚。嗟我同胞。何辜而至于此極耶。他處但禁華工。此則並商而禁之。他處則既至者便得自由。此地則入居者長埋地獄。夫限三箇月內命華商全行歇業移出別境。此則與俄人之待猶太何異耶。猶太之冤。天下鳴之。今華人則以為當然矣。至于礦工之招華人。則原船載至。便投之于三四十里深之礦底。不許復出。工期滿後。原船裝回。不許逗留。以數年間沈埋十八層黑闇地獄中。不過一見天日。而其工價則每月受一鎊五先令。不過中國通用銀之十四元耳。視本土黑奴所受之工價。猶不及其半。嗚呼。曾是以文明國民自命以博愛教義自誇者。其待人類乃竟如是耶。黑奴猶以其價之賤也。而同盟罷工。乃我華人猶趨之若鶩。且踰萬里涉重洋而應募焉。然則我之程度。不如黑人遠矣。嗚呼。尚何言哉。尚何言哉。抑使吾國民生計憔悴至于此極。乃至明知為死地。而猶冒險以就之者。又誰之過歟。又誰之過歟。該地華民盼望設置領事。如大旱之於雲霓。抑亦太高視吾國之外交官矣。彼美洲諸地何嘗無領事。其于僑民之權利恢復者幾何矣。抑再三稟請欽使。而乃並一言之回答而無之。使在有責任之政府。若此輩者又豈容一日尸其位耶。噫。

南非洲專衣士碧者。前隸波人之版圖。我華人在

寄書

斯埠爲商爲工。由來久矣。自一千八百九十九年英人以力取之。隸入英屬。不料自歸英屬後。百端苛例。一旦而生。自去年有議驅逐華人之例。殆年底則將所有之華人店紙書明朱字限做至一千九百零三年十二月三十一號。則全數華商一齊歇業。驅往別埠。嗣後我華商多方辯駁。出全力與政府爭衡。後僅得政府出以人情三個月。作爲沽貨尾之時期。今三個月又盡。是以我華商不惜巨欵。延大律師數位。與之駁議。現在正鴻辯紛繁之際。雖未知孰勝孰敗。然我華人之稍獲蠅頭者。因此一宗瓦案。亦累得形銷骨立矣。

南非洲之隣埠名坡厘士碧者。亦係英屬。自四十年前已有華人貿易。歷來無異。不意於舊歲首。屢議驅逐華人。而本處各議員徇於土人工人之情面。多所附和。是以逐客之令。屢見報端。詆毀之言。不一而足。誣罔不堪。侮辱備至。自舊歲二月中。巳定禁我華人來埠之例。其立例以爲識西字及舊客乃可以往來。然立例恕而行悖。如識西文之人及舊客倘搭船來者。亦必多方留難。不能指定一例。必須盤詰到不能預料之處。然後藉詞指爲詐僞。務使撥回原籍然後快。是以由毛厘士埠過來之客。連續打回四郡。無一人徼倖登岸。更有慘不堪言者。因該船起貨。盡將華人搭客逐去一無篷蓋船中。各各在烈日之下。茶水全無。饔飱不具。自朝至夕。枵腹隨波。至晚上五點鐘。始放回原船。如此者六日。埠中有梓里一人。偶染微恙。後來醫生查出。指以爲疫。立刻提去醫院。用藥毒斃。以實其言。旋將該處之隣近店戶。共二十餘間。科以不測之罪。不準開舖。逐個用醫生驗過。並以疫漿刺臂。閉門七日。然後方許買賣。此疫漿一朝入臂。便痛腫如瓜何非身子健壯。不難性命不保。後又再出苛例。凡華人由某處往某處。必要到衙門掛號。領一牌照。幷着醫生勘驗一番。方準登車。否則必罰以數鎊金錢、總之種種苛例。非歷其境者決不知川蓮之苦烈也、乃者一波未平。一波又起。務使日縛日緊。無一華人之足跡然後快。今者因招華工之故。欲將我華人不論工商。一律作爲金鑛之工役看待、其議曰。凡現在之華人。每人要出一求埠之紙。輪年遞換、而轉紙之西人。有權不給。倘若無紙。一日不能留埠。而出店紙做生意者。又必要得該紙方準領牌。凡無此求埠紙者。作爲金鑛之役。即使有事業之華人。倘一回唐。不準再來。若係再來。亦作金鑛之工役耳。永無出舖紙做生意之例。嗚呼。此例果行。則十年外無一華商之迹。其荼毒之慘。可謂至矣。竊思我華人往返者。年內不下百數。有往無返。則各人生意事業。托之何人。且出求埠紙之西人。有權不與。然則喜怒繫于其人。死生制於一手。即任我華人居處。亦何異先伐其根。使枝葉自瘁也哉。今坡埠華人。覩此慘蘭苛政。衆心不服。思有以爭回大局。經着人到叻屬督憲處辯論一切。奈叻屬華人雖衆而無領事統率。以致力微勢薄。不能取重於政府。卒至虛費巨金。徒勞往返。然衆人之志。未便降首下心。拚身家於一擲。必期得一當以報我同志。今擬先聯一稟。電達於駐英京之欽使。後寫稟章。務乞欽使與英國政府爭駁此案。如不能得力。則着一二高明之士。直往英京。與英政府及欽差理論。倘盡人事不能挽回。則惟有歌田園將蕪胡不歸之一闋耳。

叻屬之屢被西人欺侮也。大約因無領事之故。而商民又無勢力。故所議各節。任西人爲所欲爲。而

寄書

商民無力與之爭駁。故日積月累。欺壓萬端。旋至不可藥療。然喞屬之坡厘士碧埠之中華會館商董。非不早燭機先。是以去歲聯合舖戶數百名。遞禀於駐英京之欽使。懇求簡派一領事官。爲南非洲僑寓人民之保障。無如求者殷殷。而聽者藐藐。續後禀請再三。隻字亦無批示。以我國振興商務部之建始。尚且泄沓如此。其他則又可想而知。其待我等僑寓之華民。又可想而知矣。噫（未完）

日俄戰紀

日俄金州半島劇戰記

◎亘十六點鐘之大激戰　俄人根据亞洲第一天險之旅順口。作猛虎負嵎之勢。以逸待勞。以主待客。晏然視日本如無物。曾幾何時。東方鐵路被摧毀。沿途電線被割斷。於是旅順之俄軍與本國政府及遼陽哈爾賓一帶之本營交通全絕。重圍孤壘。奄奄落日。吁、亦可憐哉。雖然天險固自天險也。苟以全力死守。軍械軍糧。無所缺乏。雖危如今日。猶足以支一年。何也。彼大連灣、金州城、捍蔽於其前。金城湯池。固有所賴也。故當日軍自遼東登陸以後。俄人益以全力注聚於金州。其南山扇子山一帶之守備愈益堅密。將俟日軍之至。迎頭截擊。以一雪前此屢敗之恥。此實俄人正當之軍略也。是時日軍有獲俄軍之捕虜者。聲言若日軍欲下金州。最速非兩月之力不可。其自負可想見矣。豈期日人以一日十六點鐘不斷之血戰一舉而克之。其精神眞有動天地泣鬼神之眞誠。其勇氣眞有撼泰嶽懾雷霆之壯采。吾觀此為之起舞而不能自禁也。今請先述兩軍之形勢。次乃敍其戰況。

◎金州及南山之防守　金州者。遼東半島咽喉之樞地也。東控大連灣。西臨金州灣。東北自十三里臺子之高地。丘陵迤邐。與老虎山相接。其南通旅順之道。據南關嶺之險。近與青泥窪為犄角。扇子山砲臺（一名南山砲臺）距金州城南門約二千七八百邁當至三千四五百邁當。其丘陵之狀恰如扇子。俄軍踞此要害。以防守金州。築堅城於險峻之高地線上

附錄　二

有大小砲約七十門。機器砲八門。在數層螺旋之堡壘中。穿砲眼以資射擊。其山麓周圍一帶布鐵網。設地雷。鐵網前面四五寸之地。掘置陷阱無量數。蓋俄軍所最畏者。日軍之突進也。故種種防禦。皆注意於此點。而堡壘線各處。必掘土窟以為掩蔽。以避砲彈之爆發。此種防禦。亦可謂慮周藻密。嚴强自固。驟欲下之。雖旁觀者咸謂其難。

◎日軍之進攻預備　西曆五月廿六日。凌晨五點四十分鐘。日軍攻金州之砲始發第一響。其根據地則十三里臺子南面之高丘也。先是本月十六日以前。此地猶為俄軍陣地。既乃被日軍占領。切斷電線。於時驟發數輪。附近人家。皆成齏粉。余覩此。酸淚不能自禁。悲我同胞何辜受此荼毒也。未幾日軍直傅金州城。攻其東門北門。時丙師團之陣地在右。甲師團在左側之山下。乙師團更向金州東方而進。時日軍砲彈爆發于扇子山方面者。不計其數。其步軍漸次突進。伏射于平原。未幾見有滊車從旅順來者。兩軍之砲聲。自是少息。但見十三里臺南前面之菜田中。日軍無數之步兵。分五排跪伏平地。肅肅前進。以待命。至下午四點。砲聲復起。兩造死傷甚少。蓋此日之戰。不過為明日之預備而已。

◎金州之總攻擊　是夜一點十五分鐘。（即廿六日子正也）忽然天大雷電以風。電光閃閃。雷聲臺轟。傾盆之雨如注。是實日軍之天助也。日本之砲兵步兵。乘此機會。銜枚疾進。其工兵趁暗黑無備之間。以奮迅之力。築掩堡及肩墻。比及黎明。一切之預備。已十分齊整。此時金州灣海面。有日艦四隻。隊伍肅然。向俄砲臺發砲猛擊。以海陸合同之力。僅午前六點半鐘。金州城遂為日軍甲師團所奪。

◎南山之血戰　雖然俄軍扇子山砲臺防守之力。

決不可侮。時日軍丙師團之陣地。更前進而陣于金州隔河之深林中。甲師團之砲兵陣于距金州五百邁當之菜田。乙師團之砲兵亦在肖金山下列砲多數。

上午七點鐘。日軍乙師團之砲兵陣地砲擊大發。俄軍出於不意。頗有狼狽之狀。日軍甲丙兩師團乘机猛進于金州北端之沙河。俄軍見之。大吃一驚。急轉其鋒。向北砲擊。七點四十二分時。有大彈二枚。正爆落于日軍中。死傷頗慘。日軍怒氣益發。奮前渡河。俄軍思一鏖而殲之。彈丸雨集。未嘗一秒間斷。凡觀戰之人。無不為日軍揑著兩把汗。而其步兵若無所見。無所聞者。戢戢前進。毫無怖色。至七點四十五分。遂渡河占踞金州北首之樹林。其時金州灣內之日本艦隊。繼續發砲。八點鐘時。俄軍砲聲稍衰。八點二十分。扇子山砲台之俄軍。向于艦隊大砲擊。艦隊應之。

九點二十分。南山砲臺北方之砲聲漸衰。其南方轉盛。日本艦隊亦一變其方向。向南山砲臺之正面攻之。

丙師團乘此時大前進。越金州海濱。向扇子山（即南山）西北方猛擊。九點二十五分。丙師團之一中隊。沿海濱以衝敵背。俄軍見之。遂不遑他顧。而惟以全力擊此中隊。凡經十分鐘之久。彈丸百數十。齊集此隊頭上。此隊自將校以至軍士。殆全覆沒。云而性命呼吸之間。猶豨突前進。卒達其目的地。吁、眞可敬矣。

九點四十三分。日軍自金州北首前進之一隊。及沿西方海濱而來之一隊。冒如雨之敵彈。與彼自肖金山北方前進之一隊。同時砲擊敵陣。及四十八分時。猛見肖金山右側前面之平地。俄軍所置地雷為日軍榴彈所中。忽然爆發者二處。黑烟捲地。日月晦冥。

十點三十分。金州城內。忽然又發黑烟。濃雲覆空。則亦地雷中俄彈而爆發者也。日軍未損一人。而中國居民罹其難者百六十餘名。眞可謂殃及池魚哉。其時兩軍之砲彈。殆如鄉飲酒禮之行無算爵獻籌交錯。瞬息不停。其壯絕慘絕。非語言筆墨所能形容於萬一也。

午前十一點鐘時。俄軍之露天大砲。爲日軍猛烈之砲火所壓。全然沈默。其速射砲二中隊。疾退卻據南關嶺之高地。經數點鐘之久。射擊未嘗暫停。

其日午前十點鐘。俄軍砲艦一隻。來于和尚島砲台之東方。直至午後二點鐘。屢砲擊日軍乙師團之左側背後。雖然。其所用者有烟火藥。而發彈無一命中者。該俄艦附帶小輪船四艘。裝載陸兵。欲在紅土崖附近登岸。日軍一部隊。邀擊之。終退卻。

又南山大房身附近之俄軍。據九生的砲四門。直至下午七點鐘。不斷的向日軍乙師團砲擊。日軍左翼砲兵應之。彼此距離太遠。砲力大率無効。

◎最後之勝負一髮 拿破侖嘗言。一戰之勝負。祗爭最後之五分鐘。吾觀於日俄南山之血戰。而益信斯言之不余欺矣。其時日軍自西金州之海濱。亘東柳樹屯之海面。以黑潮如湧之勢。著著進行。至下午四點鐘。各師團之步兵。全以扇子山砲臺（即南山砲臺）爲中心。伏行於平原。冒敵彈奮進。其狀恰與撲燈蛾相類。其時俄軍砲響稍沈默。蓋恃有鐵網陷穽之力爲不可勝。以待敵之可勝。其兵士皆埋伏于土窟中。不見一人。日軍各師團砲兵之全部。一齊協力。三面夾攻扇子山砲臺。欲破壞其堡壘。直至五點鐘。猶不得突擊之間隙。而左翼之乙師團。忽被俄軍重重圍住。俄人益調步兵。迫該師團之左側南關嶺之俄軍砲兵二中隊。復遙來爲援。此時日軍所携之彈藥將次罄盡若更久戰勢必不支於是日軍一面補充死亡一面盡所有彈藥爲抵死之攻擊時則扇子山上尺土寸石幾無不被日彈之痕跡俄軍據屏蔽之堡壘爲日彈爆發戰死者不可勝數其砲手幾全死亡然抵抗之力猶自極强毫無餒氣兩軍肉薄互賭性命之際眞小說家言所謂好看煞人也日軍既附以進俄軍以其最擅長之機器砲轟擊如雨蓋此種機器砲每一分鐘能發六百響實俄軍第一利器也是時日軍迫近敵壘之乙師團以顧惜彈藥之故不敢妄發砲而死者纍纍已逾千人於是司令官乃復下猛擊之令某聯隊長得令後乃高聲號于各兵士曰

今日之戰我輩不死則無以克敵無以報國有願隸決死隊者從我來

茲令一下士氣十倍全軍中無一人不舉手以爭附

日俄得利寺戰記

於決死隊以視前此閉塞旅順之勇卒殆有過之無不及嗚呼此等現象求之專制國民之戰爭無論若何良將勁卒斷未有能人人犧牲其身以獻于國家若茲之從容就義而無難色也觀於此而日俄勝敗之大原從可識矣

自是突擊直至薄晦後七點鐘日本之工兵欲破壞俄壘鐵網奮迅前進俄軍之機器砲連發死者前後踵相接最後某隊之一兵士裸體以達鐵網之旁破壞之目的始達各軍繼進費無限苦心陸續將其網悉行破壞時日軍甲師團以意氣衝天之勢向敵陣數次突擊雖然俄軍居高臨下砲彈瞰射發無不中日軍死亡益相枕藉前進之業竟不得繼續幾有全軍覆滅之象幸也金州灣之日本艦隊忽向於俄軍左翼猛擊俄人有應接不暇之勢丙師團乘此機亦舉全力以衝俄軍左翼由高地線進路纍纍之死屍

而過肉薄敵營劍鋒相接與甲乙丙師團同時協力擧全線以兜圍三方俄軍遂不支退却於旅順大連一帶自焚其大房身之火藥局而去時約七點半鐘其日正中歷四月十二日半輪皓月皎焉始出於東方但見帳竈騰烟鐃歌盈耳矣

日俄得利寺戰記

◎開戰以來陸軍經三大戰　其一則鴨綠江畔之役其二則金州南山之役其三則最近得利寺之役是也

◎俄軍之南下　自日軍海陸屢捷旅順既陷於重圍俄人一則爲欲防日軍之北進二則爲欲救旅順之危險於是哥羅巴特京將軍有擧全軍南下變守勢作攻勢之議此半月以來軍情之一大變相也

◎主客易位　日俄之役俄人本據地理上之優勢以主待客以逸待勞至是而其勢不得不一變

◎俄軍圖南之實力　据俄人所聲言謂將集大兵三十萬（或稱四十萬）注重於一點以制日軍之死命而日人笑之謂以單路之直線無可以同時調集三十萬大軍之理又滿洲地面無可以供給三十萬大軍軍食之道此論之是否非局外人所能斷言据日本戰報則此次南下之俄軍其實數不過三萬云而已費二十餘日之力始得自遼陽以抵此地以此推之俄軍之主力非甚厚者蓋可概見

◎日本之遼東上陸軍　日本之陸軍前此皆在朝鮮上陸逐漸西行以圖進取者也自鴨綠江南山兩次大捷後始得由遼東上陸此次之戰鬥者即自遼東大孤山上陸之一軍也

◎戰報大略一　西歷六月十四五六等日（即中歷五月初一二三等日）日本之大本營所得電報

則日本軍之主力。爲左右兩縱隊。以十四日上午沿鐵路之旁。在南部瓦房店之東一面驅敵。一面北進。午後五時鐘。俄軍陣於北部自龍王廟至大房身一帶。彼此相遇。砲戰約兩點鐘。日軍遂占領龎家屯至虞河一帶。又日軍之一部。向於復州東方鄧家溝那家岑一帶。此第一日之戰況也」

◎戰報大略二　十五日兩軍相遇於得利寺附近侵晨開戰。俄軍凡二師團。陣於大房身扇子山一帶。日軍沿鐵路線自賈家屯方面前進。午前九點鐘。日軍之左翼及騎兵隊。自東龍口鄒家兩處分道前來。合圍俄軍於得利寺附近。爲激烈之戰鬥。卒使俄軍敗退。向於北方奔北。此役日軍死傷約千人。而俄人死傷在戰場者五百人。被捕虜於日本者三百人。喪其一聯隊長。而師團長奇格羅士亦負重傷云。此第二日之戰況也。

◎俄軍之無恥　俄人於十五日之戰。冒懸日本國旗。因此避日本軍之攻擊。欲以詭術制勝云。俄軍前在旅順濫用紅十字會旗。已大爲國際法所不容。此次之手段。抑尤卑劣。其於文明國之體面所損多矣。

◎旅順死活問題　旅順死活問題。殆决於此一戰。俄軍之南下。本爲救旅順。此次之敗。即旅順不能復。守之徵兆也。即遼東半島全歸日本主權之徵兆也。俄人之狼狽可想。日本人之愉快可想。但不知中國人當此。其感情將何如。

俄國海參崴艦隊侵日記

自旅順閉塞以後。俄國艦隊。屏息於一隅。世人幾忘俄羅斯之有海軍矣。至六月十五日（中歷五月初三）忽然有俄艦發現於日本之對馬海峽此實一異報也。

◎俄艦之目的　俄艦此次之出發。一爲欲援救旅順。與旅順之敗餘艦隊相合。圖脫於險。一爲欲截擊日本運送船。殺日本之兵力也。

◎其時日本船之在該地遭遇危險者　其船名及種類如下

陸軍輸送船｛常陸丸　佐渡丸

商船｛
和泉丸　加賀丸　畿內丸　日之丸
土佐丸　八幡丸　若狹丸
吉林丸　金澤丸　東洋丸
鎌倉丸　舞子丸　膽振丸

◎常陸佐渡兩船之遭難　二船被俄艦砲擊。常陸丸以十五日轟沈。頃日本報載其軍曹某實歷之譚。大略如下。據云。此二船在城島與沖島間。忽遇敵艦。約距一千邁當之遠。向我軍（日人自我也下同）砲擊。屢屢命中。船遂不能進行。當敵艦初來時。船長猶極力設法。欲前進避難。既而敵艦漸近。約距五百邁當。其砲擊愈能命中。復自我船右側亂射。榴彈如霰。紛紛墜落。艦中軍人人人誓死。決不降服。既知決無可救。乃謀自沈其船。不以資敵。屢欲在船上放火。而不能達其目的。船中人無一人不被數創。血肉狼藉。眞有活地獄之慘狀。聯隊長某君高呼曰。「今日我輩以一死盡報國之義務。無辱國體。」遂自刃。第五中隊長某大尉。隨呼曰。「戰死者軍人之第一名譽也。」以短銃自殺。第七中隊長某中尉亦呼曰。「日本海陸軍萬歲。日本帝國萬歲。」亦剖腹而死。其餘部下士卒。齊聲高呼「聯隊長萬歲。分隊長萬歲」乃紛紛相率就義於甲板上。其飛入海中者。亦百餘人。我亦與焉。（某軍曹自我也）漂泊海中。原不求生。但恥爲敵人捕虜欲自葬魚腹以完日本男子淸淨之軀耳乃至昨日午後五點鐘爲漁船所救故今在於此。嗚呼。我所最敬愛之長官皆以身殉國我亦復何顏以獨生何心以獨生乎。言至此哽咽不復能語。此日本各報紙載常陸丸某軍曹實歷談之大略也。

◎日本軍人之性質　於此可見一斑。丈夫可殺不可辱此日本所謂武士道所謂大和魂也日本人之所以戰勝者恃此而己恃此而已吾讀各報。而肅然起敬。且感慨不能能自禁也。

◎兩船之損傷　死于常陸丸之難者凡將校十人下士以下約百人云。佐渡丸後逃脫。死傷之數未明。聞現今所救出已有八百人內外云。

俄國海參崴艦隊侵日記

附錄

新釋名敘

社會由簡趨繁學問之分科愈精名詞之出生愈夥學者有志嚮學往往一開卷輒遇滿紙不經見之字面驟視焉莫索其解或以意揣度而差之毫釐謬以千里其敝也小焉則失究研學術之正鵠大焉或釀成謬誤理想之源泉所關非細故也是以不揣綿薄相約同學數輩稗販羣書爲新釋名匪敢曰著述聊盡其力之所能及爲幼穉之學界執舌人役耳績學君子惠而敎之　甲辰五月本社編輯部謹識

略例

一本編由同學數子分類擔任

一本編雜采羣書未經精細審定其間或有舛誤衝突之處亦所不免蓋本編乃稿本非定本也但所採必擇名家之書庶幾不中不遠

一本編每條必將所據某書或參考某書注出

一諸名詞或有含義甚廣諸家所下界說至今紛紛未衷一是者編者安敢謂今茲所解足爲定案惟廣陳諸義擇一而從其是非待學者之鑑別而已

附錄 二

一本編所釋諸名隨手譯述未嘗編次整而齊之待諸成書之後

一本編於各名詞皆附注英文其非採用日文者則並日文注之以便參考

一本編於本報每號之末附印數葉蟬聯而下以便拆釘

一本編現擬編述各門如下

一哲學類（道德學論理學社會學教育學等並附焉）

二生計學類

三法律學類

四形而下諸科學類

一以上分類法極知不確當不包括但稿本取其便耳其本名詞之專屬於本類中某科者皆注出之

（本號葉數已溢新釋名正文次號刊登）

新民叢報

第參年第貳號

（原第五十號）

明治三十一年十二月廿七日（第三種郵便物認可）

本號要目

光緒三十年六月一日　明治三十七年七月十三日

每月二回朔望日發行

本社特別廣告

啓者頃因中國郵政局於西歷七月又定新章凡一切裝釘成册之報章照書籍例收取郵費視前又增一倍本社實難賠墊只得遵照新章重定郵費例如下望閱報及代派諸君依左表算給爲幸

新民叢報第參年第貳號目錄（原第五十號）

目錄

報資及郵費價目表

	全年 廿四冊	半年 十二冊	零售
報資	五元	二元六角	二角五分
日本來中郵費	二角四分	一角二分	一分
瀛輪已通之地郵費	四角八分	二角四分	二分
內地郵費	一元四角四分	七角二分	六分
四川、雲南、陝西、貴州、山西、甘肅等省郵費	二元八角八分	一元四角四分	一角二分

洋裝一頁	洋裝半頁
十元	六元

惠登廣告至少以半頁起算刊資先惠論前加倍欲登長年半年者價當面議從減

編輯兼發行者 馮紫珊
印刷者 陳侶笙
發行所 橫濱山下町百六十番 新民叢報社
上海發行所 四馬路老巡捕房對面 新民叢報支店
印刷所 橫濱山下町百六十番 新民叢報活版部

俄國旅順口要塞司令官士梯沙爾中將

日本新任海軍中將齋藤實

日俄南山激戰之戰場圖

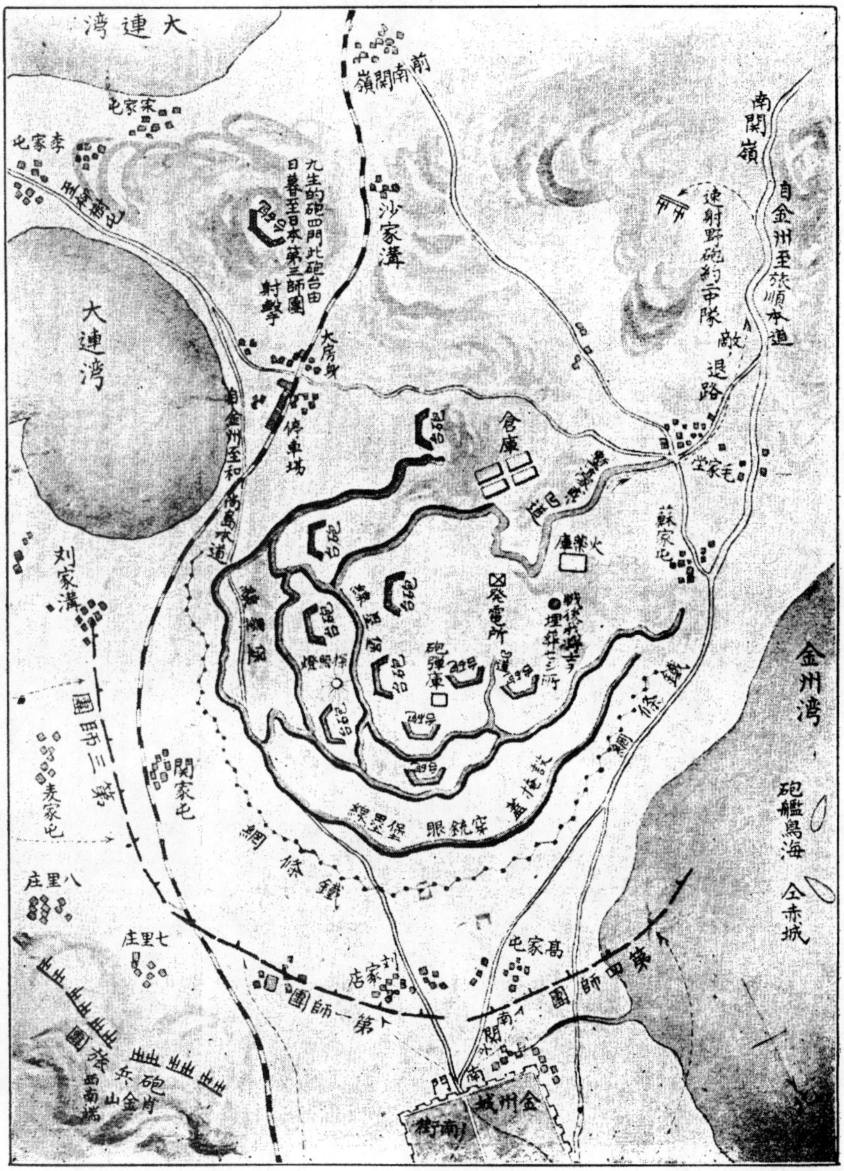
大連灣
前南關嶺
南關嶺
自金州至旅順本道
速射野砲約十中隊
敵退路
沙家溝
李家屯
宋家屯
大連灣
大房身
停車場
自金州至和尚島本道
倉庫
火藥庫
毛家屯
蘇家屯
劉家溝
發電所
砲彈庫
探照燈
第三師團
閻家屯
麥家屯
鐵條網
八里庄
七里庄
劉家店
高家屯
第一師團
第四師團
南門
金州城
南街
金州灣
砲艦鳥海
赤城

學說

中國之新民

子墨子學說（續第四十九號）

第二章　實利主義

利也者墨子所不諱言也非直不諱言且日夕稱說之不去口質而言之則利之一字實墨子學說全體之綱領也破除此義則墨學之中堅遂陷而其說無一成立此不可不察也夫以倡兼愛尊苦行之墨子宜若與功利派之哲學最不能相容而統觀全書乃以此爲根本的理想不可不謂一異象也今得取墨子之所謂利者紬繹之。

墨子書中多以愛利兩者並舉曰兼相愛交相利（兼愛中下）曰愛利萬民。（尙賢中）曰兼而愛之從而利之（同上）曰衆利之所主何自生。從愛人利人生。（兼愛下）曰愛人者人亦從而愛之利人者人亦從而利之（兼愛中）曰天必欲人之相愛相利（法儀）曰天之於人。兼而愛之兼而利之同上曰愛人利人者天必福之同上曰若見愛利國者必以告亦猶愛利國者也同尚下諸如此類不可枚舉以尋常學者之所解說則言及愛之時其目的恒在人言及利之時其目的恒在己二者勢不能相容而墨子打爲一丸以組織論法是其所謂利者殆利人非利己也故孟子稱之曰摩頂放踵利天下爲之墨子之所以自律及教其徒者皆以是也雖然墨子之所以斷斷言利者其目的固在利人而所以達此目的之手段則又因人之利己心而導之故墨學者實圓滿之實利主義也今請分論之

第一節　以利爲目的者

墨子屢言曰『仁人之所以爲事者必興天下之利除天下之害』此墨子立言垂教之大宗旨也雖然墨子之所謂利者其界說頗狹即利之在有形的物質的直接的謂之利其在無形的精神的間接的或不謂之利而反謂之害不可不察也

（七患篇）時年歲善則民仁且良時年歲凶則民吝且惡夫民何常之有爲者寡食者衆則歲無豐故曰財不足則反之時食不足則反之用故先民以時生財固本而用財則財足故雖上世之聖王豈能使五穀常收而旱水不至哉然而無凍餒之民者何也其力時急而自養儉也其生財密而用之節也

墨子於政治上社會上一切之策畫皆以此論爲前提。蓋以爲生計與道德有切密之關係。故欲講德育必於生計問題植其大原。而其生計學之組織。則計較生利分利兩者之多寡。此其理在孔子孟子管子商君固常之道。若夫純以此義爲全學派之中心點者。厥惟墨子。

西語之 Economy。此譯計或譯生計。日本譯經濟。在今日蔚然成一獨立之學科矣。而推其語源。則以「節用」二字爲最正當之訓詁。可見生計學之概念。實以節用思想爲其濫觴也。故墨子有節用篇。而其實利主義之目的。亦在於是。

子墨子屢言曰『諸加費不加於民利者聖王弗爲』（辭過及節用中）此墨氏生計學一最嚴重之公例也。略引其說。

（辭過）古之民未知爲宮室時。就陵阜而居。穴而處。下潤溼傷民。故聖王作爲宮室之法曰。高足以辟潤溼。邊足以圉風寒。上足以待雪霜雨露。宮墻之高足以別男女之禮。謹此則止。費財勞力不加利者。不爲也。（下略）

（又）故聖人爲衣服。適身體和肌膚而足矣。非榮耳目而觀愚民也。當是之時。良馬堅車不知貴也。刻鏤文采。不知喜也。何則。其所以道之然。故民衣食之財。家足以待水旱凶饑者。何也。得其所以自養之情。而不感於外也是以其民儉而易治。（中略）當今之王。其爲衣服。則與此異矣。冬則輕煖。夏則輕凊。皆已具矣。必厚作斂於百姓。暴奪民衣食之財。以爲錦繡文采靡曼衣之。（中略）此非云益煖之情也。單財勞力。畢歸之於無用。以此觀之。其爲衣服。非爲身體。皆爲觀好。是以其民淫僻而難治。其君奢侈而難諫也。（下略）（本篇所論宮室衣服飲食舟車男女五者之當節。其語意略同。又節用上節用中文亦略同。今不備引。）

近世生計學之著書。其開宗明義第一章。必論欲望。前此學者分欲望爲二類。一曰必要的欲望。二曰奢侈的欲望。近今學者。更加以地位的欲望。並而三焉。必要的欲望。謂衣食住之類。一日不容缺者也。地位的欲望。則應於國民之程度。及其本人在一羣中之身分。而各有等差。愈文明則愈向上者也。奢侈的欲望。則非所必需。而徒以賊母財者也。而所謂必要的欲望者。既應於其程度及其身分。則亦成爲必要的性質矣。故雖謂欲望僅有兩類焉可也。而墨子辭過節用諸篇。皆斷斷辨此界限甚明。墨子之意。使人人各遂其必要的欲望而止。若夫奢侈的欲望。不可不嚴加節制焉。此實生計學之正鵠也。

但墨子所謂必要之欲望。知有消極的而不知有積極的。（尋常學者所謂必要的欲望。吾假名爲「消極的之必要」。尋常學者所謂地位的欲望。吾假名爲「積極的之必要」。彼嚴定一格以爲凡人類之所必要止於如是而不知欲望之一觀念實爲社會進化之源泉苟所謂必要者不隨地位而轉移則幸福永無增進之日而於其所謂兼而利之之道正相反也此墨氏生計學之缺點也。

墨子於節用之外復以節葬列爲顓篇其實節葬亦節用之一附屬條目耳而墨子特詳言之者所以擣儒家之中堅也儒家以孝爲百行之原。而三年之喪。實爲孔子改制一要件。蓋純粹圓滿之家族倫理也。墨子非儒。最注重此點。今紬繹節葬篇所持論據皆全以實利主義爲基試條列之。

(一)以增長生殖力故是故節葬

(節葬下)今惟毋以厚葬久喪者爲政君死喪之三年父母死喪之三年妻與後子死者五皆喪之三年然後伯父叔父兄弟孽子其族人五月姑姊甥舅皆有月數則毀瘠必有制矣(中略)此其爲敗男女之交多矣以此求衆譬猶使人負劍而求其壽也

(二)以講求衞生故是故節葬

(又)處喪之法將奈何哉曰哭泣不秩聲翁縗絰垂涕處倚廬寢苦枕凷又相率強不食而爲飢薄衣而爲寒使面目陷陬顏色黧黑耳目不聰明手足不勁強不可用也

(三)以惜時趨事故是故節葬

(又)又曰上士之操喪也必扶而能起杖而能行以此共三年若法若言行若道使王公大人行此則必不能蚤朝五官六府辟草木實倉廩使農夫行此則必不能蚤出夜入耕稼樹藝使百工行此則必不能修舟車爲器皿矣使婦人行此則必不能夙興夜寐紡績織紝以此求富譬猶禁耕而求穫也

(四)以寶存母財故是故節葬

(又)執厚葬久喪者言以爲事乎國家此存乎王公大人有喪者曰棺椁必重葬埋必厚衣衾必多文繡必繁丘隴必巨存乎正夫賤人死者殆竭家室存乎諸侯死者殆虛庫府

此四者墨子節葬說之論據畧具於是矣墨子之生計學以勞力爲生產獨一無二之要素其根本概念與今世社會主義派所持殆全合故其增長生殖力也墨子於此義最斷斷節用中篇云『昔者聖王爲法丈夫年二十毋敢不處家女子年十五毋敢不事人(中略)此不惟使民蚤處家而可以倍與』又云『且大人惟毋興師以攻伐鄰國久者終年速者數月男女久不相見此所以寡人之道也』辭過篇云『君實欲民之衆而惡其寡則蓄私不可不節』凡此皆以發明此義也當時各國皆總總患寡墨子之爲是說亦非無故然墨子所謂二十處家十五事人之制以視孔子所謂三十而娶二十而嫁之制實孔優於墨也蓋墨子知其直接之利而未知其間接之害也其講求衛生也其愛惜時日也西國通行諺語曰 Time is money 譯言「時候者金錢也」墨子之意殆全本此凡所以求進勞力之率也使舉國之人皆爲生利之人而無分利之人使舉國之事業皆爲

生利之事業而無分利之事業此墨子之志也節用篇上云『聖人爲政一國一國可倍也大之爲政天下天下可倍也其倍之也非外取地也因其國家去其無足（此字疑譌）以倍之』恃此道而已

墨子乃定爲生計學第一公例曰凡事適應於人羣分業之義務者則爲之否則禁之

（非樂上）姑嘗數天下分事而觀樂之害王公大人蚤朝晏退聽獄治政此其分事也士君子竭股肱之力亶其思慮之智內治官府外收斂關市山林澤梁之利以實倉廩府庫此其分事也農夫蚤出暮入耕稼樹藝多聚升粟此其分事也婦人夙興夜寐紡績織紝多治麻絲葛緒綑布縿此其分事也（下略）

墨子所謂「分事」者殆兼含分業及責任之兩義其事業在各人所認分業之責任以外者皆不生產而爲羣蠹者也

復定爲第二公例曰凡金錢用之於可復之地者則爲之否則禁之

（非樂上）若聖王之爲舟車也即我弗敢非也古者聖王亦嘗厚措斂乎萬民以爲舟車既以成矣曰吾將惡許用之（按惡許猶言何許即用之何處也）曰舟用之水車用之陸君子息其足焉小人休其肩背焉故萬民出財齎而予之不敢以爲慼恨者何也以其反中民之利也然則樂器反中民之利亦若此即我弗敢非也

所謂反中民之利者反即復之義謂費其財而得實利之報酬也以財爲母母復生子

毋財殖而民利乃廣蝕毋者墨子所懸爲厲禁也。

墨子之非樂亦節用之一附屬條目皆爲生計問題而起也其言曰

(非樂上)且夫仁者之爲天下度也非爲其目之所美耳之所樂口之所甘身體之所安以此虧奪民衣食之財仁者弗爲也是故子墨子之所以非樂者非以大鐘鳴鼓琴瑟之聲以爲不樂也(中略)雖知其樂也然上考之不中聖王之事下度之不中萬民之利是故子墨子曰爲樂非也

(又)鐘猶是延鼎也弗撞擊將何樂得焉哉將必撞擊之將必不使老與遲者老與遲者耳目不聰明股肱不畢強聲不和調眉不轉朴將必使當年(按謂適當之年即壯者也)因其耳目之聰明股肱之畢強聲之和調眉之轉朴使丈夫爲之廢耕稼樹藝之時使婦人爲之廢紡績織紝之事今王公大人惟毋爲樂虧奪民衣食之時以拊樂如此多也是故子墨子曰爲樂非也今大鐘琴瑟鳴鼓竽笙之聲既已具矣鏽然奏而獨聽之將何樂得焉哉與君子聽之廢君子聽治與賤人聽之廢賤人之從事今王公大人惟毋爲樂虧奪民衣食之財以拊樂如此多也是故子墨子曰爲樂非也

(公孟)子墨子曰問於儒者何故爲樂曰樂以爲樂也子墨子曰子未我應也今我問曰何故爲室曰冬避寒焉夏避暑焉室以爲男女之別也則子告我爲室之故矣今我問曰何故爲樂曰樂以爲樂也是猶曰何故爲室曰室以爲室也

由此觀之。墨子非樂之精神。全起於生計問題。蓋墨子以嚴格消極的論必要之欲望知有物質上之實利而不知有精神上之實利知娛樂之事足以廢時曠業而不知其能以間接力陶鑄人之德性增長人之智慧舒宣人之筋力而所得者足以償所失而有餘也今者樂教之關係羣治其理大明。各國莫不以此爲教育之一要素焉。墨子之誤見殆不待辨。而以高尚純粹之墨學其所以不能大行於後者未始不坐是莊子論之曰。『其生也勤其死也薄其道大觳使人憂使人悲其行難爲也恐其不可以爲聖人之道反天下之心天下不堪墨子雖能獨任奈天下何』（天下篇）蓋墨學之最大缺點在是莊子其知之矣

墨子亦自知之。其三辯篇引程繁詰問之言曰。『今夫子曰聖王不爲樂此猶之馬駕而不稅弓張而不弛無乃有血氣者所不能至耶』而墨子答辯之言。亦不過雜引古昔謂其樂逾繁者。其治逾寡。而於此難之根本不能破也近世言實利主義者類皆以與快樂主義並行孔子亦言樂其樂而利其利今墨子以利導民而樂之是仇此其所以矛盾也更於第八章詳論之。

第二節　以利爲手段者

以上所言以利爲目的者謂社會全體之利也。墨子經世原意之所存也。雖然利已者。人類之普通性也驟語以社會全體之利則以爲不親切而膜視之故墨子復利用此普通性而極明利人即利已之義若是者吾名之曰以利爲手段之學說

墨子以利爲手段之學說有三種論據。

（其一）本人說

（兼愛中）夫愛人者人必從而愛之利人者人必從而利之惡人者人必從而惡之害人者人必從而害之

（兼愛下）吾不識孝子之爲親度者。亦欲人愛利其親與。意欲人之賊惡其親與。以說觀之。即欲人之愛利其親也然即吾惡先從事即得此若我先從事乎愛利人之親然後人報我愛利吾親乎意我先從事乎惡人之親然後人報我以愛利吾親乎即必吾先從事乎愛利人之親然後人報我以愛利吾親也

（耕柱）巫馬子謂子墨子曰。我與子異。我不能兼愛我愛鄒人於越人。（按言愛鄒人過于愛越人也下同）愛魯人於鄒人。愛我鄉人于魯人。愛我家人於鄉人。愛我親於我家人。愛我身於吾親。以爲近我也擊我則疾。（按疾痛也）擊彼則不疾於我。我何故疾者之不拂而不疾者之拂。故有殺彼以我。（按疑當作利我）無殺我以利。（按疑當作利彼）子墨子曰。子之義將匿邪。意以告人乎。巫馬子曰。我何故匿我義。吾將以告人。子墨子

曰然則一人說子一人欲殺子以利己十人說子十人欲殺子以利己天下說子天下欲殺子以利己一人不說子一人欲殺子以子爲施不祥言者也（中略）天下不說子天下欲殺子以子爲施不祥言者也說子亦欲殺子不說子亦欲殺子（下略）

此本人說之大概也孟子所謂愛人者人恒愛之敬人者人恒敬之又曰殺人之父者人亦殺其父殺人之兄者人亦殺其兄然則非自殺之也一間耳即是此意不過墨子之言尤反覆而詳盡簡單而直捷耳蓋墨子以實利主義爲兼愛主義之後援其意謂不兼愛者則直接以利己兼愛者則間接以利己而直接之利不如間接之利尤廣而完而固也

近世日本之加藤弘之推演達爾文邊沁之緒論大提倡利己主義謂人類只有愛己心無愛他心愛他心者不過「知畧的愛己心」耳凡言以利他爲利己之一手段也此等極端的性惡論其偏僻自無待言然固持之有故言之成理矣墨子專利用此種知畧的愛己心以爲愛他主義之因緣佛法有實有權此可謂墨子之權法也

（其二）本天說

（法儀）愛人利人者天必福之惡人賊人者天必禍之

（天志上）順天意者兼相愛交相利必得賞反天意者別相惡交相賊必得罰

（天志中）不爲天之所欲而爲天之所不欲則夫天亦且不爲人之所欲而爲人之所不欲矣（下略）

墨子全書中如此論者連篇累牘不可殫舉要而論之利之大原出於天而禍福無不自己求之者此墨學之綱領也其與儒教之根本差異處即在於是

（公孟）公孟子謂子墨子曰有義不義無祥不祥子墨子曰古聖王皆以鬼神爲神明而爲禍福執有祥不祥是以政治而國安也自桀紂以下皆以鬼神爲不神明不能爲禍福執無祥不祥是以政亂而國危也

公孟子即公明高亦即公羊高爲儒學大師。近儒惠定宇。及吾師康南海之孔子改制考。吾友章太炎之儒術眞論。考据頗詳。今參三家之說。定其爲一人。其所持以與墨子辨難者皆儒學最精要之微言大義。太炎儒術眞論。特標公孟篇三義。爲儒墨異同之關鍵。可謂特識。但其所論斷者與鄙人有異同耳。「有義不義無祥不祥」二語即儒學之立脚點也蓋孔子之教純持責任道德之說與功利主義立於極端反對之地位故曰正其誼不謀其利明其道不計其功若言有祥不祥則其爲義緣乎有所歆不爲不義緣乎有所避是義不過一手段而非爲純粹高尚之目的其褻義不亦甚乎祥不祥之果有果無孔子未嘗斷言之但其所稱道總不及祥不祥之一問題者以此問題將舉其學說之基礎而震撼之也儒墨之異同比較有最明顯之一語即儒者常以仁義並稱墨者常以愛利並稱是也曰仁曰愛同一物也而儒者以義爲仁愛之附屬物墨者以利爲仁愛之附屬物宋牼欲以非攻說秦楚王則曰我將言其不利而孟子謂其志則大其號不可（荀子非十二子篇以墨翟宋鈃並稱楊注云宋鈃即宋牼宋牼爲墨學巨子久有定論）蓋儒敎之只言義不義而不言祥不祥凡以其號之不可也孟子難宋牼以樂罷而悅於利者與樂罷而悅於仁義者兩相比較而極言其結果之不同誠所謂拔本塞原之論其爲道學正鵠無疑義也雖然衆生自無始以來結習既深而天行之酷又常迫之使不得不孳孳謀其私於此而徒以責任道德之大義律之使行其不掉頭以去者殆希矣孔敎之不能逮下皆坐是夫中國既舍孔敎外無他宗敎而孔敎之高尙而不普及也又若此於是太上感應篇文昌帝君陰隲文關帝明聖經等乃得乘虛而抵其缺凡此皆以祥不祥爲勸義之一手段未足爲病也奈其所謂義不義之目的又卑下淺薄無以導人於向上之途此實中國德育墮落之一重要原因哉使孔子而如佛之權實並用也（佛大乘法。不厭生死。不愛涅槃。此其目的也。實法也。小乘法專言生死之可怖。涅槃之可歆。此其手段也。權法也。）兼

取墨子祥不祥之義而調和之則吾二千年來社會之現象其或有以異於今日乎

(其三)比較說

(大取)天之愛人也薄於聖人之愛人也其利人也厚於聖人之利人也大人之愛小人也薄於小人之愛大人也其利小人也厚於小人之利大人也以臧(畢注云說文葬臧也卽藏字正文謂葬親)爲其親而愛之愛其親也以臧爲其親也而利之非利其親也以樂爲利其子而爲其子欲之愛其子也以樂爲利其子而爲其子求之非利其子也

(非攻中)(前略)然而何爲爲之曰我貪伐勝之名及得之利故爲之子墨子曰計其所自勝無所可用也計其所得反不如所喪(後略)

(又)飾攻戰者言曰南則荆吳之王北則齊晋之君始封於天下之時其土之方未至有數百里也人徒之衆未至有數十萬人也以攻戰之故土地之博至有數千里也人徒之衆至有數百萬人故當攻戰而不可爲也子墨子曰雖四五國則得利焉猶謂之非行道也譬若醫之藥人有病者然今有醫於此和合其祝藥之於天下之有病者而藥之萬人食之若醫四五人得利焉猶謂之非行藥也(下略)

(耕柱)大國之攻小國譬猶童子之爲馬童子之爲馬足用而勞今大國之攻小國攻者農夫不得耕婦人不得織以守爲事攻人者亦農夫不得耕婦人不得織以攻爲事故大國之攻小國也譬猶童子之爲馬也

(魯問)公輸子謂子墨子曰吾未得見之時我欲得宋自我得見之後予我宋而不義我不爲子墨子曰翟之

未得見之時也子欲得宋自翟得見之後予子宋而不義子弗爲是我予子宋也子務爲義翟又將與子天下

（大取）於所體之中而權輕重之謂權（中略）斷指以存掔利之中取大害之中取小也害之中取小者非取害也取利也

（魯問）利於人之謂巧不利於人之謂拙

此墨子實利主義之精髓也綜其所說得公例三

第一　凡事利餘於害者謂之利害餘於利者謂之不利（大取篇天之愛人也一條非攻中然而何爲爲之一條耕柱篇大國之攻小國一條皆明此義）此與近儒邊沁氏比較苦樂以爲道德之標準者正同但墨子專言利害問題邊氏更推原苦樂以鵠利害其言尤親切有味耳既持此論以作教育則其比較不可不明其算數不可不審故邊氏有計質計量種種精密之法而墨子節用節葬非樂非攻諸篇所反覆申辯者皆於其利害之大小三致意也

第二　凡事利於最大多數者謂之利利於少數者謂之不利（非攻篇中飾攻戰者言曰一條即明此義）此亦與邊沁學說同符者也墨子又言衆利之所自生胡自生曰從愛人利人生（兼愛下）又言愛人不在已已在所愛之中（大取）皆實利主義之名言也

第三（△一△）凡事能使吾良心泰然滿足者謂之利否則謂之不利（魯問篇公輸子謂子墨子一條即明此義）此實實利主義最高尚之一條件也近儒約翰彌勒補邊氏之說謂別擇苦樂不徒校其多少又當校其高卑因立出知力的快樂思想的快樂道德的快樂諸名（參觀本報第十五六號邊沁學說）進於此而樂利與道德溝通無間矣孔子蕩蕩戚戚之訓言即謂是也通觀墨子實利之教大率毗於物質上而精神上未免闕如得此條而發明之然後知墨子之言利圓滿無遺憾也

（未完）

各國官制篇 官制議篇五

明夷

各國分職之序。除俄爲專制國。先宮內省。餘皆以內部或外部或陸軍或度支四者居首行。而兵法學居中。農工商郵政居後行爲多。今略計之。奧普意葡希波斯六國。先內部者也。此外意葡希波皆以度支爲第二部。西班牙匈牙利亦然。英美日本璉比匈牙利六國。則以度支爲第一。法荷奧則以度支爲第三。德分爲五部。雖置度支于第五。而視之尤重矣。德荷璉日本皆以內部爲第二。比突置內務第三。餘國置在中間。合而較之。似不如度支位置之尤高。俄德班瑞荷則以外務爲第一。法置第二。餘國置在中間。又不如內部位置之高。法國置陸軍於第一。普匈俄置第二。日本美置第三。突瑞比波皆置第四。其位置似外部。大約各國各視其重以爲序。要之足食足兵內政外交四者乃爲國之大政故多列於首而重視之多以宰相兼其職若英比璉宰相之兼度支與唐呂諲韓滉之判度支同也法相之兼陸軍與唐宋宰相之兼節度略同也葡相之兼文部與唐宋宰相之領學士院判國子監同也皆視其國勢之所重時事之所需而爲之吾中國漢之丞相太尉宋之中書樞密皆以兵事與政府對擧不列曹司其視之尤重隋唐宋亦以兵部與吏部爲前行並列今中國分職之次當博採古今中外之法意既立國矣民雖爲重而當以國爲先中國地大廣邃內治萬不能以一部冗之當分立多部不必以之冠首外交雖重而不如兵食之要中國方當危弱兵事最宜注重然既有軍機大臣如外國之參謀部與政務大臣對擧則與漢宋之兵制對開二府亦相類矣政務之所注重尤在籌餉足食先于足兵食貨先於師旅應如英美日本璉比匈牙利以度支部爲第一況中國戶部向次於吏部今吏部既裁自應以度支爲先而陸軍次之外交又次之如創設海軍則又次之此三者皆爲經國之政所當前行莫先者也自此教民育德者則學部應在第五若立教部當從其列理部明刑以弼教應在第六此亦中國先禮而後刑之義也郵政鐵道爲全國交通之事在國民之間宜次于此若農

工商虞礦爲阜民之政當以次列焉而終之以內務各分部可也

各國設部多寡不一然率其大律皆在唐虞九官三代九卿之比皆不如中國六部之簡也蓋分職多則分明而易擧分職少則兼綜錯雜而難貫理之自然者也今略計之」

俄國有三院。曰參議院。元老院。教院。政務處立十二部。一曰宮內部。二曰外部。三曰陸軍部四曰海軍部五曰內務部六曰文學部七曰度支部。八曰司法部。九曰官有地事務大臣、十曰工部。十一曰檢查長、十二曰芬蘭事務大臣。參議院有六十人。議立法行政財務教務之事。元老院爲最高審院。又有內事院。掌慈惠及女學事。又有參謀部。其宮內省又有四局分掌立法行政農工財政四者。爲別一政府。頗如吾國之軍機大臣矣。但俄人分曹局講求之。則職司較爲詳明。總之專制如俄。吾亦不及其法度。故今地球自立之國政府官制之鹵莽粗疎未有如我國之甚者非人才之不若乃專制積久而臣下不能獻議修政故也俄以陸軍爲先宜其兵之强哉

德國有五部六局、一外部。二內部。三海軍。四大理部。五度支部。合成政務處。以大宰相統之。其內部歸普國副總理大臣兼之。此外有郵政局長、鐵道局長。收稅局長銀行總

裁公債總裁。廢兵院資金。又有會計院最高大理寺二司。此七局長不參預政務處。猶今各部之不入軍機者也。今則郵政鐵道二部。並參大政。實七部矣。德之民政各歸其國市自主。故立部不須多。七部皆國政而不及民政。此德國之特質也。其陸軍不設部者。以各小國自統其陸軍。故不立部也。而普國實主之。觀普國以陸軍次內務其重之者至矣。盖俄德皆重兵。故强也。七局全爲交通理財之事。其重視財政亦甚哉

德國之權。全在聯邦議院。其委員十二。而統之于議長。議長者普之總理大臣。而爲聯邦大宰相者也。其十二委員之職。一曰陸軍堡砦。二曰海軍。三曰關稅。四曰商務。五曰鐵道郵便電信。六曰民法刑法。七曰會計。八曰外交。九曰了路沙斯及羅利吾二州長官。十曰憲法。十一曰警察。十二曰鐵道賃金。此聯邦議會委員者。乃眞德國政所自出而首曰陸軍海軍。次曰關稅商務。又次曰鐵道郵便電信。盖莫先於兵。而以財政交通輔之也。其會計者鐵道賃金。不外財政而已。此與局中之收稅銀行公債資金分職至多。皆爲獨立之官。不外理財之事。德國之所兢兢注重講求者亦可見矣

普國有上下議院。有政務處。各部別有國務院。會計院。寺院。監督院。其國務院專定法

律。今其權歸于議院。今僅得覆審法律之權而已。

政務處有總理大臣。有副總理大臣。設九部。合成之而統于總理大臣正副二人。其總理大臣於德國政務處及聯邦議會無所不統。然實專總議事。故議院決算之政。先由政務處定之。其副總理大臣兼德國聯邦內部。則兩相實於德國兼統矣。其九部。一內部。二陸軍。三工部。四農部。兼官有財產及林務大臣。五法部。六學部。兼醫部。七度支。八曰國務部大臣。兼德國外務。國務者即外務也。九曰商務。普國最重陸軍。列於第二。次曰工農。所以重製造鐵路林務者至矣。可以理財者也。宜其製造之日精林務之日闢哉。撒遜國有專設之敎部。

法有上下議院。其政務處有十部。一陸軍部。二外部。三度支部。四文學部。五法部。六海軍部。七工部。八農部。九商部。十內部。其大臣皆入相大政。出領曹務者也。法自敗於德後。注意陸軍。列爲首部。以宰相統之。其用意可見。觀德俄法三強國。皆以陸軍爲第一二部。則方今大地之勢可見。蓋霸國義大昌之世。亦不得已哉。別有國務院司最高審判。

英者各國官制所自始也。其專務官之制。先自日耳曼人傳於阿剌伯人。此歐人所稱也。然專務官吾國至北魏至有三十六曹尙書。及隋唐六官亦至分明。阿剌伯人即大食國回敎當貞觀時已與唐相通。唐世文明大行西土。此必唐制西傳于回敎而流於英也。今展轉既久忘所自矣。故歐洲專務之官實可謂中國流出哉。我制度整齊已二千年。比之歐洲中古諸邦之雜亂無章過之遠矣。特吾今日變而退則以一統太大之故。彼日進而上則以諸國角立地小之故也。英始創樞密實出唐中書制由中書議員多人而擇其少者別成政務處各相兼領各部行政而有總理大臣統之遂成合議政府之制。今各國皆從之矣。其行政凡十八部六院。一度支部即總理大臣也。二出納部。度支部爲宰相。不必眞理財政。此部乃眞理財者。三爲法部大臣。兼大理寺之訟。兼貴族院議長。實次於宰相而爲第一部者也。四樞密議長。六外務部。英宰相多兼之。英部前行實以財法外務爲先也。英重理財宜其富哉。七內部。八陸軍。九殖民部。十印度部。十一海軍部。十二商務局。十三地方事務局。專管地方自治者。十四爲愛爾蘭大臣。十五蘇格蘭大臣。十六掌璽大臣。又有愛爾蘭總督書記長。又有郎卡斯高公領大法官。

凡此十八部大臣。皆入內閣預機務。可謂爲十八相也。此外獨立官有驛遞總監。農務總裁。土木局。大理寺。寺院監。宮內省六曹。不入內閣預機務者。英制原不劃一整頓隨時增置因事設官甚似宋制切于時宜故置司至多至於二十餘司十八相眞得治事之法也。中國之宋各國之英吾有取焉。以其內務大臣僅治英倫。故增出愛爾蘭蘇格蘭兩大臣。又有地方自治一大臣。其外有印度殖民二部。凡六部者在各國不過一內務部而已。然以如此大地付之一部。安能整頓。英人分爲六部。有意哉。中國土地尤大道路未通。難於輸運。不可不師英制而分多部理之也。英除以地方六部合爲一部。實十一部矣。其不入政務處者尚有五司。實十六司也。中國內地更大。人民更多。比英十倍。則設司立事制宜。雖倍於英亦可也。

奧國有上下議院。其政府主合邦者三部。一宮內兼外務。二陸軍。三度支。蓋立國之理。不外兵財外交而已。其奧國內之政府以七部合成。而有總理大臣統之。一內部。即以宰相領之。二文部兼教部。三度支部。四農部。五商部。六國防部。七法部。別有政府大臣三人贊襄之。如吾國樞臣。不領部務者。七部之相皆以顧問官充之。

匈牙利政府以九部合成。而議長統之。一度支部。二國防部。盖以財兵爲先也。三宮內部。四內部。五文部。兼教部。六法部。七工商部。八農部。九栖羅亞爹疎及斯拉呵呢疎事務大臣。

意有上下議院以立法。其政府以十部合成。而總理大臣統之。一內部。以宰相兼領。二度支部。三出納部。四法部。兼敎部。五陸軍部。六海軍部。七農商部。八文學部。九工部。十郵部。意與英財政皆分二部。此亦可考其得失而行之也。

突厥官制亦自改同歐洲。行合議政府之體。亦有議會。以大法官及神學者及文學士科學師議之。又有說經官。爲回教中之政。總其大者則曰政曰教。有政務總長敎務總理二人領之。統立法行政之事。爲二相也。其下分十一部。一曰內部。二曰陸軍。三曰敎產部長。四曰文部。五曰工部。六曰議會長。七曰外部。八曰度支部。九曰海軍。十曰法部。十一曰內務府長。突厥行回教而重兵。故教握大權。而陸軍爲前行也。雖然。突厥倘有議會。過吾國之一二人盲行而獨斷矣。然無農商部。是知其疎矣。

西班牙有上下議院。以八部合成政府。而議長統之。一曰外部。二曰度支部。三曰內部。

四曰法部。五曰文部。兼農工商部。六曰陸軍。七曰海軍。八曰殖民部。西班牙立部稍簡以文部兼農工商。然太不倫矣。或偶爾兼官耶。當詳考。然如斯簡略。尙須八部。無有如中國六部之太簡致亂者也。

瑞典挪威有上下議院。其合議政府以七部織成之。別有政務大臣三人。統理庶政。蓋一相二參政也。其七部一曰外部。二曰法部。三曰陸軍。四曰海軍。五內部。六度支部。七文部。兼敎部。瑞典無郵政農工商諸部。蓋分隸于內部也。其高等大理寺屬於國會。挪威亦有上下議院。其合議政府以七部織成。別有國務大臣四人統之。蓋亦二相二參政也。其七部一曰文部。兼敎部。二曰法部。三曰內部。四曰工部。五曰度支。兼關稅部。六曰國防部。七曰會計院。挪威無農商部。首文敎而末兵財。其與各强國異矣。宜其隸屬于人哉。

比利時有上下議院。其合議政府以七部織成之。而統於總理大臣。一曰度支部。宰相兼之。二曰法部。三曰內務。兼文部。四曰陸軍部。五曰鐵道郵政電信部。六曰農商部。七曰工部。別有政務大臣數人。樞密院議官。凡國公議。各部長咸預焉。

葡萄牙有上下議院。以七部爲合議政府。而總理大臣統之。一曰内部。及文部。宰相兼之。二曰法部。三曰度支部。四曰陸軍部。五曰外部。六曰海軍部。七曰工部。其君主謀議、則在樞密院。有常顧問官十二人。預備顧問官三十人。以前任及現任大臣充之。

荷蘭有上下議院立法。其政府以八部合議。而議長統之。一曰外部。議長所兼。二曰内部。三曰度支部。四曰法部。五曰殖民部。六曰海軍部。七曰陸軍部。八曰工部及商部。其國主謀議有參議院。十四人、爲國主所任。

瑞士之政權。即在聯邦議會。有議長副議長。即在議會選行政官。分七部。一外部。二内部。三法部。四陸軍。五度支關稅部。六農工部。七郵政鐵道部。亦有軍機部。

希臘有上下議院。其政府以七部合議。一曰内部。二曰度支。三曰法部。四曰文部兼敎部。五曰陸軍。六曰海軍。七曰外部。而有議長折衷之。

璉國有上下議院。其政府以八部會議。而總理大臣統之。一曰度支部。以宰相兼之。二曰内部。三曰法部。四曰外部。五曰陸軍。六曰海軍。七曰文部兼敎部。八曰亞依斯郞拖島大臣。

美國有上下議院立法。其行政有七部。而國務大臣一人爲長而統于大統領。一曰度支部。二曰陸軍部。三曰海軍部。四曰內部。五曰郵部。六曰法部。七曰農部。美地大人衆。而立部獨少者。盖憲法內閣已難設多部。美爲民主國以大統領統七部。每部各統大政。一切皆有憲法制定。不須分設多部。已可人能舉職。若其內治則各州自主之不須國之干預。故立部可簡。其政體與中國正相反也。

波斯無議院。其政府以宰相及度支部爲之。近亦改行合議政府之制。一曰內部。二曰度支部。三曰外部。四曰陸軍部。七曰出納部。兼造幣關稅事。八曰法部。九曰商部。十曰文部。十一曰電務部。十二曰礦務部。十三曰郵部。十四曰敎部。十五曰美術部。十六曰印刷部。十七曰軍需部。別有專任大臣二人謀議。共十九相。以郵政爲議長。波斯新改之制頗爲繁密。實亦緣後起集各國之長而多分職乃能舉事也。

日本有上下議院以立法。其政府爲合議內閣以九部織成。而總理大臣統之。一曰大藏省。二曰內務省。三曰陸軍省。四曰文部省。五曰外務省。六曰遞信省。七曰海軍省。八曰司法省。九曰農商務省。凡十相也。又有樞密院顧問官二十五人。以供謀議。有宮內省以備供奉。有會計檢查院以司會。有行政裁判所以審官。日本設省不多。土地不大。即如鑛山鐵道山林皆可不另設部也。又立憲政黨爭權。每患一黨之中。人才不足。故愈不便於多立職司。此皆與中國不同者。然立九部。恰得古者九官九卿之數矣。其省之次序。依職員錄。又以外務爲第一。內務大藏次之。陸海軍次之。文部次之。農商遞信次之。

日俄戰役關於國際法上中國之地位及各種問題

中國之新民

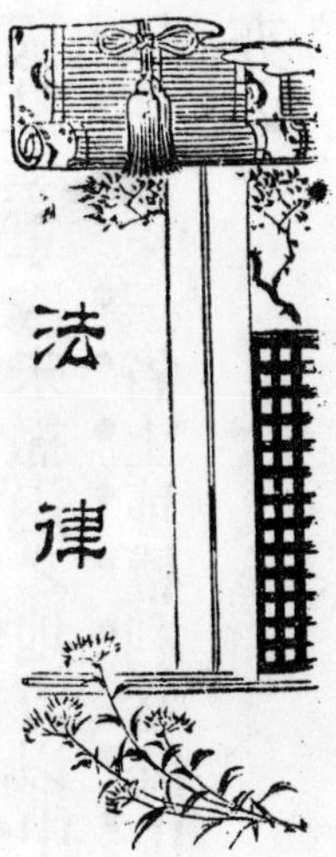

中國外交上近年種種之失敗。固由國力不充。無武裝的權勢以爲後援。在在立於受動者之地位。未由自行其志。抑亦求所謂具有國際法上之常識者。數十年來衮衮當道中竟無一人。豈惟當道。即求諸學者社會。亦渺不可得。此所謂盲人瞎馬。夜半深池。欲不隕越。寗有幸乎。夫所貴乎學者。謂其能發明種種學理。及其應用之方略。以指導國民及國民所委任之當局者。使無迷其途也。乃若國際法上之問題。則其効力猶不止此。當其提出一問題之解決法。於全球學界。往往能代表本國輿論。而得列國有力者之贊成。其裨助外交政略於無形間者。非淺尠也。吾中國前此不足道。近數年來留學於歐美日本者漸多。斐然成章。指日可待。此後於萬國學界上之發言權。可不自勉乎。鄙人於專門科學。一無所知。今草此論。亦欲就正於專門學者之意見。且喚起其研究之熱心。冀共注意於實際應用問題。毋徒株守紙上理論而已。若其論之膚淺無底。則固學力之所限也。抑當道者或一省覽焉。其於應付今後之時局。亦未始無寸助。故不辭遼豕之誚。貢之云爾。　著者識

(一)中立區域與領土主權關係之問題

此次我國之宣告中立。其於政策上為利為害。其於事勢上為得已不得已。非本論之範圍。今勿具論。若按諸法理。則無一而能通。求諸國際法先例。又無一而可援者也。自日本政府之以中立相勸告也。美國政府旋提出限制交戰地域之議。於是我公使照會日本外部。宣告中立。其公牘中有云。

但滿洲為外國駐紮軍隊未撤退之地方。以中國力有未逮。恐難實行局外中立之例。惟不論何國勝敗。東三省土地權利當歸中國。自不得佔據

日本外部照覆亦云。

除俄國占領地方之外當與俄國出同樣之舉措以尊重貴國之中立……帝國與俄國以干戈相見本非出於侵略之目的……故當戰局告終若犧牲貴國藉以獲得領土殊非帝國本意之所存至在貴國領域中兵馬衝要之區臨時有所措置則一以軍事上必要之原因非敢有損於貴國之主權也

夫在中國曰我國之土地權利在日本曰貴國之領域主權一若滿洲中立除外與滿洲地方主權釐然爲兩問題各不相蒙者在中國政府曾不知國際法之爲何物固不足道若日本與歐美各國甯不知此兩事之相矛盾而立於正反對之地位者而提議者提議贊成者贊成牒認者牒認吾不知其用意之何屬也前此國際法學者有所謂完全中立（即全部中立）不完全中立（即一部中立）之區分至近世學理大明此說漸廢稍不完全即謂之非中立然則中立之定義奈何中立國者於交戰國之兩方皆不得與以軍事上之便利者也（中立之定義甚多今此學大家猶紛紛未衷一是此就其專關於此問題者耳）申言之則交戰國對於中立國之義務不許於其版圖內行一切戰爭行爲中立國對於交戰國之義務不許以其版圖供交戰國軍事之利川故以法理言之苟中國自認滿洲爲我領土主權者則斷不能使之

在中立以外日本及他國苟認滿洲爲中國領土主權者亦斷不能使之在中立以外今我以此宣告焉是我以放棄此主權之事實明示於列邦也兩交戰國及其他中立國皆以此承認焉是我放棄此主權之事實爲各國所默許也何也苟猶認爲中國版圖則斷未有於第三國版圖內而得爲戰爭行爲者也故日本苟認滿洲爲中國版圖者則不得不認中國爲俄國之副戰國既不認中國爲俄國之副戰國者即不得復認滿洲爲中國之版圖此兩種矛盾之原理萬不能相容而中日兩國之通牒乃云云其措詞之模棱曖昧殆有不成爲法律上之用語者此吾輩所以不能無迷惑也

或據英國法學家威士特雷克之所說。謂『弱小中立國之版圖。時亦有被交戰國暫時佔據者。譬如英俄開戰。丹麥中立。蕞爾丹國介於兩大。決無抵抗之力。或爲俄占或爲英據。二者不可不出於一。此在理論上固所不許。然在事勢上。爲兩交戰國之自衞。固不能免。故國際法亦許之』今滿洲在中立以外得無類是。曰、此其性質有相異者彼則出於開戰後應變之處置其性質爲暫存此則繼續開戰前固有之狀態其性質爲永久也故今玆日本視遼河以東之滿洲全部純然爲其敵國之領域主權者也既爲敵國之領域主權則戰後之若何處置已非復第三國之所得過問矣夫以近世國際法公例。凡土地主權之移易。不可不藉條約之力中國既未明與俄國結讓地之條約。遽認其主權之變更。似太早計。而不知此次滿洲中立除外之宣言其効力殆與讓地之條約相等夫然後日本直認爲敵國領域而莫或以爲非也故謂此次布告中立之日即爲中國放棄滿洲主權之日决非過言

故近來日本輿論之研究滿洲善後問題。有謂當使爲永世中立地者。有謂當如奥大利之對坡士尼亞赫司戈偉訥者。有謂當如英國之對蘇丹者雖其形式上持論不同。至其精神上無視中國之滿洲領土主權則一也不知我當局者何以待之

(二)中立區域以外之中立國人民權利義務問題

今即讓一步以滿洲暫時在中立區域以外爲無損於領土主權。則居於此中立區域以外之人民當視之爲中立國人民乎抑當視之爲交戰國人民乎此又國際法上一疑問也既爲中立國人民則當有中立國人民之權利義務夫以今日之中國。尚不能

行其權力於應中立之土地。則亦斷不能行其權力於除外中立之人民。此奚待言。今我即自認居住滿洲之人民爲中立國人民。而彼交戰國既承認此地爲非中立地。自斷不以中立國人民應行之義務相責。且中立國國家原無禁止其臣民干與戰事之義務。其有以私人資格自願加於某交戰國者。不過其本身失中立性而得敵性耳。於政府無與也。故此事可勿深論。獨至其權利。則有不可不注意者。今請揚搉之。

一千八百九十九年海牙萬國平和會議有公認之陸戰法例六十條。內十五條爲論在敵國版圖內軍衙之權力者。（自第四十二條至第五十六條）其性質雖與今者滿洲之地位不同。其現象則與今者滿洲之地位無異。今据爲比例。而研究其疑難之諸點。

第四十四條　不得强迫占領地之人民使加於作戰動作以敵對其本國。

據此則占領軍對於所占領地之人民有强迫之使服從各種義務之權利。言外自明。但當其行使此權利。須有所限制。本條所謂不得使加於作戰動作以敵對其本國者。蓋以全人類自忠於祖國之德義。意至美也。但今次滿洲之人民。其本國非俄亦非日。而中立之中國也。苟當俄軍占領時强迫之使敵日。當日軍占領時强迫之使敵俄。若此者爲違背國際法與否此實一疑問也（或未必有此事。然研究法規。不可不設爲有之。）夫我民無論敵俄敵日。其對於祖國之德義。毫無所損。固也雖然第三國之人民本不應干與戰事其有以冒險取利爲業自願放棄其中立之權利而加入於甲戰國者乙戰國隨即以敵視之既出於自願則彼固樂此不爲怨也若夫被強迫而使之失中立性而得敵性而因以置其生命財產於危險之地若此者於第三國人民之權利得謂之無損乎夫尋常兩交戰國斷無可以強迫第三國人民使爲戰事行爲之理故國際法慣例上於此事從未有所規定玆役以後其爲此學新增一問題必矣

第四十八條　占領軍得於所占領地內收租稅其所收者。限於該本國向來所徵者。占領軍以之支辦占領地行政之費用當與正當之政府所支辦者。爲同樣之程度。

此對於敵國而戰勝者應享之權利也。盖其土地主權既暫時移易則行政機關及租稅權利自不得不落於署理主權者之手今既云土地主權仍在中國則占領者得行此權利與否。亦一問題也如頃者日本於案縣鳳凰城等處。固新置軍政廳矣。其收稅

權應屬於中國固有之官吏乎抑當屬於日本之軍政廳乎盖不能無疑

第四十九條　占領軍於所占領地內。除遵依前條所規定收稅之外。如欲向居民徵取他種金錢者苟非軍事及本地行政上之需要。則不得取之。

第五十一條　（前略）凡徵取他種金錢者必交還收條於納金之人

第五十二條　凡現品之徵發（案現品謂現成各物件也。凡尋常家具貨物之類皆是。）及課役（案謂力役也。）苟非爲占領軍之必需者。不得濫要求之於居民。（中略）現品之供給宜以現錢交付之。若不得已則以收條證明其價値

據此。則占領軍於所占領地除收稅之外尚有徵取金錢徵發現品之權盖中國所謂因糧於敵。泰西所謂以戰養戰。（拿破侖語）此亦通行之成例。無足怪者。但其必給回收條何也爲戰後賠償之券也戰而敗則於所償敵國軍費內加入此款戰而勝則於敵國償我軍費內除出此款此通例也。今此地既屬於第三國主權彼占領軍果有此權利能使第三國人民與所克之敵同服從種種義務乎此一疑問也夫既曰以戰養戰。則此等舉動。殆終不可避。果爾。則其償還之交涉當遵何道此又一疑問也如今茲遼東一

帶。初占領於俄。繼占領於日。俄既徵發於前。日復徵發於後。在俄則視之與在本國版圖內徵發者同科在日則視之與在敵國版圖內徵發者一例至語其實則此地非俄之本國非日之敵國至戰事畢後日俄締結媾和條約時關於此事件彼此固兩不過問也及於其時我國欲爲我居民有所要求果有何種國際法原理之可援据乎此實今日所當研究而我當道所不可忽視者矣

(三) 旅順口大連灣轉租權問題

近者日本各報論戰後之要求條件者紛然。其條件雖各有異同。至其論旅順口大連灣之必須轉租。則萬口同聲矣。其就法理上論此租借權之可以轉讓者則以法學博士戸水寛人之說爲最有力。其言曰。

此租借權。其期限甚長。與普通之借地權。非可一視。此等永久之租借決非屬於人的性質(In Personam)而全屬於物的性質(In Rem)者也。故當租借者或以他種事故。不能繼續租借。其租借條約非直消滅若有他人有正當之相續權利者則此租借權應得隨而轉移云云「太陽」第十卷第十號帝國戰捷後要求條件

旅大之許轉租與否。中俄條約中未有明文。但近年中國之各租借地。如旅大。如膠州。如威海衛。如廣州灣。皆有同一之性質。此法學家所同認。亦各國所默許也。故吾今將援膠州以例旅大膠州灣條約第一章第五條云。

德國將來無論何時不得將此次由中國借出之地段轉借於別國

依戶水博士之論。所謂人的性質與物的性質者。不知膠州與旅大何擇。膠州灣既屬於人的而旅順大連必屬於物的。吾儕苦不得其解也。且即以此諸租借地之主權論。就事實上。其現在主權。固純在租借國。至其條約正文。莫不有「主權仍在中國」之一語。而其權限之規定則

旅順條約第二款云　租界境內。俄國應全享租主權利

威海條約第二款云　租界境內。英國獨有其管轄權

膠州條約第一章第三條云　中國政府。將該地施行主權之權利。不自行之。而永借之於德國。

廣州灣條約第三條云　借用之地域。全歸法國之管轄權

夫曰租主權利曰管轄權曰施行主權之權利若此者果得與主權同一視乎夫主權與管轄權施行權本不能分離故所謂主權仍在中國者不過外交手段上一甘言雖謂之毫無價值可也雖然條約正文中既明言主權所在則其地尚不失爲中國領土此亦不可爭之理論不過在租借期限內不能行使其主權已耳謂不能行使主權即同於無主權按諸法律之理論不可謂適如民法上未成年之人亦不能行使其財產之「所有權」竟謂其無「所有權」烏可得也故租借之前事不可諫矣。後此當局者苟於國際法上有健全之學識。而應付之也有健全之手段。則死中求活。尚非無途。今如戶水之說所謂「他人有正當相續之權利者」云云。是並租借期限以外我所固有之主權而蔑視之也（今中國在旅大膠州等處。仍得行使主權之一部分。約文甚明。以非此論範圍。故不詳引。）要之就事勢論就權力論。則日本戰捷以後。恐旅順終不能不轉租於日本。但日本人以此爲正當相續之權利則我國法學家所萬不能認者也蓋此爭點非他即租借期限以外之主權問題所由定也故以法理論則當租借時主權在中國而主權行使權在俄國一旦俄國放棄此租借權則主權與主權行使權同時完全圓滿以歸於中國中國自保之而不復以租諸人可也中國或以好意而租諸日本或租諸日本以外之國一惟我所欲決非俄國與日本所能容喙也而日人竟欲以此權受之於俄國此吾儕所不能服也、嗚呼欲旅順之歸趙。此豈復我國民今日所敢起之妄想。若此文者。亦不過供學者研究之一資料云爾。嗚呼。

附　威海衛租借期限問題

此問題據條約正文。與俄租旅順同一期限。則當俄人放棄旅順租借權之時即爲威海條約効力全滅之時此釐然甚明於國際法法理上絲毫無所容疑難者此後威海之地位有變更與否則全視乎我外交家之手段若何耳上海時報關於此問題有一論文。擇載本號紹介新刊門與著者意見略相同。今不復嘵述。

傳記

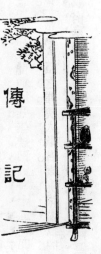

中國之新民

明季第一重要人物袁崇煥傳

（續第四十九號）

第八節　袁督師之殺毛文龍

殺毛文龍一事。袁督師寃獄之近因。而其爲功爲罪。又當時輿論所最囂囂者也。文龍之應誅與否。讀明史本傳自明。而督師此等舉動。非有霹靂手段者不能學也。今錄本傳全文如下。

毛文龍者。浙江仁和人。以都司授朝鮮。逗留遼東。遼東失。自海道遁回。乘虛擊殺淸鎭江守將。報巡撫王化貞而不及經略熊廷弼。兩人隙始開。用事者方主化貞。遂授文龍總兵。累加至左都督。掛將軍印。賜尙方劍。設軍鎭皮島如內地。皮島亦謂之東江。在登萊大海中。綿亘八十里。不生艸木。遠南岸。近北岸。北岸海面八十里即抵淸界。其東北海則朝鮮也。島上兵本河東民。自天啓元年河東失。民多逃島中。文龍籠絡其民。爲分布哨船。聯接登州。以爲犄角計。中朝是之。島事由此起。四年五月。文龍遣將沿鴨綠江。越長白山。侵淸國東偏。爲守將擊敗衆盡殲八月遣兵從義州城西渡江入島中屯田大淸守將覺潛師襲擊斬五百餘級島中糧悉被焚五年六月遣兵襲耀州之官屯寨敗歸六年五月遣兵襲鞍山驛喪其卒千餘越數日又遣兵襲撒爾河攻城南爲淸守將所却七年正月淸兵征朝鮮幷規勦文龍三月淸兵克義州分兵夜擣文龍於鐵山文龍敗遁歸島中時淸惡文龍躡後故致討朝鮮以其助文龍爲兵端顧文龍所居東江形勢雖足牽制其人本無大略往輒敗衄而歲糜餉無算且惟務廣招商賈販易禁物名濟朝鮮實闌出塞無事則鬻參販布爲業有事亦罕得其用工科給事中潘士聞劾文龍糜餉殺降尙寶卿董茂忠請撤文龍治兵關寧兵部議不可而崇煥心弗善也嘗疏請遣部臣理餉文龍惡文臣監制抗疏駁之崇煥不悅及文龍來謁接以賓禮文龍又不讓崇煥謀益決至是遂以閱兵爲名泛海抵雙島文龍來會崇煥與相燕飲每至夜分文龍不覺也崇煥議更營制設監司文龍怫然崇煥以歸鄉動之文龍曰向有此意但惟我知東事東事畢朝鮮衰弱可襲而有也崇煥亦不悅以六月五日邀文龍觀將士射先設幄山上令參將謝尙政等伏甲士幄外文龍至其部卒不得入崇煥曰予詰朝行公當海外重寄受予一拜交拜畢登山崇煥問從官姓名多毛姓文龍曰此皆予孫崇煥笑因曰爾等積勞海外月米止一斛言之痛心亦受予一拜爲國家盡力衆皆頓首謝崇煥因詰文龍違令數事文龍抗辯崇煥厲色叱之命去冠帶縶縛文龍猶倔强崇煥曰爾有十二斬罪知之乎祖制大將在外必命文臣監爾專制一方軍馬錢糧不受核一當斬人臣之罪莫大欺君爾奏報盡欺罔殺降人難民冒功二當斬人臣無將將則必誅爾奏有牧馬登州取南京如反掌語大逆不道三當斬每歲餉銀數十萬不以給兵月止散米三斗有半侵盜

軍糧四當斬擅開馬市於皮島私通外番五當斬部將數千人悉冒己姓副將以下濫給札付千走卒輿夫盡金緋六當斬自寧遠還剽掠商船自爲盜賊七當斬强取民間子女不知紀極部下效尤人不安室八當斬驅難民遠竊人參不從則餓死島上白骨如莽九當斬輦金京師拜魏忠賢爲父塑冕旒像於島中十當斬鐵山之敗喪師無算掩敗爲功十一當斬開鎮八年不能復寸土觀望養敵十二當斬數畢文龍喪魂魄不能言但叩頭乞免崇煥召諭其部將曰文龍罪狀當斬否皆惶怖唯唯中有稱文龍數年勞苦者崇煥叱之曰文龍一布衣爾官極品滿門封廕足酬勞何悖逆如是乃頓首請旨曰臣今誅文龍以肅軍諸將中有若文龍者悉誅臣不能成功皇上亦以誅文龍者誅臣遂取尚方劍斬之帳前乃出諭其將士曰誅止文龍餘無罪當是時文龍麾下健校悍卒數萬憚崇煥威無敢動者於是命官斂文龍明日具牲醴拜奠曰昨斬爾朝廷大法今祭爾僚友私情爲下淚乃分其卒二萬八千爲四協以文龍子承祚副將陳繼盛參將徐敷奏遊擊劉興祚主之收文龍敕印尚方劍令繼盛代掌犒軍士檄撫諸島盡除文龍虐政還鎮以其狀上聞末言文龍大將非臣得擅誅謹席藁待罪時崇禎二年五月也帝驟聞意殊駭念既死且方倚崇煥乃優旨褒答俄傳諭暴文龍罪以安崇煥心其爪牙伏京師者令所司捕崇煥上言文龍一匹夫不法至此以海外易爲亂也其衆合老稚四萬七千妄稱十萬且民多兵不能二萬妄設將領千今不宜更置帥即以繼盛攝之於計便帝報可崇煥雖誅文龍慮其部下爲變增餉銀至十八萬然島弁失主帥心漸攜益不可用其後致有叛去者崇煥言東江一鎮牽制所必資今定兩協馬軍十營步軍五歲餉銀四十二萬米十三萬六千帝頗以兵減餉增爲疑以崇煥故特

如其請。崇煥在遼與率教大壽可剛定兵制。漸及登萊天津及定東江兵制合四鎮兵十五萬三千有奇馬八萬一千有奇歲費度支四百八十餘萬減舊一百二十餘萬帝嘉獎之。

程本直漩聲記（本書始末詳下章）評文龍之案曰。『自武登撫相與爭而去其欲得而甘心於文龍者非一日也非一人也。辱白簡挂彈章可數百計也。是左右諸大夫皆曰可殺國人皆曰可殺也其不殺也非不殺也不能殺也不敢殺也是以崇煥一殺之而通國快然』觀此則當時輿論之所存可以見矣。夫以舉國不能殺不敢殺之人而督師毅然去之若縛一雛而探一彀也指揮若定聲色不驚。嗚呼非天下之大勇其孰能與於斯

自文龍之死。其部將孔有德耿仲明尙可喜次第叛。後卒爲滿洲倀掃定西南。或以是爲袁督師實有以致之。雖然。吾以爲此亦存乎其人耳文龍不死安知其不執梃爲諸降王長而督師死後其最得力之部將祖大壽雖降而旋反正而何可剛被執不屈義烈炳千古則又何說焉彼不徒感激主將之私恩而服從主將之公義者蓋有素也

第九節　袁督師之寃獄

子胥湛而吳沼鄂王僇而宋夷古來豪傑以一身生死繫一國存亡者歷史上前例往

往不乏若袁督師者其重要之一人哉先是半年前崇煥上疏通籌全局略言臣身在遼遼無足慮惟薊門單弱敵所竊窺請嚴飭前督峻防固禦爲今日急著時督薊者爲劉策巽懦不知兵事崇煥一疏不省復再疏之三疏之得旨下部科會議遷延不行是年十月（崇禎二年）清兵十餘萬人以蒙古兵爲嚮導大舉入犯憚崇煥之威乃改道入龍井關大安口喜峯口所向披靡如行無人境果如崇煥言崇煥於十月二十八日聞警即檄調諸遼將祖大壽何可剛等入衛所歷撫甯永平遷安豐潤玉田諸地逐路置防逐城設守戴星犯雪於十一月初十日馳至薊州欲背捍神州面拒敵衆十二十三等日與敵兵相持於馬昇橋諸要隘清軍不意袁軍驟至相視駭眙乃宵遯疾趨而西直犯京師崇煥心焚血注憤不顧死士不傳餐馬不再秣由間道飛抵郊外兩晝夜疾行三百餘里先清軍至三日清軍初遇崇煥救薊意欲避堅攻瑕乃越薊西蟠踞潞中將中斷京師使與崇煥首尾不相應一面結營困潞一面張勢撼京謂潞困而京可不俟攻也不知崇煥之舍薊而躡其後也不知崇煥且舍潞而繞其外也不知崇煥業據京而出其前也時崇煥軍營於廣渠門外敵軍初在高密店遇偵咸大失色詫以爲袁督師

之兵從天而降二十日。轉戰於廣渠門自辰達申卻敵十餘里追北至運河清將阿巴泰阿濟格思格德爾之軍皆潰太宗及諸貝勒相語謂十五年來未嘗有此勍敵於是不復逼京師。惟出沒於海子采囿之間以觀變。先是崇煥以兼程赴援僅以馬兵五千從其步兵不能兼進。以九千而當十餘萬之大敵勢力太相懸絕故朝議雖日促戰而崇煥猶持重不發即廣渠門之役猶非其志也而盈廷乃以逍遙城下擁兵縱敵嘅嘅爲崇煥罪計步兵全軍十二月初三四間可至而初一日遂有逮崇煥之旨

先是崇煥至薊。奏報達帝甚喜。溫旨褒勉發帑重犒將士。及兼道入衞。帝立召見深加慰勞。咨以戰守策。賜御饌及貂裘。倚重甚至。時清軍新挫畏崇煥如虎諸貝勒有請攻城者太宗託以不欲損將卒。二十七日。乃退駐南海子。適前獲明太監二人以副將高鴻中參將鮑承先寧完我巴克什達海監守之至是鴻中承先遵太宗所授密計坐近二太監故作耳語云今日撤兵乃上計也。頃見上單騎向敵敵有二人來見上語良久乃去意袁巡撫有密約此事可立就矣時楊太監者佯臥竊悉聽記其言三十日命縱楊太監歸具竊以所聽者上聞。獄遂起。

十二月初一日崇煥再被召對遽縛下詔獄大壽在旁戰栗失措出即擁兵叛歸帝取崇煥獄中手書往召大壽乃歸命（余大成剖肝錄云（前畧）上欲得煥手書。遣閣部九卿皆往獄所道意。煥曰。壽所以聽煥者。督師也。今罪人耳 豈尙能得之於壽哉。衆人開譬百端。終不可。且言未奉明詔。不敢以繫臣與國事。石衲（案此大成自謂也）因大言謂崇煥曰公孤忠請組 雙手擎遼。生死惟命 捐之久矣。天下之人。莫不服公之義。而諒公之心。臣子之義。生殺惟君。 苟利於國。不惜髮膚。且死於敵與死于法孰得耶。公其圖之。煥曰 公言是也。因手草蠟書。語極誠懇 至則壽去錦州一日矣。馳騎追及。即遙道來意。軍有敎放箭者 騎云。奉督師命來。非追兵也 壽命立馬待之。騎出書。壽下馬捧泣 一軍盡哭。遂躕躍即日入關。收復永平遵化一帶）時輔臣溫體仁毛文龍鄉人也銜崇煥殺文龍每思有以報之適兵部尙書梁廷棟嘗與崇煥共事於遼亦有私隙二人從中持其事崇煥由是得罪又崇煥嘗與大學士錢龍錫友善龍錫故主定逆案者魏忠賢遺黨高捷袁宏勳史𡎴輩謀興大獄爲逆黨報仇見崇煥下吏遂以擅主和議專戮大帥二事爲兩人罪捷首疏力攻𡎴宏勛繼之又前者東江歲餉百萬大半入權宦橐中自崇煥斬文龍盡失其賂咸相銜刺至是清軍犯京師中官勳戚在圍城中思旦夕解圍於崇煥不即戰會總兵滿桂初與煥共守甯遠丙寅之役首主棄城爲煥所叱至是入援令其部曲大掠近郊皆僞稱袁兵以鼓衆怨後因敗入甕城浸潤中官乘機譖之合此諸原因故崇煥遂不得不死於是輔臣周延儒成基命吏部尙書王永光各疏救不報總兵祖大壽以官階贈廕請贖不報兵科給事中錢家修請以身代不報布衣程本直詣闕抗疏呼寃與錢龍錫同論死御史羅萬壽以申辯崇煥非叛逆削職下獄凡崇煥在獄中半年餘關外將吏士民日詣督輔孫承宗所號哭雪寃願以身代者未嘗絕承宗知內旨已定不敢上聞於是崇煥遂死會審之日風霾晝閉白日無光崇禎三年八月十六日遂棄市兄弟妻子流三千里籍其家崇煥無子家亦無餘貲天下寃之

明史本傳於督師寃獄記載甚畧本節据錢家修程本直之辨寃疏及本直所著流聲記余大成所著剖肝錄及皇朝開國方畧等書大率皆當時目擊徵實之談也　著者附識

第十節　袁督師死後之東北邊事

督師下獄之明日命大同總兵滿桂為武經略督步騎四萬陣永定門外嚴濠柵環以鎗礮十重清兵宵進效明兵甲裳旗幟黎明乘不意突衝入其營滿桂戰死生禽總兵墨雲龍麻登雲等帝以庶吉士金聲之薦擢游僧申甫為總兵造戰車又擢庶吉士劉之綸為兵部侍郎募義兵皆以倉卒未訓練敗死舉城皇皇不可終日會祖大壽何可剛得督師手書引兵還救初清軍料崇煥下獄後大壽輩非叛作賊即降從彼至是見

遼兵還為明戰守乃遽為議和書分置永定門德勝門外移軍畧薊而還蓋督師一紙書猶足以卻敵也如此

清軍既還沿途侵略明年正月克永平克遷安克灤州遂班師留貝勒濟爾哈朗統兵萬人守永平各城三月復命二貝勒阿敏益兵五千助鎮守時明帝已復起孫承宗鎮關門而祖大壽統各路援軍相為犄角五月遂連復灤州遷安遵化永平諸城清軍殆盡覆六月阿敏逃還瀋陽太宗震怒議罪幽禁皆祖大壽力也皆袁督師教也

崇禎四年清軍復攻大凌河時孫承宗率由袁督師政策已復關內四城復理關外舊疆欲并力先城大凌河為屏蔽巡撫邱禾嘉違其節制中央政府復掣肘遂敗衂十一月廷臣復劾罷承宗而明益不可為矣今將此後明清之交涉復列畧表

崇禎七年　清兵四路來侵一從尚方堡之宣府趨應州至大同一由龍門口入會于宣府一由獨石口入會于應州一由得勝堡入歷大同趨朔州

八　年　清多鐸攻錦州多爾袞由朔州毀武甯關入略代忻應惇斬俘七萬餘

九　年　清阿濟格等分路逾獨石口入居庸克昌平偪燕京過保定克十二城五十六戰皆捷俘人畜十

八萬。督師張鳳翼宣大總督梁廷棟皆按兵不敢戰

十一年　清多爾袞岳託兩路來侵。一沿山。一沿運河。山河之間。六道並進。督師盧象昇拒戰于慶都死之。清兵遂蹂躪眞定廣平順德大名。至山東臨清州。渡運河。破濟南。克城五十。俘人口四十六萬有奇。

十二年　春清太宗親攻錦州中後所。圍杏山。九月略錦州甯遠。擾其秋穫。

十三年　遣兵屯義州城南。偪明關外諸城。擾其春耕。甯遠總兵金鳳戰死。

十四年　清多爾袞豪格攻錦州。圍之經年。餉道斷絕。祖大壽死守

十五年　二月。松山副將夏承德應敵。清軍遂入城。薊遼總督洪承疇生降。錦州亦陷。十月清阿爾泰等復來侵。直抵山東兗州。克府三州十八縣六十七。俘人民三十六萬。

十七年　三月。以流寇內逼。盡棄關外四城。召甯遠總兵吳三桂統兵入關衛京師。途中聞燕京陷。適清多爾袞率師將收關外地。並經畧中原。三桂迎降。清兵遂長驅入。明亡。

當十四五年間。松山杏山之役。清太宗諭諸將以大軍屢入塞。不能得尺寸地。皆由山海關阻隔。而欲取關。非先取關外四城不可云云。以故傾舉國之兵。竭兩年之力。以必克爲期。及甯錦陷。而明清之興亡決矣。凡此皆袁督師所逆料之。而經營之於二十年前者也。祖氏兄弟大壽大弼大樂以督師裨將。遵其方略。猶能爲睢陽之守者歲餘。非洪承疇

之降錦州固未易下也嗚呼使袁督師而在也雷池一步敵其能飛渡耶督師始終一貫之方畧曰守關外以捍關內而此後明卒以棄關外而亡甲申之事督師其知之矣抑督師以擅主和議爲寃獄之一口實而明亡以後史家追惟覆轍乃知當時竭天下兵餉大半以事關東爲直接引起中原盜賊之原因卒至東西交閧馴即於亡使循督師以和爲守以守爲戰之策則有餘力以靖內難然後休養國力從容以抵制外寇亦何至自壞長城引虎入衞也耶嗚呼人之云亡邦國殄瘁斯之謂矣崇禎十五六年間山海關內外僅千里間有督臣四（關外總督關內總督昌平總督保定總督）巡撫六（一甯遠二永平三順天四密雲五天津六保定）總兵八（甯遠山海中協西協昌平通州天津保定）事權愈分大局愈壞如可贖兮人百其身專閫十數能贖一袁督師乎痛哉

第十一節　結論

程更生（名本直。以布衣爲袁督師訟寃數四。卒與俱死者。自言嘗三求見袁公而不予見。予非爲私情死。不過爲公義死。且謂願死之後。有好事者瘞其骨於袁公墓側。題其上曰。「一對癡心人。兩條潑胆漢。」則目瞑九原矣。云云。此亦一奇士。崇拜袁督師者宜並崇拜之。）之爲袁督師訟也曰『客亦聞敵人自發難以來亦有攻而不下戰而不克者否曰未也客亦知乎有甯遠丙寅之圍而後中國知所以守有錦州丁卯之功而後中國知所以戰否也曰然也（中略）今日灤之復遵之復永之復也誰兵也遼兵也誰馬也遼馬也自崇煥未蒞遼以前遼亦有是兵有是馬焉否也』

又曰『崇煥十載邊臣屢經戰守。獨提一旅。挺出嚴關。迄今山海而外一里之草萊崇煥手闢之也一城之壘一堡之堞崇煥手築之也試問自有遼事以來誰不望敵數百里而逃棄城於數千里而遯敢與敵人畫地而守對壘而戰翻使此敵望而逃棄而遁者。舍崇煥其誰與歸』。嗚呼此豈阿好之言哉使督師以前而有督師其人者則滿洲軍將不能越遼河一步使督師以後而有督師其人者則滿洲軍猶不能越榆關一步故袁督師一日不去則滿洲萬不能得志於中國清軍之處心積慮以謀督師宜也而獨怪乎明之朝廷自壞長城爲敵復仇以快羣小一日之意見而與之俱盡天下古今寃獄雖多語其關係之重大殆未有袁督師若者也。嗚呼豈惟前代今日之國難急於明季數倍而舉國中欲求如一袁督師其人者顧可得耶顧可得耶但使龍城飛將在不教胡馬度陰山讀袁督師傳二百年前事其猶昨日也

程氏又評袁督師之爲人曰。『舉世皆巧人而袁公一大癡漢也唯其癡故舉世最愛

者錢袁公不知愛也唯其癡故舉世最惜者死袁公不知惜也於是乎舉世所不敢任之勢怨袁公直任之而弗辭也於是乎舉世所不得不避之嫌疑袁公直不避之而獨行也而且舉世所不能耐之飢寒袁公直耐之以爲士卒先也而且舉世所不肯破之體貌袁公力破之以與諸將吏推心而置腹也（中略）予謂掀翻兩直隸踏遍一十三省求其渾身担荷徹裏承當如袁公者正恐不可再得也』嗚呼讀此言也則袁督之爲人雖百世以下。猶如見之矣。余本成氏復記袁督師之論曰。『予何人哉十年以來父母不得以爲子妻孥不得以爲夫手足不得以爲兄弟交遊不得以爲朋友予何人哉直謂之曰大明國裏一亡命之徒可也』。嗚呼吾儕昔讀加富爾傳稱彼無妻以意大利爲妻。稍有熱血者。聞之罔不感歎焉。若袁督師者豈所謂無家而以中國爲家者耶。鄉人有傳錄督師遺詩者。有云。慷慨同仇日。間關百戰時。功高明主眷。心苦後人知。（南還別陳翼所總戎）又云。欲知肺腑同生死。何用安危問去留。杖策必因圖雪恥。橫戈原不爲封侯。（邊中送別）又云。榮華我已知莊夢。忠憤人將謂杞憂。（偕諸將游海島）嗚呼。若袁督師者。眞千古軍人之模範哉。眞千古軍人之模範哉

（完）

中國貨幣問題（續第四十九號）

中國之新民

第三章之續

第三節之續

操縱者維持法價之大權也精氏新案之妙用全在此點今更細論之。據新案所規定雖號稱金本位而國中實不用一金。政府雖亦預備金幣。而民間有持銀易金者並不給予惟匯兌於外國過萬金以上者乃出納之此實頗奇異之現象也。荷蘭現亦如此辦法。其通行之科爾登銀幣。亦不能換易金幣。印度現辦法亦大略相彷云。今請詳言其理。夫以吾中國人現在生計之程度用銀較適於用金此盡人所同認也故在國內充易中之役者全無需乎金幣純以新鑄之銀幣代之已適用而有餘若夫鑄造金器首飾等則所用者全在地金地金不鑄與尋常一

種貨物等耳與圜法及商務上之供求渺無關涉然則需金爲用者惟在國際匯兌之一途而操縱之妙即專在此

今得先言國際匯兌 Foreign Exchanges 之性質生計學家常言國際貿易者實物交換之貿易也古代未有泉幣。無以爲易中。則惟以物品互易。如孟子所謂以粟易械器。又如史家所記美國當十八世紀之末。尙有以牛乳易新聞紙之事。皆所謂實物交易也。英語謂之 Barter。又稱 Natural Economy。何以故凡自甲國運輸物品於乙國其所售得之値則金錢固已然必非逕輦其金錢以返國也必以之再販其國之貨物爲本國所缺乏者還而致之然後可以獲利乙國之懋遷於甲國也亦然究其實不過以此國之所羨者徠其所不足者於他國而已夫此必非一人直接而爲之也某甲由倫敦致千金之貨於上海其所得値非必親自復致他貨於倫敦也或逕思輦其金錢以歸者有焉矣而輦此千金以涉重洋其勞費其危險其遷延時日皆有種種障礙於是適有某乙欲由上海致千金之貨於倫敦者其消售得値之後欲輦金東歸其障礙之多猶甲也故彼此以其債權互易各得其所而便利且益甚此即國際匯兌之所由起也而凡在國際貿易甲國與乙國之間其輸出入之代價總額恆略相等而莫或大懸絕此旣爲生計學上不可駁之公例矣於此而兩國比較之間其所餘差額若干即爲正幣之輸送點（如甲國輸入乙國總額。共值千二百萬。乙國輸入甲國總額。共值千二百五十萬。則以千二百萬彼此相消。無庸以正幣傒傒往返。其所餘五十萬謂之差額。即甲國應輸送於乙國者。實五十萬耳。若此者。在乙國名之曰正差。在甲國名之曰負差。）明乎此則知雖在國際貿易其眞以金銀出口者不過畸零中之最小數而已

又如中國近年以賠欵及償還外債本息之故每歲須負數千萬兩之債務於外國。不知者以爲此金殆輦而出之也。及究其實則決非泉幣外流之增多而實爲物品輸入之減少何以故外國據此債權則無俟本國運來之物售之得其代價而始有所易逕以此金散諸吾國中而取携其所欲之貨以去耳然後再以其所坐收之賠欵與其輸入品之代價兩者和算以與我輸出該國總額之代價比較其所餘差額若干即爲正幣之輸送點（如本年應償英國銀五百萬兩。英國輸入品總額値 千萬兩。合爲一千五百萬兩。而我國物品輸出於英國者。僅得一千四百萬兩。則我對於英國之正幣輸送額。實一百萬兩也。）而此等輸送點其數亦斷不至太鉅何也生計上學理不以金錢與富同視斷未有赤手運金錢以去而以爲利者也

據此公例則各國之國際貿易宜若除此畸零小數之差額輸送點外。則彼此之貨幣。無或有外溢內注之事。然觀普通之貿易表。則金銀進出爲數仍甚鉅者。又何以故。此

則全視其國中貨幣與百物供求之差率何如使國內錢根甚緊（此錢字通指金銀諸幣）供不敷求則錢値昂而百物之値必賤如是故運貨物出口可以得利使國內錢幣太多（如鼓鑄太多則必生此現象）供過於求則錢値賤而百物之値必昂（所謂物値之昂賤者指其與錢幣之比例也舍錢幣外無以爲衡量物價之尺度也）如是故運錢幣出口可以得利苟利所在人自趨之雖嚴刑峻法不能禁也譬有國於此其國內通行者或爲銀幣或爲鈔幣苟所發出太多以致金匯票及百物之値以銀鈔兩幣推算皆覺其漲騰當此之時則金幣（或地金）勢不得不出口故依精氏新幣制則尋常時日無所用金者（即用亦極小數且不旋踵而歸）必須用金惟此時爲然

（未完）

談叢

飲冰室讀書錄

墨子之論理學（續第四十九號）

三應用　墨子之論理學非以騁辯才也。將據之以研究眞理。而樹一堅確不拔之學說也。今條舉其一二。

(甲)兼愛說之原本於論理者

(小取)愛人待周愛人而後爲愛人。不愛人不待周不愛人。不(疑衍字)失周愛因爲不愛人矣。

(大取)愛人不在已已在所愛之中。

(又)愛已非爲愛已之人也。

今爲演其圖式。其第一義則

彼人而我愛之者愛人之界說也

今我所謂愛人限於某部分而不周也

故我所謂愛人非愛人之界說也

此其兼愛說最堅之城壁。徵之於論理而絲毫無以難者也。其第二義。則

凡人者我所愛也

已者人也

故已者我所愛也

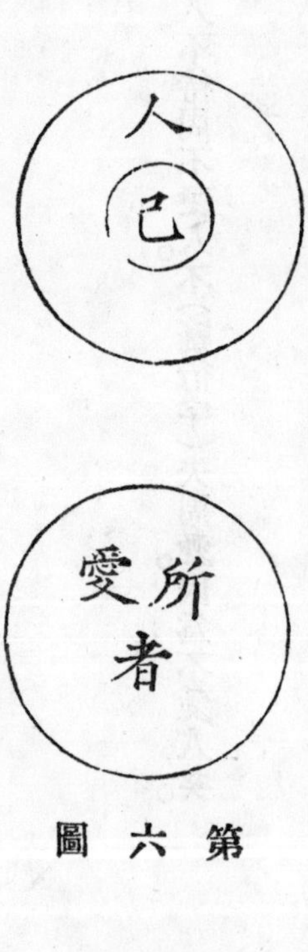

第六圖

謂愛人不在已已在所愛之中者。即其義也。已之小圈全受容於人之大圈中。愛之分量與人之分量同普及如第六圖。故愛人即愛已是墨子論理最圓滿義也

其第三義謂愛已非爲愛已之人者。是以利害問題明兼愛義也。其論理尤爲周全。試更引證他篇以爲其前提。

（兼愛中）愛人者人亦從而愛之。利人者人亦從而利之。

（兼愛下）吾不識孝子之爲親度者。亦欲人愛利其親與。意欲人之惡賊其親與。以說觀之。即欲人之愛利其

親也然則吾惡先從事即得此若我先從事乎愛利人之親然後人報我愛利吾親乎意我先從事乎惡利人之親然後人報我以愛利吾親也。

(魯問)利於人之謂巧。不利於人之謂拙。

合此諸義。以積疊式三段論法演之則如下。

已之利者愛已者所目的也
人人愛我者已之利也
故人人愛我者愛已者所目的也……一

不愛人者人未有愛之者也
愛限於已者不愛人者也
故愛限於已者人未有愛之者也……二

人不愛我已之害也
不愛人人必不愛我也
故不愛人者已之害也……三

（害己者非愛己之人也
愛己者適所以害己也
故愛己非爲愛己之人也……四

以此四疊之三段法演之而其義乃大明。故知墨子之以利害問題說兼愛者非爲權法以導人也實原本於正當之論理以立案也

（未完）

美人手

香葉閣鳳仙女史譯述

第十三回　强周旋癡人托心事　敍來歷女俠現聲名

話分兩頭。如今却說圖理舍銀行的行主圖理舍譽。是日又是宴客的時節。當晚在大餐堂設席。依舊是橢圓長桌。插花鋪錦。衆賓入座。團團圍着。所請的大都是慣來熟客。所以坐位亦大都各仍其舊。惟有行主的愛女霞那。往常坐位。與美治阿士毗連。一對玉人兒。兩肩相並。總是說說笑笑。這一種歡樂的氣象。連一座人的興緻都撩動起來。自從美治阿士被逐之後。每當宴會。竟然像是少了那個興緻的主腦一般。總尋不出別個代字訣來。如今美治阿士的舊坐位。由主家派定。令伊古那坐了。伊古那那人的質性。本來是個老實頭。於應酧交際上的手段。是使不得的。今一日得僭了這個坐位。連着意中人竝坐。只覺得心神俱醉。腹內不迭的感謝主人的恩義。口裡反一句話說不出來。低着頭連正眼也不敢瞧一瞧。那霞那無日無夜。眼色面色。總是含着一種凄涼可憐的情緒。任你是天上吊下一隻金牛。他齒也不輕易露一露。任你說甚麼笑話。他神色也不輕易動一動。與鬧場中反弄得一座默然。覺得冷冷落落。殊無一點意趣。圖理舍譽也覺得索然無味。想道。今夜瑪琪拖亞怎麼總不見來。他的口角乖巧。得他到來。或者可以撩動他們一點兒興緻。但這個時候還不到。枯坐也是無味。不如早些散了席罷。因說道。霞那你照往常拿點香茶泡好了。請各位到茶談室內寬寬坐罷。又對衆賓道。請各位到茶談室散散罷。於是衆賓齊立起來。散了座。隨着霞那到了茶談室。各找知交談心去了。是時獨有伊古那獃獃的尚在食堂內站着。像是有甚麼思想似的。當時霞那把茶泡了。遞過衆賓客。迨後拿了一盞茶。走過大餐堂來。遞給伊古那。伊古那是個不慣講究儀文的人。如今見主人的小姐親遞茶來。不知怎樣接領方好。不覺連臉也漲紅起來。手忙脚亂。左不是。右不是的。方把那茶盞接了過來。忽聽得霞那鶯喉一囀。低聲說道。美治阿士的行蹤。你可知到麼。伊古那急荅道。他臨行時。約定將來到了定着的去處。給信與我。但如今去了這多時。尚未接到他消息。究竟不知他在那裡。霞那道。他既然同你有約。如今竟然失信。莫非他有甚麼不測之事麼。伊古那道。此事我倒信得未必。因爲我聽見他說過。大丈夫縱有萬分磨折。斷不學那婦人女子的見識。他不過因東主不喜歡他。造了一番說話。說小姐聽了東主的敎訓。已經把念頭翻轉過來。勸他不要空自妄想。他信以爲眞。以爲絕望。因此着了惱。一時氣憤不過。立刻要離了法國。這是有的。若恐他自尋短見。我可決其必無此事。霞那道。如果不曾輕生。我心還有幾分安慰。但照你的意思。你估量他是有罪的。抑是無罪的呢。伊古那道。那裡的話。照美治阿士這樣的人品。那裡肯幹這等事。此是我可決的。霞那聽說。不覺把這種愁顏。開了好些。說道。你眞個不疑他麼。如今只有你一個肯說這話。既然如此。我想求你替我設法。查出美治阿士無罪的憑據來。待我向父親剖辯明白。你可肯幇助我嗎。霞那素來不肯輕易同伊古那交談一言。如今忽然同他這樣親熱。又聽得要把心事來倚托他。這正是好一個交情入手的門路。斯時就恍如得奉恩詔一般。急荅道。這是朋友分內應爲之事。就是小姐不曾吩咐。我如果力量做得到。也無不盡心。我現在正同着瑪琪拖亞君設法子。想要替他查探出那無罪的憑據來。霞那道。這樣很好。我極感激你。眞果是有這點心。我極願意和你做朋友。我且問問你。這事至今你可有見着甚麼可疑的人嗎。望你同著琪瑪拖亞哥哥。早日替我訪出這個憑據來。兩人一問一荅。對說了好一會兒。圖理舍譽在對室醉翁椅上歪着。一轉頭瞥見他們親親熱熱的模樣兒。以爲霞那回心轉意了。心裡着實的歡喜。口與心商量道。看這個光景。這兒女債。或者可以得如我的心願了。他們兩個如今已漸漸好起來。不如趁勢和他們早些完了這宗婚事罷。圖理舍譽正在獨坐默想。忽然見瑪琪拖亞到了。從外間走將進來。圖理舍譽坐起來說道。呀、你來了麼。怎麼這時候纔到。今夜晚餐沒有外客。只得幾個熟人。沒甚高興。正在想找你來說說笑話開開心。怎麼老等你總不來。瑪琪拖亞道。我本該早來替你老人家招呼賓客。適值有點事擔擱了。如今并不是趕來替你老人家陪席。我因爲有一件事。想要求求你老人家。知到這個時候。你老人家一定是在家的。圖理舍譽道。甚麼事這樣着急。此時已是休息的時候。求我也不能辦。不如明天才說罷。瑪琪拖亞道。不是。并非甚麼煩難的事。不過爲着助摩祖這個孩子。我想向你老人家討個情。加些工錢把他。因爲聞得他祖母有病。他家裡貧乏。很過不去。兼之昨夜他有救我性命的功勞呢。圖理舍嚳道。別混說。一個乳臭東西。有甚麼力量能彀救得人命。只好天天在外瞎跑。滿到處糊混。這樣的東西。我正在要想開除他。瑪琪拖亞道。他眞是救了我的性命。不是說謊的。因把昨夜從淩冰池回去歸途遇盜。如何情形。述了一遍。圖理舍嚳聽了說道。助摩祖這個人。他甚麼事都幹不來。這種懶惰的所爲。你是知到的了。不過因爲丸田伯爵夫人保荐他來。情面上不好意思開除他。況且這伯爵夫人。是個外國有名望的大家。他的金錢。存在我銀行也不少。實在是我銀行一個老主顧。故此不得不要勉强順他的情。瑪琪拖亞道。丸田伯爵夫人。我也久已聞得。但不曾會過他。怎麼他是個尊貴的夫人。也留意到一個微賤的小厮。圖理舍嚳道。此中緣故。說來也長。這個伯爵夫人。雖然是個驕貴的婦人。但他的品質。倒像是個男子。無異文學之外。兼好武藝。擊劍的手法。他極精通。最好遊山打獵。先年不知在某處獵塲打獵。遇了險。被助摩祖的父親救了他。因此時時感念他的功勞。後來助摩祖的兩親死了。他有意要提拔他的兒子。因此把助摩祖收養過來。要替他謀個出頭的所在。想着銀行的營生。是個好事業。故此把他荐來我處。聽他學習學習。助摩祖的父親。原是伯爵夫人一個感恩的知己呢。瑪琪拖亞道。原來有這個緣故。既是伯爵夫人有偌大的期望。那就更要多加些工錢給他。方於伯爵夫人臉上好看些。圖理舍譽道。如果伯爵夫人有說話來討情。我自然要加些給他。若白端端加他一個。別個夥伴怎能舒服。此時聞得丸田夫人到外國遊歷去了。聽說要兩個禮拜纔回。此事且等夫人回來再打算罷。瑪琪拖亞聽說。恍若別有會心的模樣。帶笑沈吟道。這就巧了。又一個遊歷兩禮拜的。近來的風氣。婦人家遊歷。都是定兩禮拜期。這種趨時的風氣。是幾時新開的。呵呵。圖理舍譽聽不明白。問道。你說甚麼。瑪琪拖亞道。我想起別的事。沒有甚麼說。照你老人家的意。助摩祖的工錢。是要聽候丸田夫人回來方定呢。我好幾天沒有見過表妹。今晚來得一塲。且去望望他。你老人家請坐罷。說着便跑出房門來。轉過對面食堂。是時伊古那早已退去了。只剩霞那一人。托着腮。含着愁悶。坐着儘地想。瑪琪拖亞走近前。對霞那道。妹妹。你在這裡出神想甚麼。我天天來。總是見你一種愁煩的氣象。只爲着美治阿士的事。白獃着想。想出病來。那是怎麼好。霞那同瑪琪拖亞自幼相聚一處。彼此情意。都合慣了。中表兩家。原是極親愛的。今一見瑪琪拖亞到來。

自然是歡喜的。把頭抬起來。望着瑪琪拖亞道。哥哥。我今日聞伊古那說、你爲美治阿士的事。很替他操心查探這件案情。可是嗎。瑪琪拖亞道。我幷沒有甚麼認眞查探。不過也想這件事將來總要有個出白。所以時時到處也留點心兒罷咧。噯、你魂思夢想。只爲着美治阿士一事。這個迷魘。總沒半點兒轉想。這就太過了。你心心念念只當美治阿士無罪。究竟有罪無罪。你我此時也決不定。必須要找着美治阿士。當面對個水落石出。方得明白。照他平日的行爲、似乎未必。但今回這件事出得湊巧。未免覺得意外。我也細細想過。除了他之外。也再無別個露得出一點可疑的痕迹。此事遲早我諒總有個出白。倘若僥倖美治阿士果是無罪。自然是好。萬一事情與美治阿士果有干連。那豈不是誤了你終身的名譽。無罪的人。你如何愛護他也沒要緊。若是有罪的人。你錯用了情。那就連累你的身名也汚辱了。你試想想。你如今也不必白担憂。不如把這查探的事情交給我。我自然曉得替你盡心。我斷沒有把好報歹。諒你也總信得過。況且美治阿士向來同我是極相好的朋友。你同美治阿士兩人的心事。我斷不肯輕易離間的。你總要放開心。將來總有個的確的信息給你。就是瑪琪拖亞這番說話。幷非有甚麼別腸。亦并非有甚麼刻覈的意思。不過兄妹間親愛的情誼。直心直道。原想勸慰他幾句。正是一番好意。只見霞那低着頭并沒一言回答。此時瑪琪拖亞把話說完。也默然對着。未知後事如何。且聽下回分解。

飲氷室詩話

美人香草。寄託遙深。古今詩家一普通結習也。談空說有。作口頭禪。又唐宋以來詩家一普通結習也。狄楚卿之詩。殆兼此兩種結習而和合之。每詩皆含有幽怨與解脫之兩異原質。亦佳構也。茲錄其近作一章……又有東風拂耳過。任他飛絮自蹉跎。金輪轉轉牽情出。帝網重重釀夢多。珠影暈愁分碧月。鏡波掠眼接銀河。爲誰竟著人天界。便出人天也奈何……此體殆出於譚瀏陽。瀏陽詩無端過去生中事。兜上朦朧業眼來。徐甲儻容心懺悔。願身成骨骨成灰。死生流轉不相值。天地翻時忽一逢。卻喜無情成解脫。欲追前事已冥濛。等句皆是也。

平等閣詩話錄蟄菴感事五絕云。十日層樓九風雨。三年故國百思量。逢人怪道春憔悴不信聞歌覺小傷別夢依稀過謝橋心中風雨暗蕭蕭自從拾得楊花片不見章台見柳條別來細雨聞孤舘歸去華鐙爛九枝悵望青溪神女曲去年今日蔣神祠秋河別夜太淒涼。一曲伊州淚萬行。愁絕五陵年少事金鞭玉勒送王昌。宮扇葳蕤半褪金。一篇哀麗舊傷心。他時漫滅無文字留得情人宛轉吟。蓋迴鑾時之作也吾昔在京師。與螯菴連輿接席者歲餘。見其詩最多余最喜其二絕云。回首東風淚滿巾舊歡新夢覺無因醒來正是黃昏雨車馬中原有暗塵落日黃沙塞草枯朔風前夜雪平鋪漢唐遺壘模糊甚還有陰山鐵騎無。又丙申春余出都。螯菴贈行一首云。樓頭缺月夜向曉騎馬與君相送行前路殘春亦可惜柳條藤蔓有啼鶯。

平等閣詩話又載惺庵有留別居東同人迴風辭四章詩云。日暮思君苦未來。飛紅猥藉舊亭臺。沈沈遠夢迷千刼慘慘新詞賦八哀。心比梧桐疑半死。淚如殘蠟漸成灰。玉關人老愁何極窈窕春星望幾回……此去風雲方百變側身天地更何之行吟芳草無歸路倚遍銀屏繫所思別有溫柔馨一握是它幽怨亂千絲轆轤永夕煩懷抱誰獨西風黯別離。……艱難行路黯魂銷帝遣巫陽賦大招愁雨愁風才易盡。傷春傷別意無聊。相看鏡匣驚消瘦。暗緊香囊慰寂寥。獨自思量自凝竚。碧城十二總迢迢。……手挼殘紅不忍看。輕寒無賴倚闌干。陰晴未定天如醉。㾜㾜方迷淚易彈。舊恨尊前歌昔昔。新愁簾外雨潺潺。傷心思婦遼西夢。冷怯空閨人未還。又將發江戶留別日本祭詩龕詩社四律云。飆輪萬轉重行行。向夕扶桑少客星。久託逍遙消塊壘。署無名刺訝公卿。相看鄰下諸豪俊。應憶江東老步兵。好事若煩志流寓。石橋門巷認東櫻。……消瘦西風褪帶圍。多愁多病賞心違。參差玉管吹誰思。冷落瑤箏獨自歸。虛負花開歌緩緩。只憐人去夢依依。繁英繡甸渾如昨。已是差池燕子飛。……聲聲拍枕下關潮。歷刼成塵恨不消。三五團圞輕惜別。萬千哀感及今朝。盧傳打槳迎桃葉。獨上離亭泣柳條。半晌銷凝前夜夢。帷燈一穗冷殘宵。……怕聽陽關第四聲。河梁攜手若爲情。掉頭不肯留詩卷。懷刺應知少送迎。燕頷虎頭空萬里。飄鸞泊鳳怨三生。阿誰識得吟岐感。更與慇懃唱渭城。

余年來絕少爲詩。正月從橫濱返國。將經神戶。舟中晨起得一首。意味淺薄。不足道也。姑存之以塞紙。……皞皞朝曦浴萬山。冷冷風響下人間。翛翛雲影隨明翳。落落漁謳自往還點點白鷗沒浩蕩峯峯神女嘯空頑此中多少天機在卻是勞人不得閑……

將至上海有所感觸欲爲一長古未成中有四句云未至吳淞三百里海波已作江波色我生航海半天下氣象無如此雄特此實可見我祖國意態之雄傑黃河下流演爲黃海不待論矣即揚子江入海之力不亦已氣象萬千耶

介紹新刊

上海時報

上海新出一日報。名曰「時報」者。庶可稱今日中國報界之亘矣。頃寄到本社者已二十餘號。按諸其發刊例所謂公、要、周、適、（論說之特色）博、速、確、直、正、（記事之特色）諸義。殆無愧焉。今檢其論說欄所研究之諸問題有切中肯綮爲我當道及我國民所必當留意者。玆擇其尤者紹介而評論之。

一　山東新開租界問題

原文題爲「自開租界與治外法權之關係」。蓋以告政府及山東大吏云。開章先論政府自開通商口岸。爲外交上應行之手段。謂

山東膠濟鐵路成。中國政府乃自開濟南濰縣周村三處爲通商口岸。此實前此未有之舉也。前此口岸之開皆由外國强迫。今玆鑒東三省之覆轍。毅然公其益於萬國（中略）夫以今後之大勢斷不能閉關絕市以立於世界。然則雖舉全國爲通商地可也。豈惟區區山東之二三市云云。

更原本經濟上之學理。言兩利而始爲利。以證明自開租界之非失計。次乃論及主權問題。曰。

雖然以前事論之。則通商口岸所在之地。即爲外國權力所及之地。隱然若數十敵國布列于吾臥榻之側。則前此吾朝野上下以珠崖河湟視租界。而怵怵焉深憚之。切痛之也。亦固其所。若是乎。則租界開而中央政府之主權隨而滅亡。豈惟不可以施諸全國。即前所已開者猶爲喉梗也云云。

次乃言因勢利導之法。其要義謂『自今以後中國。

勢不得不更開租界即我不開人猶將爲我開之毋甯自開焉而於主權所在力爲維持』而以此次山東三市爲濫觴焉此實本論之要點也其言曰。

此三市者與前此之通商口岸其性質大相異前此口岸由外國之要求也要求故權在人此三市則我之所欲也我所欲故權在我利用此舉而因以宣告於各國曰自今以後凡中國政府自發心所開之租界皆收回治外法權自濟南濰縣周村始著爲例云云。

此實得間之論也蓋前此之口岸乃以國際條約開之者此次之口岸乃以本國法令開之者在法律上其性質大有所異眞今日當局者最當研究之一問題也。該報復引日本改正條約之困難而論及欲收治外法權不可不有所預備其主要之點則在整頓行政司法兩機關以取信於人其言曰。

此後中國若欲得保全主權之租界則于此點不可不孜孜焉若警察若裁判若衛生皆其最要者也今宜草一方案正定行政法及裁判法雖未能普及全國而先以試驗于自開之租界苟得人焉以理之必非甚難辦到之事政府之自爲計與爲國民計皆不可以已矣云云。

末章乃論辦法謂以政府行之最善也否則山東大吏以獨力猶足以辦之而因詳述其試辦之法門語語切實著著可行洵有關時局之文字也。

二　督撫更調問題

其時正値蘇鄂湘桂黔諸撫臣之更調該報乃論其不宜謂

專制政體本有百害而無一利此今日論者之所周知也然西人言專制政體亦有一端勝於立憲國者則以其政權常爲一二人所主持其所定之

政策。衣鉢相仍。可以數十百年不改。以故其力常鉅。非立憲國更一政府即易一政策者可比。此專制政體所以往往能成强國也云云。次。乃論中國之專制政體乃並此一利亦去之。其略曰。

謂專制國之主要。在于有恒。則其義確矣。而觀我國之專制政體。又何其無恒也。我國政體。內有執政。外有督撫。下有州縣。皆爲政權所集之地。然而任用此三等人。率無一任幾年之例。故當其任者。或視職官爲傳舍。朝不謀夕。惟事敷衍。如此者居多數。其間亦有一二確有見地。不忍坐視之人。力能有所建樹。而在上者亦不問其政之設施若何。率爾而易之。不必有所以然之故。繼其任者。以其政之非已出也。初不一覈其事之是非。一切罷前之勞費。後之果效。均不及計也。於是任職之人。相率以多事爲戒。惟以高拱待遷。爲有益無損之策。而天下之吏治。其不舉者多矣。是專制政體。本有害而無利。而其中幸有一利。而亦去之也云云。

其末節乃專論湘撫趙中丞之去位。蓋其注重在此點也。文繁今不具引。

上海時報

三　威海衛租借期限問題

該報著此論。因英國議員某曾以此問題質諸彼政府。因論述之。以促吾外交當局之注意。因先述威海條約原文云。

（第一款）中國皇帝之政府。允將威海衛租借與英國女皇之政府。如俄國租借旅順口之期。

因極論旅順威海。連雞並飛。或收還。或永失。其機皆在今日。其言曰、

欲論威海。先觀旅順。日本若攻陷旅順後。其所執政策將若何。將以還諸中國乎。抑一依俄人租借

原約而自取之乎二者必居一於是日本此次戰役固以義戰自詡也以保全中國領土爲楬櫫也雖然彼糜數鉅兆之餉項犧牲十數萬人之性命賭全國安危於孤注一擲夫亦安能無所易使滿洲全境之俄軍果能爲日本掃攘以去也則滿洲土地必以特別條件之約束還附於中國吾敢信之若夫旅順則爲別問題今日本外交家關於旅順問題所以語我國當道者吾未知其如何要之觀其國中輿論發表於報紙中者則主張依俄原約轉租日本之論殆萬口同聲也(大率皆著名博士及當道有力者之論不遑枚舉其最有力者爲樺太還附期成會全國中重要人物皆在內焉會中所發表對於旅順問題之意見即在此也)其論據奈何則曰威海有英膠州有德吾日本爲東亞均勢平和起見安得不自占一地步也是旅順問題與威海膠州問題相狠狽者也

次乃据條約之性質以論辨理之法曰、

据條約原文則旅順租借權消滅之時即威海租借權消滅之時甚明白也又勿論有他國續租借旅順否與但使俄國租借權消滅之時即已爲英國威海衛租借權消滅之時甚明白也然則今日爲中國政府計當奈何其最爭上游之一著則即以今日與俄國交涉將租借旅順之條約廢棄此近日張袁魏諸督臣所嘗倡議者也若此事辦得到則即據條約文執理以與英國交涉並威海租借條約而廢之他日日本戰勝議和之時苟再提議轉租旅順者吾有辭以爲拒矣此上策也云云

該報復論今日遲廢棄俄約近於破壞中立其法或不可行乃更論其時機之所在曰

然則我實行我政策之時機何在乎則日俄議和之先一刹那頃是已日俄戰事畢後俄國租借旅順之條約幾不待我提議而自歸無效於此之時我即迅速以俄約廢棄之旨布告中外一面急起直追與英國交涉彼時英國即欲續借威海非將一八九八年之條約重行修正不可而修正與廢棄之權即在於我此千載一時之機也若待日俄交涉之終結日本已以轉租旅順之要求提出於我政府則英國又有詞矣蓋日俄和約既定之後日必藉口於英以求轉租旅順英亦必藉口於日以求續租威海此一定之局也故必發之於機先利用俄人妒英日之心而互相牽掣之則此兩地或能以完璧歸趙亦未可知耳云云

本社案旅順歸還問題此殆不可望之事惟英國頗有放棄威海之心此則西報往往微言之者然則此問題亦誠今日我當道所最宜注意也

四 滿洲善後問題

該報諸論說中以此篇爲最雄著其持論亦最警拔初聞之令人愕眙細繹之又實對此問題之不二法門也今詳錄其說

該報於第一次有題「論中國政府之滿洲善後策」一篇首論此問題爲今日政府所最注意而日本於戰後必非能遽拱手以還諸中國其言曰

日本今次之用兵其所標櫫者曰義師也曰人道之戰也曰保東亞平和也故事定之後日本必以滿洲領土還我殆其勢之萬不容已者雖然謂其抱持極端的利他主義糜數百兆之軍餉犧牲十餘萬人之生命徒爲我執驅除之役事成則拱手以還諸主人此在一私人義俠之舉動容或有之若在人格的國家固萬不許爾爾也故將來事定

之後必須經一次正式的國際交涉如前此俄之還伊犂日之還遼東此其事必在日俄媾和談判調印之時或經一次萬國會議以後今日欲冒昧而爲之不得也云云。

復論今日派人收遼之無益曰。

今者政府日日議派官前往收遼。一若以日本爲功狗。而我自爲功人。又如日本大烹。而我望享天下。固無如此便宜之事。即有之而我亦能無自羞耶。今者我無論派何人往。在日本亦安有不歡迎之理。但有一事爲我輩所不可不知者。現時日本之視滿洲。亦如前此俄人之視滿洲而已。前此吾政府何嘗不置大吏於彼。如增祺輩者。在俄羅斯亦何嘗拒絕。不過以之爲傀儡而已。今者我無論派何人。其戰局未終以前之職任。必仍爲日本之傀儡。與增祺輩之傀儡於俄者無異。可斷言也云云。

次乃論今後中國欲收還滿洲。當發表其善後之政見。將由何道使永保其獨立。且促其內治之發達。此政見若能博列國之同情。使日俄皆無所藉口。然後還遼之事可期。而該報之政見則有甚奇特而驚人者。則以滿洲爲一獨立立憲王國是也。其言曰。

竊以爲自今以往。莫如以滿洲爲一獨立國。以滿洲爲一立憲君主國。

又恐人之聞其駭之也。乃援例以爲之解釋曰。

夫所謂獨立國云者。非謂以滿洲之主權者與中國本部之主權者釐而二之也。歐洲今日有所謂雙立君主國者。若奧大利、匈牙利、若瑞典挪威。其最著者也。其餘各國君主多有兼銜。若英皇之以英吉利王兼愛爾蘭王兼印度皇帝。俄皇之以俄羅斯皇帝兼波蘭王芬蘭王及某某處王某某處大公者凡十數銜。德皇之以普魯士兼德意志皇帝。是其例也。

又引申其所以必須獨立之理由曰

其所以必若是者何也夫既已合併數國爲一大帝國而彼數國者其歷史上之發達不同故其立法行政之種種方畧亦各有所適往往有離之雙美合之兩傷者故毋寧各別其機關而幷統於一尊也滿洲與中國本部在二百餘年前本爲異國今雖天下一家耦俱無猜矣而其歷史上國體之發達固大有懸絕者存列聖之治滿洲置三將軍而施政方畧不同於內地督撫誠深察其本也云云。

該報第二次復著論一篇題爲「再論滿洲當爲立憲獨立國」者其論鋒尤犀利其條理尤詳明乃首論滿洲若歸還中國之後其善後政策不出五端

一曰官職制度一切依舊毫無改變也二曰全仿內地各行省置督撫司道府縣而屬之於中央政府也三曰立爲藩鎭以親支天潢王之如元帖木兒之分王亞洲諸國法拿破侖之分王歐洲諸國是也四曰立爲特別行政區域假以重大權力而仍半隷屬於中央政府如英之印度總督日本之台灣總督是也五曰以之爲一獨立國而以中國大皇帝兼王之如奧大利王兼王匈牙利瑞典王兼王挪威英王兼王愛爾蘭德皇兼王普魯士是也。

次乃比論五者之得失曰、

其第一說則行之二百餘年至今而情見勢絀其不可復用殆無待言其第二說則現時最有力者而數月以前政府已有意舉辦者也雖然各行省制度之有缺點今亦既經試驗而較然不能掩矣吾中國督撫之性質與各國之行政官有大相異

上海時報 七

者。謂其無權耶有時其威力之大雖立憲國之君主。不能望也。謂其有權耶而種種掣肘往往一小事而不能自由且掣肘者不必中央政府也中而兩司下而州縣亦或有爲督撫所不能左右者。若夫諭旨朝降印綬夕解毫不能有自主之權者更無論矣今日中國而不改革則已苟有改革則此等制度皆在淘汰之列者也今者既欲再造滿洲甯當尤而效之是第二法不可用也其第三說亦今日聞諸道路謂朝廷將欲試行者也然封建制度久已爲文明社會之殭石豈其今日而可復用。小之釀成淮厲梁孝驕汰之習大之或爲吳楚燕棣意外之變即不爾而今後之中國其主權不可以不統於一今若爲此是導分裂之漸也故第三法不可用也。其弟四法幾善矣。然以中國今日行之其結果必至變成與第二法無異欲求眞能如英之治印度日之治臺灣必不可得也是與各行省督撫異名而同實也。吾故謂五者之中惟第五法其至矣。

次乃論實行第五法之綱領。

(一) 以滿洲爲獨立之立憲王國滿洲王位永由大清帝國之大皇帝兼任

(二) 滿洲王國自設議會爲立法部以上下兩議院組織而成上院由國王所命以天潢及勳舊貴族任之下院由國民選舉

(三) 滿洲王國自設政府爲行政部其七宰相由國王任命

(四) 滿洲王國外交軍事之大權統歸國王即中國大皇帝之手故不必別置常備兵不必別派駐劄各國之外交官

(五) 滿洲王國之財政純爲獨立體建國伊始種

種設備以公債辦理之其公債或借諸北京政府或借諸中國內地各行省或借諸外國皆可惟須依文明例償還

（六）滿洲王國之稅則貨幣郵運諸要政悉與中國帝國同盟以期聯絡一體

次復申言所以必須為獨立國之由曰、

今後中國若猶得保持滿洲之主權。勢不可不盡全力以經營之。若如前此之泄泄沓沓彌縫補苴。必不能應今後之變明甚也。若猶受遙制於北京政府。則北京政府今正當全地球競爭最劇之潮渦以全副精神應付外交及整頓本部之內治猶懼不給。必不能有餘力以為滿洲謀完備之善後策。此其宜獨立者一也。且中國今後而亡則已苟其不亡。不及十年。勢不得不改為立憲政體。於斯時也。中國與滿洲同受治于一憲法之下乎。兩國歷史上之發達。實各有不同憲法之適於滿洲者未必其適于中國適於中國者未必其適於滿洲其宜獨立者二也。且使中國與滿洲同一政府。同一議會。中國本部之人民多於滿洲十倍。其土地廣於滿洲十倍。則立法機關之大多數必歸於漢人。而行政部一切設施自必先置重於內地。而邊徼遼遠未遑計及。此在皇室及關內之滿人固同受其利。而關外之遺族不免向隅矣。此其宜獨立者三也。夫在他日全國立憲之時。滿洲勢固不得不自為一區域。則以此際再造伊始。奮然行之。免使將來復費一番更張不亦可乎。此其宜獨立者四也。

次復言所以必為立憲政體之故曰、

問者曰。獨立而必為立憲政體者何也。應之曰。二十世紀全地球無復容專制政體存立之餘地稍

介紹新刊

有識者皆能言之矣今既欲新建此獨立國必欲其與天地長久也則舍立憲奚以哉且苟非立憲則此新滿洲王國固萬不能成立也如欲以專制而立此國也則惟有三法其一則我大皇帝親臨而專統治之也此豈今日所能行之事而亦豈四萬萬人所望也其二則仍封親王主治也是犯前者第三法之弊也其三則仍由北京專撫派大員往專制也是又犯前者第二法之弊且更不得名之爲獨立國也故非立憲則無以治滿洲夫以今者所議欲派趙爾巽袁世凱岑春煊諸公以督滿洲是以漢人爲滿人謀也以漢人爲滿人謀必不如滿人自爲謀之周可斷言也如前者置將軍都統之制是以少數之滿人爲多數之滿人謀也少數爲多數謀必不如多數者自爲謀之周又可斷言也故曰今後欲治滿洲舍獨立立憲末由矣

次又言滿洲可以立國之道曰、

問者曰以滿洲區區三省之地可以爲獨立國乎應之曰何爲不能其面積有三十六萬餘英方里其戶口有八百五十餘萬人歐洲各國其弱小數倍而巍然自立者且有之矣況其礦產之富甲於東亞農產之盛亦夙著聞而江河紛歧航業便利鐵路已通陸運尤捷各國政治實業家咸謂將來滿洲商業之發達不可思議安在其不可以立國也況既與中國帝國同係屬於一主權者之下其養兵費外交費一切之負擔皆輕省然則新議會新政府之成立其所孳孳者則專力以從事於殖產興業之內治耳一切難題自有北京政府當其衝而盛京政府不過受其成爲滿洲計大利孰有過此

次復自解明此論非外滿洲於中國曰、

問者曰。子之議辯則辯矣。然得毋外滿洲於中國乎。得毋導分裂之漸乎。得毋無端而爲滿漢間復生一意見乎。應之曰。不然。此正所以泯滿漢之見而免其爭也。夫德之帝位。既已以普王兼之矣。而普國何以仍自有政府議會。謂此爲外普於德可乎。謂此爲德與普分裂可乎。夫治大國向非用專制。則幾不得治。治大國而不用專制者。必其大國中含小國。大政府中含小政府。大議會中含小議會。若美國是也。若德國意國是也。即英國亦是也。雖其內容之組織各有不同。而其大體罔不如是。今吾所謂滿洲獨立王國者。亦如德帝國中之普魯士撒遜等。如英帝國中之加拿大澳洲等耳。何分裂之有焉。且他日中國全國立憲之後。則滿洲人之既入關居於中國內地者。自應爲中國之公民。與漢人同享一體利益。而宗室勳舊亦必須列於中國貴族之班。享特別之權利。此豈待問也。又豈復容他種之異議也。若是則滿人何遺憾之與有。若曰漢人因此而生妒忌也。則更不必鰓鰓者也。滿洲之國。於漢人何損焉。於漢人何與焉。

篇末乃言以滿洲試辦立憲最爲合宜。曰、

抑鄙人之持此論也。又不徒爲滿洲一方面計也。今後之中國。固萬不可以不立憲。近者要求立憲之聲。已洋溢於全國。即王公大人。固亦有傾聽之者矣。然以此龎大之國。驟然爲玆驚天動地之大改革。談何容易。苟欲實行之。莫如擇一地段。其幅員約當兩三省者。先行試辦。然內地十八行省。久在一中央政府統治之下。其相互之關係甚複雜。萬不能專畫出一兩省。別爲一行政區域明矣。惟東三省之政治機關。向來與內地不甚相聯屬。此實絕好之一試驗場也。夫使在平時。則無風起波。爲

上海時報

玆改革。或有以仍舊貫何必改作爲抗難者。若此後滿洲之地失而復還。全國人固知其政治機關。必有一番變動矣。乘此機而爲根本的革新。實千載一時哉。

最後復言以滿洲立憲爲全國立憲之前驅。曰、

乃者憂國君子。持中國立憲之議。在當道之不達時務者。或以此爲煽亂之言。以謂民權興則君權替。漢人利而滿人害。而朝廷且視同蛇蝎者。亦既有年矣。此等迷夢。計不久便當全滅。若猶有疑於是者。則爲滿洲開民權之說。當必非出於漢人之私意焉。己盍姑一試焉。以考證民權之果爲利而果爲害矣。抑吾微聞今當道之有力者。既已頻有聯銜奏請立憲之舉動。吾以爲今日言中國全國立憲。必非政府所遽聽許。言之難望其必行也。有言責者。盍先以全力運動滿洲立憲焉。滿洲既立則不及五年而中國全國隨之矣。此亦救國之一手段也云云。

其結論一段。復言此法爲將來收回滿洲國際交涉上之一助力。論旨畧同前篇。玆不具引。

●該報第三次復有「三論滿洲善後策」一篇。廣引日本各報所言對滿洲之政策。將以滿洲領土之虛號。還諸中國。而以滿洲行政之實權歸諸日本。如英國待蘇丹之前例。因更言獨立立憲之不可以已云。其文繁亦不復具引。

要之此問題爲中國目前最急切之問題。所關者不徒在滿洲。而蒙古西藏乃至新彊皆將隨滿洲問題爲遷移。故今日凡我國民。於此問題誠宜急急研究者也。該報首倡此論。其見採於當道與否所不敢知。然提出此議。大有供吾儕研究之價值矣。

●該報於批評一門精嚴正確。就中如「奏請立憲時

評。」「粵亂時評。」及連載之「日俄戰役批評」等皆談言微中有趣味有關係之文也。其記事後往往附案語亦殊可玩。

●●該報記述日俄戰事。除每日電報之外復有詳細之觀戰通信其敍述用歷史體。亦其一特色也。

●●該報通信極繁富。每日皆有其通信文多以敍事兼批評。最適於讀者。

●●該報記事之豐富。當可爲中國各報之冠。每日兩大張約共一萬八九千言。

●●該報每日附印之小說。現印者兩種一寫中國社會之情狀一爲偵探小說亦可稱佳品。

●●該報每日所印商情報告表。就現在中國閱報者之眼觀之似覺無謂。其實於實業上甚有關係。且其調查甚勞。我輩固宜歡迎之。

●●該報之內容全體。比諸東西各國之大報館。固相去甚遠。然以中國論。固可稱空前之結搆矣。

●●該報之欵式。其未愜之處甚多。校對印刷亦間有草草。董其事者更設法求改良。則本社同人所深祝耳。

上海時報

寄書

南非洲華僑慘狀記（承前）

專衣士碧之埠。即南非洲之新金山也。溯自英波戰事寢息之後。英政府以重斂於金鑛之故。是以衆鑛歇業。然南非洲以金鑛爲命脉。稍一歇業。則百工坐困。惟以重斂之故。入不敷出。故金鑛中人。寧歇業而不做折本之生意也。此金鑛停歇之原因也。

日前金鑛之總辦。思一善策。欲以各工人減低薪水。通盤打算。尚可再張旗鼓。從前之西人。每月受二十磅工銀者。則減至十二磅。而非洲之黑人即急鬼是也。前每月工金四磅者。則減至兩磅半或三磅不等。以至廉之工價。或者尚可敷衍云云。非洲之急鬼。歷來充當金鑛爆石開山之賤役。每月工銀三磅半至四磅半不等。今見各金鑛驟然減低一二磅。是以不謀而同。一律停工辭去。而金磅無此賤役。則如失左右臂。不能開手矣。問其辭去之故。則云每月二三磅金。以金山各物之貴。尚不能支持衣食。甘與西人作牛馬一般。祇求一果腹。吾等不爲也。如不能出至四磅薪水。則我急鬼亦無一人執役矣。

讀者須知南非洲之急鬼。居賤處貧。爲五大洲之冠。其居也穴地爲巢。不設几桌。雖腥羶腐臭之禽鳥。可以果腹。牛腸牛肚。不用洗濯。不用火炙而生啖以爲珍品。男女恒常裸體。或披些小獸毛以掩下部。或鶉衣百結。以禦霜雪。其最嗜好者。則羊頭牛頭。其糧則粟米粉。煮成濃粥一般。以樹枝扱啖之。此急鬼飲食起居之大概也。然以急鬼之居賤處貧。一生慣技。尙不屑做此二三磅之役。以華工較之。尙不及非洲之野人。良可嘆也。彼野處穴居。我華工能之乎。彼果實腐臭。可以充饑。我華工能之乎。彼羽翮可以蔽體。猫毛可以禦寒。我華工能之乎。以彼之賤種。猶嫌工價之低。不屑執役。若我華工之薪水。不及急鬼遠甚。若是則不爲非洲之餓殍也幾希矣。

金鑛總辦。見急鬼聯行停工。於是妙想天開。思招我華工過來。以充斯役。故發此議論在議院倡說。初時各土人及商家。力行抵拒。議久無成。蓋土人則慊百工之業。爲華工所奪。而商家則屢日以逐華商爲宗旨。今一旦招來。孰不私心剌謬。是其抵拒者亦意中之事也。厥後金鑛再伸議論。詳說其招華工之宗旨。約云我等之招華工。係如買牛馬入境一般耳。可用則招之而來。不用則揮之而去。但能以招到之制度。箝束無遺。何懼華工之千萬哉。今立一法。限以招來三四年。不等限滿之日。用船載回原籍。不準留埠。且招到之工役。除金鑛執役外。不準別營生計。而埠上現有之華人。亦不準往來探問。至於華商店。戶設法漸漸鋤去之。以此維持我歐洲人之大局。彼華人立見銷敗矣。如不招華工。而急鬼又不肯執役。則金鑛之開無期。百工因之而坐困。亦非吾歐洲人之利益也云云。自倡此說。投合衆心。於是上下議院贊成。而方針大定矣。

今將招華工之例。畧摘數條。以作我華人之當頭一棒。(一)招華工由中國載來。在那他登岸。每人月給薪水一磅五個先令。約中國艮十四元。食膳則由金鑛招呼。做滿後不許留埠。由金鑛覔船載回原籍。(一)入鑛充役後。不許與鑛外親朋通問。鑛裡西人自設衣服食物店一間。凡日用之物。一切整備。以爲售與鑛內之華工。鑛之四週。用鐵圍繞。以防私逃之弊。自一千九百零四年起。凡有過來之華人。即充金鑛之役。而華人之貿易者。一律禁絕到來。以免魚目混珠。(一)頒發新例三十六條。俱是束縛華工華商之弊政。凡充金鑛之華工。終身無權做生意。即小買賣亦不準也。

竊思我華人以月受薪俸一磅五個先令。入其範圍。令人不解。豈非以中國銀伸計之。得十四元。未爲太賤耶。盖未之思耳。不知地土不同。而銀水各異。以中國之十四元。本處伸爲六元二毛五仙耳。且起居飲食。件件與中國異。即如衣服鞋襪一端。較之中國之價值。不啻雲泥之判。本處中等之衣服。每一套需金錢四五磅。中等之靴鞋。每對需金錢一磅。少亦十四五先令。裡衣每件。亦要四五個先令。然本處並無唐裝。一概要換西裝。試問一磅五個先令。可充衣服之用否乎。且金鑛之伙食料其不堪適口。如欲買些別等食物。則焉有餘貲哉。本處牛肉一磅沽一個半先令。猪肉亦然。羊肉亦無不然。白米每一磅沽三個片士。推之各等食物。無不數倍唐山之價。如此則一磅五個先令之工金。以之供食用。尚且不够。何暇計其衣服哉。以本處最慳廉之人。月內需四五磅金。方資用度。而以一磅五個先令而招華工。吾知其待牛馬不如也。而華工之自投羅網者。更屬無論矣。

惟招來之華工。尚未入境。至其苛待與否。未能臆度。然以理忖之。必無優待之事也。不觀啷當數年前招來之華工三十餘人乎。此可作前車之鑒矣。彼華工三十餘名。數年前到啷當以充苦工之役。

寄書

然居埠之華人。未知之也。殆今年聞西人說離㘭當十餘咪路有三十餘華人當苦工者。彼處華人有具熱誠者。買車往訪。抵一大園。問有華人在此當役否。則曰然。殆欲訂一人情以入該園與伊等晤談。則該園主不允。後又寫信一封。浼園主帶入。以便詰問由來。而又不允。是以至今尙未知伊等係何省之人。何年到此。彼西人之待華工。於此想見一斑矣。

專衣士碧之金鑛。我華人雖未有往探其深淺者。然據西人說。有的穴地約三四十咪之深不等。俱用汽軌運人上落。裡邊水之由上滴下者。源源不絕。每人頭頂燃一洋燭。下邊四週開成棋盤車路。安放鐵軌。如街道一般。而凡充該役者。以鐵棒鑿石。以炸藥爆石。或時有石壁傾倒。則壓斃於鑛內者。時有所聞。又兼水濕浸脚。衣服無不濡濕。惟地下暖氣迫人。雖嚴寒亦不甚冷。除急鬼之外。無別人能當此役也云云。總之金鑛之工。比之九層地獄有過之而無不及矣。

吾恒細思之。以我等華商用資本在斯貿易。尙且時時侮辱之。驅除之。必令絕華人之跡然後快。彼之招募華工。實因無人充金鑛之役故耳。何愛於華工也。自後酷待華工。自然之理。且鐵圍深邃。呼天莫聞。此種慘狀。不堪設想。吾意招募華工。亦無庸峻拒。惟國家持之之法何如耳。如係國家肯理外洋之交涉。命一才志之士。與之明立條約。定其工資。每人除膳食之外。可獲金錢四五磅。並訂明用中國膳菜住屋照西人一般。任由出入。不得限以鐵圍。及做滿之後。隨人意去留。而華人之業商者。准其往來無禁。然後命一領事。以爲統率我華人。兼以辦中西之交涉。並任保護華工之責任。如此則招去十餘萬中國之遊惰閒民。亦中國殖民之一小助也。　(完)

雜爼

新智識之雜貨店

▲詩人之僻

沙克尼。Sacchini 作詩時喜置猫于其側。

希利。Shelley 作詩時喜在原野外或屋脊之上。

帖尼遜。Tennyson 作詩時喜逍遙于田舍間。

格里克。Gluck 在戶外或攜「披耶洛」及「香屏」之韆往來于牧場時方能作得佳詩。

哇格內爾。Wagner 于盛裝中世之上衣時作有「札克弗里德」及「買司帖新卡」之二傑作。

格利。(rray) 讀他詩人之詩(斯賓塞居多)與湧之時始執筆。

哀溫阿洛德。Sir Edwin Arnoid 帶新聞通信之任。于滊車旅行之際作有「亞細亞之光」。

安妥尼屈洛布。Anthony Trollope 亦書于滊車中且每週必書二百五十字一張之原稿四十頁。

披雪羅。Paesillo 于臥床作之。

撒地。Sarti 于暗室作之。

美耶比兒 Meyerfeer 于雷雨殷殷之際作之。

奧伯。Auber 在疾驅馬上作之。

亞德菲亞丹。Adolphe Adam 于埋鵝毛時作之。

委德惡士。Wordsworth 與帖尼遜相類但彼于田舍逍遙必持石盤石筆刻寫其所作之詩。

▲以花喩國

法蘭西……蝴蝶花　西班牙……石榴

雅典……堇菜　意大利……百合

阿爾蘭……白苜蓿　德意志……玉黍

雜俎

加拿大……砂糖楓　威爾斯……韭
普魯士……菩提樹　蘇格蘭……薊
索遜尼……香美花草　支那……牡丹花
英格蘭……薔薇　日本……櫻花
埃及……蓮

▲世界之七不思議

（古代）埃及之金字塔。巴比倫之空中花園。莫索羅士之墓。哀菲沙士之達耶那之殿堂。洛芝港亞波羅之大肖像。非地亞士所作之鳩披達肖像。金製沙拉斯之宮殿。

（中世）羅馬之大劇塲。亞歷山大之「加達戈布」支那之萬里長城。披沙之塔。南京透明塔。康士但丁之聖索非亞之「莫哈米特」殿堂。「司安衡基」（英國沙利司巴利平原之石塔）

（近世）蒸氣。電信。電燈。煤氣燈。蒸氣印刷。紙製器。電話。

▲偶然一致

一西一東。一古一今。英雄豪傑之年齡。有不期而合者。錄于下。亦足當消夏一笑之料資也。

三十三歲　基督、亞歷山大王、賈誼、
三十九歲　岳飛、鄭成功、
四十一歲　曹植、王粲、
四十　歲　常遇春、稽康、
四十九歲　張巡、許遠、李愬、米元章、
五　十歲　秦始皇、宋太祖、荀彧、
五十三歲　唐太宗　李克用　里芝星格
五十四歲　彼得大帝、諸葛孔明　陸象山、程明道
六十四歲　李太白、哥崙布　王導、范仲淹、謝疊山
六十五歲　曾南豐、王世貞、

六十六歲　曹操、元太祖　歐陽修　蘇東波

謝安

六十七歲　邵堯夫、米耳頓、孟德斯鳩、

六十八歲　華盛頓、司馬溫公、韓琦、李泌、

張九齡、姚崇、

七十三歲　孔子、司馬懿、陳白沙、

七十四歲　蘇子由、清太祖、史天澤

七十五歲　程伊川、白樂天、宋璟

八十歲　釋迦、元世祖、嚴子陵、富弼、

八十二歲　王維、袁隨園、趙甌北、則天武后、

▲太陽之光輝、

滿月之四十七萬倍……波里德氏所測

滿月之六十二萬倍……鳩耳內爾氏所測

蠟燭之 $10\frac{27}{100}$ 倍……哀克司內爾氏所測

新智識之雜貨店

▲動物之年齡

（鱗類）

鯨……一千年

（鳥類）

鵠……三百年　鴉……一百年

鷲……一百年

（獸類）

象……四百年　羊……十年

熊……二十年　豚……二十年

鹿……二十年　猫……十五年

獅子……七十年　狐……十五年

駱駝……一百年　兎……七年

牛……二十年　栗鼠……七年

馬……三十年

▲各國最長及最短之日

(1)最長之日

英國倫敦十六時半。普國布里明十六時半。瑞典司他克和十八時半。德國漢堡十七時。普國丹堡十七時。俄國聖都十九時。西比利妥波司克十九時。芬蘭妥利尼亞二十一時半。美國紐約十四時五十六分。美國門妥利爾十五時半。美國舊金山十四時四十八分。

(2)最短之日

俄國聖都五時。西比利妥波司克五時。芬蘭妥利尼亞二時半。

日俄戰紀

分水嶺之役

◎大孤山上陸軍　此次日本陸兵已著戰功者凡三枝。其一曰第一軍。鴨綠江上之役是也。其二曰第二軍。金州南山及得利寺之役是也。其三曰大孤山上陸軍。

◎此軍之進行　此軍以西歷五月十九日始上陸。六月八日與第一軍戮力同占領岫岩。爾後著著進行。今者第二軍沿鐵路線進迫蓋平大石橋。第一軍綿亘懷仁及連山關之前面。而大孤山上陸軍實介在此兩軍之間。為之聯絡。遂以七月二十七日在岫岩西北二十七里之地名為分水嶺者與俄軍激戰而奪據其地。一切戰報具詳別譯。茲不再贅。

◎分水嶺俄軍之防禦　此地亦俄軍防禦之一要點也。彼經三月之久。竭全力以築為一久據之城堡。其砲臺塹濠廠舍道路營帳種種設備皆極周密。前面有鐵條網有鹿柴。凡置步兵五大隊。騎兵二聯隊砲十六門。為死守之計。日軍從正面肉薄而奪之。其勇敢真可敬。

◎此役之關係　分水嶺為析木城街道之關門。凡遼陽以南至海城一帶之俄軍皆以之為側面防禦之前線。此關門既落於日本之手。則俄軍本營防禦之力已失其半。此役雖視鴨綠江南山得利寺之役。不若彼之劇然。其關係抑亦重大矣。

摩天嶺北分水嶺之役

半月來日本陸軍之戰報。大率屬於其第二軍及大孤山上陸軍。其最赫赫者。則得利寺及分水嶺兩役是也。其第二軍則久沈著不聞其消息。蓋日本政府於軍略上干涉報館之記事甚嚴。非已見公報者。不許發表。所以防敵諷也。至昨日而有第一軍占領摩天嶺之報

◎日本第一軍之位置　彼第一軍。以西歷五月一日爲陸上最初之會戰。蹴破俄軍之第一防禦線。一舉而拔九連城。初六日占領鳳凰城。爾後伸其右翼於懷仁。轟其中堅於連山關。延其左翼與大孤山上陸軍聯絡。威壓遼陽奉天之側面。有盤馬彎弓持滿待發之勢。及其第二軍得利寺之捷。擊破俄人南下軍也。其大孤山上陸軍。亦自岫巖至析木城。占領分水嶺。而第一軍亦同時著著活動。遂前進於遼陽大道。以奪據摩天嶺。其戰勝之價值。匪細

◎第一軍之前進　日本第一軍之進。恍如入無人之境。於西歷六月廿七日。其一部隊擊退六道溝附近之俄軍。奪得自四道溝至草下嶺一帶之戰鬥線。其一部隊以同日占領遼陽大道上之分水嶺。以二十九日進迫連山關。占據北分水嶺。七月一日遂占領摩天嶺。其軍略之神速敏捷。實可驚歎。

◎分水嶺之地名　遼瀋一帶。多有異地同名者。即如分水嶺。蓋有四處云。其一則在岫巖析木間。其二則在鳳凰城連山關間。其三則在賽馬集西溪湖間。其四則在通化縣奉天府間。十日前所報日本大孤山軍所占領者。則岫巖析木間之分水嶺也。此次廿七日所占領者。則鳳凰連山間之分水嶺也。廿九日所占領者。則賽馬集西溪湖間之北分水嶺也。

◎摩天嶺之位置及其戰術　摩天嶺者。俄軍在遼陽大道上防禦之要塞也。日本第一軍既捷于鳳凰城。捷于連山關。俄軍除死守摩天嶺外。更無他途。而

此天險一旦忽入於日軍之手實日人所狂喜而不能禁者也

◎俄軍之再襲奪　俄軍既不能守摩天嶺曳兵而走越三日乃欲恢復陣地再襲日軍據日本大本營所接其第一軍司令官黑木氏之報告則七月四日拂曉俄步兵二大隊來襲摩天嶺日軍之前哨凡突擊三次兩軍爲悲慘之格鬥日軍前哨卒擊敵而走之大佐馬場氏率其部下追奔逐北俄軍所損傷蓋不尠云此亦可稱一小小血戰也

◎此次之戰術　據日本公報所宣示則此次之戰非火戰而格鬥戰也彼此短兵相接肉薄相格凡日軍之死傷者皆劍傷云其戰鬥之劇烈蓋可想見俄軍決非怯者俄軍決非弱者而竟不得不敗則日軍之所以勇所以强更別有在也

◎大戰之期益迫　日本之三軍（第一第二軍及大孤山上陸軍）既著著與俄之主力軍相接近曩者第二軍得利寺之捷既絕旅順之援今者大孤山分水嶺之捷而俄之側面防禦破加以第一軍摩天嶺之捷而俄之背面防禦破滿洲平原大血戰之期更急迫矣吾儕拭目俟之

日本滿洲軍總司令部之出征

日本出征之陸軍前此所派遣者曰第一軍曰第二軍曰大孤山上陸軍後此尚有陸續調發軍情深秘不能宣布但各軍有各軍之司令官不相統屬而皆仰節制於東京之大本營蓋在今日電線大通之時實可以爾爾也雖然終有遼遠不甚統一不甚敏捷之患故近日有派總司令官總參謀部之事

其滿洲軍總司令官曰元帥陸軍大將大山巖其滿

附錄

洲軍總參謀長曰陸軍大將兒玉源太郎大山氏當前此中日之役以陸軍大臣而總前敵軍者也兒玉氏當時爲陸軍省次官留守者也其後後任臺灣總督於臺灣民政最有功者也今次登壇日人之歡抃可想。

此總司令部以昨日(陽歷七月六日)首途大山氏乘日皇所賜馬車與兒玉氏同行東京全市中家家懸國旗戶戶揮手巾全市鬨動所經之街萬頭如蟻相與攢視讙呼萬歲聲拍掌聲如連爆十餘里不絕新橋驛站人山人海肩摩轂擊無復隙地上自現內閣之諸大臣及赫赫在野之元老下及茶紅裙之女學校生徒全國中各社會各階級之人皆備相與瞻仰手采握手手爲之腫云嗚呼從軍樂從軍樂立憲文明國之軍人眞從軍樂

四

蓋平之役

◎俄軍主力之摧陷　日本得利寺之捷俄軍主力之一部分既被摧破今茲復有蓋平之捷俄軍南下之銳氣死喪減大半當俄之旣挫於得利寺也其此後動作如何極爲世人所注目或謂俄人將退嬰遼陽專取守勢或謂其南下之政略萬不能已雖俄帥亦依違於攻守之間不能自決日人窺破其弱點每乘機而急擊之其戰略之神妙實有可觀者

◎戰報大略一　據日本大本營接奥大將來電七月六日(陽曆)午前九時日本第二軍之部隊驅逐俄軍守備千六百名俄軍敗走於北方其守備兵在四方臺東北約一里之山頸及四方臺北方約一里之山頸日軍主力在驅逐前進之敵騎自金家句經小藍旗達二道河之線其左翼之一部占領崔家屯

之高地而敵軍退卻於蓋平附近此第一日戰況也

七日日本軍驅逐沙嵐臺附近之俄軍其自塔子溝亘大望海寨東方高地一帶俄軍步騎砲兵若干握日軍前進之隘路大激抗俄軍卒不敵遂退卻于北方此第二日之戰況也

◎俄軍之勢力　俄軍在蓋平附近者約二萬人在海山寨及其附近者約萬二千人蓋平北方高地及西臺附近皆有砲兵而大石橋附近之屯兵亦逐漸增加俄人以海山寨至蓋平及西台高地一帶爲陣地而八日午間陸續以鐵路列軍運兵將厚屯於海山寨日軍偵得之即爲迎頭截擊之計

◎戰報大略二　九日午前五點二十分日軍始向蓋平附近之俄軍施砲擊八點鐘將大平屯高地蔡家屯高地東双頂山之俄軍擊退奪據該地俄軍仍布陣於石門及海山寨諸地抵抗甚力至正午日軍遂奪取石門海山寨高家屯諸險要蓋平遂陷俄軍砲兵在紅旗廠腰子嶺石佛寺高地砲擊日軍之追擊隊至午後三點鐘砲聲始息此第四日之戰況也

◎此役之結果　日軍既得蓋平之後其結果之利益有三疇昔戰地物資之供給甚覺不便玆役以後此患大減一也使大石橋與營口間之俄軍不能聯絡二也前此日軍所經行皆山地隘路軍易疲勞玆役以後將入於遼陽平原爲一大快戰三也此役於日俄戰局之前途關係亦重矣哉

◎此後之戰場　蓋平既捷以後下次之戰場當在何處乎計蓋平遼陽間之距離大畧如下（里數依日本報所記日本一里當中國七里强）

蓋平至大石橋　七里二十二町

大石橋至海城　八里二十町

海城至矮山站　七里三十二町

矮山站至遼陽　七里二十二町

通計凡日本里二十五里八町。約當中國里百八十餘里。俄軍之集中力。或云在大石橋。或云在海城。要之下次之血戰。兩地必居一於是矣。

俄國極東之兵力

日俄戰役。爲全世界所注目。交綏伊始。各國多爲日本危。及日人既得制海權。猶有疑俄之陸軍當得最後之勝利者。至鴨綠江南山屢捷以後。全歐莫不瞠目相視。謂出意外。益相與研究俄軍之缺點。以求其致敗之由。連日倫敦泰晤士報有標題爲「俄國極東之兵力」一篇。所言最爲精密。今譯錄之。

俄國滿洲軍形式上之組織。大略如左。

◉第一軍團

軍團長　士達奇比爾將軍

第一東部西伯利狙擊師團　所屬者第一至第四聯隊

第二東部西伯利狙擊師團　所屬者第五至第八聯隊

第六東部西伯利狙擊師團　所屬者第二十一至第二十四聯隊

砲兵……東部西伯利砲兵十二中隊

騎兵……第一訥志士哥薩克　海岸龍騎兵　烏蘇里哥薩克

工兵……東部西伯利對濠兵第一大隊

◉第二軍團

軍團長　薩士列將軍

第五東部西伯利狙擊師團　所屬者第十七至第二十聯隊

第七東部西伯利狙擊師團　所屬者第廿五

至第廿八聯隊
第八東部西伯利狙擊師團　所屬者第廿九
至第三十二聯隊
砲兵……東部西伯利砲兵十中隊　貝加爾湖
東砲兵一中隊
騎兵……第一亞扃士哥薩克　第一黑龍江哥
薩克
工兵……東部西伯利對濠兵第二大隊

●第三軍團

軍團長　士底些將軍
第三東部西伯利狙擊師團　所屬者第九至
第十二聯隊
第四東部西伯利狙擊師團　所屬者第十三
至第十六聯隊
第九東部西伯利狙擊師團　所屬者第三十

三至第三十六聯隊
砲兵……東部西伯利砲兵十二中隊
騎兵……湖東哥薩克旅團　第一秦志士哥薩
克　第一溫士克哥薩克　湖東騎砲兵一中
隊
工兵……東部西伯利對濠兵第三大隊

●第四軍團

軍團長　撒爾巴夫將軍
第一西伯利豫備步兵師團　所屬者第一至
第四聯隊
第二西伯利豫備步兵師團　所屬者第五至
第八聯隊
第三西伯利豫備步兵師團　所屬者第九至
第十二聯隊
砲兵……西伯利豫備砲兵十二中隊

騎兵……未定

◉國境守備兵

四旅團　兵數二萬三千人　砲數四十八門

今增加三萬三千人　砲數八十門

◉鐵路守備兵

南黑龍江旅團四大隊　六千五百人

烏蘇里旅團二大隊　三千五百人

◉獨立騎兵師團

（一）貝加爾湖東哥薩克師團　所屬者……第二溫士克哥薩克　第二亞扃士哥薩克　第二訥志士哥薩克　第一秦志士哥薩克及湖東哥薩克　第三第四騎砲兵中隊

（二）西伯利哥薩克師團　所屬者……第四至第九哥薩克

（此師團尚未到滿洲）

◉要塞砲兵

四大隊　四千人

◉所屬未定之兵數

烏蘇里黑龍江及其他之哥薩克共十八中隊

俄國義勇兵團

高加索義勇騎兵旅團（未到）

湖東哥薩克二大隊

第三東哥薩克中隊

第十師團及第十七師團之步兵十六大隊及附屬砲兵六中隊

第一第九第十七東部西伯利聯隊附屬機關砲兵三中隊

野戰重砲兵（其數未詳）

地方義勇兵及其他

以此計之俄國在滿洲兵數應有步兵二十二萬三

千人騎兵二萬一千七百六十四人野砲四百九十六門騎砲三十門機關砲二十四門工兵四千人雖然彼第四軍團未到應除出不計西伯利哥薩克師團未通過貝加爾湖應除出不計其他國境鐵路要塞守備兵皆應除出不計故其實數不過步兵十二萬六千人騎兵一萬五千人野砲三百二十門騎砲三十門機關砲二十門工兵四千人更將病兵及戰鬥所損失者除出自鴨綠江之役以後俄兵所餘實數約當有步兵十一萬三千四百人騎兵一萬三千五百人野砲三百門騎砲三十門是俄軍現在之實數也。

俄國之西伯利狙擊兵素以勁旅著聞然今次之役果能不失其特色不損其名譽乎此吾所不能無疑也今請述其組織變更之歷史以觀其缺點之所存」

俄國極東之兵力

自去秋以前西伯利狙擊兵本以六箇旅團即四十八箇大隊組織而成乃今者忽於原有四十八大隊之外驟添六十大隊合爲一百有八大隊而此新增加者皆自歐羅巴運送而來故各大隊各聯隊各旅團皆有種種異質點雜厠混淆將校與兵士各不相識軍制殊欠統一此其所短者一也又新來之兵士於東方之地理素所不習雖有良將恐難指揮如意此其所短者二也以此之故西伯利狙擊兵之特色名譽能保全與否吾甚疑之。

俄國兵制前此每一聯隊所屬者三大隊近則加一大隊凡四大隊而爲一聯隊更改旅團之名爲師團。每一師團以三聯隊十二大隊而成加以野戰砲兵三中隊或四中隊統稱爲師團其隊數與日本一師團略相等雖然日本每一師團有砲三十六門俄國則僅有二十四門至三十二門耳此其所異也

鴨綠江之役俄軍之健全而得用者惟第三第四第

六師團耳。何也此師團中新兵少而其兵皆頗熟東亞地理。且與將校相習也。若第七第八師團。則全由海參崴及旅順之守備軍組織而成。識者已謂其無力。何也。要塞之守備兵。決非能適於野戰也。若其他自遠西而來。含種種駁雜之原質者。其無力更不必論矣。俄軍之不競。蓋有由哉。

其砲兵亦然。俄國之軍報。自誇其在東方有二百七十門之速射砲。其果爲精確之數與否。雖未可知。但其砲兵隊之組織。極雜駁無秩序。亦與其步兵同。此則吾人所可豫測者也。何也。自本年二月以前。西伯利砲兵。只有二中隊。今則驟加至十二中隊。皆倉卒急就而以種種駁雜之原質相混結也。

其騎兵亦然。俄國騎兵之全部。皆蠻族之哥薩克。無戰術上之經驗。且自本年二月以前。惟有十八中隊。今乃忽增爲獨立六聯隊之師團。其他騎兵。大率類是。大抵俄國哥薩克之價値。可分兩等。其第一等。則東河及高加索一帶者是也。其第二等。則在西伯利者是也。今次所用者。皆其第二等耳。

俄人在滿洲原野。維持二十五萬大軍之困難。與日本陸軍之强烈。凡有軍事上專門智識者。類能知之。然猶以俄軍尚有可以當日軍之勢者。則曰俄軍之武器斬新精銳也。俄軍之體軀强健也。精神勇敢也。故俄軍決非劣等者。此亦天下之公言也。雖然。其軍隊組織之粗雜。有使人不能感服者。俄軍今次之劣敗。非疆場將吏之咎。而彼聖彼得堡之陸軍當局主持軍隊編制者。不能辭其咎也。

鴨綠江之役。俄軍所用第三第六師團。實東方俄軍之精粹。以較諸第七第八第九等師團。優之遠甚也。俄軍參謀部先調之往。欲當日軍初次上陸時。迎頭截擊以殺其勢。此實軍略上應如是也。乃猶不能支。

而鴨綠江初次交綏遽蒙失敗故敗報達於格魯巴圖堅將軍處將軍驚愕以爲不可思議云以俄軍之精華猶且若此其他可想矣旁觀者不能不爲俄人危之

日俄戰役大事日記表

記載皆用陽曆

二月

◎初十日　日俄兩國同頒宣戰詔勅

◎十一日　俄國募集外債七萬萬法郎

日本駐俄公使栗野氏俄國駐日公使羅善氏各下旗回國

美國以保全中國中立之意通告各國

美英伊西布告中立

◎十二日　日本置大本營於宮中

俄國軍艦三隻襲日本之津輕海峽擊沈商船奈古浦丸

俄國駐高麗公使下旗回國

中國法國布告中立

◎十三日　日本募集國庫債券一萬萬圓

日本驅逐艦速鳥朝霧襲擊旅順俄艦

德國布告中立

◎十四日　日本布戒嚴令

俄兵數千自鳳凰城到安東縣

暹羅墨西哥布告中立

◎十六日　日本新購春日日進兩軍艦到橫須賀

菲律賓布告中立

◎十七日　俄國極東總督亞力斯夫自旅順移至哈爾賓

俄國東洋艦隊司令官士達爾克罷職以大將馬哥羅夫代之

奥匈布告中立

◎廿一日　俄國陸軍大臣格魯巴大將辭本官任滿洲軍總指揮官。參謀總長薩哈羅夫任陸軍大臣

◎廿二日　日韓協約成

◎廿四日　日本初閉塞旅順口及總攻擊

日本命金子堅太郎往美運動　命日本銀行總裁高橋是英往英運動公債

◎廿五日　日俄偵探隊相遇於肅川

俄國貝加爾湖氷上鐵路成

法國增加安南兵備

◎廿六日　俄國編置西伯利亞第四軍團以薩爾巴弗爲軍團長

◎廿七日　上海碇泊俄國砲艦滿洲號繳出軍器

◎廿八日　平壤門外日俄斥候兵小衝突

貝加爾湖氷上鐵道陷落

◎廿九日　日本駐韓公使林權助以京義鐵路開設之事通告韓廷

法國增兵二萬駐印度支那。

三月

◎一日　俄國太平洋艦隊司令長官馬哥羅夫到旅順

◎二日　日本召集臨時議會之勅令初下。

法國增派艦隊于東洋

◎六日　日本艦隊襲擊海參崴

◎七日　日本在韓國開京義鐵路動工

日本遣伊藤博文爲頭等公使慰問韓

皇

◎九日 日皇自買國債劵二千萬圓

◎十日 日本艦隊第二次攻擊旅順

日本第一次國庫債劵截收應募者共四萬萬五千二百十一萬五千百圓凡四倍以上

◎十二日 俄國滿洲軍總指揮官格魯巴將軍由聖彼得堡首塗

◎十三日 日本開第二次大本營會議

◎十四日 日本開臨時閣議定財政計畫

◎十五日 日本首相招待兩院議員告以財政計畫之旨

俄國派卡哥弗第十軍團畢斯科第十五軍團於東方

◎十八日 日本召集臨時議會

日俄戰役大事日記表

英法新調約調印

◎二十日 日本臨時議會始開議

日本伊藤博文謁見韓皇

◎廿一日 日本艦隊第三次攻擊旅順

日本桂首相招集兩黨領袖議員於相邸會議財政計畫

◎廿二日 日本政府以戰時財政案提出於衆議院

◎廿三日 日本以日俄外交文件發表於衆議院

◎廿六日 日本衆議院以滿場一致議准臨時軍事費豫算案及明治三十七年豫算追加案及特別會計豫算追加案

日本衆議院議准非常特別稅法案及烟草專賣稅法案惟畧加修正

◎廿七日 日本艦隊第二次閉塞旅順口中佐廣

十四

附錄

瀨武夫戰死

◎廿八日　日本第一軍占領定州

◎廿九日　日本貴族院以滿場一致議准臨時軍事費豫算諸案

◎三十日　日本臨時議會閉會

日本衆議院爲國民後援之決議

俄國布牛莊戒嚴令

◎卅一日　俄國以富華羅中將爲臨時參謀總長

日本公布臨時軍事費法案

俄國砲艦滿洲號問題完結

四月

◎一　日　日本頒布非常特別稅法案

◎二　日　英兵入西藏

◎三　日　日兵入義州

◎四　日　日兵全占領義州

◎六　日　日本開第三次大本營會議

◎九　日　俄國豫備海軍出發

◎十　日　日俄兩軍鴨綠江上小衝突

英國艦隊三十餘隻演習於香港港外

◎十一日　俄國格魯巴將軍至營口

◎十二日　兩軍鴨綠江上第二次小衝突

◎十三日　日本艦隊第七次攻擊旅順口俄國太平洋艦隊旗艦沈沒司令長官馬哥羅夫將軍死之

◎十四日　繼續攻擊旅順

◎十五日　日本第四次大本營會議

第八次攻擊旅順

俄國以極東總督亞力斯夫大將署理太平洋艦隊司令長官

俄國威里尼將軍率艦隊返入波羅的海

◎十六日　俄國以黑海艦隊司令長官士基特夫中將爲太平洋艦隊司令長官

◎二十日　日本公債大騰貴

◎廿一日　俄國極東總督亞力斯夫辭職不許

鴨綠江小衝突

◎廿三日　俄國募集八萬萬法郎之國債於巴黎

◎廿五日　鴨綠江小戰

俄艦襲元山擊沈日本御用船金州丸

◎廿六日　俄國買入德國商船九隻

◎廿七日　日本第一軍近衛師團占領九里島第二師團占領黔定島

第九次攻擊旅順

◎廿九日　日本海軍分遣隊砲擊鴨綠江畔俄軍

◎三十日　日本鴨綠江上架橋工成諸隊前進終日砲戰

日本艦隊襲海參崴

附錄

新釋名一（哲學類）

社會

英 Society 德 Gesellschaft 法 Societe （社會學之部） 採譯日本建部遯吾社會學序說及敎育學術研究會之敎育辭書

社會者衆人協同生活之有機的有意識的人格的之渾一體也將此定義分析解說如下。

第一 社會者二箇以上之人類之協同生活體也

（甲）一人不能成社會故必曰二箇以上。

（乙）二個以上之動物相集雖亦可假稱爲動物社會然社會之資格終不備。觀下文自明只能爲比擬之稱不能爲確稱故必曰二箇以上之人類。

（丙）二箇以上之人或生不同時處不同地未嘗相共而爲生活即相共矣而無因果相互之關係則猶不得謂之社會故曰二箇以上人之協同生活。

第二 社會者有機體也

凡物體有單體複體之別而社會屬於複體複體之中復分四種曰集合體曰化合

體。曰機制體。曰有機體。而社會屬於有機體。凡有機體之物。其全體與其各部分協力分勞。乃能成長。全體之苦痛。即爲一部分之苦痛。一部分之欠損。亦足招全體之欠損。部分與全體。其相互之影響甚切密。社會之形。正復如是。又凡有機體必有生殖有成長有代謝機能。而社會皆備之。故曰社會者有機體也。

第三 社會者有意識者也

有機體之中。有有意識者。如動物 有無意識者。如植物 而社會則屬於有意識者也。蓋社會以人爲其分子。衆人意識之協合統一。即社會之意識也。統一衆人之意識。而使成社會之意識。爲之有道乎。據學者所論。謂有兩種方法。(其一)則以一人或數人統一全社會衆人之意識是也。(其二)則全社會衆人之意識。統一於一定的體制之下是也。集箇人意識而成社會意識。其理狀恰如集化學上之各原質而成一種化合物。社會意識雖與箇人意識異其性質。若還原之。則仍爲各別之箇人意識。如化合物還原之後。各復其原質也。

第四 社會者人格也

下等動物亦有意識。但其意識惟有自動收縮性及感動性耳。人則不然。一面能發達高尙複雜之機能。一面以觀念之刺戟的性質以爲高尙複雜之動機。社會之意識本集衆人之意識而成。其作用之程度必不能在箇人意識之下。故曰社會者人格也。

但此所論人格與法律上倫理上之所謂人格者不同。法律上之人格。權利義務之主體也。倫理上之人格。行爲之主體也。若社會學上之人格。則共同生活之主體也。即在宇宙萬有中特具人之所以爲人之性質條件者是也。

第五　社會者渾一體也

此所謂渾一體者。含有西文么匿梯 Unity 之意義。蓋合諸部分而組織成一獨立之單位體也。既明第二第三第四之義。則此義不解自明。

合此五者。則「社會」之正確訓詁略可得矣。間有用動物社會植物社會諸名。不過假借名詞。未足爲定語也。中國於此字無確譯。或譯爲羣。或譯爲人羣。未足以包舉全義。今從東譯。

附錄

形而上學 Metaphysics

採譯教育辭書

英語之 Metaphysics 一語。本屬偶然造成。盖希臘之亞里士多德沒後。其門弟子結集遺書。於物理學書之後。更輯其論及一般原理者。而錫以此名。Physics 者物理學也。Meta 者。超絕之義也。Meta—physics 謂超出物理學之範圍外者也。其字源之來歷如此。日本人不能得簡媘之詞以譯之。因取易繫之語。錫以今名。

尋亞里士多德等之所論究。則此學者。闡明吾人經驗之物界以外的眞相也。譯爲諸原理之學。亦差近之。曰自然。曰實在。曰可能。曰必然。諸種事項之研究。皆屬於此學範圍。故形而上學。幾取哲學之全體而包舉之。古昔學者。往往以此兩語通用。非無故也。

以世界之性質。立形而上學之根據者。其說曰。吾人肉眼所見之世界。乃現象耳。倏生忽滅之假相耳。非其眞也。眞相所存。必離此現象而別有其奧。所謂奧者。卽現象所根據之原因也。故尋常科學。專研究感覺世界之事物者。不足以論此眞相。此盖別屬於形而上學之範圍者也。此論自康德以前。殆無異詞。就中如倭兒弗所著「合理的心理論」「合理的宇宙論」「合理的神學論」三書。其最著者也。康德以檢點智慧之學派。打破此等架空之形而上學。

新釋名二一（生計學類）

財貨

英 Goods
德 Guter

採譯日本金井延社會經濟學

財貨者謂凡物之適於養人類之欲望者也。

財貨之種類區別頗繁。學者各自以其所標準爲定。今分爲二類。一曰內界之財貨。二曰外界之財貨。

第一　內界之財貨　或名爲無形之財貨。其界說不甚清。蓋內界財貨。亦時或爲有形者也。

內界之財貨者。麗於人人身中心中之物而不可離者也。故不可賣與人。不可讓與人。如智識武力技能性質等類。皆是。（注）若醫生也。律師也。學校之教師也。報館之主筆也。輪船之船主也。機器廠之機器師也。政黨員之辯才也。軍人之胆力也。歌妓女之聲色也。皆其所恃以養其欲望之具也。雖身外無長物。然得此已足以養欲給求。故皆謂之財貨。雖然若使一變其形狀而化爲所屬之主之勤勞。則他人亦得以之爲外界之財貨。（注）如車夫之脚力。不能與車夫之本身分離。不能賣却者也。若一旦被雇於人。則雇主視其脚力爲我外界之財貨矣。性質藝能等亦然。以性質論。如某人以正直故。銀行雇之管庫。其自此正直之性質所生出之勤勞銀行視之爲外界之財貨也。

第二　外界之財貨　或名有形之財貨。界說亦不甚清。蓋此等財貨。亦時或爲無形者也。

外界之財貨者。環集我輩人類外界之一部分而採之以供吾用適於養吾之欲望者也。凡宇宙間之事物無論有形無形凡非屬於人類而可以供人類之用者皆可稱爲外界之財貨。(注)又如彼不具人格之奴隸。就生理學言。雖謂之人類。就生計學言。則不過財貨之一種耳。

外界之財貨細別爲二。(甲)自由財貨。(乙)生計界之財貨。

(甲)自由財貨　自由財貨者。不勞而可以得。不報而可以獲。一任我自由使用之而取不禁用不竭者也。如空氣如光線之類是也。自由財貨亦分兩種。

(一)絕對的自由財貨　如空氣光線等。除一時變例外。皆常不失自由財貨之性質者是也。蓋屬於此種類之物。惟偶然以人爲之力。使之失其自由之用而已。然非可以久也。

(二)相對的自由財貨　謂本爲自由財貨。然因於時與地之異而失其自由性質者也。即如空氣光線時亦不得爲自由財貨。如彼用潛水器入海底以從事工作者則自由財貨之空氣。一變爲生計界之財貨矣。又如格致家試驗某物特以一定之時期引光線於一定之室內則自由財貨之光線一變爲生計界之財貨矣彼其取此空氣用此光線不得不費勞力費資本故也又如土地即屬於此類方今全地球之土地已大半非自由財貨。然當古昔初羣之時土地全自由也不待價值交換人人得任意占領之未嘗認爲屬於某一人屬於某團體也爾後時勢變遷地各有主而價値生焉非奉以一定之報酬則不可得取不可得用至於今日而土地已爲諸種財貨中之最高價者矣

（乙）生計界之財貨　生計界之財貨者。環集我輩人類外界之一部分加以人力而成爲可適於養吾欲望之形質又置諸之適當之地位然後始得爲財貨者也或曰此乃於其物之原質有所增加者也（注）生計界之財貨。乃劃取外界中之一部分者也。然此種財貨。藉人力而始成其形。又變更其位置。而始有財貨之性質。如銅也鐵也。當其未採掘時。與礦山同一體。不過銅礦鐵礦而已。及採出之。加以多少人工。乃足爲用。製之愈精則其效用愈大。然則銅鐵畢竟藉人力以成其爲財貨之性質也。移其位置。也。增其能力。二也。又如海底之珊瑚珠。隱於萬仞龍潭之下。於人類毫無所用。一旦採之以上陸。則其效用頓增。此則僅變其位置而已足者也。

生計界之財貨謂劃出外界之一部分。而投以資本施以勞力之後我即可自由以左右之利用之者也。申而言之則必其可以屬於一私人所有權（注）所有權者法律上之名詞謂我得占有此物之

權也之範圍內者也。（注）所謂自由以左右之利用之者。非謂不加勞力不費資本而能然也。若爾者。則屬於甲權之自由財貨。非生計界之財貨矣。

生計界之財貨。必藉人力而始具有其重要之性質。概而言之。則雖謂無勞力則無財貨可也。但費同一之勞力者。不必得同一之財貨。生同一之利用而等是財貨。等是利用。往往其所費之勞力相去天淵。故生計界財貨之起源。在於種種勞力。有以極容易之勞力得之者。如先占權是也。有以極艱難之勞力而得之者。非晝夜刻苦終歲勤動。則其利不能生也。要之無論多寡。而必不能無待於勞力。可斷言也。以此之故。加以其物爲有限之性質。故（注）甲種之自由財貨。爲無限性質之物也。而此則正與對待也。除攘竊或讓受之外。則未有不勞動而能得。無報酬而能獲者也。（注）勞動者我自勞動。報酬者與報酬於他人也。

生計界之貨物。其別有三。

（一）貨物。
（二）人的財貨。
（三）有利關係。

（一）貨物。　貨物者。一名有形之財貨。又名有形之生計界財貨。即劃出外界一部分

（未完）

新民叢報

第參年第參號

（原第五十一號）

本號要目

光緒三十一年七月十五日　明治三十八年八月廿五日

每月二回朔望日發行

本社特別廣告

啓者頃因中國郵政局於西歷七月又定新章凡一切裝釘成册之報章照書籍例收取郵費視前又增一倍本社實難賠墊只得遵照新章重定郵費例如下望閱報及代派諸君依左表算給爲幸

新民叢報第參年第參號目錄（原第五十一號）

目錄

報資及郵費價目表

	全年廿四册	半年十二册	零售
報資	五元	二元六角	二角五分
日本來申郵費	二角四分	一角二分	一分
滬輪已通之地郵費	四角八分	二角四分	二分
內地郵費	一元四角四分	七角二分	六分
四川、雲南、陝西、貴州、山西、甘肅等省郵費	二元八角八分	一元四角四分	一角二分

編輯兼發行者 馮紫珊
印刷者 陳侶笙
發行所 橫濱山下町百六十番 新民叢報社
上海發行所 四馬路老巡捕房對面 新民叢報支店
印刷所 橫濱山下町百六十番 新民叢報活版部

青泥窪全景(其一)

青泥窪全景(其二)

論說

中國近日之多數說及其處置之法（續第四十九號）

觀雲

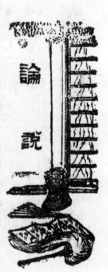

是故有持造輿論之說者謂中國之所以不能維新不能變法者旣由於多數之在彼而不在我若是亦惟轉移其多數之一關鍵而已今夫聞維新變法而不以爲然者必其山棲谷隱淺見寡聞闇於時勢而盲於外情者也否則拘墟于俗學錮蔽於舊習而無開朗之智洞達之思者也使開通其識見焉則其心思議論必爲之一變尤進焉而尤變而常隨其識見程度之差以爲差夫如是則昔之詛維新撲變法者安知其不爲維新之勇士變法之死黨也否即志薄氣弱而心知其理其亦居於唱和之列而不居於抗拒之列固可知也而昔之多數在彼後之多數在我夫使多數在我是則無論逢若何之壓制遇若何之阻塞而其勢終不可得而挫然則維新之期不能望得維新之

多數而維新猶有望變法之事不易成得變法之多數而變法乃可成矣

斯言也。其理固無以易之者也。然於是而有難之者起焉曰論天下事不惟貴其理之當而已尤必合於時勢而度於情事焉而所謂救時之名論醫國之聖手者其所爭惟在於緩急先後之間審其宜而從事而後能奏績焉今夫欲轉移中國之多數而傾於維新變法之一方則必使智識之普及於全國敎育之普及於全國學問之普及於全國而後可即不然亦必使智識敎育學問能及全國人之多數而後可然而從一方以觀而算舉中國全國之人智識敎育學問之能普及與雖不能普及而能及其多數其所需之歲月若干又從一方以觀而算列國在中國所加增之勢力所擴張之權利至於勢力確定權利堅固雖欲脫其羈轄而不能其所需之歲月若干兩者之間若走竝行線而奪標然一有步武之差而勝負遂定然此猶據機會之湊合事勢之順利而言之也若夫下欲進而上則尼之下欲申而上則軛之以孤臣孽子窮士勞人灑熱血張空拳以與政府雷霆萬鈞之力相鬨爲其所鋤除而撲滅者幾何即不爲其所鋤除撲滅而其力因而減殺者又幾何且也一國人民之程度與一國地理之位置皆與進化有關係之理而欲謀全國之開通者以讀書之難識字之寡因而受其困難者幾何山谷之險道里之遠因而蒙其阻塞者又幾何夫今日至難之問題曰救中國之亡而其所以救亡者非曰能救不能救而曰及救不及救然則計之不能拯急難而事之不能解危迫者雖持論正大析義周帀而欲救亡救亡或不免失之迂遠而非適當之言耳是言也。其義可謂進矣。夫天地間萬物皆於時間有莫大之關係而於事之危急者其所爭尤在於一刹那之間例若救焚不敢不趨以其過若干時而灰燼雖欲救之而無所用也例若拯溺不能不濡以其過若干時而淹沒雖欲拯之而無可爲也今夫中國之當維新變法者其最朔姑不必言降而論之道光辛丑之役之後當其時矣過此則晚矣又降而論之咸豐庚申之役之後當其時矣過此則晚矣又降而論之光緒甲申之役之後當其時矣過此則晚矣至於甲午之役之後則國威已削國本已虧雖欲維新變法而其勢已不易挽而況乎其維新變法之尚不成也又至於庚子之役之後喪敗而重以喪敗摧折又加以摧折力屈氣盡雖欲維新變法而其功殆不可幾而況乎其維新變法之猶不成也然而一二志士其心尙翹翹而不死者猶視其親戚之將命終苟呼吸尚存尚欲一試其治術而冀收其效而爲醫者施此最後之治療其方術亦必有異於平時而後可期其事於萬一何也緩急之時固不同也夫以今日列强之加壓迫於中國吾輩一談笑一食息之間而其長進已不知若干而風雲興滅事變又多起於不可測大抵一事變之發生則受其衝激者其歸結之張本往往多因此而定如美西戰爭而菲律賓之一局從茲而揭曉日俄戰爭而高麗之一局又從茲而揭曉吾安知吾今日尚欲救國救國而日俄之戰爭終中國之一局亦從茲而揭曉即或於此一事變倖而獲免轉瞬而遇他之一事變而亦終見大局之揭曉也夫至告揭曉之一日則英雄無用武之地賢哲徒齎志以去而當此將近揭曉而尚未見揭曉又知其不久而必揭曉其能容吾之舒徐其衣冠從容其步武揖讓而商救刼之策欠伸而談欒變之畧耶恐籌畫未展而戎馬已來言論猶溫而河山易主然則即取激烈之義而欲得其當而一試之尚未必有其效況其爲緩遠之計也夫如日本之維新變法而得告成功者亦幸而在距今數十年以前歐洲勢力之範圍尚未大定於東洋耳設也日本亦遲至今日而言維新變法其能收完全獨立自强勃興之效固未敢必也然則以今

日尙未維新變法之中國而曰吾將從事於智識之普及於全國敎育之普及於全國學問之普及於全國俟夫一國之人傾于維新變法之多數則雖欲不維新變法而不可得而後可期有維新變法之一日爲其言固未嘗不當理也而去夫俟河之淸之論有幾何耶

抑論者固有言矣曰、凡一國社會之程度。與一國地理之位置。皆與進化有關係之理。而社會間爲進化之傳達線者。尤莫先於文字。夫中國之文字。固所謂煩重而難認記者也。今縱無確鑿之統計。百人之中。其能識字讀書者有若干人。而以大概推斷。能識字之人。與不識字之人。縱未知其孰多。而能識字以上能讀書通其意理之人。必少於不能讀書之人。故開通者莫如報。而中國之日報旬報月報。其數不過數十。銷數之最多者。殆無過萬。此以擬夫歐美各國與夫日本。其報界之廣狹。何其相去若是遠耶。雖曰其故或由于風氣之未開。而全國之能讀書之人。殆居社會之少數者。此亦其一徵也。至以地理言之。腹地面積。多於江海流域之面積。而一入內地。則道路之嶮惡。舟車之粗笨。旅館郵遞種種交通機關之不備。其足阻塞文化。而令開通之無所致其力者何限則試立一比例於此以吾人開通內地之速率與外人擴張其商權敎權鐵路航路鑛山等之權於內地之速率兩者竝行於一線以算其比例差吾恐吾人開通之力未至而外人擴張其商權敎權鐵路航路鑛山等之權已先吾而至不僅此也恐吾人之所謂開通者直附隨其蹤迹於外人擴張其商權敎權鐵路航路鑛山等之權之後是則卽能開通其人民而一坵一壑一沙一土已有主人翁之分定然則欲得多數維新變法之人其事之難可知卽幸而得見多數之一日而或無救於亡國其事又不可不知也

由是而言。欲救亡國。當何道之從耶。曰在一二英雄豪傑得有政治之權而已英雄豪傑得有政治之權煥然而日月新劃然而雷霆鳴以震盪一世之精神改易萬衆之視聽賢者以有可圖效而自奮於前愚者亦有所鼓舞而樂從於後夫事之興衰成敗但觀其氣象間而固有異者焉此其兆雖顓愚亦或有所知而其理雖聖智亦且不能道要之有好氣象必由於有眞精神而有眞精神必由於數輩之爲主動力者運用而貫輸之而試觀中國今日之政府其前途能奏維新變法之功與否正不待卓識高見之論斷爲但望之於氣象之間而若明若昧乍陰乍陽以爲醒而實睡以爲睡而似醒以爲死而似生以爲生而疑死此一種沈悶抑塞奄奄昏昏不能名狀無可譬喻之氣象一還詢之吾國之人而謂維新變法之事其能成耶不能成耶夫以此處太平之時猶足以致喪亡以此當危急之秋而冀其能解救其亦夢矣則直不難直斷之曰無望不難直斷之曰無望則亦不難直斷之曰亡國

而於此別出一途者。即所謂開通社會。求其多數。而後從而望有維新變法之一日是也夫振衣者必挈其領張網者必揭其綱凡處大危挽大難必先審其樞要之所在而握之而後其事乃克舉夫非不知開通社會致力於人心風俗之爲根本之計也然而汎而舉之曰社會其體積大其事端繁非變化其一二區之方面舉行其一二端之事實而遂謂於大局能挽回也尤非數人數十人數百人數千人而遂謂於所在能分布也故其歲月不能不寬假以數十年或數百年而以一人開通十人或以一人開通百人則開通者與被開通者其間尤不能不有人數之比例若夫操政治之柄不然權有集中之所事有握要之點一動而無不動故地不問遠近人不問多寡無不同遵此規轍雖欲參差而有所不能國之所以必賴有政府之機關者蓋爲此夫今日之事吾輩所當認定之目的曰救國家之亡救國家之亡吾輩所當決定之方案曰有急進主義無漸進主義何則勢之所迫時之所限而不能不如是也論全局而不當論其一方之情數端之事何則總不可以偏舉大不可以小運合全國英銳精華據要中之地以運轉其周旁而不可枝枝而爲之節節而圖之何則散漫平鈍而終不能收其效也夫如是也故其歸結不能不出於政治之一途

論事者無愈於實徵實徵而數年來之狀態略可言矣夫此數年以前我中國之時局非所謂政治無動機而人僅能從社會以挑撥其動機者乎吾不敢知曰今之號爲新黨者類皆放言而無責任方登壇席吐金玉雖湯火在前刀鋸在後誓不達其目的而不已至于事過境遷則優游迭日不復再省其前言之云何然亦豈無抱盛氣秉堅志以自投於此橫流滔滔之中而一挫折焉再挫折焉或其事前若甚順而後忽逆初若可成而終又敗卒至力憊氣盡陷於潦倒困難頹唐委靡或且因是而灰其心思改其志節焉此非今日新黨一大多數之寫影哉設也數年以來適與政治變動之時機相

會合爲則爾雲氣搏風圖不爲鼠而爲虎者豈少其人又何至纍纍爲羣相委棄於泥塗之中而概一無所設施一無所表見以一羣中智識稍高之人反而投之一羣之中而其影響。乃若是其微哉則試立一比例。其一爲數年以來，政治變動而中國進化之程若何。其一爲數年以來。政治不變動，以新黨開通社會，而中國進化之程若何。其間大小遲速之差數，殆不可算。而其結題政治變動其效大而速而或可以救亡政治不變動而但恃在下者開通社會之力其效小而遲而不能藉以救亡了了然若觀火矣使常如今日之情形而再歷數年焉即再歷數十年焉其無聊固猶是耳而敢曰自今以往雖政治不動而社會之大勢動已能迫政治而使之不能不動則依數年來經過之事例以斷而其言殆有所不能信夫以積漸之勢日日摩盪而鼓勵之則風氣之開通乙年自必勝於甲年而丙年又必勝於乙年夫豈無銖黍之效之可算焉。然以此極些微極緩漫之進步而遂謂能救國家之危亡焉則未免盲於時勢之論也

吾非不知古來偉大之人物若大宗教家大學問家大思想家大文章家大發明家大技術家其爲社會開莫大之文化增莫大之福祉者其功德或遠過千百倍於政治家

雖然。渴熱之人或求水而不求粱肉非不知粱肉之貴於水也可以救渴者在水故也。夫今茲之中國謀國家之存立爲先而圖社會之改良爲後蓋從其本而言凡所以致今日之腐敗積弱者其原因皆在人心風俗之間而政治不過其一部分之事然從其用而言則政治革新而後及于人心風俗其勢順人心風俗改新而後及於政治其機逆故斯時所馨香禱祝之英雄在能免吾輩爲亡國之奴隸異種之牛馬耳否則即有配天地竝日月之聖人其能轉吾國之亡而爲存敗而爲興者恐未易副吾人之願望焉是非無徵也。夫如耶穌。非古今來之所謂聖人者哉。然方耶穌之生也。猶太已亡於羅馬人之手。而猶太人至今。仍不免爲亡國之民。是則猶太之有耶穌。於猶太之國家果何涉也。此在耶穌。豈不曰吾爲世界。吾爲人類。而非爲區區猶太之一國家。其理正大而無以相難。雖然。吾人今日所求之人物。其界限不能是之寬。在能急速使國家之復活而已。若是其在內國。君則古之黃帝湯武降而漢之高祖。唐之太宗。明之太祖。臣則古之稷契皋益伊呂周召。降而管仲子產諸葛武侯等若而人。是翼其乘時而出於今時者也。其在世界。古之摩西、亞歷山大、該撒、穆罕默特、今之拿破崙、華盛頓、彼得等若而人是又期其應運而產於我國者也夫非謂古今來所有之人才無過於是數人抑福吾國之人才除是數人之外亦不必再有所加焉慰吾人當前之饑渴他務未遑而先使得免國家覆亡之禍是則若是數人者可貴焉爾。

吾聞今之論者有曰國家雖欲維新變法其如無人才何。是故養育人才而預備之以爲維新變法之用是近日之急務也。是言也。殆若一見而有理者。雖然使探其本原言之凡人才之所以養成其發動力蓋出自政府者也政府欲練兵而練兵無人則必求練兵之人才而急思養之矣政府欲理財而理財無人則必求理財之人才而急思養之矣推而至於一切舉辦新政無不皆然但使當局者主義一定則天下皆有以知其志意之所在而爭自濯磨彫琢焉以副其所求有爲上所直接而養成之之人才焉又有爲上所不直拔而養成之之人才焉然雖有爲上所不直接而養成之人才而其所以養成之故則亦由鼓舞於國家興動之機而不妨仍謂國家養成之雖其間可憂慮者倉猝之間或未能悉如其所求躊躇焉而可告滿志然或假以五年假以十年其成就之歲月即可翹足而待反之而若無用才之意則雖數十百年而人才之寥落者如故夫人才之道以愈用而愈出者也是故國家需才之地多則人才之所以應其需者其數亦多今論者憂世之無才其亦能信世果有才而上能進而用之耶不然吾國固乏之才矣何以稍具才識之人羣偃蹇於下上不惟不拔而舉之且從而擯斥之芟夷之惟恐其不盡然則無論吾國今日之果無人才也即有人才而亦委棄之溝壑已耳其稍登錄者不過能枉道以自干進之數輩已耳今論者不責上銷閉人才之罪而四顧而嘆曰噫無人才無人才其亦不知人才所由來之本原矣且夫惟無人才也故有待於一二英雄豪傑以風氣鼓動全國而振起一時之人心以共成事業蓋自龍起雲從虎嘯風生之後而英雄豪傑之心固已苦矣而其功之所以不可沒勞之所以不可及者亦實在此於艱難剏造之始若已盈廷濟濟各當其任則又何待英雄豪傑之有彼夫各國人才之所以輩出者亦大都在國事大定之後經若干年之裁成教育否則即可謂於卒作興事之中漸次訓練而甄陟之至於剏業伊始類不過賢豪數輩以爲當世之先未聞有待全局之人才大備而後從而下手者也況論者其能保今後中國之人才必日盛一日年盛一年屈指歲月幾何而謂整理庶務各能適職乎吾以爲政治

之閉塞如故萎頽如故即假以數十百年而人才亦無振起之日即於其間偶有成就之人才而待之或違其道用之或失其宜卒亦至於攤散而零落耳不觀乎彼亡國之埃及印度、謂當日或苦於無人才雖欲維新變法。而其事亦不能成。則歲月優游至於今日宜其人才之昌備矣而何以寂寥猶如此也吾以爲日本今日人才之朋興亦當日維新變法之福蔭耳設當日無維新變法之事或雖維新變法而其事不能成則其人才亦末由逢發生之機而遂不能至於暢茂固可知也使菲律賓創義而能成功則今日之人才亦必有改觀日新之象惟其不成則今後或不免長此蕭條冷落而已不先注察於中國政治之動機而沾沾焉託於人才之不足爲憂寬以待在上之人而嚴以責在下之人以此遊言亦徒設辭以助政府而淆亂世聽者也。

或曰。今日之中國政治其無動機矣。已矣。亡國不亡國蓋不可必之事矣。夫開通社會。則固不以亡國不亡國論者也。凡雖亡國而開通吾之社會其事仍不可以已。何也。國亡而民智進。則猶足以存立於世。使國亡而民智復不足恃。則其受禍也蓋慘矣。若是則今日之舍政治而不問。而專從事於下。宜其爲之爲得當也。則請答之曰。賢人君子竭心血疲筋力以期造福於同胞之社會此吾所尊之重之而頂禮之者也雖然其事之緩急要次固有辨矣譬之生子人情之所望者在男然或不得男而得女則曰慰情聊勝於無不以生女之故而生男之望遂因之而絕也今之開通社會者宜曰吾日夜所仰望者國家政治之有動機而已若政治無動機而徒盡吾輩所能盡之力而爲之其收效終微夫吾固不以收效之微遂輟事以嬉而不爲也雖然吾心固常歉焉而以爲不足也且也吾囿於吾之能力吾限於吾之境遇而度吾之所能奉於吾同胞者祇有此焉而已而顧瞻當世乃日焚香而祝曰願天早生聖人以救吾國不然恐糞土之不足以塞潰而杯水之不足以止焚也況乎此區區開通云者不過吾一身對於一羣所應盡之義務吾即欲謝此義務而於理固所不許也夫如是也可謂宏於識而美於德之君子矣今日窮而在下之士不能起風雲而造時勢而姑竭其一已所能爲之事以貢獻於社會其存心立言不當如是耶然而已足慙矣何慙乎慙乎吾之不足以解時勢之難慰萬夫之望而其功能僅限於是夫是固不足以自喜矣若悍然而立一幟曰今日吾人正當之行爲惟在開通社會以爲和平之補救而毋躁進以涉政治之界

或遂與志在政治者相反對焉則雖其人或眞心篤志以不負其所從事而亦不免阸於鄉里善人之量或直怵於禍害而惟擇安善之途以自立焉則固有以知其非撥亂濟變之才而處於被髮攖冠之亂世其人亦不足多也已矣

且也今日之事必以亡國與不亡國爲一大界限若不立此一界限則所謂憂傷者直無謂之憂傷所謂痛哭者直無謂之痛哭耳使萬足一途萬目一的而曰今日者我四百兆同胞總不惜犧牲其身心性命室家財產而必以建立一國家爲期能副是志也則生不能副是志也則咸出於死之一途而以白骨爲山碧血爲海夫使我國人人而果有此氣概也未見亡國之果不可救也若曰國之能不亡固吾之所甚願設也不得已而至亡國則不可無所事以善於亡國之後者也嗚呼吾以爲此眞亡國人之言也豈不曰老成豈不曰周至豈不曰長慮而卻顧深思而遠謀然而人人皆作此想人人皆存是心則其國未有不亡者也此無聊解遣之語吾但覺觸於耳不禁掩面疾走期期而不欲聞者也無以名之名之曰此眞亡國之言焉耳充其效用不過能使將來下等之奴隸變爲中等之奴隸中等之奴隸變爲上等之奴隸而其貪生惜死乏廉恥寡

氣節已爲天地間鑄造一種卑薄之人民而低人類之價値者也且果如此吾請進一杯而賀曰君無爲子孫憂吾種人數千年來所歷練之特技無他無論何種爲君何種爲王而能處於其治下以保其身命而延其嗣姓若是則今日且何有急難且何有危杌日月仍清明天地仍泰寧朝廷仍太平吾輩仍優游耳憂者疾而已矣哭者狂而已矣嗚呼今日維新變法末流之變態而新黨之所爲乃至爲他人不知誰何之國家造有用之僕隸而爲吾種苟且偷生之兒孫作未來之牛馬也則吾毋寧不愛國不愛種而言世界主義言人類主義吾毋寧收感事之涕淚息憂時之精神恝人倫而但求超人倫之學謝世間而獨行出世間之事否則毋若怡林泉耽風月吾寧取厭世主義以自樂否則濁世其終不可居流俗其終不可語吾寧自殺

然則今日之事言不問其高下理不究其短長而其惟一之主腦曰我之人民不爲他人所管屬我之山川不爲他人所彈壓無他先立有國家而已欲立國家而晉其下手之方他事皆無及也一二英雄豪傑得主政治之權而已有此一日也則存無此一日也則亡是必然之理可兩言而決者

（未完）

學說

中國之新民

生計學沿革小史（續第二十三號）

第九章之續　斯密亞丹學說　部乙一之一

原富第三編專詗諸歷史以研究近世歐洲諸國民之產業組織而敘述其發達之所由此亦斯密一特長也。近人論十八世紀之哲學家。謂其所最缺乏者爲歷史的精神。其間惟蘇格蘭之學者。稍免此弊。若斯密亦其一人哉。雖然。斯密一面注重歷史之研究。一面又昌言事物自然之順序。其所說不免互相矛盾者。後之學者。往往駁正。今勿具引。

原富第四編專排斥重金主義而發明國際通商眞利之所存。斯密學說之丕變一世。而影響於歐洲產業界之革命者。以此編爲最。斯密乃詳言財富與貨幣之爲二物。其言曰。物品不轉爲貨幣。其用自存。貨幣不轉爲物品。其用斯廢。故貨幣常有求於物品。而物品不必常有求於貨幣。其理甚明也。民之得物品。將以享用者。不必復售也。而其得貨幣也。其終必以求物品。故由幣得物。可以爲終事。由物得幣。不可以爲終事。若是乎則民之欲貨幣者。非欲貨幣。而欲其所能易之物也。彼認貨幣與國富同物者。何取爲。

斯密更取重金派所懷抱兩僻見而解駁之。其第一說。則謂金銀無蝕毀之患。寶之累世。則國富無量也。斯密駁之曰。英出鐵器以易法之酒醪。而人莫或以爲失計。夫鐵之耐久。亞於金銀。論者胡不曰常寶其物。毋使出國。積之累世。則鼎鐺之富無量也。夫彼必以爲國之需鼎鐺也。其數有限。徒富其物。過於烹飪之所資。是謂大愚。苟一旦飲食之事加多。鼎鐺之用。將不期而自足。不招而自來。而硜硜然寶之於數代以前。甚無謂也。此其言是也。獨奈何以鐵言則明。以金言則惑也。國之需金銀。其數亦有限。鐵所以爲鼎鐺。而金銀所以爲圜法。圜法之用。所以媒介物品而滑其轉輸。苟物品之待轉者多。則國內雖無一金銀礦。而黃白之在荒遠者。將梯航而自臻也。然則積彼餘於用之金銀與積彼餘於用之鼎鐺其智相去幾何矣况餘於用之物又斷非以人力所能强積也方其有用則其數自增方其無用而强多之則其几亡而其數且轉減盖其爲物之易挾如此而停積之虧又甚鉅苟一旦供過於求雖有峻法夫亦安能止其勿出國也耶盖斯密之意謂金銀之爲物每應夫供求之率以分配於各國常去其所不需之地而趨於所需之地必非以人力之所能左右也

案精琪氏草擬中國新貨幣案以限制所鑄貨幣總額爲第一義者原本此學理也

其第二說則謂一旦有事於境外則軍與所需全恃金銀積之於平時夫然後臨事乃可以無乏斯密駁之曰不然海軍陸旅之所以爲養者在糧食不在金銀使其國農工商三業既隆有以與遠方之食貨爲易則雖無金銀可以伐國因舉七年戰爭之役（此役由英法爭加拿大而起普與英合奧與法合兵連七年）謂英之兵費凡九千萬磅而當時國內通寶總額不過一千八百萬磅其時國主未嘗有私積而民間之銷鎔金銀器以充軍用者亦未之前聞也是軍事不恃預蓄金銀之明證也斯密乃論遠征之師所以餉其軍者不出三途致其國所前積之金銀一也致其國工業所成之熟貨二也轉其國農功所登之生貨三也而

三者之中其第一法勢不可行其第三法勞費多而結果少故製造熟貨之轉輸實爲餉軍獨一無二之富源苟製造品之轉運無窮則數千萬之金錢再出再入而吾民固未嘗覺也質而言之則有物品者不患其無以易金銀而彼硜硜然以多藏爲軍實之預備者徒見其心勞日拙而已此種理解。在今日固人人能道之。而當斯密時代。不可謂非特見也。

疇昔嘗重商主義之盛行。學者以謂國際通商。其目的專在斂進金銀。金銀非富之義已明。則前說已無復存立之餘地。然則國際通商其利果安在。斯密以爲大利有二。一曰出有餘二曰濟不足夫一國地方民功之所產而至於有餘者物雖供而莫之求也故有餘則無利通商者致有餘之產於方求之國而鬻其最貴也物有其不足者有求而莫之供也故不足則生鬱而事或不周通商者致他所易供之貨以濟吾土所不足而買其最廉也是故一交易之間而其利並起此斯密解釋國際通商之定義。而一破數千年之迷夢者也。

斯密又曰。使兩國通商而其所易者皆國中之所產則兩國交相利而所利惟均也此所有餘彼則通之此之母財彼則復之始也各出其財力以恢其國中之地產繼乃通其有無而無用者轉爲有用而以租庸息合三成價之理其終利乃散於民間焉是故兩國之民雖不相謀而實爲相養之事以其所易之貨均也故其始之斥母亦均斥母均故國民之相養亦均然則國民受利之多寡相養之廣狹視彼此交通之微鉅然則與吾爲通之國必其購買力與生產力愈富者然後吾之所得於彼也乃愈饒彼之所得於我者亦然亦必彼國之總殖蕨進然後其購買力生產力乃愈富故眞明通商原理者夫有不望其鄰之富者也而前此狹隘之商戰主義乃謂國不求利則已苟其求之必致損於他邦一若盡力以使餘國皆貧而後吾富乃大成此眞大惑不解者也

案斯氏之說即合全地球以行大分業所謂生計無國界者也前此之持通商政策者以是爲損人利我之一機關及斯密起始使天下共曉然於兩利之始爲眞利反是則其道必不可長而反以受其敝二百年來世界通策政策生一大革命皆斯密氏之爲之也雖然世運遞變無往不復近今則保護主義之反動又大起矣其故於下節詳述之

重商派之所最謹者。謂欲塞金銀之出國。道在審進出差。進出差者。總進出口之貨相抵之餘數也。使出者多而進者少。則為差正。而所贏在我。收價於外。而後平。則我之金銀增矣。反是則為差負。而所贏在人。出價以償。而後平。則我之金銀減矣。疇昔政治家所以汲汲焉講求保護政策。阻遏之於所入。而獎厲之於所出者。皆以此故。斯密乃首言進出之差。無從指其正負之實。次言差正差負。無與於一國總殖之虧盈。其說如下。

斯密曰。常法稽兩國進出之差而得其大較者。不出二塗。稅關簿錄一也。兌費贏絀二也。顧稅關評定物價。事求簡徑。固多漏略。故其所綜。常非物值之眞。而不可以為典要。至兌費之不足依據。亦與稅簿正同。蓋債逋往來之差。未必即為貨物進出之差。而債逋之差之正負。又未必即為貨物之差之正負。蓋兩國債務之交涉。不恒由於兩國之徑為交易。視其地所通之廣狹。而牽聯常及於數地。一也。按斯密之意。謂甲國對於乙國之正負。未必為眞正負。譬如甲國每歲匯出於乙國者二千萬。乙國匯入甲國者僅千五百萬。則甲國似為負矣。然或丙丁等國之貨物。經乙國以達於甲。其匯兌因復經乙國以達於丙丁。而乙國本產之貨輸入甲國者。實不如甲輸入之多。若是者。則甲不已正而乙不已負乎。此其理也。此指一國對一國之正負言也。若一國對羣國之正負則不必計及此矣。各國泉幣精窳互殊。圜法章程不一。以致名實紛殽。銀行號稱平兌。實乃不平。所謂贏絀者。未必果為贏絀。二也。案論者以金融之緊縮即為差負之證故

斯密詳辨之 準此以談則尋常所謂進出正負差其與於綜覈名實者幾何矣。

夫進出正負差之難遽定也既若此。然使果爲差正。亦未必遂爲國之福。果爲差負。亦未必遂爲國之病也。蓋輸入過度。則一國貨幣之貯藏減。固也。然愈減則貨幣之價格愈騰。物價隨而下落。物價落而輸出必復增。增則貨幣旋歸矣。輸出過度。則一國貨幣之貯藏增。固也。然愈增則貨幣之價格愈下落。物價隨而上騰。物價騰則輸入必復增。增則貨幣旋散矣。蓋幣之爲物。其性質亦與百物同。應於供求之趨勢。任彼自已而自底於平。然後知沾沾焉以差正自喜。戚戚焉以差負自危者。果無當也。

附論進出正負差之原理及其關於中國國計之影響

案對於國外貸貣之總額。不能全以稅關簿錄爲憑。無論關簿之必不可憑也。即使可憑。而兩國貸貣之數。實不僅在貿易故也。近世學者推論貿易以外之國際貸貣關係。其重要者五端。

第一旅行交通所消費者吾民游於他國則金錢外出他國民游於吾國則金錢內歸。

第二承買外國之公私債而貸與資本營業於外國而投下母財者其貸與投下之時則金錢外出其收還之時則金錢內歸。

第三當其貸與及投下之時每歲當有利潤若他國人爲我債主及營業於我國者則金錢外出若我爲彼債主及營業於人國者則金錢內歸。

第四凡一切國際交通事業若運送業銀行業保險業等應得之利益若其業全在他國人手吾事事須仰託於彼者則金錢外出反是則金錢內歸。

第五海外工人之工金他國民傭於我國者則金錢外出我國民傭於他國者則金錢內歸。

嘗觀日本大藏省理財局之統計。其在通商貿易表以外。每歲應支出收入之總額。其類別如下。

收入之部

（一）本國船舶運送費

一、本國船裝載輸入貨物之船脚
二、本國船裝載輸出貨物之船脚
三、本國船裝載運往他國貨物之船脚
四、本國船裝載外國搭客之船脚

（二）外國軍艦商船及船公司之消費於內地者

一、外國商船在本國購買需用品
二、外國軍艦在本國購買需用品
三、外國軍艦商船在本國修繕費
四、外國輪船公司在本國所設支店經費
五、噸稅及其他稅關雜收入

（三）外國人之消費於內地者

一、外國人來游歷及經過者之消費
二、外國商船碇泊本國時船員之消費
三、外國軍艦碇泊本國時船員之消費
四、外國留學生在本國者之用費
五、外國傳教人在本國者之用費

（四）本國人在海外事業利益

一、本國人營業於海外者所得贏利
二、本國人傭工於海外者所得工金

（五）本國及外國政府之收支金

一、本國政府海外收入
二、中國債劵之本利
三、外國公使館領事館在本國者之費用及其他外國政府支出金

支出之部

(一)外國船舶運送費
一、本國人搭外國船之船脚

(二)本國軍艦商船及船公司之消費於海外者
一、本國軍艦商船在外國購買需用品
二、本國輪船公司在外國所設支店經費
三、本國軍艦商船在外國修繕費
四、噸稅其他諸稅及蘇彝士運河通航稅
五、船舶保險費之納與外國保險公司者

(三)本國人之消費於海外者
一、本國人往外國游歷及經過者之消費
二、本國軍艦商船碇泊外國時船員之消費
三、本國留學生在外國者之學費
四、海外布敎用費

(四)外國人在內地事業利益
一、外國人營業於本國者所得贏利
二、外國人貸資於本國者所得贏利
三、外國人存金於銀行者之利息
四、外國人匯返其本國之工金

(五)本國政府支出金
一、在外國之公使領事館經費及其他政府支出金
二、購買兵器彈藥費
三、外國公債本利

由此觀之。則國際貸貣之種類。甚煩雜。而斷不能徒以海關貿易表之正負指爲國。

財出入全額之正負明矣苟惟貿易表之爲據也則近百年來英國之貿易表皆爲差負且其負數甚鉅（一八九七年。差負二百五十八兆磅。一八九八年。差負二百七十七兆磅。）而英之富何以稱焉而不知英人之投資本以營業於外國者每年所得贏利在九千萬磅以上其船舶運送代價所得七千磅以上代乙國轉運貨物於丙國而得其媒介之利者一千八百萬磅以上即此三端已足償貿易表之差負而有餘自餘若德若法若荷蘭大都類是觀於此而歎重商派之斷斷於貿易表上之統計者眞所謂知二五而不知一十也

以近世學者之所觀察則一國之總差正總差負（不專指貿易表）皆各有其利病所爭者全在其致正致負之原因而不在偶正偶負之現象質而言之則徒以正負而論定其國殖之榮瘁消長者是所謂武斷之論而不應於實情者也

請言富國而得差正者

(一)全國生產之元氣大強前此所負於外國之債務日以減少而輸出品日增超過輸入以博取債權於外國者（如美國）

(二)貸放大資本於外國而收其利者（如英國）

(三)外國前此貸我之資本今茲歸還者

請言貧國而得差正者

(一)因國力已竭而驟貸厖大之資本於外國者(如埃及)當外資驟進時其國際匯兌自爲差正

(二)因購買力衰微無力以銷外國之物品故貿易表爲差正者

請言富國而得差負者

(一)全國生計界大發展購買力大增加而收益源在於外者

(二)新貸出巨額之資本於外國而未能收還者

(三)新從外國購入機器等類而常住母財日本譯爲固定資本增加者

請言貧國而得差負者

(一)本國生產力衰微全被外國之產業侵蝕本國之市場對於外國而純立於「債務者」之地位者

(二)以他種原因而負巨債於外國者(如中國累年之賠款是)

(三)紙幣發行太濫而因以驅逐正幣於境外者

(四)或購買力外觀似强實則奢靡成風競以外品相尚耗國力於無用者

由此觀之則徒見有差正之表不足爲其國賀徒見有差負之表不足爲其國弔所辨者不在外形而在實力之內容斯密又言費殖差萬不可負（費者一國之總歲費也。即其支用者也。殖者一國之總歲殖也。即其存蓄之以爲母財者也。兩者相待之率。名費殖差。殖過費則爲正。不及費則爲負。正者其國日富。負者其國日貧也。）而進出差則或正或負無關於本源（參觀嚴譯原富部丁上第四十二葉）誠哉其知言也

吾嘗据此諸例以研究中國之國殖首諷諸貿易表已頻年爲差負之現象其表如左。（表中數目皆以海關兩計算）

年次	輸入	輸出	差負
光緒十四年	一二四、七九二、八九三	九二、四〇一、〇二七	三二、一九一、八二六
十五年	一一〇、八八四、三五五	九六、九四七、八三二	一三、九三七、二四三
十六年	一二七、〇九三、四八一	八七、一四四、四八〇	四〇、〇七九、〇〇一
十七年	一三四、〇〇三、八六三	一〇〇、九四七、八四九	三三、〇五六、〇一四
十八年	一三五、一〇一、一九八	一〇二、五八三、五二五	三二、五一七、六七三
十九年	一五一、三六二、八一九	一一六、六三二、三一一	三四、七三〇、五〇八

二十年	一六二、一〇二、九一一	一二八、一〇四、五二二	三三、九九八、三八九
二十一年	一七一、六九九、七一五	一四三、二九三、二一一	二八、四〇六、五〇四
二十二年	二〇二、五八九、九九四	一三一、〇八一、四二一	七一、五〇八、五七三
二十三年	二〇二、八二八、六二五	一六三、五〇一、三五八	三九、三二七、二六七
二十四年	二〇九、五七九、三三四	一五九、〇三七、一四九	五〇、五四二、一八五
二十五年	二六四、七四八、四五六	一九五、七八四、八三二	六八、九六三、六二四
二十六年	二一一、〇七〇、四二二	一五八、九九六、七五二	五二、〇七三、六七〇
二十七年	二六八、三〇二、九一八	一六九、六五六、七五七	九八、六四六、一六一
二十八年	三一五、三六三、九〇五	二一四、一八一、五八四	一〇一、一八二、三二一

据十五年間之統計。則我國之與外國通商。年年爲差。負最少者負至十三兆兩有奇。最多者負至一百兆兩有奇。十五年累計。共負至七百兆兩有奇。大約每年勻計。四千餘萬兩。而自光緒四年至廿四年。凡二十年間。共借洋債萬五萬圓有奇。（義和團賠欵未計）每年本息攤還。共須還三千萬。專以此兩項論。則吾中國每年例應償債務。已七千餘萬。（前此猶少。愈近愈多。若近數年來。總應每歲百餘兆至二百兆元也。）此外若貨物保險費。貨物運送費。政府支出費。（即駐各國公使館領事館諸費及其他。）外游者之船費及用費。（中國人在海外者合五六百萬。太平洋航路之船。恃華人以爲養者。十居七八。）

綫嚮路計之。香港舊金山線路輪船九艘。每年來回合計約共航一百零八次，香港溫高華線路輪船五艘。每年來回合計。約共航五十次。每次華人搭客勻計。最少應有三百人。三等艙船脚。每人勻計一百元。僅以此兩線路計。每歲華人來往。總在四萬五千人以上。其船脚在四百五十萬元以上。而由砵崙舍路航香港之線路尚不計。大約每歲吾民往檀香山及北美洲之太平洋沿岸各地者。其船費已不下五百萬元矣。夫吾民在海外者數百萬。南北美洲合計。不過二十餘萬耳。而其來往川資。所費已若茲其鉅。統計全額。能無失驚。即以美洲論。以上所算。僅計其至太平洋岸之費耳。而彼等中之強半數。或往美國東部南部者或往墨西哥者中美洲者西印度羣島者南美洲者。其接續之車費船費。尤爲不貲。以吾所懸揣。南北美洲每歲華人來往舟車費。應需七百餘萬元。雖不中不遠矣。澳洲南非洲印度及太平洋羣島之來往者。約當美洲四之一。當爲百五十萬元內外。南洋一帶。若暹羅。若安南。若英屬新加坡檳榔嶼諸島。若荷屬瓜哇諸島。若美屬小呂宋。次及東方之日本高麗。合計華人殆四五百萬。其每歲一來一往之總數。以最低率命之。亦應在五十萬人以上。舟車費勻計。下等客位。每人十五元。其總額已當在七百五十萬元以上。內惟新加坡至香港汕頭厦門航路。有華人自開之輪船公司。其船費不入於外國。應除出數十萬元。大約此諸航路船費爲外國人所得者。至少總在七百萬以上。合諸美洲澳洲各地。則其總額一千五百萬元。有多無少也。依日本大藏省理財局所統計。則此數皆須列入國際貸借表者矣。綜合諸項計之。則十年勻算每年平均其總差負總應在一萬萬兩以上至近數年。則更當倍之。蓋二十八年以來貿易表之差負已及一萬萬兩而義和團事件賠欵約章中明載每年攤還本息共四十二兆兩有奇僅此兩項已百五十兆兩內外矣其餘雜項亦何慮數十兆此皆我國負擔外國債務之大略情形也。

使如重商派之所想像。凡屬差負之債務。悉須以見金償還。則自光緒十五年以至今日吾國金銀出口者最少亦應在八百兆兩以上每年平均總在五十兆兩以乃徵諸海關貿易表。則其實狀如何。（表中皆以所值海關兩銀兩計算。）

年次	金之出入		銀之出入	
	進口	出口	進口	出口
光緒十六年	……	一、七八三、二二八	……	三、五五七、七七二
十七年	……	三、六九三、二四六	……	三、一三一、八八六
十八年	……	七、三三三、○○○	……	四、八二五、○○○
十九年	……	七、四五九、○○○	一○、八○四、○○○	……
二十年	……	一二、七四四、○○○	二六、三八九、四○○	……
廿一年	……	六、二二四、○○○	三六、六八五、○○○	……
廿二年	……	八、一一四、○○○	一、七二○、○○○	……
廿三年	……	八、五一一、七○○	一、六四一、五○○	……
廿四年	……	七、七○三、八四三	四、七二二、○二五	……
廿五年	……	七、六三九、七七九	一、二七一、四四四	……
廿六年	一、二○二、三一五	……	一五、四四二、二一二	……
廿七年	……	六、六三五、三一三	……	六、六三五、三一三

据右表所示。凡十二年間。金進口總值銀一百二十萬零二千三百十五兩。銀進口

總値銀九千八百六十七萬五千五百八十一兩。合計値銀九千九百八十七萬七千八百九十六兩。金出口總値銀七千八百二十四萬零一百九兩。銀出口總値銀一千七百六十一萬二千四百六十兩。合計値銀九千五百八十五萬二千五百六十九兩。進出比較進餘於出者尚四百零二萬五千三百二十七兩。若是乎吾國金銀。匪直無所漏巵於外而反若有贏者則何以故吾嘗析分之以求其理由如下。

(一)由於海關貿易表之不完備也　貿易表之萬難完備。各國所同而吾國尤有甚者。則以此項報告專據海關而吾國之進出口貨非盡經海關如直隸山陝之與蒙古貿易復經蒙古而與俄羅斯陸運貿易四川之與西藏貿易凡此皆海關之所不能稽及竊疑吾國進出之差貣未必年年如是其甚必有從此諸路以補其闕者。

(二)由於外債之輸入也　中國近二十餘年來外債之數如下。

(年次)	(債額)	(債權者)
光緒四年	二、五〇〇、〇〇〇圓	德國

五年	一六、一五〇、〇〇〇圓	匯豐銀行
十八年	三〇、〇〇〇、〇〇〇圓	同
十九年	一〇、〇〇〇、〇〇〇圓	渣打銀行
二十年	一〇、〇〇〇、〇〇〇圓	德國
廿一年	一五八、二〇〇、〇〇〇圓	俄法兩國
廿二年	一六〇、〇〇〇、〇〇〇圓	英德兩國
廿四年	一六〇、〇〇〇、〇〇〇圓	匯豐德華正金三銀行
合計	五四六、八五〇、〇〇〇圓	

以此數論既。已五百四十餘兆圓而近年以督撫之名義私借者尚不計譬諸一私人負乙應償者千金而從丙借得者亦千金是不過吾之債務移其對乙者以對丙而於橐中現金之增減無與也又如負乙應償者千金而從丙借得者二千金是不過將來之債務更加一倍而目前橐中之現金方且不見其減而見其增也夫國家之借外債亦若是而已吾外債之最巨額者。爲廿一廿二廿四年三度所借。其總額爲四百七十八兆圓。除折扣外。實爲四百五十兆圓

有奇。而其主要在用以償日本兵費。日本兵費二萬萬兩。益以遼東三千萬兩實償三百四十兆圓有奇耳。議和條約本訂分六次交。附以百分之五之利息。惟聲明三年內全交則利息豁免。故廿四年之借欵爲此也。廿四年全償。而利息全免也。尙餘百兆則實輸入吾國內而調劑吾生計界者也。夫所借以償日本之二百三十兆兩其欵固未嘗歸諸我亦未嘗出諸我語其外形不過以甲國之資本移於乙國而於我無與語其實際不過以吾輩今日所負擔分貽諸將來而於目前仍無與也而況乎其所借者尙有餘於所償也然則所以調和貿易表之差負者此殆其一端矣

但猶有一義當贅陳者。彼外債之輸入又非輦此五百餘兆之現金以致於我前也果爾則廿一廿二廿四年之貿易其金銀之進口豈不當歲加百餘兆也。而顧不爾者。則彼償日本之三百五十餘兆。直由倫敦巴黎橫濱各銀行兌付日本者。固不必論。即其餘額百兆吾所謂流通國內以調和我生計界者亦不過一轉移其債權或以供吾國人支給海外公私債務之用或外國人貿遷於我國者不必持其本國之貨以爲易但携此債券已可在中國各口岸之銀

行得現金而摑載吾貨以去云爾故此中關係不過在銀行金融機關之一轉捩而於金銀進出之差正差負毫無與也

(三)由外人競投母財以營業於內地也　前節所論則前此埃及生計界所以曇花一現驟呈活氣者皆此之由然以此解中國進出差負而金銀不漏之理由則猶未能盡也蓋所借外債之大部分實用以還賠欵而流通我國者不過少數若曰彼債主一轉移其債權即不必持貨以爲易而可以此款販我貨以致諸彼國則宜出口貨緣此而增而入口貨緣此而減於貿易表上我反爲差正而顧若彼者則外人競投母財以營業於內地實爲此中最重要一關鍵也今冣舉外人在內地經營事業所投資本之數

中國東方鐵路	五百萬盧布	華俄銀行
盧漢鐵路	三千七百萬兩	比利時新設公司
津鎭鐵路	七百五十萬磅	英德各任其半
山西鐵路	二千五百萬佛郞	華俄銀行
粤漢鐵路	四百萬磅	美國開發公司

山西礦務	一千萬兩	福公司
河南礦務	一千萬兩	英意合設北京公司
四川礦務	一千萬兩	英國會同公司
又	一千萬兩	法國福安公司
安徽礦務	五百萬兩	日本新設公司
又	七百萬兩	英國安裕公司
滬寧鐵路	三百二十五萬磅	英國銀公司
華俄銀行	六百萬盧布	俄國政府
膠濟鐵路	一百五十兆元	德國中央銀行
山東礦務	六千萬元	同

以上所舉不過其犖犖大者。至如各小鐵路小礦務與夫英法兩國在南部接修入境之鐵路。以未能確知其資本額。故不列入。又近年外國人在北京天津及各口岸承辦事件。如電燈電話電車自來水無線電音等之類。尚不在此數。十年以前外人在中國所營業基礎久定者。如各銀行各輪船公司各紡織局。

與夫置買地皮建造房屋在中國者。尚不在此數。然即觀右表所列其額之巨不已令人駭絕耶雖此等資本。不過預定。並非現時已全放下。然放下者既過三之一且將及半矣夫此資本者彼外人豈其點點滴滴從母國運來哉貿易表上差負之率我所應償而彼所應受者受矣而不持歸即還以爲母財於我國此其一也國債債券應得之利率舉以之爲母財於我國此其二也每歲所受攤還賠欵四十餘兆舉以之爲母財於我國此其三也三者之外若猶不足夫然後或輦金或轉貨於其本國以爲補助焉此實現在列强經營中國之情形也夫其新放下之資本其贏利未能遽回復也即至贏利已回復之時亦每歲匀攤其數不鉅不能敵其所放下之「常住母財」（即固定資本）之數也以多數之母置諸中國而歲挾其少數之子以歸此不足以致中國通貨市場之緊縮也明矣而況乎所獲之子或竟復斥以爲母而永不出境也夫通商之理。必兩利而後可久。斯密氏言之詳矣。故如斯密之說必不容有一國常立於差負之地位者苟常差負則必其有他道焉以補之矣否則每歲販貨以來者必須輦金而去無論非主人之所能堪即客亦安所得利也夫案中國之貿易表既明見其歲歲之差負自三四十兆以迄百兆矣徵諸條約又明見歲歲四五十兆之償欵等於正供矣而彼得我此欵者既不見其增運我貨物又不見其輦空我現金然則此欵究何著也則外人所投下之母財在我國中者雖無確實之統計而可以知其概矣

(四)由於購置機器各物變爲常住母財也　學者論差負之原因。必以此條爲一要端。蓋懋遷必賴母財而所購爲尋常物品則必售甲購乙售乙購丙售丙購丁然後可以獲利故其性爲循環如在英倫致千金之貨於上海者其勢不可不復由上海致千金之貨於英倫以個人而論。不必自致之。以國際通商而論。則本國會致千金之貨於外者。勢必有外國千金之貨復還於本國也。進出正負差所以終不能太相懸絕者皆循此原理也惟置機器等物則其母財忽失循環性而爲常住性其所實之贏不在今茲而在方來夫是以可以不販貨旋歸以爲易也此又物品與泉幣兩不出口之由也中國近年購此類物於外者不尠鐵路用之鐵軌木材等皆是。又政府所購軍艦軍械等。亦屬此類。特彼則並失其母財之性而變爲銷費性耳。然其不復以土產相抵銷則一也。

但此項之大部分。與前第三項殆相一致。蓋此種常住母財之所有權。屬於我者甚少數。而屬於外人者大多數也。

(五)由於傭工海外者挾其所獲之庸以歸也　英法德荷諸國。皆有巨大之差負貿易表。而所恃以爲彌補者。全在海外營業之利贏。夫既屢言之矣。吾國人在海外號稱數百萬。而爲商者之數實甚微。其在美洲澳洲等處。大率皆販本國日用雜品。還售諸本國工人。毫不能爭外族絲毫之利。殆不足道。其間有運售絲繡瓷漆等器。求買主於外人者。然不過捜整售零。銖積寸累。所得抑至纖矣。（中美洲南美洲及太平洋羣島中華人。類皆業此。多有致小康者。）其漕輓大宗貨物。挹盈注虛。稍足以當行商之名者。惟日本俄羅斯等處間有之。然資本甚小。贏利亦微。不足爲影響於祖國生計界也。其最有力之實業家。蓋在南洋。如英荷屬殖民地之礦（錫硫居多）之烟酒。緬甸安南暹羅之米。暹羅之木材。瓜哇之糖等。吾華人海外營業之大觀。惟此爲最。雖然彼中所謂有力之實業家者流。大率有適彼樂土菟裘終焉之志。其利贏之還潤祖國者。百不及一二。數內地生計界之影響。殆可置彼等於度外。語其關係最大者則傭工所得之庸値是已日本大藏省理財局之報告。(參觀前表)其第四項中所謂海外事業利益者分爲兩種。其一爲商人營業所得者歲不過一百九十八萬餘元。其二爲工人傭工所得者歲至一千二百十九萬餘元其工之所獲多於商之所獲六倍有餘(前表所列十九項中。其數以此項爲最鉅。)以吾所聞。日本人在海外者。最多爲檀香山三萬餘人。次則美國及加拿大之太平洋沿岸合計亦可三萬人此外南洋菲律賓等處。除醜業婦外不少概見自餘占大多數者。則高麗及中國北部而已。此等貧瘠之地所得勞庸。萬不能豐。計其所謂千二百餘萬大約屬於檀香山及美洲者當占千萬我國雖無統計不能得其確數然吾民之耐勞苦善蓄積過於日本人日本以六七萬人而歲能輸千萬傭値於祖國依此比例我國人在南北美檀島澳洲南非洲凡諸白人夥多庸値甚昂之都會者合計不下三十萬人歲當能輸四千萬內外之庸値於祖國(美澳等處華人之庸率。其中數約每月美金三十元英金六鎊之譜。吾今者懸擬三十餘萬人。歲輸入四千萬。約每人平均百二十元左右。不過其兩月之工金耳。故此數殆不遠。)吾又嘗在加拿大哥林比亞省調查其地之華人每歲匯返中國之數約値墨銀二百萬圻分之則工人之勞庸居其四之三商家之贏利居其四之一蓋彼中所謂商者雖全未能與西人爭利不過運祖國日用常品以供給吾工人固也顧吾工人一切衣食住之消費皆守鄉風其所得勞銀復散諸該地以潤澤白人之市場者十不及一而惟仰供給於本國之小商白人所以妬恨華人者此亦一原因故彼小商者亦可謂間接以爭外人之利者也何也苟無彼小商則吾之工人種種消費勢不能不仰供給於西商則所得庸値將復散其三之一或半數於白人之手也檀香山及太平洋岸一帶之日本人其仰供給於華商者殆太半有彼小商而工人之漏卮乃塞其強半然則彼小商所得之贏亦當附從工人之庸値以增入外財輸入之統計表也明矣以哥林比亞一省工傭輸歸者百五十萬而商贏輸歸者亦五十萬然則諸地合計工傭輸歸者可得四千萬則商贏輸歸者當亦不下千萬是以上諸地歲可輸歸五千萬也若夫南洋一帶庸値甚微遠非白人夥多之都會所可比吾擬其最低之率每人平均輸歸者歲可二十圓而其人數殆三四百萬即以三百萬計每年輸歸總額已應有六千萬圓其小商之贏以前比例當爲千五百萬元是

此諸地歲可輸歸七千五百萬元也兩者合計則此項外財之來歸者歲約百二十餘兆中國所以累年有差負之貿易表者此亦其重要一原因也工傭商贏輸歸。所以爲貿易差負之原因者。蓋以彼在海外所得之財。販外貨以運入中國。及其貨既售後所得之財。即不必復販我貨以出外。此所以進口多而出口少也。或疑吾國海外僑民。每歲豈嘗有值百餘兆之外貨辦入本國。不知此不必由我民直接自辦也。我民以所得庸贏。存放外國銀行。彼外人有欲辦貨至中國者。則在銀行取匯票。貨至中國。售畢得金。則還諸銀行。銀行即以付諸海外存銀原主之家中。故其銀不復須辦貨再出口也。

今更括言之。則每年由全國國殖總體支出者

一貿易表之差負率

二償款之本息

三外債之本息

四外人投母財於本國經營各事業其所得之贏利

五人民出洋者之舟車費

六政府在海外支費（日本此項每歲一千三百餘萬元中國所支不及其半）

七旅行游學者之支費

其收入增附於全國國殖總體者

學說

一外債之現金
二外人投下本國經營事業之母財
三海外國民之工庸商贏
四外國軍艦商船碇泊本國時之噸稅與其他費用及其商船公司之支店費
五外人來游歷傳教者之支費
六外國政府在本國支費

此其大概也。兩項之出入恒足以相補相銷其伸縮盈朒之率恰如其分量而斷不至太相懸絕即偶或一二歲中彼有所伸而此有所縮不旋踵而復底於平此殆出計學上自然之公例有非人力所能强爲左右者不如是則通功易事之道或幾乎息也譬如吾中國每年貿易表上輸入之總額爲三百兆益以支出之七項需二百兆都爲五百兆者而每年貿易表上輸出之總額不過二百兆則其收入之六項中自必有三百兆以抵其缺亦都爲五百兆即有畸零亦不過上下於一二十兆而已斯密所謂任物自己而勢必趨於平正謂是也

抑猶有一義當附言者。此五百兆之支出與彼五百兆之收入一歲中循環往復於

本國與外國之間而其結局之大較恒足以相當云爾但當其循環往復之時所憧憧出入者或爲貨物或爲金錢則恒視夫兩者供求相劑之間孰適於獲利適者不招而自來不適者不麾而自去（參觀本報第五十號第五十八葉中國貨幣問題）蓋至此而金銀之性質與常物毫無所異非謂貨物之進出爲差負金銀之進出必爲差正貨物之進出爲差正者金銀之進出必爲差負也德國近三十年來貿易表最足爲此學理之左證今更贅引之。（右表之單位以十萬萬馬克起算）

（年次）	（貨物之部）	（金銀之部）
一八七二…七九年	輸入超過九二〇四	輸入超過六三〇
一八八〇…八四年	輸出超過二四四	輸出超過一四六
一八八五…八九年	輸入超過八八〇	輸入超過四〇
一八九〇…九四年	同五一二八	同四二二
一八九五…九八年	同四一三四	同一七九

觀此則其貨物出入之正負與金銀出入之正負適成比例此實足以助斯密張目。而令重商派者流更無術以自完其說焉矣。夫中國十餘年來貨物之入口者多於

出口者而金銀之入口者亦多於出口者正循此例也

既陳其理以鑒既往請衡其勢以察將來躁淺之士聞吾說也。或將曰吾疇昔憂商務之漏卮憂賠欵之剝膚。今如子言則吾嚮者以爲既散既蝕既飛既沈之物。惡知夫乃盤旋回繞。卒寸步不出我室也。且如子所述內外貸貸無論如何而必趨於平之一原理。則吾國無論何種失利權損國計之事。皆不足憂。而我生計界之前途。永不懼墮變也。新民子曰。噫是又知其一不知其二也。夫前此所藉以抵償貿易差負之巨額者。雖其途頗複雜。要之海外僑民之工庸商贏。爲其最大宗。無可疑也。當彼之時。貿易表之差負未始不可稱爲一良現象。英國之差負其現象亦頗同此 何也。無待出吾貨以與人。爲易而吾之國殖已自增。所增者非指其匯歸之金錢。而無易之外貨。入於我國。我國本貨不必外出。而自能流轉國中。以積母而廣養。故曰總殖增也。此差負之最可歡迎者也。雖然自光緒八年美禁華工以來。前此有三十萬華人之美國。歲減一萬。更閱數年便減至盡。而澳洲南美洲檀島菲島古巴。相繼設禁。凡庸値稍昂之都會。不及十年。華人足跡。遂將全絕。所餘者則南洋羣島。其庸率與吾內地不相上下者也。夫南洋之實業家。其於祖國生計界全體。無甚影響。夫既言之矣。

庸率稍昂之諸地既盡絕則餘彼芸芸者所助幾何故自今以往此增長國殖之特別一途徑有日蹙無日紓此不待智者而決也加以甲午庚子兩度喪師以來賠款一項之所出幾於與彼工庸商贏之所入者全相消使非有外債及外人經營事業所投資本以爲抵壙則吾國總母財之涸固已久矣然生計學上之原理。固萬不許爾爾苟爾爾則於彼亦靡所利也。於是乎母財輸入之大勢遂滔滔而不能自已此非徒各國實業家之野心使然實生計學原理原則之所命令也吾今請更爲簡易直捷之一言。大抵自今以往吾國每年支出國外之總額合進口貨物之代價及賠款債息其他種種併計總不能下於五百兆之數此一定之斷案也支出國外者既有五百兆則從國外收入者亦不能下於五百兆此又一定之斷案雖我不求而彼固自致也但今所當研究者則此收入之五百兆其輸來也果從何塗是即我國民死活問題也夫海外之工庸商贏。則既已遞減矣。此後欲補此缺。則除是生產力驟進。一躍而振轉差負之貿易表使爲差正也。然此恐非十年二十年之日力所能奏功也。於是乎終不得不出於輸入母財與借入國債之兩途。外國母財輸入之爲利爲害其學理之關係甚複雜此屬於別問題今勿詳論但吾所敢豫言者則（其一）海外華僑庸贏之輸入與外人母財之輸入爲反比例也蓋每歲五百兆之收入既萬不可少設我出口貨物之代價爲二百兆其餘雜收入五十兆則尙餘二百五十兆爲華僑庸贏與外人母財兩者所分占苟今歲華僑庸贏占百二十兆者則外人母財占八十兆寖假而庸贏所占僅餘百兆則外資所占亦百兆寖假而庸贏僅餘八十兆則外資遂占百二十兆如是一方遞減一方遞增而彼遂將全勝也

（其二）外國母財之輸入與吾之貿易差額成正比例也生計學公例庸厚則贏薄庸薄則贏厚故挾母財以求贏者恒趨於庸薄之地若水就下歐美人之患過富而求業場於中國也勢使然也然其所投下之母財必非運載現金而來也彼疇昔在中國未能得經營實業之特別權利故販來外貨所得之代價只得還運土貨外出以取贏逮門戶開放之既實行舉全大陸爲彼族長袖善舞之地其外貨所獲之贏與其復販土貨出口不如竟在內地營業之利爲尤厚也又中國出口大宗大率皆原料品而製造品甚稀外人之販出此原料品以製成熟貨也大率銷於其本國者

若干焉還以銷於我國者若干焉將來內地之外資營業既日盛彼製熟貨以銷外國之原料視前此固無甚增減至其製熟貨以還銷中國之原料則出口必日以替矣夫以中國天產之饒而庸率之廉將來其製造品必有侵略全世界之一日此固識者所同認也但當初發軔之時則求銷費於此四萬萬人之大市場已覺應給不暇故吾以爲今後二十年間當爲中國製造品與外國製造品競爭於中國市場之時代二十年以後乃爲中國製造品與外國製造品競爭於世界市場之時代然則此二十年間外資愈進而貿易表之差負愈甚可斷言矣若夫外資與國權之關係。與全國人民生計之關係。吾將別著論之。

（此節未完）

極東問題之滿洲問題（續第四十八號）

觀雲

日俄之交涉

自國家之名立而世界之土地遂無不各有主權若是乎屬於某國主權下之土地而有戰爭則必主國與其一相對國之事不能離其主國固可知也而有協商亦必主國與其一相對國之事不能離其主國又可知也從未有他國與他國戰爭而問其事則曰爲某國主權下之土地則然他國與他國相協商而問其事則曰爲某國主權下之土地則然而主國且退而立於無事之地默而居於不言之位此寧非橫極八方豎及千古之大怪事而若滿洲問題之出現其有土地之主權者孰不知曰清國曰清國然

而因此而戰爭則無清國與其間焉而曰日俄因此而協商亦無清國與其間焉而曰日俄彼俄國何與於滿洲哉而俄國則曰爾不能保守我爲爾保守之而滿洲之事途有俄國而無清國彼日本又何與於滿洲哉而日本則曰爾不能恢復吾爲爾恢復之而滿洲之事又有日本而無清國是又不能盡責日俄之奪清國之主權也何則滿洲之安危非僅屬清國一國之安危而有關於歐亞之安危焉滿洲之强弱非僅屬清國一國之强弱又有關於黃白之强弱焉故爲二十世紀極東之一大事清國不能自存其土地俄國之進而占領之不能禁也清國不能自保其土地日本起而干涉之又不能責也而清國之昏於世變盲於事機對此嶽嶽長白之峰泫泫鴨綠之水不有靦於滿洲之山川而自喪其主人翁之資格非耶嗚呼清國既自喪其主人翁之資格於是乎論滿洲者不得不姑置有主權之清國於一旁而述日俄交涉之事

瓜分中國之戎首也自俄人之於滿洲始夫俄人東來固非一滿洲之可以制其慾然而列國環視各求均勢使滿洲盡折而入於俄而各國或起而與之相抗是固俄國之不利故其於滿洲之事占據也而力避占據之名吞幷也而盡掩吞幷之迹曰協約曰

租借曰歸還爲種種掩耳盜鈴惝怳迷離之辭俄豈猶顧慮淸國有所不敢而故爲此迂曲之計哉避列國之耳目冀免其猜忌而已而猶恐一國之力之不足以集事也遂合德法聯爲與國於隱約之中已相認互分其利益故方俄之日張其勢力於滿洲也法國若視爲與己無涉之事默不一言而惟於南中國伸長種種之權利若北海南寗鐵道雲南龍州鐵道雲南鐵道及以廣州灣瓊州島爲其勢力範圍之地而與其越南領土之聲勢相聯絡是則俄法之交已妥協而不相衝突者也至於德國則膠州灣一地本爲俄國所已經租借於淸國者而德國以山東有殺害其敎士之案突出而攫取之而俄國即默認其所爲藉口於租借旅順以代膠州之用而西伯利亞之鐵道遂得縱貫滿洲而俄國於滿洲之權力至此益臻圓滿而俄占旅大德占膠州已公然平分其勢力而互相承許故於一九〇〇年英德協商明言保全淸國之領土如此則滿洲一隅自必在淸領界限之內然德國之解釋此約文也謂滿洲在此界限之外欲以此買俄國之歡心雖英國甚反對德國之所主張而德國仍持其前說不變是則俄德之交亦已妥協而不相衝突者也至於英國固與德法二國之情形異非與俄相聯絡而寧

謂與俄相抵抗者。然亦求彼此權利之均等而止。故於一八九九年。英俄結鐵道協商之約。而於長城以北。英認俄國有敷設鐵道之權。不出而阻礙之。而俄亦認英國有揚子江流域有敷設鐵道之權。不出而阻礙之。而山海關牛莊之鐵道。以特別之契約成立。此英俄對抗而各互均其權力者。又當英國軍艦之入於旅順口也。俄告於英國曰。貴國軍艦之在旅順口。是無異自廣告其野心也。英外相沙士勃雷聞之。遂召還其軍艦。然當俄國之占領旅順大連灣也。沙士勃雷就其事而宣言曰。俄國欲租借一不凍之商港。以與其西伯利亞之鐵路相聯。我英國不挾異議於其間。惟欲占領於商業上屬無用。於軍事上居重要地位之旅順。則不在此例云云。蓋已隱露抵抗俄占旅順之意。然俄國則自辨別其主張曰。俄國爲艦隊之故。欲得一安全之軍港。故若但有大連灣而不得旅順口。則屬於無用云云。而英國即躍然租借與旅順對峙之威海衛。其租借之年分。與俄國租借旅順口同。俄國退出旅順。英國即退出威海衛。俄國一日不離旅順。英國即一日不離威海衛。此又英俄相抗而各互均其權力者。而兩雄睥睨。得免於衝突而不至決裂者。蓋亦以此之故。至於美國。雖一變其向日所保守之孟祿主義。

而以非律賓爲根據地有駸駸突貫於東亞而與列國各染其一指之意然美國之用進取主義也究以工業膨脹欲求吐洩之路故以開放門戶爲主其與俄國相爭執也亦在滿洲門戶之開放與否苟其在滿洲之商務不至杜絕亦不至傾其國力以相爭此俄美之交情雖不懽快而尙能相安於無事者也獨至日本其立國之形勢與滿韓若輔車之相依一旦滿韓之土而爲他人所有直不啻拊日本之背而有以制其生死之命故日本必賭其國力以爭之且也從日淸媾和之約日本得從溯鴨綠江水源自安平河口亘九連、鳳凰、秀岩、海城、營口以至遼河之河口橫切遼東之半島而收爲已有以俄德法三國干涉之故恃其强力之軍勢迫日本之還返侵地而俄即據而有之設再閱數年俄之勢力充足於滿洲進而控制朝鮮而旅順浦鹽兩軍港之海線相聯絡則日本直無固守之藩籬不免俛首而聽命於俄人故列國之與俄國或取協和平分主義或取對立均等主義或取開放實行主義而日本皆非其例滿洲之事遂以此直爲日俄根本上不可解決勢不兩立之問題

凡物之所以存立者莫不有恃乎力國之所以存立者亦然甲午之役其事端發生於

朝鮮。至戰爭終局。非獨淸國暴露其弱態。而其力不足以自存立已也。彼朝鮮者。脫淸國之藩籬。名爲獨立。夫獨立必恃乎其有獨立之力。彼朝鮮。其果有獨立之力與否。實則一不能存立之國焉耳。夫既不能存立。則必委爲他人之所爭奪。而日俄兩雄。遂各礪其鋒刄以爭雄長於八道山川之間。此在日本之與朝鮮。戰爭交好。其歷史之緜長。殆經二千餘年。而日本之勢力常强於朝鮮。故朝鮮之於日本。亦頗有歸附之迹焉。日本史稱自崇神天皇之代。任那始入貢。至豐臣秀吉文祿之役。朝鮮之地。又幾盡靡於日本兵威之下。彼其始祖成桂之始立也。制曰。對西無失禮。對東無失信。此所以保國體而李朝所以傳萬世之道也。其所謂西者。盖指中國而言。所謂東者。盖指日本而言。是則朝鮮當日已有犧牲玉帛待於兩境。惟强是從之意。而依附他人之宇下以自存立此固李氏之家法。雖日本之於朝鮮。或以用兵過於殺戮。至沾朝鮮之怨。朝鮮人至今。猶存憎惡日本人之心者以此。（豐臣秀吉伐韓之役日本軍在朝鮮任意刼掠發掘墳墓漢唐及印度傳來之文物爲之一空其歸也運糧船嫌船脚之尙輕至撤其城垣之巨石而載之以歸盖於諸物掠盡之後至於土石無不持歸者）雖然。彼朝鮮人固所有事大之根性者。視强力之所在。拜手稽首於其下。而仰其撫綏焉。不以爲恥事。而反以爲美德。觀於詠大同江水之詩。不啻載朝鮮人之性質以俱流（朝鮮古來詠大同江有名之詩其末句云沛然入海朝宗意正似吾王事大誠）日本固熟知朝鮮人者故仍主於用強硬之手段以爲此待朝鮮所當然方滿洲朝之祖興師撻伐朝鮮懾其兵威遂服屬於滿洲朝之下者蓋二百數十年至於黃海一役勝負既分而滿洲朝所布展於朝鮮之勢力其壓力頓輕日本遂欲進而代之而置朝鮮於卵翼之下以爲進取大陸之發足地者此固日本人之心也至於俄國欲樹東海之霸權滿洲既落其掌中而自滿洲所突出之朝鮮半島若不取而爲已有則滿洲之形勢不完而浦鹽旅順之交通線亦因而中斷夫俄國手長之外交而歷代以侵略人之土地爲政策者況當朝鮮之搖搖不能自立勢必盡委籍於他人之手而俄又既得滿洲昔人所謂既得隴必望蜀其迎勢而進必盡吞并朝鮮而後已者此又俄國人之心也夫日俄之於朝鮮也雖較其情勢。則日本在朝鮮之所有者。實遠出於俄國之上。如貿易額。日本查明治三十四年。輸出於朝鮮者。殆達一千一百四十萬圓。從朝鮮輸入者。亦出一千萬圓以上。而俄領與朝鮮之貿易。查明治卅二年。輸出入額。總不過二十萬圓內外。又前年日本在留朝鮮各地之人民。已出二萬六千人以上。而查前年俄國人之在朝鮮者。其數殆不滿百。又以地理言。則日本全國之與朝鮮。指呼相應。僅隔朝鮮海峽一葦之水。而俄之本國與朝鮮。既若風馬牛之不相及。其東方俄領之土地。亦僅隔豆滿江。與朝鮮之西北境。有尺壤之相接。雖然。俄國之開拓疆土也。尙不脫往古蠻野時代之性質。往往先以兵力占據之。而後徐徐爲布置之計。其關西伯利亞及中亞洲。蓋多有如是者。況乎朝鮮半島。爲東方之形勢所關。而又已設有採伐森林鑛山之大會社於朝鮮。固有大慾存者。故必不肯一步稍讓於日本。觀於甲午戰爭之後。日俄於朝鮮。已經三回之協商。即第一。於千九百九十六年。有京城之約。第二。於同年。有俄京之約。第三。於千九百九十八年。有東京之約。其間僅除一二項外。俄國皆欲與日本同立對等之地位。故自甲午戰爭以前。朝鮮爲清日相爭之一物。而自甲午戰爭以後。朝鮮即爲日俄相爭之一物。而滿洲問題。遂與朝鮮問題。合幷而爲日俄競爭之一大問題。而滿洲問題。無與於清國也。日俄間之交涉而已矣。朝鮮問題。亦無異於朝鮮也。日俄間之交涉而已矣。噫。

（未完）

中國今官制大弊宜改論

官制議篇六　明夷

中國地大人衆。皆過于英法德日奥意十倍。又道路不通。其至西藏伊犁以數月。即雲南爲內地。近江海。通輪亦須兩月。乃至其設官分職。而欲其呼應靈通。運動敏捷。事情昭晰。職業能擧。誠無術以致之也。脈管不通。故多敗血。敗血既多。故積成臃腫偏枯不仁之病。此古今所無如何者也。夫英法德日奥意諸國。全境四達。滊船鐵路。無有出二日之外者。此吾國一縣之境耳。而又分職繁詳如此。安得不治。吾今鐵路未成。以地之大十倍于各國如此。路之不通。百數十倍於各國如彼。而人數又繁密十倍如此。地方自治不擧又如彼。政府之設官分職。無論若何精詳繁密。要皆不足以運動振興之。如各國矣。英國屬地雖多。而其治法之疎。比于本國殆相反十倍也。蓋治屬地之法。除鎮亂理財而外。皆不及經營者也。至於本國尺地一民。則愛惜鄭重周到纖悉。靡所不至也。今中國之所以為治不過如各國之治其屬地。求鎮亂理財而已。則不愛其本國何其甚也。若其官職。大都疎濶閒冗。在政府百司之設。其為國民之職者。僅戶刑二部。握樞密之任者。惟軍機數人。外此則諸部只見紙冊。千官皆同閒人。疆吏則督撫專轄數千里。有同一國。州縣獨斷數百里。無一佐司。民無自治之權。則不能纖悉皆舉。政無中央之運。則不能操縱合宜。此不獨遠遜於歐美。亦大不若乎漢宋。考其原因。去鄉官。分六部。皆遠出周隋。分行省。用督撫。皆根因於元明。周以蘇綽泥古。今誤信劉歆六卿之説。元以混一全亞。故分劃數千里行政之區。然中間唐宋設司。尚多補救。明世用人。多不循資。至國朝則盡收歷朝之弊政。如六卿分職之疎。督撫專省之大。司道府層累冗隔之侈。鄉官裁撤之害。資格年勞抽籤之滯。捐納雜途之衆。科舉空疎之甚。兼有而病更加甚焉。而治此萬里莫大之國。四萬萬衆多之民。宜其一病不起。不能屈伸也。而以當各國細小精悍。全力交通之政。安得不大敗哉。今者累加以賠欵。民貧日甚。國病日深。不亟改革。病將難救。而變政之事。下手必從官制。始官制有三。一曰為民。一曰為國一日國與民之交關不從民起則國無基無基者雖高而必覆不從國民交關處變則脈不通不通者雖美而不行不從國之全局整頓則體不備體不備謂之不成人國制不備謂之不成國也爲民制者莫如公民自治爲國與民交關制者莫如析疆增吏爲國制者莫若多設分職中央集權因今大地之勢對于中國之策雖有聖者不能易此矣三者舉一失 皆不能治先此後彼亦不能行于三者之中其尤要之旨則爲民莫如地方自治爲國莫如中央集權矣

中國既地大人衆。物產繁多。十倍於英法德日與意。而道里不通。且百倍之。則其分職設司。必不能如英法德與意日之簡。不待言矣。古者九官六卿。亦不過爲千里之王畿立制豈爲萬里四萬萬人之大中國立制哉故今者變法古無可依各國無可法者也且各國皆行立憲之定法有政黨之相攻有憲法之相維各有權限而不能相侵故小官下吏皆得自舉其職而不憂壓制有對黨則彼此互攻日窺瑕隙而不敢少失故必揀職慎選俾不致於乏才而因致頹敗此各國分職設部之所以不必繁多也中國未立憲法未定權限大官必侵下權屬吏罕能行志故設一總督則巡撫無權不論司道而全省之人才同歸于一督之意見而已設一莞部則尙書無權何論侍郎而全部之人才同歸於一莞部之意見而已故中國雖有百司千官實不過軍機數人督撫二十餘人而已又資格久定堂屬太分郎官在古既爲華選司道於昔實居方面而今此不得進見不許上摺等于末僚有同冗秩故當今中國能達于上者有權不能達于上者無權則當官不能舉國家等于無官而其爲軍機督撫二十餘人久歷大位而不暇問學不知中國之舊學更不識歐美之新法加以累資乃至耄老而荒而以叢雜之大政乘疲斃之精神故望案牘而心驚見陳書而生畏望才士而先謝聞立事而先疑安于叢脞而畏于率作實不得已也而國家又兼差任之以一七八十老人而柄國家大政之數職內政外交理財整兵皆歸其手日不暇給神不及經即使忠賢亦惟有糊塗誤敗覆餗而已試審其致病之由則所以醫藥之方即在此矣

若夫大權不集皆分于外欲運動而不能欲振發而不可猶夫癈疾之人其國殆可知矣夫立國之道兵食爲先而財政兵政皆散在各省如何籌餉如何練兵如何開製造局如何開軍械局如何開銀行如何鑄錢幣一皆聽各省督撫之各自爲謀爲者聽之

不爲者亦聽之故江寧創自强軍湖北有愷字營護軍營直隸因袁軍之舊而增軍政司之萬人凡此三者皆純用德日之兵制而各省則皆無也又如各省時添營練勇或如廣西則除蘇軍外內地防勇寥寥數營而朝廷皆不恤也兵部除綠營之外各省勇數且不能知若一旦有警各省皆自顧彊宇不能恤人其所責成唯本省督撫於是被警之地大吏慮戰備之不足乞助兵於他省乞軍械於他省乞協餉於他省有若借兵異國乞糴鄰邦而隔省督撫或坐視不恤或婉言辭謝不謂本省不足無從爰助甚且攻劾譏笑騰之書奏至不得已請旨嚴飭鄰省立助軍械協以餉需則各自陳奏兵械無多餉需告竭實不能助即有嚴旨申飭亦不過循例遣員帶兵至境或薄資數萬旋即中止自非其師弟姻親交義至篤者罕聞有鄰省助兵助餉之事上觀咸同軍興諸帥書函奏牘下觀近者兵興省分其乞助兵餉者書札之哀懇奏疏之嚴厲旨意之峻切可見其概矣故曾文正之以欽差駐江西而巡撫不肯饋餉曾文正令郭嵩燾撫粵籌其軍餉左文襄督師入粵郭不助左餉左至劾罷之又曾文正督兩江荐沈文肅撫江西而曾取江西釐金沈自奪之至與曾互劾曾文正之言左沈至謂同室起夫戈

矛石交化爲豺虎。皆因爭餉之故。其各擔各得自顧恐後之情。眞令人怪歎詫異。而事勢實情如此。雖以聖人處其地位。亦無如何也。惟胡文忠以湖北兵餉分借鄰省而出攻安徽。當時論者謂督撫出兵助鄰省規大局。自胡始。歎爲盛事。如春秋美齊桓之封衞救邢焉。蓋督撫以守土爲專。疆土以外。非其責任。即非其所顧。天下大局。非其所預也。夫就一私人之才志而論。吾不能不歎美胡文忠之恢宏忠義。爲今之齊桓。然就天下大計言之。則失政不綱。至羣帥爭餉。可笑已甚也。故庚子之禍。徵兵勤王。而觀望不前。多寡不一。徵論當八國之强敵。而此十八小國之援師。素無統馭。勇怯不一。槍械異式。何以爲戰乎。夫以宋時兵力之弱。而百二十餘萬人之禁軍。九十三將之帥臣。猶統於朝廷。而不隸于州郡。別有糧料院以給軍。即南渡張韓劉岳及張浚吳玠。亦皆統禁旅而出師。每一命將。輒遣大臣駐軍。爲措置財用。以給軍糧。各省雖爲分治。然有分土而無分民。皆中國之財也。一督撫安得自私之。咸同之際。諸帥爭餉爭兵。不相顧恤如此。幸而忠義之說。積於人心。洪秀全內亂。得乘其敗耳。不然。其成功亦難矣哉。是故聽督撫自專兵財。彼以辛苦經營自衞之物。必不肯出以助人之功名。乃自然之勢也。即如廣西久亂。豈聞張之洞袁世凱劉坤一肯以其精兵利器助之乎。如使皆爲國家之兵。則陸軍及軍機處朝發一符。夕已平亂久矣。觀鉅鹿廣宗之立滅。可見其概。此各省有兵無兵之別。而卽中央不集權之失也。苟非糜爛已甚。大局震動。特派大帥統兵。則無有鄰兵入境之事。其失謬可笑爲何如哉。且夫各省督撫之自爲鍊兵。非易易也。張之洞之鍊勇不及二萬。而其所以籌欵負累至三百餘萬。又以湖北自備外國之債。自開富鑛之賭。苦心負謗。乃僅得之。蓋將以自衞而已。豈肯分以與人哉。故督撫卽能鍊兵者。亦不過自衞。不能如德法之戰。盡出之以濟國家之急也。則國家何利焉。往事亦可鑒矣。故其籌餉也。廣東自行臺炮經費。各行釐捐。而他省不與焉。江楚浙粵自行房捐。而他省不與焉。湖北廣東自行賭稅。而各省不與焉。湖北自開鐵冶織布。而各省不與焉。直隸山東廈門江西自開銀行。而各省不與焉。其他江楚山東興學。而各省坐視焉。凡此者皆視其督撫之好尙。一國中政體。各省皆互異。同政府如教皇然。但高高在上。一聽各國之自爲政。求不悖吾名分。若不悖教而已。夫方今歐美各國。無論强弱大小治亂。而無不中央集權。舉兵財二者統之於政府矣。而吾國分張散漫失紀如此。其何立於競爭之世哉雖然、中國土地遼曠道路隔絕如此而欲言集權談何容易政府大臣欲以一人運動之但以兵言如何而能知天下將帥之才如何而能知天下餉糈兵額虛實之數如何而能察天下軍械利鈍良窳存亡之實以今日一督撫厲精圖治稽察一省亦已良難況夫二十餘倍于一省之地乎欲大集而閱之則道遠數月不能至徒費無益不大集而較鍊亦何以合吾軍而知其優劣振其氣識乎即以籌餉言二十餘省各地肥瘠逈異錢帛度量不同出產逈殊欲如各國一以稅之萬不可行其工商製造貿易舟車之情亦處處大異情弊深潤有如山海欲以一人鈎稽而得其當此更萬難矣其山林漁產獸獵之博深浩大亦難以一人博綜之若學堂之得失教習之可否學生之才智學業亦皆難以一人稽核之況鐵路未通故吾各部之大臣必皆有數十倍於英法德日奧意各部大臣之才而後可也不然、則雖欲集權徒更叢脞而已且今各部大臣之才豈有以異于各省督撫者哉其循資格積年動自詩賦八股端楷而至者皆是也求如一二督撫之剔歷中外閱歷尙深辦事尙熟者蓋多不如矣然則是數部大臣使誰爲之將使京中故舊大臣爲之則既如是矣將拔督撫爲之則彼不能勝一省之任況於二十餘省之任哉故在中國之大言集權難在鐵路未開之時爲尤難雖然豈得已哉若使治法全舉大綱小紀次第並布先有地方自治以爲之基使纖悉皆悉又有各種政會學會多人以講求日明鐵路電信郵政急急爲之開通而政府部長各選才臣以分督其職則於萬難爲之中亦有若網在綱有條而不紊之美必勝于今之散漫分張若有若無之政體也鑒斯二者爲之增置職司集權中央亦有道矣

（完）

治政

粵漢鐵路交涉之警聞（飲冰）

粵漢鐵路交涉。可稱今年外交界一大事。

此事對外交涉爲中國與美國之交涉而在美國黑幕之後者有比利時之交涉在比利時黑幕之後者有俄法兩國之交涉

其對內交涉則湘紳與湘官之交涉湘官與鄂官粵官之交涉湘粵鄂官與鐵路大臣之交涉鐵路大臣與中央政府之交涉中央政府與湘粵鄂官紳之交涉

粵漢鐵路之歷史　光緒廿三年五月。比利時公司之代表人盧比爾由北京往漢口。比利時者實俄法同盟之傀儡全地球所同認也。彼既得蘆漢鐵路之敷設權。遂欲更擴張之。由漢口經廣東以接續安南邊境其北路則經張家口到北京以接俄國西伯利支線以通俄法兩國之勢力範圍使相連絡所謂司馬昭之心。路人皆見者也。其計畫未成。而翌年（二十四年）有美國人創設華美合興公司承辦粵漢線之議。其時比利時公司之代表人。謀所以妨害之者。不遺餘力。及中國政府借用美資之意嚮既定。於是比公司於表面上不能容喙。然冥冥中所運手段一日未嘗息也。

華美合興公司之成立　光緒十四年。美國大資本家布黎士始倡設合興公司。其目的專欲輸入母財於中國。而因以間接握政治上之權力。其公司初起。凡爲五十五股。其股東皆美國著名之資本家財政家也。當時以我公使伍廷芳之斡旋。遂得粵漢鐵路之敷設權。隨即派工程師巴遜測量線路。估算工費。測算畢。乃知前此所豫算之額。所缺實多。（原額四百萬磅）乃更與中國政府協議。將修正原約。二十五年夏。派美國著名法律家圭黎氏至中國。與督辦盛宣懷提議茲事。

俄法比三國之抗議　比法兩國。覩茲隙之可乘也。乃出種種手段以防害之。比公司代表人。屢向盛氏爲種種要求。而上海之法國領事抗議尤力。駐北京俄公使亦協助之。蓋彼等詗知合興公司中多有英國股份也。乃抗言曰。『若中國政府查有英人投資本於粵漢鐵路者而默許之則是中國政府欺萬國也云云」以茲阻力故雖有圭氏之才與中美兩國政府之助而遷延遷延亘於數月直至其年（二十五年）臘月而新契約始漸就緒。

俄法比之陰謀及美國之被賣　圭黎之交涉其被障害者數月至廿六年之末忽極順適俄法之反對運動戛然中止而新契約遂以成立時美國當局者謂由堅持之所致而俄法比殆知難而退也庸詎知彼等見夫直接之運動勞而少功也乃一改方針不爲政治上正面攻擊而爲生計上側面攻擊棄其北京上海之運動而一移之於紐約嗚呼爲鬼爲蜮則不可測俄法之外交政略眞可畏眞可畏

方圭黎之正與盛宣懷交涉也而美國之一有力之運動家何域查將軍者（即現任合興公司之總辦）受比利時公司之嗾使設法買收粵漢公司股份其時比利時公司方受國王特別保護以前戶部大臣倭爾的爲首長刻意欲求得粵漢鐵路之管理權而機會適與之相應即合興公司之發起人上議院議員布黎士恰以其時溘然長逝該公司忽失主動力而其年（廿七年）一二三月間義和團亂機已動人心惶惑淺識者流惴惴然以投資中國爲

懼。何域查利用此機凡所布畫著著奏功矣

華美合興公司主權之遷移　圭黎氏由上海返紐約。旋向該公司理事會報告交涉之成績。且議將來計畫之方針。不圖何域查氏已代表比利時公司所新買之股票爲理事會之一員圭黎氏覩此事實錯愕萬狀。乃提議定一期限禁股東將股票出賣且欲出賣者必須經理事會之承認而議竟不行而何域查之爲比利時公司効死力者。且汲汲未有已。

圭黎與盛宣懷訂言。謂此草案既經兩造之承認。則其畫押之全權。當委諸駐美公使伍廷芳以速爲妙。乃盛氏設種種口實遷延時日久不畫押論者謂盛氏實亦比利時傀儡之一人云自廿六年十二月。圭黎電促盛氏者不下十數次。直至廿七年六月北京政府始電告伍使畫押而此數月間比利時人在紐約收買粵漢鐵路股份日增一日至西歷五月開理事會而比黨之股已占過半投票得二十二票之多數此新契約中雖增一特條謂「此權利不得讓與他國人」然既無及矣。

自玆以往。比利時股份。益占大多數。而何域查遂被選爲公司總辦華美合興公司之

主權非直中國人不能過問即美國人亦不能過問矣噫異哉

第二之蘆漢鐵路　今年以來比利時公司始實行其種種方略前此駐華之公司總辦退出上海總工程師巴遜亦辭職理事會員全權在比黨手中其行動一依蘆漢之成案自玆以往而俄法在中國南部之勢力範圍定矣

中國對待之方略如何　今玆以湖南官紳之發議謂其違反廿七年六月新約中所謂「權利不許讓與他國」之一條乃爲廢約贖路之議而合興公司提出種種難題以相抵抗據兩月內各報紙所記載則盛宣懷電致外部之辦法其最要者如下（凡六條錄一、二、五）

（一）合興公司已提出小票五百五十四萬圓（美金）既認定廢約則由湘省或戶部預籌欵項以備贖回提出抵借之小票

（二）愼訪美國或他國著名律師將案情研究以備美公司興訟

（五）廢約卽須停工資遣美國工匠百餘名回國如不得直預備賠償各欵

今者此案交涉正最轇轕之時其結局若何雖有智者不敢云能善其後也但今日我

輩所宜熟知者則美公司之主權已不在美人而在比人且不在比人而在俄法也此次之交涉非美人作難而比人作難非比人作難而俄法作難也更質言之則非資本問題而政治問題也嗚呼我政府何以待之我國民何以待之

今日我即有此資本而約之能廢與否已將費萬牛千象之力而即此區區資本之一問題所謂美金五百五十餘萬者已合墨銀將千萬圓吾政府果有此力耶吾湘粵鄂之民果有此力耶張空拳以圖抵抗烏在其能濟矣嗚呼此則其遠因甚複雜吾語及此而更無一辭之能贅矣嗚呼慟哉

俄國虛無黨之大活動（飲冰）

俄國芬蘭總督波布里哥夫死後四十日（西歷七月廿九日 華歷六月十七日）其內務大臣布黎威被刺之快報復聞於吾前

布黎威之殺芬蘭人殺之也先是芬蘭人布告檄文其末二語云殺波布里哥夫殺布黎威檄文出現後二十日而波布里哥夫死更兩月而布黎威死壯哉芬蘭人快哉虛無黨

布黎威者俄羅斯專制政治之中心也前皇亞歷山大第二被刺後任警察總監出全力以搜捕黨人使全國戰栗者布黎威也

未幾任芬蘭事務長官運種種手段以剝奪芬蘭人之自由使芬蘭失獨立之國會者布黎威也

繼西巴京之後任內務大臣益磨牙吮血專行其志去春虐殺猶太人事件主持之者布黎威也

與歷山大公比梭布拉梭夫等相結託主持日俄開戰論者布黎威也

布黎威者全俄之公敵也全世界人道之公敵也以二十年人民之怨毒一旦去之俄民之愉快何如以二十年頑黨所倚賴一旦失之俄廷之恐怖何如

西巴京之骨未寒布黎威隨之至是而俄國內務大臣死於虛無者四矣專制政治家之末路可怖專制政治家之末路可憐

述湖南之女子教育（鐵公）

女子教育者教育之母也欲興大學必興女學欲興中學必興女學欲興小學必興女

學欲興幼稚園必興女學何也。敎育之階級使然也無女學則無家庭敎育又無保姆無保姆則不能設幼稚園無幼稚園則不能入小學無小學則不能入中學無中學則不能入大學是故女子者全國生命之機關也女學者全國敎育之機關也女子强則種强女學興則國興然則不可一日無此君也無疑近年以往有湖廣（湖北廣東）之官立女學有上海之私立女學（務本愛國）然官立率皆腐敗私立則多迷信（皆女敎士所設）苟求不坐是二弊者其惟湖南乎吾請語湖南之女子敎育

第一女學校者湖南女學之先聲也係志士所公立建築在城內南門正街第一年級學科分修身作文歷史地理生理算學裁縫刺繡體操等數門。後二年級加外國文家政音樂等門。學額現已有八十餘人列爲三班監督二人爲善化許黄蘅及善化潘俞蕙二女史。第一漢學家也熱心敎育家也下田歌子之流亞也辦事得人敎授又善故生徒成蹟亦嘉長沙陳德祉女士。湘潭胡懿瓊女士。生徒中之最錚錚者也吾詳述其爲人以代表全校陳女士名學紫係前敬業學堂倫理敎習陳保彝之女。尤長于文學胡女士名益羣係明德學堂特別監督胡元倓（前速成師範卒業生湖南有名之敎育家）之姪。尤工于武備二女

士既有虛無大志又富革命思潮誠爲女界罕見之人物吾常語人曰。改革中國之前途必不在于口頭禪革命之倫而在于吾儕所親愛之二億同胞中之最少數之女學生也至今日益自信其確矣更寄語二女士當此血風肉雨之際優勝劣敗之時毋踐惡習宜忍小忿振起女子教育鼓吹二億同胞喚醒脂粉巾幗擴張英雌主義斯責任也是在女士且無任他人先作羅蘭也則二萬萬女同胞亦幸甚矣

繼起者有常德之西路女學校今年正月開學時生徒即二十餘人即常德府朱太尊私立第七小學所改造者也昔美利堅大統領盧斯福演說。謂欲見純粹之亞美利加人請視格蘭德吾今易之曰。欲見純粹之西路女學生請視朱□□女士朱女士者西路女學生之代表而太尊之猶子也思想既超越于羣學識亦獨出乎衆此校分英文東文理化等科與第一女學校略同。學制則稍自由然學生能自治女士亦儼然爲學長以領班自任既通西國言語文字復長于本國漢文試驗漢文時曾作有家庭教育論通篇尤三注意于母教二字句節之間極力發揮教育原理暢言已志實獲我心令人誦之不忍釋手甚至過屠門而不知肉食之美其感動于人之心也深矣誠他日教界

文壇演活劇之健將也吾喜無量

次于二校則有淑慎女學校建築在千壽寺即第一女學校發祥地也係李□□女史所私立女史年猶不過二十初度富資本自爲監督前上海道李光久之媳也學科與二校大同小異分爲三班以漢文漢學爲準漢文最優者爲甲班漢文清通者爲乙班丙班雖貧民女子亦可入英文教習曾文正公之族女也現年僅十有二英雄之澤數世未斬信矣夫

城市之中極易發達鄉野之區極難開化男學尙不易設立而況女學哉有之請自清泰都影珠山之影珠學校內之女學始故斯校也不知經幾何之歲月幾何之經營而成一人造的之女學校非自然的之女學校也然則用腦力最多者誰乎曰陳女士之父陳保彝是也是校用美國男女同學制度女子頗有尙武精神長沙余篤慶女士本清泰都人也文子長之文志羅蘭之志今年由第一女學校轉往該學校肄業于是該校名益振于鄉野

述者曰吾述湖南之女子教育畢矣但上所列者不過舉其最著者而已其後踵起尙

有已成之瀏陽女學、未成之湘鄉女學、將成之湘潭女學等。吾祝其更欲有勝前者數倍則湖南益幸矣。湖南女學生留日本者僅有陳擷芬及鄭家佩二人而已。今復聞有私費女學生數人（即李光久孫女李女士石娥等數人）將往日本。女留學生愈多卒業而歸辦女學女學必益完全故吾祝女留學生較前往者數多數倍則湖南益幸矣雖然湖南山國也上海澤地也然湖南女子教育反較多較完全于上海先進爲野人後進爲君子湘諺有之後來居上故吾更欲祝其他各省較勝湖南者數倍則支那益幸矣則支那益幸矣

國聞雜評

飲冰室讀書錄

墨子之論理學（續第五十號）

墨子一書。全體皆應用論理學。爲精密之組織。前所臚舉兼愛說。其稍繁重者也。自餘諸義。亦罔不用之。若悉舉之。則全書皆是。今擇其要者論列一二。

(乙)天志說之原本於論理者 所述皆天志上中下三篇原文。下仿此。

大前提……天下有義則生無義則死有義則富無義則貧有義則治無義則亂

小前提……然則天欲其生而惡其死欲其富而惡其貧欲其治而惡其亂

斷　案……此我所以知天欲義而惡不義也

大前提……義必從貴者知者出

小前提……然則孰爲貴孰爲知曰天爲貴天爲知而已

斷　案……然則義果自天出矣

大前提……
小前提……天子爲善天能賞之天子爲暴天能罰之吾未見天之祈福於天子也
斷　案……此吾所以知天之貴且知於天子矣

以上所列三條其第一第二條三段具備其式甚明若第三條則兩前提僅有其一讀者或疑焉不知論理學上本有省段之法如云「我心匪石不可轉也」是其言外含有「凡石皆可轉」之一大前提也又如云「地球者行星也何以故以凡繞日者皆行星故」是其言外含有「地球者繞日者也」之一小前提也以人人共明之理故遂省之其實則三段法未嘗缺一也如此文第三條所舉則將「凡貴且知者乃能賞罰人」之大前提省卻者也

斷　案……不爲天之所欲而爲天之所不欲則天亦且不爲人之所欲而爲人之所不欲矣（烏從知之）
大前提……今國君諸侯之有四境之內也夫豈欲其臣民之相爲不利哉今若處大國則攻小國處大家則亂小家欲以此求賞譽終不可得而誅罰必至矣
小前提……夫天之有天下也將無以異此

此倒裝三段式也其式雖異其例甚明

(丙)非攻說之原本於論理者

大前提……苟虧人愈多者其不仁茲甚罪益厚天下之君子皆知而非之謂之不義

小前提……今至大爲攻國(則其虧人最多矣)

斷　案……則弗知之從而譽之謂之義此何謂知義與不義之別乎

墨子以爲如論者所言。則其論式當云。「殺人愈多者其不義愈甚也。攻國者殺人最多者也。故攻國者義也。」此其不合於論理甚明白也。故墨子譬之曰。『有人於此。少見黑曰黑。多見黑曰白。則此人不知白黑之辯矣。』(非攻上)此皆據論理以破迷顯正者也。

(丁)節用節葬說之原本於論理者(闕)

(戊)非樂說之原本於論理者(闕)

(已)非命說之原本於論理者(闕)

(庚)尚賢尚同說之原本於論理者(闕)

(辛)明鬼說之原本於論理者(闕)

(著者案)以上各義。紬繹原書。無一不以論理爲樹義之原。但臚列之。則複沓無味。且占篇幅。學者可以擧一反三矣。

四　歸納法之論理學

欲言墨子之歸納論理學。不可不先明此學之性質。泰西之論理學。遠導源於希臘之亞里士多德。而其歸納派論理學。則近發軔於英國之倍根。自歸納派興。而前此舊派。以演繹派之名別之。歸納法與演繹法之相異安在。演繹法者據總以推分。歸納法者由分以求總。今舉其例。如云

凡繞日者皆行星也。

地球繞日者也。

故地球行星也。

此演繹法也。如云

金星者行星也。繞日者也。

木水火土星乃至天王海王星皆行星也。繞日者也。

今地球亦與彼七星全同一現象也。

故地球亦行星也。繞日者也。

此歸納法也。倍根以爲演繹法之三段式不過語言文字之法耳。既尋得眞理而敘述

之則大適於用若欲由此以考察眞理之所存未見其當也是以特創歸納法如吾心中欲提示一原理未敢遽自信也乃即凡事物諸現象中分別其常現之象及偶現之象而求其所以然之故反覆試驗參伍錯綜積之既久則能因甲知乙必見有一現象與他現象常相伴而不可離者（參觀本報第一號近世文明初祖二大家之學說）夫然後定理出焉若此者實論理學界一大革命而近世歐美學者所羣推爲不朽之業者也質而言之則歸納法者先求得確實之大前提然後由之以得確實之斷案而已譬如「凡人皆必死。（大前提）我亦人也。（小前提）故我亦必死、（斷案）」此演繹法之毫無可疑盡人能解者也。雖然若使「凡人皆必死」之大前提有絲毫不確實則「故我亦必死」之一斷案亦將不確實寖假有人焉以特別試驗而見有若干少數不死之人則安知我不在彼少數者之內也故倍根以爲此種論法導人於武斷之途者也今以歸納法研究之而見夫墨子死也孔子死也孟子荀卿死也宋牼禽滑釐死也亞里士多德倍根死也乃至往古來今之人無一不死也於是而凡人必死之一前提乃爲鐵案而不可移而故我必死之一斷案亦可以自信此其術之所以爲進步也（如凡人必死之前提。其事理至淺。絲毫無容疑義者。雖不用歸納法焉可也。但天下事理往往非如此之簡直而易解也如）

韓愈云「民者出粟米麻絲作器皿通貨財以事其上者也」以是爲大前提故悍然下斷案曰「不如是則誅」使其前提而不誤也則凡民之自主張其權利以要求於其上者皆誅焉可也而無如彼歸納法層層駁詰則其前提不復能持之成理故其斷案之謬妄亦更不待辯也中國人所以不能發明新理而往往爲疑似謬悖之俗說所蒙蔽者則歸納論理學不發達實尸其咎如中西醫說皆以天動地靜爲前提而因以爲斷案及歌白尼氏起見金星之繞日而動也復頻數試驗之而見土木水火諸星皆繞日而動也更頻數試驗之見地球與彼諸星之諸現象無一不相同也因定爲行星必繞日而動之一前提而因以求得地球亦繞日而動之一斷案凡此皆歸納論理法也即一以例他而知此學與文明進步之關係誠重且鉅矣故演繹法只能推論其所已知之理而歸納法專以研窮其所未知之理倍根氏所以獨荷近世文明初祖之名譽者皆以此也而數百年來全世界種種學術之進步亦罔不賴之而烏知我祖國二千年前有專提倡此論法以自張其軍者則子墨子其人也

今請言墨子之歸納論理學。

（非命上）故言必有三表何謂三表子墨子言曰有本之者有原之者有用之者於何本之上本之於古者聖王之事於何原之下原察百姓耳目之實於何用之發以爲刑政觀其中國家百姓人民之利此所謂言有三表也。

（非命中）子墨子言曰凡出言談由文學之爲道也則不可不先立儀法若言而無儀譬猶立朝夕於員鈞之

上也則雖有巧工必不能得正焉然今天下之情僞未可得而識也故使言有三法三法者何也有本之者有原之者有用之者於其本之也考之天鬼之志聖王之事於其原之也徵以先王之書用之奈何發而爲刑政（非命下）是故言有三法何謂三法有考之者有原之者有用之者惡乎考之考先聖大王之事惡乎原之察衆之耳目之情惡乎用之發而爲政乎國察萬民而觀之

此墨子書中言論理學最明顯之處也其所謂先立儀法儀法者即西文Logic之義也Logic兼論與學之兩義其解說詳嚴譯名學引論第二葉 今槩括其所謂三表三法者如下

第一法 { 甲……考之於天鬼之志
　　　　 乙……本之於先聖大王之事

第二法 { 甲……下察諸衆人耳目之情實
　　　　 乙……又徵以先王之書

第三法 ……發而爲刑政以觀其是否能中國家人民之利

右三法中其第一法之甲第二法之乙皆屬於演繹派其第一法之乙第二法之甲與第三法皆所謂歸納派論法也是故墨子每樹一義明一理終未嘗憑一己之私臆以

爲武斷也必繁稱博引先定前提然後下其斷案又其前提亦未始妄定必用其所謂三表三法者一一研究之而求其眞理之所存若偏舉之則全書五十七篇中無一語非是也今避繁衍不復臚引學者一繙原籍當信余言之非阿好焉矣

墨子以純用歸納論法故故以歷史學及物理學爲一切學說之根原經上、經下、經說上、經說下、大取、小取、諸篇皆言物理學今雖不能盡索解然其擘精之處有不可誣者近世學者固往往以西人科學比附而證明之矣至其歷史學則無一篇不徵引墨子、出游載書五車蓋爲此也夫物理科學爲近兩世紀文明進步之大原盡人所能知矣而自十九世紀下半期以來凡一切政治法律生計社會諸學科無不由「理論的」而趨於「歷史的」凡以歸納論理學之日以光大也而吾東方之倍根已生於二千年以前我學界顧熟視無睹焉是則可慨也已

抑吾更有一言吾今茲所論列者墨子之論理學耳至其應用彼之論理學以立種種之前提斷案吾非敢謂其盡當也但天下之事理無窮歸納法之應用更無盡此終非以一人數十寒暑之力所能悉究之也明矣此則何足以輕重於我墨子

晉書魯勝傳言勝有墨子注。其自叙云。

名者所以別同異。明是非。道義之門。政化之準繩也。孔子曰。必也正名。名不正則事不成。墨子著書。作辯經以正名本。惠施公孫龍祖述其學。以正名顯於世。孟子非墨子。其辯言正辭則與墨同。荀卿莊周等皆非毀名家。而不能易其論也。(中畧)自鄧析至秦時名家者流。世有篇籍。率頗難知。後學莫復傳習。於今五百餘歲。遂亡絕。墨辯有上下經。經各有說。凡四篇。與其書衆篇連第。故獨存。今引說就經。各附其章。疑者闕之。又采諸衆雜集為名學二篇。略解指歸。(下略)

嗚呼。以全世界論理學一大祖師。而二千年來。莫或知之。莫或述之。若魯勝者。其亦空谷足音也已。惜其所注。今亦已亡。(史復稱魯勝精天算殆亦一好學深思之士也)無以助我張目。吾草此篇。恨不能起其人於九原而共討之也。顧吾草此篇。吾自信未嘗有所絲豪緣飾附會以誣我先聖墨子。語附以誓證。

(完)

談叢

美人手

香葉閣鳳仙女史譯述

第十四回　約幽會保姆遞情書　避疑嫌表兄拆封面

話說瑪琪拖亞的意見本來有點子信不過美治阿士的疑心。所以此次勸導阿霞那。總不肯將就說一句美治阿士是無罪的。阿霞那聽了瑪琪拖亞之言。他的心事。以爲美治阿十原與瑪琪拖亞是個交情最密的朋友。如今也不肯袒護一句。便覺得沒有指望了。正在垂着頭暗自叫苦。忽見那邊門口有一個人走進來。在那裡招手叫他。擧眼看時。乃是他的保姆。因此霞那立起身踱過來問他何事。只見他鬼鬼祟祟向四邊張了一張。半遮半掩。把身障着。從袖子裡拿出一封書子來。遞與阿霞那。便默然退了出去。霞那接着。把封面一看。仍舊走回瑪琪拖亞跟前坐着。說道。現今美治阿士有一封書子寄到這裡來呢。瑪琪拖亞吃驚道。果眞的麼。然則美治阿士此時還不曾到外國去呢。霞那道。照此看來。或者不曾離法國也未可定。但此書子不知說的是甚麼事現時沒有人在你替我把書子開了念念着。瑪琪拖亞道。這又怎麼解呢。他寄給你。不應該我替你拆封。不如你自己開了讀罷。霞那道。其中寫的不知是甚麼。倘若美治阿士。果然是犯了罪。如今悶心難過。特地寫封書來向我面前認錯。叫我對着這樣的書子。心裡怎麼苦得過。不如你先替我讀了罷。如果是沒有寫甚麼意外的事。你讀完再交給我看便是。若萬一果犯了出我意料之外的醜事。求你快些同我拿去燒了。這個主意。我交給與哥哥你。如果你燒了。我就當他是個有罪的人。從今以後。也就絕了念頭便是了。說着。便把這書子。原封放在琪瑪拖亞手邊。也不等待瑪琪拖亞開讀。便立起身來。向自己的睡房進去了。看官。你想這樣光明磊落的女子。怎不令人愛敬呢。無怪他後來得如此好結果。致令英雄豪傑。竭盡心力。拚命也要替他成全。我譯書的人也不能不要留意替他加足幾筆。大凡男女有眞情愛。然後世間有完全夫婦。此事極於人類進化大有關係。世人不明這個道理。以爲男女婚姻隨意可合不問兩人質性如何硬自作主把一生最歡樂的人道弄成個苦惱世界來實屬誤人不淺近日世界上開了自由結婚的例本來是極文明的理想但此事也要仔細若沒有文明的見識一味自由不特誤了終身受旁觀者指摘就是本人自己也覺得純乎是個私意不敢坦然告人因此把情愛二字便弄得糊裏糊塗成個不好的字眼了豈不可歎如今閒話且休煩絮再把本書的正文說來。却說霞那進去之後，獨剩瑪琪拖亞一人在廳上坐着自己綢綢想道。這個小妮子。心地如此光明。也算難得。但我想我也是個光明正大的男子漢。怎好代拆人家私書。我雖與他是同輩表親。事避嫌疑。亦不應胡亂接受。況此是個男女言情之書其中愛戀相思定有許多秘密之語俗語有說私拆家書應罰入泥犁地獄事雖未必但丈夫做事究竟不可自欺屋漏究不如仍舊把原書給還他爲是繼又想道我不代他一閱照舊還他他再不能轉托別人不得不要自己拆封萬一於中果是認罪懺悔之書豈不是白白的要把霞那氣煞了麼今晚他既一番心意坦懷把這事交托我不如姑且代他一閱倘或果是犯罪的供狀此中原委或者又與那美人手的事件大有牽涉豈不是一起而二得麼不錯不錯且照這個主意大

小說　四

着胆子。只管拆開看看罷。想定了主意。遂拿起這封書來。顫危危的把封面剔開。把書子拔了出來。打開一看。上面寫道。

出亡人美治阿士拜書奉達

霞那小姐妝次。僕自蒙恩見愛。許訂情交。自問此浮世心魂已全寄攝在小姐身上。初以為結此愛念維海枯石爛兩情無有變更。不意前承尊君示言。小姐近日體順親心忽已改變初志。小姐見棄余復何望。從此後世上一切繁華幸福均非我有。功名生命均非我欲。茫茫宇宙側身無所。行將蹈東海入窮谷。謝絕塵世。不復再覩天日以待此餘生自盡已矣。為此之故中心懊悶。竟夕不寐。自念此生已成廢殘。尚有何顏再留法國。因此次日侵晨即附早車遠竄。繼而念雙親塋墓冷落故鄉孤露煢煢。問心難過。因而折回「布理他尼」掃松楸落葉。今又順道再到此巴黎斯城。頃者午間於某寺院門前得與令保姆相遇。嗟嗟春蠶自縛之絲未能斷絕。每有所觸胸中熱潮噴湧。不能自息。因就令保姆前。詢以小姐近狀。聞小姐別後。為余尚留餘念。朝夕飲泣。瘦減芳容。嗚呼。小姐既猶有情。余豈敢忍心作死灰木石者。雖然。命之不猶奈之何哉。令尊君之不情。至今言猶在耳。小姐之見愛。余雖感情。亦徒辜負盛心而已矣。自分今生已無望諸此心願。然幸得知小姐原爲親命所逼。非出於本願。余亦知小姐苦處。亦當爲小姐諒情。余今別無他望。但願得再一見我最愛小姐之芳容。當面一白余之衷曲。則余之心願便了。余此次之請求。并非欲以何者私情見告。故不欲夜深凉露。背人私語。余不過欲小姐亦知余之難處。憐余之苦衷。勿誤怪余之薄情。則余死亦瞑目。如小姐許一觀芳容。請以明日午後三打鐘。余當在布倫公園西隅相待。倘小姐不我遐棄。萬望切勿失約。至時余當盡情將前後事剖訴。諒小姐聞知。當亦宥我之罪。再者小姐貞淑之德。余所愛護珍惜。瓜李之嫌。恐傷小姐名譽。明日如允赴約。切祈連率令保姆同來。余願得令保姆爲見證人。以表余兩人之清白。嗟嗟今此一會。便爲永別之期。小姐明日來與不來。余已決計晚間七打鐘。定附急行車遄往外國去矣。切望勿靳此布倫公園之駕。留取餘情勿忘。此來生續願之美治阿士也。心緒凌亂。書不成句。怱怱謹白。并候

芳安　　某年月日

瑪琪拖亞從頭至尾看完。再復循環讀了幾遍。細細咀嚼其中意思。忽然自語道。語味

來得很奇怪哪。照通篇的意思。不過是一封情書。不過想見見霞那。原沒有甚麼可疑之處。但何以忽然插了這一筆。說道。至時余當盡情將前後事剖訴諒小姐聞知當亦宥我之罪這不是明明自招的意思麼既而又轉念道。他如果身有重罪。又豈敢再叫別人同去多個見証。這事或者未必。照此看來。這書子把還霞那一看。諒也無碍。忽又想道。書子內明明有認罪的字樣。倘被霞那看了。他也照我剛纔的意思豈不是要氣煞了他。這便怎好呢。皺眉着麼頭。又想了一回。忽然定了一個主意道。沒要緊。只管把這書子給與他罷諒霞那看了這書子明日一定同他保姆去會他那時我也跑到布倫公園撞他一面直把這事情飽問他一頓諒他未必敢欺瞞我縱然他一時不肯把受情婦所托偸取鐵箱之事直認但我已識破他眞情諒他亦不能躱閃這個主意不錯。或者因此之故。連那美人手的事情也審問出來豈不是個機會麼想定了主意。因把這書子。急急的疊起。仍舊將書面套起。直拿進去霞那房內。靜悄悄的遞了過霞那。遂大踏步出了房門。一直歸家去了。未知後事如何。再看下回分解。

飲冰室詩話

戊戌六君子中劉裴邨先生尤醇粹嚴肅吾昔所爲傳未能表揚其學行之十一也去歲有以先生之衷聖齋詩鈔見貽者全屬古體已擇登詩界潮音集十餘章今夏有友自蜀來口述先生近體詩九首雖瀏覽景物之作然穆然可見其爲人乃錄以貽當世……春瀲脊幽遇野樝立拳鷺忽驚銜得魚飛過蝦蟇渡（觀音巖津口）沙瀨月有聲娟娟何妙可夜涼足清絕時復見漁火（觀音灘）幽林不逢人空澗響鳴瀑時睹麏鹿蹤疏疏碎黃葉（幽林）彩翠浴鳴禽孤舟泊斜堰佳人杳難即心與雲俱遠（失題）獨立極蒼茫夕陽臨迥古野風吹萬里心歸鶴長松下（野外）松根有茯苓呼童且休斸不見今時枝猶爲古人綠（松）山路不逢人舉頭忽歸鳥茅亭暝色多斜日下林杪（山中）江南逢八月春風猶未歸萬綠

接平曠山山橫翠微（江南）松口來雲斷江陰秀嶺浮一帆斜日裏又過秣陵秋（秋晚）

四年前從友人扇頭見畫二幅題畫六章一曰「羣羊」二曰「有老」詩畫雙絕心好之詢知爲賀醴芝作也屢欲以入詩話然不能全記憶滋耿耿焉今有以原詩相貽者且加以張弓五章皆名詩也錄之

羣羊三章

羣羊在山齕彼秋草霣霜其黃終日不飽（一解）羣羊突圍踐我秋蔬朝食所需羊口之餘（二解）羣羊入戶齧路相觸投以豐蕘不饜其欲（三解）

有老三章

有老扶藜日夕不歸南山路迷（一解）商籟滿谷玃猱相逐老人躑躅（二解）斜景匿光翔燐繞塲老人徬徨（三解）

張弓五章

張弓引滿不可失機立表測景不可後時火已燎原水已潰隄焚溺多憂爾猶遲遲（一解）抱薪救火祝融愈驕沈璧塞河河伯自豪長蛇緣木破彼鵲巢有母戀雛驚翔悲

號（二解）皇天何私匪德不右我瞻東土行亦有臭如何與戎我邦傾覆豈爾得天惟我召寇（三解）孤兒號天眷念慈母懷抱三年棄我不有日暮苦飢隨人奔走兒今無歸匪兒之醜（四解）長鯨奮鬐白波山立鼓雷噴雨瘃魚潛泣遼海潮腥淫威不戢箕子無靈我何嗟及（五解）

亞雅音樂會之歷史

光緒二十八年十一月。沈君叔逵等集合同志數人。開音樂講習會於江戶留學生會館。開講二月。沈君因事回國。會能會員曾志忞亦回國。未幾曾志忞返東京。極力研究音樂。沈君在上海亦盡其力之所能。發達學校音樂。至今上海一隅。音樂甚盛。皆沈君之力。且皆講習會之効也。三十年五月。曾君復發起音樂會。得同志五十餘人。名曰亞雅音樂會。此會雖成於三十年五月。而實則起點於二十八年之十一月。

亞雅音樂會簡章

一宗旨。發達學校社會音樂。鼓舞國民精神。

二會所。設日本東京神田區鈴木町十八番地。清國留學生會館內。

三會員。在本會講習會速成科得有修業證書者。得爲會員。

四職員。庶務一人。會計一人。書記一人。滿一年更選。

五贊成員。捐金十元以內者。爲贊成員。十元以上者爲特別贊成員。百元以上者。爲名譽贊成員。

六事務。唱歌講習會(一年爲限。分三學期。第一期三個月爲速成科。第二期三個月爲普通科。第三期六個月爲高等科。每月收會費一元二角)。

軍樂講習會(以三個月爲一期。但收入學費三元。不收月費)。

亞雅音樂會開會式爲甲辰卒業

專件

生送別記

自光緒二十八年。陸軍留學生卒業大開送別會於上野精養軒後。凡留學生卒業皆有送別會。會之盛者。或雇軍隊音樂。或用歌女蹈舞。其次則和洋料理。盡賓主一時之歡。其次則茶菓清談。如平時談話會。三年來卒業生以數百計。而大學卒業生甚尠。在東留學生以千計。而女學生之卒業者。前未之有。有自今始。以政法農工卒業如此之盛。且直從古未有之女學學生卒業之始。則是會之送別。其情感當如何。今歲五月。適亞雅音樂會成立。會員等謀為甲辰卒業生送別。特開音樂會以賀之。并自行開會式。爰於七月十七日。假座吾妻橋札幌麥酒會社。行是舉焉。是日也。天清氣爽。人踴躍。禮嚴肅。彬彬文質。自有送別會以來。此為最也。十時開會。亞雅音樂會發起人曾志忞。報告會之歷史。及現在情形。次歲君慈約代表對於卒業生之意見。次曾志忞總代讀謝亞雅會主講鈴木米次郎氏辭。次鈴木氏答辭。、畢唱國民歌。全座鵠立。雍容揄揚。有大國民氣度焉。其次如沈君強漢之崑曲獨唱。華君倩朔之笛獨奏。有國風焉。其次潘英女士之獨唱。實踐女學校卒業生陳彥具女士之風琴獨奏。曾志忞夫婦之洋琴合奏。幽閑勇健。如入歐洲音樂界。使人耳目一清。精神一振。繼以東京留學歌。終以送別歌。畢、諸君魚貫出。設席。鐘鳴十二。幹事導諸君入食堂。坐酒三三呼萬萬。二時宴畢。寫眞於庭。四時散會。是會也。與會者百三十有一人。來賓有日本音樂改良家伊澤修二氏。記者曰。輸入歐美文明。改良亞洲習慣。近年來內地受種種之影響。豈非吾留學生乎。亞洲習慣素囂雜。過有團體則更甚。若是會之肅穆。得未曾有。雖然、是本留學生分內事。況當將來之大政治家大實業家大音樂家。

一堂集合是更分應爾乎予不文不能爲是會揚厲其詞但道其實并於吾國人缺點處注意焉是爲記。

附錄七月十七日演奏歌詞

（一）大國民

上下數千年一脈延文明莫與肩。縱橫數萬里膏腴地獨享天然利。國是世界最古國民是亞洲大國民於呼大國民於乎大國民惟我幸生珍世界琳瑯十倍增聲價我將騎獅越崑崙駕鶴飛步太平洋誰與仗劍揮刀鳴呼大國民誰與我鼓吹慶昇平。

（二）東京留學

留學生留學生光輝燦爛留學生

少年人少年人文明古國少年人

祖國有我生顏色爲國爲民是天職

我爲祖國增光榮敬業樂羣進無窮

留學生留學生光輝燦爛留學生

少年人少年人文明古國少年人。

舜亦人我亦人古來有志事竟成

身似鐵心似石勇猛忍耐且正直

嗚呼世界日競爭得尺則尺寸則寸

嗚呼故鄉如舊且歌且泣且回音

留學生留學生光輝燦爛留學生

少年人少年人文明古國少年人

（三）送別

歸兮歸兮歸去兮。歸吾故鄉去

活潑有爲壯男子天職豈容辭

練爾精神蓄爾志展爾經綸手

大旱久矣雲雨至以何應斯世

天涯征雁此南回臨行嗁更歡

嗁更歡同胞沉困從此登彼岸

專件

忍耐爾心。堅爾節。作爾座右銘。
嗚呼此去爲先驅。留學生名譽。

日俄戰紀

日軍實力圈之伸長

日軍在滿洲之實力範圍。逐日伸長。其第一軍。第二軍。及大孤山上之陸軍。以迅雷不及掩耳之概。突進奮驅。各占扼要之地。遂乘破竹之勢。去崎嶇山嶺而走平原。與格魯巴圖坚親軍接觸。益近而大血戰之期。日益急迫。觀乎今後之戰場。則哥薩克騎兵。亦得意發揮其技倆之一時機也。自是勝敗之機。雌雄之決。均於是役而定矣。惟大勢已歸日。縱彼地既入雨期。天晴日少。日軍之所不利。然豈俄軍之益哉。故鑑日軍成蹟之歷史而推定將來。則遼陽之防備雖堅。精鋭悉集。亦曷能嬰勝軍之鋒鋭乎。俄軍之前途暗

瀧落寞。格得將軍一生之心血。盡歸水泡。誠可憫也。茲究序其實力伸長之跡。而觀將來大戰之如何。

◎城廠之占領　城廠者。在賽馬集之北方者也。七月初九日（陽歷以下準此）下午。日本大本營得黑木大將所報告曰。於七月六日夜。日軍以一枝隊驅逐駐守城廠之俄騎兵三百。遂占領之。而俄軍退竄於北方云。是役也。日軍全無死傷。觀此亦可知日軍善用兵之一班矣。

◎北分水嶺之來襲　俄軍既敗。困獸猶鬥。據黑木大將所報告曰。七月五日。俄軍某聯隊以千三百騎。在北分水嶺逆襲日軍一部隊之前面。亦被日軍追奔逐北。遂退竄北方云云。計俄之逆襲。前後不止一次。亦皆為日軍所擊退。可知日軍守備之嚴重。亦可見一班。

◎第一軍之前進　日本第一軍。果由何道而進取。

日俄戰紀

及俄軍之情狀若何。其事多屬秘密。日本以軍令不許報紙登載。無故得而詳。茲僅記其過去之梗概以資讀者之參考。

◎中央隊之前進　俄軍六月廿七日於遼陽街道。焚糧曳兵退却之後。至翌日尚見俄兵隱約出沒於其西北一里之地。及摩天嶺之東麓。又二十九日日軍一隊。前進於分水嶺附近。及連山附近。又更進摩天嶺方面。而其派遣之偵察隊。與俄軍相遇。戰有一點餘鐘之久。卒克而逐之。遂得占領其北方之高地。然俄軍猶相持不屈。據兩方高地之散兵濠極力抵抗。而其兵力則不出一中隊之多云云。

又二十九日午後。日本偵察隊占領小高嶺。及北分水嶺。是時如入無人之境。無一俄兵相抵抗。遂安然得之也。其別派遣之騎兵。則於北分水嶺北方四千米達（一米達約當中國三尺餘）之地。與若干之俄騎相遭遇。又克之。於是勇往猛進之活氣更加。

◎右縱隊之前進　其在本溪湖道山附子之俄兵。退嬰於橋頭方面。而騎兵六十。步兵八十。則駐屯於山阻子。賽馬集附近。又有步騎兵約五千。其主力在於本溪一帶。其一部則退却於四方碰子一帶。故壩廠占領之所以易易。蓋有由也。此路日軍殆如入無人之境矣。

◎左縱隊之前進　日本第一軍之左縱隊。以六月廿九日朝。率步兵若干隊。砲若干門。擊利何嶺之俄兵。激戰之後。遂占得之。別以步兵一隊。驅逐由蛤蟆嶺前來之俄兵。而占領之。在利何嶺之俄國步兵二大隊。遂退於甜水店一帶。前日所占領東方河流之陣地。為俄軍永駐死守之區。而利何嶺。則最適於步兵一大隊之塹濠也。又海城街道之俄兵約三四十。再由康家堡子而進云。

◎第二軍之活動　日本之第二軍。自遼東上陸以來。其行踪神出鬼沒。莫可測度。今遂有蓋平占領之捷。蓋平者。爲南滿洲第一等扼要之地也。蓋平既爲日軍所得。則此後俄軍之動作如何。當亦有所變動。此次之役。已紀前報。玆略序蓋平占領之價值。以資讀者之參考焉。

◎蓋平占領之價值　格魯巴圖堅。欲親率大軍。南下大石橋。此俄軍最近大舉之戰略也。蓋欲以一雪得利寺南山大敗之耻。兼救孤城落日之旅順。故對於日軍散在之地。使其軍各自攻擊。即做拿破崙之故智者也。自戰略上言之。日軍實屬危險。終局之勝敗。或決於是。格魯巴圖堅。號稱知兵。此亦可見其概。但屢敗之餘。士氣沮喪。而彼遼陽者。又敵軍爲策戰之樞軸也。顧僅留不滿一萬之殘兵。而不顧黑木軍之議其後。輕提兵南下。謂之非失計焉不得也。度格氏之意。必以爲此舉可以大挫日軍。要而言之。仍屬輕敵而已。雖然。其南下之勢。固戰略上所必宜注意者也。但既已南下矣。南下之軍。在途者將浹旬矣。及一聞蓋平之陷。忽於第八日之夜半。曳兵而退。固由敵軍不利。士氣稍衰之所致。但其始如脫兎。繼如處女。於兵略上實屬可疑。日本至此。始有輕視格魯巴圖堅之意矣。

然則俄軍之退嬰。實屬何故。其或知糧食之難繼。而不得已而出於此歟。抑對於黑木軍。自覺已之根據。太薄弱。忽增其恐怖心。將以奇計。欲脅大孤山上之陸軍。或慮爲其所脅。而爲此游移不定之運動乎。要之此次俄軍舉動。已成戰略上一疑問。後之治兵學者。以之爲一研究之好資料。無可疑矣。

蓋平之役。兩軍之所損。雖皆不甚多。然自戰畧上觀之。則蓋平既得。而營口遂爲日本囊中物。以戰事全體論之。雖謂此役與南山得利寺之大捷同一價值。可也。蓋此三大戰雖屬各有別種之目的而於日軍大局之利益。三者殆不能軒輊於其間也。

◎蓋平與營口　日本第二軍所占領之蓋平。本屬遼河口之一都市。其繁盛今尚稱遼東第一。近雖稍爲營口所奪。而物貨之豐饒。富豪之群居。仍依然也。其至營口。約有七里(日里)既爲日軍所奪之海山寨。即在其途。由蓋平約隔一里。過此道後。至營口。皆平坦而多沼澤之原野也。今由蓋平沿鐵道。至大石橋。以達營口本道。地勢如此。則營口雖云既在日軍占領之內也。亦無不可。

◎析木城湯池方面之戰況　七月十日午前。日本大本營得報告云。大孤山上陸軍。於七月初十日。以一縱隊。由仙家峪接官廳方面至湯池方面。又以一枝隊。經分水嶺。析木城前進。接官廳附近之俄兵。見日軍前進。遂退走谷地。向取西南。至午後五時頃。俄之砲兵。在周家庄西方高地。始加砲擊。

向析木城前進之一縱隊。途中與俄兵相遇。遂在西羊拉谷附近。襲擊俄軍之進前陣地。俄兵雖若非常猖狽。未幾在後之步兵約十大隊。砲兵二中隊。繼續出現。該日兵遂得達偵察之目的。覺無交戰之必要處。故避此戰鬪。退出某地。而俄兵亦不急追。其在析木城以南之俄兵。約有一師團。其騎兵之大部。則在牛心山方面云云。

◎占領秀才溝　又續報曰。由接官廳及仙官。二道前進之日軍。其一部。中自初九午前九時。至十一時。已達仙家峪及榮峪南方高地。然俄軍占領仙家峪西方高地。極力抵抗。至夜不退。

前進接官廳方面之日軍。與在周庄西方高地之俄兵。亦於是日苦戰。至夕始擊退。在接官廳附近。露營待旦至拂曉。與前進諸隊協力攻仙家峪西方高地之俄兵。迎擊之。復由諸方面擊秀才溝堅固之高地。旋陷落。自此以後。大石橋遼陽之大戰。迫於眉睫矣。

大石橋之役

◎得利寺以後最大快戰　鴨綠江之役。南山之役。得利寺之役。可稱日俄交綏以來三大戰。而此次大石橋之役。殆更過之。日本第二軍奧大將之威名。於茲大顯。

◎俄軍之形勢　俄軍既敗於蓋平。乃益集其兵力於大石橋前面一帶起伏之高地。廣張防禦陣地。以掩蔽其右翼最西端之營口。以與其左翼所伸析木城北方之陣地相呼應。而其總帥格魯巴圖堅親下駐於大石橋。其兵力約有步兵五師團砲兵十六中隊砲百二十八門。蓋此地者實俄軍全力之所存也。

◎俄軍地勢之優勝　大石橋前面俄軍之主力極占優勝地位。其陣地自太平嶺之高地。亘鄭家溝青石山。更夾蓋平海城間之大道。而結於牛心山之高原。橫斷東西。張至堅之守備。其砲兵陣地。在青石山與「前此老溝」之間。對於日本北進之步兵。無論從正面從側面皆可射擊。實最優勝之形勢也。觀日本奧大將七月二十四日之報告謂『我之砲兵以地形上之障礙。不能爲有力之射擊。』又曰『當我軍之攻擊前進。爲敵軍砲火之威力所妨。繼續戰鬥以至日暮』。觀此則俄軍之如何善戰善防。與日軍如何立於不利之地位。概可想見。蓋大石橋不守。則營口隨之而遼陽亦因以危。俄人出全力以守衛也亦宜。

◎日軍進攻之預備　據日本奧將軍報告。西七月二十三日午前四時。日軍由蓋平附近之陣地線動營。其各縱隊擊退少數之敵軍。自流家溝經花兒山亘於五台山附近一帶之線。皆占領之。日軍左翼一方面與俄軍之騎砲一中隊屢屢抵抗。日軍據陣地。嚴戰備。爲明日總攻擊之預備。

◎日軍未得相當之陣地　廿四日未明。日本右翼諸軍相連絡。直向太平嶺及其西方百八十之高地並其西方之地區前進。午前八點鐘。擧羊草勾北方高地經標高百八十之高地亘東孫家屯北方高地一帶之戰線。占領之。其時俄之砲兵。由太平嶺邊汗溝鄭家溝附近之高地。盛向日軍轟擊。而日軍因未得相當之地勢。故不能直入陣地。與之應戰。乃暫憩步兵。掩蔽之占領陣地。以待時機。

日之中央軍。因得右翼諸軍在花兒山附近之砲兵援助力。次第前進。至午前十點鐘。占有孫家屯北方高地。然因俄砲兵多數之猛射。仍不能前進。只得待右翼軍之前進及砲兵之至。

日之左翼軍。其始在五台山諸陣地。見右方駢列之諸軍漸得力也。於是午前九點鐘。以第一線占有牛家屯劉白塔寺之線。其砲兵屯在太平庄附近。得占陣地。與俄砲兵互相射擊。頗極猛烈。

◎俄軍戰備之嚴密　俄軍之本陣地。由右翼牛心山附近經青石山而亘太平嶺附近一帶之高地。地勢綿亘。防禦極嚴。自高瞰下。日軍極處於不利之地。其所據者。有高濶遠大之射界。數層之散兵濠。穿銃眼。造掩蓋。且處處設有鹿柴鐵網地雷等。其防禦工事。殆將完成。不獨此也。其砲兵巧於利用地勢。遮蔽陣地。致使日軍殆不能判其在於何處。其攻擊之困難。實有不能以言語形容者。

◎日軍苦戰　於斯時也。日之砲兵。到處不利。全爲敵眼所暴露。其進入之困難。不言而喻。雖然此際各方面之砲兵。冒困苦。屢換陣地。以援助步兵之攻擊。然地勢如此。日之砲兵。已陷非常危險。雖盡死力奮鬬。而收效極稀、終不能使敵砲之沈默。日之司令官以爲今日不死於勝。必死於敗。非犧牲一部無以保全軍。遂不顧右翼軍之損失。直命前進突擊。於是右軍冒猛烈之彈雨前進。然以地勢之不利。雖俄軍本陣之一部。亦不能奪取。而日亦旣暮矣。同時隣軍之一部。亦以非常之勇突入陣地。然卒以敵勢堅固。驟難衝破。且彼地勢極優。恐爲其所逆襲。不得已再退回舊地。

◎日軍之夜襲及占領第一第二堡壘　日俄兩軍之夜戰。始自俄軍摩天嶺之逆襲。而大石橋之役爲其第二次。如前所述。兩軍之戰方酣。而日已向暮。勢不得不戛然暫止。然俄軍砲兵之一部。直至晚間九點鐘。猶向日軍不時轟擊。日本右軍之司令官欲實行總司令官之計畫也。遂決意夜襲。爲出奇制勝之計。至十點鐘。大舉前進。各兵勇氣頓加。突入太平嶺附近堅固之陣地。不顧損失之多寡。遂奪取第一堡壘。更鼓餘勇。連奪第二堡壘云。計此次夜戰自十點鐘亘明晨三點鐘。其血戰實情。今雖未得詳報。然以視鴨綠江南山得利寺三役。有過之無不及。可斷言矣。

◎日本軍占領各地　日本右軍隣接之諸軍。亦陸續占領山西附近之高地。其明晨在臥龍岡附近砲兵。先向當面之俄兵砲擊之。時俄軍之抵抗力亦旣衰矣。前日在臥龍岡附近之各軍。亦直進占領靑石山。

左翼各軍。復乘勢前進。占領牛心山橋台鋪。而騎兵則在左側來往游弋。對於優勢之俄騎砲兵。處處牽掣之。以援護已軍之側背。

◎大石橋占領　夜襲之後。俄軍大勢旣去。其主力軍乃自大石橋街道一部向東方撫城一帶。狼狽而逃。復受日軍之砲擊。至廿五日午前十一點鐘。已逃過大石橋。日本各軍遂以前鋒部隊追擊之。遂占領大石橋及其附近之地。

◎俄國兵數　俄軍之參與斯役者。屬於第一第二第九第卅五師團及西伯利亞豫備師團之部隊。其砲數約有百二十門云。

◎俄將之負傷　據捕虜者所述。則俄國滿洲軍總司令官格魯巴圖壓實在前敵指揮各軍。有言其負重傷舁入醫院者。惟公報則未言及。姑懸以俟其後。至其總參謀沙華羅夫中將及師團長江圖辣城地少將則實負傷。而見諸大本營所得電報者也。綜合諸情報觀之。計俄軍之死傷。最少亦不下二千。而日軍則千名內外云。

◎日本諸軍之戰績　大石橋之役。奧大將所率第二軍之奇功也。奧軍自兩月以來。以獨力制此方面之敵。使猥顧不能救遼東半島之南端。前此諸役之奏功。其受奧軍間接之賜者。既已不尠。此次復一舉敵之主力而摧破之。使其主將被傷。全軍落膽。奧軍之成功。既十七八矣。更據大孤山上陸軍之報告云。彼軍之一枝隊。以二十二日正午。包圍磐嶺通路之敵兵。突破占領之。蓋從彼處牽制敵軍。使其首尾不相應。其助大石橋之戰略者亦不尠。功固不在奧軍下也。要之日本此次戰畧。以第一軍握半島之南端。以第二軍北上擣敵。而大孤山上陸軍常游弋於兩軍之間。保其聯絡。而為其應援。三軍一氣。如臂使指。此其所以屢捷而同功也。

◎日軍之元氣　此次奧軍之實行夜襲。以博全勝之名譽。吾觀於此而歎日軍之元氣實令人五體投地也。據其戰報。則兩軍之交綏。自二十三日凌晨起。其未交綏以前之預備運動。例所必有也。然則此役。雖謂自二十二日為始可也。二十三日之戰。既自凌晨以迄夜分，二十四日亦以天未明時遽相搏擊。相持者竟日。至其夕九點鐘而猶未已。是奥軍之臨陣。既亘三日。未嘗一時暫休明也。以亘兩晝夜有奇之血戰。士卒之疲勞不言可想。而復率之以行夜襲。夫夜襲固出奇制勝之要著也。然亦視其士氣之何如。非徒恃主將之謀勇。遂能操全算也。彼俄將圭黎爾之夜襲摩天嶺。何為而取敗也。觀此則日本將帥之若何取信於其下。日本士卒之若何用命於其上。皆可想見矣。呼嗚此豈徒智勇之問題。實道德之問題也。

◎大石橋占領之價值　大石橋者。海城營口間之分歧點也。大石橋既陷。則營口自不得不落於日本軍之手。日軍以全力攻大石橋。非為大石橋。為營口也。

◎營口之占領及其價值　果也大石橋占領之次日而營口占領之捷報遽聞。日之得營口毫無復抵抗直振旅前進耳。營口之占領實日俄大勝負一最要關鍵也。蓋自遼東半島一大部為日軍所占據以來俄人所恃以保遼陽旅順兩地之交通密輸入糧食以濟滿洲軍者專在此一點(即營口)日既得之則旅順與滿洲俄軍總司令部及聖彼得堡大本營之聲氣始全斷絕矣。此其大不利於俄軍者也。若夫日軍則自茲以往舉渤海灣之全海面皆為其勢力範圍。於軍事上之各種運輸增無限之利益。而無復慮敵人之妨害。又不徒便於在外之運輸而已。拖此滿洲交通之要港。則自內地運出土貨以濟軍需日無往而不自由。一得一失之間。其利害關係之鉅也如此。

日俄戰役大事日記表

記載皆用陽曆

五月

◎一日　日本第一軍占領九連城

◎二日　日本第五次大本營會議

　　俄國公債暴落

◎三日　日本第三次閉塞旅順口

◎四日　日本公債暴騰

◎五日　俄國擬編置太平洋第二艦隊

　　日本第二軍始上陸於遼東半島

　　亞力斯夫總督去旅順

◎六日　日本第一軍占領鳳皇城

　　日本第二軍占領普蘭店

◎七日　日本第六次大本營會議

　　日本第一軍占領寬甸城

◎九日　日本政府借外債一千萬磅於英美兩國以關稅爲質

　　俄國增派馬爾哥夫及墨斯科軍團於滿洲

◎十日　俄兵自牛莊撤退

　　俄騎襲安州

　　日本頒外債募集之勅令

◎十一日　日本擬再借內國公債一萬萬元

　　俄國布告以棉花爲戰時禁制品

◎十二日　日本片岡艦隊始著手于大連灣掃海

◎十三日　倫敦紐約兩處日本新公債應募滿額

◎十四日　日本軍艦宮古號沈沒爲大連灣掃海也

◎十五日 日本軍艦初瀨號吉野號沈沒

俄國波蘭將起革命

◎十六日 日本第二軍與俄軍合戰于十三里臺

中國再布告中立

◎十七日 日本大藏大臣曾禰荒助招待全國銀行家爲第二次國債募集也

日本東鄉艦隊砲擊金州灣

◎十八日 日本第七次大本營會議

韓皇下詔廢棄前此俄韓條約

◎十九日 日本新遣軍隊始上陸於大孤山

中國開山東濟南濰縣周村三口岸

◎二十日 日軍包圍王家屯

旅順口強行偵察

俄艦波卡狄爾號坐礁破壞

◎廿一日 日本第一軍之步兵一小隊在寬甸城北方頭道溝附近始與俄軍交綏

俄國新造戰艦阿黎爾號坐礁破壞

◎廿三日 日本公布第二回國債債券

俄國極東艦隊新司令長官士格列多羅中將抵海參崴

◎廿六日 日本第二軍與海軍協力占領金州及南山

日本頒發遼東半島南部封鎖之令

◎廿七日 日本第二軍占領柳樹屯

◎廿八日 日本第一軍占領靉陽

◎廿九日 日本第八次大本營會議

◎三十日 日本海軍第二次旅順強行偵察

日俄戰紀

重要之物而其常態有財貨之性質者也（注）或稱貨物爲有形之財貨。然貨物之外。尚有有形之財貨。則此名未當也。若加有形二字於貨物之上。似無不可。然貨物固無無形者。則亦無取此贅文。貨物者實外界之一部分。而其可爲財貨之性質。非暫而常者也。申言之。則雖變爲廢物。而尚有利用之方法者。是之謂貨物。此實財貨中最普通者而生計學上最多用最重視者也即通常之商品、珍奇之美術品、食用品、製造品等皆是也。

（二）人的財貨　人的財貨（注）人的財貨一語。頗駭聽聞。雖然。以其包含人身人力二者。不得不取此名。或稱爲屬人的財貨。然是有第二種而無第一種者也。故今不用之。者指人身及人力之可爲生計界財貨者也、今請分論之。

（一）人身　人身者，就生理上心理上論之。凡普通一切人類。斷無可以與貨物同視者。雖然。其在人羣上生計上法律上往往有含有貨物之性質者其含此性質與否及其所含之程度如何皆據其時之風俗習慣及其法律制度以爲衡（注）奴隸之生理心理。雖等於尋常人。但法律上視之。既與牛馬雞豚無所異。則不能認其爲有人之資格矣。故謂之財貨。故古代及中世諸國所指爲奴隸者其在生理心理上雖與他種人類無異然在人羣上生計上法律上實視爲一種貨物賣買讓受一聽諸人又有雖非奴隸而實與奴隸相類者似人類又非人類雖謂之貨物亦可也後世眞奴隸雖廢而此等半奴隸仍存又有一種所謂隸農 Serf 者雖在極近時代猶且有之即如俄國亦不過三十年前始廢此制耳其未廢以前該國之隸農恰如雜草灌木隨土地而買賣此等隸農以千八百六十三年三月十九日始解放耳據當時之統計其數實二千一百六十二萬五千六百九人之多云

(二)人力　人力者人之出其力以及於外界之物體而所生之影響以一定之時間而成爲財貨者也申言之則人力之財貨者以其人之勞動相續爲限(注)人力之性質與貨物對照觀之。自可明白。蓋人力者。人偶以其力加於外界之物體。其結果遂爲財貨。故人力有財貨之性質。然則其勞動一歇。則即不爲財貨矣。若雇傭是也雇傭者大率定一年或一月給薪金若干此薪金者即傭之代價而其傭在此期限內所出之勞力皆雇主之財貨也(注)在期限內。雇主督有責其傭使服勞之權。亦或得以其所出勞力借讓他人。雖然。舉傭之身而買賣焉讓與焉。不可也。此種財貨以不可捕捉故故不能全占有因此其所有權不能如前條所謂人身財貨者之完全(注)人力無形也。故不得捕捉之。因而不得全占有之。故其所有權。不能如貨物之完全。以人力爲生計界財貨之一種。前此學者。頗有異論。但以適於養人欲望之界說按之。則不謂爲一種財貨不可也。

(三)有利關係　有利關係者謂事物之對於人及財貨有無形之關係而得之者乃

有利益者也其別有三。

(甲)由於自由交通自然而生者　此種有利關係。非藉法令所規定而始起蓋生計界所自然發生之利益也如某商店之信用厚。聲名高。其老招牌即爲大利所在是也。(注)此甲種之關係。與下文乙種相對照自明。乙種者。藉法令之力而得特別利益者也。甲種者。專恃己力造成今日之位置。而得特別利益者也。

(乙)以特別關係藉法令制限之力而始得有財貨之性質者　如特別保護權專利權等是也(注)是生計上一種之特別關係也。今日生計界。雖一切自由。然常有以別種原因。政府爲之設法令以示制限者。蓋制限人而保護我。我之利益所由生也。　如專利特許權等是已。此權亦可賣與人。蓋此權者。就法令上言之。則爲權利關係。就生計上言之。則爲有利關係也。

(丙)由一切制度文物而生者　如國家及附屬於國家之各種制度組織及地方自治團體乃至一切關於公益之事業是也(注)此種利益。可命爲財貨。是前人所屢爭辯也。雖然。如國家之類。乃人類安身立命所不可缺之具。即所以養人欲望之一端也。國家之爲財貨。其所以異於他財貨者。在於不能交換然生計界之財貨。亦非專屬於能交換者。故國家及其相類之制度組織。亦可命名生計界之財貨也

以上所舉諸物之中。其與生計學有直接之關係者。莫如生計界財貨中貨物之一種、財貨之屬於一私人或屬於法人譯者按。法人者。非人而法律上視之如一人者也。凡人所集合而成之團體皆是。大而地方團體。小而一公司。皆法人也。或屬於國民全體者謂之資產也者按。財貨者。資產之分子譯。資產者。財貨之總計也。或謂之富雖然富也者對貧

而言也資者資產雖寡然不可謂之無資產故資產之名較富字爲尤適當焉抑資產云者富云者非徒指資物言也舉一切無形之財貨皆包納於其中者也今請將財貨種類之大要列表如左。

財貨之種類
- 內界之財貨
- 外界之財貨
  - 自由財貨
    - 絕對的自由財貨
    - 相對的自由財貨
  - 生計界財貨
    - 貨物
      - 天產物
      - 製造物
    - 人的貨物
      - 人身
      - 人力
    - 有利關係
      - 藉自力而起者
      - 藉法令制限之力而起者
      - 藉文物制度而起者

新民叢報

第參年第肆號

（原第五十二號）

本號要目

光緒三十年八月一日　明治三十七年九月十日

（每月二回朔望日發行）

新民叢報第參年第肆號目錄（原第五十二號）

目錄

報資及郵費價目表	全年廿四冊	半年十二冊	零售
報資	五元	二元六角	二角五分
日本來申郵費	二角四分	一角二分	一分
滊輪已通之地郵費	四角八分	二角四分	二分
內地郵費	一元四角四分	七角二分	六分
四川、雲南、陝西、貴州、山西、甘肅等省郵費	二元八角八分	一元四角四分	一角二分

編輯兼發行者　馮紫珊

印刷者　陳侶笙

發行所　橫濱山下町百六十番　新民叢報社

上海發行所　四馬路老巡捕房對面　新民叢報支店

印刷所　橫濱山下町百六十番　新民叢報活版部

滊機發明者瓦特

James Watt–The Father of The Steam Engine.

瓦特因沸水而悟汽機之理士夫稍知學者皆能言之

今日物質文明之進步日盛一日造成產業革命時代

使十九世紀以後劃然爲一新天地者皆瓦特之功也

電學泰斗愛德森

Edison Perfecting The First Phonograph.

始創留聲機器於各種電學者有大功

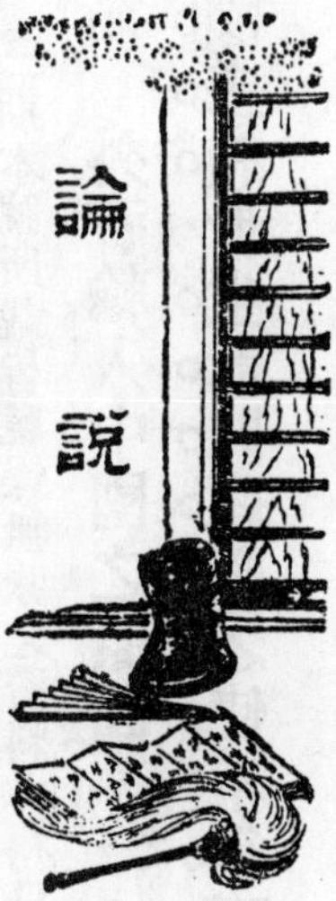

外資輸入問題

中國之新民

緒論

今日中國立於列強間。至危極險之現象。不啻千百語。其最甚者則外國紛紛投資本以經營各大事業於我腹地直接生影響於生計上而並間接生影響於政治上此最爲驚心動魄者矣年來士夫之稍通大勢者。莫不奔走呼號。研究此問題。而思所以抵救之。雖然。此問題者。其根因甚遠甚複雜。而其結果之良不良。又往往視其國情民力之如何。而成兩極端之反比例。今之憂之者徒睹其害而不知固亦有大利者存斯未可稱爲完全之理論也顧以吾今日之國情民力。所謂大利焉者。既終非我之所敢望。則憂之誠宜矣。而吾又見夫今之憂之者又僅憂其目前毫毛之害而於將來丘山之害尙無睹也徒瞋目切齒於外人徒聲罪致討於吾族之爲外人假者而於外資所以得乘隙而入之大根原不能證明之而窮治之則雖日以抵制之道責望於政府責望於國民終不過紙上一片空理論而於問題之前途決不能有毫末之影響明矣吾故案諸學理調諸史乘就種種方面以研究此問題之眞利眞害而觀其利害之所自來次又案現在中國之國情民力敍述外資輸入之歷史及其種別而窮極其受病之所屆次乃推原外資所以迭乘內資所以不能抵制之故就數千年來政治上社會上種種關係以下斷案末乃略陳今後政府國民所當採之方針爲結論焉雖亦不過紙上一空談然藉此以爲研究此問題之發端達識之士從而深求之是正之則於全國民生計之前途亦或有小補耶嗚呼自今以往制中國之生死者惟茲一事惟茲一事深願有心人屛客氣除私見及今爲三年蓄艾之謀或竟能轉禍爲福即不爾其亦挽救於一二也則余之此論庶不爲虛作也夫

著者識

本論宜以本號全載但全篇二萬餘言太占篇幅只得分登三期本號所載皆乾燥無味之資料非得已也讀者諒之

第一節 外資輸入中國之原因

近今列強之帝國主義皆生計問題驅之使不得不然也泰西生計界之趨勢其大潮

流有二一曰患過庶二曰患過富過庶則庸病過富則贏病疇昔歐人之汲汲殖民於美洲澳洲諸地也凡以求厚庸厚贏以救此兩病也生計學公例使其國母財富於力役而業場甚廣母財尚不足以盡之則庸贏並優使其國母財富於力役而業場狹則其庸率大而贏率微使其國母財不足養其力役而亦不副其業場則庸率微而贏率大使其國母財不足養其力役而業場又狹不足盡其母財則庸贏並微其能舉過庶過富兩患而並救之者莫如第一項之國土即前此之美國是也故歐人發見新大陸而生計界爲之大紓其專救過富之患最有力者莫如第三項之國土即印度與中國是也故英得印度而富强遂甲天下近三十年來美洲澳洲之進步一日千里前此歐洲過羨之人口過羨之資本兩皆以彼爲尾閭者今則惟人口一端尚可稍資挹注若語於資本則如彼美國者甚憂過富更甚於前此之歐洲方且出其所羨以還侵歐陸之市場而豈復容他界滲入之餘地也故今日列强之通患莫甚於資本過度而無道以求厚贏欲救此弊惟有別趨一土地廣人民衆而母財涸竭之地以爲第二之尾閭而全地球中最適此例者莫中國若此實列强侵略中國之總根源今日欲解釋中國

一切問題皆當於此焉察之

第二節　外資之性質

今欲研究外資之問題。請先論列外資之性質。

甲種　由政府吸入外資者復分爲二

(一)　外國公債

(二)　本國公債

借外債以吸外資。其事甚明。不待贅。至本國公債所以能吸入外資者。其道何由。蓋公債券之性質。本可以展轉買賣。而其買賣之者。又非限於本國人。如甲國之中央銀行。發出債券一百萬張。自初發時。或本國人購其半。而外國人購其半。甚者或外國人所購多於本國人者。且有焉矣。此則全視其政府之信用程度如何也。就使初發出時。其債券全爲本國人所買。外人無一焉。此後若遇本國總殖竭蹶。金融緊迫之時。債券之市價稍一低落。中央銀行之利率稍一上騰。則他國之資本家忽爭相購買。趨之若鶩。轉瞬間而債券之大多數在外人手矣。蓋趨利若溺。人性所同。彼知夫債券市價之漲落。不過一時偶呈之現象。(因本國總資本稍蝕。人民欲興業者。或欲爲別事者。競思賣出。或質出其所持之國債券以得現金。故債券市價以供過於求而暫落)不移時必將復其舊。一轉移間則可以獲利夫誰不趨之。故在歐美各國。苟倫敦市面之金融稍緊迫者。則巴黎紐約各處過羨之資金。即入而補之。巴黎市面之金融稍緊迫者。則倫敦紐約過羨之資金。即入而補之。推之他市。莫不皆然。非回復於世界的平均則不止所謂任物自已而必趨於平所謂『生計無國界』此之謂也。而其爲國際資金流通之媒介者則各國政府所發出之公債劵爲一最活潑且最有力之機關矣以故歐美諸國若欲吸集外資之時則將中央銀行之利率稍一提高用此政策而外資已不召而自來皆循此例也試觀英美德法諸國之公債未嘗有所謂內債外債之名號分別也就表面觀之見其全爲內債而已不知者以爲其政府之所借全屬本國人民之資金而烏知其屬於國外者往往強半也。(因展轉買賣。故流通無定。或本月之債權者半屬外國人。來月債權者又全屬本國人。再下月之債權者又全屬外國人。皆意中事耳。) 此本國公債所以能吸集外資之理由也。惟日本公債不在此限。日本今惟能以外債吸外資。至其內債債劵。則外人無一購買者。其所以然之故甚複雜。以非本論範圍。不復贅引。而現在日本朝野上下。正汲汲焉設法欲除此障壁者也。

乙種 由財團法人吸入外資者

財團法人者。財產之一團體。而有法律上之人格者也。如各市之財團。各公司之財團 皆是。復分爲二。

(一)地方財團之公債 如德國之各邦。美國之各省。皆自有起債之權。此其最大者也。次者如各市鎮都會。亦莫不有市債。如倫敦紐約諸大市。其市債之額。或等於一小國。此其性質。亦與政府公債全同。苟其市之財政整頓秩序爲外人所信用。者則外人亦往往競購其市債劵。此亦吸入外資之一途徑也。

(二)公司之股分及借債復分爲二。

(一)股份 凡有限公司。其股份票皆許展轉買賣。賣於外國人手者。率皆不禁

(二)借債。凡公司往往有以借債補充資本者。由公司發出債劵。其營業之利益。先清債務。然後按股分派。日本人所謂社債者是也。苟其公司之營業爲外人所信用。則外人樂購此種社債劵。往往

更過於購股票如蘇彝士運河之社債券是其例也諸如此者不可枚舉。

丙種　外國人在內地投下資本獨立營業與本國政府法團及私人皆全無交涉者（外國人以私人資格。在內地買地皮與製造及從事於開礦築路種種事業。或由外國人倡辦公司。以外國股份。而從事於以上各業者。）

以輸入中國之外資按諸以上三種則甲種之第一款乙種之第二款皆有之而屬於丙種者爲最多且其勢力最可畏質而言之則近數年來滔滔輸入中國之外資大率以丙種之實而冒乙種（乙種之第二款第一項）之名或以甲種（甲種之第一款）爲來源而以丙種爲歸宿者也（其分類法詳第四節）今得先臚舉其實狀而次論其利害。

第三節　外資輸入中國之畧史

中國無內債故以內債吸外資之一途前古未聞可勿論若光緒廿一廿二廿四等年。所借巨額之外債及義和團事件賠欵所發出之債券其欵皆隨入隨出不足以當外資輸入之實。（雖其大半仍投入內地爲殖產之用。然屬間接非直接。其名義上既已轉移。則只能謂爲丙種之輸入。不能謂爲甲種之輸入矣。）然則語中國之外資惟在外人之投下資本以經營事業於我內地者之一種而已。

中國與外國前此生計上之交涉。不過商貨出入其外人挾母財以營利於中國者多爲循環母財而常住母財甚不多見。盖由條約種種制限使然也。至乙未馬關條約第六條第四欵訂明日本國臣民得在中國各口岸任意從事各種製造業。嗣後各國援利益均霑例。續訂商約。率皆加入此條。是爲外資輸入特權之發軔。當時我全權李鴻章覆日本全權伊藤陸奥說帖關於此事之抗議云。

此欵所指之利益。係指機器進口造土貨而言。駐紮北京各國公使。久經議過。未邀准行。洋商在中國改造土貨。久有例禁。各國以此係中國自主之權。亦即聽從中國。如准洋商在華改造土貨。勢必盡奪小民生計。於華商所設製造廠所。極有妨礙。國家自不能不出力保護。此事關係中國經久章程。各國公共之事。不能因一時戰爭遽行更改。(下略)

據此則甲午以前。中國於外人改造土貨一事。猶且懸爲厲禁。其他各種事業。更不必論矣。彼時外人得投其常住母財於我境內者。惟租界買地（租界買地章程。不名曰買而名曰租。但其所謂租者。永租也。每畝歲納銅錢一千五百文於政府。作爲地主所完之地稅而已。）沿江沿海行輪及建設倉庫數端。故母財之員輸入者有限。開母財輸入之孔道者。實自十年以來也。

未幾而俄國東方鐵路公司條約起。德國膠州灣條約。法國廣州灣條約繼之。英國日本內河通航條約續之其後各國鐵路礦山特約紛紛繼之於是外財輸入之門戶大開今將各條約關於此事者條舉如下。

(1)光緒廿二年中俄喀希尼條約第二條　中國黑龍江吉林兩省之鐵路由俄國獨出資本築造（中略）凡三十年間全路總歸俄國監理滿期之後中國可備資本依適當評定之價格將全路及其附屬車輛機器房屋等贖回。

(2)同第三條　中國欲自築山海關至奉天之鐵路若不能自備此資本俄國允爲借出十年以後中國可備資贖回。

(3)同第七條　長白山吉林一帶所產五金之礦准本國以及俄國商民隨時開採

(4)光緒二十四年中德膠州灣條約第二章第一款。中國國家允准德國在山東省蓋造鐵路二道其一由膠澳經過濰縣靑州博山淄川鄒平等處往濟南及山東界其二由膠澳往沂州及由此處經過萊蕪縣及濟南府。

(5)同第二章第二款　蓋造以上各鐵路由德商華商合設公司其股份惟德華兩國人可以購買。

(6)同第二章第四款　於所開各道鐵路附近之處相距三十里內如膠濟北路在濰縣博山縣等處膠沂濟南路在沂州府萊蕪縣等處允准德商開挖煤斤等項及須辦工程各事亦可德商華商合股開采

(7)光緒二十五年中法廣州灣條約第七欵　中國國家允准法國自雷州府屬廣州灣地方赤坎至安鋪之處建造鐵路旱電綫等事。(中略)其修造行車需用各項材料及養修電路各費均歸法國辦理

(8)光緒廿八年中英新商約第八條　中國因知開礦爲國家之利。且深願華洋商共出資本速興礦務。故允自簽押此約之日起於　年以內。改定中國現行之礦務章程。且外國資本之輸入苟無損於中國主權者皆設法招徠不予阻礙。乂使外國資本家所享權利一如立於普通之外國礦務章程之下無特別之損害

(9)同第四條　前此中國臣民投資本於英國之商號及公司者不少。其權利義務未經訂明。今憑此約中國國家承認此等舉動。無論在現在既往在將來。皆非違法。……其中如有限公司之股東。凡中國人入股於英國之有限公司者。其權利義務悉與英國人平等(中略)

英國政府亦允許英國臣民投資本於中國人所立公司與中國人之股東有同一之權利義務

(10)光緒廿九年中美新商約第七欵　中國因知振興礦務於國有益。且應招徠華洋資本興辦礦業。(中略)美國人民若遵守中國國家所定爲中外人民之開礦及租礦地輸納稅項各規條章程並按照請領執照內載明礦務所應辦之事。可照准美國人民在中國地方開辦礦務

(按)英美新商約訂明將中國舊日所頒礦務章程修改者。蓋指光緒二十四年路礦總局所奏定及二十八年二月外務部所奏定之章程。今舉二十四年章程內容之要點。(一)東三省山東龍州三處礦路事務。均與交涉相關。此後無論華洋股份概不得援案辦理。(二)集股以多得華股爲主。(此欵旋經

二十五年總署奏定除已經批准案不計外。嗣後華洋股份各占其半方准開辦(三)借用洋欵必須先稟明總局核准給照方得議借(四)無論入洋股借洋欵。其辦理一切權柄總應操自華商云云。其光緒二十八年二月外務部奏定之礦務新章。惜此間偶無原本。無從參照。閱者諒之。

(11) 光緒廿九年中日新商約第四欵　中國人民與日本臣民爲辦正經事業。合股經營或合辦公司應照其合同章程損益公任(中略)日本臣民與中國人民合股經營或合辦公司。亦應照其合同章程損益公任

(12) 同第三欵　中國國家允能走內港之日本各項輪船。在海關報明由通商口岸往來報明之內港地方貿易。悉照所定正續各章程辦理。

(13) 同第八欵　光緒二十四年五月七月先後所訂內港行輪章程。間有未便。是以中國允將此章程從新修補。附載此約。

(按)內港內河通航權。本由光緒二十四年英國首先提議獲得。其條約原文頃未覓得。故闕登載。其年七月。頒行章程九條。去年八月。依日本新商約改定爲十一條。其內容最要者。則(第八條)此項輪船。准在口岸內行駛。或由通商此口至通商彼口。或由口岸至內地。並由該內地駛回口岸。並准報明海關。在沿途此次所經貿易各埠上下客貨。但非奉中國政府允准。不得由此不通商口岸之內地至彼不通商口岸之內地。專行往來。(第一條)日本輪船東可向中國人民在河道兩岸租棧房及碼頭不逾二十五年租期。如彼此兩願續租。亦可從新再議。云云。

（以上條約）按條約中關於外資輸入特權者倘多。著者以時日短促。未能悉搜其材料。姑列此以備異日之修補。閱者諒之。

(14) 光緒二十四年督辦鐵路大臣與比利時公司訂定蘆漢鐵路合同 （第一條）以鐵路總公司之名義。託比利時公司借外債庫平銀三千七百五十萬兩年利五分 （第五條）一千九百七年以前不許償還。其年以後任意或償還若千。或全數償還。 （第八條）鐵路每年所得贏利存貯於比利時中央銀行該銀行除出應給債務之利息外其餘作爲總公司存銀隨時提取。 （第十條）總公司以蘆漢鐵路及其附屬材料作爲公債按保若總公司不能按期派息。或不履行條約之時。比利時得以有力之方法處置此按保（第十九條）蘆漢鐵路除蘆溝橋至保定間屬於中國政府資本築造者。其餘全線工事。統由比利時公司之代表人指揮監督 （又附章第一條）鐵路總公司委託比利時公司使選派妥當人員代辦一切事務。（第二條）每段工程完竣經工程師交與總公司驗收後即由比利時公司選派人員以全權管理營業

(15) 光緒二十四年總理衙門與英德合資公司訂定津鎮鐵路合同 （第一條）中國政府託英德合資公司借外債七百四十萬磅年利五分。 （第八條）公債利息由中國政府担保若鐵路收入不敷償還。當由政府另行設法支給。 （第九條）以鐵路及其附屬物及財產全體。爲公債之按當。公債未經清還以前。非經合資公司承諾。不得復以之作按另募公債。 （第十九條）設理事五名內華人二名由中國政府指派。歐羅巴人三名由英德公司選舉 （第二十九條）英德合資公司。當此公債未償還以前。（按公債期限五

十年也）以全權代中國政府經營此鐵路至還淸以後此條約即作廢以鐵道線路及財產全交還中國管理。

(16) 光緒二十四年山西商務局與華俄銀行訂定柳太鐵路合同（第一條）商務局委託華俄銀行借款二千五百萬佛朗年息六分期限二十五年。（第三條）商務局或願還款或如借款之數分塡華洋文股票暫存於華俄銀行由銀行於廿五年內逐年按照應還本銀之數將股票繳歸商務局亦無不可待借款掃數完淸則銀行與此事之交涉斷絕。（第十三條）商務局若不能按照定限歸本付利即將此段鐵路暫時由華俄銀行代管

(17) 光緒二十四年中國駐美公使與美國合興公司訂定粵漢鐵路合同（第一第二條）中國政府委託合興公司借款四百萬磅年利五分期限五十年。以鐵路及其附屬財產爲按保（第三第五條）築造及管理人員由開發公司派委惟須經督辦大臣之承諾。

(18) 光緒二十四年山西商務局與英國福公司訂定山西礦務合同（第二條）由商務局自借洋債不得過一千萬兩之數（第二條）凡調度礦務與開採工程用人理財各事由福公司總董經理山西商務局總辦會同辦理。（第六條）每年結帳盈餘先按用本付官利六釐再提公積一分逐年還本仍隨本減息。（第九條）公司所開之礦以六十年爲限限滿將全礦及附屬財產報効中國國家。

(19) 光緒二十四年河南巡撫批准裕豐公司與美國公司訂定河南礦務合同。（按）此合同之要點與山西福

公司之令同殆全同惟（第十五條）聲明若中國人買受該公司股票四分之三之時則將全權交還中國股東管理

(20) 光緒二十五年四川礦務局與華益公司會同公司訂定四川礦務合同（第二條）華益公司。專集華欵。不參洋股。主購礦山管理官民交涉等事。（第三條）會同公司。係由華商總辦洋商會辦先盡華股五成聽入洋股五成（第十八條）會同公司所開各礦。以五十年爲期期滿報効國家。（第十九條）如華益公司及此外華商紳富。於五十年限內將會同公司股票收至四分之三即將該礦收回由礦務局飭交該華商自行經理。

(21) 光緒二十五年四川礦務局與保富公司福安公司訂定四川礦務合同（按）與華益會同之合同全同。

(22) 光緒二十八年浙江巡撫批准寶昌公司與惠工公司訂定浙江礦務合同（按）與山西河南四川合同略同。

(23) 光緒二十八年閩浙總督批准華裕公司與大東公司訂定福建礦務合同（按）與四川合同略同。

(24) 光緒二十九年鐵路總公司與英國銀公司訂定滬甯鐵路合同（按）大旨與粵漢鐵路合同各要點相合今不具引。

(25) 光緒三十年外務部批准安徽礦務局與英國安裕公司訂定安徽礦務合同（按）此合同大旨俱參酌山西河南四川合同。惟（第二條）言安裕公司資本約一百萬磅。華洋彙收。設華總辦一員英總辦一員凡與中國官紳交涉歸華總辦管理。凡關礦工程銀錢出入歸英總辦管理（第五條）言安裕公司。先報効銀兩於政府。

（以上合同）按關於此種類之合同。尚有數種恨著者一時未能搜全。又各合同原文甚繁。以上所列。皆擇其要點。且撮舉其大意。閱者諒之。

合觀十年來諸條約諸合同。則外資勢力漸進之情狀可得而論。次爲日本馬關條約特提機器改造土貨一事。實爲第一著手。自彼約既定後數月。總稅務司赫德旋擬出機器製造抽稅章程。思所以助外資之氣燄而阻本國之進步。比附觀之。肺肝如見。然猶僅注意製造一業。未敢及其他也。及第一次中俄密約（即喀希尼條約）要求東三省鐵路礦務權。實爲第二著手。眼明手敏之德國。遽爲膠州灣條約。以同一之要求條件。肉薄前進。然其約中僅言兩國人民同有此權利。未嘗組織一公司舉行合資辦理之實也。雖彼國政府著著實行。然以特別國際條約所規定。其性質非普通者。其勢力猶有限制也。蘆漢鐵路合同。實爲第三著手。開正式借債興業交涉之端緒。然借債之主動者。猶限於中央政府。其勢力猶未普及也。山西福公司合同。實爲第四著手。民間一私人任意假財團法人之名號。與外國資本家交涉。其輸入之途大寬矣。然其名猶曰借債得掩耳盜鈴曰主權在我債務畢而利權固在也四川華益公司合同實爲第五著手則其名曰華洋合股而非以華人之主權借洋債矣然猶冒名曰華人發起洋人附股華人總辦洋人幇辦也義和團事件以後中英中美中日新商約實爲第六著手正定內外人合資營業之權利義務要求改正礦務章程外資輸入全不必假名中國人門限全撤自由輸進游刃有餘地矣此十年來大勢趨移歷歷可按者也

第四節　外資輸入中國之分類

甲　事業的分類

外資輸入之種類。其大者不過五端。一曰鐵路二曰礦務三曰輪船四曰改造土貨之機器廠五曰購地今分類表列。以觀外資侵略我市場之大勢焉。

鐵路之部

(名稱)	(資本國)	(線路)	(資本額)
東方鐵路	俄國	自士德黎頓至海參威其支線至吉林	股金五百萬盧布債券在外
旅大鐵路	同	自滿洲線分歧達此二港	不詳
正太鐵路	同	自太原府至正定府與蘆漢幹線連	借欵二千五百萬佛郎

滇越鐵路	法國	自安南東京經紅河達雲南	不詳
桂越鐵路	同	自諒山經龍州達南甯	不詳
北海鐵路	同	自廣東廉州之北海通內地	不詳
膠濟鐵路	德國	自膠州灣分兩線達濟南	政府補助金千五百萬磅
津鎮鐵路	英德	自天津達鎮江北歸德南歸英	借欵七百四十萬磅
晉礦鐵路	英國	平定州忻州潞安平陽一帶礦地	包在礦務資本內
豫礦鐵路	同	全省礦地	同
榆營鐵路	同	自山海關至營口	未詳
滬甯鐵路	同	自上海至南京	三百二十五萬磅
蘇豫鐵路	同	自南京至河南接盧漢鐵路	未詳
杭甯鐵路	同	自蘇州經杭州達甯波	未詳
浙礦鐵路	同	浙江全省礦地	未詳
九龍鐵路	同	自廣州至九龍	未詳
滇蜀鐵路	同	延長緬甸線經雲貴以達四川	未詳
粵漢鐵路	英美	自漢口達廣州	借欵四百萬磅

蘆漢鐵路	比利時	自正定達漢口		借款三千七萬兩

●●●礦務之部

（省區）	（礦地）	（資本國）	（資本額）
東三省	全省	俄國	不詳
山東	膠濟鐵路兩線之附近實則全省	德國	約六千萬元
四川	全省之礦未經內外公私人認採者	英國	一千萬兩
又	灌縣犍爲威遠綦江合州重慶	法國	一千萬兩
山西	盂縣平定州潞安州平陽府煤鐵及他處煤油	英國	一千萬兩
河南	懷慶府附近及河南全省	同	一千萬兩
安徽	歙縣銅陵大通甯國廣德潛山	同	七百萬兩
又	宣城	日本	二百五十萬兩
浙江	嚴州衢州溫州處州	意國	五百萬兩
貴州	不詳	法國	不詳
福建	建甯汀州邵武	法國	七百四十萬兩

●●●●輪船之部

（公司名）	（航路數）	（資本國）
東方鐵路公司	五線	俄國
怡和洋行	九線	英國
太古洋行	八線	英國
美最時洋行	三線	德國
麥邊洋行	一線	英國
鴻安公司	一線	英國
漢堡亞美利加公司	三線	
他克拉公司	一線	
禪臣洋行	一線	英國
瑞記洋行	一線	德國
大阪商船會社	八線	日本
大東瀛船合資會社	四線	日本
湖南瀛船株式會社	一線	日本
西江輪船公司	一線	英國

以上所列諸線。皆來往於中國境內者。其由境外至境內之航路。概不列入。十年以前。外國人投資營業於中國內地者。惟此項最爲大宗。但所通航率在沿江沿海而已。自光緒二十四年。英國始得內河通航特權。得由通商口岸以航於不通商口岸。義和團之役以後。英日重定商約。皆特提此事。日本商約中。特附專條。無論滊船帆船。一律准行。且可以由此不通商之口岸以航於彼不通商之口岸。（原約云此項須得中國政府臨時許可）於是茲業始大擴張矣。現在最奮發以從事此業者。莫如日本。其行福建內地者二線。上海蘇杭間者二線。湖南湖北間一線。次之則英國也。茲業今始萌芽。此後方興未有艾矣。（按各國內河湖泊。皆不許外輪通航。美國限制尤嚴。凡挂他國國旗之船。從海外至美國者。只許以一口岸爲終點。不許經過停泊第二口岸也。）

此外製造業購地業。無調查材料可據。無從列表。購地業限於租界內。然此種不動產之總額。亦當不少。（建造房屋倉庫等皆附屬此項）製造業未甚發達。因今者各國方馳逐於路礦兩業。擇最肥者而先噬焉。目前固尚未暇及此也。然上海紡績機器廠八家。其屬於外人資本者已五家焉。前年日本人亦有欲購湖北織布局之事。此皆其見端也。其餘火柴紙烟等製造公司。已紛紛開設。而電燈電話等業。亦經外人之手。陸續起於北方。十年以後。

吾知此等事業其必盈國也已

乙　性質的分類

以上所敍列。外資之從種種方面輸入中國者。但其性質亦駁雜各殊。今分論之。

(甲)客觀的全類

(一)債權分在公家者(即外國政府)　如俄羅斯之東三省鐵路是。

(二)債權公私不分明者　如德國山東鐵路礦務英國川緬鐵路。法國滇越桂越鐵路等。由民間集股。而政府補助之。其管理營業之權。實在彼政府。

(三)債權全在私人者　其餘各路礦皆是。(雖然政府亦往往以間接力干涉之。如比利時於蘆漢鐵路等類是也)

(乙)主觀的分類

(一)以借欵之名義輸入者　復分爲三。

(一)以政府之資格借欵者　復分爲二。

(一)我政府借之於外國政府者　如俄羅斯之東三省鐵路是。

(二)我政府發債券借之於外國民間者　如津鎭鐵路。粵漢鐵路。滬寗鐵路是。

(二)以半公私之資格借款者　如中國鐵路總公司借比欵以辦盧漢鐵路。山西商務局借華俄銀行欵以辦柳太鐵路之類是。

(三)以公司財團法人(實私人)之資格借欵者　如山西礦務。河南礦務。浙江礦務是。

(二)以合股之名義輸入者　復分爲二。

(一)由兩政府之條約號稱許我商民入股者　如東三省、山東、之礦務是。

(二)成立一公司號稱華洋合股者　如四川之華益、福安、安徽之安裕、福建之大東、等皆是。

質而言之。則無論其名號爲借欵爲合股。要之其管理營業之全權純在外人。此則五尺之童皆能知者也。號稱借欵者。其所圖決非在區區將來償還之本息。號稱合股者。華人股份決無一文。外資輸入之地。即爲生計權移於外人之地。生計權移於外人之地。即爲政治權移於外人之地。此則今日稍有識者所同痛心疾首無俟余喋喋者也。

至其利害得失之眞相。及救治之第一根原。吾將續論之。

(未完)

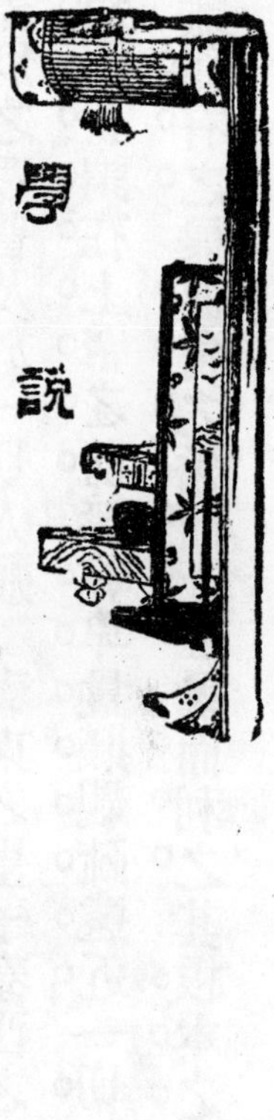

墨子學說（續第五十號）

中國之新民

第三章　墨子之兼愛主義

墨子之以兼愛立教。稍通國學者皆能言之矣。雖然以孟、荀、排斥之說先入爲主、一概抹煞、故於兼愛主義之眞相、蓋晦焉。今請排比其說而批評之。

第一節　中西宗教家哲學家愛說之比較

愛也者出於天賦本性之同然。凡人類所莫能外者也。故凡創教立宗者。雖其所說愛之廣狹有不同。要莫不以愛爲教義之基礎焉。略綜其別。可得五種。

（第一）惟愛靈魂者。　以軀殼爲罪惡之原泉。非直不愛而惡之特至。如彼印度之九十六種外道。往往有臥轍飼虎以求脫離塵網者。彼非有所忍於軀殼也。去其所厭

以達其所愛也此爲愛之最狹義其不能行於普通社會無待言

(第二)自愛其靈魂軀殼而不顧他人者　比於第一說其範圍雖稍進然狹隘猶甚凡以利己主義立宗者屬之若希臘之阿里士帖普 Aristippus 伊壁鳩魯 Epicurus 及中國之楊朱皆是也爲此說者其本意非必害人以自利苟害人以自利則純然盜賊之行未有能倡爲一教宗者也雖然既以利己爲動機則當彼己利害相衝突之時其勢不至害他不止即不爾而個人主義趨於極端眞有所謂拔一毫而利天下不爲者於是社會馴致滅亡此其爲邪說亦不俟辯顧近世進化論者之一部分亦往往變其形式而襲用之

(第三)以本身爲中心點緣其遠近親疏以爲愛之等差者　即儒教所謂親親之殺是也修齊治平漸次擴充於維持社會秩序最有力焉

(第四)平等無差別之愛普及於一切人類　泰東之墨子泰西之耶穌其所宣示之愛說皆屬此類耶教謂在上帝之前無尊卑貴賤親疏遠近一切平等（人類皆上帝之子）墨子謂天之於人兼而有之兼而食之兼而愛之兼而利之其根本之理想全同實愛說

中之極普遍極高尚者也雖然其實行頗多窒礙於本章之末詳論之

(第五)圓滿之愛普及於一切衆生　佛說是也佛之慈悲推廣於人類以外尤普遍尤高尙矣至其實行反往往與儒教相同蓋佛以因果立教隨因緣之厚薄而生等差也此小乘法也若大乘法則愛根與不愛根同斷譚瀏陽謂有所愛必有所不愛無所愛將留其愛以無不愛也可謂達佛旨矣然此自是出世間法與世間法不甚相容今勿具論

第二節　墨子兼愛說之梗概

(一)愛情與社會秩序之關係　墨子推原社會之所由亂(一)戰爭(二)篡奪(三)乖忤(四)盜竊(五)詐欺而其起因皆自不相愛始

(兼愛上)聖人以治天下爲事者也必知亂之所自起焉能治之不知亂之所自起焉不能治(中略)亂何自起起不相愛臣子之不孝君父所謂亂也子自愛不愛父故虧父而自利弟自愛不愛兄故虧兄而自利臣自愛不愛君故虧君而自利此所謂亂也雖父之不慈子兄之不慈弟君之不慈臣此亦天下之所謂亂也父自愛也不愛子故虧子而自利……(中略)是何也皆起不相愛雖至天下之爲盜賊者亦然盜愛其室不愛異室故竊異室以利其室盜愛其身不愛人故賊人以利其身此何也皆起不相愛雖至大夫之相亂家諸侯

之相攻國亦然……(中略)天下之亂物具此而已察此何自起皆起不相愛

(兼愛中)是故諸侯不相愛則必野戰家主不相愛則必相簒人與人不相愛則必相賊君臣不相愛則不惠忠父子不相愛則不慈孝兄弟不相愛則不和調天下之人皆不相愛强必執弱富必侮貧貴必敖賤詐必欺愚凡天下禍簒怨恨其所以起者以不相愛生也

(二)兼愛爲維持社會不二法門

(兼愛下)子墨子曰非人者必有以易之若非人而無以易之譬之猶以火救火也(兼愛中)子墨子言曰以兼相愛交相利之法易之(中略)視人之國若視其國視人之家若視其家視人之身若視其身是故諸侯相愛則不野戰家主相愛則不相簒人與人相愛則不相賊貴不敖賤詐不欺愚凡天下禍簒怨恨可使毋起

(兼愛上)視人之室若其室誰竊視人身若其身誰賊視人家若其家誰亂視人國若其國誰攻

(三)兼愛與別愛之比較　墨子以平等之愛爲兼差別之愛爲別故有兼士別士兼君別君之名今節引其說

(兼愛下)兼以易別

(又)姑嘗兩而進之誰以爲二士使其一士者執別使其一士者執兼是故別士之言曰吾豈能爲吾友之身若爲吾身爲吾友之親若爲吾親是故退睹其友飢即不食寒即不衣疾病不侍養死喪不葬埋別士之言若此行若此兼士之言不然行不然曰吾聞爲高士於天下者必爲其友之身若爲其身爲其友之親若爲其親

然後可以爲高士於天下是故退睹其友飢則食之寒則衣之疾病侍養之死喪葬埋之兼士之言若此行若此然即敢問今有平原廣野於此被甲嬰冑將往戰死生之權未可識也又有君大夫之遠使於巴越齊荆往來及否未及否未可識也然即敢問不識將惡也家室奉承親戚提挈妻子而寄託之不識於兼之有是乎於別之有是乎哉以爲當其於此也天下無愚夫愚婦然非兼之人必寄託之於兼之有是也此言而非兼擇即取兼不識天下之士何以皆聞兼而非之者其故何也

按此其意言雖有持別義者固靡或不願他人之以兼待我是必天下皆愚而我獨智抑天下皆賢而我獨不肖也墨子以其反人道故力駁之

(四)兼愛即所以自愛

(兼愛下)大雅之所道曰無言不讐無德不報投我以桃報之以李此言愛人者必見愛也惡人者必見惡也

(又)吾不識孝子之爲親度者云云(參觀第一章第二節所引)

按墨子「吾不識孝子之爲親度者」云云一節實兼答孟子兼愛無父之難也

(五)先聖兼愛之成例

墨子屢言有三法其第一法則考之先聖大王之事(此見非命下)墨子歸納論理學之城壁也故全書諸篇中無不雜引古哲往事以爲證援兼愛上中下三篇歷引禹湯文武實行兼愛之故事與他篇同例文繁今不具引

（六）實行兼愛之非難

（兼愛中）乃若兼則善矣。雖然。天下之難物於故也。子墨子言曰。天下之士君子。特不識其利辨其故也。今夫若攻城野戰殺身爲名。此天下百姓之所皆難也。苟君說之。則士衆能爲之。况於兼相愛交相利則與此異。夫愛人者人必從而愛之。利人者人必從而利之。惡人者人必從而惡之。害人者人必從而害之。此何難之有。特上弗以爲政。下弗以爲行故也。昔者晉文公好士之惡衣。……（中略）是其故何也。君說之。故臣爲之也。（下畧）

（又）然而今天下之士君子曰。然。乃若兼則善矣。雖然。不可行之物也。譬若挈太山越河濟也。子墨子言。是非其譬也。夫挈太山越河濟。自古及今。未有能行之者也。况乎兼相愛交相利則與此異。古者聖王行之。何以知其然。古者禹治天下。……（下畧）

第三節　墨子兼愛說之批評

墨子所謂別士別君者。蓋指儒教所倡之倫理。其所謂兼士兼君者。則自指其所倡之倫理也。即有差等與無差等之兩大爭點也。無差等之愛在墨子極言其實行之非難。然夷之之見詰於孟子。已不得不以施由親始之一語爲之圓融。若如墨子之極端無差等說。所謂愛人身若其身。愛人家若其家。愛人國若其國者。其僅爲一至善之理論。而斷不可行於實際。殆無待辯。循墨子之教。則其社會之組織。必如柏拉圖德麻摩里黨

（參觀本報第一年之生計學沿革小史）所虛構之共產主義者然後可質而言之則無所謂國無所謂家也若猶有其家人家其國人國之名則其目的終不可得達也又必如佛說舉一切衆生入無餘涅槃以滅度之之後然後可質而言之則無所謂身也若猶有其身人身之名則其目的終不可得達也此其理甚膚淺。盡人能言之。故不具論。今所欲研究者。非兼愛說能行不能行之問題。而兼愛說當行不當行之問題（僅標兼愛二字。則斷無不當行之理由。蓋有差等之愛。亦不可謂非兼愛也。此所謂兼愛。專則指墨子兼愛。純爲極端之愛他主義者也。）

墨子恒以愛利並稱。而謂兼愛主義爲維持社會秩序增進社會幸福之不二法門。其意不可謂不盛。雖然。使全社會之人而悉循墨子之教。則其結果遂能如墨子之所期乎。是當以學理平心察之。

(一)兼愛說與能愛者（即自己）之關係如何　近儒帕爾遜（帕氏德國人。當代德國派哲學第一流。現任柏林大學教授。茲所譯引者。其所著倫理學大系第三篇第十章也。）評景教之說曰。「凡人皆有愛人之義務。而尤必以自愛之義務爲界。蓋人類之第一義務。在發達天賦特長之良能而善用之。使已身止於至善。譬有少年於此。聞景尊之教。乃急售舍其有限之家產以周恤貧人。銷磨其有用之時日以存問病者此等獻身之義舉決非可崇拜而不足以爲道德之標準甚明白也蓋彼若善用其財產或可以增一國資本之總殖而廣斥之以養貧傭若善用其時日或可以成一專門之學業技術而使全社會受其賜也此普遍之原則毫無疑義者也今所最難論定者則愛人之義務與自愛之義務兩不相容之時譬有友病者吾每日將所當踐行之日用義務之日力割出若干分以侍養調護之宜也寖假而病久不痊醫者命遷地療養則將全犧牲吾職業以隨之乎抑置吾友而全吾日用之義務乎此則當視其人與吾之關係深淺何如矣』凡以言無差別之兼愛說不足以爲道德之標準也各人對於社會而有特別之義務。不盡此義務者。即不道不德。其以何因緣而至於不盡此義務。非所問也。故以徒愛他之故。而致此義務之缺憾。非道德之標準也。　墨子之極端兼愛主義似不免爲帕氏之所訶雖然墨子之說固非徒偏於狹義云也試徵之

（魯問）翟嘗計之矣翟慮耕而食天下之人矣盛然後當一農之耕分諸天下不能人得一升粟藉以爲得一升粟其不能飽天下之飢者既可睹矣翟慮織而衣天下之人矣……（中略）翟慮披堅執銳救諸侯之患矣……（中略）翟以爲不若誦先王之道而求其說通聖人之言而察其意上說王公大人次匹夫徒步之士……（中略）故翟以爲雖不耕而食飢不織而衣寒功賢於耕而食之織而衣之者也

由是觀之則墨子尊重人類對於社會之特別義務而使之各自發達其天賦之特長

以爲廣行兼愛之預備其意甚明

(二)兼愛說與所愛者之關係如何　愛人之目的將以利人也然天下固有愛之非所以利之而反以害之者故兼愛主義之第二制限則「毋以我之愛彼而妨害彼之獨立或減殺其獨立性使日弱」是也苟爾爾者雖其事發於善意而不免於惡行即如一世紀以前歐洲各國所行救貧之法律救之愈力而貧者愈衆。蓋由獎厲其依賴怠逸暴棄之惡性使日以發達而蔓延及於社會全體之風俗非徒周施者受其病而被周施者終身緣茲而墮落病滋大也。近世進化論者多持此原理。以極力排斥愛他主義。雖然墨子既有言矣。曰「大人之愛小人也薄於小人之愛大人也其利小人也厚於小人之愛大人也」大取然則墨子之兼愛說固以不妨害所愛者之獨立爲界也。

(三)兼愛說與社會全體之關係　此實墨子教義完全不完全之最後問題也。墨子曰。視人身若其身。視人家若其家。視人國若其國。此義果能實行與否。勿具論。藉曰能矣而以吾身爲人身謀以吾家爲人家謀以吾國爲人國謀其能如彼自謀其身家國者之周且善乎此不待辨而決矣社會學家言人類與「非人動物」之界線多端然其最要者則對於外界而覺有所謂「自己」者存也（參觀本報第二十四號論初民發達之狀態）言政治言法律言生計者亦往往以「所有權」之一觀念爲萬法之源泉蓋必「所有權」之觀念定然後「將來」之思想發生而人人知有將來是即社會進化之所以彌劭也若一社會之人悉舉其自己之觀念所有權之觀念而拋棄之即使互無損於他人之獨立而舉其本身應行之義務相爲無理之交換是果爲社會之福乎質而言之則社會之自殺而已推而在一家者以一家爲其所有權在一國者以一國爲其所有權印度之以世界主義亡國也則其人於國家所有權之觀念甚薄弱爲之也故近世倫理學家謂極端之利他主義必不能爲學說之基礎誠哉其然矣墨子於此終局之結果似有所未審也

雖然墨子之學說蓋欲取現在社會之組織法翻根柢而變更之以現在社會之眼觀察墨子誠見其缺點若世界進而入於墨子之理想的社會則墨子之說固盛水不漏也下章更論之（未完）

極東問題之滿洲問題（續第五十一號）

觀雲

日本人之對於滿洲問題也主戰與不主戰其間亦自分幾多之黨派而其國民之大多數則屬主戰論派主戰論派既以朝鮮半島爲賭其國家前途生存所必爭之地而尤欲乘俄人勢力之尚未充實於滿洲也而掃盪之故其持論也既一主於戰而尤謂遲戰不如早戰惟其間之稍不同者於既得滿洲之後有主收爲領土者有主以主權之虛名仍奉還於清國而開放以爲公共通商之地而博列國之歡心而日本則可占有其鐵道及其要害之地一二處以爲抵禦俄人之計者此則主戰論派意旨之大略也然亦有以戰爭危險而以俄爲歐洲强大之國不可輕賭國命於一擲於是有主非戰

論者如伊藤氏與故陸奧宗光氏同而持滿韓交換論山縣氏主與俄國握手而唱北守南進論井上氏亦從經濟上而主非戰論試取往事以證之方俄之迫日本返還遼東於清國也日本曾未嘗與清國結一遼東半島不得割讓於他國之條約又於俄之租借旅順大連灣而實占據之也日本曾未嘗起而一抗議之又於俄之强要清國而以西伯利亞鐵道之線引入於滿洲而獲滿洲鐵道敷設權也日本亦未嘗起而一抗議之又於英德協商保全清國領土而德國聲明滿洲在協商範圍之外是已明認滿洲爲俄國之所有日本又未嘗起而一挾異議於其間此何故哉則以是數事者皆出於伊藤氏山縣氏之爲內閣故其所用之政策乃如是也至續山縣氏之系統之桂氏內閣方伊藤外游之時曾作日俄同盟之想託其事於伊藤若勢機一熟即直飛電命任伊藤爲大使而締結公然日俄同盟之條約然事至半途而日英同盟之約成伊藤氏爲之憮然至昨年俄國不踐滿洲撤兵之約日本輿論洶洶日以開戰逼政府而日本政府仍不主戰而主協商其協商所提議即所謂滿韓交換論者是也此則非主戰論派意旨之大畧也若夫滿韓交換之協商果含何等之性質乎則欲進而論之

甚矣國之有民權者難乎其爲上也方日本政府以滿韓交換與俄國相協商也全國民論羣起而譏其失策以攻擊政府之無能謂夫今日之與俄國相交涉者滿洲之事已耳若夫朝鮮固早在日本勢力範圍之中而爲列國之所公認何反示退步而有待與俄國協議之有是直愚闇怯弱之政策耳然試一深探其政府之用心欲乘此事而朝鮮則先收爲已有至于滿洲仍留自發言之權以爲日後經營之計且夫俄國所有於滿洲之實權如軍港鐵道鑛山等事皆多與清國結有條約豈能從外交之口舌而攘除之所欲得者使滿洲不得爲俄國獨據之物而日本不擯斥於滿洲以外已耳如此故不妨認俄國於滿洲得占有優勢之利益但使認爲清領而置於清國主權之下則日本他日所獲得于清國條約上之權利仍得與俄國立均等之地位而日本固不妨由朝鮮基業大定之後再擴充其勢力於滿洲質而言之先得朝鮮後取滿洲耳其鉤心鬭角可謂極外交上細密活潑之長然而國人之論潮且若是其洶洶而政府已不能隨時論之大勢而改變其方針觀於其後之決然斷絕外交而出於用兵蓋已爲輿論之所刼而民權固於是見奏凱之時焉以視我中國之政府聽戲吃酒聾聵麻木

而惟日畫割地之諸月草讓權之約然而雷霆萬鈞氣燄極天而蚩蚩小民帖然慴服曾未聞有依國民所應得於國家之權向賣國殃民肥身潤家之政府而責問其罪惡者或一二賢者不勝忠憤間以其意見發表於論議之間而政府已目爲叛逆不道務欲拿捕殺戮絕其根株而後快何其與民權國之政府其處位辦事難易若是其懸殊而其所得操之權勢固有大相反者觀於日俄交涉之事而日本之民權蓋略可見矣反之而觀俄國則於滿洲欲先認爲已有而後進而吞朝鮮半島之地故俄之於滿洲也始終堅執以爲俄清兩國之事無與於第三國者此從其字面表象觀之俄固未嘗不認滿洲爲清領也而從其內質言之則俄國以滿洲爲獨一所獲之物而循是說也其對列國則曰。滿洲之地俄得之于清國固非列國之所得而干預焉而對清國則曰吾得之於彼此之協商吾得之於討平義和團而保持其秩序較之清國之入據中國而曰吾得天下於李闖非得天下於明室者其措辭尤巧而固已謬居爲名正言順矣至於朝鮮雖不能不暫認日本有優等之利權然經營龍岩浦等已爲日後勢力侵入之起點而待滿洲實力之已充朝鮮固仍不失爲俄國囊中之物也故兩家之外交一則於朝鮮爲居坐主義而於滿洲則爲伸手主義一則於滿洲爲居坐主義而於朝鮮則爲伸手主義雖然此兩國外交所含有之性質也若從其形式以觀則不能不評俄國爲踰分而固不如日本之稍肯讓步焉何也俄國之於滿洲絕對拒絕日本而其所協商者但在朝鮮則於形式上已不得謂之滿韓交換而直當謂之滿洲歸俄朝鮮則日俄協商已耳若是則雖俄人承認日本之在朝鮮得占優先之地位而於滿洲已不留日本容喙之地則日本之損辱實多況乎事循其本今日之交涉實緣俄國不踐滿洲撤兵之約而起故滿洲實屬交涉之主題而朝鮮寧屬交涉之副題若除卻滿洲而但議朝鮮之事此全非日本之初心而亦日本之所必不肯諾也故原協商之不成其過當委之俄而不當委之日本試觀日俄交涉往復文書。（全文見新民叢報第四十二三號）其間最重要者。即在前後日本二回之提案（文書第三及第二十二）與俄國二回之對案（文書第十七及第三十四）又日本對于俄國二回之修正案（文書第三十五及第三十九）竝俄國最後之讓步案（文書第三十八）凡七通而兩國主持之異同點。具見於是其在日本所提議者相約尊重清韓兩國之獨立及保全其領土而在俄國所提議者側除清國不言尊重清國之獨立及保全其領土而獨言尊重韓國之獨立及保全其領土之事夫日本固非有愛於清國也尊重清國之獨立及保全其領土則滿洲主權屬清國而不屬俄國而日本已自留位置於滿洲之間蓋俄國可享有從清國條約上所獲得之權利日本亦可享有從清國條約上所獲得之權利故也俄國亦非有愛于朝鮮也尊重韓國之獨立及保全其領土如此則朝鮮之土地日本不得而占有之而日本經朝鮮之認許可獲得其利益俄國亦可經朝鮮之認許而獲得其利益故也然而日本於朝鮮之獨立及保全其領土也固承認之而俄國於清國之獨立及保全其領土也不肯承認之又日本之初提議也於朝鮮未嘗明絕俄國而俄國所提議則謂日本當承認滿洲及其沿岸爲全然在於日本利益範圍之外雖日本爲同樣之對案而曰日本承認滿洲及其沿岸爲全然在於日本利益範圍之外俄國亦當承認韓國及其沿岸爲全然在於俄國利益範圍之外然固俄之先絕日本矣又日本要求各國在清韓兩國之商工業保持均等主義而俄國之於滿洲也不肯許之雖至最後之讓步案允加入於滿洲區域內俄國不阻得日本若他國享有與清國條約所獲得之權利

及特權然聲明係屬現行條約又不許設定居留地夫限以現行條約則以後續獲得于清國之條約已含否拒而限以不設定居留地則仍在俄國管轄之中且最關要點在抹煞清國不言承認清國之獨立及保全其領土則此次協商俄國已不認滿洲在清國主權之下夫利益固從主權而出者也日本所欲獲得于滿洲商工上之利益而主權先已變更不復屬於清國而屬俄國則日本更何從再獲滿洲之利益乎如是而日俄協商之條約遂以不成

遷延遷延而姑依託於外交名辭之下以需長其歲月而隱圖充實兵力於東方足以制他國之死命則可以惟我所欲爲而無所忌此俄人陰狡之用心故其於對日本之交涉也或曰皇帝出游或曰皇后有疾或曰當徵亞歷斯夫之意見爲種種延宕之辭其意以爲如是可羈縻日本而交涉期内日本必不決戰則滿洲兵力之虛乃可不爲其所乘而一面誇張其兵數使日本之望而氣餒至於一切戰鬬之準備已完整於滿洲之野則於外交上不難盡拒斥日本之要求而以俄國之地大兵衆取攻勢以臨日本彼日本固自知其不利而當悉就俄國之範圍耳故日本利於速戰而俄國利於緩

時局 八

戰日本利於外交成否之速即揭曉而俄國利於外交成否之緩無定期方日本以交涉延滯不勝其望眼欲穿焦心若痗而發苦悶之聲而俄國即悠然怡然以爲是吾所弄最巧之手筆而入吾之轂中者而烏知因是之故乃反大有所造於日本何則使日本不先經歷此協商之困難而猝然欲與俄國以干戈相見則世界必以好戰之國目日本而俄國亦可盡委卸其戰爭之過以爲在日本而不在俄而藉以博世界之同好於俄則日本固亦大不利焉夫戰爭之事其最當注重者在着眼於各國之外交而探其同情之向我與否若與各國之情好一離而陷於孤立之地位則雖戰勝而亦可受各國之合而排擠而所招之損失實多彼德法戰爭之初俾斯麥所最用心者在外交上之一事以是得收終局之勝利焉今日俄交涉以偃蹇歲月而終不得要領則世界已有以窺俄國修好之無誠而共諒日本之有忍耐之心遂至開戰而無非難日本者出此雖由日本先聯英國爲與國而美國以關於滿洲通商之利害其勢自亦傾于日本而日本遂得世界大有力之朋好國然亦由於與俄國協商已緜亘長久之日月故各國乃共認其開戰爲迫於最然之不得已而然而實則亦由於俄國之玉以成焉

至於一旦決裂而仁川旅順之戰若疾雷之不及掩耳雖俄國以不宣戰而襲擊嗚日本之違背公法然日本於交涉形式上已爲最後之通牒而聲明外交斷絕當採自由之行動且先召還其駐俄公使是已不啻以宣戰相告而俄國之爲日本所襲擊乃俄國之怠慢而不自備而日本不必先發宣戰之書而開戰者固戰爭之通例而於公法上蓋無可議焉況俄國以不宣戰而襲人以取利其事且屢行之出爾反爾固無可以責日本者而日本之出兵迅速制於機先破俄國之攻勢而使爲守勢而亞歷斯夫預計之戰畧遂歸於畫餅而無所用而日本反若藉外交遷遲之故而有守如處女去如脫兎之觀爲是又其機敏之差足多矣

（未完）

時局

政治

存舊官論（官制議篇十）

明夷

行政分職。各國不同。或略或詳。或分或合。各有所偏重。各因其地宜列職。已詳前篇矣。中國今玆分職。宜何從乎。略乎詳乎。分乎合乎。夫中國與歐美。固有迥然不同者也。各國大如英德法奧。率皆四千萬人。不過吾國十分之一。土地亦然。而各國又有鐵路徧通。故其中央集權。眞能臂指如意。中國新變之始。地太大而鐵路未通。人太多而精神難及。路太隔而利弊難悉。其欲如各國之中央集權。運動如意。利弊昭晰。舉措悉宜。其難不止百倍也。于萬難之中而求濟之之術。惟之總攬邊務。而置司于京師。以講求集聚之多分專職而分司于直省。以指揮貫徹之。庶幾可以提絜專精。細入洞達耳。

中國舊設寺監。多爲冗職。等于無司。其實有司存者。自新設外部外。惟六部耳。而六部之中吏部。既以簽主持。盡失選曹之舊。一木偶已能任之。何事設冢宰陳庶司以任之乎。法弊至此。即無外國新理之來。吏部已當廢改矣。夫以尚書侍郎一二人而欲盡天下之才。不待言而知其謬也。然則即有毛玠之清。方山濤之識量。其必不能稱職可知矣。既萬無稱職之理。又不可付之籤格之爲。非廢之而何用焉。今各國選除。皆歸本部之長吏。故各部皆有試驗懲戒之官。其職專其司。熟各由本部考試。各由本部拔用。各由本部懲戒免除。知之既明。試之尤審。豈不易於得人稱職耶。其與以一二人盡天下之才。以籤格進天下之士。豈不遠哉。若謂付之本部。則恐其私。夫以籤格爲公。則無寧立木偶爲尚書侍郎。豈不公耶。此益可笑也。中國吏部之職。上承漢制公府之吏曹。其來甚遠。其義甚舊。人人習而忘其非。不知改除。而崔亮之停年。裴光庭之資格。孫丕揚之抽籤。土梗木偶之事日出。以用人之大政。等于兒戲之傀儡。豈不異哉。夫三古無吏部之專司。漢之公府九卿二千石。皆自辟僚屬。故太尉東曹主本部之椽吏。此即各國各部自主其官曹之法。若夫賞勳考功。有非一部所能主者。則事隆體重。歸之于內閣。

曹司特設會集大臣以考之不立專部既得其公又甚重之視操權于吏部一至輕之曹司相去遠矣執此而言則吏部可裁以其考功賞勳之職司移于宰相而文選一司之事散之各部可也今驟難裁併姑仍其舊但先停其銓選而聽各部自爲政俟法制既定章程習熟而後徐裁之且留其職以待耆老之冗員或存其銜而同于保傅之虛爵可也若新定百司可不存此部矣

戶部雖司度支而無措置天下財用之權其職僅司出納而已英于度支部外有出納部德于度支部外有收稅部意及波斯皆度支外有出納部今戶部正得其職司頗繁備六部中職事之最實而存在者也稍整頓其出納之法改其戶名或用古名曰金部抑曰太府部更正定其曹司則此部可因而存用之

禮部司朝會祭祀儀祭主客貢舉之事今屬國已盡主客將無所用矣雖安南虛名廓爾喀羈縻亦不久矣學校之司已移歸學部惟貢舉一事尙存然亦難久聽其略存閒曹比之吏部如古寺監之遺俟其職盡而後裁併歸于供奉省之一曹可也其職銜亦等于保傅以寵耆舊以示崇班今新定百司不存此部

兵部僅司綠營之名冊。武選之遷除。火牌驛馬之馳遞。無用甚矣。然民兵未舉。綠營未盡廢。其餘舊制多未盡去。姑與吏禮二部並存。俟其職盡乃議裁去。亦留其職以待耆舊之冗員。存其銜以同保傅之尊位也。

刑部法律頗備。但因亂國重典之重。承專制壓抑之風。宜大加修改耳。六部之中。惟刑與戶職司尙存。留此以爲大審院可也。若刑部之名。實隋唐之悞。古者謂之大理。其名義至公。國家設法理以保護人。安有設刑網以待民哉。唐時嘗名爲憲部。尙爲有理。後改爲刑。行之千年。人皆忘之。一觀其名。而慘刻無恩以網待民之意已布露焉。何不仁哉。其本源出於劉歆之僞周官。開口即曰掌邦刑以刑邦國。蘇綽因之曰司刑大夫。而隋名曰刑部。今當亟正其名曰大理部。乃不失古者以理待民之意。

工部僅掌營繕宮城。其各省屯田河道山林工作。不過報一冊于工部而已。不能運動之也。此亦一吏之事而已。各司制度未定。舊冊具存。不能遽廢。亦與吏禮同存。閒曹爲耆舊優閒之地。或爲保傅虛榮之銜可也。

從古官制變爭之時。新司因事而立。舊司多有兼存者。因其條理繁多。案冊如山。萬不能一時盡去也故無寧以閒曹存之事權既與新官無礙而職事案牘亦有小補者故後漢至魏晉事歸臺閣而九卿之職不除六朝職在中書二十一局而尚書諸曹不廢不惟中國也英之樞密大藏尙璽已然矣若必欲一旦盡裁之其案牘必因而亂失反有大謬者故六部除戶刑外四部可視爲寺監閒曹不必議廢也

都察院六科爲古之御史臺。職風憲彈劾。亦中國之議院又中國之行政裁判所也議院未開今未能廢議院開後簡其曹司員數專爲行政裁判所可也

翰林院爲文學之地。顧問之區。與內閣相通。各國皆有學士院焉。即唐宋亦名學士院宜復其名妙選人才充之如各國公選專門博士之制今已不爲顧問。但以爲一國學人之表而已。中國地大人衆。當日學人至多。法國學士四十。中國則三百之額。未爲多也今在中國已久爲華選宜改宋館選之制聽大臣薦舉耆舊及通博之士試可以充之分學士爲三四五品以集賢才以備顧問以充使命其進士殿試一日之短長實不足以見之宜停其朝考館選之制以杜倖進而清華選

大理寺可升爲法部或以充各國大審院總覆天下重囚及官刑此最切于今用矣

政治

欽天監原因宋制。此方術之事。今可仍之。隸于文學部可也。

太醫院可改隸供奉部。普國有醫部。以文部兼之。其事重大。吾國醫學未興。今雖大官提倡。以隸于學部可也。

寺監除此數者外。太常可歸併于禮部之祠祭司。光祿可歸併于精膳司。鴻臚可歸併于主客司。太僕可歸併于鑾儀衞。國子監可歸併于大學堂。皆爲無用。應與通政詹事同裁。衙門但留其官。同于保傅。以爲升轉之卿階可也。此數衙門者久同閒曹。裁併之而無所誤事者也。惟職事可裁。而官爵可無庸廢。蓋京卿貴重。久爲虛爵。行之已久。古者官爵重行。周時有五等爵。秦漢以爲少。加虛爵十九級。以寵勸天下士。虛爵固以多爲貴。卿本爲爵。正可復古。以代古者大夫之位。其詳見改官爲差篇。（完）

中國貨幣問題

（續第五十號）

中國之新民

第三章之續

第三節之續

既有信用限制之兩法則平時銀幣通行於國內者自能隨國家所定金一銀三十二之比價不至太有所漲落至其匯出於國外之畸零小數（即所謂正幣輸送點）苟在平時國內貿易所需易中物之總額與現存易中物之數適相應則亦自能從所指定之比價無大偏畸雖地銀之値低落於現今數倍而我之幣制不受其影響如故也然則此後更須費人力以補苴者何在乎則(一)當內地以種種原因而致商務稍淡貨幣之用求少於供

之時。（二）或者中央鼓鑄偶爾失檢發出太多供溢於求之時。前論限制之法。謂中央政府當調查全國中當有銀幣若干。即可數用。準此數以爲鑄造之總額。云云。自理論上。固當如是也。但按諸實際。則一國中實應用金銀多少。顯不能有確定不移之尺度以衡量測算之。任用如何精密之調查。總不能遽得其眞數也。故必先懸定一大概之數。試辦通行。然後以論理學之歸納法。頻頻觀察之。觀其市價（新幣之市價）與經價（國家所定之法價）之比例漲落若何。若市價劣於經價。則必其供過於求也。宜即停鑄。若市價優于經價。則必其供不及求也。宜更增鑄。如是試驗者一兩年。然後國中需用銀幣之眞數。可以求得矣。然又非求得之後。即一定而不移也。商務日擴張。則所需貨幣亦日加增。故所謂歸納法之觀察。無時而可以已。而政府操縱貨幣之權力功用。亦無時而可以已也。當彼之時。則貨幣市價必劣於所定法價。而懋遷者以運出正幣爲利。而我所通行之幣則銀也。非金也。於斯時也。勢不能不以地金之眞値相匯兌。而所謂金一銀三十二之比例者。遂將亂。

然則操縱之術將奈何。在尋常供求相劑。貨幣之市價與經價適均之時。則國際匯兌之事。一任諸本國外國之銀行。政府可無容心也。惟當供過於求。不得不以正幣出口之際。則政府出而代民間任匯劃之事。以調劑之。精琪氏乃議於倫敦巴黎柏林聖彼得堡紐約橫濱六處。以半官半私之資格各設一局。面預存貯金幣於彼以備此際之用譬如平日上海倫敦之金融常價以我新幣一元易彼二先令。能常如是。政府可勿問也。一旦匯價漲至一元零二分乃易二先令則政府乃自賣匯票有持銀幣一萬元以上（萬金以下小數無關輕重。故政府不爲茲瑣瑣云。）至中央銀行（此其假定之名。要之政府所設司泉之機關是也。）託代匯外國者政府則收之而照市面通行稍廉之匯價代爲匯寄即由該匯往之地政府所設之貯金處照原定法價劃付以一時之外觀論政府似稍受虧損也。殊不知政府隨將所收之銀幣存貯於國庫中不復發出轉瞬間而匯價必復趨於平與法價同蓋外國匯價之所以漲者由於買匯票出口之數多於運貨出口之數而買匯票出口之所以多於運貨出口者以百物之値較錢値爲昂百物之値之所以昂於錢値者以市面通行錢幣太多供餘於求故一旦政府將錢幣收返於國庫暫勿使出則市面必以錢少而値昂百物必以錢昂而値賤而懋遷者與其匯金出口毋甯辦貨以相抵則貿易表之差負必轉而出口之匯票與進口之匯票復保平均法價之恢復直一轉圜間耳此則操縱之爲用也政府雖或小有損失。然爲大局計。以比諸前此以地金地銀之原價匯劃。其所贏。足償所損而有餘也。

反是而或緣銀幣停鑄供牽見少或因商務振興求牽見多則市面錢根緊而物值錢其時本國外國之商人或以地金（幣制定後則地金亦視同百物之一種耳）交於國庫而易取新幣或以彼國之金幣依其法價交於吾政府在彼處之代理人以還買入口匯票以茲間接則新幣自復散出於市場以爲調劑而市價復底於平如是迴環操縱妙用不窮而幣制之基礎遂以確立各國之中央銀行所以維持金融運樞軸以振一國商務者皆循此道也質而言之則一國之貨幣或使之在國庫或使之在市場審其時而伸縮之而已此事言之似易行之頗難當茲局者非有平日完全之學識更加以臨時精實之調查則誤其機者往往而見也各國大財政家所最兢兢者此物此志也

第四節　論新案之附屬辦法

(一)設立於外國之代理機關　所謂倫敦巴黎柏林彼得堡紐約橫濱六處之局面。皆爲政府之代理機關。助之以圓滑其操縱者也。故此機關之辦法。爲案內一緊要節目。今分三端論之。

(一)此諸機關預儲之金額　此諸機關。凡以應政府在本國賣出之匯票。而由彼處照付者也故其所貯之金額務須足於應付其數當如何。精琪氏以爲若專待匯劃市價有變動之日然後政府始代人營匯則其所需貯金不必甚多查印度流通貨幣之總額一千八百兆羅比約合英金一百二十兆磅其存貯金欵則不足十兆磅。約當其正幣一百分之八而强中國將來若欲辦此則準此推算當無大差

(二)此金額之所從出　精琪氏以爲中國若能從國庫中撥出此項存欵。最善也。即不能。可以發出公債票以極低率之利息借之於外國此欵既存在外國銀行。衆所共信更以一確實之財源作按。不憂償之無從借也

(三)此金額之將來償還法　試辦之始。既借外債而此外債將來由何道以歸還乎。精琪曰。鑄幣通例不用純質必攙雜下等金屬於是有所謂鑄頭出息者此無論政府自鑄及民間託鑄而皆有者也此項悉行存貯不作別用數年之後即可以還代理機關之借欵而有餘此其一又新幣制既行可以與各國政府協商將賠欵照新幣所定之法定平價推算試辦之始各國或未信辦理之必得宜則可定一期限以某年爲公認此幣制成立之年期限以後匯劃悉照法價自無待言即期限以前各

國亦允暫以現在銀價推算惟其欵不過暫存彼國中將來屆公認成立之期許照差數補還（按）此精氏歷聘歐洲日本諸國時。提出此意見。而經各國許可者。 此欵即可爲代理機關儲金之用此其二中國內地本有金礦若開採所得亦可充用此其三夫此款存在外國苟非市面變動之時則不動用且動用後一到市面再轉復從海外收買匯票其款旋亦歸還當存儲時其間亦自有銀行利息之收入非同尋常借債之用之於消費也故將來指償之一端可以無慮也

（二）發行紙幣 紙幣爲補助幣制之一要素無待贅陳精氏之新案則以銀幣爲金幣之代表也歐美日本諸國則純以紙幣爲金幣之代表也現在日本通行之銀行劵。記一圓一張之價值者。驟視或以爲以一張代表彼五十錢之銀幣二枚。不知實以十張代表彼十圓之金幣一枚也。彼未改行金本位以前。本有一種銀幣。文曰一圓。重量當現在五十錢銀幣之倍者。此種幣前此多流入中國。現尙常見之。自改金本位後 政府全行收回。現已絕跡於日本之市塲。即有之亦與地銀同價。以彼一枚 不能易五十錢者二枚也。 精琪謂中國試辦改革之始或未能通行紙幣而其章程不可不早定之將來或將發行紙幣之權給予一銀行或給予數銀行苟使辦理得宜實大爲幣制之利蓋以銀幣與紙幣參用以代表金幣較諸純用銀幣以代表金幣者其利益有二端(一)因市面上所需易中之物有帶循環恒需之性質者有

帶額外暫需之性質者如市面有額外之需銀根緊苟無紙幣則勢不得不添鑄銀幣以應之一過其時所需復舊則羨餘之銀幣流通市面者過多匯價隨之而漲彼時政府欲維持法價勢不得不發賣外國匯票以爲操縱之計則其海外代理機關所存貯金款必至頻頻動用支出太多而銀幣多積於庫底失其效用所損亦多苟有紙幣則當市面額外暫需之數加多時即增發紙幣其復原減少之時從而收之操縱之權尤簡易靈敏而所陳之兩病可以袪除(二)以紙幣與銀幣通行國中則鼓鑄之功更可節省其費用之廉亦較倍蓰凡此皆紙幣固有之特長也故精氏以爲當試辦之始。不可不妥定章程。開辦後即次第並行之。

本章所論。皆精氏關於幣制本體所陳之意見也。至其管理此幣制之職權。吾將於章語其利病焉。

（未完）

生計

有機化學通論

春水

第一 歷史 History

有機化學之進步。乃在十八十九世紀之間。較之他科學進步爲遲。然化學上之重要物質。多屬有機化學。蓋人類之日用飲食。莫不在有機化學範圍之內也。埃及古代已發明醋(即醋酸之淡者)酒(即醇之淡者)及數種染料。發明多種油類。而加灰於油以製肥皂。古代已發明糖及藍。然此之類。莫非有機化學。然無著專書以論之者。直至一六七五年。法國人勒美里 Lemery 所著「化學」Cour de Chymie 始特論之。彼分天然物產爲三類。即礦物類植物類動物類也。凡金石土等屬鑛物類。樹木、松香、樹膠、芝菌、菓汁、蜜糖、花卉等爲植物類。動物形體分泌等爲動物類。此實化學分類之初也。至一七〇二年。司他兒 Stahl 證動植物皆含水。皆有可燃燒之質料。謂動植物兩類有相同之性質。至十八世紀之終。瑞典人許累 Stheele 而有機化學大進步。許累發明草酸 Oxalic Acid。又知由五倍子製加里克酸。Gallic Acid 由尿裝由里克酸。Uric Acid 由壞牛乳製拉格的克酸。Luitic Acid 由乳糖之酸化製茂昔克酸 Mucic Acid 酸其後拉華西兒。Lavoisier 證明植物動物之公同性質。謂二者皆有水有炭養二。其體中皆含炭、輕、養、淡、或少許之燐。格美令 Gmelin 始主張區分無機有機二類化學。而謂動植二者皆歸有機化學類。其言曰無機物之最單簡者。乃二質點所合成。一爲基性。Base 一爲酸性。Acidic 若由是又與他質相合。乃成複雜之質。即名爲鹽。(此鹽非指食鹽)而一基一酸。終必相配。有機物不然。至少有三質點 Ternary Compound 合成。

至一八二八年佛累兒 Wölher 始由鑛物質造成由里阿 Urea 由里阿之原質爲錏炭輕養。乃動物體所含之質也。一八四九年。卑兒最留 Berzelius 所著教科書謂「有機化學者即有生命的物質之化學也。」然猶以爲有機無機。具同一之力。而服從同一之律。二者之界限未顯分也。其後叩卑 kolbe 以炭及硫造成醋酸。即

$C+S_2 \rightarrow CS_2 \rightarrow CCL_4 \rightarrow C_2CL_4 \rightarrow C_2CL_3H_2O \rightarrow C_2H_4O_2$ = 醋酸

又累能Regnault造成澤氣

$CCl_4 \rightarrow CH_4$——澤氣即炭輕四

其後法國人卑兒退斐。Berthelot造成多種複雜之有機質。即動植物體內所含者。皆可以人工造之。其質乃司生命之職能者。如細胞Cells生原Protoplusm 寫留路司Cellulose小粉等是也。自是以後。共瞭然於有機化學。爲有生命的物質之化學。一界說不可通。乃變爲

有機化學者乃含炭物質之化學也。

於是有機化學之界說。乃確當沿用至今。

第二 提淨 Purification

此爲研究有機化學。所必要之事。其方法無一定。隨物質之天性而異。

若物質爲固體 Solid 者。則常用結晶法。Crystallization 先將定體溶解而後放冷。則彼自復結晶。如元式。物質溶解之熱度各不同。

用濾淨法Biltration亦可以提淨物質。如蔗糖之不淨者。溶淨於骨灰過濾。濾後再將水

蒸發。即成淨糖。

若物質爲液體。則用蒸溜法。Distillation 加熱使之變爲氣體。而通過別氣。例如酒醇。與水相和之液體。用此法可使其相離。此須注意。定其沸點。如酒醇之沸點爲七十八度。過此漸變氣體。而水之沸點爲一百度。

次爲昇華法 Sublimation 將固體加熱。即融解而化氣。遇冷復爲固體。用此法可將固體與液體相分。

第三 融點及沸點 Melting Point And Boiling Point

試驗物質之純淨否。與所試者爲液體。則試其沸點而可知。例如水之沸點爲一百度。若未至一百度而已沸。則可知其質之不純淨也。

若所試之物質爲固體者。則試其融點。

試融點之法。以所欲試之物點。納入於毛細管 Capilaty Tube 而蒸之。或用水或用硫酸巴辣非尼 Paraffine 等。注意於物質融解之時。急察其分度。凡有固體物質之融度。皆有一定。若至其融度而不融。或只融其少分。則可知其質之不純。

若物質爲液質。則須試其沸點。以定其或純或不純。

李比 Liebig 試沸點之法。乃於蒸溜壜 Distillation Flask 之凝縮器 Condenser 處附熱度表。以計其蒸氣之熱度。

第四　定性 Qualitative Analysis

既行前述之種種方法。而得純淨之物質。乃進而定其所含之原質曰定性。

有機化學最少含兩原質。曰炭曰輕。即所謂輕炭類質 Hydrocarbon 也如澤氣是。然有機化學質之多數含炭輕養三質。如酒醇是。又含炭輕淡三質。如 Amine 阿美尼是。又有含炭輕養淡。以及綠溴碘燐硫者。大概有機化學質所含原質。不過九種。即炭輕養淡綠溴碘燐硫是也。由是變化複雜。成無數之化合物。而研究有機化學。首須試知其含有何質。分爲六事如下。

一　試知其含炭否

以物質之少量盛於鉑杯而燒之。若爲黑色之殘留物。即其有炭之證。

又盛少許物質於試管加濃硫酸而少燒之。若變黑色。則其中必含炭。

亦有物質遇強硫水石變黑者。可和銅養燒之。其變化如下。

$$CUO \longrightarrow CU_2O + O \longrightarrow CO_2$$

得炭養二此遇鈣養水生白色之沈澱。易於分曉。

二　試知其含淡否

含淡之質燒之。有如燒髮之臭。又其質出原動物之證。

又其蘇打石灰 Soda Lime（鈣輕養二及鈉輕養二）加熱則有錏之臭發出。遇化散之酸。能成白色之霧。又法將其料若干盛於短管。而扣以鈉養鈣養燒出其氣引入淡鹽酸內熬乾。又復入水消化加鉑綠二及醇。如無沈澱。即無淡氣。猶恐不確可加鈉或鉀。加熱再加鐵綠或鐵硫養四。則變爲普魯士藍。

$$4KCN + FE(CN)_2 \longrightarrow K_4FE(CN)_6$$

$$3K_4FE(CN)_6 + 2FE_2CL_2 \longrightarrow FE_3\,3(FE\,CN_6) + 12KCL$$

三　試知其含輕否

用乾法即將物質加熱。則輕氣必分解與天氣之養合化爲水。附於試管之上。

更證實之將物質與銅養合燒而通其氣於鈣綠。而鈣綠吸收其輕氣秤量鈣綠即可知也。

四 試知其含綠溴碘否

此三者之性質甚相類。英文總名 Halogen（鹽素）試之之法。如有綠則加銀淡養二之時。生銀綠之白色沈澱。又鹽素易於鈉化合。故加淨鈉燒之則鹽素與之化合成溶液。又用硬玻璃管閉其一端。（若三或四 Decimetre）其中盛鈣養與試質共加熱則其他物發散。而鹽素與鈣化合爲CAX^2之式。X爲任三者之一。加硝酸即成溶液。尋常試綠溴之法。用銅養之粉末與之雜合入鉑絲環於火焰燒之。如發綠色或藍色。即其含有綠溴之證也。

銅綠銅溴銅碘皆有化氣性。燒之則化氣。而於火焰中現特色。

五 試知其含硫與否

硫亦與鹽素同遇鈉。加熱則成鹼類硫。Alkali Salphide 又遇鐵鈉二衰五淡養（英名Sodium Nitroprusside）再加含輕養之溶液。則現葡萄色最易識別。

又含硫質與鉀二炭養三及鈉二炭養三共燒。則與硫化合爲鉀二硫養四及鈉二硫養四加鋇綠二起白色之沈澱。

六　試知共含燐與否

用尋常之試燐法。即用汞綠二、錏鉬養四等試之皆可。

定性已畢。更須定量。即將有機物燒盡。用其所餘之灰分析之。再如有機物含有金類。則當用金類分析法。分析專書詳之。

第五　定量 Quantitative Analysis

定炭及輕之量法。將炭輕二者完全養化。使炭爲炭養二輕爲水。又用合宜之法。聚炭養二及水而秤量之。

此法至來比Leibis而大明。故名來比法。用硬玻管長八 Decimetre 者造成燒管Combug-ion Tu be. 先用鉻酸 Chromic Acid 洗淨之。以粒狀之銅養爲發養之源。又備鉑管或磁管納試質○一或○二 grum 於其中。乃於炷管之一端入石棉 Asbestos 自其廣口之一端漸入銅養。次入鉑管。次又入粒狀之銅養Copper Oxide滿之。次入石棉爲栓。乃連其一端於吸收器Absobsion Apparatus其順序第一爲盛粒狀鈣綠之管。第二爲鉀球以吸炭養二者。第三又爲盛鈣養之管。所以阻空氣中之水氣不能入內者。第一之鈣養管先秤之而後以聯諸燒管。第一之鉀球亦先秤之以聯諸第一之鈣養管。次又聯鈣養管。乃將燒管加熱至紅。使鉑管所盛之試質化氣。其氣通過燒紅銅養遂遇養而吸收之爲炭養。及水向吸收管而散而水爲鈣養所吸炭養二爲鉀球所吸。將後二者再秤之。與原量相減。即可推得輕與炭之重矣。其公式爲

$$H_2O : H_2 = 9 : 1$$

故 $\frac{H_2O之重}{9} = 所求輕之重$

$$C_2O : C = 44 : 12 = 11 : 3$$

故 $\frac{CO_2之重 \times 3}{11} = 所求炭之重$

（未完）

鐵路權之轉移（飲冰）

（俄法之勢力遂貫我全國）

警警警!!!粵漢鐵路之交涉　警警警!!!山西鐵路之交涉

十年以來列强以鐵路政策亡中國路權所及之地即政府所及之地稍有識者能知之能言之矣以此之故鐵路問題非惟各國對於中國第一大問題且爲各國互相交涉爭權競勢之第一大問題

有間接從經濟上圖我者英美等國是也有直接從政治上圖我者俄法等國是也兩者目的不同而皆以鐵路政策爲手段兩者結果皆不利於中國而俄法所挾持尤咄咄逼人。

俄法之外交政略蓋不可思議彼懼夫直接交涉往往招他國之忌也故別有其間接者傀儡者誰歟則比利時也

拉丁民族之所建國其在今日猶帶活潑氣者惟法蘭西與比利時比與法之感情亙「人種的」也而俄與法之感情又「政略的」也緣此故俄法比三國相狼狽有三位一體之觀知此然後列強在中國鐵路政策之大勢可得而論也

聞者疑吾言乎試觀比利時公司承辦蘆漢鐵路而其集資權管理權全在巴黎華俄銀行支店何以必由華俄銀行其策源自俄國來也何以必在巴黎支店其財源自法國來也故吾儕凡遇比國與中國之交涉皆當以俄法之交涉視之蓋不為過

俄國以西伯利亞鐵路滿洲鐵路謀中國盡人知之雖然俄國之志斷不止此彼當蘆漢鐵路契約之既定也中國方以自力辦榆營鐵路（自山海關至營口）欵不繼而俄人遂出而攬之此光緒二十四年五六月間事也彼得此路後則其縱貫鐵路由聖彼得至營口由營口以至北京由北京至漢口皆其勢力範圍血脈貫注之効力不可思議也英國憚其然也故出死力以爭之戊戌夏秋間英俄為此幾斷國交此當為我國

民所猶記憶也。榆營鐵路之卒用英國資本也。實俄人痛心疾首刻不能忘者也。俄雖失之於榆營。旋欲再行之於蒙古西伯利之路歧一線至張家口以接我內地。此其近數年來所布畫也。而彼路又必以蘆漢為接續線。其臂指之運用乃靈。又俄人所慮之至熟者也。於是乎遂有買收山西鐵路之事。

法人以安南龍州鐵路圖中國。又盡人知之。雖然。法人之志亦斷不止此。彼欲與其所投資本之蘆漢鐵路相接。以保俄法勢力之權衡。是其素志也。於是乎遂有買收粵漢鐵路之事。

此兩事者。俄法所常目在之者也。然俄法自為之。動天下之耳目也。故一以委諸其所傀儡之比利時。買收粵漢鐵路。起於光緒廿六七年間。而其成功而發表之也。實在去冬。蓋比國人復利用得一美國人名何域提者。為第二之傀儡。買收粵漢股份之過半。今之為粵漢鐵路公司新總辦者。何域提也。現在與吾政府及湘粵之民為種種困難之交涉者。比利時之主動也。而立乎其後者。又俄法也。參觀前號異哉。咄咄。痛哉。咄咄。

茲事之警未已。曾幾何時。而七月十一日。北京電報復有福公司將山西鐵路權以一

千三百萬兩轉售于比利時之事異哉咄咄痛哉咄咄

彼之買收此兩鐵路權其目的何在乎俄人既不得志於滿洲則馬首一轉以全力注於蒙古此稍明時局者所能知也山西粤漢兩鐵路之權既入於彼手則蒙古鐵路北接西伯利線而南抵山西邊境然後由山西線接至正定由正定接至漢口由漢口接至廣州由廣州接至欽州由欽州接至龍州由龍州接至安南東京然後直貫歐亞之一大鐵路全爲俄法比同盟國之資本所左右有常山陣蛇首尾相應之妙用吾觀于此而不禁歎俄法用心之深密手段之巧黠舉動之敏鷙至於如此其極也

山西鐵路之轉售以疾雷不及掩耳之勢忽爾發現其前此之密勿交涉如何非局外所能深詳但其事之眞確殆可無疑也顧吾所最不解者則前此山西商務局與福公司所定合同原以華人主權借欵辦路礦六十年內價欵收還雖其內容實權全在福公司而外面名義上而猶曰吾華官商所借也今不及數年而遂由福公司專賣與比利時然則此權者比人得之于福公司之手乎抑得之于商務局之手乎將來商務局直與比利時公司交涉乎抑仍間接由福公司與彼交涉乎使商務局如於期限以前

能有力還福公司之借欵也則比利時果肯依福公司原定契約還我中國乎凡此諸轇轕之問題皆相緣而起恐不徒如今日粵漢鐵路交涉之狠狽而已嗚呼、誰爲厲階而至於此

山西路礦權之原動力某氏。嘗持引商力以禦兵力之說。謂借洋債以辦路礦。爲救中國一奇策。（見去年中外日報十月初六日附張）其說甚辨。今者觀山西路權轉移之異狀將謂之何將謂之何

抑吾因此二事而更生一異感焉。粵漢鐵路公司之發起者美國人也山西福公司之發起者英國人也彼其非有欲爭權利於中國之心則自始不必爲此汲汲明也既已發起矣既已獲得矣而何以比利時以小小伎倆遂能取而代之毋亦由英美之經營此者以私人資格而俄法比之經營此者以政府資格耶彼則事權分而易流動此則事權集而有定趨處心積慮以謀之蔑不濟矣由此觀之他日繼起者又豈惟此兩路而已帝國主義之盛行不得不還而趨重於中央集權即此亦可以觀世變矣吁、

練兵處陸軍留學章程私議（東京留學某君寄）

東京留學某君以其友所著本論惠寄本社原稿十條見寄者僅四節著者爲周君宣湘人云此實今日一重要之問題此問題一適切之文字也亟錄之以質當世並將練兵處原章擇要登於前藺資參考焉

北京練兵處新訂陸軍學生出洋就學章程(原章十六條錄七)

(一)選派學生須分年派往。擬以四班爲一輪每年選送一班每班一百名。至第四班送齊後。如須變通辦理。屆時另行核議。

(二)選派學生各省須有定額。京旗、直隸、江蘇、湖北、四川、廣東、各六名。奉天、山東、河南、安徽、江西、浙江、福建、湖南、雲南、各四名。山西、陝西、甘肅、廣西、貴州、各三名。江寧、杭州、福州、荊州、西安、寧夏、成都、廣州、綏遠城、熱河、察哈爾、密雲、青州、十三處駐防各一名。計共一百名爲第一班。以後三年均照第一年辦理。如各省旗有願多派者亦可。但不得倍於原派之數。以示限制而免紛歧。

(三)凡已設武備學堂各省旗。其學生應在學堂內選派。若未設學堂之處。則於文武世家子弟內選派但須合以下所訂之格方准派往。如選不及額。即由練兵處就近選派補足以符定數。

(四)所選學生。必須身家清白。體質强壯。聰明謹厚。志趣向上。並無暗疾嗜好。於中學已有根柢。武備各學已得門徑。年在十八歲以上二十二歲以下者爲合格。其未設武備學堂之處。於武事本末暗習而經史時務之學。必須優裕。選定後由各省旗開具該生姓名年籍三代履歷學詣品格與已習武備之生。一併咨送練兵處考驗合格者由練兵處彙送駐日大臣轉送學校肄業。不合格者遣回。

（六）咨送各生。應由練兵處選派一監督專司考查約束。即爲駐日使署武隨員。歸本國駐日大臣節制。

（十一）學習兵事專爲國家振武之用。自應由官遣派。不得私自往學。其有現時業經在日習武之自費生。應由駐日大臣及監督察其志趣向上學業精勤年限未滿者。隨時咨明練兵處貼給用費。改爲官費生。以資造就。自此次定章後。凡赴日學習武備之自費生。即行禁止。以歸一律。

（十二）駐日大臣有督察學生之權。須隨時悉心考校各學生之品行學業。按年督同監督造冊咨送練兵處以備查核。

（一）官費生每省限額太少

中國面積人口。較之英法德美諸國。有過之無不及。惟俄差可與埒。則以軍制相比較。俄國歲得常備軍百二十萬人。中國以十八省分計之。每省亦當得七萬人有奇。此七萬人中。必分立步騎工砲輜重五事。而工兵中如電線隊鐵道隊等。砲兵中如要塞砲野戰砲等。又皆須別有專隊職掌其事。而一師團中。必以五種兵力組織而成。一師團中之大聯隊中隊小隊各長。皆非有切實軍事之知識之人不能勝任。則就一省七萬人言之。必得自士官以上軍官人材七百人。而後可以組織成一局部之兵力。全國合計軍事上則須一萬二千六百五十人以今日中國之財政艱難所有每年每省遣送七百人之力量亦無盡學於外國之事理然當中國軍事教育毫無基礎之時則令每省每歲遣送陸軍學生百人實爲現今當務之最急者即或中小省分無遣送百人之資力亦須於四年期限內每年每省遣送五十人乃可以收守疆禦侮之效且練兵處既係期限四年則以此四年中陸續遣派每年大省百人中小省五十人四年合計尚不過數千人其與一萬二千六百之數相去尚遠於軍事上之職任猶多缺乏萬無可減省之理也

(一)官費生宜免練兵處考察之繁

朝廷既任督撫以方面重寄督撫遣送游學生原以爲養成人材爲國家用非有所私於一方也不過就地擇人聞見既周選擇自能詳慎練兵處與各省相去盡遠必無從考察其人之素行則與其寄耳目於練兵處不如寄耳目於各省督撫寄耳目於各督撫所撰非人必當自任其罪今由各督撫咨送練兵處再加考察考察者既不能如各省督撫之就近易周而徒使其可以諉失人之責此不惟官守之責成既已不專而在

爲學生者未越重洋先須奔走南北馳驅糜費無算又守候輦轂之下愒時玩日萬一不得出洋又須回省消靡歲月荒廢學務徒使有志之士蹭蹬興悲生裹足不前之念且留學日本。入校之始必須檢查身格。若練兵處檢查雖已合格而到東入學行檢查時竟以何等窒礙。致被剔除則反足以損傷練兵處之威重而無益於事實此練兵處攷察之繁不能不省者也。

(一)官費生不宜限定世家官族

天下最艱辛最危險之事。莫過於軍人。故陸軍學生。必其精力強壯甘耐勞苦平時則研究學業臨事則拋舍身命。無燕安怠惰之習無瞻顧畏葸之情國家教育一軍人乃能收一軍人之効果。中國舊慣。世家官族子弟類多自幼嬌養。軀幹脆弱。起居晏逸。不耐勞苦。其發奮自厲。願學陸軍者。必無多人則於此少數之中求其出類拔萃登峯造極。愈不可得矣中國向來軍制。不以學術爲重今既改從學校出身則凡爲將弁者無不以身充兵卒爲實地練習之基由此進於士官終於兵科大學以故精神才力皆須過人。今欲以此望之於世家官族子弟誠恐數年以後無一眞實陸軍學生之可用矣。

況近代以來所謂世家官族並無確然一定之界限。先輩有一二榮達之人。後輩安富尊榮。互相攀引。家世自矜。其實與平民有何差別。當學校未立以前。上下所崇貴者。曰科甲出身。曰勞績保奬。兩方所出人材。寒賤之士究多。富貴子弟較少。蓋國家不立限制。故志士有進身之路。人民無歧視之心。今倡新學課實際。而反分別此有名無實之平民貴族。恐未收學生干城之選。先已啓人民階級之爭。殊非國家之幸福。此決不可限學生必爲世家官族也。

(一)自費生設禁太苛

以官中之經費。遣送游學生。無論如何。必有不給。欲於支絀之時。求所以濟其失者。惟奬勵自費學習陸軍之一法。蓋自費學陸軍者之爲益於國家之前途。有勝於官費者數事。何也。費既出於公家。則非材者或致濫竽。其間徒求異日之出身。而於軍事上之學業。不必切實研究。亦勢之所難免。自費則自籌資本。遠涉重洋。非素有學業志氣堅卓者。必不能出於此。此其求學之心。當益堅決。其進步必在官費生之上。列一官費遣送各省。均有定額。將來以額滿見遺。向隅興嘆者。所在多有。此等人士。豈無性情材質近於軍人資格者必使棄其所長就其所短則非其本願學必不精惟因而獎勵之則必多所成就官費所不及網羅者以此術補之他日軍人資格不可勝用利二國家不整頓軍政則已欲整軍政則必與軍人以各種特別優待之權利乃可以歆動天下鼓舞其尙武之精神自費學陸軍之人國家尤當與之以異常之獎勵即不能獎厲但得破除苛禁使人人得以自達其學陸軍之目的即可以呼動全國之視聽使趨於尙武一途下令流水捷如轉圜在朝廷不費擘畫之勞而海內已有從風之勢利三在練兵處當局者限制自費生學陸軍之故。豈不以排滿革命之徒。狂謬無理。早爲之備也乎。不知提防排滿革命之風潮不在於分別自費官費而在分別其果爲排滿革命之人與否今禁制自費一語既出明明以自費官費劃分爲二使自費生皆有自處於排滿革命之嫌疑則不惟不足以弭散亂源反足以激成走險負嵎之勢於朝廷絕無所利而官費生與自費生究竟不過一形式之分別果然包藏禍心官費生有何不可即不學陸軍亦豈不能倡亂且凡欲學成陸軍之人必皆有爲國家効力之志決無欲爲亂黨托足者如能開此禁例則自費生愈踴躍出洋學習軍事在國家不費一錢可收

無數將校人材之用利四由此言之為國家計為時局計為遏亂源計為求人材計無一不便此又不可不解除苛禁者也

旅順逃竄俄艦之國際交涉（飲冰）

八月十日（陽曆）黃海大海戰之結果。旅順俄艦分竄各港。其竄膠州灣者若干艘。竄芝罘者一艘。竄上海者二艘。於是日德中日中俄之國際交涉紛起。今記載事實而略評之。亦談國際法者一新興味。而中國之國力益於玆可覘也。

（一）膠州灣俄艦事件　黃海海戰之當日。俄國戰鬥艦縚沙黎域、巡洋艦亞士哥列那域及驅逐艦三隻。同時遁入膠州灣。亞士哥列裝煤後。旋遁至上海。那域裝煤後。遁向北方。尚餘縚沙黎域及驅逐艦在焉。此報達於日本。日人全國激昂。不可嚮邇。各大報館皆紛紛責備。謂德俄預有密約。德國無嚴守中立之眞意。其勢洶洶然。謂雖緣此與德國斷絕國交。所不避也。東京政府直與德公使為嚴厲之談判。旋以十三日德政府下令於靑島總督。使為適當之處置。並以電文告日本政府。其條件如下。

一　交戰國軍艦入膠州灣者。許裝載煤及糧食。其所載者足敷其由膠州以達於距膠州最近之本國軍港而止。其寄港時間。仍不許逾二十四點鐘。

一　二十四點鐘內若實未能出港。則再給以二十四點鐘之展期。

一　若於此指定期限內。不肯出港者則由地方官勒令解卸武裝

一　凡交戰國軍艦曾經一次入港者。下次不得再入

此電文發布後。旋即實行。緇沙黎域因不能出港。既解武裝云。日本朝野。深與滿足。遂無復異議。

此次德國之處置。實行國際法上所謂「二十四點鐘規則」者。本屬習見之先例。其解卸武裝一舉。亦不過援春間上海俄艦「滿洲號」成例。所可佩者。則德國處置之公平與敏捷而已。獨其間爲國際法開新例者一事。則第四條是也。「交戰國軍艦一度入於中立港者。不得再度復入」之宣言。實自此始。將來於國際法發達史上。其必有價値焉矣。

其關於中國地位之研究者。則國際法上租借港主權問題。是已。膠州等諸租借地。爲前此先例所無。故國際法上諸疑問紛起焉。自經旅順後。而租借地與交戰國之關係

定自經此次後而租借地與中立國之關係定嗚呼吾固羞言之

(二)芝罘俄艦事件　初十日大海戰後俄國驅逐艦列士的拿號宵遁以十一日午前四點鐘竄入我芝罘日本驅逐艦二艘蹤跡得之見其未解武裝遂以十二日午前三點鐘遣中尉某與彼交涉令其於一點鐘內出港與降伏二者擇一俄艦不聽遂以其日午前五點十五分捕獲之

此事件傳達於歐洲各國議論紛然謂俄日兩國皆犯中國之中立不履行對於中立國之義務雖以英美之昵於日本而其非難之聲且極高法國爭之尤力駐北京之法公使爲俄艦抱不平於我政府而我駐法公使孫寶琦氏關於此事亦有所警告俄公使更以全力恫喝我政府不待論矣我政府無如之何卒嚴譴芝罘之將官以爲謝俄猶未饜復迫我與日本交涉遂有外務部照會日使代俄索艦之事現正交涉中而其結果斷不交還可豫言矣

日政府以列强輿論之可畏也乃於二十日爲通牒布告內外以自解今節譯之

此次日俄戰爭清國地位全屬異例兩交戰國種種之戰鬥行爲殆舉而行之於清國境內清國旣非戰爭之

當事者而其境土之一部則爲交戰地一部則爲中立地此事於國際法上言之則可謂一大變態以理言之則可謂爾矛爾盾然此怪象之成則自兩交戰國之同意依特別協定而創造之者也

帝國政府爲欲保持清國之外國通商及其他諸般之安謐故與俄國約束制限交戰之區域欲其誠意履行復約於戰爭有關係地方以外尊重清國之中立帝國政府欲以如上之條約使兩國於戰場地域以外俱不得占領清國之土地港灣或使用之于戰爭上必要之時地蓋以帝國政府之所見清國之所謂中立者不過交戰國兵力所不及占領之地點而已非果完全中立也因自俄國之同意爲不得移動海軍或陸軍於清國領域內以免戰敗禍害之條約今列士的拿逸出旅順遁入芝罘是其既不得於自國港灣求避難地以免我攻擊而遁入此港者也是即兩交戰國彼此同意而破清國既定之中立者也則帝國之限於此件暫以芝罘爲交戰地也亦固其所而此事件之終局芝罘亦即隨而恢復中立是則日本對於芝罘所措置實自俄國無視其約束直接當然而生之結果耳雖然俄國對清國之中立加以重大之損害無視自巳之約言固非僅此事件又非限以芝罘矣旅順之陷于包圍而孤立無助也無幾而彼即于同地之要塞與芝罘自國領事館之間建設無線電信此通信機關帝國政府雖累次抗議而至今尙依然繼續運用也又於上海當戰爭開始時其砲艦滿洲號無視清國之中立雖自清國受出港之豫告後尙碇泊港內經數週之久重開數次之談判然后承諾武裝之解除今巡洋艦阿士克列及驅逐艦古勞佐乙復碇泊上海幾及旬日而尙未肯出港且復不肯解除武裝（後略）

日人之所以自解免者。固云辨矣。以吾儕公平之眼評之。則俄羅斯爲此事之戎首。固無待言。若日本之舉動。則楚固失矣。齊亦未爲得也。列士的拿之入芝罘與緇沙黎域等之入膠州。其時同。其性質同。而日本之所以處置者不同。是明不視我國與德國立於同等之地位也。據彼東鄉司令官所報告。日本驅逐艦躡俄艦跡入芝罘時。直遣人與俄艦交涉。命出港。命降伏。未嘗與我地方官交一言也。盜入他室。盜固罪矣。捕盜者不一問主人。遂排闥而牽出之。其對於主人之禮。可謂盡乎。若謂明知中國不能以自力驅之使去。則經一次形式之交涉後。若誠不去。然後捕之。則吾固無辭也。日人無以自解。乃强爲之辭曰。中國之中立。非完全中立。不過爲兩交戰國特別協定之中立。斯固然也。至謂此舉爲兩國同意。暫破中國既定之中立。於事爲無傷。則吾見其論理之不完也。夫中國此次空前怪狀之中立。誠爲兩交戰國所創造。既創造以後。經天下萬國之公認。恐又非兩交戰國所得任意而破之也。不然。則尋常之布告中立者。但布告之而已。而何以中國當布告之始。各國互相通牒。以商榷之明認之。非以此怪狀之中立。宜有第四國以爲之保證乎。如日本言。謂可以隨意破壞也。則當初交戰時。俄騎有在遼河以西者日本何以不竟擊之滿洲號在上海日本何以不如此次逕捕獲之然則日本自始固知此等行動之不當也明矣而以前此愼重之態度自立於無可疵議之地位得據正義以鳴俄國之非。日人得同情於世界。未始不賴此也。何圖一旦戰勝而驕。遂爲此狂躁之舉。夫中國之中立爲完全爲不完全固別問題也而日本所旣指認爲中立之地域則當視之與完全中立地同科若此舉者可謂爲尊重中國之中立得乎日人謂區區一驅逐艦。所關本細。但不可以玆作俑。故出於此。夫彼區區者經有日本兩艦在港外監視其爲釜底游魂斷難逃脫此事勢之甚明白者也日本當此何難一還我國之體面爲一度正式交涉待其不能捕之爲晚。嗚呼我國之不齒久矣此事先旣失諸俄後復失諸日政府固無力爭此區區權利且無心爭此區區權利即我國民亦何顏爭此區區權利雖然、若語於學界上之發言權則吾人亦不能遂爲寒蟬之噤而已。抑日本以玆區區害各國之感情。爲此役名譽之一汚點。吾不能不爲日本人惜之。吾度彼蓋未始不稍悔其造次之失。旣已行之。則終回護之。此殆所謂騎虎者非耶。嘻、

(三)上海俄艦事件　同時俄之巡洋艦亞士克列、驅逐艦古勞佐乙、遁入上海。至今已將逾兩來復。而日日在船塢修理。既不出港。復不解裝。日本公使屢次抗議。吾政府與俄政府亦屢次交涉。而至今頑然不應。俄國之無意尊重中國之中立。非止一次。此則慨不勝慨。而責無可責者矣。今日電報各國領事會議處置之法。將行干涉。而日本則主張以獨力對付之。使芝罘事件而亦如此也。則吾無憾。且亦無辭也。雖然。吾中國之中立本可笑者本可憐者其能否持中立局面以相始終其權全在人而不在我使芝罘事件之處置而非如彼也則其結局亦必同於上海而已然則吾嘵嘵焉其亦無恥也哉。（七月十四日稿）

美人手

香葉閣鳳仙女史譯述

第十五回　失業途窮查鈔告白　求工念切誤入牢籠

話分兩頭。如今却說霞那接到情書之次日。一早路德街上某珈琲店。見有一個男子。匆匆走將進來。向跑堂的說道。拿一盅卓古辣來。遂占了一張桌子坐着。大凡外國的風氣。所有茶樓飯店。無不有各種新聞紙擺設。以便旅客行人。隨意觀覽。是時該珈琲店。已派到了本日的新聞紙。計有好幾種。堆在枱頭。只見那男子拿起一張來。也不向論說雜報上注意。單單找着告白一類。逐段查閱起來。忽然找得一段。不知是甚麼告白。只見他定睛看了一看。急向袋裏拿出一個小小的日記簿子。又拈出一竿鉛筆。照着細細鈔寫起來。寫道保荐渡美介紹人告白　美洲爲近百年來新開之天地。其中事業。機會甚多。僕存美多年專執介紹之業。不論南北美洲。各地大行商店。均皆熟識。凡經僕有保荐書者。無不錄用。久爲海內人所知許今於法京巴黎分設支店。暫在卑然街門牌第四十四號。如有志願渡美者。欲到何埠。及謀何項職業。請到本寫字樓面議。定必盡力妥爲周旋。至或有旅費未充。行裝不備。若到本行訂實。亦可先代籌借。利息從廉。至或有自携資本。到美經營商業。僕亦可代查利益最厚之事業。指引通知。謹此奉佈。

渡美介紹人武喇伊謹啓。

此人把告白鈔完。跑堂的已端了一盅卓古辣過來。放在桌上。只見那人拿起這盅卓古辣。唶嚦唶嚦。幾口吸盡。從袋裡拿出錢來結了賬。又拿時辰錶來瞧了一瞧。便匆匆出店門去了。看官你道那人是誰。但見他黃瘦臉兒。兩眉尖壓着。好像有萬斛重的愁緒。照神氣上總想不起是那個人。獨面坏上還恍恍惚惚有幾分認得。原來就是圖理舍銀行舊日當過書記的美治阿士。當是時。美治阿士出了店門。邁着步。一直向卑然街跑去。剛到了第四十四號門牌。便站住脚。只見他走近一家門前。把門鐘按了一按。

須臾內便走出一個人。來美治阿士向他施禮問道這裡可是武喇伊先生的寓行嗎我是見了新聞紙上的告白特此來拜訪先生呢。那人答道請暫候着待我去通傳的來。遂入了去。不一時。復轉出來道請美治阿士遂隨着一直到了一間書房只見裡面坐着一個年約四十來歲的看他的神情。頗像得是個大腹賈的模樣。美治阿士欠身問道。這位就是武喇伊先生嗎。那人也欠身答道。鄙人就是武喇伊請坐呀。老兄想到美國謀事業麼。想到那裡的地方呢。美治阿士道。我欲到卡喇科尼省。武喇伊接着拍手笑道。那就巧呢。這大約是老兄的機會來了。可巧現在卡喇科尼某大公司。有位總理到了巴黎。他正在想找人去卡喇科尼幇手。咋日纔到我處。囑我代他留意物識。今老兄到得湊巧。可不是老兄的機會麼。但不知這個職役老兄可願意去嗎。美治阿士道。但求有職。那有不願。惟未問過前途。不知前途果合意否呢。武喇伊道。你老兄果有實意。我想明日或後日同你一齊去見見該總理當面代你訂個明白何如。但再有一句話。該總理當時對我說過。他言道向來渡美謀業的人。大概都是白手空拳在本國站不住的方肯冒險。其中諸色人等。多是不大可靠。甚至有的壞品的東西。專誆騙雇主的工錢。盜竊主家的物件。更又借端生事。乘間逃走。該總理已被這等人弄怕了。因此他言道。此次所雇之人。非比閒職。要有些資本能究担保得自己者方可深信。寧可公司代他存下資本。年年照例計回利息。或者本人願意。將資本入些股份在公司處更好。他并非因公司資本不足。想招新股。計該公司已經開設有五十餘年。一向都是獲利的生意。不過想着辦事人得力。故此讓些股份。令其肯盡心盡意罷了。我對不住唐突一句。請問老兄可有担保的資金嗎。美治阿士道。多或不能。若四五千金。可以答應得來。我現在身邊帶有匯票五千元。打算提出五百元作盤費。其餘四千五百元。皆可拿出作保證金。既有這個機會。我想求你老先生即日帶我去會會這位總理。因為我心裡急得很。最好今日成事。能彀今日就起程更妙呢。武喇伊道。要這樣火急。那就難了。我只管同你去走一遭看看罷。但這個總理每日中事情忙得很。沒有多少時候在屋裡。幸而此刻時候尚早。只管一同去碰碰着。美治阿士又問道。這位總理是何處人氏呢。武喇伊道。同我們是鄉親。也是這裡的法國人。他現居的就在比古尼街呢。美治阿士道。如此甚好。趁早些勞駕同我去走走罷。武喇伊爽爽快快的答道。甚好甚好。

請稍待我換了衣服就來。說着便進裡面去了。不一時。把衣更了出來。對着美治阿士道。啊喲同老兄談了半天倒忘記了請教貴姓尊名。老兄有名片帶來嗎美治阿士想了一想答道。湊巧身上沒有名片帶來但歇一息間到了那總理處如果說得合自然要通姓名。此時縱然不說姓名也無關緊要。武喇伊道雖然是但初會面沒有不通姓名的道理此是禮上應該的。美治阿士道。如此說嘉黎那就是在下的姓氏。武喇伊道台甫呢。美治阿士道。就叫嘉黎那便可通用餘外的名字也不必了。武喇伊一面聽着一面立起身來。走到門前問馬車配好也未。聽得外面答應着道。已配好了。於是武喇伊同着美治阿士出來。只見一乘皮篷的四輪車。駕着雙馬停在門前。武喇伊遂讓美治阿士上了車自己也坐了。那馬夫把韁繩扯起。加了一鞭。那輪蹄便發動起來。就像一枝箭似的。轉瞬間便過了兩三條街。話說是時街上有一個男子。在前頭踱來恰好與那馬車打了個照面。美治阿士在車上一眼見了這個人。心裡好像有些不自在的神氣。把臉面側着翻過一邊。那街上的男子。當眼一瞥也早已認得。愕然一顧。不禁啊喲了一聲。站住了腳步。只見那馬車飛也似的。不一會又再過了四五條街。看來已漸漸將近到比古尼街了。美治阿士在車上。心裡總是怕撞見熟人。到了這裡。見來往人漸漸稀少。心裡纔覺得放下些。及至到了門前。剛要下車。只見前便相隔六七家。有一羣無賴小孩子。蹲在地上踢球。其中有一個年幾稍大的。也一堆兒混着做個領班。正在頑得高興。美治阿士舉眼一看。恰好這班頑皮東西。剛聽得前頭有馬車來。也舉頭來看。正正與美治阿士對了個眼睛。原來這個年幾稍大的。不是別人。就是那銀行守門的細崽助摩祖。是時助摩祖見了。心裡着實嚇了一跳。急站起來。正欲跑過來再看。只見美治阿士。隨着同車那人。一直向大門進去了。且說美治阿士。隨着武喇伊進了大門。入到一間客廳坐着。武喇伊便一直走進內便。約有半打多鐘。然後復走出來。對美治阿士道。請你到裡面坐。美治阿士見說。遂立起身。離了客廳。跟着進了幾重門。上了樓梯。到了樓上一間密室。同着進去。尙未坐定。武喇伊忽然轉身。一手把門關上。連鑰也下牢了。霎時翻起臉來。厲聲問道。你就是先日在圖理舍響處當書記的美治阿士嗎。把適纔介紹人的面孔。轉眼間變成一個審判官的聲口。覺得凜然一種威風。與被罪的人到了警察署無異。不知此處究竟是甚麼所在。這個究竟是甚麼人。欲識根由。須聽下回分解。

詩界潮音集

登衛城懷古　劍公

蒼茫落日東海頭。登臨使我懷百憂。狂瀾既倒力難挽。金山屹立空千秋。白雲悠悠天際盡。熱淚併作寒潮流。憶昔指揮侯承祖。支撐殘局丹心苦。捽位官拜翠位前。放聲大哭淚如雨。丈夫報國不怕死。一身誓不臣二主。海濱城大竟如斗。國民意氣雄如虎。鍊將百心成一心。媧皇雖勞天莫補。咄哉兵竟從天來。妖雲盲霧鬱不開。千萬竹梯一齊上。蟻附登城聲轟雷。鏖魯陽戈日難返。事雖瓦裂心未灰。降旗忽豎拔刀起。短兵巷戰憤切齒。猶殺敵兵五百人。軍單力竭不可恃。大事畢矣吃一刀。滾滾頭顱好男子。爲國流血皇哉堂。激起同胞牛馬恥。指揮千戶十死八。難得衆心堅若此。吁嗟乎。方今鯨魚跋浪驚天驕。海防屭贔須堅牢。吊往事兮風蕭蕭。吹起海天愁思滔滔潑潑來如潮。

不肖　同

我說爲父者。斷勿肖其祖。我說爲子者。斷勿肖其父。天擇劇酷虐。人擇相爲輔。愈演而愈上。今必勝于古。果能日進化。適合文明度。一切有機物。天擇莫敢侮。優勝則劣敗。公理不可破。避劣以占優。變種庶稍補。五族不通婚。先哲言聽取。儒家誅亂倫。無他弱種故。我今立斯轍。誰識此心苦。教人以不肖。攻者必旁午。

鐵血生歌　河北男子

河朔如掌平復平。海西嶔崟一佩卿。太行高高勢崢嶸。中山乃見鐵血生。鐵血當年瞰經史。翩翩承平佳公子。陸沈忽復見神州。竟爲熱血供驅使。有淚莫澆乾淨土。有恨難塡滄波水。有情願鑿人間竅。猶恐七日混沌死。請君少安聽我謌。我不與君殊四科。一木支厦恐偏頗。不見衆擊舉易多。更爲鐵血謌再奏。璿華珍重出襟袖。燕趙佳人倜誰又容易。三五月明後。願一見兮褰裳就。再歌罷兮曲三終。晨星數點耿天中。北斗以南空復空。忍惜靈犀不爲通。何況佳會古難同。忍使勞燕飛西東。時乎時乎鑒我衷。

讀康南海先生傳略頌辭　門下私淑生

五百昌期期未昌天帝豁然開天閶鸞驂麒騎來帝傍帝日錫汝雲錦裳汝被大夏施
八荒萬箭怒發馬騰驤匌匒大開獵較場龍蛇百怪走莽蒼手苻靈飛腰干將咨汝登
壇毋徬徨大日麗天天重光崆峒拜手言乃颺千年秘密如探囊銖兩金石和琳瑯風
扇火沸鼎耳黃波甸鵬鷲來翺翔紅芝之丹樵翻金漿西餅咸池東扶桑萬刼不壞存金
剛雲濤翻天渺重洋褰裳追躡茅咸陽羅胃星宿吐豪芒秀破天慳無閟藏今其塵垢
古粃糠風霆喧豗日月明于嗟跛躃瘖聾盲度汝苦厄汝拔猖衝天莫識仙人鄉仙
乎仙乎天一方方壺員嶠何茫茫願一見兮携手行盍歸乎來萬民望

讀新民叢報有感　海壖蟄民

中原滿目已干戈。豪俠蠭屯脫網羅。蠻雨攙魂摩壁壘。腥風吹血孕山河。刼來三戶龍
蛇走。鑄錯九州魑魅多。滾滾月輪同是地。怪它姿婦拜嫦娥。
視爾夢夢講外交。滿廷沉醉飽醨糟。典原可數甘忘祖。皮已不存安附毛。頑石補成人
憒憒。英雄淘盡浪滔滔。一軍遼海歸何意。愛國頭顱等弁髦。
縱橫鐵路輦臯都。假道居然外府虞。禹迹芒芒誰是主。諸公袞袞自爲奴。趙家已失連

城壁孟守須還合浦珠滿目江山如錦繡大招招得國魂無

鼓鞞震地已鼕鼕外患猶將接内訌倘是譯門同駐馬應知晉水起潛龍孫陽過冀羣空北士會還朝鼓譟東萬象一新反手易造成時勢有英雄

酧曾重伯編修幷示蘭史　人境廬主人

重伯序余詩謂古今以詩名家者無不變體而稱余善變故詩意及之

廢君一月官書力讀我連篇新派詩風雅不亡由善變光豐之後益矜奇文章巨蟹橫行日世界羣龍見首時手擘芙蓉策虬駟出門惘惘更尋誰

題潘蘭史江湖載酒圖　惺广

詞人作賦傷騎省王子搴舟感鄂君憶得臨波弄環珮南天花雨落繽紛

滿地江湖歸白髮中年絲竹澀青衫尋常亦有傷春感不見題詩紀阿男

松陵韻事最風流搖落江潭二十秋但得春衫換佳釀年年吹笛木蘭舟

盧閨打槳同王令容易成陰愴牧之一樣芬芳與悱惻貞元全盛不多時

襍感　自由齋

商量社會淚沾巾。喻墨呑聲費苦辛。才學笑儂良碌碌。愛情却比世人眞。

迢迢雙鯉信千封。欲寄靈泉淚已濃。空有交情一味酒。死生流轉不相逢。

元玄翻覆鬼狐蹲。坑盡儒生道尙存。痛絕千鈞懸一髮。勞勞歌笑幾晨昏。

鼓吹歐潮腦力堅。民權與我有前緣。馨香滿袖抱玆□。僶俛于今已五年。

悲歌擊劍恨難休。安用新亭泣楚囚。局促九州不足步。三神山畔好遨遊。

寥濶江天無片雲。荒郊落葉太紛紛。哀鳴繞樹傷飛鳥。終日噭噭爲索羣。

能完人格即文明。羅網衝開不計名。自少我無適俗韻。嘲龍咀鳳太痴生。

廣陵一曲少人彈。欲覓知音爾許難。空谷佳人慕高義。臨風長嘯氣如蘭。

放下屠刀佛便成。飛花繚繞總多情。衆生哀樂無如我。我亦衆生中一生。

春暮寫感庚子 時若

爭說人間熱鬧場。笙謌一變盡荒涼。紅闌倚徧無聊甚。幾個癡人戀夕陽。

色色魂魂孰最眞。愛潮疊疊太無因。濃香如夢花如海。蝴蝶原來出世身。

春風幾度到天涯。妒艷爭香競物華。飄盡殘紅飛盡絮。夜來依舊夢梅花。

文苑

半欄芍藥背人紅。人去良宵月影重。碎夢零烟辛苦酒。一春心事可憐儂。

吹笛

勾吳民

獨夜吹長笛。臨風感慨生。耻爲流俗響。故作不平鳴。醒彼癡人夢。怡吾高世情。賞音誰是主。孤月一輪明。

看鞠有感

海壖蟄民

物競歸天擇。西風菊自芳。感君爭晚節。助我發秋光。隋苑林成綵。周原草盡黃。紛紛已逐鹿。何處覓柴桑。

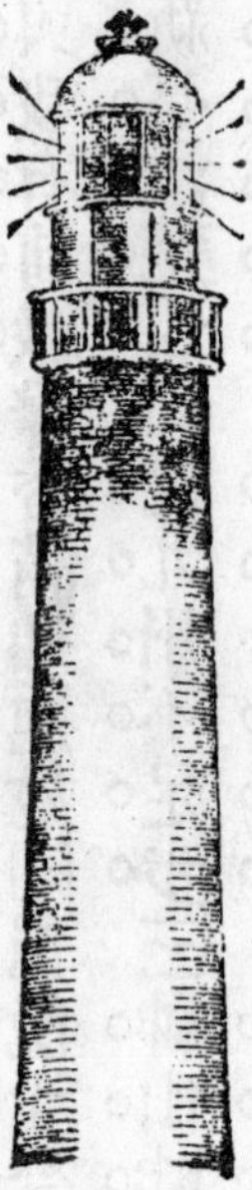

揚子江滊船航行情況

（附漢口岳州間滊船航行之情況）

SDY生

數年以前揚子江滊船航運業者不過五會社而專爲英國及本國之經營及西歷一千八百九十八年（即光緒二十四年）日本始開航路新設立大阪商船會社至一千九百年（光緒二十六年）德國更置漢堡滊船會社及「諾司甲曼路德」會社當是時共有八會社而是等諸會社所有之滊船亦增至三十二隻之多矣。

楊子江滊船之航通自江口上流約九百七十二哩以宜昌爲終點自宜昌上流四百哩至于重慶之間此即所謂三峽之險是也水勢甚激且到處無不有暗礁怪岩此間本無滊船航運業千八百九十八年英人李德而氏始以小滊船利川號遂其一度溯航之目的一千九百年英國小砲河艦二隻李德而氏再計畫以三百五十噸之肇廸號（即今英國砲艦金沙號）數度往復其翌年德國小砲河艦奥利號一度往來然至今滊船航運業之成蹟如何未有報告要之宜昌上流滊船航運業之開始尚在數年後也。

楊子江滊船之航路分上海漢口間及漢口宜昌間二綫自上海至漢口之綫路江水較深冬季最減水之時無膠沙之憂漢口宜昌間冬季減水時江水涸落而淺洲嶼起滊船通路甚窄二船不能並行且須賴推進器之力排闢淺沙漢口以下航行者有二十四隻漢口以上有十八隻各滊船會社名稱及其創立年月今別于下。

專件

(一)招商局　中國所屬同治十三年創立光緒元年開業英名China Merchant Steam Navigation Co.

(二)太古洋行　英國所屬同治十年創立英名Batterfield & Swire Co. 即China Navigation Co. 之代理店營斯業。

(三)怡和洋行　仝上光緒三年創立行名 Jardin Madison, & Co. 即 Indo-China Steam Navigation Co. 之代理店也。

(四)大阪商船會社　日本所屬光緒二十四年開業。漢名大阪商船公司。

(五)鴻安公司　英國所屬光緒十年開業原名Greabes & Co.又曰華昌公司。Austria Lloyd S. N. Co. 之代理店。

(六)瑞記洋行　德國所屬光緒二十五年開業行名 Arnohold Kerberg Co. 即「漢僾克亞美利鋼來因」之代理店。

(七)美最時洋行　仝上光緒廿六年開業行名 Merchers Co.「諾司甲曼路德」會社之代理店。

(八)麥邊洋行　英國所屬光緒二年開業行名 Mechin Co.(四至八詳細見下)

今更將各船國籍船名噸數等詳列于左。

▲上海漢口間

(船名)	(船籍)	(噸數)登簿	(公司名)
江寬	中國	一四五〇	招商局
江裕	仝上	一四九〇	仝上
江永	仝上	一四五一	仝上
江孚	仝上	一四六八	仝上
合計四隻五八五九噸			
鄱陽	英國	一八九二	太古洋行

安慶	仝上	一七一九	仝上
大通	仝上	一八八二	仝上
合計三隻五四九三噸			
長安	英國	七八九	鴻安公司
寶華	仝上	四三四	仝上
德與	仝上	九三七	仝上
益利	仝上	五一九	仝上
合計四隻二六七九噸			
瑞和	英國	一九三一	怡和洋行
元和	仝上	一三三一	仝上
吉和	仝上	一九二四	仝上
合計三隻五一八六噸			
華利	英國	六六一	麥邊洋行
萃利	仝上	六六三	仝上
合計二隻一三二四噸			
英國總計一二隻一四六八二噸			
瑞安	德國	一一四五	瑞記洋行
瑞泰	仝上	一一四五	仝上
合計二隻二二九〇噸			

美利	德國	一一五二	美最時洋行
美順	仝上	一一五一	仝上
美太	仝上	一一五一	仝上
合計三隻三四五三噸			
德國總計五隻五七四三噸			
大亨	日本	一三九一	大阪商船會社
大利	仝上	一三一五	仝上
大貞	仝上	一六八一	仝上
合計三隻四三八七噸			

▲漢口宜昌間

快利	中國	八七九	招商局
固陵	仝上	三五〇	仝上
合計二隻一二二九噸			
洞庭	英國	一二六四	太古洋行
江和	仝上	一三五四、三	怡和洋行
昌和	仝上	六九六	仝上
合計三隻三三一四、三噸			
美有	德國	一〇〇一	美最時洋行
大吉	日本	三六七、七	大阪商船會社

專件

大元　仝上　一〇五〇、七　仝上

合計二隻二三三七、八七噸

上下二綫隻數以招商局占第一位。怡和洋行大阪。商船會社次之。噸數以怡和洋行第一。招商局太古洋行大阪商船會社次之。

國別	公司數	隻數	噸數
英國	四	二五	一七九九六、三
中國	一	六	七〇八四、
德國	二	六	六七四八、
日本	一	五	六七二四、八仝

隻數噸數。英國遙出于他國之上。中國德國日本則殆相伯仲。近來聞法國亦欲謀一公司。以染指楊子江之水利。

以上八公司之中。招商局太古洋行怡和洋行三公司創立最早。船舶亦大。且于各港設躉船陸上設棧橋(即碼頭)倉庫等。故最便利。本國人亦因此多乘。

四

三公司船貨客輻輳。營業繁盛。每日兩地必有一隻出帆。稅關附屬郵政局之郵便船。其後鴻安麥邊二公司亦加入三公司之同盟矣。

●鴻安公司　一八九一年創立。實中國與英人之合同資本而成(本國人出七分)船體較小。噸數悉千噸以下之物。積載數量雖不及三公司。貨客之夥多則能較優。故能維持其營業。

●麥邊洋行　係英人馬克邊一人設立。營業狀況與鴻安公司同。

●瑞記洋行　美最時洋行　均爲千九百年創立。開業未久。設備不完。碼頭距支那街殆一哩。荷物甚少。收支不能相償。有二公司聯合之說。近聞日本已購買一公司矣。

●大坂商船會社　初有四百噸之航洋船大井川天龍川二隻。至明治三十二年五月始以大元丸迴航大利大亨大貞大吉等新造船繼之遜于三公司固不待言。上海漢口及漢口宜昌間各公司乘客船費如左。

▲（一）上海漢口間

（公司名）	（特別上等）	（上等）	（中等）	（下等）
	兩	弗	弗	弗
招商局	三〇	一四、四〇	一〇、八〇	七、二〇
太古洋行	同	仝	仝	仝
怡和洋行	同	仝	仝	仝
鴻安公司	二七	一〇、八〇	八、一〇	五、四〇
麥邊洋行	同	仝	仝	仝
瑞記洋行	同	仝	仝	仝
美最時洋行	同	仝	仝	仝
大阪商船會社	同	仝	仝	仝

長江各港地名及其距離表

▲（一）上海漢口間

上海 七三、八九、一〇五、一三五、一六五、一七九、二二二、二六四、三三三、三七〇、四五八、四八五、五二八、五五〇、六〇三、
通州 一六、三二、五二、九二、一〇六、一三九、一九一、二五〇、二九七、三八五、四一二、四五五、四七七、五二九、
張黃港 一六、三六、七六、九〇、一二三、一七五、二三四、二八一、三六九、三九六、四三九、四六一、五一四、
江陰 二〇、六〇、七四、一〇七、一五九、二一八、二六五、三五三、三八〇、四二三、四四五、四九七、
泰興 四〇、五四、八七、一三九、一九八、二四五、三三三、三六〇、四〇三、四二五、四七七、
鎮江 一四、四七、九九、一五八、二〇五、二九三、三二〇、三六三、三八五、四三七、
儀徵 三三、八五、一四四、一九一、二七九、三〇六、三四九、三七一、四二三、
南京 五二、一一一、一五八、二四六、二七三、三一六、三三八、三九〇、
蕪湖 五九、一〇六、一九四、二二一、二六四、二八六、三三八、
大通 四七、一三五、一六二、二〇五、二二七、二七九、
安慶 八八、一一五、一五八、一八〇、二三二、
九江 二七、七〇、九二、一四四、
武穴 四三、六五、一一七、
黃石港 二二、七四、
黃州 五二、
漢口

△（一）漢口宜昌間

（公司名）	（特別上等）	（上等）	（中等）	（下等）
招商局	三〇兩	一四、四〇弗	一〇、八〇弗	七、三〇弗
太古洋行	仝	仝	仝	仝
怡和洋行	仝	仝	仝	仝
美最時洋行	仝	仝	仝	仝
大阪商船會社	仝	仝	仝	仝

▲（二）漢口宜昌間

漢口	一〇〇、五	一二九、五	二九一、〇	三七〇、〇
	新堤	二九、〇	一九〇、五	二六九、五
		岳州	一六一、五	二四〇、五
			沙市	七九、〇
				宜昌

右各地內開港地。上海漢口間有鎮江南京蕪湖九江四處。漢口宜昌間有岳州沙市二處。均停泊一二時間。餘皆不停。

湖南航路。漢口起點。經洞庭湖。溯湘水。抵湘潭。滊船航運業者有二公司。皆中國人合資而成。兩湖輪船公司光緒廿四年六月設立湘泰（四〇噸吃水五尺）湘清（一七噸吃水四尺五寸）長清公司。光緒廿五年九月設立問津（五〇噸吃水五尺）楚賓（五〇噸吃水五尺）開濟公司永吉（六〇噸吃水四尺五寸）近來又有日本之湘江丸沅江丸二隻。

漢口長沙及長沙湘潭間各社船名及其船費列左。

▲漢口長沙間

		一等船費	二等船費	三等船費
昌和	怡和洋行	二四元	六、八元	三、四元
沙市	太古洋行	二四	六、八	三、四
湘泰	兩湖公司	一八	六、一	三、四
湘清	仝上	一八	六、一	三、四

楚寶	長清公司	一八	六、一	三、四
問津	仝上	一八	六、一	三、四
永吉	開濟公司	一八	六、一	三、四

本航路各港地名及其距離表

漢口 六〇、一八〇、三〇〇、四二〇、六〇〇、六六〇、七二〇、七八〇、八五〇、
京口 一二〇、二四〇、三六〇、五四〇、六〇〇、六六〇、七二〇、七九〇、
寶塔州 一二〇、二四〇、四二〇、四八〇、五四〇、六〇〇、六七〇、
新堤 一二〇、三〇〇、三六〇、四二〇、四八〇、五五〇、
岳州 一八〇、二四〇、三〇〇、三六〇、四三〇、
蘆林潭 六〇、一二〇、一八〇、二五〇、
湘陰 六〇、一三〇、一九〇、
靖港 六〇、一三〇、
長沙 七〇、
湘潭

▲長沙湘潭間

湘濟	兩湖公司	船費每人四百文
華康	長濟公司	
澄清	開濟公司	
保源	仝上	

注意 昌和沙市二隻本係走宜昌之船然水淺時亦走長沙昌和已見前表

◎楊子江各滊船航運業者國別表

▲上海漢口綫

(國別)	(公司數)	(船隻數)	(噸數)
英國	四	一二	一四六八二
中國	一	四	五八五九
德國	二	五	五七四三
日本	一	三	四三八七

▲漢口宜昌綫

英國	二	三	三三一四、〇三
日本	一	二	二三三七、八七
中國	一	二	一二二九、
德國	一	一	一〇〇一、

◎楊子江流域各開港地間哩程表

專件

上海 一六五、二一二、二六四、四五八、六〇二、七三一、五 八九三、九七二、
鎭江 四七、九九、二九三、四三七、五六六、五 七二八、八〇七、
南京 五二、二四六、三九〇、五一九、五 六八一、七六〇、
蕪湖 一九四、三三八、四六七、五 六二九、七〇八、
九江 一四四、二七三、五 四三五、五一四、
漢口 一二九、五 二九一、三七〇、
岳州 一六一、五 二四〇、五
沙市 七九、
宜昌

(完)

(注意)第四十八號中專件門有題爲「我國現今府州縣同名調查錄」錯漏二行今合并補錄更
王定一附識

(錯誤)

永寧(江西鳳陽府陝西榆林府廣西柳州府)

(更正)

永寧(江西吉安府河南河南府四川敍永廳)

(補遺)

懷遠(安徽鳳陽府陝西榆林府廣西柳州府)

旅順俄艦之突圍（補錄）

近數號本報所紀日俄戰事。專詳陸軍。實因近日大舉在陸不在海也。今因記述最近二大海戰。故補述此篇。

陽歷六月二十三日。即我五月初十日。俄國旅順艦隊戰鬥艦六隻。巡洋艦五隻。驅逐艦十四隻。突出港口。將欲有南下之勢。黃昏時漸泊口外。日本艦隊偵悉。連夜迎擊。轟沈其戰鬥艦一隻。又一戰鬥艦一巡洋艦皆大受損傷。而日本軍所損者甚微末云。此亦最近一快報也。自日本閉塞旅順以來。俄艦專取退嬰政策。以待波羅的艦隊之來援。其態度頗極慎重。乃自日本陸軍屢次大捷。奄有遼東半島。自旅順後面爲合圍之勢。危急存亡。在於旦夕。而波羅的艦隊之至。復遙遙無期。故不得不一變其政策。爲突圍自免之計。此今次之海戰所由來也。俄軍此舉。其勇敢決死之概。固自可敬。而其狼狽窘急之狀。亦自可憐。復經此挫之後。旅順之命。更若朝露矣。

今因此事。使吾儕立於局外者。考得兩種新事實。

（其一）當日本第三次閉塞旅順告成功時。明言其閉塞之程度。能令巡洋艦以上之大艦。不復能通航。今者俄軍有戰鬥艦六艘出港。是現在局面。雖以戰鬥艦之大。猶得通行之明證也。然則以人力閉塞之者。固自得以人力還開通之。而俄軍此一月來。孳孳勤勞。亦可想見矣。然則日本之閉塞隊。果無效乎。是又不然。蓋以暫時之閉塞。令俄艦不得越雷池一步。而日本陸軍。乃得從容上陸。占遼東半島之優勢。是即其成效也。(其二)據前此之戰報謂俄之黎得維桑志、薩里維志兩戰艦已被日本水雷轟壞。殆難修復。據今次所報則俄艦除馬哥羅夫將軍所坐之戰艦沈沒之外其餘尙能有六戰鬥艦浮於水面則其修理之迅速敏捷亦可概見由此觀之俄人之軍力又豈可盡侮耶。

最後之兩大海戰

補敍日俄海軍之布置　俄羅斯太平洋艦隊分爲二支一曰旅順艦隊自開戰以來皆取守勢二曰海參威(浦鹽)艦隊自開戰以來皆取攻勢日本海軍亦分爲二支以應之一曰聯合艦隊即第一第三第四艦隊之聯合者其總司令長官爲大將東鄉平八郎故亦名東鄉艦隊以當旅順之俄艦常取攻勢二曰第二艦隊其司令長官爲中將上村彥之丞故亦名上村艦隊以當浦鹽之俄艦常取守勢此兩軍戰備之形勢也此篇所記。則兩國之四支艦隊同時決戰本役交綏以來海上第一大快戰抑亦自有歷史以來全世界海上第一大快戰也今就此間公私電報敍述其戰況而附以批評如下。

一　黃海大海戰

(東鄉艦隊與旅順艦隊)

◎東鄉艦隊之潛勢　自累次旅順閉塞漸告成功。日本已得遼東之制海權。其第二軍受艦隊之保護。安然上陸於遼東半島。茲後二月以來。東鄉艦隊之消息全然沈默。惟據彼中當局者所自述。此二月間該艦隊實以非常之苦心。非常之勞力。監守旅順港內之敵艦。而以餘力旁及於掃海事業。此中戰畧極秘非局外所能悉也。旅順總攻擊之時機既未熟。故東鄉艦隊。惟刻刻待俄艦之出。爲迎頭截擊之計。迨六月二十三日俄艦果大舉出港。日艦之快躍可知矣。遂注全力邀擊之。惜也其交戰地點太近港口。故俄艦小失利。旋復遁入。日軍無復賈勇之餘地。頗用快快。自是以往。撫髀嗟歎以待時機者。復一月有餘。而全軍之鬥志益勃鬱不能自禁。

◎俄艦全隊之突出　自大石橋之捷。營口爲日軍所占領。旅順與遼陽之交通全絕。益成孤城落日之勢。於是俄軍勢不得不冒險以求突圍。果也於西曆八月十日（華七月一日）全艦隊大舉出港。午前八點鐘。日軍探哨艦偵知其謀。遂以無線電音報告於司令長官。此耗一達。全軍皆如渴得酒。無一不攘臂捋髭。高歌踴躍。以待快戰者各艦應旗艦之命集勢分功。肅肅以待指揮。此際探哨艦。將俄艦之進退動靜。不絕電告於旗艦。旗艦一一轉達之於各艦。日軍鑒前次戰線之距離近。而敵軍之還遁易也。乃決意取愼重之態度。務引致彼於外洋。然後得有用武之地。故戢戢焉不動聲色以待其來。

◎俄艦突圍之目的　果何在乎。其或將與浦鹽艦隊合乎。或將逃於中立港以求庇乎。在當時固非日軍所能測定。惟見其於十二點三十分。向旅順口南三十海里而來。

◎第一次激戰　彼時日本旗艦高揭戰鬥旗於檣頭。示決戰之意。各艦艦員咸踴躍稱快。勇氣百倍。戰備既整。遙望敵軍戰鬥艦自列德維生號以下凡六隻。巡洋艦自亞士哥利特號以下凡四隻。驅逐艦八隻。病院船一隻。以單縱陣勢戢戢來前。午後一點鐘頃。兩艦隊之距離漸接近。日艦先開砲。俄艦應之。自此兩軍彈丸交錯如雨。而日軍之彈殆著著命中。無一虛發。俄艦白烟紛紛溢湧。而俄軍之彈瞄準極劣。非失之高即失之低。非失之遠即失之近。前後左右。全落於日艦之四邊。徒激水波飛空沫而已。日軍且笑且憐之。高歌萬歲。戰益酣。

◎第二次激戰　接戰二合之後。兩軍之距離忽遠。坐是砲擊中止者約一小時。日艦惱俄艦之又逃也。追尾甚急。四點三十分。兩軍之距離。復接近於三千五百米突。俄艦先發砲。日艦應之。再度之激戰復開。此時俄艦航針。指向東南。日艦追擊之。砲之交射益劇。俄人專心一意。欲擊沈日本之旗艦(三笠)故砲彈之集於該艦四圍者。錯落如雨云。

◎俄艦隊之潰亂　午後七點半之間。兩軍之砲戰益盛。忽焉俄國旗艦緇沙黎域號。爲日軍十二吋砲彈所命中。左舷漸傾。急欲轉廻艦首。又恐與後列諸艦自相衝突。倏左倏右。針路不定。於是俄隊之陣形始亂。其後兩軍之距離愈近。接戰愈劇。未幾俄艦砲聲全歇。其自始至終砲火不斷者。惟黎德域生號爲最勇云。

◎俄軍之大損傷　其日午後四點鐘時。俄之旗艦緇沙黎域。受一彈丸。適中司令塔內。其司令長官域提悲夫中將及參謀官等。皆被狙擊。司令官全軀轟裂。飛入海中。所餘者惟一右足。於是俄遂失主將。艦長分隊長等。皆同時負傷。航海長代起指揮。僅乃逃免。同時那域巡洋艦之司令官馬士域少將。亦負傷。結局之末。俄艦乃四分五裂逃竄。

◎旅順艦隊之末路　此戰以後。俄國旅順艦隊。下復成軍。今將其形勢列表如下。

黃海大海戰

(艦名)	(艦種)	(噸數)	(經過)	(本役)	(結局)
縭沙黎域	戰鬥艦	一二、九一二	二月八日中水雷	大損害	竄入膠州灣
黎德域生	同	一二、七〇二	六月廿三日中水雷	大損害	逃歸旅順口
波別達	同	一二、六七四	四月十三日中水雷	檣折不能發砲	同
別德羅巴羅	同	一〇、九六〇	四月十三日中水雷沈沒		
波爾達維	同	一〇、九六〇	四月中港外衝突損傷	損傷	逃歸旅順口
士巴士波利	同	一〇、九六〇	同 又六月廿三中水雷	損舵機	同
巴揚	巡洋艦	七、七三一		中水雷	爆沈
的耶拿	同	六、七三一	二月九日損害六月廿三中水雷	損害	逃歸旅順口
巴爾拉達	同	六、六三〇	二月八日中水雷	中水雷	轟沈
亞士哥列	同	五、九〇六	二月九日損害	大損害	逃竄入上海
坡耶陵	同	三、二〇〇	二月十一中水雷沈沒		
那域	同	三、〇八〇	二月九日損害	損害	竄入膠州灣後轟沈

五

以上所列僅舉戰鬥艦巡洋艦兩種。其餘水雷艦驅逐艦不備列。今復將其現存各艦所竄之地列表。

▲逃歸旅順者

戰鬥艦四　巡洋艦一　驅逐艦數隻　病院船一

▲竄入膠州灣者

戰鬥艦一　驅逐艦一

▲竄入芝罘者

驅逐艦一(旋被捕)

▲竄入上海者

巡洋艦一(即亞士哥列先入膠州載煤後再竄上海)　驅逐艦一

▲竄登州附近者

水雷艇一

▲行衛不明者

巡洋艦一　驅逐艦二

◎本役之批評　據戰術家言戰鬥艦之交戰在三千五百米突以內之近距離者實自有海戰史以來所未前聞也又不徒距離接近之一端而已以新式裝甲新式砲之大戰艦而其交戰時刻自卯達酉酣戰激爭亦可稱歷史上空前之鉅觀要之茲役以後為將來談海戰者增無限研究之資料可斷言矣英國泰晤士報評之曰日本海軍所以制勝之一大關鍵則其司令官常慎重以保護大軍艦使常安全是也觀彼數月來屢次戰役其所用水雷艇及驅逐艦往往冒險奮勇為激烈之壯舉至其構成主戰艦隊之少數戰鬥艦及巡洋艦恒置之於最安穩之地不肯作孤注擲蓋彼深知夫此等巨艦一有損傷則在戰爭期中無恢復原力之途故用之不可不慎也俄國反是常欲以主力之艦為犢牛僨豚之計故一役之勝敗雖相當而俄軍之損失已恒數倍於日軍此戰略之優劣即終局之勝負所由分也云云德黎格

拉夫報亦云以最小之危險獲最大之効果此一原則者實英國海軍史所以制勝全球之第一根原而日本人更神而明之以獲此次之大勝者也可謂知言。

二　蔚川沖大海戰

蔚川沖之役則日本上村艦隊與俄國海參威艦隊之大激戰也茲略叙其經過之歷史。

◎海參威艦隊違反國際公法之條件　海參威艦隊實俄軍之游擊隊屢惱日本沿海而日人所稱爲海賊艦隊者也今雜采日本各報記其罪狀如下。

(第一)俄艦隊全違悖己國所定海上捕獲規法之明條務欲舉日本所有船舶盡擊沈之(參照俄國海上捕獲規則第二十一條)

(第二)對於日本船艦人員常與以最短之時間迫其明白回答無稍通融或擊沈之後不援救水中溺者甚則如常陸丸在回答時間內即行砲擊。

(第三)俄艦遇日本船本可以捕獲以歸者乃亦不捕獲而擊沈之如第一回來襲沖之島附近之際捕拿英船亞蘭頓號牽致海參威第二回來襲沖之島之時又拿英船遮爾添號又再後來襲之時拿德船亞剌比亞號等凡此外國船舶經其捕獲彼所遇日本船得同此例者實不少乃彼則槪予轟沈。

(第四)俄國艦隊轟沈日本船舶之時全無檢查書札及其重要物件之事如英船愛江文達號擊沈後尚在海參威審檢而於日本船舶則未聞有一次之審查由此觀之則彼但以其爲日本船便轟擊之不問其應擊與否甚明白也。

日俄戰紀

八 **日本所受海參威艦隊之損害** 開戰以來。日本商船運送船。所受海參威艦隊之損害。實不少。質而言之。則日本人所最感苦痛者。此艦隊之行動。今將經過之歷史列表如下。

（月日及地方）	（船　名）	（海參威艦隊之舉動）
二月十一日 在北海道	奈古浦丸	擊沈 俄艦直發信號云我不救汝可棄汝船遂轟擊船員死傷大半其餘僅自乘舢板以赴俄艦
同	全勝丸	受砲擊 俄艦一見即砲擊以大雨僅免
四月廿五日 在元山及其附近	五洋丸	擊沈 脅迫船員上陸不經臨檢遂遽擊沈
同	金州丸	擊沈 限一點鐘內回答直迫船員離船離船後直與陸兵共擊沈之
同	荻之浦丸	擊沈 未詳
六月十五日 在沖之島附近	常陸丸	擊沈 本船遇我艦彼直發信號命停止停止之後隨即轟沈船中蒸溺將千人坐視不一援救全船員無一免者
同	佐渡丸	擊破 初許限四十分鐘使船員悉離船乃限期未滿遂砲擊
同	和泉丸	擊沈 停船後命船員離船遂擊沈之

六月十六日在北海道	安靜丸	擊沈	俄艦一見直命停航其水雷艇員即前來掠奪私物掠畢擊沈
同	八幡丸	擊沈	同前
同	寶德丸	解放	停船後掠奪船員私物掠畢放免
同	清榮丸	擊沈	停船後擊沈
六月三十日在元山	清渉丸	擊沈	追船員上陸後擊沈
同	幸運丸	擊沈	同前
七月二十日在津輕海峽	高島丸	擊沈	停船後命船員離船不行臨檢遂擊沈
同	自在丸	擊沈	未詳
同	福龍丸	同	俄艦一見直命停航其水雷艇員即前來掠奪私物掠畢擊沈
同	北生丸	同	
三月廿六日在旅順附近大欽島	繁榮丸	擊沈	俄艦一見後收容船員乃擊沈

蔚川沖大海戰

丸

◎日本人之憤激及上村艦隊之苦情　海參威艦隊。無視國際法。專以擊轟商船爲事。坐是之故。日本西行航路。時時戒嚴。國人之憤怨。自無待言。而上村艦隊。鎮守對馬海峽。屢當其衝。海參威艦隊。其出如鼠。其脫如兎。倏忽無常。當西歷六月半。常陸佐渡兩運船被難之時。上村隊竭四日夜之力。窮搜之。卒不獲。敵蹤所在。不能一接戰。而朝野上下。痛心於損失之多。咸歸罪於該艦隊之失機。各政黨紛紛詰問政府。而諸大報館之攻擊上村者。不遺餘力。上村隊諸員。見彼之僚隊出征海外者。莫不建赫赫殊勛。受國民馨香尸祝而已。蟄守本境。既已不勝髀肉之感。況復屢遭此不如意事。其悒悒不平。更當何如。

◎海參威艦隊來　黃海大海戰之日。（即八月十日）日本鎮守某地之□□□□兩艦接急報。立刻首途。威風凜凜。蹴海波進行。同日午後。正航於□□附近。忽得旅順艦隊突圍南下之報。慮其將合於海參威艦隊。以犯對馬海峽也。乃急迴航。嚴守□□□□附近。以俟敵之來。其來者或爲自東來之敗餘旅順艦隊乎。抑其深仇積恨之海參威艦隊乎。苟遇其一。亦可以立功釋憾。果也機會逼人。尋常對馬海面。雲霧深翳。往往二三海里以外。相對不相見者。至十四日黎明。天氣忽驟清朗。上村艦隊之出雲。吾妻。常磐。手四艦。方爲一團。向南航行。午前五點鐘。忽於左舷一萬米突之遠距離。見敵艦三隻。迎面而來。諦審之。正向來惱煞乃公之海參威艦隊也。前此上村艦隊之與彼遇也。皆尾後逐北。以彼航海速率之大。故屢追屢逸。今幸彼方南下。我見彼而彼未見我。實千載一時之機矣。日本上村司令長官。以極愼重之態度。徐待其至。俾勿使逸。

◎初交戰　既漸相接近。日軍乃高揭戰鬥旗於檣頭。此時上村艦隊。上自將校。下及士卒。以數月來之蓄怨積怒。俗語所謂仇人相見分外眼明。日本將校士卒之愉快壯烈有不可以言語形容者。上村隊前此雖屢失意於海參威隊。然海參威隊終畏上村隊。如虎者也。彼一見日艦橫於其前。即爲遁逃之計。其旗艦「露西亞」號。先噴烟思北還。格林貝號寥列號繼之。時正午前五點廿分也。兩軍距離約八千米突。日軍先開砲。俄艦應之。自初交綏時。已極激戰之勢。

◎日軍運動之巧妙　其時俄艦爲單縱陣。日艦爲丁字形。橫掠其前。向之發砲。砲彈殆無虛發。多洞貫俄艦。每一彈着。白煙與火焰。輒自艦窓吐出。而俄艦爲單縱形。後艦爲前艦所遮。因之不能自由發砲。至陷于就手傍觀。遂不敢復戰。北向遁逃。惟其殿艦寥列。速力稍劣。至遠墮前二艦之後。與日本追艦相距。僅四五千米突之遙。夫海戰戰術家。每以丁字形陣。

而制奇勝。今上村隊之困俄艦。亦利用此陣形者也。

◎寥列之苦戰　於是日艦四隻圍擊寥列。恰如射擊演習。砲彈蝟集。莫不命中。日艦之將校士卒。愉快不勝。高呼萬歲。聲若鳴雷。而俄艦見寥列之困厄。欲急救之。復轉而再戰。日艦亦復爲丁字形陣以迎之。砲戰再酣。寥列遂起火災。舵機亦壞。于是艦體失操縱之自由。僅能左右旋轉而已。來援二艦。亦受彈而起火災。黑煙沖天。海上爲暗。艦內非常混雜。營救移時。幸而息滅。而日彈復命中寥列之艫部。洞一大孔。海水浸入。左舷以傾。然尚奮勇不屈。繼續戰鬥。發砲不息也。

◎俄艦隊之遁逃　至午前九時頃。俄艦知寥列之終不可救。遂復棄之而逃。時日本第四艦隊之浪速高千穗二艦。適自某地而來。參入戰列。于是上村隊遂專委之以攻擊寥列之任。而自追擊北逸之「露西亞」及「格林貝」此二艦素以堅固迅速聞。時雖受重傷。而速力不減。惟砲門之破損殊甚。其能應日本追擊艦隊而發射者僅二三門而已。上村隊追擊約一時餘。以爲窮追爭命疾逃之敗艦。不若歸而合擊已困之寥列。遂轉艦首而南歸。

◎寥列之沈沒及日艦之救助其船員　先是「露西亞」及「格林貝」之北遁也。上村隊棄寥列而尾追。攻擊寥列之任。惟新來二艦獨當之而已。於是寥列見有機之可乘。即欲恢復勢力。遂向日本之二艦頻繁發砲。且復進航。然終不奈日本艦隊之激烈砲擊。且艦部之入水已深。浸火藥庫。遂知終不免于沈沒。其船員遂盡投身海中。而寥列之影亦不移時而滅。惟見俄兵與木片等物。隨波濤上下。泣呌求救。悲慘可怜。於是第四艦隊之二艦。共以短艇從事救援。而上村隊四隻。時亦適達此地。與彼艦協力收容。共救俄兵六百餘名。負載於諸艦。是役也。俄兵六百餘名內。其負傷者二百餘。須入病院者百有餘。寥列之艦長副長及諸將校多戰死。而日本艦隊戰死將校僅二人。下士卒四十二人。負傷士官等七人。下士卒五十八人而已。

◎日本人意料所不及之好結果　以砲戰而擊沈一萬餘噸一巨艦而已。艦僅受區區之損傷。且痛擊「露西亞」及「格林貝」。使之深受損害。失戰鬥力。此後不得不深藏潛伏。而日本遂無復浦鹽艦隊之憂。此誠日人始料所不及者也。雖然。此實俄人陣法之太不措意耳。使其以「露西亞」爲先。讓「寥列」於中。以「格林貝」爲殿。首尾相顧。且戰且退。則欲以勝日。雖不可冀。而必不容日人之一反掌而獲此良結果也。必未優勝劣敗。然哉然哉。

◎上村艦隊之高義　以上村艦隊與海參威艦隊

數月來向爲切齒深仇。彼寥列踏艦。前此所以待金州丸、佐渡丸、常陸丸者如彼。其至如常陸之數百人。呼號海中。坐視而笑。竟不援手。其殘忍一至此極。日人此次一報復之。以洩此憤。亦未爲過。而乃竭力相援。無一失所。聞上村中將語人曰。當時發令。但有血氣類。皆救之。即禽鳥等亦當救而歸致於動物園云。嗚呼仁矣。其故爲此以形海參威艦隊之醜乎。或未可知。然君子固亟欽奬之。

●●●●●●●●

兩大海戰日軍損失統計

八月十日黃海海戰各艦死傷者列表如左

(艦名)	(死傷合計)	(即死)	(傷死)	(最重)	(重)	(輕)	(微)
三笠	一二〇	三二	一	三	三三	五三	
八雲	三三	三		一	六	三	
日進	四七	一六		一	五	二五	
春日	二				三	八	
鎮遠	六				一	三	
和泉	一					一	
朝日	二					二	二
朝霧	九	九					
卅八號水雷艇	九	一		三		五	
卅七號水雷艇	一					一	
合計	二二八	六九	一	八	四七	一〇一	二

又八月十四日對州沖海戰各艦死傷者列表如左

(艦名)	(死傷合計)	(即死)	(傷死)	(最重)	(重)	(輕)	(微)
磐手	七五	三九	一		七	二八	
出雲	九	二	一		三	二	一
浪速	五	二			一	二	二
高千穗	二				二	九	
吾妻	八				一	七	
常磐	二				一	一	

合計　二〇　四二　二　一五　四七　五

三　俄艦那域之擊沈

◎俄軍第一名譽之艦　吾記兩大海戰。而以那域之擊沈。別爲一章附於黃海蔚山沖之後者。以此艦爲俄軍最名譽之艦。而其存亡。與日俄勢力之消長。所關甚鉅也。今述日本報中所載某將校之談。敘其履歷。而後及此次事實。

◎開戰以來那域之經歷　二月九日開戰以來。觀「列刀威撰」「遮詐列照」等戰鬭艦之進退。其艦體之巨兵器之銳。固不愧爲俄國艦隊之中堅。然常逡巡雌伏於旅順港內。無銳意猛進與敵決死之勇。時或乘隙一動。不傷即沈。甚者或逃入中立國港。甘受屈辱以保殘喘。斯固武門之汚。固無論矣。更觀自「格林貝」「露西亞」「寥列」而成之浦鹽艦隊。其遠

力之疾。續航力之優。又固足以爭雄海上者也。而俄人復僅用之於狗盜鼠竊。以狙轟非武裝之商船爲能事。既畢以自暴自棄。及一遇日艦即致大敗。此又俄人之失策。亦無論矣。獨彼那域。以三千噸之小艦每戰。必當前鋒。始自二月九日之戰。經二月廿四日三月十日二十一日四月十三日十四日諸苦戰不僅不突出遁逃。且屢苦日本之驅逐艦及水雷艇。又砲擊其陸軍。勇氣凜凜。日軍爲之感嘆震懾。後雖不幸而遭沈沒。然其激昂壯烈。所謂聞風儒立者非耶。

◎那域與馬哥羅夫將軍　二等巡洋艦而有排水量三千噸馬力一萬八千匹速力一時二十六海里備四七吋砲六門四十七密砲八門三十七密砲二門水雷發射管六個者實自俄國海軍第二期大擴張之計畫而建造者也然此艦型之計畫者誰歟則故馬哥羅夫將軍其人也將軍以理想而建造是等。

巡洋艦。及日俄開戰以來。那域遂果以輕快之速力。得操縱靈捷而演出數回勇猛激烈之大戰。將軍之先見不可不謂明。而今日者則那域與將軍乃相與寂臥於海深藻密中。其亦可哀也矣。

◎俄國那域同型艦之不足　當俄國之海軍第二期大擴充也。歐洲列强之海軍社會。見馬哥羅夫畫計創造之巡洋艦。意俄國必擴至十一隻以外。而俄國乃僅建造「那域」「巴亞連」「簪照敎」「伊漸律德」「阿馬祀」之五隻。蓋其海軍當局者不肯深信。馬將軍。疑其理想所創之艦。效力尚薄弱也。然那域于各海戰中。竟自嶄然顯頭角。則可知馬哥羅夫之計畫。爲不可及。而後此海軍史。必從茲開一新紀元。必矣。使俄國而多造那域同型艦。則或不至今日之大敗。亦未可知耳。

◎那域之沈沒　那域於一千九百年。以三百十四萬九千三百十三盧之費用。起工於德國之尸疏會社。竣工於千九百一年之歲杪。翌年九月廿九日。遂東航而與旅順艦隊合。日俄開戰以來。大小十餘戰。未嘗小屈。至本月十日。與其僚艦乘隙脫出港外。單獨運動。而逸於太平洋。遠至哥路沙哥夫。迄廿一日。爲日艦「千歲」「對馬」所發見。猛烈發砲。遂被擊沈。回想舊時屢當勁敵激烈抗戰之威風。已如煙夢。此艦既失。則俄國之艦隊。更不堪復問矣。

◎那域與其艦長　那域之能運動敏捷抗戰堅毅者。固因其艦質之堅美。建造之適宜。然苟非艦長之精勵。技倆之嫺熟。則又何能爲。蓋那域之艦長。實爲海軍中佐潘臆臣。曾自旅順海戰之功。受「鴦路儀」勳章之榮賜。最名譽之勇者也。其能冠他艦而屢惡抗日艦。豈無因哉。

◎日人之感情　日本聞那域之沈。全國之感情正

日俄戰紀

與聞馬哥羅夫死耗同科蓋日人畏那域敬那域愛那域一如其畏馬將軍敬馬將軍愛馬將軍雖我中立國之一旁觀者當此亦不能不向彼人的物的兩英雄洒一掬同情之淚也。

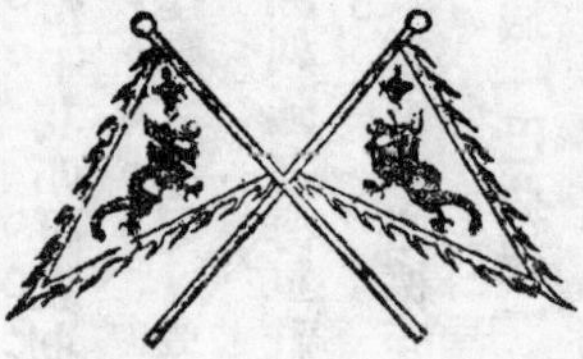

新民叢報

明治三十一年十二月廿七日（第三種郵便物認可）

第參年第伍號

（原第五十三號）

本號要目

光緒三十年八月十五日、明治三十七年九月二十四日

每月二回發行

新民叢報第參年第伍號目錄（原第五十三號）

目錄

報資及郵費價目表

報資及郵費價目表	全年 廿四冊	半年 十二冊	零售
報資	五元	二元六角	二角五分
日本來申郵費	二角四分	一角二分	一分
瀛輪已通之地郵費	四角八分	二角四分	二分
內地郵費	一元四角四分	七角二分	六分
四川、雲南、陝西、貴州、山西、甘肅等省郵費	二元八角八分	一元四角四分	一角二分

洋裝一頁	洋裝半頁
十元	六元

惠登廣告至少以半頁起算刊登先惠論前加倍欲登長年半年者價當面議從減

編輯兼發行者 馮紫珊

印刷者 陳侶笙 橫濱山下町百六十番

發行所 新民叢報社

上海發行所 新民叢報支店 四馬路老巡捕房對面

印刷所 新民叢報活版部 橫濱山下町百六十番

愛爾蘭四傑

Four Great Modern Irish Le d s(1)

（其一）波尼爾

Cl arles St wart Parnell.

（其二）的活

Michael Davitt.

愛爾蘭四傑
Four Great Modern Irish Leaders (2)

哈利（其三）

T. M. Healy.

布連（其四）

William O'brien

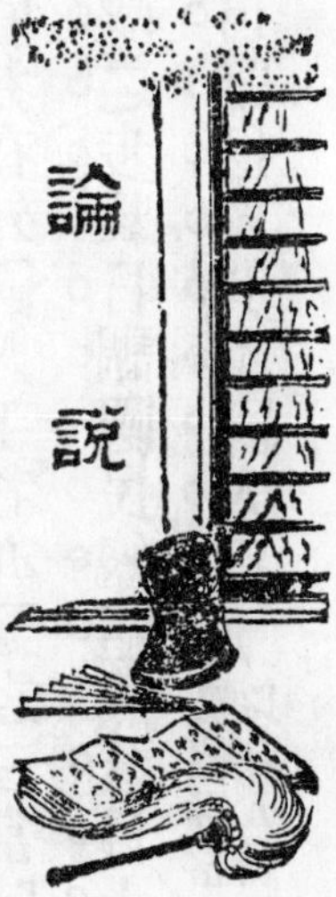

外資輸入問題（續第五十二號）

中國之新民

第五節　據生計學學理及各國先例以研究外資輸入之利害

本論第一節所論次四種之國土其甲種（母財富於力役。而業場甚廣。母財尚不足以盡之者。）丙種（母財不足養其力役而亦不副其業場者。）皆深有待於外資。外資之來非特投資者享其利也而主國宜亦食其賜。此實不刊之公例也。故不審情實而徒畏外資如虎。懼外資如蠍者、未可謂健全之理論也。夫國民全體之生計與一私人一會社之生計其理正同。苟一私人一會社確見夫某種事業可以博奇嬴者而已之資本不足以舉之從而稱貸之於人苟其事業之管理得宜而計其所獲之嬴足以遞年償還本息而有餘而後此所入我自得之誰亦謂其稱貸之不當者。一國亦然。苟其國中天然之富源無限而國民之總殖不足以開發之其勢固非借重外資不可此理之最淺而易見者也不甯惟是凡一國中以特別事故（例如戰爭忽起）與業驟盛。致生金融緊迫之現象者最善莫如得外資以爲之調和（日本大藏省次官法學博士田尻稻次郎所著「財政與金融一書其論公債有云。『苟外債使用之方法得其宜可以大助長一國經濟之發達且鎭靜市場之紊亂夫使募集外債投諸於生利的事業其所得贏利足以還外債之本息而有餘則所餘者即一國之總殖所由增加也例如用外債以興鐵路鐵路所歲入除償清債務以外此後且緣此鐵路而使一國之交通益加完備於以獎厲產業啓發民智其有形上無形上受外債之賜者不亦多乎又如當國際貿易差負之時正貨流出市場紊亂得外資以劑之則能輸入正貨防遏其擾亂於未萌彼俄國政府固屢用此手段以調和其生計界者也』此論發明外資之利益殆無餘蘊。）彼歐美方興之國未嘗聞以有外債爲病也（但其外債非以特別之契約。直接借諸外國者。即本論第二節所列甲種第二欵。全由本國公債債劵內。其一部分在外國人之手是也。）當普法戰役後法人所募公債其本國人應募者五十一億圓有奇外國人應募者百零四億圓有奇其仰助外資者殆三之二意大利初建國時爲戰爭及建設種種事業募巨額之公債其自初十年間債劵在外國人手者亦三之二當時旁觀者無不爲意法危然其政府之信用既堅財政之步驟日調國民總殖蒸蒸日上曾不數年而外國人所持其國之債劵冥冥之中自歸返於其本國人之手（公債劵當一種動產。可以展轉買賣。其本國人以私人資格陸續買回。非關政府之干涉也。）至一八七七年（意大利建國在一八七〇年。）而意國公債在外人手者不過四五分之一。一八八四年意國公債利息支出於外國者不過五千六百餘萬圓而支出於本國者已一萬五千六百餘萬圓矣。（法國亦稱是）此何以故。蓋（一）由本國人民富率漲進競有餘力以購此國際動產（西人名公債及各大公司之股份社債。皆爲國際動產。蓋以其展轉買賣。通於各國也。）（二）由本國政治之改良本國人知之尤悉故信任其政府而樂以債權寄託之以自固此固非由政府有特別手段以爲之干涉亦非徒恃客氣的愛國心所能致也（若全國市場復遇應需外資之時其中央銀行將金利稍提高則外人復購其債券。而外資遂又從而流入。（參觀本論第二節）以此之故各國資本互相灌輸挹注以甲所羨補乙不足流動不居而常劑於全世界之供求所謂「生計無國界」之格言至是乃實現矣此現在歐美各國之情狀也若日本者則猶隔一層未足語於斯也。）由是觀之。苟政府財政之基礎穩固。而所以運用之者適其宜。則外資之必不足爲國病明矣。其最著者如美國當南北戰爭以前國民所建設之大營業如鐵路如礦務如郵船如大製造廠其資本一點一滴無不仰給於歐洲此世界所同知也就中其政府所負擔債務（即公債。）二十八萬萬弗（一弗約值墨銀二元）有奇。債權屬歐洲人者十之六七而各公司各私人之債務尚不計當時歐人笑之曰借金國民曰負債國民曾幾何時主客易位當一八七一年其公債券在歐人手者尚値八萬萬乃至十萬萬弗每年在歐洲市面償公債利息總額五六千萬弗至一八七八年其公債返歸於本國者已占總額六分之五其在歐洲市面償出利息僅値千二百萬弗耳而民間以財團法人之資格所借入外資亦次第償完（其股票及社債券。皆返歸於本國人之手。）至今日遂以第一等資本國債權國聞於世界且賈餘勇以還侵略歐洲之市場使舊債主股栗矣揆厥所由非食外資之賜安得有此又如印度自三十年前其殖產興業之資財亦點點滴滴無不仰給於英近亦將次淸還不數年後印度於生計上財政上純然爲獨立之形矣（附注）印度爲英國人之印度。而非印度人之印度。固無待言。但其財政機關及生計上種種施設。非直接受監督於母國。蓋英國人之印度與英國人之英國。常立於對等之地位者也。故當印度與英國利益相衝突之時。印度政府印度國民往往不肯稍假借。此談印度事者所不可不知也。特所謂印度政府者。指英國人所組織之政府。所謂印度國民者。指在印度之英國國民耳。又如日本自甲午戰役以後政府之財政計畫屢次失敗朝野上下望外資之輸入如望雲霓顧緣其國情與外資不甚相適（本篇第一節所論甲種乙種之國情。最適於投資本。故資本家競趨若鶩。若日本。則兩皆非其類也。）而復有種種特別法律以爲之障故需之愈殷而應者愈寡至今彼中當局者及政論家日夕汲汲研究所以吸入外資之方法以是爲戰爭中一大

問題其報紙上論列此事者殆不下千百見也今附譯其駐俄前公使栗野慎一郎之言以爲此種輿論之代表且爲研究外資利害之眞相者一資料焉

栗野氏原文題曰「外資輸入與我邦之責任」凡萬餘言先論日本現在情形外資輸入之萬不容已因推原其輸入困難之由謂有四原因其一由本國財政經濟之信用在海外者甚薄弱其二由海外資本之融通不行其三由外國人在本國者不能享民法上商法上之完全權利其四由本國民商業道德之不發達右四項中其第三項最足與中國今日之國情今日之政策相對應今擇譯之（又按其第二項言與海外資本之融通不行者即本論所屢述各國國際動產互相灌輸挹注所謂「生計無國界」之現象現日本未能致也此欵原因太複雜論之者詞太冗長今不具譯

栗野氏曰我國民法第二條云『凡外國人除爲法令及條約所指明禁制之事件皆得享有私權』由是觀之則外國人於法令所不禁之範圍乃得享私權也今考我國與各國通商條約明不許外人在我國購買土地然則外人雖欲投巨額之資本在內地經營製造之業但其建築商店及工場所最急需之土地而彼不得所有權假令資本已放下事業正著手而土地「所有主」收回原地將若之何此所以裹足而莫敢嘗試也（中略）又我國礦業條例雖許外人以採掘之權然其稟請批准之間立例甚煩苛且其範圍亦甚狹外人見其勞多而結果少也亦孰肯從事之（中略）又我國商法所規定凡外人雖得買受我商事公司之股份票然不得當公司中理事監事等要職不得親自處理營業之方針及實行監督權此實不可思議之條例也彼投

其貴重之資本於一公司。而於其公司營業上之利害。一切不許過問。夫誰樂之。夫誰信之。（中略）故今日界國人誠欲外資之輸入者。則於此類種種不平等之條例。不可不改正之。廓然大公。使各國人皆享同等之權利負同等之義務。此眞今日之最急務也

栗野氏復詳述美國專利用外資以致富强之成例。且引俗論而駁正之。謂或疑外人享有私權。將遏踐屨以生患害。其實不然。民法商法上之權利。皆可以政治上之權力限制之。斷不足憂。憂此者。不過仍鎖國時代之僻見云云。原文凡萬餘言今不詳引。

栗野氏爲彼中一有力之政治家。而其論若此。且此非彼一人私言。而實舉國中有學識者之大多數所贊成也。（栗野此論。見壬寅年二月之太陽報中。當時和者尚少。近今數月彼中有力之數大報館。皆襲其說而鼓吹之。吾料此次戰役結局後。日本當改正民法商法中之此數條矣。）夫使外資非有利於大局。則彼中識者何故懽迎之渴望之至於如是其極。乃至議改正本國法律。增長外人之權利以相遷就耶。參伍觀之。外資之功用。其可以見矣。

財政學家言。當外資輸入之際。有一種不良之結果。最易發生者。則通貨（即錢幣）驟膨脹於國中。金融市場忽生擾亂。坐是而物價之變動甚劇。何以故。市場通貨供過於求。則物價必騰。騰則外國物品必競入以承其乏。而貿易差負之現象必驟起。起則通貨復

流出而物價旋暴落矣一國中之錢幣。必不可逾其易中所需之正額。苟幣太多。必致通貨流出。此理本報第三年第二號斯密亞丹學說篇。及前數號連載中國貨幣問題篇。屢論及之。夫泛言曰外資輸入在淺識者以爲是即通貨由外國輸入之意義也而不知其結果往往導通貨使自本國流出此治財政者所最宜兢兢也斯固然也雖然此現象惟輸入過度時。乃有之。夫天下雖最善良之事苟過度未有不爲病者豈惟外資故坐是而因噎廢食以詬外資外資不任受也且使所謂外資者。純然以現金輸入。則此等現象。固易發生。然按諸實際外資之來者一千萬其引受現金通例不及一二百萬蓋其大半皆由各種國際動產券面上所有權之移轉而甲國之中央銀行與乙國之中央銀行爲一紙匯票之劃撥而已如彼一八七一年法國償五千兆佛郎於德國而德國市場之通貨未嘗見其增法國市場之通貨未嘗見其減此前例之最著明者也當時法國大募集公債。而應募者或爲法國人。或爲他國人。大率鬻去其舊日所持之他國公債劵及他國公司之股份票社債劵等。而以其金購法政府之新公債。彼其舊所持之公債劵股份票社債劵。而屬於德國之政府及各公司所發也。則不過其劵一易主。而該劵所值之通貨。不復展轉出境入境。無須從法國運來。乃再由法國而致固也。即其劵而屬於英奧意美等諸國也。又非必由彼諸國鬻劵得現金而致諸法國。諸德國也。彼德法兩國。各有其中央銀行。與諸他國之中央銀行。不過多一層之間接交涉而已。而各國市場通行之現金 可以一毫不受其牽涉。現今全地球資本融通之妙用。有如此者。此實極複雜而有趣味之一原則。讀財政學公債論諸書。自能知其詳也。

在東方諸邦如中國如日本者未能純加入於全世界資本

融通之團體中此等影響時或冇之若歐美諸國則此問題殆可置諸度外矣即以中國論。此等影響亦甚微。本報前號論輸出入正負差之原理一篇已略言其情狀矣今日中國未有法定之通貨其對於金。本位國純然以地銀爲易中物以現在銀價下落之風潮即微外資之輸入而全世界廢棄不用之地銀已從各方面全注集於中國通貨之膨脹過度乃至其相緣而生之結果如物價騰貴地金流出等種種現象皆勢所必然並不繫乎外資之來否也故所謂金融市場忽生擾亂之一結果殆可無慮也。

此外復有一種不良之結果則外資之輸入太驟原欲以之興辦各種生產的事業無奈本國之業塲不能與之相應則其末路有大可危者如南美洲之阿根廷國。日本譯爲亞爾然丁其前例也。阿根廷當四十年前圖治太銳大借金於英國以獎厲產業其始驟得巨額之資本舉國欣欣向榮儼然呈大進步之幻象乃實利未收而償還本息之期已至於是全國騷然百業中止而國勢從此不可復振一八七六年阿根廷大統領亞威拉彌達氏嘗自懺悔云。

現今之恐慌全由政府政策之誤也。我國人口不滿二百萬而今者外資輸入之額實與六百萬人口之國家相適應一時失計任英國資金之濫入以有今日悔之何及云云

此誠閱歷甘苦之言也。而阿根廷自一度失敗以後此後民國信用掃地以盡更無復借金之途至今國運永沈九淵故言外資者咸以爲戒焉凡百事之進步皆當以漸若太驟未有不蒙意外之害者獨不阿根廷爲

然也。即如普魯士戰勝之後。驟得巨額之償金於法國。金融忽大緩和。而政府復乘此機會。將前此所負之公債。還諸民間。以是一國之資本。如忽大增加者然。人民興業之熱驟盛。一年之內。新設公司六百八十七。公司資本合計爲四萬萬八千萬圓有奇。於是都會之繁盛。忽變動全國。小民競棄其野業以就邑業。以邑野失平均。故一八七三年之秋。遂不支。新設公司。倒閉十八九。全國失業人民流離。其影響直及於全歐。此十九世紀生計史上最大之紀念期也。夫人民有資本以相競於殖產興業。豈非國家之福。然用之太驟。其弊乃若此。生計學理之不可以不明也如是。夫日本自乙未以後。全國生計界亦爲一大恐慌時期。其原因亦與彼時之普國全同也。若此者。正與四十年前之阿根廷同病。特阿根廷之資本全假之於人。故一蹶之後。無從補救。此其結果之所以不同耳。若以吾中國業場之廣。勞傭之衆。雖投以數十倍於今日之外資。猶未能舉中國應興之事業而盡興之。故如阿根廷前例所謂資本過度之結果。可無慮也。

然則外資最可怖之問題何在乎。曰不問其外資之來源。而問其外資之用途。用之於生產的。往往食外資之利。用之於不生產的。勢必蒙外資之害。此其一。曰不問輸入時之受納法。而問輸入後之管理法。苟能全盤布畫。分期償還。則雖多而或不爲病。反是則其末路之悲慘。不可思議。此其二。若前世紀中萬目共覩動色相語所謂以外資亡國之埃及。其最炯戒也。埃及借債之歷史。及其使用法管理法之如何失敗。今避繁冗。

不復具述。（參觀廣智書局印行之埃及近世史）要之貧弱國政府對於富強國國民而濫用其資本以快一時則其結局皆當以埃及為例此可一言決者矣（前此國際法家有一未決之問題謂甲國之政府與乙國之臣民為貸貣之交涉苟甲政府不履行其契約之義務則乙政府果得提出之於國際範圍內作行外交上之干涉否乎博士扳的兒斷之曰一私人之財產聚之即一國之總殖也對於外國言則私產皆屬於其國家者也政府有保護全國總殖之義務故遇有國民一私人財產被損害於他國政府者當為外交問題無疑其後一八四八年英國宰相巴麻斯頓據此原理為宣言至今此類之干涉為國際法理上所公認矣）夫埃及以外資輸入之故馴至舉其國權全委於外國財政顧問官之手而埃及遂不復能為埃及人之埃及外資之弊害至是而極雖然財政學者之所論猶以為此不能全歸罪於外資蓋謂苟使用與管理二者不得其宜則非惟外債足以致亡即內債亦足以自滅也但平心論之彼貧弱之國國力有限雖極力羅掘民無應者其浪費自有所限制而外資則有冒險投機者流運詭謀以市之故其幻見易生而受禍遂烈謂埃及之非以外資亡其國固不可得矣

要而論之外資之來能如歐美各國之以本國公債券自由吸集者最善也蓋有外資之實而無其名萬無牽涉及於政局之患其利一不用一毫人事之干涉但應於供求

相劑之理吾國資本稍感缺乏則他國之過羨者自能入而補之任彼自己而遂底於平莫之爲而爲莫之致而致其利二財政當局者稍運政略徵予操縱常能別收奇效其利三本國國殖日進則債劵自源源歸還無須政府別運訏謨議償議贖其利四凡此皆歐美諸國資本融通之情狀也其次者則利用他國母財以殖吾產而興吾業其得之也或由政府特結契約以借焉或由財團法人私結契約以借焉苟深察乎母財所產出之子息以若干年限之內足償其母而有餘是亦宜懽迎而毋逸其機者也又次者則本國營業之利權與外人共之但使其政治機關嚴整而健全毋使外人挾資者侵及有司則其於一國生計之前途仍利多而害少此日本人今日所以孳孳渴望也其下者出於不得已而假外資以投諸不生產的事業（如爲擴充軍備之用。爲賠償兵費之用。又如現在日俄戰爭。日募公債於英美。俄募公債於德法。皆屬此類）苟管理得其宜而量國民之力量足以償補於方來則用之時亦勝於不用也若夫不量國力妄引入外資投諸奢侈無用之不生產的地位而所以管理者復無其具斯無適而可焉矣凡茲所論皆關於外資之普通利害問題也

今徵諸中國之外資。則自光緒四年至廿七年。凡九次所借之外債。（此種外債。實非本論之範圍。蓋本論所研

究者。在實輸入國內而作爲母財者。此等外債雖多以間接而爲母財於中國。至其名義上。則並未輸入也。此不過連類附論之耳。皆用之於不生產的。大部分爲償外國兵費之用而非用之於生產的。其動機頗與埃及同。各國之肯安然受持我債券也。殆隱然以將來之埃及待我。此盡人所同知者也。雖然。吾以爲此猶非中國第一危急之問題。何以故。以吾國幅員之廣。人民之衆。而政府前此別未嘗有所負債。此額雖巨。然以比較諸歐美各國民每人平均所負擔之額。猶覺其輕也。苟從此能獎厲產業。舉數千年寶藏之利源而開發之。以分配於國民。使一國總殖。蒸蒸日上。則視此區區之負擔。其猶稊米之在太倉也。彼法人之償金於德。其銷費國力於不生產之途者。視吾尤鉅。未聞法人因此而遂不支也。至其管理償還法。吾政府雖無遠謀。然以託諸海關洋員爲代理人。其指償者既有的款。以目前論。不致如埃及之臨期無著。遽陷於狼狽也。當辛丑、議和時。各國公使特爲籌畫分年攤還之表。且代爲籌其財源。許將前此免稅之貨物。一例抽稅。並許將關稅增至切實値百抽五。彼誠非有所愛於我。但以中國之前途。牽動世界全局。不欲其遽陷於埃及之地位。故並此瑣瑣而代爲謀及也。但彼所代謀者。僅在指償此償項之的款。及其管理法耳。其所指償者。除新訂增稅一項外。其餘皆取政府舊有之歲入。移彼以供此也。如此固可以不至如埃及受債主之逼迫。但所移去之項。本爲我歲出所必需。既移後。當以何途彌補此缺。彼不復爲我計也。故於間接上實足以招我財政之紊亂。此不可不分別言之。若是乎僅以彼九次外債之故苟無他種困難問題與之相纏而謂即此遂足以埃及我中國吾猶謂其太早計也吾以爲今後關係最重大者實爲外人投資本於我國以經營各種事業之問題而此問題求諸於各國先例中無一焉相類者請於次節更臚學理鑑形勢以窮極其利害可乎。

（未完）

論說

學說

子墨子學說（續第五十二號）

中國之新民

第四章　墨子之政術

墨子之政術民約論派之政術也泰西民約主義起於霍布士盛於陸克而大成於盧梭墨子之說則視霍布士爲優而精密不逮陸盧二氏試臚引而比較之

（第一）國家起原說

（尙同上）子墨子言曰古者民始生未有刑政之時蓋其語人異義是以一人則一義二人則二義十人則十義其人茲衆其所謂義者亦茲衆是以人是其義以非人之義故交相非也是以內者父子兄弟作怨惡離散不能相和合天下之百姓皆以水火毒藥相虧害至有餘力不能以相勞腐朽餘財不以相分隱匿良道不以相敎天下之亂若禽獸然夫明乎天下之所以亂者生於無政長是故選擇天下賢良聖知辯慧之人立以爲天子使從事乎一同天下之義（尙同中下略同）

此墨子論國家起原與霍氏陸氏盧氏及康德氏之說皆絕相類者也荀子亦曰『人生而有欲欲而不得則不能無求求而無度量分界則爭爭則亂亂則窮先王惡其亂也故制禮義以分之以養人之欲給人之求』禮論篇 其論政治之所自起亦大略相同霍陸盧諸氏皆以爲未建國以前人人恣其野蠻之自由而無限制既乃不勝其敝始相聚以謀輯睦之道而民約立焉墨子所謂一人一義十人十義即意欲自由之趨於極端者也其謂明乎天下之亂生於無正長上篇作政中下篇皆作正 故選擇賢聖立爲天子使從事乎一同誰明之民明之誰選擇之民選擇之誰立之民立之誰使之民使之也然則墨子謂國家爲民意所公建其論甚明中國前此學者言國家所以成立多主張神權起原說如天生下民作之君諸義家族起原說如天下之本在國國之本在家諸義 惟墨子以爲純由公民同意所造成此其根本的理想與百家說最違異也其一切政術之大原皆在於是讀墨子全書皆當以此精神貫徹之

二

（第二）君權神聖說

（尚同上）正長既已具天子發政於天下之百姓言曰聞善不善皆以告其上上之所是必皆是之上之所非

必皆非之。上有過則規諫之。下有善必傍薦之。

（尚同中）凡國之萬民。上同乎天子而不敢下比。天子之所是。必亦是之。所非必亦非之。去而不善言。學天子之善言。去而不善行。學天子之善行。天子者固天下之仁人也。舉天下之萬民以法天子。夫天下何說而不治哉。

嗚呼。吾讀此而歎二千年前吾墨子之學說與二百年前彼霍布士之學說何其相類也。霍氏既大發民約原理。顧復以爲既相約建國之後。所以護持此國者不可不用威力。而此威力者誰用之乎。則謂宜衆人各拋其意欲而委任於一人之意欲。以此爲政約之所不得已。此正墨子上同於天子之說也。自陸克盧梭興。而霍氏之說已不復能持之成理。今墨子民約之精神。果與霍氏一轍乎。是又不可不深察也。墨子所以欲舉萬民以法天子者。以爲天子固天下之仁人也。墨子所以信天子爲天下之仁人者。以其由萬民所選擇而立也。審如是也。則君位繼承法與君位選舉法。實爲相緣而起之一問題。既言選賢者以立爲天子矣。但此選立天子之大典。僅初建國時一度行之乎。抑建國後仍繼續行之乎。使一選而不復再選也。則此賢沒世之後。必傳諸其子孫也。

其子孫果能永當天下仁人之稱號乎。恐非墨子所能斷也。嘗徧讀墨子全書。未嘗有主張君位世襲之說。（亦未有明文攻難之）亦未嘗有選舉繼承之說。故彼神聖君權之所委屬。無從斷言。此實吾儕後學之遺憾也。顧嘗臆測之。以墨子論理學如彼嚴肅完備。不應於此大問題。漏略至是。嘗按莊子天下篇云『以鉅子爲聖人。皆願爲之尸。冀得爲其後世』

（呂氏春秋上德篇云。鉅子孟勝將死。謂弟子徐弱曰。我將屬鉅子於田襄子。田襄子天下賢者也。何患墨者之絕於世乎。）竊意墨子之政治。宗教主權之政治也。墨學之組織與景教殆無一不密合。景教有教皇而墨學有鉅子。兩者之精神形式全同。（所異者教皇永傳。而鉅子中絕耳。此則別有原因。至其立法之本意未或異也。）墨家雖未嘗明言以鉅子干涉政治。但其言謂選天下最賢者以爲天子。墨家所謂最賢者。何必其於尊天明鬼兼愛非攻節用諸大義信之最堅而行之最力者也。而彼所謂鉅子。即具有此資格最完備之人也。故苟墨子之說行。則政治之大權勢。不可不在鉅子。而其鉅子承襲之法。大率由前任指名者半。由諸墨公舉者半。此墨子所以斷言天子爲天下之仁人也。至此等制度。果能適於世界進化之運乎。則景教之教皇。乃至佛教之達賴喇嘛等。皆其前證矣。（鉅子爲神聖君權之說。純由臆推。非有確證。存之以備參考。）

（第三）君權限制說

（尙同中）夫旣尙同乎天子而未上同乎天者則天菑將猶未止也。

（尙同下）天下旣已治天子又總天子之義以尙同於天。

（天志上）天子未得恣己而爲政有天正之。

此墨子之論理視霍布士較圓滿者也。霍氏謂相約建國之後。國民即各以其自由權委而奉之於君主。於是君主有權利而無義務。聽彼自恣。而民莫復如何此其說所以不得成立也。墨子知君權之不可以無限也而未得其所以限之之法於是立以天統君之。一大義。其說與孔教全同 蓋墨子之君主非無責任者也責任云何則對於天而負責任是已。

野蠻時代。勢不能不用嚴重之君權以謀統一。嚴重之君權固不勝其敝也。然民智民德之程度旣未進實無術以舉行監督政府之實業於此而欲限制君權非利用宗教迷信之思想以無形之賞罰臨之勢固不能。託天之治術雖涉空漠。然烏得已也但儒墨同託天而儒說實較完儒者謂天視自我民視。天聽自我民聽。天聰明自我民聰明天明畏自我民明畏蓋以民爲天之代表其所謂天者已離空想界以入於現實界矣墨子於此義。言之猶未瑩也。

（第四）中央政治與地方政治之聯絡

（尙同下）天子以其知力爲未足獨治天下。是以選擇其次立爲三公。三公又以其知力爲未足獨左右天子也。是以分國建諸侯。諸侯又以其知力爲未足獨治其四境之內也。是以選擇其次立爲卿之宰。卿之宰又以其知力爲未足獨左右其君也。是以選擇其次立而爲鄉長家君。

（尙同中）里長順天子政而一同其里之義。率其里之萬民以尙同乎鄉長。鄉長率其鄉萬民以尙同乎國君。國君率其國之萬民以尙同乎天子。

（尙同下）故曰治天下之國若治一家。使天下之民若使一夫。

以上墨子言中央權與地方權之關係也。其所謂公卿、諸侯、鄉長、里長、家君者。果由上所命耶。抑由下所舉耶。原文不甚分明。以全體理論推之。殆一出於選舉也。

（第五）法治國

（法儀）子墨子曰。天下從事者不可以無法儀。無法儀而其事能成者無有。雖至士之爲將相者皆有法。雖至百工從事者亦皆有法。百工爲方以矩。爲員以規。直以繩。正以懸。無巧工不巧工。皆以此五者爲法。巧者能中之。不巧者雖不能中。放依以從事。猶逾己。故百工從事皆有法所度。今大者治天下。其次治大國而無法所度。此不若百工辯也。

由此觀之。墨子以法治爲政術之要具。其指甚明。但其所謂法者非成文法。其言曰。

『奚以爲治法而可。莫若法天』又曰。『以天爲法。動作有爲必度於天。天之所欲則爲之。天所不欲則止』是其所謂法者猶不免空漠無朕非完全具體之法治國也

要而論之。墨子之政術非國家主義而世界主義社會主義也其言曰。『天下無大小國。皆天之邑也人無長幼貴賤皆天之臣也』（法儀篇）又曰『視人國若視其國視人家若視其家』（兼愛篇）擧國界家界盡破之而一歸於大同是墨子根本之理想也尙同三篇所反復陳說皆此志也今世所謂社會主義者以自由平等爲精神而不得不以法制干涉爲手段墨子之民約建國說與君權神聖說所以並容不悖者亦明此而已未可與霍布士之輩同類而並笑之也

（未完）

國家倫理論

春水

第一章 人民政府之天性及基址

緒言

據有世界之人類可分爲二大分。一曰家族。一曰國家。是二分者各有其自已之機關。法律志向及專職。今於此章專論國家。

何爲國家。國者一羣人生活於政府制度之下聚族而居戴一政府且在一相同之土地。以組織一政府故名爲國。

然國之字義解之者時或不同或以指意象中之人民政府而不論及箇人之集合實成國家。或以指執行國法之權。如路易十四（法國王）所云。我即國家也。

但國之意義。不可如此亂解。凡家族也。國家也。皆實有之建置而非意象中之物也我可言家族者。小羣也。其連屬也以親族婚姻之故以居於一室。而據其專有之財產故我可以同式言國家者。大羣也生活於政府之下而聚居於同土地之內然凡一大人羣不能即謂之爲國家雖同居於一相同土地之內亦不能謂之爲國家國家者必是一有生機之人羣其有生機之故乃因是人羣能自出其才力以組織政府聚其全羣立美善之制度以管轄已羣不觀夫野獸乎。聚其野族。居於草塲。不觀夫野人乎。無有法律。聚族而居。不成爲文明之社會。若是二者皆不能謂之爲國家也若夫一羣遊客聚於小舟是一人羣。明明數份不全之家族箇人也。徒聚居於一舟耳然在是舟中有教訓有章程於是此小羣者成爲有生機之小羣此小羣各守其章程訓示際此之時此小群可名之爲國家

今於下節廣論此理。如何而爲人民政府之起源及意義。如何而成人民政府之建置。何者爲其目的。及其根址。其權由何處來。皆於下數節詳論之。

第一節　人民政府之起源及意向

若問人民政府最初之設立。是當遠溯夫文明之初。及最初荒野時代人種之歷史。夫人民權最初之基。即家族是也。一家族中之人數爲愛情及公益所固結。故能服其家長之管治。是爲順從之始。即爲政府種類之始。巴壘曰 Paley 家族者。國之初狀也。一人執權。以轄衆人。或者施治。或者受治。此天然之形狀。其來忽然。蓋與人類有生而俱始。無可疑也。

由此人民政府單簡之源始。遂漸興起。以至于今。包有多數之國民及國家。民之初生。小兒必尊敬其有智識之父母。時序變遷。先後代謝。時久則族繁。於是昔日家族之主政者。權力漸擴張而治理多數之家族焉。以骨肉親誼相連合。奉一尊長以治其小群。其群又逐時代而增大。而仍奉一可敬之尊長而聽命焉。此爲人民政府搆造之第二級。

若是之羣。增加極速。乃至據其最初之土地。畫分界限。歷時既久。而向日之家長。Patriarch 乃成爲國民執權之君司矣。由此而發爲大羣及帝國。是不但因天然發達之例。及人數之增加。亦因較此小弱之羣。來與此强大之羣相親合幷。以圖兩利也。

此族長者必圖自己服從者之多則服役者衆順己之命令賴己之保護且衆人之土地牲畜珍寶財貨皆積聚而已掌管之閱時既久此族人之財富既增人數既加於是此族長利用之以攻服其鄰族之弱者人民財貨既多土宇亦更加濶此族人之權亦更推擴族長之用心不僅圖擴大其族人之權且圖擴大自己管轄之權葢財貨人民多則陸軍之力加厚已可爲所欲爲也

由上論觀之易見夫天然之原因由最小初始之羣可引伸造成大權之帝國又可見政體萌芽之初其權必常寄於一人其行政也惟己之意以政體之理論及實行言之一人執權以越衆人所謂專制政體是也 Monarchical 故論夫人民政府之基址或以爲由神權或以爲由人民契約或以爲由交接之自然論各不同若論其源始及其進步則未有能越余今者之所論也

人民政府之志向 人民政府者實有之建置物也我可問曰人民政府之建置緣何目的志向是何用處有何利益及由此類而需何物且何以任一人不能爲君司及執主權者是當先論其源夫一箇人而擅一國之主權必有害於公衆之主權及自由其由

（公衆選擧而執主權者不在此例）凡一羣中之任一人其行爲必須有利於他之各人蓋任一人皆此全羣混合中之一原質故任一人之行爲須商度全羣之利益志願以爲界限若一人各執自意而行無拘何事只任己意必致侵犯干涉他人而爭競由此生兩人俱有害焉公衆之安寧及公衆之秩序將由此擾亂故可立一例曰箇人之自由以大衆之利益爲界

或問曰政府者由公衆選立即以限制公衆之自由乎應之曰一人之自由既以公衆之自由及公衆之秩序爲制限矣然以何物限之乎是必以智睿能幹政府之制度限之無可疑也一國之政府以一國人選擧之多數造成之故可定一言曰政府者何即大衆之願欲是也

政府者達出大衆之願欲者也立法以利全羣者也此即人民政府之大目的也政府行爲有反此不顧者即爲失其目的

在一存立政府之下有一人焉覺此政府爲不善已不願認之此當如何應之曰在文明之國一箇人之志願無勝衆人之權（未開化之國反此）若一人覺政府之不是則彼只可離此

他適。以連屬別羣之善於此者。若更覺無善於此者。彼可飄然離羣。穴居野處。然穴居野處。無政府。無法律。其危險或更甚也。

人民政府之志向可實言之。有二端焉。曰理公衆之秩序。保公衆之安寧。二者互需相成。缺一不可。政府果守此目的。則其國之進步極速。可達最高文明之度。此爲國民治德之原。國民文明程度愈高。守此道德愈固。而睿智之政府。斷不可忽視公衆之幸福。

余既言人民政府之志向。以保公衆之秩序及安寧矣。Public Order and Public Freedom 然政府之志向。斷不僅如是而已。凡一社會之國家。A State of Society 其人民箇箇皆應達於可敬之高域。成一極自然之秩序。無罪可罰。無不合法律之舉可責。無不合規矩之事可防。若是之羣。極合秩序。公衆自由。達於極度。其效乃至無須政府以保其公衆之秩序及安寧。則於一切皆無須政府矣。

雖然。若是之羣。有多事仍不能無政府爲之。則政府不可終息。凡公衆利便之事。如鑄銀。修路。管理無嗣子之產業。治理通商。與別國辦交涉。此皆不能不立政府以經理之。若是之事。當選數人代衆人爲之。而執其權。其執若是之權者。即所謂政府也。(未完)

中國人種攷（續第四十八號）

觀雲

中國人種之諸說

（丙）丙之說曰。中國人種其原始非生於中國而其從入之道今猶可據古史而歷歷發見其蹤迹者。則循黃河之源入中國西北之一隅以先繁殖於北中國者是也。然則我種人之祖國果何在乎。夫我種人所相傳最古之祖爲盤古。今人有云。「吾漢族之初興於帕米爾高原。西人稱爲巴克民族。巴克即中國所稱之盤古。」（上數語見上海警鐘日報一百十六號論中國對外思想之變遷題文警鐘日報其撰著人極一時之選多學理深博之作是論全篇論議者佳茲但舉其關種族一二語有鄙見所欲辨正者論之亦有取於彼此切磋之意云爾至其文爲何人所作以不署名固不得而知也又於思祖國篇題文亦主巴枯即盤古一音之轉而云舊作華夏篇申其義華夏篇尚未見故不具引）按是說也。分而言之。無可相難。合而讀之。不免有誤者也。如云吾漢族之初興於粕米爾高原。夫今西人有謂人類之初生在中亞洲高原而粕米爾爲高原之最故即以爲萬國初祖之高天原我人種之棲於中亞洲時未知果屬何地然則即指爲粕米爾高原雖未能遽信爲是亦無從概斷其非又云西人稱爲巴克民族巴克即中國所稱之盤古按巴克譯音或作巴古亦作巴枯以中國之盤古當之蓋甚相近此二說也所謂分而言之無可相難者也然合數語而上下文連讀則謬誤即生於其間何則粕米爾地名巴克亦地名蓋以地名爲人種之名者而粕米爾之與巴克其地遠不相及粕米爾爲著名之地無待論列今裏海之西南隅有地名巴克者俄羅斯由黑海至裏海之鐵道以此爲裏海之到着點又爲裏海航路滊船停泊之港於近今數十年來日見繁盛有人口二十萬其地多產煤油（中國舊作石油石腦油俗名洋油今日本作石油）人多以此爲業於巴克附近之海上即所謂投一炬於水中發焰不絕呈燦爛火花之觀者蓋從裏海海底滲出之煤油散布水面隨波浪之動度而續續發生燃力故也於古代屬迦勒底東北方之地準之巴克民族之地望甚合蓋巴克自巴克而粕米爾自粕米爾今混而爲一一若西人稱巴克民族即指粕米爾而言者是則所謂合而觀之不免有誤者也（或曰首句自爲一事截住下二句又自爲一事另起按此於首句之下必尚有文字乃能自完其義於文法無如此者數語爲上下文一

貫無疑　夫盤古事既邈茫世史類編述異記皆云生於大荒莫知其始今所傳盤古墳者殆不免後人之附會而不能不付之闕疑之列而天皇氏則古書已言其所自出春秋命歷序。天地初立。鴻濛滋萌。歲起甲寅有天皇氏出崑崙之東南無外之山。崑崙之下古代實號柱州故遂有謂天皇氏起於柱州崑崙之下者蓋中國古說有大九州大九州之中有柱州而中國則名爲赤縣神州柱州神州皆大九州之一而神州之中又自有九州此小九州也以崑崙之下爲柱州者古以崑崙爲立天地之極故有天柱地柱之稱（神異經崑崙有銅柱焉其高入天所謂天柱也吳越春秋崑崙之山乃地之柱）柱州之義蓋亦猶是而神州則在東南鄭君注尙書引禹所受地說書。云崑崙東南。地方五千里。名曰神州。淮南子。東南神州曰農土。又云自崑崙東。衆民之野。五穀之所宜。龍門河濟相貫。東至於碣石。黃帝后土之所司者。萬二千里。云神州者。美其地味豐沃猶云仙境天國也爾赤縣。以黃河經流淤泥墳覆其土皆黃赤色故云盖河出崑崙色白經赭色土質之地層滲入水中渾流而下其色或黃或赤曰赤縣曰黃河盖皆取形容之義而用之。又古史言共工氏頭觸不周之山。淮南子。西北方曰不周之山。又共工之力。觸不周之山。使地東南傾。王逸高誘。皆云不周山在崑崙西北。是則當共工氏之世。雖已入神州。尚有間涉崑崙之跡。又拾遺記云。庖犧所都之國。在華胥。今人以崑崙爲花。花即華。然則華胥亦當在崑崙歟。又山海經云。鼓與欽䲹殺葆江於崑崙之陽。帝乃戮之鍾山之東曰瑤崖。欽䲹或作堪坏。莊子云。堪坏襲崑崙。又山海經云。羿與鑿齒戰於壽華之野。在崑崙虛東。又云崑崙高萬仞。非仁羿莫能上岡之巖。是皆記吾人民在崑崙時之事。羿當爲上古時人。而夏時之羿乃襲用其名者。（淮南子以殺鑿齒爲堯時之事今難確攷）故曰崑崙之丘實惟帝之下都。帝者非指天帝。蓋謂吾古代之諸帝耳。近人日本有賀長雄著社會進化論亦云。漢土之社會從崑崙移來之人民與土著之諸族爭存。立而相結合云云。是則我種人之祖國。推其原始當在崑崙之下之略有可證者也。

至下崑崙之後。蓋沿黃河而進。春秋命歷序。謂地皇氏興於熊耳龍門之山。熊耳龍門皆在黃河之濱。又曰皇出谷口。分九河。分九河亦當日居於黃河之證。而據古史則有巢氏已治琅琊石樓山南。其地在今之山東青州。則是我種人至是已循黃河而至其出海尾閭之鄉。故山東多古代之事迹。所謂自古封泰山禪梁甫者萬有餘家。仲尼觀之不能盡識管子亦曰古封泰山七十二家夷吾所識十有二焉首有無懷氏云云蓋黃河渾渾首崑崙尾泰山泰山蓋我種人東來之記念山焉故封禪之以誌不忘泰山山甚不高我種人重之蓋以此（今外人游歷中國見華山列五嶽之一而山甚不高以爲中國所謂五嶽者例不過誇大之詞余昔年游泰山亦同此感以爲今人爲古人所欺者大抵皆泰山之類也泰山固不可謂世界之高山即在中國高於泰山之山亦甚多）是時沿河而下東向見海海河交會饒多魚蛤故淮南子（修務訓）云古者民食蠃蚌之肉韓非子（五蠹篇）稱上古民食蜯蛤腥臊惡臭而傷害腹胃民多疾病有聖人作鑽燧取火以化腥臊而民說之使王天下號之曰燧人氏（按古代火化與今廚竈烹飪之制必不同上古人類多用燒石之一法今堪察加土人尚有用燒熱之石熟肉而食者古史攷神農時民食穀釋米加燒石之上而食之據此則在神農之世尚用燒石而燧人氏之世更可知矣）又管子（揆度篇）言共工之王水處十之七陸處十之三其時民居在黃河之濱可知所謂沿水蓋猶後世言黃河之潰決矣至太皞氏之世民口益多食物漸促山林之鳥獸與水濱之魚蛤不求而自落於掌中者殆不可得網罟之制於是乎出其時網罟半以之佃半以之漁漁之所在必以黃河爲多是皆我種人沿河而居之確證也

自古人類之知有農作也實後於捕獵游牧之期夫以耕種耘穫其事繁而且苦決不如蹂躪山谷追逐水草事簡而適合於上古人類動作之所便也且自播種以至成熟

必亘歷三時之久長而後得食又不如搏擊毛血孳字蹄足可以供朝夕之需又合於上古人類智識之所及也若澳大利亞之土人。雖有今日尙有不知農作者。語以稼穡之道。其事既不能耐。而其時又不能待。寧餓則出而求食。而撲殺樹上一種之木狗名俄波孫者。啜其血以飽一時之腹。不得則忍餓終日以爲常。此可見古人之知農事實爲人類上一大進化而我種人當日得開農事之氣運者實由土地肥沃得誘起農作之思想而然而其事萌芽則必在進入中國數世之後若當祖宗之初來必尙爲游牧之民夫農作之民習於靜故尙保守憚遠出游牧之民習於動故輕遷徙敢冒險（至進工商之民又好動而尙進取我中國數千年政教制度人心風俗皆原本於農詳見余著農宗國一書）論者或疑我種人足迹代狹太古時代高掌遠蹠而一入後世反馴伏於中國一方罫之內而一無進取之思者以爲我民族上一奇異之現象而不知其未入中國之前我種人素帶游牧之風既入中國之後我種人久含農業之性此則爲中國之地理所使然我種人蓋食其福而亦未嘗不蒙其害者也夫謂吾上古之民必爲游牧者此亦非無可證也自來關於天文之智識其發源皆在人民游牧之時蓋牧者之職不問晝夜常督牧羣以起臥於曠野之間而仰觀天象之運行變動積久記憶遂得一宇宙上經驗之理而天文學即由此而開觀于古代加勒底諸國溯其天文學之碻矢無非由游牧時代爲之而我中國自天皇氏已定干支以天皇氏爲起於柱州崑崙之下則當時實爲柱州游牧之民俗也且古史不云乎茹毛飲血茹毛飲血實爲游牧之先捕獵之俗由捕獵而游牧由游牧而耕稼此人類進化一定之階級而捕獵游牧往往多相兼幷之事且夫我種人之爲捕獵游牧也非獨未入中國之先然也即既入中國之後亦不知經幾時代而尙沿此固有之風觀史稱太皞氏仰則觀象于天俯則觀法於地觀鳥獸之文與地之宜於天地之外獨有鳥獸之觀念而以鳥獸與地宜連言與後世以稼穡分地味之高下者逈異又曰始制嫁娶以儷皮爲禮又曰結網罟以教佃漁而太皞宓犧氏之稱實以當日犧牲足於庖廚而民說之故曰宓犧亦曰庖犧此實一游牧王之稱號也至神農氏始言稼穡當日稼穡之種不知何自而得度亦幾經古人觀察研究之力於遍嘗百草之後擇其甘和而可爲常食者而使民播殖之故淮南子云神農之播穀也因苗以爲教而古史簡略不能詳載種子之所自來遂以爲天降嘉種又以爲天雨粟舉不知之事而一歸之於天此固

中國之古習也而中國之得五穀者必歸於神農亦如日本之言得五穀者始於天照大神（日本書記神代上卷天照大神始得五穀而喜曰是物者顯見蒼生可食而活之也乃以粟稗麥豆爲陸田種子以稻爲水田種子即以其稻種始殖于天狹田及長田其秋垂穎八握莫莫然甚快也）又當時民器蓋甚單簡易稱斲木爲耜揉木爲耒一農業草創時代之象但粗製以代手足之勞而已而觀于神農以前先有宓犧是即我種人先爲捕獵游牧之民而後爲農作之民之證也夫農作之事便于黃河流域淤泥沈澱土壤肥沃蓋中國之有黃河實與古代迦勒底之有底格里士幼發拉底兩河埃及之有尼羅河同而游牧之事實宜於中亞洲當我種人初在柱洲崑崙之下既以畜牧爲業則必馳逐而求水草之所宜而今日方下崑崙之丘明日或沿黃河之濱而由柱州以至神州當日蓋不斷其交通又不知幾經往復去留而後乃始爲中國土著之民夫以中國之氣候和煦山川淑麗物產饒多水漁山獵食物既多至於農業大定根柢始固已無事再馳域外復理古代畜牧之業故史稱神農已上有大九州至黃帝以來德不及遠惟於神州之內分爲九州此非眞黃帝之德不及遠也當神農之後民既習農居處安固制度創作他務未遑故黃帝堯舜務充足內部之實力不得以後世之不勤遠略例之而云神農以上有大九

州則我種人未入農俗之先尚事游牧而與西方往來無隔絕之迹其隔絕者自神農以後民入農業而不事游牧始然則我種人由捕獵游牧而漸進於農業而捕獵游牧之時中外通農業之時中外塞不已昭然可覩也耶

我種人之入中國也首占居者又實在黃河之南觀於古帝所都皆在河流以南若太皞都陳（竹書紀年云都宛丘）神農初亦都陳後都曲阜而渡河而北以布展我人種之勢力者當首推黃帝黃帝蓋都於涿鹿之阿（在今直隸保定府）夫中國地形其外半環大海而其中劈分江河爲兩域文化武事常從此方面而生其發展之順序先河而江而海自古至漢則黃河之發達史也自漢以後則長江之發達史也至今與歐洲通則海上之發達史也夫溟渤汪洋與天無際我種人常望之而以爲地盡自非蒸滊船之制發明固鮮有能用海者而以長江之安流古人尚以爲天塹而興天所以限南北之歎然則常太古之初對此洶湧險惡流駛竹箭之黃河必有臨涯興歎而警戒於不可飛越者觀于暴虎之與馮河同爲一時之險語則古人涉河之非易事可知而河以南之地土脈平夷氣候和煖又較勝於河以北故古代踪跡率偏於河以南之一方（今陝西河南

山東地）而居中國之中央部即所謂中原是也然至黃帝之時一破此界限而遂收河北之地以歸版圖我人種之疆界至是爲之一廓試探其理由則以當日發明用舟之制故古史稱共鼓貨狄作舟蓋皆黃帝之臣貨狄見秋葉爲風所吹浮於水上有蜘蛛落而乘於一葉之上遂悟造舟之理貨狄或作化狐或以爲即伯益或又有以伯益屬堯時之臣爲疑者然古人之同名而異人者甚多如共工蚩黎羲和皆屢見於史書又何足以難黃帝之時與堯之時之同有伯益乎或又以爲黃帝之臣有后益者即伯益而貨狄別爲一人又有以爲作舟之制始於黃帝之臣虞姁者要之此可不具論而舟之造作則實自黃帝始故易亦以刳木爲舟剡木爲楫舟楫之利以濟不通而以屬于黃帝氏有作之後黃帝既建都河北拓地北方遂有北逐葷粥之事我人種之部居始跨河而繁衍於其兩岸至今蓋不能不仰黃帝赫赫之功而若儒家（按中國分兩大教派一爲道家一爲儒家道家與儒家其所稱之人不同道家稱黃帝儒家稱堯舜）所盛稱之堯學者或隨聲贊揚而不能舉其絕特之事功今觀堯之都居已遠跡而至北方之太原夫詩稱薄伐玁狁至於太原則是太原去堯後千數百年尙介居華夷間而爲防禦北狄衝要之點而堯已進而轄治其地此不能不謂

古人之雄圖而可數爲陶唐氏之一大事者而我種人之沿黃河而進先居其陽後居其陰不可據是而定當時之歷史耶（丙說未畢下續）

或問蚩尤爲三苗之君。黃帝戰蚩尤於涿鹿。然則當日之苗族。不已蔓延至河北乎。曰是不然。據史言蚩尤好兵喜亂。作刀戟大弩。以暴虐天下。幷諸侯無度。炎帝榆罔不能制之。令居少顥。蚩尤益肆其惡。出洋水。登九淖。以伐炎帝榆罔於空桑。炎帝避居涿鹿。軒轅乃徵師諸侯。與蚩尤戰於涿鹿之野云云。夫炎帝之都。本在魯之曲阜。而空桑之地亦當在魯（太平寰宇記于竇云徵在生孔子于空桑之地今名孔竇在魯南山之穴高誘注淮南子云空桑在魯張衡思元賦注云少皞金天氏居窮桑在魯北惟一統志云空桑城在陳留縣南一十五里或有兩空桑地未可知炎帝所在之空桑當從魯地爲是）帝榆罔迫于蚩尤之兵。乃北踰河而走涿鹿。爲據險自固之計。猶宋末世之避於厓山。明末世之避於緬甸等耳。蚩尤縱兵追躡。遂亦踰河而至其地。黃帝徵師諸侯。進攻蚩尤。遂以涿鹿爲戰場。自黃帝既勝蚩尤。定鼎於此。而河北斯開闢焉。然其所以無黃河之阻。而帝都所在。交通往來。不苦其險難者。則以舟制發明。而渡河之便利。與古時不同故也。與夫榆罔之避難。蚩尤之窮兵。冒犯險遠。而偶至其地。其事正自有別。當日盤據北方之族。蓋爲葷粥。故黃帝於其後遂之而苗族蓋在江淮之間不得以蚩尤用兵涿鹿而爲苗族進入北方之證是則固可據史而斷其理者也。

或曰。若是則何解於黃帝與炎帝戰阪泉之說乎。是疑炎帝之亦在河北也。曰此事古史所載。蓋多疑竇。夫攷古人用兵之地理。往往可以定古人之事實。故於何地用兵。則必于此地有古人事迹相關之故。今攷黃帝之戰炎帝戰蚩尤最可異者其戰場祗出一地。括地志云。阪泉今名黃帝泉。在嬀州懷戎縣東五十六里。出五里。至涿鹿。東北與涿水合。又有涿鹿故城。在嬀州東南五十里。本黃帝所都也。晉太康地理志云。涿鹿城東一里有阪泉。上有黃帝祠。又皇甫謐曰。阪泉在上谷。張晏曰。涿鹿在上谷。地理志上谷有涿鹿縣。據此。阪泉之與涿鹿。距離甚近。同屬一區域之內。夫黃帝之戰炎帝戰蚩尤。於史蓋若兩事。然則以何因由而炎帝之與蚩尤乃出于同一之地域。而與黃帝開戰爭之事乎。此其不可解者也。史記五帝本紀云。軒轅之時。神農氏世衰。諸侯相侵伐。暴虐百姓。而神農氏弗能征。神農氏即炎帝。然則炎帝之末世衰弱特甚。夫以不能征諸侯之炎帝。以黃帝之强而與之戰。何以云致熊羆貔貅貙虎（此事未得確解或係陣名隊名如後世龍虎鳥蛇及白馬隊等之名耳）三戰然後得其志一若與甚強之敵兵相對壘持久而後僅能獲勝者然此又其不可解者也神農即炎帝與黃帝蚩尤同時代者即炎帝榆罔史記五帝本紀文前云世衰弗能征諸侯而後忽云欲侵陵諸侯其詞意蓋甚刺謬且炎帝爲當日之天子則討伐諸侯自屬當陽出征收回中央集權之事何得謂欲侵陵云云一若越分行私也者此在史遷行文本多意理轇轕而措詞無分解之能。（史遷文多犯此病使左丘明執筆便無之在丘明時古於司馬遷而文之詳明反過於司馬遷以是知左丘明之文勝司馬遷遠矣試繙五帝本紀開卷讀數十行即患其意理錯亂有待索解其餘史記全體亦多類是直可評爲文理不通文法不通處甚多惟我國學界素種奴隸根性前賢盛名之下例皆附和贊同斷不敢自出手眼而評騭其是非稍有敢論列者不問其所言若何已爲舉世之所不容此數千年所以無進步也史遷爲人其思想獨往之處昔人所評爲孤懷者自高出於後世史家萬萬不能不加推重然其立論之處可訾議者極多其見解實不及其父談以不在本文之限故不及一一論述之）然其所據蓋多古書古書中必兼有此兩說史遷不能裁度而竝存之遂有此歧出之紕謬此又其不可解者也黃帝之與蚩尤無合兵之事即同一炎帝決無兩亡之理謂炎帝爲蚩尤之所逐而亡歟則非黃帝之所滅可知謂炎帝爲黃帝之所戰而亡歟則非蚩尤之所逐又可知然而古史曰黃帝戰炎帝又曰蚩尤逐炎帝此又其不可解者也以炎帝榆罔爲蚩尤所逐之說爲假定歟則炎帝當日方自保之不暇何能與黃帝戰耶即黃帝亦何爲而與孱弱不能自存之炎帝戰耶又何爲而待三戰也耶此又其不可解者也以黃帝與炎帝戰之說爲假定歟又何爲同地而有蚩尤之兵耶彼蚩尤果何爲而來耶爲助炎帝而抗黃帝歟蚩尤暴虐不用帝命古未聞有蚩尤助炎帝之說也爲助黃帝而伐炎帝歟蚩尤爲黃帝之敵而非黃帝之臣古又未聞有蚩尤助黃帝之說也（管子黃帝得六相而天地治神明至蚩尤明乎天道故使爲定時此當別自一人與苗族之蚩尤不同）祇此數十里。山川之內既遇炎帝之師何又忽逢蚩尤之軍耶此又其不可解者也雖然於此種。種不可解之中而得一說以解之則凡古書舛錯之記載殆無一不可解是何也曰炎帝之末世爲蚩尤所滅而蚩尤實襲用炎帝之號所謂黃帝與炎帝戰即與蚩尤戰三戰皆黃帝與蚩尤戰之事蚩尤逐炎帝榆罔於阪泉涿鹿之間黃帝進攻蚩尤故開戰即在其地逸書史記解曰。蚩尤逐帝榆罔而自立號炎帝。亦曰阪泉氏。應劭亦云蚩尤古天子。然則蚩尤當日已滅炎帝登天子位（今錢唐夏氏亦主蚩尤曾爲天子之說）而襲用炎帝之稱號矣所謂三戰今據事迹之可攷者初阪泉次涿鹿涿鹿之戰亦未能勝蚩尤。故黃帝本行記曰。帝與蚩尤大戰於涿鹿之野帝戰未克至最後勝蚩尤者爲中冀之戰。古史述當時之戰事。山海經。大荒東北隅。有山名曰凶犂土邱。應龍處南極。殺蚩尤與夸父。（為蚩尤作兵者）又云。黃帝令應龍攻蚩尤於冀州之野。遂殺蚩尤。汲冢周書。黃帝執蚩尤殺之于中冀。皇甫謐曰。黃帝使應龍殺蚩尤於九黎（或作凶黎）之谷。或曰黃帝斬蚩尤於中冀。因名其地曰絕轡之野。是戰也。應龍實為元帥。蚩尤以是滅。故曰三戰然後得其志。當日炎帝榆罔避蚩尤之兵。棄其故都曲阜而走空桑。又走涿鹿。蚩尤之兵屢勝。遂滅炎帝於阪泉。即天子位。稱眞而號炎帝焉。故亦曰阪泉氏蚩尤。當日師在阪泉。黃帝進攻。戰鬪開始。故初戰於阪泉。雖未能即勝蚩尤。而蚩尤之兵逢此强敵。傷損必多。遂不能久據阪泉陣地。移動乃進而戰涿鹿。戰中冀。三戰卒擒殺蚩尤。故歸藏啓筮云。蚩尤出自羊水。登九淖以伐空桑。黃帝殺之於青邱。伐空桑為蚩尤攻炎帝榆罔之事。據此則蚩尤攻炎帝榆罔。黃帝乃進攻蚩尤。其間自無黃帝更與炎帝榆罔相戰爭者。青邱山海經作土邱。當為故名。九黎凶黎皆戰勝蚩尤後之名。蚩尤九黎之君。故以殺蚩尤之谷為九黎之谷。以蚩尤為凶人。故亦曰凶黎。巾冀之野。青邱之山。九黎之谷。黃帝戮蚩尤處。而登高眺望。訪古戰場。所謂阪泉涿鹿中冀三戰之故址雖無荒碑斷碣之留遺其情事猶歷歷如繪而以其地皆相距不遠知當日黃帝用兵祇出於伐蚩尤之一事尤可於此而得讀史之識者也蚩尤旣稱炎帝故古史或稱其號則曰炎帝或稱其名則曰蚩尤後人不知以爲炎帝自炎帝蚩尤自蚩尤遂至羣書互證彼此違異一篇所載先後齟差（如史記）試以此觀之庶可以得其所會通矣（未完）

論中國學術思想變遷之大勢（續第二十二號） 中國之新民

第八章 近世之學術（起明亡以迄今日）

本論自壬寅秋閣筆。餘稿久未續成。深用歉然。頃排積冗。重理舊業。以三百年來變遷最繁。而關係最切。故先論之。其第六章未完之稿。及第七章之稿。俟本章撰成。乃續補焉。 著者識

原稿本擬區此章爲二。一曰衰落時代。一曰復興時代。以其界說不甚分明。故改今題。 又識

第一節 永歷康熙間

新民子曰。嗚呼。吾論次中國學術史。見夫明末之可以變爲清初。清初之可以變爲乾嘉。乾嘉之可以變爲今日。而歎時勢之影響於人心者正鉅且劇也。而又信乎人事與時勢迭相左右也。自明中葉。姚江學派。披靡天下。一代氣節。蔚爲史光。理想縝綸。度越前古。顧其敝也。摭拾口頭禪。轉相獎借。談空說有。與實際應用。益相遠。橫流恣肆。非直

無益於國而且蔑以自淑。逮晚明、劉蕺山證人、一派。已幾於王學革命矣。及明之既亡而學風亦因以一變

吾略以時代區分之則自明永歷（即清順治）以訖康熙中葉爲近世第一期於其間承舊學派之終者得六人曰孫（夏峯）李（二曲）陸（桴亭）二張（蒿庵、楊園）呂（晚村）爲新舊學派之過渡者得五人曰顧（亭林）黃（梨洲）王（船山）顏（習齋）劉（繼莊）開新學派之始者得五人曰閻（百詩）二萬（充宗、季野）胡（東樵）王（寅旭）自餘或傳薪。或別起皆附庸也。不足以當大師。凡爲大師十有六人。其爲學界蟊賊者得四人。曰徐（崑山）湯（睢州）毛（西河）李（安溪）今以次論之。

程朱陸王之爭。最陋者莫如清初。（所爭者假程朱以詆陸王耳。黨於陸王以訶程朱者。尙無其人。此當分別言之。）然其風特煽自後起之諸小人儒耳。若夫遺老大師。各尊所聞。未始或相非也。其時以王學顯者莫如夏峯（孫奇逢）二曲（李中孚）梨洲。（黃宗羲）以朱學顯者莫如桴亭（陸世儀）蒿庵（張爾岐）楊園。（張履祥）皆彼此忻合。未嘗間然。其始標門戶以相排詆者。自陸隴其熊賜履輩始。

請言舊派中之王學晚明學風之敝。流爲狂禪。滿街皆是聖人。酒色財氣不礙菩提路。猖幻至此。勢固不得不有所因革。夏峯少與東林諸君子遊。其傳授淵染。純出姚江。而

晚年爲理學宗傳。特表周、程、張、邵、朱、陸、薛、王、及羅念菴、顧涇陽爲十一子。二曲教學者。當先觀象山、慈湖、陽明、白沙之書。闡明心性。直指本初。然後取二程、朱子、及康齋、敬軒、涇野、整菴之書。玩索以盡踐履之功。則兩君子者之融洽門戶。可槪見也。次於孫李黃（梨洲之學。別詳下節。）者曰刁蒙吉（包）蒙吉最崇拜高忠憲。而亦尊洛閩。自餘則有劉伯繩（汋。蕺山子）高彙旃（世泰。忠憲子）沈求如（國模）沈甸華（昀）其學派大率出於顧高。堅苦刻厲。鞭辟近裏。有中明遺風。當時江浙間傳習甚盛。及康熙中葉。諸賢彫喪。而派亦中絕。

請言舊派中之朱學。桴亭、楊園、首以醇儒名。而其本師乃在蕺山。蒿菴學無所承。專以篤謹苦行標宗。要之三君子者。猶宋之有泰山、徂徠。明之有康齋、敬軒也。其困勉篤行。相類。其規模稍隘亦相類。然皆不敢有所詆訶於前輩。同時沒其流者。則有若應潛齋（撝謙）謝約齋（文洊）李闇章（生光）諸先輩最爲知名。此派在永曆順治間。其盛不如王學。雍乾以後亦殆泯滅。然究以時主所揭櫫。故得援適者生存之例。媕阿託名於此間者。猶代有其人。（俗論之語清初大儒。言王學者必舉湯潛菴。言朱學者必舉陸稼書。吾以爲此二人於二百年來學界。無功而有罪者也。故不以列於此。而於本節末附論之。）

其時舊學派中別有一大師焉。曰呂留良。留良字晚村。浙人。治朱學而能致用者也。自曾靜之獄以後。冡大逆不道之號。戮尸赤族。此後學者。無復敢習其學稱其人。然據雍正論旨稱其嘗以博學鴻詞薦誓死不就。以山林隱逸薦。乃薙髮爲僧。其大節與夏峯二曲亭林梨洲相輝映也。又言呂留良一人倡導於前。全浙從風而靡。地方官吏。怵其黨徒衆盛。皆加意優禮。（督撫到任。皆循例加禮。李衛亦曾題送祠堂扁額云。）是其學派之昌明普及。雖容城盩厔。有所不逮也。吾嘗略鉤稽羣籍。竊疑清初講學之盛。殆未有及呂氏者。彼其茹種族之痛處心積慮。以志光復。而歸本於以學術合羣。其苦心達識。百世下猶將見之。後世論晚村者。即不謂之大逆。亦不過以與八股家同類而並笑之。庸知夫隱於八股而藉以爲號召者。正晚村智深勇沈之徵證也。其生平著述。或燬或禁。今無一存。余僅從舊籍中得見雍正間閣臣奉勅撰「駁呂留良四書義」一編。原文附見前簡。雖割裂剝落。不見其眞。然微言大義。猶有存焉。其獨到處。固非尋常曲學所能夢也。（余將別採其說。著之飲冰室讀書錄中。此避冗不具也。）

故吾論順康間大儒。必數呂子。

所謂舊學派諸賢者。語其在學界上之位置。不過襲宋明之遺。不墜其緒。未足爲新時代放一異彩也。其可稱近世學術史之特色者。必推顧黃王顏劉五先生。五先生之學應用的而非理想的也吾欲語其學請先語其人亭林自國變後首倡義里中贊魯王監國魯王敗欲赴海上通鄭氏道梗未達遂浪跡四方徧遊秦晉齊豫燕代淮浙凡六謁孝陵六謁思陵末乃卜居陜之華陰以爲華陰綰轂山河之口雖足不出戶而能見天下之人聞天下之事有警可以入山守險若志在四方則一出關門有若建瓴每出遊所至阨塞即呼老兵退卒詢其曲折史家謂先生既負用世略不得一遂所至每小試之墾田度地累致千金而別貯之以備有事嗚呼此其志爲何如其才爲何如哉王不菴曰『甯人身負沈痛奔走流離數十年靡訴之衷曾不得快然一吐而使後起少年推以多聞博學其辱已甚安得不掉首故鄉甘於客死噫可痛也』鮚埼亭集引由此觀之顧先生之爲人何如也梨洲少年袖錐爲父復仇氣節已轟一世畫江之役糾里中子弟數百人號世忠營從孫嘉績熊汝霖倡義江上軍敗復入四明山結寨固其後復偕馮京第乞師日本間關轉徙垂二十年由此觀之黃先生之爲人何如也船山少年自殘肢體以贖其父國變後從桂王遷徙於肇慶桂林南甯間者十有餘年緬甸覆沒乃竄志老牖下終身不薙髮竄伏窮山四十餘年一歲數徙其處故國之戚生死不忘由

此觀之。王先生之爲人何如也。習齋行事不少概見。然相傳其折竹爲刀以勝劍客。控馳射中六的焉。其著述往往嘆息於宋氏之亡。才士摧折不盡其用。由此觀之顏先生(先生名元)之志猶顧黃王之志也。繼莊益詭異矣。亭林以南人而足跡多在北。繼莊以北人(順天大興人)而足跡多在南。其所浪遊。亦中國之强半。全謝山傳之曰。『繼莊出於改步之後。遭遇崑山兄弟。(按)謂徐乾學徐文元 而卒老死布衣。又其栖栖吳頭楚尾間。漠不爲枌榆之念。將無近於避人亡命者之所爲。是不可以無稽也。而竟莫之能稽』(按)繼莊之客崑山家。尊爲借讀藏書云 又曰。『其人蹤跡非尋常遊士所閱歷。故似有所諱而不令人知』由此觀之。劉先生(先生名獻廷)之爲人與顧先生何酷相肖也。綜而論之。五先生皆抱經世之志懷不世之才。深不願以學著。而爲時勢所驅迫所限制。使不得不僅以學著於近世學術史上。敍述五先生。五先生五先生之遺痛也。雖然。近世學術史上而有五先生。又學術史之光也。

五先生之學。若顧若王若顏若劉。皆前無所受。船山習齋。更崛起山谷。與一時宿儒名士絕交通。可謂自得而深造者也。繼莊平生講學之友。所嚴事者曰顧昀滋。曰彭躬菴。曰梅山。而當時北學甚盛。或有所得於夏峯二曲。其南遊數十年。梨洲亭林季野皆相往還所得麗澤之益當不尠若顧先生則更取精而用宏矣五先生中其所承學統最明者莫若梨洲梨洲親受業蕺山以接姚江之傳雖然梨洲學自梨洲學非陽明亦非蕺山也要之五先生者皆時勢所造之英雄卓然成一家言求諸前古則以比周秦諸子其殆庶幾後此惟南宋永嘉一派（陳止齋葉水心陳龍川一派）亦略肖焉然以永嘉比五先生則有其用而無其體者也即所謂用者亦有其部分而無其全者也故吾欲推當時學派爲秦漢以來二千年空前之組織殆不爲過

五先生之學有普通者有特別者請言其普通者曰以堅忍刻苦爲旨相同也習齋專標忍嗜欲苦筋力之旨爲學道不二法門近世餘杭章氏以比諸羅馬之斯多噶派諒矣亭林講學首倡行已有恥其言曰古之疑衆者行僞而堅今之疑衆者行僞而脆其宗旨所在可知也王黃劉雖不標名號迹其生平行誼非浮靡柔脆者所能望其肩背也船山以不忍薙髮之恥顛頓竄伏於山谷者數十年如一日尤空前絕俗之行也蓋以身教教之大者也此其一曰以經世致用爲學統相同也五先生之著述可覆按也彼其經世非猶夫宋乾淳間永嘉派之言也（其詳別見下段）此其二曰以尙武任俠爲精神

相同也。顧黃王三先生。歷參魯唐桂三王軍事。其勇略章章在耳目也。船山讀通鑑論宋論黃書噩夢諸作。痛歎於黃族文弱之病。其傷心如見也。繼莊絕世之祕密運動家也。惜其所志不遂。而其謀不彰也。習齋則屢言勇爲達德。日與其徒肄於射圃。終身不衰也。以口碑所述。梨洲絕擅技擊。友人某爲余言。有劇盜欲學梨洲技擊。苦不得階進。乃僞爲受業於門。三年。乃盡傳之云。述者忘其記載所自出、眞僞莫辨也然觀其袖錐入京師。謀復仇。則其擅技擊諒不繆。亭林亦然。顧氏有三世僕。曰陸恩。叛投里豪。欲訐告亭林通海。亭林獨潛往手擒之。數其罪湛諸水云。亭林膂力技擊可想見。習齋亦然。習齋削竹爲刀以勝劍客。其術殆有所受也。凡此誠不足以爲諸先生重。雖然此亦國粹之一種。言尚武者所不可廢也。吾昔常持論謂中國將來若講體育。則如易筋術拳術等。不可不改良而存之。日本之柔術相撲術劍術等。維新後而益昌。誠非無故也。此次日俄之役。日軍每於突擊獲奇勝。論者多歸功於此等舊術。而西人亦詫之不置云。而諸先生皆躬嫻之。此其三。曰以科學實驗爲憑藉相同也。亭林梨洲船山之著作等身。若地理。若歷史。若音韻。若律歷。皆有其所創見。夫人而知矣。以全謝山所作繼莊傳證之。其學亦豈讓三子。習齋專主實行。而下手工夫。取的於周官德行藝之三物。蓋亦以矯明末空談之弊焉。傳習齋學最親切者。曰李剛主。觀剛主之著述。可以知習齋矣。諸先生之著述評詳下段此其四。

請言其特別者。亭林之日知錄。爲有清一代學術所從出。尚矣。其天下郡國利病書及肇域志雖未成之本。然後世言人文地理者祖焉。至今日其供學者參考之用者益廣也。亭林深知生計與政治爲切密之關係者也。故言之尤斷斷也。其生計學皆應用的也。彼小試之於墾闢而大效。惜不能盡其用也。不然。亭林一越之范蠡也。聲音訓詁爲百餘年間漢學之中堅。其星宿海則自音學五書也。金石學自乾嘉以來。蔚爲大國。則亦金石文字說爲其先河也。故言清學之祖。必推亭林。諸先生之學統。不數十稔而俱絕。惟亭林巋然獨存也。惜存者其瑣節。而絕者其大綱。存者其形式。而絕者其精神也。亭林曰。今日只當著書。不必講學。又曰。經學即理學。而後儒變本加厲。而因以詆理學而仇講學者。非亭林所及料也。然亭林不能不微分其過也」開拓萬古推倒一時者。梨洲哉。梨洲哉。明儒學案六十二卷。爲一代儒林藪。尚矣。非徒講學之圭臬。抑亦史界一新紀元也。學之有史。自梨洲始也。明夷待訪錄之原君原臣諸篇。幾奪盧梭民約之席。原法以下諸篇。亦粲然有法治之精神。此近世學子所既知。無俟吾喋陳也。律呂新義二卷。則後此言律學者祖焉。句股圖說、開方命算、測圜要義諸作。啓近世研究算學之端緒。其後梅定九（文鼎）本周髀言歷。世稱絕學。而不知實梨洲發起之。（梨洲嘗言句股法。乃周公商高之遺。）

後人失之。而西人竊其傳。梨洲誠魁儒哉」船山最崇拜橫渠謂「其學如皎日麗天。無幽不燭。惜其門人未有殆庶者。又以布衣貞隱之故。當時鉅公。如文富司馬。無繇資其羽翼。故其道之行。不逮周邵」吾今於船山之學亦云然矣。正蒙注思問錄兩書。本隱之顯。原始要終。瀏陽譚氏謂「五百年來學者。眞能通天人之故者。船山一人」非過言也。讀通鑑論宋論兩編。史識卓絕千古。其價值至今日乃大顯。無俟重贅。抑黃書亦明夷待訪之亞也。其主張國民平等之勢力。以裁抑專制。三致意焉。吾昔抄錄讀通鑑論宋論黃書中發民權之理者。凡三四十條。文繁不備徵。黃王之軒輊。吾盖難言之」乾嘉後漢學家之說經。往往有自矜創獲。而實皆船山諸經稗疏所已言者。故船山亦新學派之一導師也。習齋有存性存學存治存人四編。其精華之論。皆在於是。號之曰「周孔之學」以自別於程朱。其言曰「以講讀爲求道。其距千里也。以書爲道。其距萬里也。」蓋其學頗有類於懷疑派。而事事而躬之。物物而肄之。以求其是。實宋明學之一大反動力。而亦淸學最初一機捩也。雍乾以後。學者莫或稱習齋。然顧頗用習齋之術。但其術同而所用之之目的地不同。以實事求是一語而僅用之於習齋所謂其距萬里之書。習齋其惘矣。乃者餘杭章氏極推習齋。以爲荀卿以後一人。其言或太過。然要之爲一代大儒必矣。」五先生中。其最不顯者莫如繼莊。使非有全謝山一傳。恐至今無復有道其名者。更靡論其學也。吾學繼莊以厠於顧黃王之列。聞者其將咍之。雖然。繼莊決不讓諸君子。繼莊所著書。或未成。或散佚。今傳者惟廣陽雜記。（吳縣潘氏所刻功順堂叢書有之）得緣此以闚其崖略。繼莊之學最足以豪於我學界者有二端。一曰造新字。中國文字衍形不衍聲。以致國語不統一。而國民團結力因以大殺。今之識者悄然憂之久矣。十年以來。新字問題。孳乳發生。而至今未有所成。烏知夫二百八十年前之先輩。早有從事者。則繼莊之新韻譜也。（全謝山云。『繼莊新韻譜。以華嚴字母爲本。而參之以天竺陀羅尼。泰西蠟頂（按即拉丁文也）小西天梵書。（按當是西藏語）暨天方（按即阿剌伯）蒙古女直等音。其法先立鼻音二。以鼻音爲韻本。有開有合。各轉陰陽上去入之五音。陰陽即上下二平。共十聲。而不歷喉腭舌齒脣之七位。故有橫轉無直送。則等韻重疊之失去矣。次定喉音四。爲諸韻之宗。而後知泰西蠟頂話女直國書梵音尚有未精者。以四者爲正喉音。而從此得半音轉音伏音送音變喉音。又以二鼻音分配之。一爲東北韻宗。一爲西南韻宗。八韻立而四海之音可齊。於是以喉音互相合。凡得音十七。喉音與鼻音互相合。凡得音十。又以有餘不盡者三合之。凡得音五。共三十二音。爲韻父。而韻歷二十二位。爲韻母。橫轉各有五子。而萬有不齊之聲攝於此矣。然後取新韻譜爲主。而以四方土音塡之。則逢人便可印正云』按其書今不傳。其所造字母。不可得而稽。其果適用與否。無從斷言。要之眞不朽之盛業也。使繼莊在今日。徧通諸國語言文字。其成就可限量耶。二曰倡地文學。地文學今列於普通科。髫齔之子。入新塾者。往往能道。若夫五十年前。則舉國學者未或注意於是也而繼莊實發明之全謝山云。繼莊論向來方輿之書。大抵詳於人事。而天地之故。槩未有聞。當於疆域之前。別添數則。記其北極出地之度。與其節氣之先後異同等。（中略）（按今泰西地理書莫不有之矣）燕京吳下水皆東南流。故必東南風而後雨。衡湘水北流。故必北風而後雨。諸方山水之向背分合者當按籍而列之。而風土之剛柔。暨陰陽燥溼之徵。又可次第而求矣。（按此皆極精之論。今泰西地理家言所最注意者。非有得於歸納論理學不能道也）諸方有土音。又有俚音。蓋五行氣運所宜之不同。各譜之爲一則。合諸土產。則諸方人民性情風俗之徵。皆可推而見矣。（按地學之精微。至是而極。近世學者。謂地理與羣治有密切之關係。識有察於此也。吾去年始見日本人木口長三郎所著人生地理學一書。舉日本全土風俗政治種種發達之差異。而悉納之於地理。旁引泰西各國以爲證。而皆有精確不磨之論據。吾讀卒業。嘆爲得未曾有。而不知吾二百年前之先民。已有志於此業者。後起無人。大業不竟。誰之責也。可歎可媿）吾以爲以繼莊學顧黃王易。以顧黃王學繼莊難。高山景行。吾嚮往焉。

由此觀之。近世學術史上所以爛然其明者。惟恃五先生。抑五先生不獨近世之光。即置諸周秦以後二千年之學界。亦罕或能先也。顧明之末。清之初。以何因緣而得有此。吾嘗推原之。以晚明政治之腐敗。達於極點。其結局乃至舉數千年之禹域。魚爛以奉諸他族。創鉅痛深。自古所未嘗有也。故瑰奇絕特有血性之君子。咸惕然於天下興亡。匹夫有責。深覺夫講求實際應用的政論之不容已。此其由時勢所造成者一也。姚江學興。既舉前此破碎支離之學而一掃之。晚明百年間學者咸有發揚蹈厲之氣。異於前代儒之有俠風也。孕而育之者姚江也。五先生之學。皆有近墨子處。吾將別論之。故謂五先生以王學爲原動力可也。但王學末流狂恣滋甚。徒以一二口頭禪相尚。其對於自己也去實踐愈遠。其對於社會也去實用愈遠。物極必反。然後諸君子不得不以嚴鑿之戒律。繁博之考證。起而矯之。故謂五先生爲王學之反動力可也。兩者兼然後此種特別之學派出焉。此其由舊學所造成者二也。五先生中。惟梨洲與王學有直接關係。其餘若亭林船山。於王學皆往往有所糾正。不表同情也。習齋則幷宋明而悉棄矣。故言五先生之學與王學有關係。聞者或疑焉。雖然。間接之影響。往往更大於直接。此不可不察也。使五先生生於他代。以其才與其學。必將有所藉手著之實施則無暇以學鳴。而其學之深造必不逮是。顧以亡國遺民。義不可以立人之本朝。其所懷抱不得不盡假諸竹帛。又其奔走國難。各間關數十年。於一切政俗利病。皆得之於實驗調查。以視不出戶而談天下事者。與夫擁旄節以間民疾苦者。相去遠矣。此其由諸先生之地位所造成者三也。綜此三因。則此種學派不產於他代。而惟產於永歷康熙之交。有以夫。有以夫。雖然。以諸先生之才之學之志之節。各皆獻身以盡瘁於國事而卒無救於亡明。是則可痛也。若語其原因。蓋甚複雜焉。以非本論範圍。今畧之。

同時學派與五先生相近者尚數人於蜀有唐鑄萬（甄）著潛書二篇四卷。（乾隆間嘗爲禁書。今有重印者。）近世學者多知梨洲船山能發民權公理而不知巴蜀山谷間有唐氏者與之作桴鼓應也。潛書上篇有鮮君篇抑尊篇抑尊篇云君日益尊臣日益卑是以人君之賤視其臣民如犬馬蟲螘之不類於我其去治道遠矣又曰天子之尊非天帝大神也皆人也又曰位在十人之上者必處十人之下位在百人之上者必處百人之下位在天下之上者必處天下之下潛書下室語篇云自秦以來凡爲帝王者皆賊也殺一人而取其匹布斗粟猶謂之賊殺天下之人而盡有其布粟之富乃反不謂之賊乎又止殺篇云殺天下之軍屠天下之城以取天下是食天下人之肉以爲一人養也凡此諸論自墨子孟子以後久矣夫不獲聞矣是眞可與梨洲之原君原臣相表裏者當二百年前能倡此何可及也吾故不憚臚擧之　於吳有陳確庵（瑚）其學多得於桴亭而尤好言經世偏全史爲四大部以政事人文別之政部分曹事部分代人部分類文部分體手書巨帙各數十皆能背誦云其精力眞不可思議所著述關於農田水利兵法者尤夥而劍擊之技妙天下於鄂有胡石莊（承諾）著繹志六十一篇二十餘萬言自擬於徐幹中論顏之推家訓然論者謂其精粹奧衍過於二書此三君子者亦崛起卓然自成一家其最章章者也而顧景范（祖禹）之讀史方輿紀要亦曠古一絕作其所得於亭林繼莊季野者頗多云亦此一派之一支流也梨洲有弟曰晦木。名宗炎俠氣過於乃兄。其學之醇不及之。而精到處與之頡頏。於象緯律呂軌革壬遁之學。皆有神悟。而著書亦數十卷。晚年以石函錮所著述。語其子曰。急則埋之。身後果有索者。子如其言。子卒。遂莫知所在云。一小梨洲也。萬季野爲梨洲高弟。最能傳其學。下段別論之其子百家。亦殆庶幾。此黃學傳授之大略也。習齋高弟曰李剛主。名塨曰王崑繩。名源剛主屢被薦辟不赴。晚年受聲樂之學於毛西河。多所著述。崑繩摯學以傳顏學爲己任。與方望溪多所辨難。見於望溪集。此顏學傳授之大畧也。船山崎嶇山谷。其弟子無一有力者。繼莊則兎起鶻落。不可方物。其名且隱。其學更無論也。亭林以不好講學。故直接有力之弟子無一人。而二百年來漢學家率宗尙之。雖然。以是爲顧學。顧先生不任受也。然則五先生之學派。或身歿而絕。或一再傳而遂絕。雍乾以後。不復存於人間矣。厥後惟乾隆間全謝山祖望私淑梨洲。得其形似。近世譚瀏陽私淑船山。靑出於藍。強編學案則二君其選也夫。以五先生之魄力。能闢千古未闢之學統。而顧不自傳諸其人。以光大於後世。則何以故。吾將於次篇論之。

同時學行與顧黃王劉相類。而不以學名者。尙有一傅靑主。山以任俠聞於鼎革之交。

國變後。馮銓魏象樞嘗強薦之。幾以身殉。遂易服爲道士。有問學者。則告之曰。老夫學莊列者也。於此間諸仁義事實羞道之。或強以宋諸儒爲問。則曰。必不得已。吾取同甫云。雖然史家謂其學自大河以北。莫能及者。蓋有所憤而自廢。其志愈哀。於黃顧矣。當時黃冠浮屠中如青主者不乏人。舉其學最高者爲代表云爾。流俗所以多知青主者。以其女科醫方。實則青主非知醫者。其方不過得自家傳云。

（此節未完）

朝鮮亡國史略（外交上之經過）

中國之新民

章臺柳章臺柳昔日依依今在否縱使長條似舊時也應攀折他人手吾以中日戰爭前之朝鮮與中日戰爭後之朝鮮比較吾更以中日戰爭後之朝鮮與日俄戰爭後之朝鮮比較而不禁淚涔涔其盈睫也今者朝鮮已矣自今以往世界上不復有朝鮮之歷史惟有日本藩屬一部分之歷史記曰喪禮哀戚之至也君子念始之者也今以三千年之古國一旦溘然長往與彼有親屬之關係者於其飾終之故實可以無記乎嗚呼以此思哀哀可知耳

第一期　朝鮮爲中日兩國之朝鮮

吾讀李文忠外交函牘見其二十年前與朝鮮王之交涉於其詞氣與其稱謂間穆然

時局 二

想見上國之位置之威信嗚呼。此如潯陽江頭琵琶婦向人絮絮道其鈿頭銀篦血色羅裙時代之聲價吾今羞言之且不復忍言之吾今惟舉中國始失保護朝鮮之資格託始焉則光緒十一年中日所訂天津條約其濫觴也約文云。

嗣後朝鮮有事中國當發兵前往先咨照日本日本派兵前往亦必咨照中國。

此等語句自國際法理論之。朝鮮既成爲中日兩國共同保護之國明甚也甲午之役。遂以朝鮮之爲藩屬爲自主一問題。至兩國以干戈相見。今補述其戰前之交涉如下。

（中國公使汪第一次照會日本外部）我朝素宏字小之仁。斷難漠視藩服之難

（日本外部陸奥第一次照覆）本大臣查貴國雖指朝鮮爲藩服然朝鮮王從未自承爲屬于貴國

（總理衙門第一次照覆日使小村）查我朝以朝鮮王申請救護業已派兵前赴該國。此係按照撫綏藩屬之例不容稍有延緩。

（日使小村第二次照會總署）本國歷來未認朝鮮爲貴國之藩屬此次派兵前往。一係按照日朝兩國在濟物浦所訂之約。一係按照中日兩國在天津所訂之約妥愼辦理。

（日本外部第二次照會中使汪）亂事既定。所有朝鮮內政亟應代爲修整。兩國擬各簡命數大臣前往朝鮮。同心稽察各弊。其分應整頓俾朝鮮日起有功者。如國庫出納款項如遴選大小官吏如募練彈壓內亂陸

兵等皆是。

（中國公使汪第二次照覆）但其內治作何整頓之處應任朝鮮王好自爲之即我中國亦不願干預至貴國既認朝鮮爲自主之國豈能干預其內政其意不辨自明。

（日本外部第三次照覆中使汪）查朝鮮王常蓄陰謀致釀禍亂大爲敝國之害乃其自主之力又屬太薄不足以膺重任其關係於敝國者不特通商一端而已地之相去甚近又有干涉遠方之處敝國萬難坐視（中略）且妨敝國之榮名是以決計代爲設法以保太平之局。

由此觀之朝鮮對於中日兩國地位之變更略可覩耳。中國以不明國際法上對於屬國之權利許朝鮮以與外國締結條約之權授日本以口實且使中日一役日本大得列强之同情所謂合九州鐵鑄一大錯也天津條約純使朝鮮立於中日公同保護之地位開戰前之交涉全以此問題爲爭點及兩國公同干涉內政之議不諧日本已悍然露獨占之勢觀最後兩次之照會其肺肝如見也更述當時兩國宣戰之詔勅。

（中國宣戰書）朝鮮爲我大清藩屬二百餘年歲修職貢爲中外所共知（中畧）乃倭人無故派兵突入漢城嗣又增兵萬餘迫令朝鮮更改國政種種要挾難以理喻我朝撫綏藩服其國內政事向令自理日本與朝鮮立約係屬與國更無以重兵欺壓强令革政之理（下略）

(日本宣戰書)(前略)緬惟高麗爲獨立之邦而與各國結約通商實由我日本勸導之也。然而清國恒稱高麗爲藩邦干涉其內政(中略)玆按高麗獨立之地位原係日本維持之力各國條約所公認清國非但謀損高麗之地位兼且置條約於不顧。(下畧)

此藩屬與獨立之一問題以口舌不能解決而至求解決於干戈自開戰以後而朝鮮與中國恩斷義絕矣甲午七月二十六日。即開戰後未及一月。日本駐韓公使。與朝鮮外部大臣締結所謂日韓協約者。

(第一欵)本約之設專爲維持朝鮮之獨立日朝之利益清兵在朝者宜逐出境外

是朝鮮與中國斷絕關係之始。然其第三欵猶云。中日休兵後此約作廢。則其地位猶未確立也。及馬關條約第一欵云

中國確認朝鮮爲完全無缺獨立自主之國凡前此貢獻等典禮。損害其獨立自主之實者。全廢之。

朝鮮王旋布告誓廟文。其第一條云。

割斷依附清國之思想確建自主獨立之基礎

中日和約既定以後。中國遂派徐壽朋爲駐紮朝鮮公使。純立於平等國之地位而韓王亦進而皇帝矣自玆以往。遂入於第二期。

第二期　朝鮮爲日俄兩國之朝鮮

中日媾和以後漢城咫尺之地遂爲日俄外交競爭之燒點於是韓廷有俄日兩黨日黨擁大院君以淸君側而戕閔妃（光緒廿一年西歷十月八日）。俄黨旋奪門挾韓皇及世子幽於俄使館（廿二年西歷二月十一日）廿二年西歷五月十四日駐韓日使小村與俄使威拔遂爲日俄協商之約。

（第二條）日俄兩國代表者當隨時忠告韓皇使以寬大待其臣民。

（第三條）日本以保護電線之故得置二百名以內之憲兵於韓境

（第四條）有事變之時日本得在韓京置兵二中隊在元山置一中隊俄國亦得置衛兵保護外交官惟所置不得過日本之人數。

因此條約日俄兩國在朝鮮之地位恰如天津條約時代（光緒十一年）中日兩國在朝鮮之地位。其後日本山縣有朋以賀加冕使俄與俄外部大臣魯巴諾甫更申協約。

（第一條）日俄兩國政府以救濟朝鮮困難之目的當勸告朝鮮政府省一切冗費且保其歲出入之平衡若從事改革而須募外債則兩國政府合意救助之。

（第二條）朝鮮若不爲財政上及經濟上所困得以本國人組織軍隊及警察而維持之使至於不藉外援而

能保國內之秩序。則兩國政府皆勿干涉之。

（第三條）日俄兩國皆得設電線於朝鮮。

自茲以往。俄人益運陰謀於韓廷。以聘用教習聘用顧問兩問題。幾舉全韓勢力。胥入俄手。此等現象。亘一年有奇。其事實頗繁。今避冗不備徵。欲知之。可讀本報四十四五號第三十二葉。於是日俄幾決裂。卒以光緒廿四年西歷四月廿五日。日本外部與俄使羅苹爲第二次之協商。

（第一條）日俄兩國政府確認韓國之主權及其完全獨立。且相約於其內政不爲直接干涉。

（第二條）若韓國將來有向日俄兩國求助之時。凡練兵教官及財務顧問官之任命。苟非經日俄兩政府先行互相商妥。不得以一國擅爲處置。

自茲約後。俄國在朝鮮之勢力。稍被限制。而日本勢力駸駸益盛。不數年。遂入於第三期矣。

第三期　朝鮮爲日本之朝鮮

一　預備時代

日本處心積慮。以謀朝鮮者。既數十年。其第一著。則謀離朝鮮於中國。其策源在天津條約其收果在中日戰爭其第二著則謀併朝鮮於日本其策源在日英同盟其收果在日俄戰爭吾觀於此而歎日人外交之略至遠且大至敏且鷙也日英同盟約文第一條云。

兩締約國互相承認中國及朝鮮之獨立當聲明於此兩國全然不爲侵畧的趨向所制。然據兩締約國之特別利益。(中略)在日本則以於中國既有之利益以外。又於朝鮮有政治上及商業工業上之特別利益者此等利益被損害。不得不干涉之時。兩締約國爲自衛起見。得執行必要不可缺之處置

自此同盟成立。日本乃益有後援。以揮手段於韓半島矣。其約文中聲明日本在朝鮮有政治上之特別利益蓋朝鮮爲日本人之朝鮮既已經英國之默許所謂維持其獨立者特表面上一空談耳自去夏以來。遂因滿洲問題釀成日俄之役。然其爭點不徒在滿洲而更在朝鮮也(俄人所最重者在滿洲。日人所尤重者在朝鮮。)當時日本政論家有倡滿韓交換之議者雖其目的不免局縮未見採行然日人之重視朝鮮不惜犧牲他種利益以易之可概見矣今將日俄戰前交涉往復文書。摘其關於朝鮮者譯要如下。

(第一號日本外部致其駐俄公使)使俄國駐據韓國之方面則韓國之獨立必爲之頻被侵迫即不然亦必

至使俄國在韓半島占最優之勢矣夫韓國原爲我國防禦線最緊要之前哨故于其獨立爲我國之康甯及安全計實最爲必要者且我國在韓國所有政治上及商工業上之利益與勢力實卓絕於他國而此利益與勢力我國爲自已安固起見斷不肯交付於他國或分與於他國者也（下略）

日本對韓政略之方針。略具於是其舉全韓以置於日本勢力範圍下之野心直揭之不自諱也於是日本政府提出協商案尙以滿韓交換爲一手段今記其原文如下。

（第三號日本政府提出協商案）（第一條）相約尊重淸韓兩帝國之獨立及領土保全（第二條）俄國當承認日本在韓國之優勢利益日本則承認俄國在滿洲經營鐵道之特殊利益。（第三條）日本在韓國俄國在滿洲之商業的及工業的活動之發達相約不爲阻礙（第四條）日本之於韓國俄之於滿洲遇爲自衛起見必要之時。可以派遣軍隊（第五條）爲韓國改革或行善政而與以助言及援助（應於必要且得爲軍事上之援助）者屬於日本之專權俄國當承認之。

由此觀之。日本之視朝鮮更重於其視滿洲也章章然矣使其時俄政府能慨諾此協商則此次戰役。可以潛消於樽俎間也。而乃遷延復遷延。齟齬復齟齬。其後俄國卒欲以滿洲問題置於日俄協商範圍之外蓋俄人亦深察夫日之視韓尤重於滿也顧日人所以不得不始終斷斷爭之者則以滿不保而强俄鼾睡於韓榻之側坐是而韓亦遂非日所能有也故其爭滿問題凡以爲韓問題也觀其宣戰書此意甚明。

（日本宣戰書）（前略）我帝國之以保全韓國爲重也非一日之故矣此不徒因兩國累世之關係而已韓國之存亡實帝國安危所攸關也然彼俄國者雖嘗與淸國有明約且對於列國爲累次之宣言然猶占據滿洲益鞏固其地步終欲併吞之若滿洲歸俄則韓國之保全無由支持極東之平和不可復望（下略）

此日俄開戰之眞原因也其所爭者在滿洲而所以爭滿洲者仍在朝鮮也自日俄戰開而朝鮮爲日本保護國之地位遂定

日俄以陽歷二月八日始交綏以十日互宣戰十一日俄國駐韓公使巴布羅福遂下旗出境俄韓之國交隨俄日之國交同時斷絕其與中日戰役時袁世凱之由韓撤歸絕相類也二十三日日本駐韓公使林權助與韓外部訂立所謂日韓議定書者與中日戰役時之日韓協約又絕相類也今譯其議定書之要點如下。

（第一條）日韓兩帝國因欲保持恒久不易之親交確立東洋之平和自後韓國政府當確信日本政府凡其關於政治上之改革有所忠告者聽從之

（第三條）日本政府於韓國之獨立及其領土保全爲確實之保障

（第四條）韓國若遇第三國之侵害或遇內亂日本政府可執行臨機必要之措置而韓政府對於日政府之

行動許以完全便宜行事之權（日本政府因欲達此項之目的凡軍略上必要之地點皆得臨機收用）

此議定書既發布英國倫敦泰晤士報從而論之曰『朝鮮以此條約之故遂永爲日本之附庸今後朝鮮之在日本其猶埃及之在我英也其權能同其効力同其性質亦同質而言之則朝鮮之獨立形式上之獨立也日本所謂忠告權實蒙一薄紙之命令權也』可謂知言光緒十一年以來之朝鮮問題至是遂揭曉

開戰之初數月日本政府全副精力悉注於軍事上其於干涉朝鮮內政蓋未遑也至近兩月乃始入於實行時代（未完）

（附言）著者之述本論原爲有感於近兩月來日本在朝鮮之舉動欲詳紀之以爲吾國龜鑑但非詳敍前此之經歷則無以見其處心積慮之漸故不辭陳沓特補敍之實則所注重者全在實行時代至次號乃入正文讀者諒焉　著者識

國聞雜評

澳洲新內閣與二十世紀前途之關係（飲冰）

今年者全世界勞働者一大紀念之年也或且爲全世界一大紀念之年也何以故以勞働黨之組織內閣實始今年故

社會問題爲二十世紀第一大問題稍明時局者皆能知之現在全地之社會黨黨員其總數幾何吾不能言之但其有選舉權者已在九百萬人以上則吾能言之數年來各國議會之議員其代表社會黨者以非常之速率歲歲增加其最著者爲德國德國今年國會諸政黨中其最占多數議員之黨即社會黨也自餘諸國亦駸駸增加幾爲一日千里之勢雖然竟未聞有以勞働者之黨魁任大宰相組織內閣者有之則自今年之澳洲新內閣始

去歲澳洲聯邦議會之行選舉也。上下兩院間勞働黨之議員。皆大增加。其在下院七十五員中勞働黨占二十四員。上院三十六員中亦占十四員。故政府黨與在野黨之均衡。一爲勞働黨之所左右。彼勞働黨向固援政府黨與智堅內閣（前宰相）相狠狽者也。初智堅內閣以調和仲裁法案。大得同情於勞働黨。調和仲裁法案者。乃以最近社會主義之精神爲基礎。設一特別裁判所。凡遇有資本家與勞働者爭鬩之事。全歸該所辦理。使閉鎖工場同盟罷工等野蠻舉動。可以消滅。誠當今政策所不容已也。此法案當千八百九十四年。曾行諸紐西蘭。結果甚良。智堅乃提出欲行於全澳勞働黨贊之。此智堅內閣之所以成立也。

乃未幾即以此案而勞働黨與智堅內閣復分裂。蓋勞働黨所主持者。謂此法案。凡工人無論爲私人所雇爲國家所雇。皆可通用。因前此域多利亞省鐵道工人。謀同盟罷工。而政府以雇主之權利鎮壓之。彼黨之不平。蓋在於是。彼黨議員乃提出修正案以要求於政府。雖然。政府之意以爲此修正案之成立。則與聯邦法律相牴觸。而惹起政治上之問題。蓋法律上所賦與各省政府之權利。有非聯邦政府所能干涉者。此智堅內閣所以不能强從也。於是四月二十一日以此案提議於議會。勞動黨與自由貿易黨聯合。政府得二十九票反對政府者得三十八票。政府遂敗於是智堅援例辭職。澳洲總督遂命勞動黨首領和新氏組織內閣。（按澳洲之總督。為英皇之代表。其地位一如英皇之在英國。無責任者也。而組織內閣之命。必自彼發。但所命者必為議會多數黨之首領。不能任意自命也。）其閣員如下。

總理大臣兼大藏大臣　和新

外務大臣　囂士

司法大臣　別京士

內務大臣　伊埃爾巴志拉

商稅關務大臣　腓志耶

國防大臣　特遜

驛遞總長　馬韓

聯邦行政會副議長（非閣員）　麥基利哥兒

右諸員中惟別京士一人屬於自由黨。其餘皆勞動黨云。前此該黨揭櫫之政綱曰白澳洲之維持（第一）曰養老年金之核行（第二）曰特占事業之屬於國有（第三）曰義勇艦隊之組織（第四）曰公債之制限（第五）曰仲裁法案之强制實行（第六）曰航海條約之發布（第七）今該黨得所藉手。其於此諸政策。必將有所建白矣。和新氏就任以來。對於公債及關稅諸政策。悉爲穩重之進行。絕無粗忽輕暴等弊。此各國政論家所同刮目者也。夫以勞働黨組織內閣。實前古所未聞。而以二十世紀最重最要之社會問題。蒸醖孕育。而遂至有此擧。識者於此可以觀世變也。和新氏可謂全世界勞働黨之陳勝吳廣也。吾知此後爲其項劉者。益不乏人。新世界之開幕。其在此乎。其在此乎。故不避對岸火災之誚。述其始末。以介紹於我學界云爾。

俄皇尼古剌士二世　附坡籠那士德夫略傳（觀雲）

日俄開戰。俄皇尼古剌士二世。果爲若何之人物乎。此世人之皆所欲知也。俄爲絕對君主之國。視柴猶神。和戰大權。皆操於俄柴之手。即命將遣師。調度節制。財政之籌畫。外交之運動。亦皆以俄柴爲總樞紐。而後諸臣方得依其所向之方針而從事焉。雖曰今俄柴尼古剌士二世。實大權旁落之君主。被動而非主動。爲他人之傀儡。故俄國所行之事。或非俄皇所欲行之事。而俄皇所欲行之事。或終掣肘而不能見之實行焉。雖然。尼古刺士二世固實居俄柴之地位者也使尼古刺士二世而爲巽懦無能之人物者則無論處逆勢而逢壓境固不能有所作爲於其間即大權可以獨攬而亦必有人焉起而攙奪之否則或有人焉從而暗持之祭則寡人政在某氏此古來庸主不期而同出於一途者若夫尼古刺士二世實一雄偉有爲之人則抑扼之下崛起不難而羣陰環繞無非爲顯著其才能之用此其事例無待遠徵即彼先朝之彼得大帝固猶是由壓迫而起者也而況尼古刺士二世其處境固遠勝於彼得大帝者乎且也日俄一戰或勝或敗固皆予俄皇尼古刺士二世得嶄伸其頭角之好機會是則欲觀測俄國之前途不能不先諳悉俄皇尼古刺士二世之爲人茲譯日本國民新聞所譯隔週評論俄國皇帝之性格一篇而加論列於其後。固我國留心俄事之所欲聞者。嗚呼尼古刺士二世之一生其將爲彼得乎抑將不免爲波羅乎固不僅俄皇尼古刺士二世一人之吉凶而亦關係俄國全體之盛衰焉其於全地球時局之影響豈微也哉先述譯文如下。

歐洲各國君主之中。無有如俄國皇帝爲人之不可知者。非難者以彼爲爲善爲惡皆無能力爲婦人之勢力所制御溺愛皇后憂鬱性之君主也賞讚者以彼爲反對武力主義而重人道主義大有可望之人物也而以事實攷之。如日俄交涉即顯示其無能力之實狀而非難者所引以爲證者也如經營西伯利亞大鐵道發企海牙仲裁裁判又足表明其識見之所在而賞讚者所引以爲證者也此二派之意見。果爲孰得正鵠乎實一不易定之問題。雖然。凡大人物其先世之遺傳與其周圍之境遇皆大有影響於其性格故欲分析批評大人物之性格者不可不研究其遺傳與境遇今欲攷知俄皇之爲人蓋亦不能不用此法則也

羅摩諾甫家統之歷史實恐怖之歷史也尼古剌士二世之祖先。堆積於悲歡惶恐之中而尼古剌士二世稟承其遺傳性。其受有健全之判斷力與受有快活之精神乎寧謂其受有陰鬱性與受有絕望觀念之性格之爲多也

試即俄國皇帝祖先之歷史而略述之。夫今俄皇之父先帝亞歷山大三世者。抱一神託者之腕而崩。其迷信之深純然若中世時代之人彼即仰面而眺見一片浮雲之蔽太陽即以爲有不祥之事跪而祈神明之冥助而其迷信之所以若是其深者又本於

其哲學教師坡鼈那士德夫之大有力焉。新民叢報貳拾貳號有梅特涅與坡鼈那士德夫兩肖像茲於篇末附傳其人

今俄皇之祖父亞歷山大二世者。驅馬車於街上。而遺虛無黨之暗殺。麋血肉於爆裂彈藥以崩。其曾祖父尼古剌士一世。世所傳爲苦里米亞之役。爲英法軍所敗。憤恨而自殺。而其疾病與崩御。實潛一大秘密。今尚不能知其眞。皇帝波羅者。一八〇一年被暗殺。其母皇格特林二世。一手腕非凡之人物。而於俄國有赫赫之事功者也。若不在帝位者。一品位下劣之婦人。而當與罪犯者同科。從此人之遺傳。而欲其有健全之資性。固非所望也。彼投其夫彼得三世於獄。人不知其崩御之故。歷史家斷爲其所虐殺。尼安六世者。以在當立之地位。幽閉囹圄十八年。而亦終爲其所虐殺。又格特林一世。其第一之夫。以格特林與彼得大帝結婚之日被殺。是實俄國皇帝家族之歷史也。以如斯之暴殘兇慘腥血汚染之歷史。而欲於其子孫之性格上不受影響者。蓋不可得然則今俄皇之懷陰鬱性者。又何疑焉。

試進而觀尼古剌士二世之境遇。夫以彼之精神。沈埋於其祖先所遺傳暗澹凶運之裏。彼即位之大禮。若得舉行於光明之中。則遺傳之暗影。或亦可因此而漸消乎。不

幸光明不來而陰影益加暗淡。不觀一八九六年五月三十一日。舉行俄皇戴冠祝祭之時。於莫斯科郊外額金斯克之平原。產一大凶事乎。當時以新帝之名。賜人民以酒肴。於此平原建造幾多之假小屋。而四十萬之男女。夜間羣集於此。以互相擠踏。至死喪三千人。此一大凶事起。俄國人之迷信者。遂以尼古剌士二世爲無福之君主。而其不擧皇太子也。亦以爲由額金斯克之寃魂爲祟。此俄民一般之所傳說也

曾得與俄皇交游之人。謂其人甚內氣。殆無異於婦女之性格。夫以陰欝性之俄皇。與活氣踴躍之德意志皇。二帝之性情。適對照而立於反對之地位。此曾見俄皇與德皇者所能道也。彼俄皇之於人生觀。謂其有基督教國君主所抱持之希望也。不如謂其傾於東洋風之悲觀者多。夫吾人亦未敢遽以彼爲無氣力之人物。彼以體格小。其聲穩和如婦人。而其威嚴。恰如英維多利亞女皇之威嚴相似。彼與德皇會見之一事。爲最能表明其威嚴者。當時兩國皇帝各率其艦隊。而會見於波羅的海。其臨別也。德國皇帝。於其莊美之快走艇波亨左路倫號之船橋。致信號於俄皇曰。大西洋提督。禮太平洋提督。其時俄皇頗立於困難之地位。若受德皇之禮辭。則無以對英國而受其非

難。若不答。又失禮於德皇。於是俄皇出以一己之判斷。而覆以敬告。別之簡短信號而德皇得一無意味之事以去。此簡短信號。喧傳於世界之艦隊。而大西洋提督於波羅的海上薄暗午後。受見輕於俄皇之事。蓋永不能忘也。

極東漫遊。開發俄皇尼古刺士二世之思想爲最大。彼以長途。經西伯利亞而歸俄京而以平和主義。獎勵經濟之發達。以開拓曠寞荒蕪西伯利亞之大富源。此蓋由此旋行而得長其識見者也。

尼古刺士二世皇帝者。甚恐怖戰爭。故對於陸軍社會頗不滿人望。而此恐怖戰爭之心。蓋從皇太后之性質而來。皇太后甚嫌忌以武力決國際紛爭之事。雖以海陸軍備。爲防護國家權利之所不可少。而熱心於人道主義。故對戰爭而憎惡之意强。知皇太后之憎惡戰爭。而後知俄皇之憎惡戰爭。蓋受其感化者也。（俄皇太后曾與先帝游丁抹國訪問軍艦聽人說明大砲及水雷艇搆造及使用之法爲之戰慄）

尼古刺士二世皇帝。不好游技。不好戶外之運動。而偏耽家室之樂。而尤滿捧其愛心于皇后。夫婦間戀愛之語。世人蓋多知之。茲不煩述。其結婚蓋在先帝亞歷山大三世

國聞雜評

崩薨之後無幾時而於大喪暗影之裏舉行者也而結婚後於宮廷之間分皇太后舊后之二黨派抑俄國之慣例皇族婦人必皆以聖人之名命名由是而皇太后舊名經古曼者改名馬利皇后舊名亞歷克斯者又改名馬利而俄國宮中遂有二人之馬利二人之馬利又各各有其黨派而宮禁中遂日演其姑媳鬨爭之悲劇也（未完）

談叢

定式

小共和國史略

(一)達布拉拉共和國

達布拉拉共和國。在撒地尼亞之西北。長五英里。廣半英里之一小島也。人口僅五百廿人。六年一次選舉大統領及評議員六名。官吏皆爲名譽職。無有俸祿。千八百八十六年始建國。婦人亦有選舉權。行政上自建國以來。未曾起紛擾之事。即總選舉之時。不過國民相集而組織一茶話會。開會多在春季。曩千八百三十六年。撒地尼亞王起亞阿里士。依阿耳巴亞德讓與「帕亞地林摩」之家族。至千八百八十三年。支配于王政之下者。第一世爲波耳王。後以王之子孫。繼續王位。且有不許王族爭王位之遺言。如斯數十年。王政廢止。越四年。國民遂制定憲法而成可愛可羨之一小共和國矣。千八百七十七年。意大利及各國皆承認其獨立。此國元無海陸軍。備國家人民皆服兵

役國民之職業以漁業爲主亦或有培養菓物及野菜者

(二)戈司特共和國

此國在世界上爲最小較達布拉拉共和國殆僅有三分之一據最近調查人口百三十人建國在北美合衆國以前即千六百四十六年意法兩國皆承認共和國獨立戈司特國。洛安披里尼司山頂之平坦地方也面積僅一英里五年一次國民相集選舉大統領及十二名之評議員大統領兼理收稅官及裁判官之事務若大統領有越權之處則訴于披里尼司山麓之西班牙寺院領拉倫司之僧正仰其判決判決之後仍遵守本國法律此國國內既無寺院無僧侶又無墳墓故其國人或遙拜天神或參詣于境外之寺院人死之時則埋葬于奥司桑之谿谷行洗禮式及結婚式亦在其地

(三)南洋之共和國

夫蘭司比耳共和國。在澳大利亞之東新加里尼亞之北面積八十五英里人口五百五十人就中四十人爲白皙人種餘皆爲黑色人種此國曾爲法國之領地千八百七十九年。始以建設共和國布告于天下遂制定憲法政府以大統領及評議員八人組

織而成議院評決國政選舉權黑人白人男子女子皆有之惟被選舉權則僅白人之男子而已前大統領亞爾地波克美國故大統領波克之親族也

(四)基洛幾共和國

基洛幾者北美合衆國北卡洛利那州之西部而組織最完全之一小共和國也此共和國雖離合衆國中央政府及北洛卡利那州政府之管轄然未經各國承認其獨立此國沿奧可拉路夫達及索可之大江爲同州中最富饒之土地面積八十方英里戶數一千餘戶種族稱爲克亞拉里作耳布基洛幾者實印度人之東部支族也大統領四年選舉一次年俸五百弗因公務往合衆國首府之時一日給以四弗之旅行費大統領不在國內以副大統領代理之其年俸有二百五十弗呼大統領則曰「其夫」基耳幾人種不達于三十五歲無有被選舉權內閣書記官三人即于顧問官及百人每選舉二人爲代議士組織而成代議士之選舉權十六歲以上之男子及同人種之妻皆有之惟限于白人而已大統領雖有統治權然非經代議士之協賛不能執行法律國民不信眞神者無被選權又加害于同種族之國民則即收回其選舉權此

其憲法之大略也。

此國又據憲法設置教授基洛幾及英語之公立學校及職工學校使住于克亞拉里作耳布之印度人住于近隣之下等社會之白人受優等之教育精勵其能守法律然此種學校多屬于帕濕梯司妥及米索基斯特教會者

(五)桑馬利羅共和國

桑馬利羅共和國在阿披拉因山之東山嘴面積三十三方英里人口六萬出產物之最美者即奶餅(Cheese)及酒(Wine.)是也共和國有六十名之高等評議員此評議員終身爲之依人民而舉選者又由其中公選監督評議員授之于大統領又如美國高等院主職務者于本國內有大統領二人一由十二名之評議員選舉一由人民選舉內閣以內務大臣外務大臣及大藏大臣組織而成陸軍常備兵士有九百六十人平時則最注意于警察事務此國之首府人口有千七百餘人爲世界上最古之都會五百年來之風俗毫無更改變遷衣服恰與哥倫布發見美國之時一樣不過稍增建十數間之家屋道路甚狹無一商店故欲購求物品無論如破靴等物雖由本府二英

里經羅戈典桑馬利羅市行盡其地不可得也此國係紀元八百八十五年始建立至千八百三十一年共和國遂成此國人以能保存古代之風俗故世人多誇稱之而得最上之名譽

(六)安道耳共和國

此國較桑馬利羅共和國人口稍多而面積殆大六倍爲法國阿格及西班牙卡拉安利亞之間之一狹小地也因披列尼司間接交通極不便雖有一幽谷由法國沿坡利拉川然在西班牙之方稱爲歐洲中最險阻之山路僅有可乘小馬之便耳此共和國之人民禮義最正富于慈仁之心有耐忍力有大膽之性質精勵于職業產物之最要者爲菓物及銅鐵鉛之類而鉛尤爲占世界上首位之物品也其國獨立係在紀元八十九年人民選舉二十四名之高等評議員委任之以政權評議員終身爲之選舉大統領此爲該國之憲法雖純然爲一獨立國然選舉及徵稅之際以千一百之兵士監督之以其稅金對由法國輸入之穀物而送五百六十佛郎于法國由法國輸入之穀物無論何時不能却退且有由法國招高等裁判官二人之誓約由法國干涉其內政首府人口有二千二百餘國民之風氣與桑馬利羅共和國大相差異古代之建物及

器物為歷史之參考者至近年皆破壞慕文明改良風俗近頃又由克魯伯購求大砲一門設立于中央府以應歐洲各國侵本國而用若法國與西國發令命滅其軍備則國民必信嗚呼千一百之兵士與此一門之大砲實該國唯一之軍備也

(七)莫斯哀特共和國

莫斯哀特共和國。在阿克司拉基亞比列哈比耳齊爾及坡耳瑪士之間面積四英方里人口三千餘人國民因在絕美山水之間而創一別有天地之小共和國故世多豔稱之雖為純然之獨立國然實在德國保護之下陸軍以兵士三人組織者平時專重警察事務

大統領及五名之評議員任期三年為人民所公選而大統領之任期又三年者謂之曰二期以上之就職

首府人口千六百餘人宏壯之政廳千八百三十三年所建築建築費甚巨

記者曰。美國法國瑞士等之共和國。是常出現于學校教科書之中人皆知之矣。茲所舉者皆為世人所罕見者。然此外尚有十五個之小共和國。嗚呼。以我國土地之大人民之眾猶不知憲法為何物誠可媿也吾故紹介之以鏡我國人嗚呼。

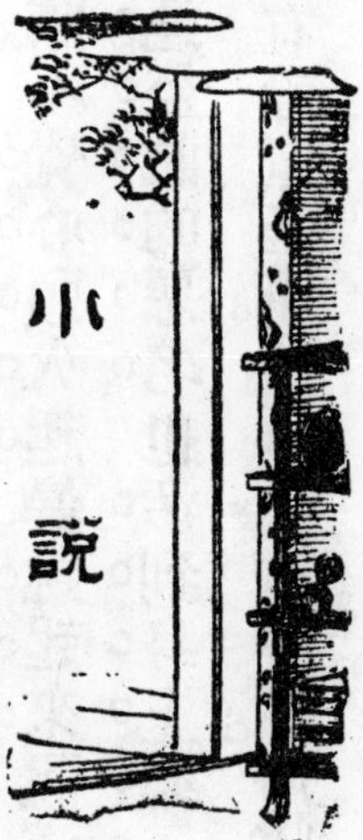

美人手

第十六回　假包探僞作審判官　弱書生誣扳盜竊案

香葉閣鳳仙女史譯述

却說武喇伊忽然厲聲問道。汝不是闔理舍譽的舊書記美治阿士嗎。美治阿士覺得神氣上頭。有些不像。不禁心裡疑怪起來。照直答道。是不錯。我就是美治阿士。怎麼呢。武喇伊道。方纔我問你名字。爲甚麼你不直說出來。你想瞞我嗎。美治阿士道。我何當要瞞你。我與你暫面相交。通名與不通名。此是我的自主權限。你把這些事責問我。究竟是何心意。武喇伊越發裝出威勢來。哃喝道。你自家做事。心裏明白。還詐作不知嗎。你可認得我是甚等樣人。我乃受了警察官的命令。要來拿問你的。美治阿士道。甚麼呀。你是警察署的人員。這個告白是從何而來的。武喇伊掀髯笑道。這就是訪拿你的勾魂票了知道你想逃走一定要往別洲去故此揑做這張告白引你自家投到你還睡在夢中麼美治阿士驚道。究竟犯着何事要訪拿我。武喇伊道你再也不必掩飾了。詐作不知。難道就容了情便讓你逃脫得過嗎。這不是法子啊你知道讞法上的律例嗎狡展之罪比招供自首的還要重呢。美治阿士道。說我有罪究竟所犯何罪我實不知到。你且明說武喇伊道。就是圖理舍銀行內庫被盜的事呀。你快些直供了。我或者替你想個開脫的法子把罪減輕些罷。美治阿士本來銀行失竊之事至今仍未曉得。不覺茫然答道。有這個事麼。銀行被盜我如今是始初聞得的。武喇伊道你不用再裝模樣了。這事我已查得八九了。你那天與行主鬥了氣。跑了出來到了夜間。再跑回去。躲進庫房裡。便拿了合鑰。摸開了鎖頭把銀櫃內五千元的單子盜了。又像了一個小鐵箱子。攢在皮包子裡。於夜靜十一點多鐘時候。把皮包提了回來。可是有的嗎。美治阿士聽說。揑他做賊。不覺心頭火起暴跳起來說道。美治阿士啊汝的運氣怎麼這樣不好呵。索性如今連盜賊的惡名也汚到身上來了我美治阿士是幹這等勾當的人碼。武喇伊道。你說沒有幹這些事。你若不是心歉。何故乘着深夜逃走。美治阿士道。深夜逃走。這話更委曲人難受。我於該行已退了職。遲早既無所貪求。難道把自家行李。搬運出來也是不應該的麼。武喇伊道。怎麼銀行失了五千元。你剛剛就有五千元。這又怎麼說呢。美治阿士聽得更憤然道。我是個自由的國民。不能受你這樣深文羅織。無意巧合之事。你便咬定作爲憑據。無他。你既是警察的探事。只管帶我到衙門去。我見了裁判官。自然有個辯白。若憑在你手裏。顛倒欲以刻覈意思來盤問我。我沒有這些閒氣應付你。快些領我去見裁判官罷。武喇伊道。我就是受裁判官特委有權審查這件案情的。我告訴你。此案情的主腦。并不爲着這五千元銀。單爲的是這個小鐵箱。要查明個下落。這個鐵箱。乃俄國大尉荷理別夫寄存之品。此中有許多機密要件。一定要追查出來。故此裁判官委我專辦此事。此地就是太尉的府第了。你如果允肯從實招認。我當請太尉出來會會你。我勸你勿再支吾罷。美治阿士。是時滿肚疑團。覺得跑進了數十重黑幕的裏便一樣。既不知這事的來頭。又不解本身因何與此罪案牽涉。究竟有無干碍自己。也不能決。惟想起那張告白。竟然中了人計。自家投入羅網。眞是不值。不禁悔恨起來。頓足道。咳、今日上了你的當了。布置得好計策啊。我且問你。既是裁判官委你來查辦然則你祇能任查辦之職審判之權自然仍歸裁判官不應由你僭用若謂是苛理別夫大尉所托你便有權可以兼理審判我國未見有此法律既然大尉要找我現時已到大尉屋裏即刻同我去見罷若太尉不在家則改天再來見罷。武喇伊道。你想回去麼。這樣的自由你休想了。既是要見太尉我如今同你去罷這裡來啊。說着立起身。把門開了。先行出來。美治阿士只得隨後也跟着出來。一到門前。只見有兩條大漢。好像是巡丁模樣。在兩傍伴着。猶如押解犯人一般。美治阿士。心裡甚不舒服。想道。將來見了太尉諒不至如是刻薄他究竟是個長官或者知法守法不肯任意將人遭蹋恨不得立刻見了太尉希望倘有萬一的解救一頭想一頭循着迴廊繞將過去。到了一所書齋的門口。武喇伊站着讓他進去。美治阿士含着一肚子氣并不相讓昂着頭一直便進去了忽然聽得砰的一聲齋門已經閉着連鑰也下牢了。門外的脚步聲。已聽得武喇伊等轉了回去。齋內只剩美治阿士獨自一人。恍如籠中之鳥。空自納悶。未知後事如何。且聽下回分解。

第十七回　太尉出頭甘言巧試　公園失約隻影自悲

却說美治阿士。被人陷入牢籠。心裡極爲憤恨。但在人權下。縱然憤恨。亦自無法。此時惟有望荷理別夫大尉速來。一見問過明白。希望他或有辨別。伸此枉屈。餘外都無可指望了。正惱盼着。忽聞門外說道。大尉來了。聽得齋門鑰匙聲動。須臾開了門。只見所謂大尉者。滿臉堆着笑容。施施然從外便進來。就一張漆皮椅上坐下。美治阿士站起來道。這位就是太尉麼。敢問把我幽閉在這屋裡做甚麼。若小生有罪。自應送交裁判官審斷。不應用此譎詐手段。此豈是紳宦家的所爲嗎。只見那太尉夷然一種鎮定的態度。微笑答道。我甚愛惜你聲名。極不願有甚麼難爲你。我知到這宗事。斷非出自你自己本意。一定是受了人家所託的。你這無妄之辱。就是多得那人所累了。美治阿士作色道。你糊哩糊塗說的何事。我全然不懂。我何曾受甚麼所託。又所謂受托者何所指。不妨從直說個明白。你不要妄聽那人一面之辭。那人自認是警察署中人。以我看來。決不是的。荷理別夫道。你也不必瞞飾推攩了。老實說。此事關係你老兄名譽不少。你還想出去向別處對是非麼。這就立差了念頭了。你知道嗎。銀行盜竊之案關涉你老兄身上。現在滿巴黎斯京城都知到了。美治阿士道。銀行被盜。事屬有無。我不得知。

沒蹤沒影。何至牽涉到我身上。我想未必。或者你有意要誣揑我。自然你是深信的。荷理別夫道。并非我一個人過疑你。果係我一個人的事有甚麼要緊呢你老兄是個宦裔有碍你老兄的聲名就是汚辱你先代的臉面你令先君究竟在我國當過差彼此也算是有點交情我不得不爲你關切關切替你打算打算你年輕不曾曉事想透一時差錯。也亦難怪。勸你勿再執迷。宜直白把事情的來因告訴我。待我替你想個法子。把這個將墮的聲名挽回了。罷美治阿士道。我不幸受人中傷。被人架禍。自然是要剖辯的不止剖辯更要把我完全的名譽拿回來縱是拚命也要爭的惟是現時被你所陷。把我困在屋裡。與你辯說。也是無用。你俄羅斯的野蠻政教專愛施展壓制手段一做了官便任意淩虐百姓自己本國的子民尚且如是何况看待別國人雖然。如今你在我國界內你也須留點神須知我自由的法國斷不容你私自捕陷良民侵越我國家權限的荷理別夫道。我好意勸你。你不醒悟。還想要動氣麼。這事我不是白揑你。你且聽着。我如今不問你別的。就說那個小鐵箱子。自從那天銀行失竊之後。我到銀行裡。便聞得圖理舍譽說。你乘夜挾帶皮包私自逃了。我心裡尚不大很信及後查問行主。據說這個金庫。除他同管賬兩人之外。惟有你常時進去。鐵櫃啓閉之法。亦惟有你約略知到。我當時仍未深疑到你身上。就是或者於你有干涉。亦不過將法子轉授別人出手。不意今日你自已拿出憑據來。這張五千元銀單。正正是銀行被失之数。你在銀行。不過當個書記。那裡剩得許多銀子。這不是明明你自已露出馬脚。再無可推諉的麼。無他。如今五千元的少事。也不必論。惟有這個小鐵箱子。是要緊的事。究竟你受了何人所托。現在存放何處。請你照直說了。罷美治阿士道。銀行甚麼被盜不被盜。我自你口中今日始聞得。以前我一概不知。我所拿着的銀單五千元。本該不屑對你說明。但爭辯不休。徒費口舌。我實在對你說。我這張銀單。乃是昨天有一個人寄我的。他書子上寫明是從前借我父親的欠項。如今特地寄來還我的。荷理別夫道。哦、這個人叫甚麼名字呢。美治阿士道。名字我不知到。他是一封不署下欵的書子。言是還我父親的舊債。叫我只管放心收取。不必疑慮。荷理別夫道。這書子呢。現在那裡。美治阿士道。在我袋裡。荷理別夫道。可拿出來給我瞧瞧。美治阿士道。這斷不能。除非見了裁判官。我方能呈出。別人是不輕容易過手的。荷理別夫道。你怕我埋沒了麼。哈哈、不肯也罷。我也不勉强你。但僅僅拿着一封不明不白的書子。名字也沒有。便想認做實在憑據。諒未必有這樣偏聽的裁判官。輕易就肯准信。這是你的事。我也不管。我如今單問你這個鐵箱子。究竟存放在那裡。照我的意思推測。這鐵箱子此時决然不在你手。你究竟交了何人。我這個鐵箱子。斷非隨便報報失贓便可了事。縱然竭盡平生心力。花費無限錢財。也必要弄回原物到手。我如今不是說你盜竊。不過料定你必知到贓物的所在。想求你將地步指示我。助我一臂之力。如果你肯助我。將來我也定必助你保全你的聲名。你試想過。你莫說到官。拿這沒頭緒的書子。便算做得憑據。須知衙門裡查辦案情。不是兒戲的。只怕跟問起你的根由。有些不着實。反要定你一個罪案。那時就無罪也要弄出個罪名來了。我問你怎麼處呢。不如你直白對我說了。我也不用你出手。也無須靠你做見証。我自然有法去弄。事妥之後。我替你把圖理舍銀行失單注銷。他所失去之銀。一同歸我替你塡了。鐵箱既有着落。這個罪名。就可以全推在該人身上。你美治阿士的名譽。總之歸我身上担帶。保你無碍事便是了。美治阿士道。你縱百費唇舌。也是無用。我沒做過。那怕見官。既是到了警察手上。自應歸裁判官。

容斷萬不能穀任你私自主張你快些同我到官罷我有法無法剖辯得來剖辯不來。是我自已的事縱然陷了冤抑也與你無干。若要我憑空杜撰誣攀別人。此事我斷不能做的。荷理別夫道你以爲到了警察手上。我不能靜中查究麼方纔那個警察你知到嗎。這不是眞正警署命令的官差。這不過是本署的人員名叫軍曹友夫。是我設此計策令他誘你到此其實警署及裁判所均尙未驚動呢美治阿士大驚道。甚麼話。你敢犯我國法假冒我國的警察私自拘禁良民嗎你好大的胆子我倒要經官問你個法律上的罪荷理別夫道。我費了這番心血都爲是不欲毀傷你的名譽。你不感我。還想執我的罪麼。我就是假冒警察名頭。幷非侵越你國警察的權力行甚麼有碍於你國社會上的事體。況且此事，早已對圖理舍譽商過，他已答應歸我查訪纔把這事担了過來。但我平生做事不好爲已甚有可以替人廻護之處無不願保全人家聲名倘眞是無法周全乃不得不破除情面你不要錯會了意你若始終不悟。不肯直說。我再無法到時惟有把你送官發落。一經了官你的聲名便掃地了何如趁此時對我靜中說明我也靜中辦去豈不好麼美治阿士憤道。不用說了。橫竪到裁判所說罷荷理別雲道你再想眞些纔好啊。一到裁判所。你的名譽便無法挽回了。不特你的名譽可惜更最可憐圖理舍譽的愛女霞那因你此事受世人訾議也成個終身之玷你問心可過得去麼。美治阿士忽聽見題起霞那名字不覺變了臉色然心裡的主意仍然是堅定不屈說道。甚麼都好。一於帶我到裁判所罷。是時俄大尉費盡了幾番唇舌。竟然套不出半句口機來不覺呆了半晌再道。你慢慢忖量過再說罷。大丈夫作事當要心口如一。我既立意要顧全你與霞那兩人聲名甚不願用激烈手段來處治你暫時留你住在這裡。一月半月也沒要緊。你只管細細想透將來回心轉念有意願告訴我。不論何時。這裡有叫鈴。你把叫鈴一按傳呼底下人來命他向我通知我自當再來領教便是。你替人家包藏毀棄自己一生名譽。兼且帶累所愛之人的身名也不得乾淨。何苦來由呢。你如此執迷不悟。我實在爲你惋惜。你慢慢忖量過自然知到我看待你的心意了。說着也不待美治阿士回答便立起來出了齋門。返身把鎖下牢了。美治阿士依然像是個籠中之鳥困在齋內。懊悔之情自不必說是時正値自鳴鐘噹噹的響了三吓這三吓鐘聲就像是古今五行記所說的陝州黃河鐘一樣把美治阿士的心坎兒動了。

無限凄涼起來甚麼原故呢。因爲是日美治阿士與霞那。約了到布倫公園相會。正正是此刻三打鐘。不料遇了這個災星。墮在牢籠。插翅也飛不脫。默念霞那此時。定然已到公園赴約。若尋不見我的蹤影。一定怪我失信。不特怪我失信。定必疑我懼罪逃亡走了。哎、霞那啊。你莫要錯怪了我啊。老天啊。我的苦命幾時纔彀脫離此磨折啊。霎時間萬縷愁腸都成團結。不覺是半窗紅日漸到黃昏。欲知後事如何。再聽下回分解。

飲冰室詩話

君遂頌以懷人詩八章見寄。殆去歲作也。其自序云。『羈跡逆旅。北風淒其。歲暮懷人。百端交集。睠山河以哀駘。復撫膺於逝者。作懷人詩。』其詩云。章氏文章何若價重梨洲衡陽亶使非種鋤去畏壘來茲大穰（太炎）江都天人三策太平十二王通勿謂卮言無當終見九州大同（明夷）歎長夜兮漫漫況來日之大難恥并腥羶民族裂此塗炭衣冠（子民）道不同而爲友古有申胥伍胥竟作懷沙屈子猶瘉亡國大夫（天四）我所思飲冰子一水蒹葭千里子無謂秦無人獨不見噶蘇士（任公）人言病夫老大我見支那少年東方盧梭（曼君）時誦卷中佳句幽憂爲疾難禁詩人而爲邊帥房琯復見於今（无悶）有幾申叔夫子最賢（申叔）驚才不可一世嗚呼其人已亡空向黃壚感舊可憐鄰笛山陽

與蟄广不相聞問者七年矣。有自津門以其近作五章見寄者。使我感舊情懷。不能自

禁亟錄之。……悵臥春歸十日陰落花臺殿更淸深被欄碧葉如相語辭世靑鷰不可尋物外精藍誰捨宅亂餘梗莽漸成林迷陽却曲饒憂患那得端居長道心（崇效寺看花）

在山猛虎今無用蔽日浮雲終古陰三穴未營饞兎計一官眞擬汨羅沈頗聞賈誼酬宣室徒遺相如賦上林惆悵故人成獨往。江湖滿地有遐心。（送蔣屋甫侍御）

遠下鸞皇閉九閽更無鷹隼擊秋原匡牀諫草收殘篋歸路荷花感聖恩一郡江湖閒不極五更朝鼓斷相聞王居處有橫流歎又向新亭悵失羣（送王撫州乃徵之官）

十年虛鍊媧皇石萬里遙經黑水祠晉道聖賢輙相許夢中謌泣復誰知還休暫動誠何意悵望蕭條併一時此去共傳邊郡美使君獨有鬢如絲。（送秦曲靖樹聲之官）

終年咄咄無一字去日悠悠有億塵自信勞生行未已偶來盃酒坐相親醉歸馬上聞孤柝倦枕雞聲滿四鄰除却垂腰煩惱帶不妨歌笑逐時新（癸卯除夕）

有以觀物篇四章見寄者。自署曰雪如。樂府中之逸品也。誦其詩不獲交其人。悵望何已。詩如下

祟岩 傷門第隔也

崇岩崒嵂高揷天膚寸薄植生其巔盤根據跗一萬年傲岸日月餐雲烟蔦蘿欲攀查無緣翹首仰睇涕淚漣松柏蔽虧灌莽間墝埆斥薄紛繁擅雖爾勁立氣骨堅牛羊斧斤不爾全到頭碌碌竈底然

細萍 嗟敎澤衰也

細萍甫生子一朝兩朝綠貼水衆草初萌芽忽然遍地青牙牙崇蘭幽老梅古岑寂無聊厭風雨問爾曷爲生不蕃貴種無競力異族且復蹂其藩崇蘭老梅泣無言

大鵬 歎賢否混也

大鵬苦無風偃伏北海隅燕雀喜得地談笑營巢居騶虞識戒殺枵腹不得飽豺虎羆且碩嚵嚵厲牙爪鳳凰栖栖無所如鴟梟以鼻嗤其愚麒麟宛轉泣刃狃天生此材供作脯

紉楮 病粉飾也

紉楮不可當衣啜水不可代糜刻鵠類鶩縱形肖畫地作餅將無飢黔山驢遼東豕彼何爲乎聊復爾蜀中犬吳中牛吠所未經喘所怪淄澠氣味深相投吁嗟公等莫歡謔

文苑

屠伯磨刀正霍霍。。。。。。

是汝師錄四

名與實對。務實之心重一分。則務名之心輕一分。(王陽明)

思索義理到昏亂窒塞處。須是一切掃去。放教胸中空蕩蕩地了。卻舉起一看。便覺得有下落處。(朱晦庵)

聞見如登九重之臺。(程明道)

常看得自已未必是。他人未必非。便有長進。再看得他人皆有可取。吾身只是過多。更有長進。(呂心吾)

順性命之理。則所謂吉凶。莫非正也。逆理則凶為自取。吉其險幸也。(張橫渠)

是汝師錄四

涵養須用敬。進學則在致知。(程伊川)

實勝善也。名勝恥也。故君子進德修業孳孳不息。務實勝也。德業有未著。則恐恐然畏人知。遠恥也。(周濂溪)

人身內外皆天也。一呼一吸。與天相灌輸。其死也特脫其闔闢之樞紐而已。天未嘗有動也。(高景逸)

大凡學問聞之知之。皆不可為得。得者須默識心通。(程伊川)

以我觀書。處處得益。以書博我。釋卷而茫然。(晦翁)

學者所以為學。學為人而已。非有他也。(陸象山)

諸儒所得。不無淺深。初學不可輕議。且從他得力處效法修習。以求其所未至。若大言無忌。恣口指摘。不惟長傲。亦且損德。(王龍谿)

陽明用人。不專取其才。而先信其心。其心可託。其才自為我用。世人喜用人之才。而不察其心。其才止足

以自利其身而已。（錢緒山）

天變不足畏祖宗不足法人言不足卹。（王荊公）

假若了悟性命洞達天人不知於國家之存亡萬姓之生死見在得濟否（呂心吾）

善讀書者第求之於吾心而已舍吾心而求聖人之心即千言萬語無有是處（劉念臺）

大綱提掇來細細理會去如魚龍游於江海之中沛然無礙。（陸象山）

學者不可用心太緊深山有寶無心於寶者得之。（陸象山）

心地要寬平識見要超卓規模要闊遠踐履要篤實。（陸象山）

靜方有入處若平生忙者此尤爲對症之藥。（陳白沙）

知泥古而不能施之於今欲循名而顧忘其實此固陋儒之見誠不足以進于治。（程明道）

求之性情固是切於身然一草一木皆有理須要察（程伊川）

今人有過不喜人規如護疾而忌醫寧滅其身而無悟也。（周濂溪）

我的靈明便是天地鬼神的主宰（王陽明）

一言一動凡可信之當時傳之後世者莫不有一段真至精神在內（劉念臺）

爲文不能關於名敎雖工無益也篤行而不合于大義雖高無益也立志而不存于憂世雖仁無益也。（葉水心）

聖人之於天下大其眼以觀之平其心以參酌之（陳同甫）

人須先立志志立則有根本譬如樹木須先有根本然後培養能成合抱之木若無根本則培養箇甚。（謝上蔡）

調查貴州苗族之情形

波公

苗民者中國最古之土族也。昔時徧地皆是。及漢人興。逐逐之而退處于山谷焉。貴州占多數。茲將該地苗民情形。先報告列于下。

香爐山爲貴州險要地。苗民巢穴。多在于此。洞路甚曲。非苗民不能入。多有漢人入而不能出者。現計苗民洞穴居全省十分之五。漢人並未攻破其一洞穴。故洞穴至今尚夥。

其種類甚多。有花苗青苗黑苗種家子等名稱。花苗則服雜色衣服。故名。女子裝飾。頗類歐婦。亦間有色美而艶者。黑苗最强。衣靑衣。種家子則專務農業。

苗民多以農業爲謀生。大抵皆愚笨。無甚智識。徒有勇力而已。苗民買物與貴州人。貴州人多以大權量之。而苗民勿知也。其性質平常極溫和。逆觸其怒。則惟知殺人。雖死勿畏。性質剛强。勇敢不畏死。即此可見。

富者甚多。率皆儉朴。雖貴族子女出外之時。不服華服。不衣麗衣。若農婦然。然亦有全不著衣裳裸體者。遠觀其肉色之純白。雖和婦不是過也。

其風俗上。尚有極文明。類歐西可仿行之事件。即結婚自由是也。結婚有一定之期。及至其期。則諸男子皆衣美服相結爲一小團。諸女子亦皆衣美服相結爲一小團。共會聚于一處。其地必中間有一小溪。男子占一方面。女子占一方面。相對而歌。歌聲暗吻合。眼球視線相對。即可自行結婚式。而每年不過一次耳。苗民謂之跳月。

以上所舉。不過大概情形。其他種種。俟諸後日。隨時詳細報告。條呈于我漢族同胞之前。亦吾儕應盡之一義務也。故不揣淺陋而作此最重要之事者。職是之故。

遼陽之役

日俄戰紀

一月以來諸大戰。如榆樹林之役。樣子嶺之役。海城之役。析木城之役。皆此次戰史上緊要關目也。今以限於篇幅。不能順次敘述。特以最近最大之遼陽一役先焉。（諸役下次補述）蓋彼諸役。凡以為遼陽之前驅耳。讀者諒之。 本社識

壯絕快絕！俄羅斯之遼陽竟落於日本之手。慚絕。悁絕！中國之遼陽竟由俄羅斯間接以落於日本之手。

遼陽之陷落。即俄羅斯陸軍主力之全摧滅也。自黃海蔚川沖兩役。俄羅斯海軍既全摧滅。今先於旅順陷落而遼陽之捷聞。是即日俄戰役將次結局之徵證也。

日人顒顒然想像旅順陷落者既久。旅順之守固。至今日人所不及料也。俄人施施然自詡遼陽之難陷落者既久。遼陽之破如疾風。又俄人所不及料也。

開戰以來。舉世皆注目旅順。實則以兩月來戰局之大勢論之。則旅順輕而遼陽重也。蓋旅順久成釜底游魂。所爭者非得失問題。特早暮問題耳。若遼陽則兩軍死活存亡所由繫。日本而不得志於遼陽。則前此大小二十餘戰之功。其猶幻泡也。遼陽捷而後乃始為日本賀矣。特不避繁冗。詳記其戰報如左。

一 日本之公報

◎公報一 日本第一軍。自陽曆八月二十五日夜

至二十七日。激戰亘三日。其結果遂奪得寒波嶺及大甸子大西溝等山險。彼處皆俄人堅固之陣地也。日軍以十盪十決之力占領湯河右岸全地域。遂壓俄軍於遼陽方面。

沿遼陽海城街道而前進之諸軍。途中遇俄兵若干。一戰而逐之。二十七日朝。由上石橋子迤邐經侯家屯而達蘇馬台以西。俄人陣於鞍山站一帶。連營亘騰鰲堡。日本諸軍合力奮擊之。俄兵大敗。如鳥獸散。紛紛然退竄於北方。於是日軍跟踪以追躡之。翌廿八日朝。追擊遼陽海城街道以東之日軍數縱隊。於是日午前十點鐘得達調軍台大石頭八家溝。而追遼陽海城街道撤退中之俄軍。又大擊立山屯及幡家爐附近之混雜俄隊。俄軍因此擾亂倍常。不得已直退至沙河以北。

是時前進遼陽海城街道以西之日軍。內有一縱隊及一砲兵團。已到八家溝及陶家屯附近。適遇退却於八家子西面之俄軍大縱隊。盡力追擊之。俄軍不支。盡退於沙河以北。

於是遼陽海城街道一帶之日本諸軍。直迫遼陽方面而陣。大有破竹之勢矣。此役所奪獲者。野砲八門。彈藥車四輛。輜重車數十輛。於此足見俄軍退走之時。其轍亂旗靡之狀。殆極不堪也。

◎公報二　俄軍於數月前。在紅砂嶺至寒坡嶺。及經大甸子北方高地線。而亘大西溝北方高地線中。就嶮峻之山巔。敷設堅固之陣地。以備日軍來襲。俄人恃此。爲金城湯池。隱然有猛虎負隅之勢。日軍自下仰攻。身無遮蔽。且乏立足之陣地。即以野砲隊而論。除本道附近之外。亦無有可依據以作陣地者。其艱難殆可想見矣。今述其戰況如左。

第一軍之左縱隊。自二十三日進兵。遇少數俄軍。遂

(遼陽壓迫地圖)

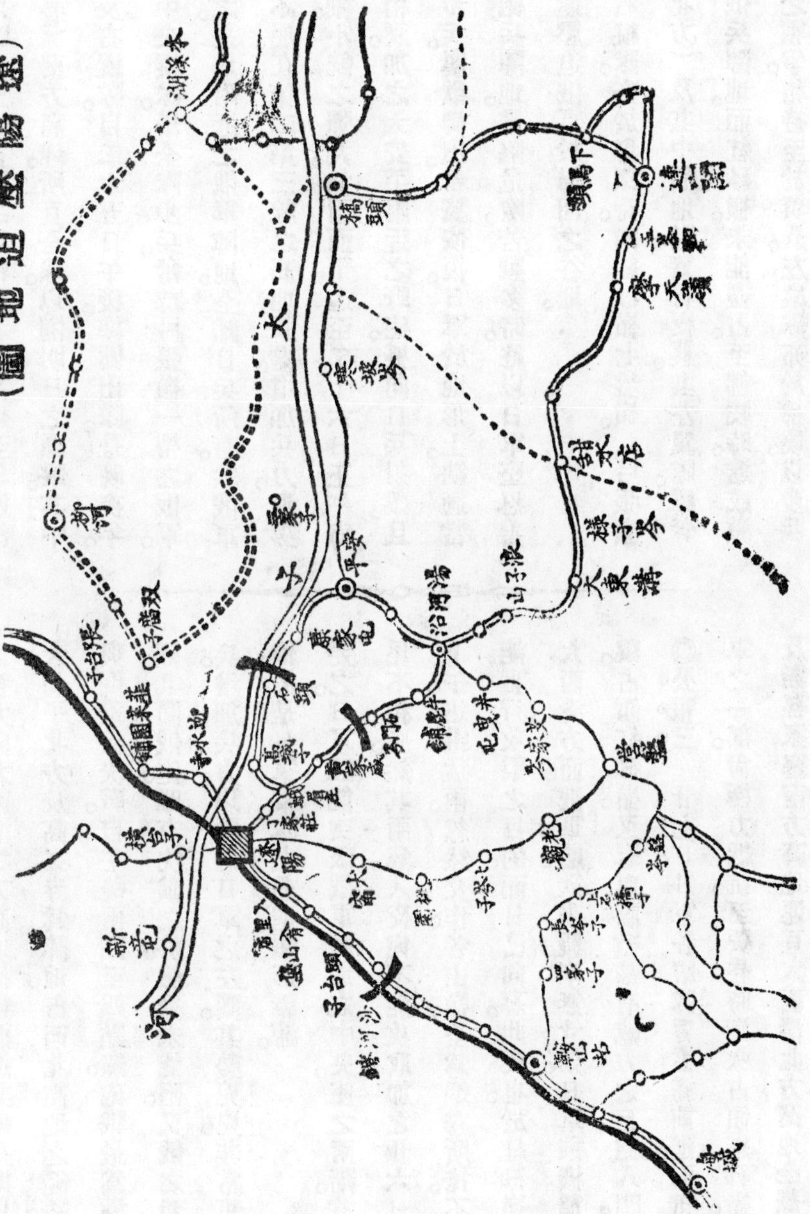

三

去之。二十五日。占有二道河及北方高地。至卑連治（譯音）南方高地。所亘全線。以備明日之轟擊。其中央及右縱隊。自二十五日午後。準備出隊。是晚夜半。其中央縱隊。舉全隊步兵。奮攻弓張嶺一帶之俄軍。克之。是地附近之俄軍陣地。全歸日兵所有。然俄軍尚不屈。在第二第三線之高地胍處。增加兵力。奮勇防禦。小銃之彈丸。如雨而下。迄至二十六日正午。尚未稍衰。加之太安平附近之野砲。盛向日兵射擊。且其步兵。屢欲衝出。希冀恢復。日軍於地形上。缺適當之砲兵陣地。幾陷危險。苦戰多時。終以日軍堅忍善戰。遂壓迫俄軍於湯河之谷地。其右縱隊。亦於宵深時。向紅砂嶺。七盤嶺。（弓張嶺之北方）及其中間地點。實行夜襲。其左翼隊。雖奪得俄兵陣地。而紅砂嶺。未能盡占。至拂曉時。遂成激烈之戰爭。相持至於黃昏。左縱隊亦於拂曉。以步兵之首力。向大西溝北方高地。掃蕩而進。其砲兵則以大甸子北方及高峯寺為陣地。占西北高地之優勢。與俄砲兵決戰。自午後兩點至四點鐘。砲戰最為激烈。其間俄砲。雖有沈默之勢。然猶未能陷。又俄之步兵。增加兵力。以壓迫日軍之左翼。其勢兇兇。非常可怖。於是日軍縱隊之前進。頓形澁滯。要之。日軍雖能突破俄軍陣地之中央。使之兩斷。首尾不相應。然其兩翼。入夜尚不能攻取。加之廿六日下午。迅雷猛雨。忽然交作。各山嶺。全為烟霧所掩。不能實行攻擊之目的。而日已向暮。此夜也。於紅砂嶺大西溝方面。俄軍屢欲來襲。卒無寸効。日軍乘機襲擊。占領紅砂嶺。又奪取該嶺最有威力之巨砲八門。

◎公報三　廿七日。日軍各縱隊。冒雲霧前進。而俄軍之一部。尚極力抵抗。至黃昏時。漸次占領紅砂嶺。及經孫家塞南方高地。連亘大西溝北方高地全線」

此一役也。其最爲壯烈者。紅砂嶺附近及弓張嶺附近之夜戰是也。是時皓月流輝。明星有耀。俄軍不獨能察知日軍前哨之舉動而已。且以岩石自山頂拋下。日兵之冒石而死者。不勝枚舉。然日軍卒堅忍不屈。攀登急峻之山岳。突擊俄兵陣地。其悲慘之狀況。可想而知。雖然夜襲之損害較之日戰尚鮮少也。

俄軍之兵力。其步兵有六十五大隊。（狙擊第二軍團及戰列第十三軍團之全部。幷第十七軍團之半部。）砲百二十門。其大部全退於遼陽方面。而其一部尚在日軍前面停止。然日軍則在追擊前進中也。」

於廿六廿七二日間之戰鬥。日軍死傷將校以下約有二千名。其所奪獲砲八門及彈藥等。幷其他多數什物。而俄軍之死傷。尚未詳悉。度亦不減於日軍也。

◎公報四。日本之右翼軍。自二十七日占領湯河右岸之地區後。更續行攻擊右縱隊及中央縱隊於紅沙嶺及孫家塞北方高地。雖爲俄軍所頑抗。終擊破之。而全占領此兩地。遂復向双子廟及石咀子擊破俄軍而前進。自是夕迄二十九日朝。全擊退双子廟東方高地之俄軍。而占領該高地。然左縱隊則爲晌子山東南方高地之守禦俄軍殊死抵抗。故不能進該高地以北之線。

二十九日在於寒坡嶺附近之俄軍約二師團。爲日軍所痛擊。亦向太子河右岸竄退。

三十一日朝。日軍之右縱隊及中央縱隊。旣出自双子廟亘石咀子西方之線。其左縱隊亦擊退大石門嶺及晌子山附近之俄軍。直向阿腰祠及孟家房前進。然該地附近之俄軍。數日來倍增其兵力。故日軍之前進未能自如也。

向遼陽街道前進之諸日軍。自廿八日劇烈追擊俄軍後。至廿九日尚陸續前進。以其中央軍占領自來家堡亘黑牛庄之線。左翼軍占領黑牛庄以西亘漁家台之線。別以中央軍之一縱隊。遠离本軍之右側。向威詐鷲前進。與右翼軍左縱隊互相聯繫。以攘擊該方面之俄軍。而直向孟家房方面急進。

遼陽海城街道方面之俄軍。似占自首山堡南方經新立屯亘方家屯東方諸高地線。爲堅固防禦工事。且以大兵團固守之。日軍見此情況。亦各于其既占領陣地。徹夜警備。

三十日凌晨。日軍各向其前敵。猛加攻擊。且擊且進。其結果似使俄軍陷于欲退不能之地位。因之決死、激戰。固據自孟家房北方及早飯屯南方。方家屯東方新立屯西方。亘首山堡西方諸高地線。日軍對之。舉全力暴擊。故各方面俱因此而惹起激烈之戰鬪。

◎公報五。 日本右翼軍之左縱隊。自三十日拂曉。向孟家房及阿腰祠附近之俄軍。繼續攻擊。至午后一時。俄軍大增數倍。故攻至三時後。未能奪其陣地。

日軍自中央軍派遣之一縱隊。自午前六時。向早飯屯南方高地。開始砲擊。始則攻擊大效。然午前十時頃。俄軍之一大縱隊。自遼陽方面疾來。急向日軍之縱隊。開始恢復攻擊。及至午后。俄軍益集其兵力。達二師團以外。砲數約五六十門。急烈射擊日軍之右翼。(中央軍所分派縱隊之一)幾殆者數。幸奮勇力戰。至午后三時。得與右翼軍之左縱隊相連。自早飯屯南方高地。拒擊俄軍。奪其威詐鷲附近之線。然俄軍尚殊死取攻勢。至午后五時。交戰尚酣也。

◎公報六。 日本中央軍之主力。與其左翼軍之一部。於三十日朝。分布於經「德華」西方至疏楊子附近之高地。向占據自方家屯東方亘新立屯西方高地之俄軍。合力攻擊。而俄軍據堅固之陣地。力抗不屈。日軍遂大怒而猛加砲擊。俄軍亦倍力應戰。故至午后五時。日軍尚未得突入俄軍之陣地。

◎公報七。日本左翼軍之主力自三十日拂曉開始攻擊運動。至午前十一時頃。遂占自馬杜列亘大趙家台線。遙擊首山堡西方高地之俄軍。而此方面之俄軍。分其右翼於姑札嗣西北部落。以機關砲盛行射擊。日軍亦悉力苦攻。然終無效。到午后四時半。日軍之一豫備兵團。復增加于左翼。而午後二時頃。自本軍左側前進之砲兵縱隊、亦達王二屯附近。射擊首山堡附近俄軍之背。

於各方面之俄軍兵力。雖不能細詳。然漸次增加。僅以首山堡高地附近而計。其砲數實已達百門。其陣地復構造適當。堅固異常。加以密布副防禦。日軍雖欲肉薄接戰。而勢不能。故至午后七時。尚攻擊未息。入夜。俄軍更自首山堡附近暗襲日本左翼軍。混戰移時。終被擊退。未幾在於疏楊子北方之日本左翼

軍。亦向首山堡南方高地之俄軍。繼行夜襲。彼此互交激烈惡戰。直達三十一日凌晨尚惡鬭不已。繼續至是日午後。戰興仍高。勝負不決。又孟家房早飯屯方面之日軍。頗占優勢。對于俄軍能奮鬭不撓。而維持其地位。而俄軍諸方面之兵力。合計約不減十二三師團也。

◎公報八。俄軍不堪日兵之猛烈攻擊。自初一日早朝以來。退嬰遼陽方向。而日本左翼軍之一部。於中央部。乘俄軍撤退太子河右岸之兵時。盡力追擊。直達遼陽附近。大起混雜。日軍於是以戰利之十生的半加農(砲名)盛向遼陽停車場附近而砲擊之。而右翼軍亦於一日午前十一點。擊黑英台之俄軍。日本左翼軍之首力。自二日凌晨。更欲壓擠俄軍於太子河。云由此觀之。自前月二十九日以來。日軍之損傷雖未盡詳。然大約已有一萬內外也。

◎公報九　左翼軍自陽歷三十日早朝。擊俄軍於遼陽西南方約二里。(日里)首山堡附近之高地。俄軍已設有堅固防禦機械。極力抵抗。故其交戰雖亘二日。尙未分伯仲。日軍遂於三十一日之夜半。實行強襲。至翌一日早兩點鐘時。始奪取新立屯西方高地。達做燕東方高地。及首山堡西方高地。標高九九之高地。俄兵遂退竄遼陽。於是日軍直以步騎之一部追擊之。又以戰利之十生的半加農砲射擊遼陽停車塲。而俄之大集團。目下尙在遼陽停車塲附近。遙見車場內。各滊車陸續北行。

◎公報十　日軍以第一線占領他斜不治夫東八里庄。而經西八里庄之線。本日(二號)若可以繼續前進。則直自新精而亘連遼陽方面之線。能占領之。以聯繫左翼軍之運動。

◎公報十一　日本黑木軍之左縱隊。自前月二十五日。天未黎明。以砲數十門。射擊大甸子北方之陣地。是爲攻擊遼陽本據第一線之始。廿六日。中央縱隊申度嶺。右縱隊由古子河而進寒坡嶺轟擊。是日之戰。日本之死傷有二千餘名。內將校亦有七十名之多云。是日本道上之俄兵。極力抵抗。至翌朝始退。

日本於二十六日未明。以奇兵襲俄軍之陣地。而奪取堡壘線。其右縱隊占領紅沙嶺。寒坡嶺。其中央縱隊。則擊退弓張嶺之俄軍。而左縱隊。亦由正面街道砲擊之。步兵之主力。由金峯寺前進。而激戰終日。日已向暮。天降大雨。及二十七日。此間日軍所前進戰線約有二千米達。然俄兵破壞湯河之軍橋。而據守左岸之第二防禦線。俄之死屍。以弓張嶺寒坡嶺爲最多。其損害度亦不遜於日軍也。

廿八日。日軍右縱隊。占領哥疏趙之時。而俄軍一部。

即渡太子河北。走其一部渡湯河西走。於是日之中央隊直渡湯河追擊之。其左縱隊由小嶺子之西隘路進擊四方台。而砲兵則列於湯河沿附近追擊之。遼陽第一防禦線者。即以遼陽爲中心三里半徑。所劃東南弧線而次於弓張嶺之線之堅固陣地是也。日軍於八月三十一日未曉以前。攻擊開始。由七點鐘起彼此互交。極爲猛烈之砲戰云。俄軍由遼陽本街道及安平街道。小戰而退。現尚在左翼高力村。而經各翼首山堡踰鐵道而涉於西方第一之防禦線云。

◎公報十二　陽歷九月四日。午前九點鐘。日本滿洲總司令官報告其大本營之公電云。

自九月三日。晝夜苦戰。至四日凌晨。遼陽全陷。

二　激戰前之形勢

據以上戰報。則遼陽已全陷。遼陽陷落。即俄軍主力之全破。而日俄戰役將次結局之徵驗也。欲知此役之真相。則日俄兩軍之形勢。最當研究焉。今補敍之。

◎日本三軍之合圍　日本滿洲軍凡分三大枝。一曰第一軍。二曰第二軍。三曰大孤山上陸軍。前既屢言之矣。此三軍前此各自運動進行。不相統屬。及其既派大山岩爲滿洲軍總司令官。兒玉源太郎爲滿洲軍參謀總長。於是三軍始統一。其併力同向於一戰點者。則自遼陽之役始也。今將三軍前此經過之戰績詳述之。以見其前此諸役。無一而非爲合圍遼陽之預備也。

其合圍遼陽之右翼軍。即所謂第一軍也。自陽歷五月一日捷於九連城安東縣。以次北進而鳳皇城。而寬甸。而靉陽門。而賽馬集、張家石。而北分水嶺、連山

關。而摩天嶺。而細河沿。而榆樹林子。樣子嶺。而寒坡嶺。而雙廟子。凡十一戰而迫遼陽

其合圍遼陽之中央軍。即所謂大孤山上陸軍也。自陽曆五月十九日上陸。以次北進。旋捷於岫巖。而七盤嶺。而分水嶺。而盤嶺。而析木城。凡五戰而迫遼陽」

其合圍遼陽之左翼軍。即所謂第二軍也。自陽曆五月五日捷於貔子窩。以次北進。而普蘭店。而曲家屯。而得利寺。而熊岳城。而蓋平。太平嶺。而大石橋。營口。而海城。牛莊。而鞍山店。首山堡。亦十一戰而迫遼陽。今將其時日更列一表以供參考。

(右翼軍)……東安縣(五月一日)……九連城(五月一日)……鳳凰城(五月五日)……寬甸(五月七日)……靉陽邊門(五月二十六日)

張家石(六月七日)……賽馬集(六月七日)……連山關(六月九日)……北分水嶺(六月廿九日)……摩天嶺(七月一日)……

細河沿(七月十九日)……樣子嶺(八月一日)……榆樹林子(八月一日)……寒坡嶺(八月廿七日)……雙廟子(八月廿九日)……

(中央軍)……大孤山上陸(五月十九日)……岫巖(六月八日)……七盤嶺(六月十八日)……分水嶺(六月廿七日)……盤嶺

(七月廿二日)……析木城(七月卅一日)……

(左翼軍)……貔子窩(五月五日)……普蘭店(五月六日)……曲家屯(五月卅日)……得利寺(六月十五日)……熊岳城(六月

卅一日)……蓋平(七月九日)……太平嶺(七月廿四日)……大石橋(七月廿五日)……營口(七月廿五日)……牛莊(八月三日)

海城(八月三日)……鞍山店(八月廿八日)……首山堡(九月一日)……

遼陽

由此觀之。日軍前此三軍。各自運動進行。雖彼此互相聯絡策應。然每次戰績大率以一軍爲主以他軍爲輔。其合全力以同受指揮於一總帥之下。實自遼陽之役始。蓋遼陽一役實兩軍決勝之最後且最大之關鍵也。

◎俄軍之守備　俄軍之主力。以遼陽爲中心。盡人所同知也。其防禦線東自紅砂嶺湯河沿安平以張於大西溝南自鞍山站以張於騰鰲堡。凡費半年之日力以全力經營之。彼深知欲守遼陽不可不固守湯河沿安平鞍山站諸戰線也。故厚集其力於彼。計遼陽俄軍之總數。有西伯利狙擊步兵五師團。豫備兵二師團至二師團半。合以第十、第十七、第五軍團。總計凡十一箇師團約二十六萬人之譜。以大將古魯巴圖堅親統之。其兵力之厚可想見。而此兵力中。其自紅砂嶺經大甸子北方高地綫亘大西溝北方高地線而陣於險山峻嶺上者。凡有砲百二十門步兵六十五大隊。彼以十三箇師團之兵力而駐紮此方面者五師團有奇。蓋深知乎側面之防禦不堅。則正面之防禦決不能支也。俄軍之戰略決不可侮如是。

三　兩軍之戰況

◎兩軍主力之接觸　自一月以前。兩軍之主力已相接觸。摩天嶺以天險聞。自陽歷七月一日。日本第一軍踰嶺。至其月三十一日。將榆樹林樣子嶺俄軍之大部隊擊破。遼陽市之第一關門。既已落於日軍。之手。同日其大孤山上陸軍攻破析木城。威壓遼陽之側背。而其第二軍自略取大石橋之後。以八月三日占領牛莊及海城。從正面以威壓俄陣。其時俄之主力軍已全爲日軍所包圍。全世界鼓視聳聽。謂兩軍決戰之期。即在彼數日間。徒以時正値滿洲雨期。霖潦連日。不便進擊。故彼此相持以待時機者二十日餘。

◎日本右翼軍(第一軍)之戰功 俄國在遼陽背面側面之守備。如彼其嚴。其意謂以主待客。以逸待勞。日軍雖如何勇悍。不敢輕攖其鋒也。而不意日軍。以不屈不撓之精神。先擣其堅而落其胆。使彼全軍。驚駭狼狽。則第一軍之功也。据戰報。則日本第一軍分爲三縱隊。其左縱隊以湯歷八月廿三日始運動。中央隊及右縱隊。同以廿五日始準備。三面同時開始攻擊。以地勢論則俄軍有百利。而日軍有百害。俄軍既盡占地利。據永久之守備工程。以自隱蔽。而日軍毫無障蔽。暴露於大敵之前。欲求良好之陣地而不能。如野戰砲等項。殆無所用。實與赤手空拳以向敵軍者無異。日軍處此地位。可哀亦可危。

置諸死地以求生。日軍於此役所屢見也。而遼陽之役爲特甚。彼於砲火之力所不能施者。則用短兵突擊。於正攻不利者。則用奇襲。於是其中央隊(此指第一軍之中央隊下同)利用夜陰以試奇襲。奪取弓張嶺及其附近之敵陣。以寒敵胆。使俄之士氣全沮喪。實第一次奇功也。同時其右縱隊以二十六日未曉以前。行夜襲於紅沙嶺七盤嶺之陣地。雖奪取敵陣。但紅沙嶺猶未占領。自凌晨迄黃昏。爲激烈之砲戰。其左縱隊。亦同時以步兵之主力。攻擊大西溝北方高地。至於入夜。猶未得志。其夜間俄軍爲數回之逆襲。皆被擊退。及二十七日。更冒大霧前進攻擊。激戰復亘一日。於是紅沙嶺經孫家堡南方高地亘大西溝北方高地一帶重要之戰線。皆被占領。湯河右岸。全落於日軍之手。至是始壓遼陽而陣矣。此役也。日本第一軍接續不斷之激戰。凡四十八點鐘有奇。合諸戰前之豫備。殆盈五日矣。其勞苦功高。得不令人敬佩。

◎右翼軍戰捷之影響　當第一軍激戰時。其遼陽海城大道前進之諸軍。以二十七日朝。將向於上石橋侯家屯縣馬臺一帶之敵軍陣地。著手攻擊。豈圖俄軍之南部防禦線。在鞍山站至騰鰲堡者。不戰而退。直退卻於北方。此其故何由。蓋俄軍見日本第一軍之鋒。銳不可當。知東部之防禦。終不能支。東部失則恐日軍斷其退路。而南部之防禦軍。將陷於絕地也。

（未完）

遼陽之役